VENUSKULT

Susanna Foral

VENUSKULT

Eine Kulturgeschichte der Orgie

Cormoran

*Der Cormoran Verlag ist ein Unternehmen
der Verlagshaus Goethestraße GmbH & Co. KG*

*Lizenzausgabe für den Cormoran Verlag, München 1999
© 1981 by Autor und AVA GmbH, München-Breitbrunn*

*Nachdruck – auch auszugsweise – nur mit
ausdrücklicher Genehmigung des Verlages*

*Umschlaggestaltung: Heinz Kraxenberger, München
Umschlagbild: Super Stock
Printed in Austria by Wiener-Verlag, Himberg*

ISBN 3-517-09019-0

INHALT

VORWORT 8

1 KULT 20
Mysterien 20 / Symposien 41 / Zustände im alten Rom 52 /
Die Feste der Kaiser 65 / Geheime Riten 88

2 CARNEVAL 94
Die Pforte der Hölle 94 / Kurzweil im Badhaus und andere
Lustbarkeiten 103 / Von Hexen und Teufeln 115 / Partie à
trois und Partouze 127 / Sexualschwärmer 144

3 SCHAU-SPIEL 152
Inkarnation der Wollust 152 / Rund um Sodom und Gomorrha 157 / Pariser »Galanterien« 177 / Debouche outrée 207 /
Miszellen 236

4 BOURGEOISIE 266
Exzesse 266 / Utopien und irdische Paradiese 295 / Herrliche
Zeiten! 331 / Der volkseigene Körper 379

5 MATERIALIEN 389
Die wilden sechziger Jahre 389 / Seid nett aufeinander! 413 /
Blumenkinder, Pop und Satan 433 / Die neue Moral 447

ANHANG
Quellen- und Literaturhinweise 462
Register 469

Sie klammern sich gierig aneinander, vereinigen ihre schäumenden Münder und pressen keuchend ihre Zähne gegen die Lippen; aber alles ist eitel, denn sie können nicht einander peinigen und auch nicht ineinander eindringen und Körper in Körper aufgehen (denn das scheinen sie oft zu wünschen und danach zu streben). Dann gibt es für eine Weile eine kurze Pause ihres Feuers. Aber gleich kehrt die Raserei zurück, und der Wahnsinn beginnt von neuem. Sie finden nichts, um mit ihrer Verwirrung fertig zu werden; in solcher Ungewißheit quälen sie sich mit ihrer verborgenen Wunde...

Titus Lucretius Carus (um 95 bis 55 v. Chr.): De rerum natura

VORWORT

»Wir treffen uns zum Abendessen, wir tanzen gemeinsam, wir gehen gemeinsam ins Theater, wir hören Musik gemeinsam an, wir betreiben öffentlich Sport, wir tun all das in aller Öffentlichkeit, was ästhetisch ist und uns Spaß macht. Macht uns die Liebe keinen Spaß? Ist sie nicht ästhetisch? Warum verbergen wir sie?« Das fragte Ernest Bornemann, studierter Ethnologe und Anthropologe, zwischenzeitlich einmal glückloser Fernsehdirektor Konrad Adenauers, heute als anerkannter Sexualwissenschaftler in Salzburg lebend, 1968 in seinen »Materialien zur Sexualwissenschaft« und wiederholt diese Frage zehn Jahre später in der »neu bearbeiteten, erweiterten und korrigierten Edition«. Ernest Bornemann kam damals, wie heute, zu dem Schluß: »Wir koitieren im geheimen, weil wir Angst haben, dabei ertappt zu werden, daß die Praxis unseres Geschlechtsverkehrs von der Theorie abweicht, die wir selber verkünden. Aber wir verkünden sie nur deshalb, weil auch die anderen im geheimen koitieren und uns deshalb die Möglichkeit nehmen, ihr Geschlechtsleben mit dem unserigen zu vergleichen. Wenn wir nicht im geheimen koitieren, hätten wir längst herausgefunden, daß alle anderen das gleiche tun: daß die ›Abwegigkeit‹ unseres individuellen Geschlechtslebens nicht mehr und nicht weniger als das Maß unserer Individualität darstellt und daß die Vorstellung eines normativen Geschlechtslebens ebensowenig erstrebenswert ist wie die einer Menschheit ohne Individualität.«

Von einem »Aufstand der Verklemmten« spricht der Amerikaner Dan Abelow 1978 in seinem Buch »Total Sex«, von der Entdeckung der »Leute«, daß »die natürliche Sinnlichkeit des Körpers ihnen viel Vergnügen bieten kann.« Denn seiner Meinung nach hatte sich »die Minderheit, die immer schon von Lotterbett zu Lotterbett gezogen ist«, nicht verändert. »Sie sind nur hinter den verschlossenen Türen hervorgekommen.«

Berlin.
In der »größten Zeitung Berlins«, in der »B. Z.«, annonciert das »Sex-Roulett« in der Großbeerenstraße 29 »Privat- und Gruppenpartys« für Einzelgänger und Paare von 12 Uhr mittags bis 5 Uhr früh.
Der »Club Denisè« in der Damaschkestraße 23: »Gruppenpartys zum Zuschauen + Mitmachen, heiße Filme. Laufend Sex-Action-Show. Unbegrenzt freie Getränke nur 85,–. Auch Paare willkommen. Damen kostenlos.«

Frankfurt und Umgebung.
Die »neueste Zeitung« Frankfurts, »Abendpost/Nachtausgabe« publiziert täglich Anzeigen wie die der »Sauna Arosa« in der Schönstraße 24: »Interessant bei TAG & NACHT für SIE, IHN und PAARE.«
Der Frankfurter »Bekanntschaftsclub Westend« schafft, laut dem Anzeigenteil dieser Zeitung, »Sofort-Kontakte« für »Reisen – Paare – Partys«.
In der Schillerstraße in Neu-Isenburg, wenige Kilometer von Frankfurt entfernt: »Tolerante Paare treffen sich in angenehmer Atmosphäre.«

Der »Privatklub Rosita« in Mainz ist täglich ab 14 Uhr und »jeden Mittwoch, Freitag, Samstag ab 20 Uhr für Sie, Ihn und Paare« geöffnet.
Unter der Rufnummer 06236/6469 erfahren »tolerante Paare« Einzelheiten über eine »Rhein-Party«.
»Sauna-Schwimmbadclub« nennt sich im Clubhotel Messel, wenige Kilometer nördlich von Darmstadt, ein Treff für »tolerante Paare«.

München.
Die »größte Pärchen-Party Münchens« für »attraktive, tolerante Paare« kündigt in der »Abendzeitung« und in der »tz«, den beiden auflagestarken Boulevardzeitungen Münchens, täglich die Chiemgau-Sauna an, nahe der Autobahnauffahrt München-Salzburg gelegen.

Dazu das »Test-Ergebnis« des Berliner Monika Dülk Verlages in seinem »(Ver)Führer zu sämtlichen Clubs, Saunen und anderen Etablissements« im Großraum München: »Während der Woche wird hier gemischt sauniert, mittwochs und samstags treffen sich jedoch Münchens Swinger zur großen Tauschbörse. Wer keine Partnerin mitbringt, kommt nicht hinein, wer ohne Partnerin die Saune wieder verläßt, hat sich dumm angestellt. Zwar gibt man sich vor Ort frei und unkompliziert, das Finale spielt sich jedoch meist erst in den Privatwohnungen der Swinger ab. Die Auswahl ist groß, rund 30 Pärchen werden pro Swingabend gezählt. In der Sauna holt man sich bei Lifeshows, einschlägigen Filmen und freizügigen Gesellschaftsspielen den Appetit, probiert wird hier auch, genossen jedoch erst im eigenen Heim, selten zu zweit, manchmal im Sextett, meist jedoch zu viert. Die Preise: 50 Mark Eintritt pro Person, alle Getränke frei und ein kleiner Imbiß eingeschlossen.«

Ähnliche Veranstaltungen finden, meist am Wochenende, laut Anzeigen in den genannten Blättern, auch in München-Allach, in dem 65 km von München entfernten Waldkraiburg und in dem oberbayerischen Marktflecken Kolbermoor, zwischen München und Rosenheim gelegen, statt.

Wien.

In der »Neuen Kronen Zeitung«, mit zirka zwei Millionen Lesern, sind Annoncen wie diese zu finden: »GRUPPENSEX-Beteiligungsshow 19 Uhr – Party 21 Uhr, Ohneservice – Movies ab 13 Uhr, NUR Rosensteingasse 70/5.« Wählt man die angegebene Rufnummer 46 24 87, ist folgende Bandinformation zu hören: »Mit einer neuen Mieze, die ihre süße Muschi rasiert hat, erwartet euch das Dreimäderlhaus ab 13 Uhr mit Gratisdrinks und einem dreistündigen Nonstopfilmprogramm. Als sexlüsterne Verführerinnen betätigen wir uns bei der Beteiligungsshow, die ab drei Herrn jederzeit stattfindet. Ein paar Stichwörter dazu: Mit Hingabe in der Nähe der Mädchen, zwei Mädchen lecken sich gegenseitig ihre süßen Vötzchen bis zum Orgasmus, dann werden alle aufgefordert uns zu vernaschen, jeder zahlt für die Beteiligung. Nur Zuseher sind selber schuld. Ein Einzelservice dauert 30 Minuten. Alles ist möglich. Von französisch, anal bis grenzenlos. Ob mit oder ohne (Präservativ) bestimmt der Gast. Unsere Gruppensexparty, die ab zwei Gästen um 21 Uhr beginnt, ist Spitze. Anfangs ein Ausziehspiel mit anfänglicher Partnerverlosung. Später können die Mädchen gewechselt werden. Da wir immer sexhungrig, immer bereit sind, stoßen, stöhnen und saugen, Orgien wie im alten Rom feiern, jagt ein Orgasmus den anderen. Seid versichert, ihr kommt auf eure Kosten. Ob ihr unsere geilen Muschis und willigen Brüste allein oder in Gruppen genießt, bleibt euch überlassen. Ohne Schutz, auf Wunsch mit. Gäste-Damen haben freien Eintritt. Wien 17., Rosensteingasse 70, Tür 5. Beim Postsportplatz.«

Vergleichbares wird als »Gruppensexparty« beispielsweise auch in der Schmelzgasse 9 angeboten, wo es unter der Wiener Rufnummer 26 66 10 heißt: »18 bis 21 Uhr Gruppensex in intimen Kreisen.« Drei Mädchen aus der Korbergasse 13, am Rande des Wiener Nobelbezirks Hietzing, annoncieren unter der Überschrift: »Liebesrausch und Partnertausch« und – »möchten Sie Ihren Freunden oder Gästen etwas Außergewöhnliches bieten, so kommen wir auch zu Ihnen, um eine Live-Show zu machen«.

In vielen der genannten Zeitungen inserieren Leser, um auf diesem, längst nicht mehr »ungewöhnlichen Wege«, wie es in den Bekanntschaftsanzeigen noch vor Jahrzehnten artig formuliert wurde, Partner für Orgien zu finden.

»Attraktives, lustiges Paar, 25/36, sucht nettes Paar, Dame, Herrn für tolerante Freundschaft, Sport, Reisen für kleinen Kreis. Bildzuschriften unter...«

Deutlicher formuliert sind die Texte in den einschlägigen »Fach«-Zeitschriften, in den Magazinen des Pornohandels. So heißt es beispielsweise in der deutschen Ausgabe des weitverbreiteten skandinavischen Magazins »Week-end sex«: »Wir, ein Ehepaar, 38, 41, suchen Anschluß an einen Sexclub, wir möchten auch gern geile Ehepaare kennenlernen, PT (= Partnertausch) machen. Mögl. Zuschriften mit Bild. Keine fin. Int. Chiffre...«

Oder: »Fickfreudiges junges Paar, prallbusig mit strammem, rundem Arsch und geiler Fut, sucht geile Paare, auch älter, auch Einzelpersonen. Geiler Briefwechsel angenehm. Chiffre...«

Spezielle »Kontakt«-Magazine mit wechselnden Titeln und Verlagsorten sind überall, auch im Versandhandel, erhältlich. Da heißt es in einer der Ausgaben: »Sehr geiles Paar (Anf. 30), gut aussehend, sucht ungehemmtes Paar (auch weibl. u. männl.

Einzelpers. Gern hübscher Neger mit langem Glied), die bei Sympathie ohne lange Anlaufzeit vielseitige Aktionen mitmachen. Bitte Bildzuschrift und Tel.-Nr....«

In österreichischen Tabakläden, Trafiken genannt, finden sich unter den angebotenen Zeitschriften und Zeitungen auch der wöchentlich erscheinende »Neue Nacht-Bote« und »Neue Nacht-Expresso«. Im »Intimen Privatanzeiger« dieses Blattes heißt es unter Hinweis auf den Raum Salzburg, Oberösterreich und Tirol: »Sexfreudiges Ehepaar, Anf. 40, sucht für gemütl. Abende mit PT u. allem, was Spaß macht, (Ehe-)Paar od. kl. Kreis, aber auch Einzelpersonen. Bildzuschriften...«

Unter den kommerziellen Kleinanzeigen des in Wien erscheinenden Blattes die Annonce: »Wien ist um eine Sensation reicher! Intimer, diskreter Treffpunkt für einsame, trotzdem niveauvolle Herren, Damen, Paare und Gruppen. Durchlaufend variantenreiche Pornofilmshow, auch Einzelvorführungen! Ihre Sonderwünsche, auch Extreme zu erfüllen, ist unser Bestreben. Tel. 94 41 77.«

Die Zahl solcher und ähnlicher Party-Clubs in Österreich und Deutschland geht in die Hunderte.

Ein paar Beispiele: Das FKK-Triangel in der Hamburger Simon-von-Utrecht-Straße, der Barbarella-Club in Köln, der Club Aquarium im Kölner Stadtteil Nippes, der Club 69 im Neanderthal bei Düsseldorf oder Carlos PPC-Club in Leichlingen, zwischen Düsseldorf und Köln. In Bonn-Holzlar, in Reutlingen, in Diedesheim...

»Stellen Sie sich vor, Sie sind in einem schwach erleuchteten Zimmer. Wenn Sie die Hände ausstrecken, dann berühren Sie alles, was Sie jemals erträumt haben«, schreibt Dan Abelow in seinem Buch »Total Sex«. »Neben Ihnen klatschen Körper in wilder Lust aufeinander, Sie lassen Ihre Finger über heiße Rücken gleiten, berühren Brüste oder Schamhaare, und sind selbst, ohne daß Sie es richtig merken, in dem wollüstigen Netz gefangen. Sie liegen plötzlich über einer Frau, die Sie vor einer Stunde noch nicht gekannt haben, Ihr Mund und Ihre Zunge begeben sich auf Wanderschaft, plötzlich ist Ihnen alles egal, Sie lieben und wollen geliebt werden.«

Aus der Fülle der dokumentierten Berichte von Teilnehmern einer Orgie zwei Beispiele. Die Aussagen zweier Frauen. Denn

»für gewöhnlich ist es nicht schwer, Männer für Orgien zu gewinnen«, hat Xaviera Hollander beobachtet, »Männer sind beinahe zu allem zu haben. Das Problem ist, die Frauen zu überzeugen«. Die aber, meint Xaviera Hollander, seien viel leichter zu überreden, als man glaubt. »Sich im selben Raum mit einem anderen Paar zusammen hinzugeben ist etwas, wonach sich die meisten Frauen heimlich sehnen. Nicht nur, daß es sich um eine Herausforderung an das weibliche Selbstgefühl handelt, es ist auch eine Gelegenheit für zwei Frauen, einander mit exzessivem Sexualverhalten die Hemmungen zu nehmen.«

Die amerikanischen Sexualforscher Matt und Kathleen Galant gaben 1967 in ihrer »Encyclopedia of Normal and Abnormal Sex« die Schilderung einer Adrienne M. aus St. Louis in Missouri wieder, die zusammen mit ihrem Mann Lester eine Orgie besucht hatte: »Als wir ankamen, war alles schon im Gange. Einer der Gäste öffnete auf unser Klingeln die Tür. Er war vollständig nackt und das brachte mich etwas aus der Fassung, aber Les lachte nur und schob mich durch die Tür. Ich holte tief Luft, als wir ins Wohnzimmer kamen, in dem ungefähr dreißig nackte Leute waren. Zuerst sah man nur Arme und Beine. Paare begatteten sich auf dem Fußboden und auf der Couch. Direkt vor uns saß ein Mann auf einem Stuhl, vor dem ein Mädchen kniete. Ein anderes Mädchen beugte sich über ihn, während er ihre Brust küßte. Ein Mädchen lag mit zwei Männern auf dem Boden. Eine Frau saß in einem Stuhl, während drei Männer gleichzeitig mit ihr beschäftigt waren. Wir standen einen Augenblick wie erstarrt, aber dann riß Les sich die Kleider vom Leib, und in einer Minute war er mitten drin. Ein Mann trat zu mir, ergriff meine Hand, küßte mich und fragte, warum ich denn immer noch angezogen sei. Ich erklärte ihm, daß wir gerade erst gekommen wären. Er führte mich in ein Schlafzimmer und half mir, mich auszuziehen. Ein anderes Paar lag auf dem Bett, aber das störte uns nicht. Später ging ich durch das Wohnzimmer, um mir in der Küche etwas zu trinken zu holen, als mich ein Mann ergriff und zu sich auf die Couch zog, auf der schon ein anderes Mädchen lag, und beide attackierten mich gleichzeitig.«

Matt und Kathleen Galant berichten weiter: »Adrienne und Les sagten, daß die Party bis nach vier Uhr morgens dauerte. Beide genossen sie sehr und sind seitdem aktive Anhänger von Sexpartys.«

Das zweite Beispiel stammt aus der Bundesrepublik und wird von Dietrich Köhr belegt, der 1970 eine Untersuchung über »Orgien in Deutschland« publizierte. »Man mag über mich denken, was man will«, zitiert der Autor aus dem Brief einer Frau Helga W. aus O., »seit mein Mann und ich uns einem Zirkel für Gruppensex angeschlossen haben, fühle ich mich als Frau wieder besonders wertvoll! Endlich muß ich nicht immer nur die Gebende sein, endlich werde ich wieder umworben – und nicht nur von einem einzelnen Mann!
Und nicht nur pflichtgemäß! Sie können sich gar nicht vorstellen, welchen Auftrieb, welches Selbstvertrauen es speziell einer ›alten‹ Ehefrau gibt!«

Der RALF-Report, eine »repräsentative Analyse sexueller Lebensformen« in Deutschland, hat ermittelt, daß sieben Prozent der befragten Männer Gruppensex und sechzehn Prozent der befragten Männer Partnertausch relativ häufig ausübten. Von den befragten Frauen praktizierten vierzehn Prozent Gruppensex und achtzehn Prozent Partnertausch. Hinzu kommen noch zehn Prozent Frauen und siebzehn Prozent Männer, die, nach ihren sexuellen Wünschen und Sehnsüchten befragt, Gruppensex und Partnertausch ausschließlich oder an erster Stelle nannten.

»Ich möchte mal ein Mädchen mit mehreren Jungs gleichzeitig ficken«, erklärt ein lediger Arbeiter der Altersgruppe 31 bis 40 Jahre. »Mein Schwanz in der Votze, ein anderer in ihrem Hintern, einer in ihrem Mund und in jeder Hand einen, alle gleichzeitig.«

Ein Angestellter der Altersgruppe 41 bis 50, verheiratet, vier Kinder, schreibt: »Meine Frau und ich würden gern einmal mit einem anderen Paar im Wechsel ficken, sich gegenseitig beim Akt zusehen, sich fotografieren und filmen in allen möglichen Stellungen.«

Für eine Studentin der Altersgruppe 21 bis 30, verheiratet, kein Kind, ist Sex »eine Verständigungsart oder ein Spiel wie Gespräche, Diskussionen oder sonstige zwischenmenschliche Beziehungen«. Sie plädiert dafür, Sex mit »jedem sympathischen Partner« zu praktizieren. »Oder auch zu mehreren. Außerdem würde es mir Spaß machen, von mehreren Männern auf einmal geliebt zu werden. Leider ist dieser Wunsch bisher daran gescheitert, daß meine dazu ›Auserwählten‹ sich dann doch einigten und einer wieder verzichtete.«

»Ich möchte gerne an Partnertausch teilnehmen«, formuliert eine Angestellte der Altersgruppe 31 bis 40, verheiratet, ein Kind. »Es würde mich unheimlich erregen, zuzusehen, wie mein Mann mit einer anderen Frau Geschlechtsverkehr hat. Ich habe selber nicht so große Lust, mit einem anderen Mann zu bumsen, aber ich weiß, daß mein Mann auch davon träumt, mich in den Armen eines anderen Mannes zu sehen.«

Mitte 1980 veranstaltete die deutsche Illustrierte »Quick« eine Umfrage zum Thema »Ehe und Sexualität«. Von den 500 befragten Ehepaaren gab jedes sechste Ehepaar an: »Wir haben mindestens schon einmal bei Gruppensex oder Partnertausch mitgemacht.« In dem »Quick«-Bericht heißt es weiter: »In der Altersgruppe zwischen 31 und 40 Jahren liegt diese Zahl noch wesentlich höher. Jedes vierte Ehepaar dieser Gruppe hat Erfahrung mit Partys, auf denen die Partner beim Sex getauscht werden. Nach dem Grund befragt, nannten die Männer und Frauen zwischen 31 und 40 Jahren an erster Stelle immer wieder: ›Wir wollten unsere Langeweile in der körperlichen Liebe bekämpfen und durch Sexpartys und Partnertausch unsere Lust neu wecken.‹«

Schon 1902 hatte der damals dreißigjährige Berliner Dermatologe Dr. Iwan Bloch, der heute als Mitbegründer der modernen Sexualwissenschaft gilt, in seinen »Beiträgen zur Aetiologie der Psychopathia sexualis« über das »Anthropologischbiologische Phänomen der menschlichen Sexualität« geschrieben, das der ewigen Dauer des Liebesgefühls zweier Menschen widerspricht, das »sexuelle Variationsbedürfnis«. In seinem 1906 erschienenen Werk »Das Sexualleben unserer Zeit in seinen Beziehungen zur modernen Kultur« führte er aus: »Die menschliche Liebe als Ganzes und in ihren einzelnen Äußerungen wird von diesem Bedürfnis nach Abwechslung, nach Veränderung beherrscht und beeinflußt. Auf dieses Ur- und Grundphänomen der menschlichen Liebe hat schon Schopenhauer hingewiesen, es aber mit Unrecht nur auf den Mann beschränkt. Ich nehme, wie ich schon früher betont habe, dieses allgemein menschliche Bedürfnis nach Variation in den sexuellen Beziehungen mehr als ein allgemeines Erklärungsprinzip vorhandener Tatsachen, nicht aber als ein etwa zu verwirklichendes Ideal. Im Gegenteil stellen meines Erachtens Treue, Festigkeit und Beständigkeit in der Liebe, Bändigung und Abschwächung des sexuellen Variationsbedürfnisses durch die Erkenntnis eminente Kulturfortschritte dar, durch die das menschliche Liebesleben in einem höheren Sinne fortgebildet und vervollkommnet wird. Aber die wirklich geschehenden Tatsachen sind durch keinerlei Heuchelei und Prüderie aus der Welt zu schaffen. Man muß mit ihnen rechnen.«

Dieses »sexuelle Variationsbedürfnis« ist auch eine der Ursachen für das Bedürfnis nach orgiastischer Betätigung. Hinzu kommt noch das spielerische Element. Nicht der zweckbetonte, allein auf Fortpflanzung oder Triebbefriedigung hinzielende Orgasmus, sondern der zusätzliche Lustgewinn, den wir, bewußt oder unbewußt, durch das Sehen und Gesehenwerden erzielen, wenn der Geschlechtsverkehr mit mehr als nur einem Partner in relativer Öffentlichkeit stattfindet.

Wenn der Sexologe Günther Hunold und einige andere Schriftsteller Exhibitionismus und Voyeurismus als »die wichtigsten Ingredienzien« der Orgie nennen, so stehen sie mit dieser Auffassung im Gegensatz zu den Erkenntnissen der Sexualwissenschaft, daß Exhibitionismus, also die sexuelle Zurschaustellung, und Voyeurismus, das Beobachten sexueller Handlungen, Sexualtriebe sind, die jeweils eine aktive Teilnahme am Geschlechtsverkehr ausschließen. Mit anderen Worten: der Exhibitionist findet seine Befriedigung ausschließlich in der Entblößung seiner Geschlechtsteile, der Voyeur sucht seine Befriedigung ausschließlich im meist heimlichen Beobachten sexueller Vorgänge.

Xaviera Hollander, die als »happy hooker«, als »fröhliche Nutte«, dadurch weltberühmt wurde, daß sie ihre Erlebnisse und Erfahrungen in einer Reihe von Büchern festgehalten hat, vertritt die Ansicht, daß jeder irgendwann einmal in irgendeiner Form an Gruppensex beteiligt war, »die Zehen in den Ozean der Orgien gesteckt« hat. »Es braucht sich keineswegs auch nur andeutungsweise um eine ›Orgie‹ gehandelt zu haben, aber selbst die ›indirekte‹ Anwesenheit von einer oder mehreren Personen ist schon ein Schritt in dieser Richtung.« Die Doppelverabredungen Jugendlicher, beispielsweise, wo das zweite Paar »hinten im Wagen sitzt. Zu irgendeinem Zeitpunkt am Abend beginnen beide Paare in Anwesenheit der anderen zu schmusen, und wenn die Affäre sich auch nicht bis zum letzten ausweitet, handelt es sich trotzdem um eine Gruppensex-Szene... eine gewisse Intimität entsteht zwischen dem Mädchen und dem *anderen* Jungen und zwischen dem Jungen und dem *anderen* Mädchen.« Eine weitere, vergleichbare Situation sind die nebeneinander gelegenen Hotelzimmer, die zwei Paare mieten, oder die »›simulierte‹ Gruppensexsituation«, wenn zwei Paare in einem Zimmer zwei Doppelbetten benutzen. Xaviera Hollander nennt das eine »orgiastische Atmosphäre«, die erste direkte Zuwendung zum Vollzug einer Orgie.

»Ob Sie bei Gruppensex mitmachen oder nicht«, schreibt Xaviera Hollander, »können nur Sie allein entscheiden. Der beste, allgemein gehaltene Rat stammt von Ernest Hemingway: ›Richtig ist etwas, wonach ich mich gut fühle; falsch ist etwas, wonach ich mich schlecht fühle.‹«

Die Geschichte der Orgie reicht, nach Ernest Bornemann, vom »Gottesdienst, den die Orgie einst darstellte«, bis »zur Beschreibung kollektiver Hurerei in Bordellen«. Doch ist das Wort Orgie, »das einst den heiligsten Ritus der alten Mutterreligion bezeichnete, heute zu einem Schimpfwort herabgewürdigt worden«.

Eine Geschichte der Orgie zu schreiben, bedeutet gleichzeitig auch eine Geschichte der Moral zu schreiben. Aber »›Moral‹ kommt von ›Mores‹, Sitten, Gewohnheiten. Moralisch ist, was Gewohnheit ist. Und Gewohnheiten ändern sich ständig«, sagt der englische Naturwissenschaftler Gordon Rattray Taylor in seiner »Kulturgeschichte der Sexualität«. Und: »Wir müssen stets unterscheiden zwischen dem von der herrschenden Gesellschaftsschicht als Ideal anerkannten Betragen und dem tatsächlichen Verhalten.«

»Das religiöse System, die politische Ideologie, die politische und wirtschaftliche Struktur und vieles mehr, innerhalb derer jeder von uns leben muß, gestatten uns gewisse Freiheiten und verwehren uns andere«, schrieb Wayland Young Anfang der 60er Jahre in seinem Buch »Eros Denied«, das 1966 unter dem Titel »Der verleugnete Eros« auch in deutscher Sprache erschien. Das Gesellschaftssystem, in dem wir leben, gestattet »uns zwar viele bewundernswerte Freiheiten«, verweigert uns aber »ziemlich unmißverständlich eine ganz besondere Freiheit«, sagt Young. »Es verweigert uns die volle Freiheit, die *Verwaltung* unserer selbst und unserer Gesellschaft, indem es denjenigen Bezirk, wo körperliches Begehren und seine Erfüllung ihre Funktion ausüben, indem es diesen Bezirk befleckt, entstellt, beschneidet, begrenzt, kurz mit einem Schild versieht, auf dem zu lesen ist ›reserviert‹.«

Im vierten Teil seines Buches behandelt Young »Handlungs-Tabus«: Inzest und Orgie. Er schreibt: »Der springende Punkt bei einer Orgie ist, daß man nicht weiß, wer der Partner ist. (Sonst würde man sich überlegen: ›Liebe ich diesen Menschen? Wenn ja, wäre ich nicht lieber allein mit ihm? Wenn ich ihn aber nicht liebe, was zum Teufel mache ich hier?‹) Bei einer Orgie erhält ihre eigene Identität als Individuen keine Verstärkung durch die Identität des unbekannten Partners. Die eigene Persönlichkeit beginnt also, sich abzuschwächen, unscharf zu werden, sich aufzulösen, mit den übrigen zu verschmelzen. Wenn in einem Augenblick völliger Rückhaltlosigkeit der Partner keine Identität besitzt, dann besitzt man selbst auch keine. Identität braucht Widerspiegelung und Bestätigung; wenn man mit einem unbekannten Menschen vögelt, dann gibt es keine Widerspiegelung, keine Bestätigung, die Identität eines jeden einzelnen rinnt aus, um sich mit der Identität jedes anderen einzelnen in einem allgemeinen Reservoir zu vermischen.«

Als Fuchs 1909 seine »Illustrierte Sittengeschichte vom Mittelalter bis zur Gegenwart« vorlegte, schrieb er in seinem Vorwort, daß eine darstellende Geschichte der geschlechtlichen Moral »das Edelste und Gemeinste« sammelt und »darum doch viel mehr eine Unsittengeschichte sein« wird.

Er führt weiter aus: »Die oberste Aufgabe der Sittengeschichtsschreibung muß stets sein, zu zeigen, wie die Dinge einstmals gewesen sind: Rekonstruktion der vergangenen Wirklichkeit durch planmäßiges Zusammenfügen der jeweils charakteristischen Tatsachen.«

Eduard Fuchs fährt fort: »Die Erfüllung dieser Aufgabe muß auf den zeitgenössischen Urkunden fußen, und darum auf deren weitestmöglicher Verwendung.« Das sind einerseits die »zeitgenössische bildnerische Darstellung von Personen, Dingen und Ereignissen«, andererseits »Nachrichten aller Art, Verordnungen, Verbote, Sittenmandate, Schilderungen von Gebräuchen, Spielen und Festen, und nicht zum wenigsten die künstlerischen literarischen Produkte jeder Zeit: Gedichte, Schwänke, Erzählungen, Schauspiele, einerlei ob kirchlichen oder profanen Charakters.« Denn »nur dadurch, daß die Zeit in solcher Weise selbst zu Worte kommt: in ihrer eigenen Sprache, in ihrem eigenen Jargon, in den von ihr selbst gebildeten Vergleichen usw., und zwar so oft und so ausführlich wie möglich, erwacht und ersteht sie zu wirklichem Leben«.

Dieser Ansicht von Eduard Fuchs versucht auch dieses Buch zu folgen. Die Zeit »in solcher Weise selbst zu Worte« kommen zu lassen: in Berichten von Augenzeugen und Zeitgenossen, als »Historiai«, als Geschichte, oder auch als »Anekdota«, als Geheimgeschichte, festgehalten, auf vielfältigste Arten überliefert, als »Kultur-Kuriosa« auch aus solchen Publikationen zusammengetragen, die am vergänglichsten sind, weil sie dem Tagesereignis gelten: Gazetten und Zeitungen, Journale und Illustrierte.

Der anthologische Charakter dieses Buches, durch möglichst ausführliche und umfassende Zitate bedingt, wurde mit voller Absicht angestrebt. Nicht die Reflexion einer Meldung, einer Affäre, eines Ereignisses schien wichtig, sondern die Darstellung des Ereignisses selbst, im ganzen Umfang seiner Quellen. Ereignisse, die wenig später schon von anderen Affären übertroffen und bei einem neuen »Skandal« vergessen waren, aber doch zur ständigen Ursache eines Moralpessimismus wurden, der von Cato bis heute immer wieder den »Verfall der Sitten« proklamierte, Maßnahmen zur Bekämpfung steigender »Verlotterung« provozierte und nichts weiter war als immer und immer wieder Mittel zum Zweck, persönliche Freiheiten einzuschränken, die sich die führende Schicht zu allen Zeiten selbst immer wieder nahm.

1
KULT

MYSTERIEN

Mit ausgebreiteten Armen, die Schenkel gespreizt, ihren Schoß weit geöffnet, bereit das eregierte Glied eines Mannes in sich aufzunehmen, so ist uns die erste Göttin der Menschheit überliefert: die temperamentvolle, heitere Innini, die Erd- und Liebesgöttin der Sumerer, des ältesten Volkes, das die Geschichte kennt.

Ihrer Göttin gleich entblößten sich die Mädchen und Frauen dieses Volkes, öffneten ihre Schenkel, um sich unter dem Sternenhimmel der Nacht jedem Mann in ihrer Nähe hinzugeben und vor aller Augen das nachzuvollziehen, was sie soeben gesehen hatten: die Vereinigung der Göttin, die symbolische Paarung der Hohenpriesterin mit dem Hohenpriester.

Das geschah anläßlich des Frühlingsfestes vor fünftausend Jahren, im Zwischenstromland, zwischen Euphrat und Tigris. Man feierte die Auferstehung des Tammuz und seine Vereinigung mit Innini, seiner Schwester.

Der Sage nach, so berichtet der Wiener Historiker Paul Frischauer, hatte die Erdgöttin Innini »ihren unersättlich lüsternen Schoß allen kraftstrotzenden männlichen Lebewesen der Erde angeboten«, bis sie in Liebe zu ihrem Bruder Tammuz entbrannte. »Jetzt wollte sie nur noch den einen Mann, in dessen Armen sie Liebe empfunden hatte – dieses ihr neue Gefühl der Erfüllung und beseligenden Ergänzung des eigenen Ich, das nur den Frauen und Männern zuteil wird, die für einander geschaffen sind.«

Als Tammuz während der Jagd von einem wilden Eber getötet wird, folgt Innini ihm in die Unterwelt nach und ist dort einer Reihe von schweren Prüfungen ausgesetzt. Auch auf der Erde erstirbt alles Leben: »Da verwelkten die Blüten der Erde, nicht trat der Stier mehr zur Kuh, die Weiber lagen allein in der Stube.«

Innini erwirkte die Rückkehr ihres Bruders Tammuz zur Erde. Dort sinkt sie ihm in die Arme, führt sein Glied in ihren Schoß – und alle tun es den beiden gleich. Die Tiere beginnen sich wieder zu paaren, die Erde beginnt wieder zu blühen, das Leben ist zurückgekehrt.

»Bei diesen Fruchtbarkeitsriten«, berichtet Paul Frischauer, »vereinigten sich die Ehefrauen nicht nur mit ihren Ehemännern, sondern sie hatten die freie Wahl der Liebe, das ihnen von den Männern zugestandene Recht, mit und bei dem Mann zu schlafen, den sie begehrten. Sie mußten allerdings darauf achten, daß der Same des außerehelichen Liebhabers auf die Erde fiel und sie selbst nicht befruchtete. Sonst hätten sie sich gegen die Pflichten der Ehe vergangen.«

Siebenhundert Jahre später, im Jahre 2300 vor Beginn unserer Zeitrechnung, hat die Göttin Ischtar die Stelle von Innini eingenommen.

Es ist die gleiche Geschichte:

»Nachdem Ischtar in das Land ohne Rückkehr hinabgestiegen war, trat der Stier nicht zur Kuh, näherte sich kein Esel der Eselin, dem Mädchen in der Gasse folgte kein Mann, es ruht in der Wohnung, was männlichen Stammes, es schliefen die Frauen allein«, heißt es in einer der Fassungen des »Gilgamesch«-Epos, das im 3. Jahrhundert v. Chr. von dem Sumererkönig und seinem ergebnislosen Streben, das ewige Leben zu erlangen, berichtet.

Die österreichische Schriftstellerin Johanna Fürstauer hat in ihrem Buch »Eros im alten Orient« den Kult zu Ehren der Ischtar, der Göttin der Liebe und Fruchtbarkeit, zu rekonstruieren versucht: »Es waren gespenstische Szenen, die sich im ungewissen Schein der rötlich glimmenden Fackeln unter dem lauen Nachthimmel des Frühlings abspielten. Der Platz hallte wider von den schrillen Klagetönen, die nur unterbrochen wurden von den einförmigen Rhythmen der Trommeln, deren Stakkato den Feiernden kalte Schauer der Erregung über den Rücken jagte. Noch waren es nur Frauen, denn die Männer waren ausgeschlossen von der großen Trauer des Weibes um den Verlust des

Männlichen. Nur die Tempelwachen in ihrer schimmernden Rüstung schauten steten Auges auf das Treiben, und ab und zu mischten sich vom Heiligtum her die dumpfen Stimmen der Priester in das schrille Klagegeschrei vor den Toren. Das Volk hatte Grund zum Trauern, denn Ischtar, die Glänzende, war nicht mehr: sie war hinabgestiegen in das Land der Schatten und hatte alles mitgenommen, was den Menschen die kurze Zeit ihres irdischen Daseins erträglich machte: ›Nicht beugte sich mehr der Mann über das Weib in der Gasse, nicht tönte die Stimme der Lust in der verwaisten Stadt.‹

Während sich die Klagegesänge der Frauen zu ekstatischem Schluchzen steigerten, während sich die Weiber die Haare rauften und im Taumel hysterischer Leidenschaft ihre Gewänder zerrissen, um sich gegenseitig die Brüste mit ihren Fingernägeln und sogar mit scharfen Steinen zu zerfleischen, enthielt sich jung und alt jeglichen erotischen Tuns. Das Chaos der Unfruchtbarkeit, das Ischtars Höllenabstieg über die Erde gebracht hatte, wurde zum Chaos der wehklagenden Menschheit, und die Leidenschaften, die sich in den wilden Klagegesängen bis zur nackten Hysterie steigerten, glosten wie ein unterdrücktes Feuer ihrem gewaltsamen Ausbruch entgegen. Dann schwieg der dumpfe Ton der Trommeln und Tamburine, und hoch über den Platz hin tönte der hellere Klang der Trompeten. Schon mischten sich von allen Seiten her eilende Männer unter die Schar der Frauen. Jetzt schritt der König im hohepriesterlichen Ornat in das Heiligtum der Göttin, um stellvertretend für den vergöttlichten Tammuz mit der Oberpriesterin die heilige Hochzeit zu vollziehen, welche die Wiedervereinigung des liebenden Paares symbolisieren sollte.

Vor den Augen der versammelten Priesterschaft und des Hofes nahm der König von den dienenden Mädchen den Rauschtrunk entgegen, der mit einem kräftig wirkenden Aphrodisiakum gemischt war. Denn die Potenz des Mannes mußte ins Gigantische übersteigert werden, wenn sie den Liebeshunger der Göttin stillen sollte. Vor den Augen des versammelten Volkes streifte der König seine Gewänder ab und stürzte sich, nur noch ein Mann im Vorgefühl seiner männlichen Stärke, über den auf goldenem Ruhebett hingebreiteten Leib, der seinen Umarmungen entgegenzudrängen schien. Der goldene Kopfputz der Göttin, den die Priesterin stellvertretend auf ihrem dunkeln Lokkengeflecht trug, glitt achtlos zur Seite, die edelsteinbesetzten Reifen an ihren Armen klirrten im Rhythmus heißer Umarmung. Das Volk, das Zeuge des heiligen Aktes wurde, aber brach in einen wilden Jubel aus. Männer und Weiber, die durch die vorausgegangene Zeit der Enthaltsamkeit und die wilde Hysterie der Klagegesänge ohnedies zu ekstatischer Erregung aufgestachelt und ihrer Sinne kaum mächtig waren, sanken einander zu mehr oder minder wahlloser Leidenschaft in die Arme. Der Wein, den die Tempeldienerinnen in bauchigen Krügen den Feiernden boten, floß in Strömen, und über dem Platz stand wie eine helle Wolke der süße Duft des Rauschtrunks, der sich mit den schweren Schwaden von Weihrauch und dem scharfen Geruch der brünstigen Leiber mischte.

In diesen Stunden, da die Nacht von unzähligen Fackeln rot war und die Luft schwirrte von den hellen Tönen der Flöten und dem kehligen Stöhnen einer ins tausendfache gesteigerten triumphalen Lust, die alle Schranken der Sitte durchbrochen hatte, war der Phallos wichtiger als der Phallosträger und wurde die Fruchtbarkeit der Erde inspiriert durch den lebendigen Rhythmus von sinnlichem Begehren und leidenschaftlicher Erfüllung, der in hundertfältigen Formen seine Verwirklichung fand.

Ischtar, die das Land der Lebenden verlassen hatte, weil sie sich mit der Opferung des Phallos nicht abfinden konnte, Ischtar, die liebestrunkene Göttin mit den blutbefleckten Händen, nahm jetzt das phallische Opfer von Tausenden entgegen. Ihr steinernes Abbild färbte sich rot von dem Blut der abgeschnittenen Phallen der Opfertiere, welche die brünstigen Frauen wieder und wieder in ihren Schoß warfen, um ihr so die Gaben der nimmer erlahmenden Mutterschaft abzuringen.

Unter wilden Tänzen und Gesängen steigerte sich die Lust des Volkes zu wildester Ausschweifung, und kein Mensch nahm daran Anstoß, daß sich die Paare in aller Öffentlichkeit umarmten und das Intimste zur selbstverständlichen Huldigung an die Gottheit wurde, die das Auge des Nächsten nicht zu scheuen brauchte.«

Ernest Bornemann kommentiert: »...der Egoismus, mit dem wir normalerweise unseren Geschlechtspartner auswählen, war hier verboten. Man paarte sich nicht mit dem Wesen, das man liebte, weil es schön, jung, kräftig, klug, viril, potent oder in irgendeiner anderen Weise anziehend war. Man opferte sich statt dessen und kopulierte auch mit den Alten, den Häßlichen, den Kranken und Lahmen. Der Geschlechtsakt, den wir sonst aus Lust begehen, wurde hier zum Opfer. Er wurde vom Akt des Nehmens in einen Akt des Gebens verwandelt.«

Weniger positiv hatte Quintus Curtius Rufus, etwa 50 Jahre n. Chr. Geburt, die kultischen Feiern beurteilt: »Es gibt nichts Verdorbeneres als dieses Volk und nichts Raffinierteres in den Künsten der Wollust und Sinnlichkeit« schrieb er in seiner »Historia Alexandri Magni Regis Macedonum«, der einzigen erhaltenen lateinischen Version der historischen Legenden von Alexander dem Großen. »Väter und Mütter duldeten, daß sich ihre Töchter ihren Gästen um Geld überließen, und Gatten waren hinsichtlich ihrer Ehefrauen nicht weniger duldsam. Die Babylonier gaben sich hauptsächlich der Völlerei und den daraus entstehenden Lastern hin. Die Frauen erschienen am Anfang ihrer Orgie bescheiden; dann aber entledigten sie sich ihrer Kleider Stück für Stück bis auf einen spärlichen Rest und endlich waren sie, wenn die Scham nach und nach völlig verschwunden war, ganz nackt. Es waren dies nicht etwa öffentliche Dirnen, die sich so preisgaben, nein, es waren dies Weiber der edelsten Abkunft und ihre Töchter.«

Der sumerischen Ischtar entspricht die semitische Muttergottheit Astarte. Zunächst in Palästina beheimatet, breitete sich ihr Kult durch die Phönikier auch im Mittelmeerraum über Zypern und Kreta bis Karthago und Sizilien aus. »Der Kult der Astarte als einer orientalischen Fruchtbarkeitsgöttin wies mancherlei Ausschweifungen und auch sakrale Prostitution auf«, heißt es in einem Lexikon. Johanna Fürstauer spricht in ihrem Buch »Eros im Alten Orient« von »magischen Kulten von einer erschreckenden Primitivität«, von einer »Orgie wilder Geschlechtlichkeit«.

Richard Wunderer hat den Astarte-Kult zu rekonstruieren versucht: »Festlich sattgegessen und mit einem guten Trunk versorgt, begaben sich die Feiernden beiderlei Geschlechts in den Tempel. Dort stand das Standbild der Astarte, ein nackter Hermaphrodit, also ein Wesen, das zugleich mit weiblichen und männlichen Geschlechtsorganen ausgestattet ist. Nicht weniger ungewöhnlich sahen die zum Fest Eilenden aus: Männer in

Frauenkleidung und Weiber, die sich in Männertracht gehüllt hatten. Schon diese Verkleidung – man fühlt sich versucht, von einer Maskerade zu sprechen –, hob die Fesseln der Scham zum Teil auf. Man war anonym geworden, man war nicht mehr, was man vor der Verkleidung gewesen. Und dieses neue Wesen durfte Schamlosigkeiten begehen, die niemals auf das ursprüngliche Ich zurückfallen konnten? Zudem war es die Autorität des Oberpriesters, die vor der nackten Astartestatue das Zeichen zur allgemeinen Promiskuität für eine Nacht gab.

Musik – Rhythmus und Melodien gehören zu jedem Rummelplatz; auch während der nächtlichen Astartefeste peitschten Lieder die Teilnehmer immer wieder zu geschlechtlicher Vereinigung auf. Unbeschreibbare Szenen spielten sich im Dunkel der Haine ab, denn ohne Hemmungen fielen die Menschen übereinander her und suchten ihre Lust. Während eines Festes der Astarte schwanger geworden zu sein, galt für die Frauen weder als Schande noch als Unglück. Die Priesterschaft begrüßte solch ein Ereignis, denn ›Kinder der Astarte‹ wurden selbst meistens zu treuen Anhängern dieses Kultes. Selbstverständlich kannten sie ihre Väter nicht, aber es wäre keinem Mann in den Sinn gekommen, die Gattin oder Schwester deshalb zu schelten, wenn sie im Rahmen eines Astartekultes durch einen fremden Mann zur Mutter geworden war.«

Schon 250 Jahre vor Wunderer, 1698, hat ein gewisser John Fryer nach antiken Darstellungen eine solche Tempelnacht beschrieben. Hier sein Bericht:

»Zuerst breiten die Paare ein sauberes Laken auf dem Boden aus, darauf stellen sie die Leckerbissen, die in ihnen die geile Hitze zum Entflammen bringen soll. Wenn sie sich dann von dem Laken erheben, das schon jetzt seine jungfräuliche Reinheit eingebüßt hat, bestreuen sie das befleckte Tuch mit weißem Mehl. Dann aber, damit sie ihren schändlichen Lüsten um so besser nachgehen können, löschen sie die Kerzen. Splitternackt bewegen sie sich, Männlein wie Weiblein, durch den Raum. Die Männer werfen ihre Gewänder auf einen Haufen in die Ecke. Die Frauen laufen derweil durch die Dunkelheit, sie suchen zu greifen, was sich greifen läßt, und wenn dann wieder die Lampen entzündet werden, umarmen sie inbrünstig, was sie nun gerade mit ihren Händen ergriffen haben, und sei es auch der Vater, der Bruder oder sonst ein naher Verwandter. Was aber das

Schlimmste ist: Da sie nun die Nacht mit bestialischem Treiben verbringen, mischen sich in das Mehl die Spuren ihrer Lust – sei es nun der Auswurf des Magens, ihrer Därme oder ihrer Geilheit. Und darin wälzen sie sich wie die wilden Tiere. Das Mehl jedoch kneten sie zu Teig und führen ihn zum Munde. Und so feiern sie immer wieder dasselbe unheilige Fest, als wäre es ein Opfer, das den Göttern gefällt.«

Was für die Sumerer Ischtar, für die Phönikier Astarte, für die Phrygier Kybele, war für die Thraker Bendis, Rheia für die Kreter, Artemis für die Epheser. Verschiedene Namen für die eine Große Göttin, die Jungfrau und Hure, Mutter und Geliebte ist. Liebe als Erfüllung göttlichen Willens. »Der ›kleine Tod‹, der kurze Verlust des Bewußtseins beim Orgasmus, wird als Offenbarung aufgefaßt«, schreibt Ernest Bornemann. Durch den »kleinen Tod« wird der Mensch »zum Werkzeug der Großen Göttin und erlebt am eigenen Leibe die Ekstase der göttlichen Schöpfung. Der Sinn der Liebe ist, daß sie uns zusammenführt, daß sie die Geschöpfe Gottes vereint, daß sie die ursprüngliche Einheit der Welt, aus der sich alle Geschöpfe differenziert haben, noch einmal herstellt und uns damit die Ruhe gibt, die wir benötigen, um Kräfte zu sammeln.«

Der Darstellung Bornemanns folgend, endet erst mit der Verweltlichung der Frau ihre Existenz als Göttin. Die Liebe ist ihr heilig, ist frei von Scham und Schuld. Hieròs gámos, die Heilige Hochzeit: die Priesterin paart sich vor aller Augen mit dem König als Auftakt zur Orgie.

Das Wort ist griechischen Ursprungs.

οργια, orgia, nannten die Griechen die »heilige Handlung«, ihre Götter zu ehren, deren Sitz, der Olymp, »sozusagen die Bühnenprojektion des enthemmten Sexuallebens der Griechen« war, wie Lo Duca es formulierte.

Nichts war den Griechen fremd. Ihre Sprache war reich an obszönen Wörtern und Wortspielen, aber der Begriff »obszön« ist nicht griechischen Ursprungs. Sie hatten kein Wort für »schamlos« und keines für »pervers«, und der Begriff »Sünde« war ihnen fremd. Man müsse versuchen, sich »in den Geist der altgriechischen Zeit« zu versetzen, und »man darf nicht die gänzlich abweichenden Anschauungen der modernen Menschen zum Maßstab der griechischen Ethik machen«, schrieb Hans Licht in seiner dreiteiligen »Sittengeschichte Griechenlands«. 25 Jahre lang hatte der promovierte Gymnasialprofessor Paul Brandt die griechische Kultur und Literatur nach erotischen und sexuellen Motiven durchforscht. Waren doch die Griechen »die größten Lebenskünstler auf dem Gebiet der Erotik gewesen. Sie haben am meisten von allen Völkern und mit vollem Bewußtsein den erotischen Trieben nachgegeben und die Erotik in den Mittelpunkt nicht nur ihres privaten, sondern auch öffentlichen Lebens gestellt«. 1925 legte Paul Brandt dann unter dem Pseudonym Hans Licht den ersten Band seiner »Sittengeschichte Griechenlands« vor, in der sich dem Leser das Geschlechtsleben der Griechen »in wesentlich anderem Lichte zeigen wird, als es sich ihm nach seinen Erinnerungen aus der Schulzeit oder der Lektüre der üblichen Handbücher bisher darstellte«.

Der Bonner Oberstudiendirektor i. R. Paul Brandt hatte so gründliche Arbeit geleistet, daß seine »Sittengeschichte Griechenlands« bis heute unübertroffen blieb. Thomas Mann urteilte über Hans Lichts Werk: »Die Abschnitte über die griechische Erotik sind das Merkwürdigste, menschlich Aufschlußreichste und übrigens Amüsanteste, was mir an Büchern über die Antike vorgekommen ist.«

Und Hermann Hesse fand seiner eigenen Aussage nach »zwischen den erstaunlichen Bildern viel Wissenswertes und viel Beneidenswertes vom Liebesleben der Griechen«.

Herodotos aus Harlikarnossos, dem die Geschichtsschreibung der Welt die erste und wesentlichste Information über die Alte Welt verdankt, hatte zwischen 455 und 444 v. Chr. als Dreißigjähriger das kleinasiatische Küstengebiet bereist, Teile Vorderasiens, Ägypten, Kyrene, Zypern, den Pontos und den Hellespont, Thrakien und Makedonien, von Kriegen und Niederlagen berichtet, Städte und Länder beschrieben und die Sitten ihrer Bewohner, »damit weder durch die Zeit in Vergessenheit gerate, was von Menschen geschehen, noch große und bewundernswürdige Leistungen, die teils Griechen, teils Barbaren vollbrachten, ruhmlos blieben«.

Schon er hat in seinen »Historien« angemerkt, daß »fast alle Götternamen aus Ägypten nach Griechenland gekommen« sind und geschrieben: »Als erste von allen Menschen veranstalteten die Ägypter heilige Feste, Umzüge und Opferdarbietungen. Die Griechen lernten von ihnen. Dafür ist mir Beweis, daß diese Feste in Ägypten schon ziemlich alt sind, während sie in Griechenland erst neuerdings gefeiert werden.

Nicht nur einmal im Jahre feiern die Ägypter diese großen Feste, sondern sehr oft. Am häufigsten und liebsten versammelt man sich in der Stadt Bubastis zu Ehren der Artemis, an zweiter Stelle in Busiris zu Ehren der Isis. In dieser Stadt steht der größte Isistempel. Dazu liegt diese Stadt Ägyptens mitten im Delta. Isis ist der ägyptische Name für Demeter. An dritter Stelle feiert man ein solches Fest in der Stadt Sais zu Ehren der Athene, an vierter in Heliopolis für Helios, an fünfter in der Stadt Buto für Leto, an sechster in der Stadt Papremis für Ares.

Wenn sie nach Bubastis fahren, verläuft die Feier so: Eine große Volksmenge, Männer und Frauen gemeinsam, fahren in jedem Kahn. Einige Frauen haben Rasseln, mit denen sie Lärm machen; die Männer spielen während der ganzen Fahrt auf der Flöte. Die übrigen Leute singen und klatschen in die Hände. Fahren sie an einer anderen Stadt vorbei, lenken sie ihr Schiff ans Ufer und benehmen sich so: Einige Frauen handeln, wie erzählt, andere rufen die Frauen dieser Stadt heraus und necken sie; wieder andere tanzen, andere stehen auf und heben ihre Kleider in die Höhe. Das wiederholt sich bei jeder Stadt, die am Flusse liegt. Wenn sie nach Bubastis kommen, begehen sie ihr Fest unter großen Opfern. Dabei wird in diesen Tagen mehr Wein vom Rebstock verbraucht, als im ganzen übrigen Jahr. Die Zahl der Gäste, Männer und Frauen außer Kindern, beträgt sogar bis zu 700000, wie die Einheimischen erzählen.

So geht es in Bubastis zu.«

Es kamen beim Kultus der Artemis, »so seltsam dies auf den ersten Blick bei der ›jungfräulichen‹ Göttin erscheinen mag«, ergänzt Hans Licht, »höchst obszöne und anstößige Tänze vor«, und schreibt an anderer Stelle, daß diese Tänze »nach unseren strengeren Begriffen unzüchtig genannt werden müssen«, da ihre Eigenart das, »was die moderne Wissenschaft der Psychopathie unter dem Wort Exhibitionismus versteht«, ausmachte: Taumel zu Beginn, nach und nach, von Verrenkungen begleitet, in einen ekstatischen Wirbel übergehend, wobei – scheinbar unabsichtlich – die Genitalien entblößt und rhythmisch der Coitus nachgeahmt wurde.

War Artemis die »jungfräuliche Jagdgöttin«, die mit ihren Nymphen durch die Wälder zog, Jugend und Jungfräulichkeit schützend, so ist Aphrodite die Göttin der geschlechtlichen Liebe. Aphrodite, die »aus dem Schaum des Meeres« Geborene, wie in den Schulen gelehrt wurde, wobei der Tatbestand verschwiegen wurde, den der Grieche Hesiodos aus Askra an der Wende des 8. zum 7. Jahrhundert v. Chr. in seinem Epos »Theogonia«, »Göttergeburt«, schildert: Nachdem das Glied von Uranos mit einer Sichel abgeschnitten worden war, schwamm es »lange Zeit auf dem Meere, und um es herum war weißer Schaum, der von dem unsterblichen Gliede ausging, und in ihm wurde Aphrodite erzeugt«.

Die dieser Göttin geweihten Feste, die Aphrodisien, fanden meist im Frühling statt. Hans Licht spricht von nächtlichen Festen »in blühenden Gärten und Lauben mit Reigen, Tänzen und Musik und ungezügelter Hingabe an Liebe«.

In Zypern versammelte sich das Volk am Strand von Paphos, »um die Göttin zu empfangen und sie im festlichen Jubel nach ihren heiligen Gärten hinaufzugeleiten. Von den Frauen und Mädchen der Insel wurde das Bild der Göttin im heiligen Meer gebadet und dann geschmückt, wonach sie selbst unter Myrtenbüschen im Fluß badeten zur Vorbereitung auf die darauf folgenden Liebesorgien.«

In Knidos, einer Hafenstadt im Südwesten Kleinasiens, lag das Heiligtum der Aphrodite, das von Lukian, dem Verfasser der berühmten »Hetärengespräche«, beschrieben wurde: »Kaum waren wir in die Nähe des Heiligtums gekommen, als uns aphrodisische Lüfte von dorther entgegenwehten. Der Fußboden der Vorhalle war nämlich nicht etwa wie sonst mit toten, glatten Steinplatten ausgelegt, sondern – wie ganz begreiflich im Aphroditentempel – vollständig mit lebenden Bäumen und Sträuchern bepflanzt, die mit ihrer Blätter- und Blütenpracht sich zu einer üppigen, weithin duftenden Laube zusammenschlossen. Zumal die früchtereiche Myrte prangte dort im Heiligtum ihrer Herrin in üppiger Fülle, nicht weniger alle anderen Bäume, die sich durch besondere Schönheit auszeichnen. Nirgends sah man durch die Länge der Zeit ausgetrocknete oder verwelkte Zweige, sondern alles prangte in strotzender Fülle mit frischen Trieben. Dabei fehlte es nicht an Bäumen, die zwar keine Früchte tragen, denen aber die Schönheit die Früchte ersetzt, himmelhochragende Zypressen und Platanen und unter ihnen der Baum, der während seines Menschendaseins von Aphrodite nichts wissen wollte, sondern vor ihr geflohen war, der Lorbeer. An allen Bäumen rankte sich in enger Umschlingung liebender Efeu empor. Üppige Rebstöcke trugen schwer an der Last ihrer Trauben. Denn wonniger ist Aphrodite mit Dionysos im Bunde, und beide zusammen spenden köstliche Lust; voneinander getrennt aber erfreuen sie minder. Wo die Bäume dichter standen und reichlicheren Schatten spendeten, waren freundliche Sitze errichtet, an denen man seine Mahlzeiten einnehmen konnte, wovon die Städter selbst freilich nur selten Gebrauch machten; die große Menge aber ließ es sich dort gut gehen und erfreute sich an allerlei Liebesgetändel.«

Das »Liebesgetändel« waren sowohl lesbische, wie auch heterosexuelle Orgien, »bei denen natürlich die gefälligen Dienerinnen der Aphrodite, die Dirnen und Hetären, nicht fehlen durften«, schreibt Hans Licht. »Ein echtes Hetärenfest waren die Aphrodisien auf der Insel Aigina. Dort spielte Phryne die bekannte Szene, von der Athenaios erzählt: ›Es war aber Phryne tatsächlich mehr an den Teilen schön, die man nicht zu zeigen pflegt, und es war nicht leicht, sie nackt zu sehen, denn sie pflegte einen enganliegenden Chiton zu tragen und benutzte nicht die öffentlichen Bäder. Als aber an der Eleusinienfeier und am Poseidonfeste das ganze Griechenvolk versammelt war, legte sie vor aller Augen die Gewänder ab, löste das Haar und stieg nackt in das Meer: das gab dem Apelles die Anregung zu seiner aus dem Meer emporsteigenden Aphrodite. Auch Praxiteles, der berühmte Bildhauer, gehörte zu ihren Verehrern und formte nach ihr seine Knidische Aphrodite.‹

Am üppigsten wurden die Aphrodisien in dem Hafenbabel Korinth begangen, wo nach Alexis die zahllosen Freudenmädchen sogar ihr eigenes Aphroditefest feierten. Natürlich dauerten solche Feste bis in die Nacht, ja wohl die Nacht hindurch, in der die Hetären, ›die Füllen der Aphrodite‹, in ausgelassenen Scharen durch die Straßen fluteten. Eine solche Nachtfeier nannte man Pannychis, was dann auch ein beliebter Hetären-

name wurde. Die Hetären, ›fast nackt in duftigsten Gewändern in Scharen aufgereiht‹, um die Worte des Eubulos zu zitieren, verkauften um geringes Entgelt ihre Gunst, die jeder ›sicher und ohne Gefahr‹ genießen durfte.«
Besonders beliebt bei den Hetären war auch das Adonis-Fest, das im Spätsommer gefeiert wurde.
Wie Ischtar in Tammuz, so hatte sich Aphrodite in den schönen Jüngling Adonis verliebt. Wie Tammuz war auch Adonis auf der Jagd von einem Eber getötet worden. Die untröstliche Aphrodite erreicht, wie Ischtar, daß Adonis jedes Jahr sechs Monate lang auf die Erde zurückkehren darf. »Adonia« hieß das Fest, bei dem man alljährlich das Sterben und Wiedererwachen der Natur feierte.

»Während dieser Feste, die vor allem in Byblos in Syrien gefeiert wurden, versammelte sich eine ungeheure Menschenmenge aus allen Ländern um den großen Venustempel«, schreibt Pierre Dufour in seiner achtbändigen »Histoire de la prostitution«, die Mitte des vorigen Jahrhunderts in Brüssel, später auch in deutscher Sprache in Berlin erschien. »Man feierte zunächst ein Trauerfest, bei dem man den Adonis beweinte und sich gegenseitig mit der Hand oder mit Ruten schlug; diesem folgte dann ein Freudenfest, das die Wiederauferstehung des Adonis verkündete. Dabei stellte man am hellen Tage unter der Tempeltür die phallusgeschmückte Statue des neubelebten Gottes auf, und sofort mußten alle anwesenden Weiber entweder ihre Haare dem Schermesser oder ihre Körper der Prostitution hingeben. Diejenigen, die der Erhaltung ihrer Haare den Vorzug gegeben hatten, wurden auf eine Art Markt gebracht, wohin nur die Fremden dringen durften; sie standen daselbst während eines ganzen Tages zum Verkauf und gaben sich diesem schmachvollen Handel so oft hin, als man dafür bezahlen wollte.«

Eine der am meisten verehrten griechischen Gottheiten war Demeter, die Mutter der Erde, Göttin der Fruchtbarkeit und des Wachstums. Ihr zu Ehren feierte man die »Thesmophorien«, ein Fest der Frauen, von dem Männer ausgeschlossen waren. Hans Licht schreibt darüber: »...alle Frauen, die sich an dem Feste beteiligen wollten, mußten sich vorher neun Tage lang des geschlechtlichen Umgangs enthalten: die Klugheit der Priester forderte das als einen Akt der Frömmigkeit, der wahre Grund war natürlich, daß die Frauen nachher um so zügelloser, durch die lange Enthaltsamkeit aufgepeitscht, an den erotischen Orgien teilnehmen konnten.«

Die wichtigste Kultstätte der Demeter lag in Eleus in Attika, am Eingang zum »Reich der Schatten«, Schauplatz neuntägiger Mysterien im September.

»Die eigentlichen Festlichkeiten finden bei Nacht, im Schutze der Dunkelheit oder beim Licht der Sterne statt«, schreibt Otto Zierer in seinem »Kultur- und Sittenspiegel«.

»Dann bedecken sich die felsigen Hänge um den eleusischen Tempel der Demeter, der über dem Erdspalt und der Kallichoros-Quelle erbaut ist, mit Zehntausenden weißgekleideter Gestalten, unzählige Fackeln lodern um Fels und Meeresbucht. Die Masse der Pilger steht vor den Propyläen (Säulenfronten) des Weihebereichs und vernimmt ehrfürchtig den Gesang aus dem Innern des Heiligtums:

Denn heilige Scheu vor den Göttern bindet die Stimme!
Selig, wer je sie von irdischen Menschen gesehen!
Wer aber unteilhaftig der Weihen, der findet ein anderes Schicksal,
   wenn er weilt, verblichen im dumpfigen Dunkel!«

Otto Zierer nimmt an, »daß die Mysten unter feierlichen Zeremonien von der Priesterschaft durch dunkle Gänge geführt wurden, wo sie plötzlich den hellerleuchteten Bildern der Göttinnen begegneten. Im riesigen Säulensaal des Tempels mögen die Legenden der Demeter mit der Persephone in plastischen Arbeiten anschaulich dargestellt worden sein.« Anderen Quellen nach kann als erwiesen gelten, daß es sich nicht nur um »plastische Arbeiten« handelte, sondern um »plastische Darstellungen« – um die szenische Wiedergabe der »Vereinigung der beiden Göttinnen« Demeter und Persephone, die vom Hades entführt worden waren. Die Vereinigung Demeters mit Iasion, einem Titanen, dem sie sich in der Furche eines dreimal gepflügten Ackers hingegeben hatte. Die Furche als Symbol der weiblichen Scham, der Pflug als Symbol des männlichen Gliedes. Ihre Vereinigung war thematischer Mittelpunkt und szenischer Höhepunkt der »Eleusinischen Mysterien«, vollzogen von der Priesterschaft im Innern des Heiligtums. »Das Geschlechtliche wurde zum Abglanz eines himmlischen Weltgeschehens«, schreibt der Sexualforscher Charles Waldemar. Die Paarung als hieros gamos, als Heilige Hochzeit – nachgeahmt von den Anwesenden. Jede Frau eine Göttin, jeder Mann ein Titan, alle im gemeinsamen Akt vereinigt.

So vermutet man. Denn die Eingeweihten, die Epopten, mußten schweigen. Das gilt für alle Mysterien fast aller Völker in fast allen Zeiten.

Glückselig wurde »der von den Menschen auf Erden, der das geschaut«, in den dem ältesten Dichter Griechenlands, Homer, zugeschriebenen Hymnen gepriesen. Aber ihnen, die solches schauen durften, war strengstes Schweigen auferlegt, und jedes Vergehen gegen dieses Gebot wurde streng bestraft. Und daran hielten sich die meisten der Zeugen.

Auch in den Berichten Herodots finden sich immer wieder Sätze wie: »...scheue ich mich zu sagen«, auch er wagt vieles »aus frommer Scheu nicht auszusprechen«. Und obwohl auch er über die Vorkommnisse beim Fest der Demeter weiß, »soll von meiner Seite Schweigen herrschen, abgesehen nur von denjenigen Dingen bei dem Feste, die ich erwähnen darf«. Er schreibt: »Was ich von ihnen erwähnen werde, will ich nur erwähnen, wenn ich durch die Überlegungen dazu gezwungen werde.« Und das ist dann auch entsprechend wenig.

Herodots Zeitgenosse Pindaros aus Kynoskephalai, ein in die Mysten Eingeweihter, zum Epopten gewordener, ein »Schauender«, der Zugang zum Innersten des Heiligtums hatte und die großen Mysterien miterleben durfte, bezeugt, daß »glücklich ist, wer – nachdem er jenes gesehen hat – unter die Erde geht! Von des Lebens Anfang und Vollendung weiß er...«

Und noch fünf Jahrhunderte später heißt es bei Plutarch, daß sich nur den »in die göttlichen Mysterien Eingeweihten die Geheimnisse im hellen Licht der Wahrheit offenbaren«.

Im Jahre 1911 erschien, zuerst als Privatdruck, »Antiquitates Eroticae« in Ergänzung zu dem ein Jahr früher publizierten »Museum eroticum Neapolitanum«. Verfasser war der 36jährige Mediziner Gaston Vorberg. Sich »auf die klassischen Schriftsteller von Hellas und Rom und, wo diese nicht ausreichen, auf die Werke glaubwürdiger Scholiasten« stützend, sah Vorberg in der »kritischen Verarbeitung des Quellenmaterials« den Hauptwert seiner Arbeit: »...von der ich wohl behaupten darf, daß sie zur Kenntnis des Geschlechtslebens im Altertum beiträgt.« Tatsächlich ist sein Werk eines der bedeutendsten Werke der Sexualwissenschaft, von dem zahlreiche andere Schriftsteller offen oder heimlich profitierten. Vorbergs Buch, das »nicht nur von den Kunstschätzen des Nationalmuseums in Neapel« handelt, sondern auch Werke aus »der Sammlung eines bekannten rheinischen Kunstfreundes« enthält, »der mir die Stücke in liebenswürdigster Weise zur Verfügung gestellt hat«, bringt auch einen Beitrag über die Dionysien, den Kult zu Ehren Dionysos, zu Ehren Bacchus.

Gaston Vorberg schreibt in der Einleitung: »Den Bacchuskultus glaubte ich mit in den Kreis unserer Betrachtungen ziehen zu müssen, weil dieser Kultus zu geschlechtlicher Ausschweifung reichlich Gelegenheit bot, ja vielfach nur Mittel zum Zweck war.«

Die zeitgenössischen Schriftsteller berichten nur wenig, wohl weil der Kult allgemein zugänglich, das orgiastische Treiben allen bestens bekannt war. So spricht auch Plutarch, ein universal gebildeter Mann, dessen Ziel als Schriftsteller die Besserung der allgemeinen Sitten war, Ende des ersten Jahrhunderts v. Chr. lediglich davon, daß die Dionysosfeste »in alter Zeit volkstümlich und ausgelassen gefeiert« wurden und berichtet »über allem war der Phallos«.

Etwa hundert Jahre später hat Pausanias in seiner »Beschreibung Griechenlands« es »nicht für richtig gehalten, das, was man dabei alljährlich nachts dem Dionysos zu Ehren tut, dem großen Publikum mitzuteilen«.

Gaston Vorberg griff in seiner Darstellung auf alte Quellen zurück, auf Hinweise in den Werken von Aristophanes und Euripides, auf die umstrittenen Sammlungen des Sizilianers Diodorus aus dem ersten vorchristlichen Jahrhundert, auf die Ausführungen Plutarchs und auf die Berichte Herodots. Diese Bruchteile der einzelnen Informationen fügte Vorberg aneinander und versuchte so den Ablauf der Dionysien zu rekonstruieren. Wer immer später den Kult zu schildern oder darzustellen versuchte, nahm Vorbergs Studien als Grundlage.

Nach Herodot »sind fast alle Götternamen aus Ägypten nach Griechenland gekommen. Daß sie fremdländischen Ursprungs sind, habe ich durch Forschen festgestellt«, schreibt er und glaubt bestimmt, daß sie hauptsächlich aus Ägypten stammen.

Etwa im 5. Jahrhundert v. Chr. kam der Kult zu Ehren des Dionysos, dem Gott des Weines und der Vegetation, nach Griechenland, »auf dem Land-, teilweise auf dem Seewege«, wie es in einem einschlägigen Lexikon heißt. Man nannte die Feste zu Ehren Dionysos Dionysia oder Baccheia, »bisweilen hießen sie«, schreibt Vorberg, »auch mit ihren Opfern und feierlichen Handlungen Orgia«.

Weiter heißt es bei Vorberg: »Die Festleitung lag in der Hand des Oberarchonten. Die Feierlichkeiten beschränkten sich in Griechenland ursprünglich auf Umzüge. Ein großes, mit Wein gefülltes und mit Weinlaub umranktes Gefäß, ein Korb mit Feigen, ein Bock und Phallen wurden in der Stadt umhergeführt. Allmählich mit zunehmendem Wohlstande feierte man die Feste mit größerer Prachtentfaltung. In den Umzügen wurden allerlei Begebenheiten aus dem Leben des volkstümlichen Gottes dargestellt. Die Priester erschienen, das Haupt mit Weinlaub, mit Epheu- oder Fichtenzweigen umkränzt, mit blumenbestreuten Kleidern, Rehfelle über den Schultern, Thyrsosstäbe in den Händen. Einige waren als Pane, Silene und Satyrn verkleidet und hatten Bockhörner vorgebunden.

Manche ritten auf Eseln und zogen die Böcke nach, die zum Opfer bestimmt waren. Andere setzten das Tympanum in Bewegung, wiederum andere spielten Flöte. Eine Gruppe von Priestern trug die heiligen Gefäße, von denen eins mit Wasser gefüllt war. Aus den edelsten Geschlechtern erwählte Jungfrauen hielten goldene Fruchtschalen in den Händen. Mitunter waren zwischen den Früchten gezähmte Schlangen versteckt, die plötzlich hervorzüngelten und unter den nicht Eingeweihten Schrecken hervorriefen.

Dann kamen die Phallusträger, Männer mit Veilchen- und Epheukränzen trugen an langen Stangen Phallen und sangen Lobeshymnen auf den Geschlechtsgenuß. Ihnen schlossen sich welche an, die mit Weinlaub und Blumengehängen geschmückt, riesige Holz- oder Lederphallen vorgebunden hatten und den trunkenen Bacchus mimten. Manchmal zeigten sich diese Festgenossen auch in Weiberkleidern.

Eine Gruppe von Männern fehlte nie in den Umzügen. Sie trugen auf dem Kopfe den heiligen Korb, in dem die Opfergeräte lagen, und aus dem auch dem Bacchus die Erstlinge der Feldfrüchte geopfert wurden.

Lärmend durchzog der Zug die Stadt, lärmend löste er sich auf. Das festlich gestimmte Volk, mit den Zugteilnehmern eine buntwogende Masse, ergoß sich über die Auen oder zog in tollem Reigen ins Waldgebirge. Auf Bergwiesen wurde getanzt bei Flöten- und Paukenklang, und von den Rufen hallten die Täler wider. Aus der heiligen Lade entnahmen die Bacchanten das Bildnis des Dionysos, setzten es auf eine Säule und opferten dem Gott ein Schwein oder einen Ziegenbock. Dann wurde geschmaust und gezecht, bis die Nacht über die Feiernden ihren Schleier ausbreitete.«

Vorberg zitiert aus den »Bacchantinnen« des Euripides:
»Hier jubelts wild um volle Trinkgefäße,
Dort schleichts in stiller Büsche Dunkelheit,
Und gibt sich hingestreckt dem Buhlen preis.«

Als »klassisches Beispiel ekstatisch-blutigen Tanzkultes« beschreibt Dr. Ernst Schertel die »Dionysosfeste der Griechen, die in den thrakischen Sabazios-Feiern ihr Gegenstück oder auch Vorbild besaßen«.

Der Stuttgarter Schriftsteller Dr. Ernst Schertel, Herausgeber der Zeitschrift »Asa. Das Magazin für Körper, Kunst und Neues Leben« in den späten Zwanziger Jahren und von Werken wie »Das Aktbild als Kunstwerk«, »Ethik der Nacktheit«, »Das Evangelium des Leibes«, Verfasser von Büchern wie »Nacktheit als Kultur«, »Die Eroberung des weiblichen Körpers«, »Das Weib als Göttin«, »Nacktkultur und Religion«, publizierte 1930 im Leipziger Parthenon-Verlag eine »Sittengeschichte im Querschnitt« unter dem Titel »Sitte und Sünde«.

Alle alten Götter sind, schreibt Schertel, »Dämonen der sexuellen Ausschweifung, sie sind ausgesprochene Wollustgötter. Der Sexualakt in seiner wildesten und brünstigsten Form ist es, der als der eigentliche Zugang zur Welt der Götter erscheint, und der ganze Kult ist in seinem Wesen nichts anderes als ein sozusagen dekorativ ausgestatteter Koitus«.

Schertel liefert in seinem Buch auch die Beschreibung der Bacchanalien oder Dionysien durch Thomas Achelis: »Die Feier ging auf Berghöhen vor sich, in dunkler Nacht, beim unsteten Licht der Fackelbrände. Lärmende Musik erscholl, der schmetternde Schall eherner Becken, der dumpfe Donner großer Handpauken und dazwischen hinein der zum Wahnsinn lockende

Einklang der tieftönenden Flöten. Von dieser wilden Musik erregt, tanzt mit gellendem Jauchzen die Schar der Feiernden. Es ist nicht der gemessen bewegte Tanzschritt, in welchem etwa Homers Griechen im Paean sich vorwärts schwingen, sondern im wütenden, wirbelnden, stürzenden Rundtanz eilt die Schar der Begeisterten über die Berghalden dahin. Meist waren es Weiber, die bis zur Erschöpfung in diesen Wirbeltänzen sich umschwangen, seltsam verkleidet. Sie trugen sog. Bassaren, d. h. lang wallende Gewänder, wie es scheint aus Fuchspelzen genäht, auch wohl Hörner auf dem Haupte. Wild flattern die Haare, Schlangen – dem Sabazios heilig – halten die Hände, sie schwingen Dolche oder Thyrsosstäbe, die unter dem Efeu die Lanzenspitze verbergen. So toben sie bis zur äußersten Aufregung aller Gefühle, und im heiligen Wahnsinn stürzen sie sich auf die zum Opfer erkorenen Tiere, packen sie mit den Zähnen und reißen das blutige Fleisch ab, das sie roh verschlingen. Man kann nach dichterischen Schilderungen und bildlichen Darstellungen sich die Vorgänge dieser fanatischen Nachtfeiern leicht weiter ausmalen. Alles stellt uns eine gewaltsame Erregung des ganzen Wesens vor Augen. Die Teilnehmer an diesen Tanzfeiern versetzten sich selbst in eine Art von Manie, eine Verzükkung ergriff sie, in der sie rasend, besessen sich und anderen erschienen. Einen religiösen Sinn hatte diese gewaltsam herbeigeführte Steigerung des Gefühls darin, daß nur durch solche Überspannung und Ausweitung seines Wesens der Mensch in Verbindung und Berührung treten zu können schien mit Wesen einer höheren Ordnung, mit dem Gott und seinen Geisterscharen.«

Mangels zeitgenössischer Zeugnisse suchen die Autoren der einschlägigen Literatur Umschreibungen. Der deutsche Historiker Theodor Mommsen, der 1902 den Nobelpreis für Literatur erhielt, schrieb in seiner »Römischen Geschichte« über die »nächtlichen Bergfeste fackelschwingender Mädchen« von einem »in Aufregung aller sinnlichen Leidenschaften zugleich rasenden Taumel«. Hans Licht spricht von Tänzen, »die dank dem sonst nur selten genossenen Wein sehr bald in wilde Orgien ausarteten«, von »sexueller Begierde«, die siegte und von »allerlei Lustbarkeiten«.

Auch bei Paul Englisch, dem eine erste »Geschichte der erotischen Literatur« zu verdanken ist, heißt es, daß »die Bezechten ihrer sinnlichen Brunst die Zügel schießen ließen«. R. Wunderer schreibt: »Im Rausch des Weines und des Geschlechtes gab man sich all jenen Ausschweifungen hin, die sonst nur Göttern gestattet waren«, und Otto Zierer nennt die nächtlichen Feste »von Trunkenheit, Raserei und orgiastischer Verzückung gekennzeichnet«.

Nach Gordon R. Taylor hatte der Kult neben dem religiösen vor allem auch »noch einen anderen Sinn: er diente dazu, die sexuelle Spannung zu lösen. Wie Dodds sich ausdrückt, war die soziale Aufgabe des Kultes, vor allem reinigend zu wirken. Hesiod nennt Dionysos einen Gott der Freude. In Athen war er als Erlöser bekannt; wer sich ihm widersetzte, wurde leicht von Krankheit der Genitalien befallen. Euripides nennt seine Aufgabe ›zu bewirken, daß unsere Sorgen aufhören‹. Als später die Funktion der Erlösung durch den Tanz auf die Korybanten übergegangen war, sagt Plato von ihnen, daß sie ›ängstliche Gefühle und Phobie, die von gemütskranken Zuständen herrühren‹, heilten. Heute wissen wir, daß Angstzustände gewöhnlich die Folge sexueller Verdrängung sind, und können gut verstehen, daß ein Kult, der körperliche Übungen verlangte, die Zurückhaltung durch Alkoholgenuß aufhob und im Sexualakt kulminierte, wohl dazu angetan war, solche Angstgefühle zu beheben.«

In der Einrichtung der Orgie sieht Taylor eine dem Menschen gebotene Gelegenheit, »allen jenen Wünschen freien Lauf zu lassen, die normalerweise zurückgehalten werden: die Orgie als nützliches, vielleicht unerläßliches Sicherheitsventil. Solche Feiern eröffnen den Trieben einen Ausweg und begrenzen zugleich die Folgen. Andererseits wohnt ihnen aber auch die Gefahr inne, daß sie mit der Zeit entarten.«

In ihren Berichten über solche »entartete« Feiern beschränkten sich die griechischen Historiker nicht auf die Zustände im eigenen Land. So berichtet Klearchos aus Herikleia, der, wie Otto Zierer schreibt, »im 4. Jahrhundert v. Chr. allerlei Merkwürdigkeiten zusammengetragen hat« von Parkanlagen, die in der Nähe der Städte Lydiens eigens für Orgien geschaffen worden waren. »Ankon«, süßer Winkel, hießen die kleinen Gärten »mit kleinen Tempeln, Pavillons, verborgenen Bänken und lauschigen Gebüschen, die dem jungen Volk Gelegenheit boten, sich ungeniert den Freuden der Liebe hinzugeben«.

Bei Klearchos heißt es weiter: »Dort veranstalten sie Feste, zu denen sie Frauen und Mädchen in großen Scharen einluden. Wenn diese betrunken waren, wofür die lydischen Männer durch steten Zutrunk sorgten, taten sie ihnen öffentlich Gewalt an.«

Otto Zierer fährt fort: »Manchmal trafen sich die lydischen Bürger in den Parkanlagen mit der Absicht, die Nächte dem Gott des Rausches und des holden Wahnsinns, Dionysos, zu weihen. Für solche Feste sollte kein schamhaftes Zögern, kein keusches Sich-Verweigern gelten! Wer Lydiens Orgien in den fackeldurchlohten Gärten besuchte, mußte auf jeden Exzeß gefaßt sein. Hatten Wein, Tanz und Flötenspiel ihre Wirkung getan, so fielen die Männer über die weiblichen Gäste her. Kreischende Mädchen wurden in die Dickichte geschleppt, die mondbeschienenen Wiesen verwandelten sich in gewaltige Betten, die erfüllt waren von Lustgeschrei und Liebesraserei.

Ein junges Mädchen, das an einem solch nächtlichen Gartenfest teilgenommen und dabei seine Jungfräulichkeit verloren hatte, war Omphale. Bei der Orgie war sie gleich anderen Mädchen vergewaltigt worden, es gelang ihr aber später, dank einer vorteilhaften Heirat und klugem Intrigenspiel, zur Stadtkönigin des Ortes aufzusteigen, an dem ihr Schmach angetan worden war. Am Tage ihrer Rache ließ Omphale verkünden, sie gebe ein nächtliches Fest für die Frauen und Töchter aller Vornehmen. Als die gesamte Damenwelt der Stadt im Park versammelt war, wurde der Hain von Truppen abgesperrt, und Omphale arrangierte eine Orgie von bis dahin nicht gekanntem Ausmaße.

Wein wurde in großen Mengen ausgeschenkt; die städtischen Sklaven erhielten Zutritt und wurden ermuntert, sich über die entsetzten Damen herzumachen. Omphale überließ all die ehrenwerten Gattinnen und jungfräulichen Töchter der Honoratioren dem betrunkenen Gesindel, und die Männer, die einst im ›Süßen Winkel‹ ihr Lager geteilt hatten, wurden in derselben Nacht von ihren Schergen getötet.«

Theopompos aus Chios, Verfasser eines 58 Bücher umfassenden Werkes mit dem Titel »Philippika«, die Geschichte König Philipp II. von Makedonien in den Jahren 359 bis 336 v. Chr., entwarf ein kolossales Zeitgemälde mit ausführlichen Exkursen über Geschichte, Kultur und Sitten. So berichtet Theopompos auch über die von den Griechen als Tyrrhener bezeichneten Etrusker, aus deren Herrschaft sich die Römer im 5. Jahrhundert v. Chr. befreit hatten. »Es war bei den Tyrrhenern Gesetz, daß die Frauen Gemeingut waren«, schreibt Theopompos. »Diese legten sehr viel Wert auf die Körperpflege und turnten oft in Gemeinschaft mit den Männern, bisweilen auch unter sich, und es hatte für sie nichts Anstößiges, sich nackt zu zeigen. Die Mahlzeiten nahmen sie nicht mit ihren Gatten ein, sondern mit den Männern, mit denen sie gerade zusammen waren, auch tranken sie jedem beliebigen zu; sie waren nämlich auch trinkfest und von Antlitz hervorragend schön. Alle Kinder, die geboren werden, ziehen die Tyrrhener auf, oft ohne zu wissen, wer der Vater ist. Sind die Kinder herangewachsen, machen sie es wie ihre Väter, veranstalten oft Zechgelage und verkehren mit allen Weibern, die ihnen gefallen. Nicht einmal das gilt bei den Tyrrhenern als anstößig, in aller Öffentlichkeit Knaben zu gebrauchen oder sich gebrauchen zu lassen, denn auch die Päderastie ist bei ihnen landesübliche Sitte. Ja, so fremd ist ihnen das Schamgefühl in sexuellen Dingen, daß sie, wenn etwa der Hausherr gerade geschlechtlichen Verkehr hat und jemand kommt und nach ihm fragt, dann ganz ruhig sagen, daß er gerade das und jenes mache oder mit sich machen lasse, wobei sie den jeweiligen Liebesakt mit der größten Ungeniertheit genau bezeichneten.

Sind sie aber mit Freunden oder Verwandten gesellig beisammen, haben sie folgenden Brauch. Wenn sie genug gezecht haben und an den Schlaf denken, dann führen, ohne daß die Lampen gelöscht würden, Pagen ihnen Freudenmädchen zu oder auch bildschöne Jungen oder auch ihre eigenen Frauen. Haben sie sich an diesen genug erfreut, dann holen sie Jünglinge in voller Jugendkraft, die sie nun wieder mit jenen Dirnen oder Knaben sich vergnügen lassen. Sie huldigen der Liebe und dem geschlechtlichen Verkehr.«

SYMPOSIEN

»Nicht nur eine Feier des Gaumens und des Verstandes sollte ein Symposion sein, sondern eine Feier aller Sinne, auch eine solche der Augen, der Ohren und der Nase. Mit duftenden Kränzen schmückten sich denn auch regelmäßig die Festgenossen und mit seltenen Essenzen gewürzt war der Dessertwein, der meist nicht, wie die Tischweine, in flachen Trinkschalen und schweren Bechern, sondern in langhalsigen, fußlosen Vasen mit Doppelhenkel kredenzt wurde, so daß der Zecher genötigt war, das Gefäß zu leeren, bevor er sich zur Seite legte...
Breite Ruhelager auf schlankbeinigen Gestellen aus Sykomorenholz waren es, die reichlich Platz für drei nebeneinanderliegende Personen boten, Strohmatratzen mit weichem, glattem Wollstoff überzogen. Hoch wölbten sie sich, mit linnenbedeckten Lederpolstern ausgestattet, an der Kopfseite, wo die Schmausenden einen oder auch beide Arme aufzustützen pflegten. Mit sicheren, leichten Bewegungen voll abgerundeter Harmonie ließen die Athener sich auf das Lager sinken, plump und schwer streckten sich die beiden Spartaner aus. Im Hauptraum des Hauses, in der in seiner Mitte gelegenen Halle, empfing Aspasia in heiterer Würde und mit strahlendem Lächeln die Gäste. Auf den glatten Mosaikboden waren zwei Tische gestellt. Der eine war von Stühlen umgeben, und an ihm nahmen die Schülerinnen Platz; um den anderen die fünf Männer, Aspasia, Melitta, Hermione und Eukleia gelagert. Die Etikette verbot es, eine über die heilige Neunzahl der Musen hinausgehende Anzahl von Tischgenossen zum Symposion zu vereinigen.«
Außer den Genannten sind anwesend die Gesandten Spartas, Agis und Kleombrotos, der Komödienschreiber Aristophanes, der Tragödiendichter Euripides und »der verwöhnte Lebejüngling« Alkibiades.
Es wird gezecht und geschmaust. Drei Gänge, dazwischen Rätselspiele und Konversation.
»Aspasia aber, die, ohne die sonst übliche Wahl eines Symposiarchen zuzulassen, den Vorsitz beider Tafeln und damit die Leitung der Gespräche und der Unterhaltung beibehielt, hatte ihren Gästen noch eine Überraschung zugedacht. Nachdem unter der Einwirkung des feurigen Weines die Stimmung schon recht lebhaft und ausgelassen geworden war, brachten zwei

Sklavinnen auf einem Hoplitenschilde ein ganz unerwartetes Früchtedessert in den Saal. Lieblich ausgestreckt, völlig nackt, ruhte auf dem großen, viereckigen Schilde, der auf die Mitte des Tisches gesetzt wurde, ein etwa dreizehnjähriges Mädchen mit schon heranblühenden, fraulichen Formen. Vermengt mit den schwellenden Früchten des jungen Leibes waren alle nur denkbaren Erzeugnisse gepriesener athenischer Gartenkultur. An den ährenblonden Haaren des Kindes hingen Johannisbeeren; Pflaumen und Birnen lagerten in den Achselhöhlen und zu beiden Seiten der rosig durch die Früchte schimmernden Brüste; frische Feigen schienen in reicher Menge zwischen den halbgeöffneten Beinen aus der Muschel herauszuwachsen und Trauben mit länglichen, strotzenden Beeren überdeckten den übrigen Mädchenleib, so daß eigentlich nur die Erdbeerknospen der Brüste über den kleinen, lebendigen Fruchtberg hinausragten. Voll Stolz leuchteten die frohen Kinderaugen über den von leichter Schamröte überzogenen Wangen, als sie aus den bewundernden Blicken der Anwesenden lesen konnte, wie freudig sie die ihnen bereitete Überraschung aufnahmen...

Schon begann der schwere Chierwein das Blut überhitzig durch die Adern zu treiben, schon funkelten lüstern die Augen der Gäste. Noch aber durfte die Aufregung des Geschlechtes nicht nach natürlicher Erlösung suchen, wenn auch ungeduldige Männerhände sich schon an jugendlichen Mädchenformen Sicherheit für kommende Genüsse zu verschaffen suchten. Bald entglitten die Huldgestalten diesen Händen wieder, um sich nach Weisung der Meisterin ihnen zu entziehen.

Erst mit dem Aufsetzen der goldenen Becher und nach Absingung eines Päons zu Ehren des Bacchus im Chore hatte das eigentliche Zechen seinen Anfang genommen.«

Aber nicht nur das Zechen steht im Vordergrund. Streitgespräche, Reden und Vorträge der Poeten bestimmen mit das Symposion – bis Flötenspielerinnen und Tänzerinnen auftreten, um die Stimmung unter den Teilnehmern des Gastmahls zu steigern. Dann wird eine Szene arrangiert. Melitta soll sich »in den Dienst einer guten Sache« stellen, um die Frage zu klären, ob »Brust oder Gesäß die Siegespalme« beim Liebesspiel gebühren. »Gleichzeitig mit beiden Partien ihres Leibes möge sie die Lust zweier Männer befriedigen! ... Bei den anderen Gästen hatten indessen Wein und Lust den letzten Damm der Zucht durchbrochen. Kleombrotos hatte, vom Trunke schwer, Hermione über sich gezogen. Die geschickte, geübte Reiterin, die in allen Sätteln gerecht war, verstand es, ihn durch kundig berechnete Windungen und Drehungen ihres üppigen, glatten Leibes in Raserei der Wollust zu bringen, wie der biedere, rauhe Spartaner sie bisher noch nie empfunden hatte. Im weichen Liebeshafen, den das elastische Hinterteil Melittas jedem Schätzer kallopyger Formen vollendet bot, hatte Euripides Anker geworfen. Aristophanes, der erfahrene, geriebene Schlemmer, hatte aber nur auf den Ausbruch allgemeiner, überschäumender Lust gewartet, um sich das Früchtekind zu greifen und auf sein Lager zu betten. Nun kniete er vor das noch unbefleckte, aber schon lüstern gemachte Kind hin, um mit gieriger Zunge im kleinen Wonnespalte zu wühlen, während seine Finger in nervöser Hast am übrigen Körper des jungen Dinges herumspielten. Vorerst hatte Agis mit einigem Unwillen auf die orgiastischen Gruppen der sich in heißer Wollust umfangen haltenden geblickt. Er empfand es trotz der Einwirkung des schweren Weines noch als eine Verletzung seiner Würde, daß jene wildlüsternen Szenen sich ohne alle Rücksicht auf ihn vor seinen Augen abspielten. Allmählich aber nahm ihn das verführerische und ungewohnte Bild gefangen, und es begann, mit verderblicher Übertragung der Sinnenregung der anderen auf ihn seine Widerstandskraft zu brechen. Der erotische Anblick und der feurige Trunk ließen sein Blut bald wild, wie das eines liebestollen Jünglings, durch seine Adern kreisen. Er fühlte deutlich, wie in seinem Innern die Mauer der freudezerstörenden Zucht niederbrach, von der Aspasia gesprochen hatte. Noch suchte er, der Versuchung zu entrinnen, und er wich deshalb dem verheißungsvollen Blicke des verführerischen Weibes aus, dessen Augen er prüfend und zugleich begehrend auf sich gerichtet fühlte. Verhindern konnte er es aber nicht, daß Aspasia, während ein triumphierendes Lächeln über ihr Antlitz huschte, wahrnahm, wie dem auf der Seite liegenden, sittenstrengen Spartaner, der mit immer geileren Blicken den Liebesumschlingungen der Tafelgenossen zusah, der Chiton sich nun unter dem Bauche aufbauschte.

Jetzt konnte der Halbtrunkene dem letzten Sturme der vielerprobten, erfahrenen Feindin wohl nicht mehr widerstehen. Nahe wälzte sie sich auf dem Lager an Agis heran, so nahe, daß sie endlich den zuckenden Phalloskopf des Spartaners an ihrem schwellenden Schenkel verspürte... Alkibiades hatte sich inmitten des allgemeinen Bacchanales noch zu keinem Opferaltare entschlossen. Gleich dem Gotte der Wollust stand er hochragend, schlank und doch von mädchenhaft weicher Anmut umflossen vor dem wirren Knäuel der in erotische Ekstasen versinkenden Genossen des Symposions. Ein sarkastisches Lächeln huschte über seine Züge; er, der verwöhnte Liebling der Frauen und der Männer, blieb frei von eifersüchtigen Regungen.«

Das auszugsweise geschilderte Symposion fand 445 v. Chr. Geburt im Hause der Aspasia in Athen statt.

»Die Dirnenschule der Aspasia« ist der Titel des Buches, das angeblich auf »eine Reihe von halbvermoderten Pergamentrollen, deren Holzkerne, längst verfault, sich in Staub gewandelt hatten«, zurückgeht. Mitte des 19. Jahrhunderts wurden die Schriftrollen bei Ausgrabungen in Alexandria, nahe den Resten des Serapeion, von dem jungen französischen Gelehrten Vacherol aufgefunden. Zwei der Rollen beinhalten einen methodischen Lehrplan für die erotischen Künste der Kurtisanen, die dritte Rolle einen Brief, »den Hermione, eine Hetäre aus Athen, an Hypathia, ihre Berufsgenossin in Syrakus, gerichtet hatte«.

Da alle Konservierungsmethoden versagten und die »vermoderten alten Tierhäute unter dem plötzlichen Einflusse der atmosphärischen Luft von Tag zu Tag mehr zerfielen«, vollendete Vacherol »diese Abschrift schon in zwei Wochen, da er auch die Nachtstunden zur Arbeit heranzog«, und das auch nur »mit Hilfe eines ganzen Stabes von Schreibern, denen er diktierte«. Dabei sah Vacherol sich veranlaßt, etliche Ergänzungen anzubringen, »da das modrige Pergament an zahlreichen Stellen die Schriftzeichen nicht mehr hatte erkennen lassen«. Auch das weitere Schicksal der Transkription des Vacherol ist abenteuerlich. Unzufrieden mit seiner Arbeit, »mißmutig«, läßt er »seinen mit so vieler Freude begrüßten Fund stehen, um sich anderen Arbeiten zuzuwenden, da er zu gewissenhaft war, das Werk als ein echtes, authentisches zu veröffentlichen«. Nach dem Tod Vacherols gelangte die im Nachlaß Vacherols aufgefundene Abschrift »als Makulatur zu einem Boutiquier hinter der Madeleine in Paris, der mit alten Scharteken Handel trieb«. Bei diesem »Boutiquier« kaufte Fritz Thurn die »Makulatur« und »erachtete es als zweckmäßiger und dem Verständnis des Lesers förderlicher, jenen etwas trockenen Lehrplan in die interessanten Episoden einzukleiden, die der Brief der schwatzhaften Hetären in reicher Menge aufweist«, da auch ihm, Fritz Thurn, die Ergänzungen des Vacherol »das richtige Bild des Inhaltes« arg entstellten.

Der Verdacht liegt nahe, daß Fritz Thurn »Die Dirnenschule der Aspasia« selbst verfaßt hat. Aber, und das scheint in diesem Zusammenhang das ausschlaggebende, einfühlsam und detailgetreu erreichen die Vorträge der Aspasia Authentizität.

Aus Milet an der Südwestküste Kleinasiens, wo, nach Iwan Bloch, »nicht bloß physisch-technische, sondern auch die psychologische Seite des sexuellen Raffinements eine sehr subtile Ausbildung« erfuhr, war Aspasia, eine Schülerin der Hetäre Thargelis, nach Athen gezogen und hatte ein »Mädchenlykaion« gegründet, »halb Tempel, halb Landhaus, aus Granitquadern errichtet, verkleidet mit ausgewählten Marmorplatten aus den Steinbrüchen des Pentelikon«.

Aspasia war, sagte der griechische Philosoph Sokrates von ihr, »nicht nur die schönste der Frauen, sondern sie besaß auch Geist und Charakter, Anmut und Liebreiz, und die Frauen von Athen haben ihr viel zu verdanken«.

Aspasias Haus in Athen wurde rasch zum Mittelpunkt gesellschaftlichen Lebens. Die bedeutendsten Männer Athens gingen bei Aspasia aus und ein. Unter ihnen der mit einer Griechin verheiratete Staatsmann Perikles, der wegen Aspasia seine politische Karriere gefährdete. Neider machten Aspasia für den Ausbruch des Peleponnesischen Krieges 431 v. Chr. Geburt verantwortlich. Wegen Gottlosigkeit und Kuppelei wurde sie angeklagt, doch erreichte Perikles, daß Aspasia freigesprochen wurde.

Jenseits von diesen politischen und gesellschaftlichen Affären florierte Aspasias Hetärenschule. Ihre Schülerinnen, die als besonders hübsch, klug, redegewandt und liebeskundig galten, waren in ganz Griechenland zu finden und verbreiteten Aspasias Ruf als »Erotodidaskalos«, als Liebeslehrerin, in ganz Hellas.

Hetairai, Hetären, waren die Gefährtinnen auf den Gastmählern der Reichen und der Gebildeten. Auletrides, Flötenspielerinnen und Tänzerinnen, dienten bei privaten Festen der schnell arrangierten Hurerei. Diese und viele andere Informationen verdanken wir dem »schlimmsten Werk, das wir von einem antiken Schriftsteller besitzen« und das »zugleich eines der wertvollsten« ist: dem »Deipnosophistai«, dem »Sophistenmahl« des Athenaios aus Naukratis, 195 n. Chr. Geburt in Alexandria entstanden.

Der Tübinger Professor für Allgemeine Rhetorik, Egidius Schmalzriedt, schreibt über die 15 Bücher des »Sophistenmahls«: »Dem Inhalt nach gehören die ›Deipnosophistai‹ zum Abstrusesten und Ungenießbarsten, was je geschrieben wurde: ohne Sinn für Komposition und lebendige Darstellung wird alles, was sich im Zusammenhang mit einem Festgelage und seinen stupide-geistreichen Unterhaltungen zu Athenaios Zeit in alten Büchern aufstöbern ließ, in einen einzigen Sack zusammengepreßt.«

Mehr als 800 Autoren standen Pate zu Athenaios Werk, das heute kulturgeschichtlich eines der wichtigsten ist, da so manches zitierte Werk im Laufe der Jahrhunderte verlorenging. Ein Gastmahl, ein Symposion, im Haus des reichen Römers Publius Livius Larensis, bildet den äußeren Rahmen zu Athenaios' Zitatensammlung.

Mit dieser literarischen Form war Athenaios seinen Vorbildern Xenophon, Platon, Petronius Arbiter, Plutarch und Lukian gefolgt.

Der aus Athen stammende Xenophon, der um 430–350 v. Chr. lebte und in seiner Jugend ein Freund des Philosophen Sokrates war, hatte für sein Werk »Symposion« ein Gelage im Haus des reichen Kallias im Jahr 422 v. Chr. Geburt als Schauplatz gewählt.

Xenophon zitierte und parodierte teilweise das gleichnamige Meisterwerk Platons (427–347 v. Chr.).

Petronius Arbiter, einer der Vertrauten des Kaisers Nero und dessen »oberste Instanz in Fragen des erlesenen Geschmacks«, schnitt sich 66 n. Chr. Geburt die Pulsadern auf und hatte zuvor, wie Tacitus berichtet, in seinem Testament »das Ungeheuerliche der jeweiligen Unzucht« festgehalten.

Arbiters Werk »Satyricon« enthält in seinem Mittelstück das »Cena Trimalchionis«, das Gastmahl des Trimalcho, eine Parodie auf die Sitten bei Gastmählern, mit denen sich in den Jahren

120–185 n. Chr. auch Lukian in seinem »Symposion« satirisch auseinandersetzte. Es ist derselbe Lukian aus Samosata am Euphrat, der als Steinmetz begann, dann Philosophie und Rhetorik studierte und als Redner durch Kleinasien, Griechenland, Makedonien, Italien und Gallien zog – und die berühmten frivolen »Hetärengespräche« verfaßte.

Carl Alexander Freiherr von Gleichen-Rußwurm, ein Vielschreiber der Jahrhundertwende, Mitglied und Ehrenmitglied zahlreicher literarischer Gesellschaften, hat im ersten Band seines umfangreichen Werkes »Die Geschichte der europäischen Geselligkeit« unter dem Titel »Elegantiae – Geschichte der vornehmen Welt im klassischen Altertum« alles das zusammengetragen, was ein solches »Symposion« ausmachte. Gleichen-Rußwurm hat die ersten Visitenkarten beschrieben, den Empfang des Gastes, das parfümierte Bad, »da man gewöhnlich nahe beieinander zu zweit auf einer Lagerstätte Platz nahm und sich, ehe man sich niederlegte, der Schuhe entledigte«. Seitenlang beschreibt er die Möglichkeiten der Speisenfolge, beschreibt das Servieren, die Arten des Weinmischens, des Einschenkens und des Trinkens, weist auf gute Manieren hin und zählt die »Ungehörigkeiten bei Tisch« auf: »...so die Eigenschaft, beim Essen ungepflegte Hände zu zeigen, mit vollem Mund zu sprechen, auf den Nachbarn zu nießen oder ungeschickt (!) auszuspucken«. Die Trinksprüche und die Gesprächsthemen werden genannt und die Gesellschaftsspiele. Gleichen-Rußwurm schreibt: »Üblich war es damals, allerlei Virtuosentum zum Beleben der Gastmähler heranzuziehen, wie verschiedene bildliche Darstellungen beweisen. Flötenspielerinnen gehörten zum Beginn, um die den guten Göttern mit ungemischtem Wein dargebrachte Spende mit ihren Weisen zu begleiten, dann erschienen die Auloden, die zur Flöte sangen, Frauen, die auf dem Psalterion spielten, einem Saiteninstrument, das auf der Schulter gehalten wurde und mit beiden erhobenen Händen gespielt, die Knaben und Mädchen mit Kitharen und die Harfenistinnen, deren beste Ägypten oder Asien sandte. Waren die Mädchen hübsch, riefen sie die Männer in ausgelassener Gesellschaft zu sich aufs Lager und manchmal wurde, da Streit um die Schönste entstand, der Platz neben einer Flötenspielerin förmlich versteigert.

Weitere Unterhaltung brachten Pantomimen, Gaukler und Seiltänzer, die besonders unter den leicht angetrunkenen zu vielem Scherz Veranlassung gaben.«

Dem Werk des Athenaios ist auch zu entnehmen, daß die Seiltänzer, Gaukler und Pantomimen bei den Symposien nackt auftraten, Feuer schluckten und Feuer spien, nackt zwischen im Boden stehenden blanken Schwertern tanzen mußten.

In Xenophons »Gastmahl« sagt Sokrates: »Sich in Schwerter hinein zu überschlagen, scheint mir eine gefährliche Schaustellung, recht unpassend für ein Gastmahl. Und es ist sicher etwas Wunderbares, auf eine Scheibe zu schreiben oder sie abzulesen, während sie sich dreht, aber daß es Freude bereitet, vermag ich nicht einzusehen. Sicher ist es auch nicht angenehmer, schöne, in der Jugendblüte stehende Körper zu sehen, wenn sie sich verdrehen und Räder vorstellen, als wenn sie sich ruhig verhalten... Wenn sie aber zur Flöte Tänze aufführten und Stellungen wählten, in denen die Charitinnen, Horen und Nymphen abgebildet werden, so glaube ich, sie würden sich selbst viel wohler befinden und das Gastmahl gewänne an Anmut.«

Im Gegensatz dazu Platon in seinem Frühwerk »Protagoros«: »Wenn gewöhnliche Leute und Unwissende sich gegenseitig zu Tisch einladen, da sie nicht fähig sind von schönen Dingen zu reden und Unterhaltungsstoff zu finden, schweigen sie und borgen sich Stimmen aus. Sie mieten um teures Geld Sängerinnen und Flötenspielerinnen, die Ersatz bieten müssen für eigene Unwissenheit und Mangel an Gewandtheit. Allein die Gebildeten, die eine wahrhaft gute Erziehung genossen, brauchen, wenn sie zusammen tafeln, weder Tänzerinnen, noch Sängerinnen, noch Flötenspielerinnen, sie kommen nicht in Verlegenheit, der Unterhaltung zu ermangeln, wenn solche Albernheiten und geringen Belustigungen nicht vorhanden sind.«

Gleichermaßen entrüstet sich auch Aulus Persius Flaccus, der als 28jähriger starb und dessen »Saturae« von seinem Freund Caesius Bassus später veröffentlicht wurden. Mit seinen Satiren wendet sich Persius Flaccus gegen die Lasterhaftigkeit der Zeit und der Menschen. Über ein Symposion des Königs Antigonos im ersten Jahrhundert v. Chr. eifert er sich: »Als aber das Zechen schärfer wurde, kamen unter anderen Belustigungen auch thessalische Tänzerinnen in den Saal, die, abgesehen von einem

Gürtel, splitternackt tanzten, was den Gästen so ausnehmend gefiel, daß sie entzückt ihren Beifall äußerten, von ihren Sitzen aufsprangen und den König glücklich priesen, daß er sich immer solche Augenweide leisten könne.«

Tänzerinnen und Flötenspielerinnen waren und blieben beliebte Gäste beim Symposion, wozu der Freiherr von Gleichen-Rußwurm 1913 in seiner »Elegantiae« bedauernd bemerkt: »Die Schmausereien der Männer arteten leicht zu üppigen Orgien aus, wenn nur Buhlerinnen von Beruf oder arme Musikantinnen oder Lieblingsknaben zugezogen waren.«

In einem Drama des Chairemon, wie Hans Licht nachweist, heißt es über diese Mädchen: »So lag die eine da, und aus dem von der Schulter gefallenen Gewande strahlte ihre Brust dem Mondlicht entgegen. Einer anderen hatte sich beim Tanz das Kleid von der linken Hüfte geschoben: nackt bot sie dem Anblick des Äthers ein lebendes Bild, weiß strahlend hob sich ihre Haut von dem schwarzen Schatten ihrer Augenbrauen ab. Eine dritte entblößte die schönhändigen Arme, während sie einer vierten den zarten Nacken umschlang. Einer fünften leuchtete aus geschlitztem Kleide der Schenkel hervor, so daß entfesselt ward über alle Hoffnung brünstiges Verlangen nach ihrem lachenden Liebreiz. Dann sanken sie schlummermüde auf den mit Veilchen und Krokos bestreuten Boden...«

Die Mädchen trugen koische Gewänder, laut Lukian »Kleider aus spinnefeinem Gewebe«, oder, wie Petronius Arbiter formulierte: »gewebte Luft«.

Ein paar Jahre n. Chr. Geburt wetterte Senator Lucius Anneus Seneca gegen diese Art von Kleidung: »Ich sehe seidene Kleider, wenn anders man das Kleid nennen darf, an denen nichts ist, womit sich der Körper oder das Schamgefühl verhüllen könnte; mit ihnen angetan, kann das Weib kaum mit gutem Gewissen behaupten, nicht nackt zu sein.«

Zu den Darbietungen der leichtbekleideten Tänzerinnen gehörten akrobatische Kunststücke, wie die »Brücke«, wo sich die Tänzerin über einen Stab beugte und so den Anwesenden einen tiefen Einblick in ihre Vulva und damit Ausblick auf bevorstehende Wonnen bot.

Bei Xenophon lesen wir: »Ein Diener stand in der Nähe der Tänzerin und reichte ihr nacheinander bis zu zwölf Reifen. Die nahm sie und warf sie während des Tanzes hoch in die Luft, wobei sich die Reifen im Kreise drehten. Zugleich berechnete sie, wie hoch sie werfen mußte, um sie im Takt wieder auffangen zu können.« Etwas später »wurde ein Reifen hereingebracht, der über und über mit aufrecht stehenden Schwertern gespickt war. Die Tänzerin schlug einen Salto durch sie hindurch und über sie hinweg, so daß die Zuschauer Angst bekamen, ihr könne etwas geschehen. Aber sie brachte ihre Nummer ruhig und sicher zu Ende«.

Dann trat ein Junge auf und tanzte. Und Sokrates bemerkte, »daß nämlich kein Glied seines Körpers während des Tanzes unbeteiligt war«, und, »daß der Junge, so schön er ist, in den Tanzstellungen noch schöner erscheint als in der Ruhe«.

Auf den Vasenbildern der Zeit werden diese auf Symposien nackt tanzenden Knaben mit erigiertem Glied dargestellt.

Auch pantomimische Szenen, wie Xenophon sie schildert, gehörten zu den Unterhaltungen auf Symposien.

»›Meine Herren, Ariadne wird in ihrem und des Dionysos Schlafgemach auftreten. Dann kommt Dionysos, der sich bei den Göttern leicht angetrunken hat, und tritt zu ihr. Darauf werden sie einander liebkosen.‹ Zuerst erschien Ariadne, als Braut kostümiert, und setzte sich auf den Sessel. Obwohl aber Dionysos noch nicht auftrat, wurde der bacchische Rhythmus auf der Flöte gespielt. Da mußten sie nun den Tanzmeister bewundern. Sobald nämlich Ariadne diese Musik hörte, benahm sie sich so, daß jeder erkannte, sie höre es gern. Sie ging nicht entgegen und stand auch nicht auf, aber man merkte deutlich, daß sie sich nur mit Mühe ruhig verhielt. Dann erschien Dionysos, und als er sie erblickte, tanzte er mit dem Ausdruck der zärtlichsten Zuneigung auf sie zu, setzte sich auf ihren Schoß, umfing sie und küßte sie. Sie schien sich zu zieren, aber dann umfaßte sie ihn ebenfalls zärtlich. Als die Tischgenossen das sahen, klatschten sie sofort Beifall. Zugleich aber riefen sie: ›Noch einmal!‹ Als aber Dionysos aufstand und Ariadne mit sich aufhob, da konnte man erst recht aus ihrer Stellung sehen, daß sie sich küßten und lieb hatten. Als sie aber sahen, daß Dionysos schön und Ariadne reizend war und daß sie nicht Theater spielten, sondern sich in Wirklichkeit auf den Mund küßten, da schauten sie in größter Spannung zu. Denn sie hörten auch, wie Dionysos sie fragte, ob sie ihn liebe, und wie sie darauf einen Eid schwur, so daß nicht nur Dionysos, sondern auch die Anwesenden hätten mitschwören mögen, daß der Knabe und das Mädchen einander wirklich und wahrhaftig liebten. Denn es sah nicht so aus, als wenn sie diese Stellungen gelernt hätten, sondern als wenn ihnen aufgetragen sei, das zu tun, was sie schon seit langem ersehnt hatten.«

Wenngleich Xenophon im Anschluß daran vom Ende des Symposions spricht und meint, die Gäste wären, als sie Ariadne und Dionysos sahen, »wie sie dann, sich umschlungen haltend, als wenn sie zu Bett gingen, abtraten«, aufgesprungen und nach Hause geeilt, »um zu ihren Frauen zu kommen«, so sah die Realität anders aus.

Über den Tyrannen von Syrakus, Dionysios den Jüngeren, der etwa 396 bis 337 v. Chr. lebte, berichtet Klearchos: »Als Dionysios in seine Mutterstadt Lokris gekommen war, ließ er das größte Haus der Stadt mit Feldthymian und Rosen füllen, dann ließ er nach und nach die lokrischen Mädchen kommen, zog sie und sich nackt aus und wälzte sich mit ihnen auf dem Bett herum, wobei er nichts vergaß, was nur an Unzüchtigkeiten ausgedacht werden kann. Kurz darauf, als die so beleidigten Väter und Gatten die Frau und Kinder des Dionysios in ihre Gewalt bekommen hatten, zwangen sie diese vor aller Augen zur Unzucht, indem sie sich mit ihnen jeder nur erdenkbaren Wollust hingaben. Nachdem sie ihre Begierden befriedigt hatten, bohrten sie ihnen Nadeln unter die Fingernägel und töteten sie dann.«

König Straton von Sidon, um 360 v. Chr. Geburt, ließ sich, so berichtet Athenaios, zu seinen Symposien zahlreiche Freudenmädchen aus dem Peleponnes und Flötenspielerinnen aus Ionien kommen, »um nachher mit allen geschlechtlich zu verkehren«.

Der Historiker Duris aus Samos berichtet in seinen »Historien« über die Gelage des Demetrios von Phaleron, der von 317 bis 307 v. Chr. die Regierungsgeschäfte in Athen innehatte und erwähnt auch die »heimlichen Orgien mit Weibern und die nächtlichen Jünglingsliebschaften; der Mann, der anderen Leuten Gesetze gab und ihr Leben bevormundete, beanspruchte für sich selbst die größte Zuchtlosigkeit«.

ZUSTÄNDE IM ALTEN ROM

Pierre Grimal, Ritter der Ehrenlegion und Professor für Lateinische Literatur und Römische Kultur an der Sorbonne, schreibt, es habe den Anschein, »daß die Römer das, was ihnen die griechische Welt bot, nur ungeschickt nachgeahmt hätten. Die Götter Roms, zumindest in der klassischen Zeit, sind nichts anderes als die hellenistischen Götter unter veränderten Namen«.
So verhält es sich auch mit ihren Festen.
»Rom war ein einzig großer Schauplatz zügelloser Wollust«, schreibt Lo Duca. »Lange vor der Zeit, die man als die Dekadenz des Kaiserreichs bezeichnete, kannte man in Rom jede Art der Ausschweifung...«
Mehr als hundert Feste, »feriae«, nennt der römische Kalender, »und jeder dieser Festtage forderte die strenge Beachtung kultischer Vorschriften, um dann der sexuellen Zügellosigkeit freien Lauf zu lassen«, heißt es in der »Kultur- und Sittengeschichte der Welt« von Hansferdinand Döbler.

Schon im 5. Jahrhundert v. Chr. war der Bacchus-Kult in den italienischen Raum vorgedrungen. Dionysios aus Halikarnassos, der während eines Rom-Aufenthaltes in den Jahren 30 bis 8 v. Chr. die »Rhomaike Archailogia«, eine »Römische Altertumskunde«, geschrieben hatte, behauptete von Romulus, einem der sagenhaften Gründer Roms, er habe Tempel errichtet, »heilige Bezirke und Altäre und verwarf all jene mit dem Kult der Götter verbundenen Mythen, die Lästerungen enthalten«, weil er sie »für schlecht, nutzlos und unanständig« hielt. Dionysios behauptete weiter, daß man bei den Römern, »mögen ihre Sitten auch jetzt verderbt sein, keine ekstatischen Verzückungen, keine korybantische Wildheit, keine Bettelei unter dem Deckmantel der Religion, keine Bacchanalien oder geheimen Mysterien, keine gemeinsamen Nachtwachen von Männern und Frauen in den Tempeln, noch sonst irgendwelchen Mummenschanz dieser Art finden« wird.

Dionysios beschönigte. Aus moralischen Gründen versuchte er seinen griechischen Landsleuten die »virtus«, die »Vorzüglichkeit« römischer Institutionen vor Augen zu halten. Die Realität in Rom wird von dem ersten römischen Historiker Titus Livius, einem Freund des Kaisers Augustus, in seinem 142 Bücher umfassenden »Ab urbe condita« beschrieben. Titus Livius wollte mit seinem Werk einerseits »ein würdiges und eindrucksvolles Gesamtbild der römischen Geschichte« entwerfen, andererseits aber auch patriotisch-erzieherisch auf seine Zeitgenossen einwirken. Titus Livius berichtet: »Ein gemeiner Grieche kam zuerst nach Etrurien, mit keiner von jenen Künsten vertraut, deren das verfeinertste aller Völker so manche zur Bildung des Geistes und des Körpers bei uns eingeführt hat; ein bloßer Opferpriester und Wahrsager: und zwar kein solcher, der durch unversteckten Religionsdienst, bei offener Angabe seines Erwerbes und seiner Lehre, die Gemüter mit heiliger Scheu zu erfüllen suchte, sondern ein Vorsteher eines geheimen und nächtlichen Gottesdienstes. Es waren Weihungen, die zuerst nur wenigen mitgeteilt, hernach aber mehr allgemein unter Männern und Weibern verbreitet wurden. Die Reize des Weins und des Mahles wurden mit dem Gottesdienste in Verbindung gesetzt, um dadurch noch mehr anzulocken. Wenn der Wein die Besinnung, wenn die Nacht und das Gemisch der Männer mit Weibern, des zarteren Alters mit Bejahrteren, jede schamhafte Zurückhaltung vernichtet hatte, so gab es hier zuerst Verführungen aller Art, da jeder diejenige Art von Wollust, nach welcher er die stärksten Gelüste fühlte, bereit fand. Es blieb auch nicht die einzige Art von Verbrechen, daß freigeborne Knaben und Weiber ohne Unterschied Unzucht trieben; sondern falsche Zeugnisse, falsche Siegel, Testamente und Anklagen gingen aus derselben Werkstatt hervor. Ebenso auch Vergiftungen und Familienmorde, bei welchen zuweilen nicht einmal die Leichname zum Begräbnisse aufzufinden waren. Vieles wagte hier die List, das meiste die Gewalt: und die Gewalttat blieb verhüllt, weil man vor vielfachem Geheule, vor dem Getöse der Pauken und Schallbecken bei allen Schändungen und Mordtaten keine Klagestimme hören konnte.

Dieses verderbliche Übel zog sich, wie eine ansteckende Krankheit, aus Etrurien nach Rom. Zuerst gewährte ihm die Größe der Stadt, für solche Übel geräumiger und empfänglicher, den Schutz der Verborgenheit.«

Durch eine Anzeige erfährt der Konsul von Rom folgendes: »Anfänglich sei dieses Heiligtum nur für Frauenzimmer bestimmt gewesen und gewöhnlich keine Mannsperson zugelassen worden. Nur drei bestimmte Tage im Jahre hätten sie gehabt, an welchen sie bei Tage den Bacchantinnen geweiht würden. Zu Priesterinnen habe man regelmäßig Standesfrauen, eine nach der andern, gewählt. Pakulla Annia, eine Kampanerin, habe als Priesterin, gleichsam als Eingebung der Götter, alles abgeändert. Sie sei die erste gewesen, die Mannspersonen, ihre Söhne, die beiden Cerrinier Minius und Herennius, eingeweiht und aus dem Gottesdienste bei Tage einen nächtlichen, aus den drei Weihtagen im Jahre fünf für jeden Monat gemacht habe. Seitdem Männer mit Weibern bei den Feiern vermischt gewesen, und die Ungebundenheit der Nacht dazugekommen sei, wäre hier kein Frevel, keine Schandtat unausgeübt geblieben. Die Männer begingen mehr Unzucht unter sich als mit Weibern. Litten einige die Entehrung nicht willig genug, oder wären sie zu schüchtern, sie an andern zu üben, so würden sie als Schlachtvieh geopfert. Nichts für Sünde halten, sei unter ihnen das Grundgesetz der Religion. Die Männer sprächen, wie wahnsinnig, unter schwärmerischen Verzuckungen des Körpers, Weissagungen: die Weiber liefen in Bacchantinnentracht, mit fliegenden Haaren und brennenden Fackeln an den Tiber hinab, tauchten ihre Fackeln in das Wasser und zögen sie, weil sie mit gediegenem Schwefel und Kalk überzogen wären, in voller Flamme wieder heraus. Von den Göttern entrückt hießen die Menschen, welche man an eine Winde gebunden und, in verborgene Höhlen fortgerissen, verschwinden lasse. Das wären aber solche, die nicht hätten mitschwören, oder an den Untaten teilnahmen, oder die Entehrung leiden wollen. Die Gesellschaft sei von bedeutender Größe, fast schon ein zweites Volk; und darunter mehrere Männer und Frauen von Stand! Seit den letzten zwei Jahren habe man festgesetzt, niemanden einzuweihen, der über zwanzig Jahre alt sei. Man wähle gern die Jahre, die der Verirrung und Entehrung empfänglich wären.«

Der Senat von Rom verfügt, daß niemand in Rom und ganz Italien, »der bei den Bacchantinnen eingeweiht sei, sich zu diesem Gottesdienst einfinden oder zusammenkommen, noch so etwas Gottesdienstliches verrichten sollte«.

Über 7000 Frauen und Männer gehörten allein in Rom zu den aktiven Teilnehmern an den Bacchanalien.

»Man stelle sich heute in einer Großstadt, die doch gewiß an Skandal jeder Art gewöhnt ist, eine Zeitungsnachricht vor, daß siebentausend Personen beider Geschlechter, die elegantesten der großen Welt, wie die schlimmsten Gestalten der verrufenen

Stadtviertel, in eine sogenannte Affäre verwickelt seien«, schreibt Gleichen-Rußwurm. »In Rom war es auf großen Wachstafeln angeschlagen, auf dem Forum, auf den beliebten Spaziergängen, in den Säulenhallen, daß fremdartiger Gottesdienst, geheimnisvolle Vergiftungsgeschichten, üppigste Sinnenlust Frauen und Männer in Anklagezustand gesetzt hätten und daß alles an den Tag gekommen sei, was angstverbreitend seit Jahren im Dunkel gebrütet. Hell brannte nun die Fackel und erleuchtete ganz Rom, die Fackel, die hochgeschwungen glühte, wenn die Bacchantin zu geheimnisvollem nächtlichem Bad den weißen, nackten Leib im Tiber netzte. Durch ein Mädchen, dessen Geliebter gegen ihren Willen in den Bund gezogen war, wurde das Geheimnis verraten. Der Ankläger sagte in seiner Rede: ›Größtenteils sind Frauen dabei, sie sind die Quelle des Übels, dann weibische Männer, Bestechliche und Bestecher, töricht geworden in durchwachten Nächten bei Wein, Musik und wollüstigem Geschrei.‹ Die Teilnehmer wurden angeklagt und hingerichtet, die Bacchanalien gesetzlich verboten, eine Erztafel im Wiener Museum kündet noch heute von Roms erstem großem Gesellschaftsskandal. Hundertzehn vornehme Frauen hatten ihre Männer vergiftet, um sich mit anderen wilder Lust zu ergeben, ungefähr zweitausend Personen ereilte das Strafgericht. Vier Monate lang dauerte der Schrecken.«

Das war 168 v. Chr.

Über die Liberalien am 17. März jeden Jahres, Festlichkeiten zu Ehren des Gottes Liber, der Göttin Liberia und Ceres, der Göttin des Ackerbaues, informiert uns Augustinus. Jener Augustinus, der nach einer ausschweifend verlebten Jugend Lehrer für Rhetorik in Karthago, Rom und Mailand wurde und sich, zum Christentum bekehrt, 237 n. Chr. taufen ließ und damit seiner Auffassung nach die Vergebung der Erbsünde, der Wollust, erreichte, was er auch fortan eifrigst propagierte: der zwecks Fortpflanzung nötige Geschlechtsverkehr sei sittlich gut, die damit jedoch eventuell verbundene Lust sündhaft.

Jener Augustinus jedenfalls zitiert in einem seiner zahllosen Bücher den römischen Schriftsteller Marcus Terentius Varro, der in seinen »Menippeischen Satiren« etwa 80 bis 67 v. Chr. den italienischen Alltag schilderte. »Varro sagt unter anderem«, schreibt Augustinus, »in Italien sei der Kult des Liber an Kreuzwegen in so unzüchtiger und ausschweifender Weise geübt worden, daß man das männliche Genitale zu Ehren des Gottes angebetet habe – und das nicht etwa im Verborgenen, sondern öffentlich und ohne jede Scham. Dieser unanständige Körperteil wurde während des Liberfestes mit großem Prunk auf Wagen zuerst an die Kreuzwege und dann in die Stadt geführt. In der Stadt Lanuvium war ein voller Monat dem Liber geweiht. Während dieser ganzen Zeit bedienten sich die Einwohner der schamlosesten Redeweise, solange bis der Phallus über den Marktplatz gefahren und danach wieder aufbewahrt wurde. Es war Brauch, daß die angesehenste Matrone gezwungen wurde, den schändlichen Gegenstand öffentlich mit einem Kranz zu schmücken. Der Gott Liber mußte günstig gestimmt werden, um das Gedeihen der Ernte zu sichern, und der böse Blick sollte von den Feldern gebannt werden, indem man eine verheiratete Frau zwang, in aller Öffentlichkeit das zu tun, was nicht einmal eine Dirne im Theater unter den Augen einer verheirateten Frau zu tun wagen würde.«

Das, was der heilige Augustinus hier so keusch umschreibt, war nichts anderes als der öffentlich durchgeführte Coitus zur Einleitung einer Orgie unter allen Anwesenden.

Anlaß zum Geschlechtsverkehr in der Öffentlichkeit boten auch die Feste zu Ehren der Venus, wie die griechische Aphrodite, die Göttin der Liebe, von den Römern genannt wurde.

Der Sexualforscher Charles Waldemar, ein von Martin Buber, Hans Carossa, Gerhart Hauptmann, Hermann Hesse, Thomas Mann und anderen Persönlichkeiten hoch geschätzter Autor, hat »das eigentliche Mysterium zwischen den Geschlechtern aufzuspüren« gesucht, »jenes Geheimnis, das sich nicht nur in kultischen Bräuchen, sondern durch das Medium von Fieber, Sehnsucht, Rausch, Traum, Entsagung, Erfüllung und Ekstase zu verschiedensten Zeiten und an verschiedenen Orten offenbart«. Über die Venusfeste der Römer schreibt Charles Waldemar: »Das Venusfest war eine Vergötterung des Fleisches, wie sie sich in diesem Ausmaß in der Geschichte wohl nicht so leicht wiederholte.

Die poetische Erotik eines ganzen Volkes ließ die Stadt in einen Blumengarten verwandeln; blendende Marmorbilder, ragende Säulen, weiße Obelisten, herrliche Triumphbögen, in der

Flut des südlichen Lichtes gebadet und umbrandet von Frauen mit glitzerndem Schmuck und Männern in lichten, farbigen Tuniken; die Körper, wenn es nicht letzte Sklaven waren, mit köstlichem Öl gesalbt und Wohlgerüche verströmend. Alles war dazu angetan, einen unerhörten, einzigen Liebesrausch auszulösen: galt es doch, die Venus callipygos, die schönste, lebensvollste, begehrenswerteste und leuchtendste Göttin des Altertums zu feiern.

War sie nicht die Verkörperung der Liebe selbst? Ließ sie nicht das Blut ihrer Verehrer wärmer zum Herzen strömen? Vereinte sie nicht das Paar in seliger Umarmung und verlieh jenen Rausch, der nicht mehr von dieser Erde war, sondern ein Vorgeschmack unendlicher Freuden? Ob sie nun Venus hieß oder Aphrodite, Paphia oder Cythere, Anadyomene oder Genetrix; immer war es die einzigartige Macht, die den Marmor des Fleisches durchpulsen ließ, ihn mit Glut begeisterte, um so im Tempel ihrer Fruchtbarkeit immer neue Diener und Dienerinnen ins Leben zu locken.

Mit jauchzenden Rufen, Lachen und Singen umtanzte man den gewaltigen Phallus, bis er auf dem Marktplatz von der angesehensten römischen Mutter mit weißen Lilien und blutroten Rosen bekränzt wurde, um ›fruchtreiche Ernte zu gewähren‹ und ›bösen Zauber von den Feldern zu vertreiben‹.

Nach diesem Akt steigerte sich die Freude der Menge auf unvorstellbare Weise: die Frauen rissen die Tuniken von den Brüsten, lösten die Haare; Flöten und Trommeln ertönten, Weinschläuche versprengten ihr purpurnes Naß, Gesang zu Ehren der Göttin erscholl, und die Paare fanden sich zu wildem, rhythmischem Tanz.

Und nicht nur in den öffentlichen Badestuben, nein, auch in den Vorgärten und in den Säulenhainen mischte sich jedes Alter und jedes Geschlecht. Wurden hier bei einer Vergewaltigung Schreie ausgestoßen, so gab es da nur anfeuernde Zurufe und verzückte Laute; alles das übertönt von den immer rasender gespielten Instrumenten. Venus, die Feurige, lebte im Genusse aller an allen.«

In der »Geschichte der Prostitution« von Pierre Dufour ist zu lesen: »Eigenartigerweise machten sich die hinsichtlich des Venuskultus so keuschen römischen Weiber keine Gewissensbisse, ihre Scham bei Ausübung anderer unanständiger und schimpflicher Kulte bloßzustellen, welche sie doch nur als Götter und Göttinnen zweiten Ranges betrachteten. Sie boten Opfer dem Kupido, vor allem dem Priap, dem Mutinus, der Tutana, der Protunda und anderen Gottheiten derselben Art. Die Opfer wurden nicht nur am häuslichen Herde, sondern auch in öffentlichen Tempeln und vor den an den Straßenecken und auf den Plätzen der Stadt aufgestellten Statuen dargebracht. Nicht etwa die Dirnen wendeten sich an diesen geheimnisvollen Olymp der sinnlichen Liebe, Venus genügte ihnen mit ihren verschiedenen Namen und mannigfaltigen Gestalten, sondern die Matronen und selbst die Jungfrauen erlaubten sich die Ausübung dieser geheimen und unzüchtigen Kulte; überließen sich ihm zwar nur verschleiert vor Sonnenaufgang oder nach Sonnenuntergang, aber sie scheuten sich doch nicht, beim Anbeten des Priap und seines unsauberen Gefolges gesehen worden zu sein.«

Über die »Floralien«, das Frühlingsfest zu Ehren der Göttin des Blühens und der Blüten, schreibt Dufour: »Die Florafeste, die man Feste der Flora oder Pomona nannte, bewahrten immer das Merkmal ihrer Stifterin. Die Obrigkeit hob sie mehrmals auf, aber das Volk erzwang ihre Erneuerung, wenn Dürre oder eine schlechte Ernte bevorzustehen schien. Sechs Tage lang bekränzte man mit Blumen die Statuen und Altäre der Götter und Göttinnen, die Haustüren, die Trinkbecher und streute frisches Laub auf Straßen und Plätze; man führte Jagden auf, indem man Hasen und Kaninchen (cuniculi) verfolgte, welche die Dirnen nur lebend fassen durften, wenn sie sich unter ihre Kleider flüchteten.

Die Ädilen, welchen die Aufsicht der Floralien zustand, warfen unter das Volk einen Regen von Bohnen, trockenen Erbsen und anderen Hülsenfrüchten, welche die Menge sich mit Faustschlägen streitig machte. Ferner gaben gerade diese Feste, welche die Dirnen als ihr Eigentum betrachteten, Veranlassung zu entsetzlichen Ausschweifungen im Zirkus. Die Dirnen zogen feierlich mit Musik aus ihren Häusern, gehüllt in sehr weite Schleier, unter denen sie nackt und mit all ihrem Schmuck beladen waren. Sie versammelten sich im Zirkus vor allem Volke, welches sich rundum drängte, und warfen daselbst ihre Schleier ab. Sie zeigten sich in der unanständigsten Nacktheit, alles mit Vergnügen zur Schau stellend, was die Zuschauer zu sehen begehrten, und diese unzüchtige Darstellung mit den schamlosesten Bewegungen begleitend; sie liefen, tanzten, sprangen und kämpften wie Athleten und Possenreißer, und jede laszive Bewegung erweckte Geschrei und Beifall bei diesem rasenden Volke. Plötzlich stürzten sich unter Trompetengeschmetter gleichfalls nackte Männer in die Arena, und... Eines Tages erschien Cato, der strenge Cato, in dem Augenblick im Zirkus, als die Ädilen eben das Signal für die Spiele geben wollten; aber die Gegenwart dieses großen Bürgers verhinderte den Ausbruch der Orgie. Die Dirnen blieben verschleiert, die Trompeten schwiegen, das Volk wartete. Man ließ Cato merken, daß er allein ein Hindernis für die Spiele sei; er erhob sich, zog die Toga vor sein Gesicht und verließ den Zirkus. Das Volk klatschte in die Hände, die Dirnen enthüllten sich, die Trompeten schmetterten, und das Schauspiel begann.«

Soweit Dufours Geschichte über die Floralien und den römischen Feldherrn, Staatsmann und Historiker Marcus Porcius Cato Censorius, den Vertreter altrömischer Sittenstrenge, der von 234 bis 149 v. Chr. lebte.

Das Florafest war 238 v. Chr. eingeführt worden und wurde zuerst in größeren Abständen und seit 173 v. Chr. jährlich zur Zeit der Getreideblüte sechs Tage lang vom 28. April bis 3. Mai gefeiert. Den Höhepunkt bildeten Mimus-Aufführungen, bei denen auch die Frauenrollen durch Frauen dargestellt wurden. Improvisierte, clownartige Szenen mit sexuellen und obszönen Darbietungen, wobei die anwesenden Zuschauer das Recht besaßen, von den Schauspielerinnen zu verlangen, die Kleider abzuwerfen und nackt weiterzuspielen – ein Recht, von dem reichlichst Gebrauch gemacht wurde.

Zur Illustration eine kurze Szene aus dem Stück des damals sehr erfolgreichen Titus Maccius Plautus, der von 250 bis 184 v. Chr. lebte. Sowohl als Schauspieler wie auch als Kaufmann gescheitert, war er arm und mittellos nach Rom zurückgekehrt und hatte kleine Theaterstücke zu schreiben begonnen. Angeblich insgesamt 130, die er zum Teil auf seinen Reisen in Griechenland kennengelernt hatte und auf römische Verhältnisse hin umschrieb. In »Persa«, einer Art Ballett- und Singspiel, kommt es zu obszönen Tänzen der Akteure und zu einer Orgie auf der Bühne. Sagaristio und Toxilus treiben es zusammen mit Lemniselenis:

Toxilus:	Warum mein Augenstern, warum nicht lieber gleich zu Bette gehn?
Lemniselenis:	Dein Wunsch ist auch der meine.
Toxilus:	Wir wollen uns liebend vereinen. Du, Sagaristio, lege dich oben hin!
Sagaristio:	Sofort, ich nehm mein Teil, so wie es ausgemacht ist.
Toxilus:	Nur sachte, sacht!
Sagaristio:	Nichts, nichts mit Sachtigkeit!
Toxilus:	Los also, leg dich drauf! Mein Freuden- und Geburtstag soll in Lust begangen sein.

Der Grieche Plutarchos, ein universal gebildeter Schriftsteller, schrieb Ende des 1. Jahrhunderts n. Chr. in »Bioi Paralleloi«, in seinen »Parallelbiographien«, in denen er jeweils einen Griechen und einen Römer nebeneinanderstellt: »Die Römer haben eine Göttin, die sie die Gute nennen, während die Griechen sie als die Göttin der Frauen bezeichnen. Die Phrygier sagen, sie gehöre ihrem Land und sei die Mutter ihres Königs Midas. Die Römer halten sie für eine Dryade, die mit Faunus lebte. Die Griechen wiederum sagen, daß sie eine der Mütter des Bacchus sei, deren Name nicht genannt werden dürfe. Wenn das Fest dieser Göttin gefeiert wird, errichten die Frauen Zelte, die mit Reben bedeckt sind; und der Sage nach liegt eine heilige Schlange neben der Göttin. Allen Männern ist es verboten, zu diesem Fest zu kommen oder auch nur das Haus zu betreten. Die Frauen bleiben ganz allein, und es heißt, daß viele der Riten, die sie vollziehen, Ähnlichkeit mit den Orphischen Mysterien hätten. Wenn die Zeit des Festes herannaht, verläßt der Konsul oder Prätor, in dessen Haus es stattfindet, mit allen männlichen Familienmitgliedern und Dienern das Haus, und seine Frau trifft die Vorbereitungen für die Zeremonien, deren größte bei Nacht stattfindet und von Musik und Fröhlichkeit begleitet ist.«

Das Fest der Bona Dea, der Guten Göttin, wurde seit dem 2. Jahrhundert v. Chr. im Dezember gefeiert. Sie war die Göttin der Frauen und zugleich die Schutzgöttin der lesbischen Liebe. Der Bericht des Plutarchos wird ergänzt durch eine Passage aus den »Satiren« des Juvenal, in denen er ein Jahrhundert n. Chr. alle Laster, Perversitäten und die Korruption seines Jahrhunderts anprangert.

In der 6. Satire heißt es: »Heutzutage sind die Mysterien der Guten Göttin bekannt: wenn die Flöte die Hüften der Frauen bewegt, wenn Trompete und Wein sich zusammenfinden um anzufeuern die Mänaden des Priap, die ihre Haare wirbeln und Schreie ausstoßen, welche Raserei sich zu paaren ergreift dann von ihnen Besitz, mit welcher Stimme schreit ihr keuchendes Verlangen, welche Fluten alten Weines benetzen ihre Lenden und die Beine. Wetteifern wollen sie mit den Bordellmädchen, ein Kranz ist der Siegespreis, und Saufeia trägt den Preis der runden Hüften davon; aber selbst sie muß der Medullina für ihre wogenden Hüftbewegungen applaudieren. Man teilt die Palme unter die beiden Königinnen auf: ein Privileg gleichwertig dem der Geburt. Das ist kein Scherz, alles geschieht im Ernst; selbst der durch sein Alter eiskalte Sohn des Laomedon und Nestor wäre, trotz seines Leistenbruches, entflammt worden. Und nun, da die Brunst nicht mehr zurückzuhalten, nur noch das pure Weibchen gegenwärtig ist, widerhallt ein einstimmiger Schrei in der ganzen Höhle: ›Das ist die Stunde, die die Göttin erlaubt hat, wir wollen die Männer! Wenn der Liebhaber in seinem Bett liegt, läßt man ihm sagen, er solle seinen Mantel nehmen und herbeikommen; wenn der Liebhaber nicht da ist, berennt man die Sklaven; sind keine Sklaven da, ruft man einen Wasserträger herbei; wenn endlich alle Mittel versagen einen Mann zu finden, wird man nicht länger warten und sein Hinterteil einem Eselsfüllen zum Bespringen anbieten.‹«

Plutarchos beschreibt in seinen »Parallelbiographien« auch die Lupercalien, eine Art Reinigungs- und Fruchtbarkeitsfest, das am 15. Februar zu Ehren von Faunus, dem Gott der Fruchtbarkeit, dem Schützer von Viehzucht und Ackerbau, begangen wurde. »Der Name des Festes bedeutet auf Griechisch soviel als Lykäa«, schreibt Plutarchos, »und deswegen halten es einige für ein uraltes Fest, das von den mit Evander nach Italien gekommenen Arkadiern herrührt. Indessen ist die Meinung auch nicht ohne Grund, denn der Name kann allerdings von der Wölfin seinen Ursprung haben. Man sieht ja, daß die Luperci ihren Umlauf an dem Orte beginnen, wo der Sage nach Romulus ausgesetzt war. Die Zeremonien, die an dem Feste gebräuchlich sind, geben über den Ursprung selbst keinen Aufschluß. Man schlachtet einige Ziegen, und dann werden zwei Jünglinge von vornehmer Geburt herbeigeführt, denen einige mit dem blutigen Schlachtmesser die Stirn berühren, andere sogleich mit einem Büschel Wolle, das in Milch getaucht ist, das Blut wieder abwischen. Die Jünglinge müssen, sobald sie abgewischt sind, lachen. Darauf zerschneiden sie die Felle der Ziegen in Riemen, laufen nackend, mit einem Schurz um die Lenden durch die Stadt und schlagen mit dem Riemen jeden, der ihnen in den Weg kommt. Die erwachsenen Mädchen weichen dem Schlag nicht aus, weil sie glauben, daß er zu einer Schwangerschaft und leichten Geburt sehr dienlich sei.«

Carl Felix von Schlichtegroll, der unter Pseudonymen wie Georg Friedrich Collas, C. F. Stauffer, F. v. Schwan und Oskar Quellinus eine Vielzahl von Büchern mit erotischer Thematik publizierte, weist in seinem 1932 erschienenen Werk »Der Flagellantismus im Altertum« darauf hin, daß auch die Lupercalien, wie alle Feste Roms, »schließlich etwas ganz anderes geworden waren, als in alter Zeit. Den römischen Damen genügte es nicht mehr, nur ihre Hände den Schlägen der Wolfspriester darzubieten, sondern sie gaben ihnen den ganzen Leib preis, und die Lupercen führten in späterer Zeit auch nicht mehr lediglich die aus den Häuten der Opfertiere geschnittenen Riemen in Händen, sondern daneben auch Ruten aller Art, und so wandelte sich der ehedem heilige Brauch zuletzt in ein fast obscoenes Spiel.«

Ekstatisch-orgiastischer Charakter kennzeichnete auch den Kybele-Kult. Kybele, die Magna Mater Deum Idea, die Große Göttermutter vom Berge Ida, war aus Kleinasien, der angeblichen Heimat des römischen Volkes, über Griechenland Ende des 3. Jahrhunderts v. Chr. nach Rom gelangt. 204 v. Chr. wurde der heilige Stein der Kybele, ein schwarzer Meteorit, aus Kleinasien nach Rom überführt. Über den Kult ist zu lesen, daß »an gewissen gesetzten Tagen«, nämlich vom 4. bis 10. April, »das Volk scharenweise« zum Tempel strömt, »um andächtige Zuschauer bei den Mysterien abzugeben, welche die Gallen und andere heilige Personen begehen, wobei sie sich in die Arme schneiden und einander wechselweise den Rücken abbläuen... Während die andern ihre Orgien begehen, teilt sich ihre Schwärmerei, von dem Getöse ihrer lärmenden Musik noch angefacht, öfters auch den Umstehenden mit und mancher, der nur als Zuschauer gekommen ist, nimmt plötzlich selbst an dem Drama teil und spielt sogar eine Hauptrolle dabei. Ein junger Mensch, den diese Tollheit anwandelt, reißt sich auf einmal die Kleider vom Leib, springt mitten unter die Gallen hinein, ergreift eines von den kurzen Schwertern... kastriert sich, läuft mit dem, was er abgeschnitten hat, in der Hand in der Stadt herum und in welches Haus ihm einfällt, es hineinzuwerfen, aus demselben muß er mit weiblicher Kleidung und allem, was zum vollständigen Frauenschmuck gehört, versehen werden.«

Nur wenig hatte der Isis-Kult, den der römische Feldherr Lucius Cornelius Sulla (138–78 v. Chr.) während seiner Diktatur in Rom einführte, mit den Ursprüngen der Mysterien zu tun. Auch der spätere Isis-Kult des Kaisers Caligula war mehr der Vorwand zu tribadischem Treiben als Gottesdienst.

»In dem zu Pompeji aufgefundenen, sechzehn Jahre vor der Verschüttung bereits restaurierten Isistempel«, schreibt Jacob Burckhardt, »gibt eine geheime Treppe und eine leere Vertiefung hinter dem Piedestal, welches die Bilder trug, sowie ein kleines Nebengebäude mit Souterrain einigen Anlaß zu Vermutungen; allein zu großen und blendenden Phantasmagorien findet man weder den Raum noch die Anstalten genügend, was indes die Phantasie der Archäologen und Dichter nicht gehindert hat, über dieses ziemlich geringe Gebäude bunte Gedanken zutage zu fördern.«

Solche »bunte Gedanken« einer Isis-Ehrung zu Caligulas Zeiten erfahren wir durch den amerikanischen Schriftsteller William Howard:

»Etwa fünfzig Frauen verschiedenen Alters bewegten sich langsam und stumm im Rundbau herum; alle trugen das lange Gewand einer Priesterin. Am hinteren Ende der großen Halle stand eine Isis-Statue mit der großen Sonnenkrone auf dem Haupt. Sie trug ein Füllhorn und einen Dreschflegel in den Händen. Die Brüste waren nackt. Zwischen ihren Beinen sah man die angedeutete Ankündigung der Unsterblichkeit, die Enthüllung des Lebens selbst... die Mutterschaft. Vor dem uralten Bildnis stand ein Dreibein aus Bronze. Jede Frau warf im Vorübergehen etwas Weihrauch in das Feuer, das dort brannte. So verlangte es offenbar das Ritual. Die Luft war vom geweihten Opferrauch geschwängert und parfümiert...

Am fernen Ende des Rundbaues, hinter dem Altar der Göttin, gab es eine kleine Seitentür. Von Zeit zu Zeit war dort eine Frau hineingegangen und verschwunden...

Eine Steintreppe mit sehr niedrigen Stufen führte in Windungen zu einem tiefen Gewölbe im Fundament des Tempels... Sie sahen vor sich das Schwimmbecken der Isis, ein großes Badebecken, dessen Wände aus herrlichen Mosaiken bestanden; es war mit warmem, parfümiertem Wasser gefüllt. Umgeben war es von einer kreisförmigen Kolonnade. Musizierende Mädchen in heiratsfähigem Alter spielten Lyra und Flöte oder sangen Hymnen für die Göttin Isis. Im Zentrum des Beckens schwamm ein riesiges Bildnis von Isis. Die Göttin war nackt, Arme und Beine weit auseinandergespreizt, so daß Fingerspitzen und Zehen die Kacheln berührten. So bildete sie eine Art Plattform, einen Altar für die geheimsten der Riten... Etwa zwei Dutzend oder mehr Frauen, alle sehr schön, tummelten sich nackt im Badebecken und liebten einander. Das lange Haar strömte im Wasser hinter ihnen her, die Gliedmaßen schimmerten; sie stützten sich auf den Körper der Göttin, während die Priesterinnen gegenseitig die reizenden Gesichter zwischen den Oberschenkeln vergruben oder wechselseitig und gierig an den Brustwarzen saugten.

Rund um den Rand des Beckens standen mindestens noch zwanzig junge Frauen und Mädchen. Alle trugen so durchsichtige Gewänder, daß die Nacktheit eher noch betont als verschleiert wurde. Diese Mädchen beobachteten gespannt, wie ihre Mitschwestern sich liebten und warteten offensichtlich ungeduldig darauf, auch endlich an die Reihe zu kommen. Der köstliche Anblick, der sich ihren Augen bot, erregte alle mehr und mehr. Eine ganze Anzahl von ihnen streichelte den eigenen Venushügel, um sich in noch größere Erregung zu versetzen. Ab und zu winkte ein schlanker Arm aus dem Wasser. Dann warf eines der Mädchen sofort die Robe ab und tauchte ins warme Wasser, um sich in die Arme irgendeiner Liebhaberin zu schmiegen... Ein Mädchen, kaum älter als vierzehn Jahre, wurde von sapphischer Ekstase erfaßt, als die Zunge einer älteren Frau tiefer und immer tiefer eindrang. Ein blondes Mädchen lag zitternd mit dem Kopf zwischen den Oberschenkeln einer Geliebten, während eine andere raffiniert mit der Zunge an der Gespielin beschäftigt war... Eine Frau, etwa Mitte dreißig, lag in totaler Hingabe auf dem Rücken; der Körper war lang und sinnlich, mit schlanken Beinen und großen, strammen Brüsten. Die Knie waren angezogen, um einer Geliebten ungehinderten Zugang zum Tempel der Liebe zu gewähren, während zwei andere Mädchen an den stolz erigierten Warzen saugten. Gleichzeitig beschäftigte sich je eine Hand dieser Frau mit einem jeweils anderen Mädchen.«

DIE FESTE DER KAISER

»Bacchus und Ceres, die einst edlen Freunde, waren zu wüsten Kupplern geworden. Laszive Tänze peitschten bei den Schwelgereien die Sinne auf, und stete Trunkenheit zerbrach die letzte der Fesseln. Scham und Zurückhaltung wurden geradezu komische Begriffe. Selbst der Keuscheste mußte darum der schwülen Atmosphäre erliegen. Die Tatenlosigkeit, ewige Tafelfreuden voll raffiniertesten Gaumenkitzels, blutige Zirkusspiele, kurz müheloses Genießen alles dessen, was die antike Welt zu bieten vermochte, verbreitete sich über das gesamte Leben. Umgeben von einem Troß von Dirnen und Lustknaben erfüllte sich das Dasein des vornehmen Römers, und die einst so stolze Römerin blieb darin nicht zurück. Livia galt noch als treu, weil sie dem Grundsatze huldigte: ›De ne recevoir jamais un passager dans sa barque, qu'elle ne fût déjà remplie.‹ Mit anderen Worten: Livia gestattete ihren Liebhabern nur dann die letzte Gunst, wenn sie sich von ihrem Gatten schwanger wußte. Der mächtige Gastgeber huldigte offen und ohne Scheu den schönen Frauen seiner Gäste, und willig löste sich der Gürtel der Tunika der schönen Römerin, um seine verliebten Spiele nicht zu hindern. Der ergebene Hofmann fand es selbstverständlich, daß seine schöne Gemahlin sogar in seiner Gegenwart darin einwilligte, ihre Reize der Geilheit des kaiserlichen Herrn preiszugeben, und auch, daß sie ihm jederzeit willig von der Tafel ins Nebengemach folgte, um dort auf vorbereitetem Lager seinen raffiniertesten Launen sich würdig zu zeigen. Freilich, es war ja auch nicht weniger sein Ruhm, wenn der kaiserliche Herr bei der Rückkehr rühmend und eingehend der ganzen Gesellschaft die intimsten Reize seiner Gattin und ihre besonderen Delikatessen in den Kämpfen der Venus schilderte und pries. Um sich des Besuches des allmächtigen Gebieters würdig zu erweisen, führte man ihm die liebeskundige Gattin oder die noch jungfräuliche Tochter nackt entgegen, auf daß er sich an ihren Reizen nach Belieben ergötze. Als ein hoher Grad von Sittlichkeit galt es noch, daß Mäcenas bei einem Besuche des Augustus in dem Augenblick einschlief, in dem seine schöne Gattin sogar in seiner Gegenwart sich anschickte, dem zärtlichen Augustus die letzte Gunst zu gewähren. Die Reize der eigenen Mutter, Schwester oder Tochter wurden im Genußkodex des Wüstlings immer eifriger begehrt, und dieses naturwidrige Begehren fand auch immer willigere Gewährung. Für eine einzige raffinierte Kaprize hatte man jederzeit ungezählte Summen bereit, für das Gemeinwohl dagegen keine Sesterze mehr übrig. Jeder Tag war schließlich nur eine neue Gelegenheit, die Zahl der begangenen Ausschweifungen zu mehren...«

Zitiert nach Eduard Fuchs' »Geschichte der erotischen Kunst« in »Erweiterung und Neubearbeitung des Werkes ›Das erotische Element in der Karikatur‹ mit Einschluß der ernsten Kunst«, erschienen 1908. Illustriert ist diese Passage mit als »Satirische Gemmen« bezeichneten Wiedergaben aus den »Monuments de la vie privée de douze Césars« des François Hugues, genannt Hancarville, einem Altertumsforscher und Abenteurer, der 1759 in Nancy geboren, einige Jahre im Dienst des Herzogs von Württemberg stand, längere Zeit in Frankreich, Portugal, Spanien, Italien und England unterwegs und mehrere Male inhaftiert war. 1805 starb er in Padua. Hundert Jahre nach seinem Tod erschien sein 1780 in Nancy publiziertes Werk über das »Privatleben der römischen Caesaren« auch in Deutschland. »Ein langer Aufenthalt in Rom«, schrieb Hancarville in seinem Vorwort, »gab mir Gelegenheit, mit größter Sorgfalt die prachtvollen Sammlungen antiker Kunstdenkmäler aller Art zu studieren, die in den Palästen der meisten römischen Großen aufgespeichert sind. Zu meiner Überraschung fand ich darunter sehr viele, die von keinem Schriftsteller erwähnt werden, und besonders solche, deren Gegenstand satirische Anekdoten aus der Zeit der ersten Cäsaren bilden oder auf denen wir jene skandalösen Orgien abgebildet finden, die von den zeitgenössischen Autoren mit so kräftigen Strichen gekennzeichnet sind.« Hancarville gab vor, größte Schwierigkeiten gehabt zu haben, diese »Denkmäler« zu kopieren, denn sie waren durch die »dargestellten Vorgänge meistenteils der Art, daß der Besitzer oft genug sich geniert, sie zu zeigen oder auch nur ihren Besitz einzugestehen«.

Bereits 1900 hatte der deutsche Archäologe und Ausgräber von Olympia und Ägina in seinem Werk über »Antike Gemmen« darauf hingewiesen, daß Hancarvilles Darstellungen »nur moderne Erfindungen der denkbar obcönsten Art« wären.

Da »man begreift, daß Sujets dieser Art einen von sittlicher Strenge durchwirkten Kommentar nicht vertragen würden«, beschränkte sich Hancarville in seinem Buch auf Zitate aus der »Römischen Geschichte« des Vellius Paterculus (40–104 n. Chr.), aus den »Annalen« des Publius Cornelius Tacitus (55–125 n. Chr.) und Suetons »De vita Caesarum«, das etwa um 120 n. Chr. erschienen war.

Sueton, mit vollem Namen Gaius Suetonius Tranquillus, wurde um 70 n. Chr. geboren. »Bleibt auch Suetons persönliches Schicksal zum größten Teil in Dunkel gehüllt«, schreibt der Übersetzer André Lambert in seiner Ausgabe von Suetons »Leben der Caesaren«, »so können wir doch schon aus dem Umfang und der Art seines literarischen Werkes sagen, daß er ein typischer Gelehrter war, Sammler von Kuriositäten, fleißiger Arbeiter in Archiven, Dokumentensammlungen und Bibliotheken, wobei ihn eigentlich alles interessierte und alles, was er irgendwo fand, in einem seiner Werke eingereiht werden konnte.« Das war es auch, was Suetons Werk zu einer Art »Chronique scandaleuse« der römischen Kaiserzeit machte.

Das Buch, dessen erste Seiten fehlen, beginnt mit der Biographie Gaius Iulius Caesars (100–44 v. Chr.), »aller Frauen Mann und aller Männer Frau«, der »im Ruf der Unzucht und der Buhlerei« stand. »Aber«, heißt es bei Sueton, »am meisten liebte er Kleopatra, mit der er Gelage oft bis zum Morgengrauen ausdehnte. Auch fuhr er mit ihr auf ihrer Luxusjacht durch ganz Ägypten und wäre fast bis Äthiopien gelangt, wenn nicht das Heer sich geweigert hätte weiterzuziehen. Er rief sie sogar nach Rom und ließ sie erst nach Verleihung größter Ehren und reich beschenkt wieder ziehen.«

Titus Lucretius Carus (95–55 v. Chr.) sagte über Kleopatra: »Von ihrer ganzen Person geht ein Zauber aus und in ihrer Art zu sprechen, in ihrer ganzen Haltung liegt eine faszinierende Stärke. Ihrer Stimme zuzuhören, ist etwas Wunderbares; sie bedient sich ihrer Stimme wie eines Instrumentes.« Als so »wollüstig, daß sie sich oftmals preisgab«, beschreibt sie Sextus Aurelius Viktor, ein römischer Geschichtsschreiber des 4. Jahrhunderts.

Nach Caesars Tod, als Marc Antonius seine Frau Fulvia nach kurzer Ehe wegen Kleopatra verließ, berichtet Antonius' Adjutant Quintus Dellius: »Die Königin hatte die Idee, den Verein ›die Unnachahmlichen‹ zu gründen. Das ist lediglich der Versuch, ihren Exzessen den Anschein des Seriösen zu geben. Dieser Verein reichte wahrscheinlich noch nicht aus, ihre schamlosen Ausschweifungen zu vertuschen, denn die Königin hatte einen neuen Einfall...

Vor der Stadt befindet sich ein seltsamer Ort, der Tempel der Aphrodite, der Liebesgöttin. In Wahrheit ist er nichts anderes als eine Stätte der Unzucht. Der Park, der den Tempel umgibt, ist zu einer Stadt in der Stadt geworden – die Liebesstadt. In 1500 kleinen Pavillons wohnen ebenso viele Priesterinnen der Aphrodite. Diese Frauen gehen im Park spazieren und warten auf Besucher. Dann verschwinden sie mit ihnen für einige Stunden oder für die ganze Nacht in ihrem Pavillon.

Jedes Jahr findet dort ein Fest statt, dem sich ein Wettbewerb anschließt, bei dem die Priesterin den Preis erringt, die die größte Raffinesse in der Liebe beherrscht... Es ist mir peinlich, edle Fulvia, Ihnen berichten zu müssen, daß vorgestern die Königin und mein Gebieter an diesem Fest teilgenommen haben. Dabei waren sie nicht einmal verkleidet.«

Gerhard Jaeckel, Autor vieler medizinischer und sexualpsychologischer Publikationen, weist darauf hin, daß der Amerikaner Allan Edwardes, ein Kenner der orientalischen Erotik, meinte, Kleopatra habe die nicht-professionelle Fellatio (die Befriedigung des Mannes mit dem Mund) kreiert:

»Kleopatra soll in einer einzigen Nacht viele Männer auf diese Weise befriedigt haben. Die Griechen nannten sie ›meriochane‹ (weite Kluft); Kleopatra, die angeblich mit hundert römischen Edlen in einer einzigen Nacht Fellatio trieb, war aber auch als ›cheilon‹ (Dicklippige) bekannt.«

Über Augustus (63 v. Chr. bis 14 n. Chr.) ist bei Sueton zu lesen:

»Daß er Liebschaften mit verheirateten Frauen unterhalten habe, geben sogar seine Freunde zu, doch führen sie als Entschuldigung an, daß er sich nicht aus Wollust dazu habe verleiten lassen, sondern aus Gründen der Politik: durch ihre Frauen habe er nämlich leichter die Pläne seiner Gegner erfahren können. Marcus Antonius hat ihm außer seiner überstürzten Heirat mit Livia noch vorgeworfen, daß er einmal die Frau eines Konsuls unter den Augen ihres Gatten aus dem Speisesaal ins Schlafzimmer geführt und sie mit roten Ohren und in Unordnung geratenem Haar wieder zur Gesellschaft zurückgebracht habe; auch habe er Scribonia von sich gestoßen, da sie allzu offen ihren Verdruß über den zu großen Einfluß einer Mätresse geäußert hatte; ferner habe er seine Freunde zu Kupplerdiensten benutzt: diese hätten nämlich verheiratete Frauen und erwachsene Mädchen nackt in Augenschein nehmen müssen, wie wenn sie sie beim Sklavenhändler Toranius kauften. Auch schreibt ihm Antonius einmal in einem vertraulichen Brief, als sie einander noch nicht völlig entfremdet als Feinde gegenüberstanden: ›Warum hast Du Dich mir gegenüber so geändert? Weil ich bei der Königin (Kleopatra) schlafe? Sie ist meine Frau. Ist sie's erst jetzt oder nicht schon seit neun Jahren? Und Du, schläfst Du nur bei Drusilla? Wahrscheinlich ist es doch so, daß Du, wenn Du diesen Brief liest, bei Tertulla oder Terentilla oder Rufilla oder Salvia Titisenia oder bei allen zusammen geschlafen hast. Kommt es denn darauf an, wo und mit wem man seine Lust befriedigt?‹«

Man sagte Augustus nach, daß er ein »geheimes Gelage, das allgemein das Zwölfgötterfest genannt wurde«, veranstaltet hätte, an dem die Gäste als Göttinnen und Götter verkleidet, oder besser: entkleidet, und Augustus selbst als Apoll erschienen seien. Caligula sagte Augustus ein Verhältnis mit Julia, Augustus' Tochter aus der Ehe mit Scribonia, nach. Über Julia urteilte Vellius Paterculus: »Nichts ließ sie unversucht, was in schändlicher Geilheit und Wollust ein Weib tun kann oder geschehen lassen kann; die Größe ihres Glücks ermaß sich an der Willkür sündigen zu können: was ihr gefiel, sah sie auch als erlaubt an.«

Lucius Aennaeus Seneca (4 v. Chr. bis 65 n. Chr.) berichtet, »daß Julia Scharen von Liebhabern zugänglich gewesen war, daß sie in nächtlichen Ausschweifungen die Stadt unsicher gemacht hatte«. Von Sklaven ließ sich die Dreißigjährige zum Forum Romanum tragen, um sich dort in aller Öffentlichkeit mit einem ihrer zahlreichen Liebhaber zu paaren – aus Protest gegen das »Lex Iulia de adulteriis«, das aus dem privaten Vergehen des Ehebruchs eine öffentliche Angelegenheit mit allen rechtlichen Konsequenzen machte. Ein Gesetz, das Augustus dort, an dieser Stelle des Forum Romanum, verkündet hatte. Weiter hatte Augustus laut Seneca erfahren müssen, daß seine Tochter Julia »sich täglich bei der Statue des Marsyas eingefunden hatte, um dort – nicht mehr nur Ehebrecherin – ihre Gunst feilzubieten und sich mit jedem, sogar mit unbekannten Liebhabern, einzulassen.«

Augustus sagte man nach, er solle in späteren Jahren »besonders auf junge Mädchen versessen gewesen sein, die ihm seine Frau von überall her verschaffte«. Es war Livia, seine dritte Frau, in deren Armen er starb. Seine letzten Worte waren: »Livia, bleibe immer unserer glücklichen Ehe eingedenk und lebe wohl!«

Seneca erwähnt auch einen Römer namens Quadra Hostius, der sich ein »speculata cubicula«, ein Spiegelzimmer, eingerichtet hatte, um seine Orgien mit Knaben und jungen Mädchen Roms vervielfacht betrachten zu können. Er soll den Satz geprägt haben: »Wenn alle Teile meines Körpers in Lust schwelgen, warum sollen meine Augen denn nicht auch einen Genuß haben?«

Tiberius (42 v. Chr. bis 37 n. Chr.), der als Kaiser auf Augustus folgte, war anfangs bemüht, ein geordnetes und vorbildliches Leben zu führen und erließ eine Reihe von Verordnungen, um »gewisse Übelstände, die sich in der öffentlichen Sittlichkeit durch Nachlässigkeit oder üble Gewohnheit einzubürgern drohten, abzustellen«. Zehn Jahre vor seinem gewaltsamen Ende zog er sich auf die Insel Capri zurück. »Als er so in der Abgeschiedenheit, gleichsam verborgen vor den Augen der Öffentlichkeit, die ersehnte Freiheit erlangt hatte, ließ er allen seinen Lastern, die er lange Zeit nur schlecht verhehlt hatte, auf einmal freien Lauf«, berichtet Sueton. »In seiner Zurückgezogenheit auf Capri erdachte er sich ein mit Polsterbänken ausgestattetes Lokal als Ort für geheime Ausschweifungen. In diesem mußten

Scharen von überall her zusammengesuchten Mädchen und Lustknaben und Erfinder allerart widernatürlicher Unzucht, die er ›Spintriae‹ nannte, in Dreiergruppen miteinander Geschlechtsverkehr treiben. Er schaute dabei zu, um durch diesen Anblick seine erschlafften Kräfte aufzupeitschen. Die an den verschiedensten Orten gelegenen Schlafzimmer schmückte er mit Bildern und Plastiken, die die laszivsten Szenen darstellten, und legte die Schriften der Elephantis auf, damit niemandem für die Ausführung der befohlenen Stellungen ein Muster fehle. Er ließ auch in den Wäldern und Pärken da und dort der Venus geweihte Plätze einrichten, wo in Grotten und Felshöhlen junge Leute beiderlei Geschlechts, als Pane und Nymphen verkleidet, zur Wollust einluden. Deshalb nannte ihn auch schon alle Welt mit einem Wortspiel über den Namen der Insel ›Caprineus‹.

Aber man sagte ihm noch größere Schändlichkeiten nach, so daß man es kaum zu berichten oder zu hören, geschweige denn zu glauben wagt. Er habe sich nämlich noch ganz junge Buben, die er seine ›Fischlein‹ zu nennen pflegte, abgerichtet, die ihm beim Baden zwischen den Beinen durchschwimmen, dort spielen und ihn lecken und beißen mußten. Auch habe er sich von kräftigen, aber noch nicht entwöhnten Kindern an seinem Glied wie an der Mutterbrust saugen lassen, seiner ganzen Veranlagung und seinem Alter entsprechend eher dieser Art von Vergnügen ergeben. So wurde ihm einmal ein Bild von Parrhasios, auf dem dargestellt war, wie Atalante dem Meleager mit dem Mund Wollustgefühle bereitet, unter der Bedingung vermacht, daß er, falls er an dem Thema Anstoß nehmen sollte, eine Million Sesterzen dafür erhalte. Er zog aber vor, es zu behalten, und ließ es sogar in seinem Schlafzimmer anbringen.«

Dort, auf Capri, erhält der greise Tiberius Besuch von seinem Adoptivenkel Gaius, Caligula genannt.

Der Romancier William Howard hat in seinem Roman »Caligula« diese Szene rekonstruiert.

»Ein Garten mit Granatäpfelbäumen und Ziersträuchern führte zu Tiberius' Schwimmbecken tief in einer Grotte. Hinter den Büschen war lautes Kichern und Schäkern zu hören. Die Spielzeuge des Imperators huschten im Garten herum und warteten offenbar darauf, daß der Kaiser sein Bad beendete.

Das Becken selbst, die Vergrößerung einer ursprünglichen

Bodenmulde, wies behauene Wände aus rauhem Gestein auf. Gespeist wurde es von Mineralwasser-Quellen, die in der Mitte des Badebeckens einen Strudel bildeten. Auf den Kalksteinufern wuchsen Wildblumen und Moose, dort angepflanzt, um den Eindruck zu verstärken, daß es sich hier um einen absolut natürlichen Ort handelte, an dem Faune, Zentauren, Nymphen und der große Gott Pan selbst ihr Wesen trieben.

Pan... in der Tat! dachte Caligula, während er zum dunklen Wasser hinabstarrte und eine Gestalt beobachtete, die mehrmals tauchte und wieder hochkam. Plötzlich richtete sie sich prustend aus dem Wasser auf und stand aufrecht da. Das spärliche Haar rund um die Ohren ragte wie die Hörner eines geilen Bockes empor. Imperator Tiberius Caesar, nur mit einer dünnen Tunika bekleidet, die klatschnaß an seinem alten, aber immer noch kraftvollen Körper klebte, hob einen Arm und winkte seinem Enkelsohn heiter zu...

Caligula empfand eine Mischung aus Ehrfurcht, Angst, Abneigung und Respekt, während er zum Becken hinabging und sich auf den schlüpfrigen Felsrand hockte. Eifrig ergriff er die Hand, die Tiberius ihm entgegenstreckte, und küßte sie... Er sah die vagen, schattenhaften Gestalten, die wie zwei große Fische um Tiberius' Beine herumschwammen. Die ›Fische‹ tollten und spielten wie Tümmler und tauchten unter die Tunika des alten Mannes... Unter lautem Plätschern tauchten die beiden ›Fische‹ aus dem Wasser auf – ein zehnjähriger Junge und ein zehnjähriges Mädchen. Beide waren splitternackt... Hinter den Büschen und aus der Grotte tauchte etwa ein Dutzend lachender Kinder auf. Alle waren nackt. Das also waren die Jungen und Mädchen, die Caligula vorhin lachen gehört hatte. Jetzt rannten alle zum Badebecken, sprangen hinein, tauchten und schwammen um den Imperator herum. Einige von ihnen gerieten wie zufällig zwischen die weit gespreizten Beine des alten Mannes und leckten an dessen Genitalien und Oberschenkeln herum. Tiberius krächzte und krähte vor Lachen – diese Kinder waren seine Spielzeuge und das letzte Entzücken seiner alten Tage... Es waren keine Kosten gescheut worden, um Tiberius' Zufluchtsort so ländlich und waldreich wie nur irgendwie möglich zu gestalten. Olivenbäume schimmerten silbrig blau neben Akazien. Weiden starrten wie Narziß ihr eigenes Spiegelbild in Tümpeln und Weihern an. Man hatte eine Umgebung geschaffen, die mythologischen Geschöpfen wie Faunen, Satyrn und Nymphen durchaus würdig war.

Deshalb überraschte es Caligula nicht im mindesten, als man auf einen jungen Satyr stieß, der sich auf einer sonnenbeschienenen Lichtung mit zwei Nymphen der Liebe hingab. Der Junge, den Caligula auf etwa sechzehn Jahre schätzte, stand auf gespreizten Hinterhufen da, mit dem Schweif an einem Baum. Vor diesem Satyr nach vorn gebeugt stand eines der schönsten Geschöpfe, die Caligula jemals zu Gesicht bekommen hatte. Die kleinen, runden Hinterbacken waren dem Penis des Jungen entgegengereckt. Das Mädchen hatte hellgoldenes Haar, geschmückt von einem Kranz aus Wildblumen. Das durchsichtige Gewand, bis zur Taille hochgerafft, schien für eine göttliche Nymphe gewoben zu sein. Mit beiden Händen stützte sie sich auf die Knie, um von dem Satyrpfahl nicht umgestoßen zu werden. Und ein Pfahl war es, wie Caligula mit einem Anflug von Neid feststellen konnte... gut fünfundzwanzig Zentimeter lang und auch entsprechend dick.

Eine andere Nymphe lehnte sich neben dem Satyr mit dem Rücken gegen denselben Baumstamm, als wartete sie darauf, als nächste an die Reihe zu kommen. Ihre Hände umschlossen die mächtigen Genitalien und streichelten sie zärtlich und liebevoll, während der Satyr wuchtig zustieß. Das Haar dieser Nymphe war pechschwarz und hing lose bis zu den Hüften hinab. Das dünne Gewand war von einer Schulter geglitten und enthüllte eine runde Brust; an ihr saugte der Satyr mit offenkundiger Freude.

Als das Trio den Imperator Tiberius zu Gesicht bekam, drehte sich das dunkelhaarige Mädchen nach dem Kaiser um. Ohne die Brust aus dem Mund des Satyr zu nehmen, raffte es sein Gewand hoch und spreizte die Beine, so daß Tiberius gut ihre rosige Grotte sehen konnte. Dann erstarrten alle drei Gestalten in dieser Position – wie ein erotisches Fries an den Wänden eines Hauses der Prostitution.

Tiberius blieb stehen, um das Trio zu bewundern... Er tätschelte hier eine Wölbung, zupfte dort an einem Haarbüschel, steckte einen Finger in eine Spalte und streichelte eine Haarlocke... Sofort erwachten die ›Statuen‹ wieder zum Leben und bildeten immer von neuem erotische Kombinationen... Vor ihm hatten sich inzwischen die beiden Mädchen auf dem Gras ausgestreckt und leckten gegenseitig an ihren Lustgrotten. Der Satyr drang in den Anus des schwarzhaarigen Mädchens ein. Ein paar Minuten später pfählte er ihre Scheide auf seinen Schaft, während sie beide Beine um seine Taille schlang. Er stieß in stehender Position zu, und die Blonde hockte sich unter ihn und ließ abwechselnd ihre Zunge an beiden spielen...

Im nächsten Hain stieß man auf eine ganz spezielle Attraktion, nämlich auf eine Gruppe akrobatischer Tänzer aus Kreta. Es waren vier Jungen und zwei Mädchen, die sich alle ganz erstaunlich ähnlich sahen. Offensichtlich waren es Brüder und Schwestern. Mit blitzschneller Präzision führten sie dem Imperator und seinem Enkel ein sexuelles Ballett von erstaunlichem Einfallsreichtum vor. Die Körper waren so geschmeidig, so sportlich trainiert, daß sie ohne sichtbare Zeichen von Anstrengung die kompliziertesten Positionen längere Zeit durchhalten konnten. Caligula bewunderte ihre Geschicklichkeit aus vollem Herzen, während Tiberius vor Stolz förmlich glühte. Zuerst stellten sich die Jungen im Kreis auf, jeder von ihnen stieß in seinen Vordermann hinein.

Inzwischen machte das kleinere Mädchen vor der größeren Schwester einen Handstand und behielt diese Position bei, so daß beide stehend die klassische Neunundsechziger-Stellung praktizieren konnten.

Tiberius spendete höflichen Beifall.

Der nächste Trick war eine Pyramide: Die beiden kräftigsten Jungen stellten sich Seite an Seite mit gespreizten Beinen auf, und eine der Schwestern kniete sich vor den Brüdern hin. Die beiden anderen Jungen sprangen auf die Schultern der Brüder und gingen so in die Hocke, daß ihre Penes auf die Münder der stehenden Brüder gerichtet waren, die nun der anderen Schwester halfen, die Spitze der Gruppe zu erreichen. Als alle in Position waren, begann die kniende Schwester abwechselnd an den Penes der vor ihr stehenden Brüder zu saugen. Die Brüder in der oberen Reihe steckten ihre Glieder in die Münder der Brüder in der unteren Reihe und wechselten sich dann dabei ab, mit den Zungen an der Vagina der Pyramidenspitze zu lecken, ihrer kleinen Schwester.«

Tacitus berichtet in seinen »Annalen«, daß Tiberius Sklaven als Beamte einsetzte, »um Kinder beiderlei Geschlechtes auszusuchen und zu ihm zu schleppen; die Willigen erhielten Geschenke, gegen Abweisende waren Drohungen wirksam, und wenn ein Verwandter oder der Vater sie nicht herausgab, so erlaubten sie sich Gewalt, Entführung und die Befriedigung eigener Lüste wie an Kriegsgefangenen«.

Im Jahr 37 n. Chr. wurde der 25jährige Gaius Iulius Caesar Germanicus, genannt Caligula, das Stiefelchen, Kaiser. Er regierte mit despotischer Willkür und Grausamkeit und rühmte sich selbst als der »Kaiser aller Laster«. Zu den Willkürakten Caligulas in den wenigen Jahren seines Daseins zählte auch die Einrichtung eines Bordells im kaiserlichen Palast, im Palatin, »wo in mehreren abgetrennten und der Würde des Ortes entsprechend eingerichteten Kammern vornehme verheiratete Frauen und freigeborene Knaben sich prostituieren mußten. Dann schickte er einen Nomenklator auf alle Märkte und in alle Basiliken, um junge und alte Männer zur Befriedigung ihrer Lust aufzufordern.«

Und die Reaktion in Rom?

William Howard schildert sie: »Die Römer vornehmen Standes waren zunächst ungläubig. Dann versuchten mehrere Familien, sich diesem kaiserlichen Erlaß zu entziehen. Aber Caligula hielt sein angedrohtes Versprechen. Er stellte die verstümmelten Leichen von Männern, Frauen und Kindern öffentlich zur Schau..., als abschreckendes Beispiel. Danach gehorchten alle anderen Familien schleunigst. Weinende Ehefrauen und verängstigte Töchter wurden in verschleierten Sänften in den Palast getragen und mußten auf der Stelle mit der Arbeit beginnen. Sogar einige der besser aussehenden Senatoren wurden zum sexuellen Dienst gepreßt. Die einzigen Familien, die dieser Demütigung entgehen konnten, waren diejenigen, die sich die Pulsadern öffneten und mit römischer Würde starben. Aber davon gab es nicht allzu viele. Doch Caligula war auch darüber glücklich, weil er dann den Familienbesitz konfiszieren konnte.

Der Pöbel liebte das kaiserliche Bordell und konnte gar nicht genug davon bekommen. Das gemeine Volk von Rom, üblicherweise behandelt, als wäre es nicht vorhanden, fand ein geradezu rachsüchtiges Vergnügen daran, sich an den weichen, üppigen Körpern der Patrizierinnen zu ergötzen. Man strömte zu Hunderten ins kaiserliche Bordell; die Leute stanken nach Zwiebeln, Knoblauch und Wurst; ihre Hände waren schmutzig, ihr Atem roch faulig nach schlechten Zähnen. Nichts gefiel ihnen besser, als lässig dazuliegen und die großen Damen von Rom zu beobachten, wie sie schwitzend die Beine spreizten.

Caligula erwies sich bei der Führung seines Bordells als Experte. Er tat noch etwas mehr, als nur fünf Goldstücke im voraus von jedem Kunden zu kassieren – er spekulierte auch auf den Voyeurismus. Deshalb ließ er Löcher in die Wände einiger Zimmer bohren, so daß von einem Raum aus das Treiben im angrenzenden Zimmer beobachtet werden konnte. Dafür verlangte er den doppelten Preis. Aber er ließ auch noch besondere Räume für spezielle Zwecke herrichten. Hier gab es Löcher in den Wänden, groß genug, um den Penis eines Mannes durchzuschieben. Auf der anderen Seite der Wand gab es... ein anderes Loch; es bestand mitunter aus einem Mund, manchmal aber auch aus einer Vagina. Ein Mann hatte keine Ahnung, welches Gefäß ihn auf der anderen Seite erwartete; er wußte nur, daß es weich und feucht sein würde. Das war eine der Hauptattraktionen des kaiserlichen Bordells, und sehr zu Caligulas Überraschung erwies sich gerade diese Sache auf beiden Seiten als höchst profitabel.

Das Bordell florierte.«

Eine »zügellose Leidenschaft« für Frauen bescheinigt Sueton dem Kaiser Claudius (10 v. Chr. bis 54 n. Chr.), dem Nachfolger Caligulas. Zum Zeitpunkt seiner Ausrufung zum Kaiser ist Tiberius Claudius 51 Jahre alt, seine Frau Messalina, die er als Konsul ein Jahr zuvor geheiratet hatte, 19 Jahre alt. Claudius ist schwächlich und senil – Messalina, wie der Historiker Cassius Dio Cocceianus (um 155–235) sagt, »das geilste und unzüchtigste Weib«, die den Kaiserpalast zu einem einzigen Bordell machte, wo sich die Frauen im Beisein ihrer Männer hingeben mußten. »Meretrix Augusta«, die »kaiserliche Hure«, nannte Juvenal sie.

Plinius der Jüngere (61–113), ein Freund Suetons, schreibt: »Die übrigen Tiere haben ein Maß in der Begattung, der Mensch aber fast keines. Messalina, die einen Sieg hierin für königlich hielt, erwählte zu diesem Wettstreit die berüchtigtste unter den Lohndirnen und übertraf sie, denn sie wohnte binnen 24 Stunden fünfundzwanzigmal bei.«

In Juvenals »Satiren« heißt es:
Hier stand sie, preis sich gebend, mit nackter Brust, die reich mit Gold behangen,
Wies allen, die in die Zelle kamen, den Schoß, der den Britannicus empfangen,
Den edlen Sohn, begrüßt im Schmeichelton die Gäste und verlangt ihren Lohn.
Und wenn der Kuppler dann zur Ruhe sandte die Dirnen, ging sie traurig fort; doch setzte
Sie's durch, daß sie die Zelle schloß als letzte, indes der Wollust Brunst noch immer brannte
Und sie die Männer zwar ermüdet hatten, doch noch gesättigt nicht. So trug, entstellt
Durch schmutz'ge Wangen, die der Lampenrauch geschwärzt, zum Bett des kaiserlichen Gatten
Sie den Bordellgeruch...

Von einem Fest der Messalina, ihrem letzten, berichtet Otto Zierer in seiner Kulturgeschichte: »Junge Mädchen, die mit Pantherfellen oder auch nur mit Weinranken bekleidet sind, bieten die silbernen Becher an. Man tafelt im Freien, die ganze Hofgesellschaft lärmt und jubelt durcheinander. In den Gebüschen sind bacchantische Chöre und Flötenspieler aufgestellt, die das Treiben mit Musik umrahmen.

Am Vormittag haben sich Messalina und ihr Liebhaber Silius, nur mit Efeublättern bekleidet, auf einem seidenen Ruhebett eng umschlungen zum Tempel der Juno tragen lassen. Senat, Ritterschaft, Priesterkollegien, Hofbeamte, die dazugehörigen Damen und eine unübersehbare Menge von Freigelassenen, Legionären, Sklaven und Tänzerinnen haben Spalier gebildet, als das rosenbekränzte Bett der Verliebten vorüberschwankte. Man applaudierte, rief Glückwünsche und freche Scherze und wohnte mit prickelndem Schauder der Vermählungszeremonie im Tempel bei.

Nach einem üppigen Gastmahl folgt am Nachmittag das eigentliche Bacchanal.

Messalina tanzt, kaum noch verhüllt, mit dem Thyrsosstab durch die Gärten, Silius folgt ihr mit dem Efeukranz im Haar, als Silen verkleidet. Der Kaiserhof spielt das Fest der Mänaden und des Dionysos. Alle Schranken frommer Scheu sind gefallen, die Paare suchen und finden sich in Gebüschen, Blumenbeeten, in verborgenen Grotten, in den Palasträumen. Es ist ein einziges Kreischen, Singen, Lärmen und Umschlingen. Die Kaiserin, die von ihrem rotgolden gefärbten Haar zum natürlichen Schwarz zurückgekehrt ist, fliegt und tanzt mit wehenden Locken gleich einem Dämon durch die Haine und entledigt sich der letzten Hüllen.

Einer der Festgäste, Vettius, erklettert in Weinlaune einen hohen Baum, und als ihm die anderen zurufen: ›Was siehst du?‹ – antwortet er beziehungsreich: ›Ein drohend Gewitter, das von Ostia heraufzieht!‹ Manche begreifen den Doppelsinn und verlassen, plötzlich ernüchtert, die Orgie.«

Bei Tacitus heißt es: »Indessen kamen nicht bloß Gerüchte, sondern wirkliche Nachrichten, daß Claudius, von allem unterrichtet und entschlossen zur Rache, im Anzug sei. Daher begab sich Messalina in die lukullischen Gärten, Silius aber, um furchtlos zu scheinen, zu den Geschäften des Forums.«

In den Gärten des Lukullus wird Messalina getötet.

Grausamkeit und Mordlust kennzeichnen die Regentschaft Neros (37–68), der 54 n. Chr. mit 17 Jahren Nachfolger von Claudius wird.

Über die pompösen Feste berichtet Tacitus in seinen »Annalen«: »Zu den Juvenalien gingen Meldungen in Menge ein. Nicht Adel, nicht Alter oder frühere Ehrenämter waren für irgendwen ein Hindernis, die Kunst eines griechischen oder römischen Schauspielers auszuüben, selbst bis zu ganz unmännlichen Gesten und Weisen. Ja, selbst vornehme Frauen lassen sich auf entehrende Dinge ein. In dem Haine, den Augustus um den Teich herum für Seegefechte angelegt hatte, wurden Lustzelte und Schankbuden aufgestellt und verführerische Dinge feilgeboten. Man stellte auch Geldspenden zur Verfügung, die die Vernünftigen notgedrungen, die Hemmungslosen voller Stolz ausgaben. Seitdem nehmen Lasterhaftigkeit und Schamlosigkeit überhand; und nichts hat den schon längst verderbten Sitten mehr Ausschweifungen hinzugefügt als jener Wirrwarr der Juvenalien. Schon bei ehrenwerten Beschäftigungen ist das Schamgefühl schwer zu bewahren. Wie sollte im Wettstreit der Laster noch Keuschheit, Bescheidenheit oder eine Spur von guter Sitte gewahrt werden können!«

Auf öffentlichen Plätzen hielt Nero Trinkgelage ab. So ließ er »auf dem Teich des Agrippa östlich vom Marsfeld ein Floß herstellen, das durch andere Schiffe von der Stelle fortbewegt werden konnte, während das Gastmahl stattfand. Die Schiffe waren mit Gold und Silber ausgelegt; als Ruderer wurden Buhlknaben verwendet, die nach dem Alter und nach ihren Erfahrungen in der Unzucht zusammengestellt wurden. Geflügel und Wild hatte er aus fernen Ländern, Fisch sogar aus dem Ozean kommen lassen. An den Ufern des Teiches standen Bordelle, die voll von vornehmen Frauen waren. Gegenüber konnte man nackte Lustdirnen sehen. Schon gab es unzüchtige Gebärden und Bewegungen; und als der Abend anbrach, hallten der ganze benachbarte Hain und die umliegenden Häuser von Gesang wider und strahlten im Fackelglanze.«

In Hancarvilles Ausführungen über Nero heißt es: »Unersättlich im Genuß, hätte Nero am liebsten gleichzeitig mit allen Körperteilen genießen mögen: während er selbst ein Weib befriedigte, überließ er sich einem seiner Lieblinge und küßte einem anderen die Schamteile. Die anderen Teilnehmer an dieser Szene blieben aber auch nicht müßig: junge Weiber befeuerten seine Wollust durch geile Berührungen, Stellungen und Gebärden, und zwei andere Jünglinge besuchten mit ihren Geschlechtsteilen alle Hohlräume seines Leibes.«

In Petronius Arbiters »Satyricon« findet sich eine Szene mit einem »cinaedus«, einer Mannshure, »der abgeschmackteste Kerl von der Welt, der genau in dieses Haus paßte. Der klopfte mit eingeknickten Fingern in die Hände und gab dann etwa folgende Arie von sich:

Hierher, hierher, kommt alle marsch, marsch,
ihr warmen Brüder, kommt alle gerannt
mit fliegenden, wirbelnden Füßen!
Ihr macht's mit dem Schenkel und treibt's mit dem Arsch
und geht auch keck ans Geschäft mit der Hand,
Kapaune, so schwul wie gerissen!

Als er seine Verse heruntergesungen hatte, spuckte er mir einen ganz widerlichen Kuß ins Gesicht. Dann kam er gar noch über das Sofa daher und deckte mich, obwohl ich mich sträubte, mit aller Gewalt auf. Über mein Glied gebeugt, nuddelte er lange und gründlich, aber ohne Erfolg. In Strömen floß dem schwitzenden Gesellen Akazienessenz über die Stirn, und in den Runzeln seiner Wangen war so viel Schminke, daß man hätte glauben können, eine ungeschützte Wand habe unter Regen zu leiden. Ich konnte die Tränen nicht länger zurückhalten, war vielmehr an den Rand der Verzweiflung getrieben und sagte: ›Bitte, Gnädigste, einwandfrei hattest du angeordnet, daß ich ein Betthüpferchen bekomme.‹ Da klatschte sie ganz obenhin in die Hände und sagte: ›Welch ein heller Kopf und Vater des Großstadtwitzes! Was? Du warst dir nicht klar, daß man eine Mannshure Betthüpfer nennt?‹ Darauf sprach ich, damit es bei meinem Kameraden besser vonstatten gehe: ›Sag einmal ehrlich, hat Askyltos auf diesen Sofas als einziger nichts zu tun?‹ – ›Also‹, sagte Quartilla, ›soll auch Askyltos seinen Betthüpfer haben.‹ Kaum war dies heraus, als die Mannshure das Pferd wechselte, auf meinen Kumpan umstieg und ihn mit Hinterbakken und Küssen schier zerrubbelte.«

Anschließend animierte die mannstolle Quartilla zusammen mit Psyche zu einer Voyeurszene, wie sie ebenfalls als häufiger Bestandteil der Feste an Neros Hof überliefert ist: die kleine Pannychis soll durch den Knaben Giton vor den Anwesenden entjungfert werden: »Und umgehend wurde das Mädel vorgeführt, allerliebst und anscheinend nicht mehr als sieben Jahre alt. Also klatschten alle Beifall und drängten, sie als Brautpaar zusammenzugeben; ich aber erstarrte vor Schrecken und beteuerte, weder sei ein Unschuldsknabe wie Giton dieser Frivolität gewachsen, noch stehe das Mädel schon in einem Alter, wo es die Bestimmung der Frau, sich hinzugeben, annehmen könne. ›Also‹, sagte Quartilla, ›ist das Ding da jünger, als ich es war, wie ich mich das erstemal mit einem Mann einließ? Meinen Schutzgeist will ich gegen mich haben, wenn ich mich erinnern kann, jemals Jungfrau gewesen zu sein! Denn erst habe ich mich als Kind im Verkehr mit Gleichaltrigen beschmuddeln lassen und habe dann mit vorrückenden Jahren immer größere Buben bei mir gehabt, bis meine Zeit da war. Daher stammt, glaube ich, auch das bekannte Sprichwort: ›Man kann den Stier stemmen, wenn man das Kalb getragen hat.‹ Damit nun das Brüderchen ohne mich nicht noch Schlimmeres zu leiden habe, erhob ich mich mit den anderen zu den Hochzeitsfeierlichkeiten. Schon hatte Psyche den Kopf des Mädels in den Brautschleier gehüllt, schon trug der ›Betthüpfer‹ die Fackel voran, schon hatten die betrunkenen Weiber Beifall klatschend einen langen Zug gebildet und das Brautgemach mit obszönen Decken ausstaffiert, als Quartilla bei der Lüsternheit der übermütigen Gesellschaft Feuer fing, auch selber aufstand, Giton packte und ins Schlafzimmer zog. Ohne Zweifel hatte der Knabe nichts einzuwenden gehabt, und auch das Mädel war wegen des Wortes ›Hochzeit‹ keineswegs grämlich oder bange geworden. Als sie nun hinter verschlossener Tür im Bett lagen, setzten wir uns vor die Schwelle des Brautgemachs, und besonders Quartilla hatte durch eine ungeniert erweiterte Ritze neugierig das Auge in Stellung gebracht und beobachtete die kindliche Schäferstunde mit lüsterner Genauigkeit. Auch mich zog sie sachte zum gleichen Schauspiel heran, und weil wir Gesicht an Gesicht zusahen, setzte sie in jeder freien Minute beiläufig ihre Lippen in Bewegung und ließ hintereinander eine wahre Tracht verstohlener Küsse auf mich niedergehen...«

Das größte Vertrauen unter Neros Günstlingen genoß Tigellinus, der aber nach Hancarvilles Darstellungen die Gunst Neros in einem Maße mißbrauchte, »daß alle Vornehmen Roms entweder vor ihm kriechen mußten oder vernichtet wurden. Er war nicht weniger lasterhaft als sein Fürst, dem er gerade wegen seiner Ausschweifungen und wegen seiner Grausamkeit teuer war. Petronius, Otho und er waren die Veranstalter der Hoffestlichkeiten und der nächtlichen Gelage; sie wetteiferten in der Erfindung neuer und unzüchtiger Genüsse... Tigellinus ließ mitten im Amphitheater ein großes Bankett herrichten. Es wurde eine ungeheure Pracht und Verschwendung entfaltet: der Tyrann und sein Günstling lagen auf Purpurbetten, um sie herum die Damen und Herren des Hofes, und das Volk tafelte in eigens hergerichteten kleinen Logen. Ungeheuer groß war die Anzahl von liederlichen Weibern und Männern, und jedermann überließ sich vor den Augen aller Gäste nach Belieben seinen Lüsten. Die schönen Frauen und Mädchen durften keinen Wunsch versagen; jeder konnte sich die auswählen, die ihm am besten gefiel, und keine hatte das Recht sich zu weigern, mochte sie auch vom höchsten Stande sein: ›Da hatte denn der Sklave mit der Herrin vor den Augen seines Herrn zu tun, der Klopffechter mit der adeligen Jungfrau vor den Augen ihres Vaters. Überall sah man geile Bewegungen und Gebärden; nackte Leiber mischten sich in Unzucht‹ (Dio Cassius). Und dieser schamlosen Schar ging Nero mit bestem Beispiel voran: ›Er selbst im Schlamme des Natürlichen und Unnatürlichen herumgewälzt, hatte jedwede Schändlichkeit erschöpft, die ihn noch lasterhaft machen konnte‹ (Tacitus, Annalen).«

Aulus Vitellius (15–69), einer der Lustknaben des Tiberius auf Capri, wurde 69 für zwölf Monate römischer Kaiser. Ihm folgte Vespasian (9–79) als Sechzigjähriger. »Unsittlichkeit und Luxus waren wieder eingerissen, da niemand dagegen auftrat«, vermerkt Sueton. Vespasian, der sich »vom Anfang bis zum Ende seiner Herrschaft als bürgerlich schlicht und milde« erwies, suchte der »Unsittlichkeit« durch entsprechende Gesetze Herr zu werden.

Titus (39–81), der von 79 an regierte, warf man laut Sueton Habsucht, aber auch »liederlichen Lebenswandel vor, da er mit seinen ausgelassenen Freunden die Gelage bis tief in die Nacht hinein ausdehnte. Nicht weniger tadelte man seine Wollust wegen der Scharen seiner Lieblinge und Eunuchen«. Bei den Gelagen gingen Knaben und Mädchen nackt, »so daß alle Gäste sich an ihrer Schönheit weiden konnten«, schreibt Hancarville. Man feierte »umgeben von Verschnittenen, Tänzern und Tänzerinnen in allen möglichen wollüstigen Stellungen«.

Auch Domitian (51–96), ab 81 römischer Kaiser, »war von übermäßiger Wollust«, berichtet Sueton, »und betrachtete seinen fortgesetzten Geschlechtsverkehr wie eine Art Turnübung, die er mit einem griechischen Ausdruck ›Bettgymnastik‹ nannte. Man sagte auch, er enthaare seine Mätressen eigenhändig und bade mit den gemeinsten Dirnen zusammen«.

Unter Domitian entstanden die ersten zehn der insgesamt fünfzehn Bücher »Epigrammata« des Marcus Valerius Martialis (40–104), der sich dem Kaiser besonders verbunden fühlte, und dem er in Lobgesängen und mit Gelegenheitsgedichten huldigte. Daneben aber geißelte Martialis unerbittlich und scharfzüngig die Fehler und Laster Roms. Eines seiner Epigramme lautet:

    Wollusttriefendes hast du mir, Sabellus,
    Vorgelesen in zu beredten Versen,
    Wie des Didymus Dirnen nicht sie kennen,
    Noch der lüsternen Elephantis Bücher.

Neue Formen der Venus gibt es dorten,
Wie sie wagen verlebte Buhler mögen,
Was verschwiegen wohl Ausgediente bieten,
Wo sich fünfe zu einer Gruppe fügen,
Sich aus mehreren eine Kette bildet...

Zur Zeit Domitians waren im Römischen Reich zwei »Leitfäden der Liebeskunst« weit verbreitet: das Buch der Hetäre Philaenis von der Insel Leukas und das der Elephantis aus Milet. Zu nennen ist auch noch die Hetäre Kyrene, die als Erfinderin des »Dodekamechanon« gilt, der Methode, auf zwölffache Art den Coitus auszuüben.

Die Vermutung liegt nahe, daß unter der »Bettgymnastik« des Domitian der praktische Nachvollzug der in den »Leitfäden« geschilderten »figurae veneris« gemeint ist.

Der Dichter Publius Naso Ovidius (43 v. Chr. bis um 18 n. Chr.) gibt in seiner »Ars amatoria«, merkt Carl von Bolen an, »der immer mehr nach Ausschweifung, Grausamkeit und rohem Sinnengenuß drängenden Erotik noch ein letztes Mal poetische Form«. Während Ovid im ersten Teil über Pflege und Bildung der Frau als Mittel der Anziehung spricht, gibt er im zweiten Teil Ratschläge, wie ein werbender Liebhaber zu behandeln ist, um mit dem dritten Teil, wie es anzustellen sei, »daß lang daure der zärtliche Bund« zu schließen. Man hat errechnet, daß von 2330 Zeilen der »ars amatoria« nur 70 Zeilen dem Liebesspiel und den erotischen Positionen gewidmet sind, denn: »Kennen muß nur ein jeder sich selber und wählen die Weise, weil nicht für jede Figur alles in gleicher Art paßt.«

An Martials Epigrammen geschult war eine etwa 1422 in lateinischer Sprache geschriebene Epigrammsammlung des Rhetorikprofessors der Universität Padua und Hofpoeten der Mailänder Visconti, der »Hermaphroditus« des Antonio Beccadelli (1394–1471). Liebe und Laster unersättlicher Frauen waren das Thema seiner Dichtung. Wie Martial, so gab auch er, der »Palermitaner«, wie man ihn nannte, sich fasziniert und angewidert zugleich von der Unersättlichkeit der Frauen, über die er sich in der an Cosimo de' Medici gerichteten Widmung beklagt. Beccadellis »Hermaphroditus« war nur in ein paar Abschriften verbreitet und wurde 1553 in Venedig publiziert. 1697 wird das

Werk noch im »Dictionnaire Historique et Critique«, dem enzyklopädischen Wörterbuch des Pierre Bayle (1647–1706), erwähnt – und bleibt dann bis 1791 verschollen. In Paris wird das Werk von einem Mercier de Saint-Léger neu herausgegeben.

Ebenfalls in Paris erscheint 1882 ein »Manuel d'Erotologie Classique (De figuris veneris)«. Es ist das Forschungsergebnis des Jenaer Altphilologen Karl Friedrich Forberg (1770–1848), seit 1807 Konservator der Herzoglichen Bibliothek in Coburg, der sich bemüht hatte, den »Hermaphroditus« des Beccadelli mit Interpretationen und Fußnoten zu versehen. »Apophoreta«, Nachtisch, nannte Forberg seine Arbeit, die ein Verzeichnis all dessen darstellte, was in den Werken der Klassiker und der Schriftsteller des Humanismus über das Geschlechtsleben der Griechen und Römer auffindbar war. 1824 erschien eine von Forberg veranstaltete und erweiterte Ausgabe in Coburg. Forbergs Publikation wurde zu einer Art Wegweiser all dessen, »was ein, zwei oder mehr Menschen im Bett tun können«.

Forberg führte insgesamt 90 verschiedene Positionen an, beginnend mit dem nach vorne gebeugten Mann, dessen Oberschenkel »die mit gestreckten Beinen auf dem Rücken liegende Frau« umfassen. An zweiter Stelle erst folgt: »Der Mann nach vorne gebeugt zwischen den Schenkeln der mit gespreizten Beinen auf dem Rücken liegenden Frau.« Es folgen weitere 46 Stellungen einer Frau mit einem Mann, vier Stellungen, bei denen der Mann »pädiziert« wird, Fellatio und Cunnilingus »liegend, sitzend, stehend, kniend«, auch unter »Zuhilfenahme einer dritten ›beflissenen Hand‹«. Auch »Vierfüßler« männlichen bzw. weiblichen Geschlechts fehlen nicht in der Aufstellung.

Die von Forberg genannten Figuren für drei und mehr Partner seien hier zitiert.

»73. Drei Partner: ein Partner übt den Koitus aus und wird gleichzeitig anal koitiert.

74. Drei Partner: Ein Partner übt den Analkoitus aus und wird gleichzeitig seinerseits anal koitiert.

75. Drei Partner: ein Partner übt den Mundkoitus (Fellatio) aus und wird gleichzeitig anal koitiert.

76. Drei Partner: ein Partner übt gleichzeitig Fellatio und Koitus aus.

77. Drei Partner: ein Partner übt gleichzeitig Fellatio und Analkoitus aus.
78. Drei Partner: ein Partner übt die Fellatio aus.
79. Drei Partner: eine Partnerin übt die Fellatio aus und wird gleichzeitig koitiert.
80. Drei Partner: eine Partnerin übt die Fellatio aus und wird gleichzeitig anal koitiert.
81. Drei Partner: eine Partnerin übt die Fellatio aus, gleichzeitig wird an ihr der Cunnilingus vollzogen.
82. Drei Partner: ein Partner vollzieht den Cunnilingus und gleichzeitig den Koitus.
83. Drei Partner: ein Partner vollzieht den Cunnilingus und gleichzeitig an dem dritten Partner den Analkoitus.
84. Drei Partner: ein Partner übt zugleich Cunnilingus und Fellatio aus.
85. Drei Partner: ein Partner vollzieht den Cunnilingus und wird gleichzeitig anal koitiert.
86. Drei Partner: Eine Partnerin, die den Cunnilingus vollzieht, wird gleichzeitig koitiert.
87. Drei Partner: eine Partnerin, die den Cunnilingus vollzieht, wird gleichzeitig anal koitiert.
88. Vier Partner, die eine doppelte Kette bilden.
89. Vier Partner, die eine dreifache Kette bilden.
90. Gruppe von fünf Partnern...«

Und Forberg vermerkt sachlich richtig: »Eine Kette dieser Art kann leicht bis ins Unendliche verlängert werden.«

Im Reigen der orgiastisch veranlagten römischen Herrscher ist noch der Sohn Marc Aurels, Lucius Aurelius Commodus (161–192) zu nennen, seit 180 römischer Kaiser. Ihm wird nachgesagt, daß er sich mit besonderer Vorliebe als Voyeur betätigte und sich am Geschlechtsverkehr seiner Frauen mit anderen Männern erregte. Er hielt sich einen Harem von 300 Lustknaben und scheint somit das Gegenstück jener vornehmen Dame aus Korinth zu sein, die sich, wenn man den griechischen Geschichtsschreibern glauben darf, nach dem Tode ihres Mannes 50 Knaben in ihrem Hause hielt. Da viele von ihnen für einen Geschlechtsverkehr noch zu jung waren, mußten sie ihre Herrin mit Händen und Lippen befriedigen.

Marcus Aurelius Antonius Heliogabalus, auch Elagabalus, der eigentlich Bassanius hieß und die beiden Gottesnamen »Helios« und »Baal« zu seinem Namen Heliogabal vereinigte, gelangte 218 n. Chr. im Alter von 14 Jahren auf den römischen Kaiserthron. Triumphierend marschiert er in Rom ein. Seinen Legionen, die den Festzug anführen, folgen tausend römische Jungfrauen aus Patrizierhäusern in durchsichtigen Gewändern. Dann folgen die Senatorentöchter. Sie sind nackt. Rosengewinde um die Hüften, die Brustspitzen vergoldet. Ihnen folgt singend Heliogabal in Purpur und Gold, vor dem Wagen mit einem riesigen schwarzen Phallus-Stein, mit Juwelen und Gold verziert, aus der syrischen Stadt Emesa. Der neue Regent feiert Götterhochzeiten, heiratet eine Senatorentochter, dann eine Vestalin und schließlich einen Mann namens Hierokles, dem dann ein Gladiator als Gatte Heliogabals folgt.

»Alle Hohlräume seines Leibes dienten ihm zur Aufnahme von Wollust«, schreibt Aelius Lampridius (um 300), Verfasser einer achtbändigen »Römischen Kaisergeschichte« über Heliogabal.

Im Palatin richtete Heliogabal ein Kabinett ein, »dessen Wände von Gold und Edelsteinen strotzten. Laszive Darstellungen prangten an der Decke, laszive Statuen füllten Ecken und Nischen aus. In der Mitte des Zimmers stand ein mit Purpurdecken belegtes Bett; eine Portiere verschloß die nach dem Korridor führende Tür«. Carl Felix von Schlichtegroll, der das Kabinett in seinem Buch »Das Liebesleben im klassischen Altertum« zeitgenössischen Berichten folgend nach historischen Dokumenten beschreibt, fährt fort: »Einerlei ob Arbeiter, Sklaven, Edelleute, Verbrecher, Infame, Fremde oder Einheimische. Bedingung war nur, daß sie dem starken Priapus möglichst ähnlich waren. Einer nach dem anderen mußte den Korridor passieren. Elgabal lauerte, fast nackend und nur mit einem leichten Frauenschleier verhüllt, hinter dem Vorhang, lockte die Vorübergehenden mit girrenden Lauten, mit Schmeichelworten und Kosenamen zu sich herein, zerrte sie in die Kammer und... der Rest ist Schweigen.«

Bei seinen Gelagen verwendete er »Becher und Tafelgeräte, die mit obszönen Darstellungen bedeckt waren (schematibus libidinosissimis inquinata)«, schreibt Dufour. »Mit derartigem Silberzeug prunkte er zumal bei den großen Hoftafeln zur Zeit der Weinlese; bei der Gelegenheit gefiel er sich auch darin, die würdigen Geheimräte und konsularischen Greise, die seine Tischgäste waren, in der gemeinsten Weise zu verspotten, aufzuziehen und zu beschimpfen. Ganz ungeniert (impudentissime) forderte er sie gewöhnlich auf, sie sollten von den Liebesabenteuern ihrer Jugend erzählen, wobei schon seine Einladungen zu dieser Art Unterhaltung nichts an Roheit zu wünschen übrig ließen (neque enim unquam verbis pepercit infamibus, quum et digitis impudicitiam ostentaret, nec ullus in conventu, et audiente populo, esset pudor).« Dabei begleitete er, lesen wir bei Lampridius, mit seinen Fingern »seine Reden durch unzüchtige Gebärden, wie wenn in seinem ganzen Gefolge und unter dem Volk, das ihn anhörte, niemand wäre, der Scham hätte.«

Bei einer Ballettaufführung von »Paris und Venus« im Palatin mußten neben Berufstänzerinnen auch wieder Töchter der Patrizier und Senatoren Roms nackt mitwirken. Als Vorlage diente vermutlich das heute verschollene Satyrspiel »Krisis« des Sophokles (um 496 bis 406 v. Chr.), ein heiteres Spiel, bei dem Satyren aus dem Gefolge Dionysos-Bacchus mit dicken Bäuchen und großen Phallen, begleitet von Flötenspielerinnen und Bacchantinnen auftraten. Thema des Spiels war das Urteil des Paris. Die Göttinnen Hera, Athene und Aphrodite bzw. Venus erschienen bei Paris auf dem Berge Ida. Paris soll das Urteil sprechen, wer die Schönste sei. Hera verspricht dem Schiedsrichter Macht, falls er sich für sie entscheide, Athene verspricht militärischen Ruhm, Aphrodite-Venus aber verspricht Paris die schönste Frau. Paris entscheidet für Venus. Heliogabal stellt die Venus dar. Auf offener Bühne bietet sich nun Venus dem Paris »als schönste Frau. Die eine Hand an den Brüsten, die andere an den Geschlechtsteilen, kniete er nieder, streckte den Hintern empor und schob ihn vor und zurück, während der Mann auf ihm lag«, berichtet Aelius Lampridius.

Der Geschichtsschreiber Partius erzählt von einer Orgie besonderer Art: »Auf den Befehl des Kaisers hin wurden von mehreren entkleideten Jünglingen und Mädchen brennende Fackeln in den Saal getragen. Sie mußten den schwarzen Phallus umringen, wobei die Jünglinge dem Kaiser ihren Rücken, die Mädchen ihm aber die Vorderseite zuwandten. Nach einer Weile des wollüstigen Betrachtens und Weintrinkens erhob sich Heliogabal von seinem Lager und entledigte sich seinerseits der Gewänder.

Die Schönheit der Körper und der übermäßige Genuß des Weines hatten sein Blut so in Wallung gebracht, daß seine Lust allen sichtbar war. Er trat zu den Fackelträgern und betastete prüfend ihre entblößten Leiber. Bei den Knaben verweilte er länger als bei den Mädchen. Einen der Jünglinge und eines der Mädchen führte er zu seinem Lager und hieß sie, sich an seine Seite zu legen. Die anderen umarmten sich nun, ohne die Fackeln aus den Händen zu lassen. Als die sexuellen Spiele wilder wurden, wechselte der Lichtschein wie ein Wetterleuchten über die nackten Körper. Schließlich bot auch Heliogabal seinen Leib der Lust dar.«

Nackt, mit eregiertem Penis, läßt sich Heliogabal von nackten Mädchen durch Rom fahren. Schließlich bringt er seinem Gott Baal Menschenopfer dar: Knaben und Mädchen römischer Patrizier. Am 11. März 222 wird der 18jährige Heliogabal von Legionären getötet. Sie halten seinen Kopf so lange in die Fäkalien einer Latrine, bis er im Kot erstickt.

GEHEIME RITEN

Von dem kaiserlichen Legaten in Bythinie, Gaius Plinius Caecilius Secundus (61/62–113), stammt ein Brief an den römischen Kaiser Trajan (53–117), aus dem hervorgeht, daß Christen »an einem bestimmten Tage vor Sonnenaufgang sich zu versammeln pflegen« und »ein unschuldiges Abendmahl« halten. Von dem in Rom als Rechtsanwalt tätigen Afrikaner Marcius Minutius Felix (um 200) ist ein Dialog erhalten, in dem das Christentum ein obszöner Kult voll Aberglaube und Gottlosigkeit genannt wird, dessen Anhänger, vulgäre Männer und liederliche Weiber, sich Brüder und Schwestern nennen und in den Tempeln gotteslästerliche Veranstaltungen halten, indem sie die Lichter verlöschen und den Gottesdienst durch wilde sexuelle Orgien beschließen. Ein Verdacht, der durch die heimlichen, meist verborgenen Treffpunkte der verfolgten Christen in den Katakomben vor den Toren der Stadt noch erhärtet wurde.

Die Christen dieser Zeit sind eine von vielen Sekten. Nicht mehr und nicht weniger. Denn Rom war zu einem Schmelztiegel der verschiedensten Kulte geworden. Man huldigte den verschiedensten Göttern, die mit Händlern und Kaufleuten, Soldaten und Sklaven aus allen Ecken und Enden des Reiches importiert worden waren. Da war Serapis, da waren Adonis, Atargatis und Mithras – und da waren immer noch die geheimen Bacchanalien und Kulte der Isis.

»Im Wettbewerb der Sekten um zahlungskräftige und stiftungswillige Mitglieder werden die Andeutungen immer unmißverständlicher, und den Anhängern wird suggeriert, daß auch die sexuelle Vereinigung, der Zeugungsakt, die kurze Seligkeit körperlicher Verschmelzung, Gottesdienst, Mysterium der Wiedergeburt und Unterpfand ewigen Lebens seien. So findet manche Römerin im Halbdunkel einer Isisfeier die befreiende Umarmung; mancher Römer findet in der erregten, aufgestörten Atmosphäre der Feiern ein williges Opfer. Die Kulte der syrischen Astarte, der zyprischen Aphrodite und der afrikanischen Tanit gar, die die Befreiung und Erlösung in der hemmungslosen sexuellen Ausschweifung verkünden, bieten den römischen Proselyten alles, was selbst das Lupanar nicht bieten kann: Geheimnisse, Abenteuer, Raserei. Geschäftstüchtige Priester verstehen, die Bedürfnisse eines wohlhabenden, übersättigten Publikums zu befriedigen. Sie vermitteln Liebesverhältnisse, vermieten Nebenräume der Tempel für rasche, verbotene Abenteuer und machen so allmählich ihre Sektentempel zu verrufenen Stätten der Unzucht und Kuppelei.« Mit dieser Darstellung folgt Otto Zierer den Ausführungen Ludwig Friedlaenders in dessen »Sittengeschichte Roms«. Alle Tempel, »in denen Frauen aus und ein gingen, waren als Orte der Verführung verrufen; es gab keinen, sagt Juvenal, in dem Frauen sich nicht preisgaben, und wenn auch mit Übertreibung, so doch auch sicher nicht ohne Wahrheit brandmarken christliche Schriftsteller Tempel, Haine und andre heilige Orte als Brutplätze nicht bloß des Ehebruchs und der Unzucht, sondern auch der schwersten Verbrechen. In den Tempeln, heißt es bei Minucius Felix und Tertullian, werden Verabredungen zum Ehebruch getroffen, zwischen den Altären Kuppelei geübt, in den von Weihrauch duftenden Zellen der Tempelwächter und Priester geht es zu wie in Bordellen.«

Eine willkommene Alternative zu der aufkommenden körperfeindlichen Christenlehre Anfang des ersten Jahrhunderts bot ein aus Ägypten stammender Mann namens Karpokrates, der in Rom eine Sekte gründete. Er lehrte, daß Jesus der natürliche Sohn von Maria und Josef und auf normale Weise gezeugt sei. Er lehrte auch, daß die Menschen eine moralische Pflicht zur Sünde hätten, da die Errettung aus der Sünde des Menschen größte Aufgabe sei. Gerettet werden konnte jedoch nur, wer sündigte. Also sündigte man – im christlichen Sinn. Was um so leichter zu bewerkstelligen war, da Karpokrates zudem noch gemeinschaftlichen Besitz predigte und in diesen »Besitz« auch die Frauen aller Anhänger mit einschloß. Es war selbstverständlich, daß diese sexuellen Möglichkeiten ihm viele Mitglieder brachten, wie Titus Flavius C. Alexandrinus (um 150 bis vor 215) zu berichten weiß, der 195 mit seiner »Mahnrede an die Heiden« als Leiter der theologischen Schule von Alexandria das vollkommene Christentum predigte.

Zu den Sekten dieser Zeit, die wie die Karpokratianer aus der gepredigten Weibergemeinschaft religiösen Gewinn und sexuellen Genuß zogen, gehören noch die Valentianier, eine Mischform aller möglichen persischen, ägyptischen, syrischen und griechischen Riten. Und die Saturnilianer, die ihren Namen von den römischen Festen der Saturnalien ableiteten, sie predigten und praktizierten die Gleichheit aller, auch im Geschlechtlichen.

Ähnlich dem Karpokrates verfuhr auch Nikolaus von Antiochia, dessen Lehre davon ausging, daß sich der Mensch »mit allen Lastern beflecken müsse, um das ewige Heil zu erlangen«. Um diesem Heil möglichst rasch nahezukommen, gingen die Anhänger nach einem kurzen Einleitungsritus, ohne viel zeremonielles Drumherum, gleich zum Koitus über.

Anfang des zweiten Jahrhunderts gründete Prodicus in Nordafrika die Sekte der Adamiten. Frauen und Männer vereinigten sich wie Adam und Eva in völliger Nacktheit zu ihren Gottesdiensten und kommunizierten auch so. Prodicus propagierte nicht die Nacktheit um der Begierde willen, sondern initiierte den Versuch, durch die Gewöhnung eine gleichzeitige Abstumpfung der Sinne herbeizuführen. Zumindest gab er das an. Mit zu dem Kult gehörte auch der Tanz der Nackten. Obwohl die einen annehmen, es dürfe »als sicher gelten, daß es in adamitischen Zirkeln zu orgiastischen Festen kam«, sagen andere, es wäre »unter ihren Anhängern zu keinen Ausschweifungen gekommen«. Anderen Zeugnissen nach wurde der Beischlaf unter den Adamiten zwar ausgeübt, der Orgasmus sollte jedoch – im Rahmen des Möglichen – vermieden werden.

Sarabaiten, die »Undisziplinierten« oder Gyrovagen, war der Name einer Sekte, die sich, ohne eine besondere Lehre, »den größten Ausschweifungen« hingab und deren Mitglieder »nur als Wüstlinge betrachtet« wurden.

Diese und andere Sekten stehen in einer umfangreichen Liste, die der Bischof von Salamis, das ist Konstantia auf Zypern, Epiphanios, in den Jahren 374 bis 377 zusammenstellte. Seiner Ketzergeschichte gab er den Titel »To Panarion«, was soviel wie »Arzneikasten« bedeutet, weil er dem Leser zugleich mit der Liste »Heilmittel gegen das Gift der Ketzerei« anbieten wollte. Eine Art Hausapotheke des christlichen Glaubens. Als Zwanzigjähriger war Epiphanios mit der Sekte der Phibioniten in Berührung gekommen. Einer Sekte, die um das Jahr 200 in Syrien entstanden war. Hier ein Auszug aus dem Bericht des Epiphanios: »Sie haben ihre Frauen gemeinsam, und wenn einer dazukommt, dem ihre Lehre fremd ist, so haben die Männer gegenüber den Frauen und die Frauen bei den Männern ein Erkennungszeichen in der Art, wie sie die Hand zum Gruße geben, indem sie unter der Handfläche eine Art kitzelnder Berührung verursachen, wodurch sie herausbekommen, ob der Ankömmling zu ihrem Dienst gehört. Nachdem sie nun einander erkannt haben, gehen sie darauf sofort zur Mahlzeit. Üppige Speisen tragen sie auf, essen Fleisch und trinken Wein, auch wenn sie arm sind. Wenn sie so miteinander getafelt und sozusagen die Adern mit ihrem Überschuß an Kraft angefüllt haben, gehen sie zur Anreizung über. Und der Mann verläßt den Platz an der Seite seiner Frau und spricht zu seinem eigenen Weibe: Stehe auf und vollziehe die Agape mit dem Bruder. Die Unseligen aber vereinen sich miteinander, und wie ich mich in Wahrheit schäme, ihre schimpflichen Handlungen zu erzählen (weil, um mit den Worten des heiligen Apostels zu sprechen, das, was bei ihnen geschieht, ›auch zu sagen schändlich‹ ist), so werde ich mich dennoch nicht scheuen, das zu sagen, was sie zu tun sich nicht scheuen, damit ich in jeder Hinsicht bei den Lesern der von ihnen verübten Unzüchtigkeiten einen Schauder errege. Nachdem sie sich nämlich vereint haben, erheben sie, nicht genug an dem Laster der Hurerei, noch ihre eigene Schande gen Himmel: Weib und Mann nehmen das, was aus dem Manne geflossen ist, in ihre eigenen Hände, treten hin, richten sich nach dem Himmel zu auf mit dem Schmutz an den Händen und beten als sogenannte Stratiotiker und Gnostiker, indem sie dem Vater, der Allnatur, das, was sie an den Händen haben, selbst darbringen mit den Worten: ›Wir bringen dir diese Gabe dar, den Leib des Christus.‹ Und dann essen sie es, kommunizieren ihre eigene Schande und sagen: ›Das ist der Leib des Christus, und das ist das Passah, um dessentwillen unsere Leiber leiden und gezwungen werden, das Leiden des Christus zu bekennen.‹ So machen sie es auch mit dem Abgang des Weibes, wenn es in den Zustand des Blutflusses gerät. Das von ihrer Unreinheit gesammelte Menstrualblut nehmen sie ebenso und essen es gemeinsam. Und sie sagen: ›Das ist das Blut Christi.‹ Und wenn sie daher in der Apokalypse lesen: ›Ich sah einen Baum, der trug zwölfmal Früchte im Jahr, und er sprach zu mir: das ist der Baum des Lebens‹, so deuten sie das allegorisch auf den in jedem Monat eintretenden weiblichen Blutgang.

Wenn sie sich aber auch miteinander vermischen, so lehren sie doch, daß man keine Kinder zeugen dürfe. Denn nicht zur Kindererzeugung wird bei ihnen die Schändung betrieben, sondern um der Lust willen, da der Teufel mit ihnen sein Spiel treibt und das von Gott geschaffene Gebilde verhöhnt. Sie treiben aber die Wollust bis zur Vollendung, nehmen den Samen ihrer Unreinheit für sich und lassen ihn nicht zur Kindererzeugung tiefer eindringen, sondern essen die Frucht ihrer Schande selbst. Wenn aber einer von ihnen dabei ertappt wird, daß er den natürlichen Samenerguß tiefer einströmen ließ und das Weib schwanger wurde, so höre, was sie noch Schlimmeres unternehmen: Sie reißen nämlich den Embryo heraus zu dem Zeitpunkt, wo sie ihn mit den Händen fassen können, nehmen diese Fehlgeburt und zerstoßen sie in einer Art Mörser mit der Mörserkeule, und hierein mengen sie Honig und Pfeffer und andere bestimmte Gewürze und wohlriechende Öle, damit es sie nicht ekelt, und dann versammeln sie sich alle, diese Genossenschaft von Schweinen und Hunden, und jeder kommuniziert mit dem Finger von dem zerstampften Kinde. Und nachdem sie diesen Menschenfraß vollbracht haben, beten sie schließlich zu Gott: ›Wir ließen nicht Spiel mit uns treiben vom Archon der Lust, sondern sammelten die Verfehlung des Bruders.‹ Auch das halten sie nämlich für das vollkommene Passah.

Noch vielerlei anderes Abscheuliche wird von ihnen unternommen. Wenn sie nämlich wieder einmal unter sich in Ekstase geraten sind, besudeln sie ihre Hände mit der Schande ihres Samenergusses, strecken sie aus und beten mit den befleckten Händen und nackt am ganzen Körper, um durch diese Handlung eine freie Aussprache mit Gott finden zu können. Ihre Leiber aber pflegen sie bei Nacht und bei Tage, Weiber und Männer, mit Salben, Baden und Speisen und widmen sich dem Schlaf und Trunk.«

Flavius Theodosius (346–395), der letzte römische Kaiser, der noch einmal das gesamte Reich unter seiner Herrschaft vereinigt hielt, verbot im Jahr 392 alle heidnischen Kulte und erhob den christlichen Glauben zur Staatsreligion.

Und so lautet das Resumée, das Wolfgang Ronner zum Thema Christentum und Sexualität in seinem Buch »Die Kirche und der Keuschheitswahn« 1971 zieht:

»Im künftigen Reich der Herrlichkeit Gottes wird es keine Sexualität mehr geben. Daß es sie schon jetzt auf dieser Erde nicht mehr geben möge, ist ein unerfüllbarer Herzenswunsch der Kirche. Sie weiß das und hat die Realität auf ihre Weise im Sakrament der Ehe anerkannt. Doch die Gefahr, das Übernatürlich-Erlaubte mit dem Natürlich-Unerlaubten zu verwechseln, ist groß. Die Kirche begegnet ihr mit der umfangreichsten und pedantischsten Sexualreglementierung, die jemals von einer Religion produziert worden ist. Die Kernfrage aller Moraltheologie, die Frage, wo unerlaubter Lustgewinn den erlaubten Fortpflanzungszweck überwiegt, ist schwer zu beantworten. Unerlaubte Lust aber ist Sünde, und niemand wird es der Kirche verübeln dürfen, wenn sie den Gläubigen davor zu bewahren sucht.«

2
CARNEVAL

DIE PFORTE DER HÖLLE

»Die christliche Ideologie hat nicht wenig zur Unterdrückung der Frau beigetragen«, formuliert Simone de Beauvoir sehr zurückhaltend. Stand doch schon im »Alten Testament« geschrieben: »Die erste Sünde kam von einer Frau, und alle müssen wir um ihretwillen sterben.« Ein verheerender Satz. »Du hast das Menschengeschlecht zugrunde gerichtet«, heißt es dann auch gleich beim »ersten Kirchenschriftsteller lateinischer Zunge«, Septinius Florens Tertullian (160–220), einem streitbaren Rechtsanwalt aus Rom. »Weib, du bist die Pforte der Hölle!« Die Kirchensynode von Mâcon diskutierte im Jahr 585 die Frage, ob die Frau überhaupt als Mensch zu betrachten sei. Für den heiligen Odo (878–942), Abt von Cluny, bestand die Anmut der Frau »aus Schleim und Blut, aus Feuchtigkeit und Galle. Wenn jemand bedenkt, was in den Naslöchern und was in der Kehle und was in dem Bauch alles verborgen ist, dann wird er stets Unrat finden! Und wenn wir selbst nicht mit den Fingerspitzen Schleim oder Dreck anrühren können, wie können wir dann wünschen, den Drecksbeutel selbst zu umarmen?«

Die christliche Kirchenlehre differenzierte immer sehr genau zwischen dem, was der Mann sich leisten und was die Frau sich nicht erlauben durfte. So gilt Augustinus (384–430) heute noch als einer der bedeutendsten Kirchenlehrer des Abendlandes. Daß er, wie er selbst sich ausdrückte, »in Unzucht und Hurerei« in jungen Jahren seine »Kraft verspritzte«, ist vergessen angesichts seiner Visionen eines »Gottesstaates« und dem erstrebenswerten Ziel, »wenn's möglich wäre, ohne Wollust Kinder erzeugen« zu können, ohne die eine Verwirklichung des »tausendjährigen Reiches der Apokalypse« ja nur schwer vorstellbar ist.

Machte die Kirche Augustinus zu einem ihrer Heiligen, blieb Theodora das, was sie war: eine Hure. Da half es ihr nichts, daß sie »mit unbarmherziger Strenge« über die Einhaltung der gegen das Laster eingeführten Gesetze ihres kaiserlichen Gemahls Iustinian wachte und 500 Dirnen aus den Straßen und Bordellen Konstantinopels in ein »Haus der Buße« jenseits des Peloponnes deportieren ließ. Sie blieb die Hure, die der Jurist Prokopius aus Caesarea (um 500 bis nach 565) beschrieben hatte. Prokopius war der Sekretär des Kaisers Iustinian (482–565) und hatte in dessen Auftrag acht Bücher »Über die Kriege« und sechs Bücher »Über die Bauwerke« verfaßt. Nach dem Tode Iustinians aber kam ein weiteres Werk von Prokopius zum Vorschein: eine Geheimgeschichte, »Anekdota« genannt, in der er das sittenlose Treiben der Theodora (508–548) anprangert, Tochter einer Dirne und eines Raubtierwärters, eine Tänzerin mit »bis ins Unnatürliche gesteigerter Lasterhaftigkeit«, von Iustinian gegen den Willen seiner Familie geheiratet. Prokopius schreibt: »Schon in der Zeit, als Theodora noch nicht zum intimen Umgang mit Männern reif war und überhaupt nicht als Frau gewertet werden konnte, ließ sie sich von moralisch Verkommenen in schamloser Weise wie ein Lustknabe mißbrauchen, sogar von den Sklaven, die ihre Herren ins Theater begleiteten und dabei die sich ihnen bietende Gelegenheit ausnützten.

Auch verbrachte sie einige Zeit an einem verrufenen Ort und gab ihren Leib widernatürlichen Ausschweifungen hin.

Sobald sie zur Frau herangereift war, trat sie als Schauspielerin auf und wurde eine Hetäre der niedersten Sorte. Sie war weder Sängerin noch Tänzerin und hatte somit bei den Vorführungen nichts zu tun, ihre ganze Arbeit bestand darin, die jugendlichen Reize ihres Körpers den regelmäßigen Besuchern anzubieten.

Später beteiligte sie sich an mimischen Szenen, trat selbst in Possen auf und brachte alle Welt zum Lachen. Es muß zugegeben werden: Sie war ungemein geistreich und witzig und zog, sobald sie vor dem Publikum stand, alle Blicke auf sich. Dieses Weib besaß keine Spur von Schamgefühl, niemand sah sie je vor einer heiklen Situation zurückscheuen, ihre Hauptstärke lag vielmehr in den gewagtesten Szenen.

Besonders glänzte sie in Rollen, in welchen sie entweder geprügelt wurde oder handgreiflichen Zärtlichkeiten ausgesetzt war. Ihr Auftreten in solchen Stücken rief dann stets größtes Gelächter hervor. Sie entblößte sich vorn und hinten auf so schamlose Art, daß sie den Zuschauern alles das offen zeigte, was dem Blick von Männern stets verborgen bleiben soll. Ihre Liebhaber reizte sie mit übermütigen und anzüglichen Scherzen, und da sie immer neue Formen der Wollust erfand, verstand sie es, selbst die verwöhntesten Lebemänner an sich zu fesseln. Sie arbeitete mit allen Mitteln und steigerte sich selbst in einen solchen Grad erotischen Taumels hinein, daß sie jeden, der ihr in die Hände fiel, selbst halbe Kinder, unrettbar in ihre Netze verstrickte. Keine sterbliche Frau war in ähnlichem Grad eine Sklavin der eigenen Sinneslust. Oft schwelgte sie bei einem Fest mit zehn oder mehr herkulisch gebauten Männern die ganze Nacht hindurch in den Freuden der Liebe. Wenn diese Partner erschöpft ihr Heim aufsuchten, schloß sie sich ihnen an und beglückte noch der Reihe nach deren Diener, oft dreißig an der Zahl, ohne irgendeinen Ekel bei dieser Art von Prostitution zu finden.

Eines Tages wurde sie in ein vornehmes Haus geladen. Mitten während des Trinkgelages soll sie vor allen Gästen ohne Hemmungen ihre Kleider abgestreift und sich in ihrer ganzen Nacktheit den Anwesenden gezeigt haben. Und nachdem sie auf den drei von Natur aus vorhandenen Wegen ihrer Lust gefrönt hatte, schmähte sie die Natur, weil sie nicht auch ihren Busen zur Quelle des Ergötzens geschaffen habe. Sie wurde öfters schwanger, doch wandte sie sogleich alle Mittel an, um sich von diesem Zustand zu befreien. Oft entledigte sie sich im Theater vor dem vollen Haus ihrer Kleider und schritt nackt bis auf einen Gürtel um die Hüften in die Mitte der Bühne. Diesen Gürtel trug sie nicht etwa aus Scham, sondern weil es die Vorschrift verbot, sich darüber hinaus zu entblößen. So dürftig bekleidet, legte sie sich flach auf den Boden und ließ sich von Knaben des Theaters Gerstenkörner in den Schoß streuen. Dann kamen für diese Szene eigens abgerichtete Gänse und pickten eines der Körner nach dem anderen mit ihren Schnäbeln auf. Und all das machte Theodora keineswegs erröten, im Gegenteil: Sie schien sich dabei königlich zu unterhalten und großes Wohlgefallen daran zu finden.

Diese Frau war nicht nur selbst bar jedes Schamgefühls, sie untergrub auch die Moral ihrer Umgebung in verheerender Weise. Oft trat sie nackt unter die Schauspieler und führte allen, die ihren Körper bereits kannten, sowie jenen, die diesen Vorzug noch nicht genossen hatten, mit vorgeneigten Schultern und herausgereckter Kehrseite das ihr vertraute Spiel des Ringkampfes vor.

Ihre Ausschweifungen überstiegen jedes Maß, so daß sie das Zeichen ihres Geschlechtes – anders als alle übrigen Frauen – geradezu im Antlitz zu tragen schien.«

Wo immer Theodora war, schrieb Prokopius, »blieben die Schandmale ihrer Ausschweifungen zurück.«

Natürlich waren es auch Frauen, »schamlose Weiber«, die »geheiligte Orte zur Werkstätte ihrer Schamlosigkeit gemacht« haben, versicherte der Kirchenvater Basilius der Große (329/31–379) in seinen Predigten. Sie haben »die Schleier der Sittsamkeit von ihrem Haupte entfernt« und tanzen »mit lüsternem Blicke und ausgelassenem Gelächter wie rasend« auf Friedhöfen und entweihen die Gräber der Märtyrer. »Sie haben die Luft mit ihren buhlerischen Gesängen entweiht, entweiht mit ihren unreinen Füßen die Erde, die sie bei ihren Tänzen stampften, haben einen Schwarm junger Leute als Zuschauer um sich versammelt, wahre Buhldirnen und ganz verrückt, daß sie verrückter nicht hätten sein können. Wie kann ich dazu schweigen? Wie das recht beklagen? Der Wein hat uns um diese Seelen gebracht, jene Gabe Gottes, die den Mäßigen zur Labung in der Krankheit gegeben ist, aber jetzt bei den Unmäßigen ein Werkzeug der Zügellosigkeit ward.«

Der Weg der Frau zur Hexe und auf die Scheiterhaufen des Mittelalters war bereit.

Es ist klar, daß eine Zeit, wo Augustinus wünschte, daß »der Samenfluß die Leibeshöhle mit ebenso wenig Verletzung der Scham und durch dieselben Kanäle der Vagina erreichen könne, wie es gegenwärtig in umgekehrter Richtung mit der Menstruation geschieht«, mit Hilfe menschlicher Organe, die »ohne die Erregung von Lust zur Erzeugung von Nachkommenschaft« geeignet wären, eine Zeit, wo der eheliche Verkehr als »unkeusch« und die Frau als »Weib« und als »Höhle des Lasters« angesehen wurde, daß so eine Zeit für das Zustandekommen von Orgien nicht sehr geeignet war.

Da war allerdings noch der Frankenkönig Chlodwig (446–511), der, als er die letzten Reste des Weströmischen Reiches beseitigte, nicht nur die römischen Kunstschätze in seinen Palast brachte, sondern sich gleichzeitig damit auch eine geeignete Kulisse für Gelage und Orgien nach römischer Art schuf. Über die merowingischen Könige und ihre Würdenträger schreibt Paul Frischauer: »Die Übertreibungen der Üppigkeit und Unzucht, deren sie sich schuldig machten, waren durch ihre hemmungslose Lebenslust veranlaßt, durch ihr Bedürfnis, keine Freude und kein Vergnügen zu missen. Die Könige aus dem Haus der Merowinger und ihre Großen verübten Blutschande und Hurerei mit der natürlichen Selbstverständlichkeit der Machthaber, die sich keine Schranken aufzuerlegen brauchten. Sie wurden durch die Frauen, die als rechtmäßige Ehefrauen und gelegentliche Beischläferinnen an den Schwelgereien teilnahmen, in ihrer Vergnügungssucht nicht nur bestärkt, sondern oft auch beherrscht. Am berüchtigsten war ›die schöne, die blonde, die schreckliche‹ Fredegunde, die als ›ausgelernte Buhlerin‹ gefeiert wurde. Sie, die zuchtloseste Sünderin, war das Vorbild der schamlosen Genießerinnen, sie wurde aber auch den in ihrer Moral schwankenden Jungfrauen als abschreckendes Beispiel vorgehalten. Man nannte sie die ›unheilige Maria des Teufels‹ und ›die königliche Eingangspforte des Dämons‹.«

Dem Frankenkönig Karl und späteren römischen Kaiser Karl dem Großen (742–814) hatte der Mönch Wettin prophezeit, ein wildes Tier werde ihm in der Hölle das Glied zerfleischen ob seines Lebenswandels.

Dieser Lebenswandel liest sich in der Biographie von Jacques Delpierré de Bayac folgendermaßen: »Aus der Pfalz in Aachen wurde kein Kloster. Man könnte sogar sagen, daß in der Umgebung des Königs recht lockere Sitten herrschten.« Mit den »recht lockeren Sitten« sind die Saufgelage Karl des Großen gemeint, bei denen Gäste, Höflinge und Dirnen vor aller Augen miteinander vögelten. Offiziell eingesetzte Hofbeamte, die über Anstand und Moral zu wachen hatten, sorgten dafür, daß keine Kunde nach draußen drang.

Immerhin war es Karl der Große, der den christlichen Glauben über zahlreiche Leichen hinweg, wenn auch nicht in die

Welt, so doch »in teutsche Lande« trug. »Es ist meine Pflicht, mit Gottes Hilfe und mit der Waffe die heilige christliche Kirche überall nach außen hin zu schützen, wo sie durch Überfälle der Heiden und durch Raubzüge von Ungläubigen bedroht wird«, ließ Kaiser Karl in seinem Namen Alkuin, den Lehrer seiner Töchter und Söhne, 795 an Papst Leo III. schreiben. »Es ist Euere Aufgabe, Heiliger Vater, unseren Kampf durch Euere zu Gott erhobenen Händen, wie Moses es tat, zu unterstützen.«

Im 20. Kapitel des 2. Buchs Moses stehen die zehn Gebote, in denen es heißt: »Du sollst keine anderen Götter neben mir haben.« Im 22. Kapitel heißt es: »Eine Zauberin darfst du nicht am Leben lassen.« Und weiter: »Wer anderen Göttern opfert, außer dem Herrn allein, der sei im Bann!«

Im 3. Jahrhundert war von Mani, einem Perser, der Orden der Manichäer gegründet worden. Vom 10. Jahrhundert an entwickelten sich zahllose andere Sekten: die Katharer, die Aldonisten und Speronisten, die Concorrezenser, die Bagnoleser, die Albigenser, die Paulicianer, die Petarini, die Bagomilen, die Waldenser, die Tartariner, die Begarden, die Pauvres de Lyon.

Die Sekte der Neumanichäer, um 1019 aus Südfrankreich kommend, beschäftigte im Jahr 1022 die Synode von Orléans. In den Akten der Synode heißt es: »Sie versammelten sich nämlich in gewissen Nächten in dem genannten Hause, wobei alle Laternen in den Händen hielten, ebenso wie sie die Anrufungen der Dämonen-Litanei hersagten, bis sie plötzlich einen Dämon in Gestalt irgendeines Tieres unter sich herabsteigen sahen. Sogleich riß jeder – nachdem, damit ihnen jene Vision glaubhaft erschien, alle Lichter gelöscht waren – eine Frau, die ihm unter die Hände kam, zum Mißbrauch an sich; ohne Rücksicht auf Sünde, und ob Mutter oder Schwester oder Nonne besessen wurde, die Begattung wurde von ihnen als etwas für sie Heiliges und Religiöses geschätzt.«

Es sei dahingestellt, ob es zutrifft, daß »wenn in dieser schmutzigen Begattung ein Kind gezeugt worden war« es am achten Tag »in ihrer zahlreich versammelten Mitte bei angezündetem Feuer geprüft, durch das Feuer nach Sitte der alten Heiden, und so im Feuer verbrannt« und die Asche in Hostienform dargeboten wurde. Immerhin reichte die Anschuldigung aus, die Neumanichäer zum Tode zu verurteilen und am 28. Dezember 1022 auf dem Scheiterhaufen zu verbrennen.

Gerhard Zacharias weist in seinem 1964 erstmals publizierten, um 1971 wieder aufgelegten Beitrag zur Phänomenologie der Religion mit dem Titel »Satanskult und Schwarze Messe« auch einen Bericht von Guibert von Nogent über kultische Orgien im frühen 12. Jahrhundert nach.

»Die Versammlungen halten sie in geheimen Gewölben oder Innenräumen ab, dabei ohne Unterscheidung des Geschlechtes, sie, die bei angezündeten Kerzen einer nach vorn gebeugten Dirne mit, wie gesagt wird, entblößtem Gesäß unter dem Blicke aller sie die Kerzen von hinten darbringen; und sobald dann diese Kerzen ausgelöscht sind, verkünden sie laut das Chaos in jeder Weise, und jeder vereinigt sich mit der, die ihm als erste unter die Hände kommt.«

Der Bischof von Utrecht berichtet Anfang des 12. Jahrhunderts dem Kölner Erzbischof in einem Brief: »Ein Schmied, namens Manasses..., hat nach dem Vorbild seines niederträchtigen Meisters eine Bruderschaft, gemeinhin Gilde genannt, gestiftet, in der zwölf Männer die zwölf Apostel und eine Frau die heilige Maria darstellten. Dies Weib wurde nun, wie man berichtet, zu jedem dieser zwölf geführt und verband sich zur Schmach der hochheiligen Jungfrau gleichsam zur Bekräftigung der Bruderschaft in der gemeinsten Weise mit jedem von diesen.«

»Gottes Sache ist dermaßen in Verachtung geraten«, klagt der Bischof, »daß der als der Heiligste gilt, der die Kirche am meisten mißachtet.«

Am 13. Juni 1233 richtet Papst Gregor IX. einen Brief an König Heinrich IV., an Erzbischof Siegfried III. von Mainz und an Bischof Konrad von Hildesheim mit einer ausführlichen Schilderung des Rituals einer Sekte aus Nordwestdeutschland, der Stedinger.

Wenn ein Novize aufgenommen wird, heißt es in dem Brief, hat er zuerst einen Frosch oder eine Kröte »bisweilen in ungebührlicher Größe und manchmal von einem Ausmaß einer Gans oder Ente« zu küssen, dann einen Mann »von verwunderlicher Blässe«, mit schwarzen Augen und »so abgezehrt und mager, daß bei geschwundenem Fleisch einzig die übriggebliebene Haut über die Knochen gezogen scheint«. Ein Mahl folgt. Danach erscheint aus einer Statue ein Kater mit erhobenem Schwanz. Einer bestimmten Rangordnung folgend, wird der Kater auf sein Hinterteil geküßt. Endlich sagt der Meister: »›Durch sich für uns‹; während der Nachbar antwortet: ›Wer befiehlt dies?‹ und ein dritter sagt: ›Der höchste Meister‹, sagt ein vierter: ›Wir müssen gehorchen.‹ Und wenn dies so vollzogen ist, werden die Kerzen ausgelöscht, und man schreitet zum schändlichsten Werk der Unzucht, wobei man keine Unterscheidung macht zwischen Fernstehenden und Verwandten. Und wenn etwa vom männlichen Geschlecht einige über die Zahl der Frauen hinaus übrig sind, so vollziehen die Männer, die zu den Leidenschaften der Schande in ihren Begierden gegenseitig entbrennen, bei den Männern die Schimpflichkeit. Ebenso kehren auch die Frauen die natürliche Ausübung um in die, die gegen die Natur ist, indem sie bei sich dasselbe verdammungswürdigerweise tun.«

Ende des 13. Jahrhunderts gründete der Franzose Picard die Sekte der Picardisten. Er gab sich als Christ, lehnte jedoch die Kirche ab. Er verwarf die Ehe und predigte Weibergemeinschaft. Unter Hinweis auf Adam und Eva verlangte er völlige Nacktheit beim Kult. Sein Ziel war, Sünde durch Sünde zu bekämpfen. An die Stelle des Abendmahls traten kultische Tänze der nackten Picardisten als Einleitung zu einer Massenorgie. Schon 1325 hatte es in Köln ein Kellergewölbe gegeben, in dem eine Sekte Nacktgottesdienste abhielt, »Paradies« genannt. Am 12. Juni 1411 mußten sich vor einem Inquisitionsgericht der Karmeliterfrater Willem van Hildernissen und der Laie Aegidius Cantor als Oberhäupter einer Brüsseler Freigeist-Gemeinde verantworten. Aus den 39 Anklagepunkten des Verhandlungsprotokolls geht hervor, daß Bruder Willem predigte, der »natürliche Geschlechtsverkehr« könne »in einem Sinne vor sich gehen..., daß er das gleiche wert sei wie ein Gebet vor Gott«. Auch »schufen sie untereinander eine eigene Ausdrucksweise, worin sie den Akt geschlechtlicher Vereinigung ›Freude des Paradieses‹ oder mit einem anderen Namen ›Weg zur Höhe‹ (acclivitas) nennen. Und derart sprechen sie von solch wollüstigem Akt zu andern, die es nicht verstehen, in gutem Sinne.«

Aegidius Cantor besaß »eine besondere Art des Geschlechtsverkehrs (modum specialem coeundi), die aber nicht gegen die Natur ist und von der er sagt, sie sei Adams Methode des Beischlafs im Paradies gewesen«, was nichts anderes besagt, als daß es ein von Schuldgefühlen freier Geschlechtsverkehr war, ein Coitus der Hingabe aller an alle. Daß im Inquisitionsprotokoll »ihr eigenes Tun und Treiben, vorab ihre Laster, in Gottes eigenem Willen vorgezeichnet und unmittelbar durch die Offenbarung des heiligen Geistes ihnen eingeflößt« verurteilt werden, daß erwähnt wird, daß sie »ohne Gottesfurcht und Gewissensskrupel von der geschlechtlichen Vereinigung Gebrauch« machen, erklärt sich ebenso aus der sexualfeindlichen Haltung der christlichen Kirche wie der besondere Hinweis im Protokoll, die Sekte wolle nichts hören »von Enthaltsamkeit, da niemand Jungfrau sei, die einzige Sophia ausgenommen«.

Als Fossarier bezeichnet sich eine Sekte in Böhmen Ende des 15. Jahrhunderts. Die Mitglieder versammelten sich nachts auf Friedhöfen zu einer Art Dämonenkult, wobei jeweils eine Orgie auf den Gräbern die Zeremonien abschloß.

Eine ausgesprochen antikirchliche, bis zum Fanatismus der Priesterverfolgung gesteigerte französische Sekte trug den Namen Turlupin, nach dem französischen »turlupiner«, was so viel wie »beunruhigen« bedeutet. Die Riten der Sekte hatten provokatorischen und exhibitionistischen Charakter: Entblößung der Geschlechtsorgane und Orgien in aller Öffentlichkeit. An der Spitze dieser Sekte stand als Priesterin eine Frau: Jeanne Darbentonne.

Jules Michelet (1798–1874), Verfasser einer großangelegten »Histoire de France«, und eines Werkes über die Frau, »La femme«, von namhaften Zeitgenossen als »ein Dichter großen Ausmaßes« bezeichnet, schrieb 1862: »Ich glaube fest, daß der Sabbat in der alten Form ein Werk der Frau ist, einer verzweifelten Frau, wie es die Hexe einst war. Sie sieht im vierzehnten Jahrhundert ein grauenhaftes Schicksal vor sich, Qualen und über dreihundert, vierhundert Jahre das Fegefeuer der Scheiterhaufen.«

KURZWEIL IM BADHAUS
UND ANDERE LUSTBARKEITEN

Im Jahr 1417 schrieb der päpstliche Sekretär Gian Francesco Bracciolini, genannt Il Poggio (1380–1459), einen Brief an seinen Freund Nicolo Nicoli, in dem er ihm über die Badesitten berichtet, von denen er schon viel gehört hatte. Denn seit die Kreuzritter im Orient den sinnlichen Reiz des Badelebens kennenlernten, war auch im abendländischen Raum ein wahres Badefieber ausgebrochen. Zwar hatte schon der heilige Bonifatius im Jahr 745 das gemeinsame Baden von Mann und Frau als Sünde bezeichnet, und auch in Frankreich hatte Ludwig der Heilige (1226–1270) gegen die Badeunzucht gewettert, frei nach Cicero, dem berühmtesten Redner Roms im letzten vorchristlichen Jahrhundert, für den die Bäder »Orte der Ausschweifungen« und Orte der »Ausgelassenheit der Geschlechter« waren. Jener päpstliche Sekretär Poggio, unterwegs zum Konzil von Konstanz, macht 1417 in Baden, »einer ziemlich wohlhabenden Stadt« im Aargau, Station, »wohin mich die Gicht an den Händen getrieben«, wie er vorgibt, obwohl es ihm in erster Linie darum geht, »die Sitten der sich hier aufhaltenden Gäste, und ihre Badeweise« zu schildern: »Ungefähr eine Viertelstunde von der Stadt nun, dicht am Flusse, hat man zum Gebrauch der Bäder einen schönen Hof angelegt, in dessen Mitte sich ein großer Platz befindet, ringsum von prächtigen Gasthäusern umgeben, die eine Menge Menschen fassen können. Jedes Haus hat sein eigenes Bad, dessen sich nur diejenigen bedienen, die in demselben wohnen. Die Zahl der öffentlichen und Privatbäder beläuft sich zusammen an die dreißig. Für die niedrigste Klasse des Volkes indessen sind zwei besondere von allen Seiten offene Plätze bestimmt, wo Männer, Weiber, Jünglinge und unverheiratete Töchter, kurz alles, was vom Pöbel hier zusammenströmt, zugleich baden. In diesen befindet sich eine die beiden Geschlechter absondernde Scheidewand, welche jedoch nur Friedfertige abhalten könnte. Und lustig ist es anzusehen, wie da zugleich alte abgelegte Mütterchen und junge Mädchen nackend vor aller Augen hinabsteigen, und das, was sonst jedermann sorgfältig verbirgt, den Mannsblicken preisgibt. Mehr als einmal hat mich dieses köstliche Spektakel belustigt. Die floralischen Spiele sind mir dabei eingefallen, und ich habe bei mir selbst die Einfalt dieser Leute bewundert, die ebensowenig ihr Auge darauf richten, als sie dabei das mindeste Arge denken oder reden.

Nun die besonderen Bäder in den Gasthöfen betreffend, so sind diese sehr schön ausgeputzt, und – beiden Geschlechtern gemeinsam. Zwar werden dieselben durch ein Getäfel gesondert, worin aber verschiedene Ablaßfensterchen angebracht sind, durch welche man zusammen trinken und sprechen, und sich also gegenseitig nicht bloß sehen, sondern auch berühren kann, wie denn dies alles häufig geschieht. Neben dem sind in der Höhe Gänge angebracht, wo sich Mannespersonen zum Sehen und Plaudern einfinden – und, wohlverstanden, steht da jedem frei, in des andern Bad einen Besuch zu machen, zu scherzen, sein Gemüt zu erheitern, und beim Hereintritt ins Bad, sowie beim Aussteigen, hübsche Frauen am größten Teil des Leibes nackend zu schauen. Also keine Posten bewahren hier die Zugänge, keine Türen – zumal keine Furcht des Unanständigen – verschließen sie. In mehreren Bädern treten sogar beide Geschlechter durch denselben Eingang ins Bad und nicht selten trägt sich's zu, daß die Mannsperson einem nackten Frauenzimmer, und umgekehrt, begegnet. Doch binden die Männer eine Art von Schürze vor, und die Weiber haben ein Linnengewand an, welches aber von oben bis in die Mitte, oder an der Seite offen ist, so daß weder Hals, noch Brust, noch Arme, noch Schultern damit bedeckt sind. In dem Bade selbst speisen sie öfters von allseitig zusammengetragenen Gerichten an einem Tisch, der auf dem Wasser schwimmt, wobei sich natürlich auch die Männer einfinden. In dem Hause, wo ich badete, wurde auch ich eines Tages zu einem solchen Feste eingeladen. Ich gab meinen Beitrag, ging aber, ob man mir gleich sehr zusetzte, nicht hin. Und zwar nicht aus Schüchternheit, die man hier für Faulheit oder bäuerisches Wesen hält, sondern weil ich die Sprache nicht verstand. – Denn es kam mir abgeschmackt vor, daß ein des Deutschen unkundiger Welsche, stumm und sprachlos zwischen Schönen, einen ganzen Tag im Bad bloß mit Essen und Trinken zubringen sollte. Zwei meiner Freunde hingegen fanden sich wirklich ein, aßen, tranken, schäkerten, sprachen durch einen Dolmetsch mit ihnen, wehten ihnen mit einem Fächer Kühlung zu, und kurz belustigten sich sehr. Denn nichts fehlte an dem Schauspiel, als die Vorstellung Jupiters, wie er durch den goldenen Regen auf Danae wirkte usw. Meine Gefährten waren zwar mit dem Linnengewand bekleidet, das auch Männer anzulegen pflegen, wenn sie in Frauenzimmerbäder geladen werden. Ich sah dann alles an von der Galerie, die Sitten und Gewohnheiten dieser Ehrenleute, ihr gutes Essen, ihren angenehmen, zwanglosen Umgang. Wunderbar ist es zu sehen, in was für Unschuld sie leben, und mit welch unbefangenem Zutraun die Männer zuschauten, wie Fremde gegen ihre Frauen sich Freiheiten herausnahmen; nichts beunruhigte sie; alles deuteten sie zum Besten aus; oder vielmehr, sie gaben nur nicht acht darauf. Denn nichts ist so schwer, das, nach den Sitten dieser guten Menschen, nicht federleicht wird. In Platons Republik, deren Sitten alles gemein machen, hätten sie sich vortrefflich benommen, da sie schon, ohne seine Lehre zu kennen, sich so zu seiner Sekte neigen. Einige dieser Bäder gebrauchen, wie schon gesagt, Manns- und Frauenspersonen zugleich, wenn sie untereinander durch Bande des Bluts oder der Freundschaft verbunden sind. Mancher besucht täglich drei bis vier solcher Bäder und bringt da den größten Teil seines Tages mit Singen, Trinken und nach dem Bade mit Tanzen zu. Selbst im Wasser setzen sich einige hin und spielen Instrumente. Nichts aber kann reizender zu sehen und zu hören sein, als wenn eben mannbare oder schon in voller Blüte stehende Jungfrauen mit dem schönsten offensten Gesicht, an Gestalt und Benehmen Göttinnen gleich, in diese Instrumente singen, ihr leichtes zurückgeworfenes Gewand auf dem Wasser schwimmt, und jede eine andere Venus ist. Dann haben sie die artige Sitte, wenn Männer ihnen von oben herab zusehen, sie scherzweise um ein Almosen zu bitten; da wirft man, zumal den hübscheren, kleine Münzen zu, die sie mit der Hand oder dem ausgebreiteten Linnengewand auffangen, in dem eine die andere wegstößt; und werden bei diesem Spiel eben nicht selten auch die geheimen Schönheiten enthüllt. Ebenso wirft man ihnen auch aus allerlei Blumen geflochtene Kränze hinab, mit denen sie sich das Köpfchen schmücken.

Diese vielfältige Gelegenheit, das Auge zu ergötzen und den Geist zu ermuntern, hatte einen so großen Reiz für mich, daß, ungeachtet ich selber täglich zweimal badete, ich noch die übrige Zeit mit Besuchung anderer Bäder zubrachte, und ebenfalls Münzen und Kränze hinunterwarf, wie die anderen. Denn unter diesem immerwährenden Geräusch von Klang und Gesang, war da weder zum Lesen noch zum Denken Zeit; und hier allein weise sein zu wollen, wäre die größte Torheit gewesen, zumal für einen, der kein selbstpeinigender Menedem und dem nichts Menschliches fremde ist. Zur höchsten Lust mangelt freilich noch die Unterhaltung durch Gespräche, die denn doch unter allen die vorzüglichste ist. Mir blieb also nichts übrig, als die Augen an den Schönen zu weiden, ihnen nachzugehen, sie zum Spiele zu führen und wieder zurückzugeleiten. Auch war zum näheren Umgange Gelegenheit da, und so große Freiheit dabei, daß man sich um die gewohnte Stufenleiter der Bewerbung, um Gunst und Zuneigung nicht zu kümmern brauchte. Außer diesen Vergnügungen gab es dann noch eine andere von nicht geringerem Reiz. Hinter den Höfen, allernächst an dem Flusse, liegt nämlich eine große, von vielen Bäumen beschattete Wiese. Hier kömmt nach dem Essen jedermann zusammen und belustigt sich mit Gesang, Tanz und mancherlei Spielen. Die meisten spielen Ball; aber nicht wie bei uns, sondern Manns- und Weibspersonen werfen sich, jedes dem den es am liebsten hat, einen solchen Ball zu, worin viele Schellen sind. Alles läuft zu, ihn zu haschen; wer ihn bekömmt, hat gewonnen, und wirft ihn wieder seinem Geliebten zu: alles streckt die Hände empor, ihn zu fangen, und wer ihn hält, tut, als ob er ihn bald dieser, bald jener Person zuschanzen wollte. So viele andere tausend lustige Ergötzlichkeiten muß ich der Kürze wegen übergehen, und gab Dir nur das Pröbchen von einigen, um Dir einen Begriff zu machen, was hier für eine große Gesellschaft von Epikuräern sei. Bald glaub ich, das sei der Ort, wo der erste Mensch geschaffen worden, den die Hebräer Gan Eden, d. i. den Garten der Wollust, nennen; denn, falls anders diese uns Glückseligkeit verschaffen kann, so sehe ich nicht, was dem Orte hier fehlet, um solche vollkommen zu gewähren. Fragst Du mich denn, Freund, weiter, zumal nach der Kraft des hiesigen Wassers, so ist dieselbe eben sehr verschieden und mannigfaltig: in einigen Stükken aber besonders groß und fast göttlich; denn auf der ganzen Welt, glaube ich, ist kein Bad, welches mehr die weibliche Fruchtbarkeit fördere. Kömmt eine Frauensperson hierher, deren Leib verschlossen ist, so erfährt sie bald die bewundernswürdige Wirkung dieser Bäder, wenn sie nur geflissen die Mittel anwendet, welche die Kunst den Unfruchtbaren vorschreibt.

Unzählbar ist übrigens die Menge der Vornehmen und Gemeinen, die, nicht sowohl der Kur, als des Vergnügens wegen, von hundert Meilen weit hier zusammenkommen. Alle die lieben, alle die heiraten wollen, oder wer sonst das Leben in Genusse setzt, strömen hierher, wo sie finden, was sie wünschen. Viele geben körperliche Leiden vor und sind nur am Gemüte krank. Da sieht man hübsche Frauen die Menge, die ohne ihren Mann, ohne Verwandte, nur im Begleit zweier Mägde und eines Dieners hier anlangen, oder etwa eines alten Mütterchens von Muhme, die sich leichter hintergehen als bestechen läßt. Jede aber zeigt sich, soviel möglich, in Gold, Silber und Edelstein, so daß man denken sollte, sie wären nicht ins Bad, sondern zu der prächtigsten Hochzeit gekommen. Auch Nonnen, oder richtiger zu reden, floralische Jungfrauen, Äbte, Mönche, Ordensbrüder und Priester, leben hier noch in größerer Freiheit als alle übrigen; letztere baden sich wohl mit den Frauenzimmern, schmücken ihr Haar mit Kränzen und vergessen alles Zwanges ihrer Gelübde. Alle nämlich haben einerlei Absicht: Traurigkeit zu verbannen, Vergnügen zu suchen, keinen Gedanken zu haben, als wie sie das Leben und seiner Freuden genießen mögen. Keiner bemüht sich, dem Gemeinschaftlichen etwas zu entziehen; vielmehr sucht jeder, das Besondere allgemein zu machen. Und zum Erstaunen ist es, wie bei einer so großen Menge (es mögen immer an die tausend Menschen da sein), bei so verschiedenen Sitten, in einem so freudetrunkenen Gemische, keine Händel, kein Zwist, kein Schimpfwort und kein Murmeln noch Beschwerden des einen über den andern entsteht. Da sehen Männer, wie mit ihren Weibern getändelt wird, und treffen sie mit einem wildfremden Manne unter vier Augen an; das alles bewegt sie nicht, sie wundern sich über nichts und glauben, daß alles auf die eingezogenste Art im Vertrauen des redlichsten Hausfreundes geschieht. So ist der Teufel der Eifersucht, der anderswo bald alle Männer plagt, hier ein unerhörter Gast, und, da sie die Sache nicht kennen, auch dem Namen nach unbekannt.«

Anders der hessische Bußprediger Heinrich von Langenstein (1525–1597), der im Saal des Mainzer Domherrn Johann von Eberstein ein Bild über das Wiesbadener Badfest entdeckt, das ihm den Satz des Apostels Johannes ins Gedächtnis ruft: »Alles, was auf der Welt vorhanden ist, ist Begehrlichkeit des Fleisches oder Begehrlichkeit der Augen oder Übermut des Lebens.« Das

Wiesbadener Fest, »durch alle Fleischlichkeit anstößig, von dem Schaume aller sinnlichen Wollust triefend«, ist für den Bußprediger ein einziger Ort der Wollust. »Zu ihm kommen sie von allen Seiten in Freude und Ausgelassenheit, mit Trompeten und Pfeifen, mit vollen Kasten und Flaschen, man bringet Lebensmittel und die leckersten Getränke herbei, man nimmt Geld in Menge mit, seltsame Kleider werden mitgeführt; in der Hoffnung, sich zu ergötzen, wird schon auf dem Wege gespielt, gesungen, geplaudert, als ob man am Ziele die Freude der Glückseligkeit zu erwarten habe. Wenn man angekommen ist, werden Gastereien veranstaltet, man sucht der Frauen Gesellschaft, geht ins Bad, wäscht den Leib, befleckt die Seele. Man geht heraus, und es schmettern die Trompeten, erklingen die Pfeifen, beginnen die Tänze. Da werden den keuschen Augen der Zuschauer vorgeführt die Schauspiele der Verderbnis, nämlich die wollüstigen Gebärden, die unzüchtigen Kleider beider Geschlechter. Da sieht man bei den Frauen die Blöße des Busens, bei den Männern die Entblößung des Gesäßes, überall Ausschweifung, durch die ein keuscher Sinn beleidigt wird. Was mehr? Hier sieht man lauter Eitelkeit und Zerrüttung, keine Frömmigkeit, keine Ordnung, hier ist Gottvergessenheit, hier ist jede Tugend verbannt; es gibt keine Schamhaftigkeit, es fehlt das Maßhalten, es herrscht die Genußsucht, es rast die Wollust. Bei diesem Feste des Bauches, oder richtiger diesem öffentlichen Hause der Venus, diesem Spielwerk des Teufels, wirst du wunderbare Ungeheuer sehen: Wenn der Mönch im ritterlichen Kleide sich sehen läßt, der Ritter in der Mönchskutte, die Nonne im Anzug der öffentlichen Dirne, der Geistliche in Frauenkleidern. Da werden versteckte Küsse gegeben: es küssen sich Männer und Weiber. Im Bade sitzen sie nackt mit Nackten zusammen, nackt mit Nackten tanzen sie. Ich schweige darüber, was im Dunkeln vor sich geht, denn alles geschieht öffentlich. Aber was ist das? Der Ausgang und der Eingang dieses unsinnigen Festes ist nicht gleich, wenn, nachdem alles verzehrt ist, die Kasten leer zurückkommen, die Geldbeutel ohne Geld, man die Rechnung hört und die Verschleuderung so vielen Geldes bereut. Und zuweilen beißt auch die Seele der Heimkehrenden das Gewissen wegen der begangenen Sünden. Der ist traurig über solche Verirrung, der klagt, weil er von der Lust scheiden muß, der gedenkt betrübt, wie kurz und inhaltlos die Freuden der Welt sind. Was mehr? Sie kehren heim, die Körper sind weißgewaschen, die Herzen durch Sünde geschwärzt; die gesund hingingen, sie kehren heim angesteckt; die durch die Tugend der Keuschheit stark waren, kehren heim verwundet von den Pfeilen der Venus. Das möchte noch wenig bedeuten, wenn nicht die Mädchen, die als Jungfrauen hinreisten, als Dirnen zurückkehrten, als Ehebrecherinnen, die anständige Ehefrauen waren, wenn nicht als Teufelsweiber heimkehrten, die als Gottesbräute hingingen. Und so erfahren sie durch diese und andere Anlässe zur Trauer bei der Rückkehr alle die Wahrheit des Satzes, daß das Ende aller fleischlichen Lust Trauer ist.«

Daß des Bußpredigers Entrüstung über die »fleischliche Lust« nicht aus der Luft gegriffen war, bestätigen einige erhaltene Badeordnungen. Beispielsweise die des kleinen Schwefelbades Boll, in der Nähe von Göppingen, aus dem Jahr 1594.

»Schandlose, üppige Wort, und sonsten verkleinerliche Nachreden, sowohl auch ärgerliche Lieder und Gesäng sollen bey Straff eines halben Güldens verboten sein, desgleichen unzüchtige Geberden und Erzeigungen gegen Ehrlichen Frauen und Jungfrauen, bey unnachleßlicher Straf eines Guldens, so oft das geschieht.«

In einem Badeerlaß aus dem Jahr 1619, das Baden am Pfäffiker See betreffend, heißt es: »Zum vierten, dieweilen dann vilmahlen von den Weibspersonen geklagt worden, das sei etwan unzüchtiger und mutwilligerweiß von den Mannesbildern in den Schrancken angetastet werden, und damit aber diß ohrts unzucht und ärgernuß in allweg abgeschafft werde, gebieten Wir ernstlich, daß nach ordnung deß Bademeisters die Weib und Mannspersonen (außerhalb der Eheleuthen oder verwandten) in abgesünderten Schranken Baden thethen, im Fahl aber solches wegen vile der Badgästen oder anderer Ursachen, nit kan geschehen oder statt haben, so wollen Wir jhnen nichts desto weniger (sovil jmmer möglich) ruhe schaffen, setzens derhalben menigklichen zu einer wahrnung an 2 pfenning Buß, damit kein ungebühr gegen jhnen, weder mit unzüchtigem antasten, üppigen oder unschamhafften worten oder geberden, sonder durchauß alle ärgernuß und unbillichkeit abgeschnitten wurde.«

Aber nicht nur Badfeste und öffentliche Bäder gaben Kirche und Behörden Anlaß zu Ärgernis und zum Einschreiten, sondern auch die Badstuben, die es nicht nur in größeren Städten und kleineren Orten, sondern auch auf den Dörfern gab.

Einen »Kumulationsort der Sinnlichkeit und des diesseitigen Lebensgenusses« nennt Arthur Maria Rabenalt in seinem 1965 publizierten umfangreichen »Mimus Eroticus« die mittelalterlichen Badstuben.

»Hier wurde dem Gott Comus und Bacchus gehuldigt, und über allem thronte natürlich Frowe Venusia. Hier führt die Musik der Spielleute zum Tanz, der als Reigen und als Paartanz, aber in adamitischem Zustand betrieben wird. Pärchen vertreiben sich in gemeinsamen Badebütten mit erotischem Getändel die Zeit; sie sitzen wie in Separées. Man tafelt und pokuliert, läßt sich im Wasser servieren, und neben dem Badeknecht fungiert die Badehure, die bereit ist, Heilmassage zu betreiben oder sonstige Beschwernisse des Gastes zu vertreiben... Wenn man wollte, konnte man sich in den separierten Bottichen wie in einem Alkoven einschließen. Aber warum und wozu? Was sollte verborgen bleiben? Die letzte Konsequenz? Andere Badstuben hatten überhaupt nicht die Möglichkeit, bestimmte Endvorgänge heimlich und abgesondert vollziehen zu lassen. Deswegen unterblieben sie aber beileibe nicht.«

Eduard Fuchs (1870–1947), Autor der ebenso berühmten wie umstrittenen »Geschichte der erotischen Kunst«, deren Veröffentlichung zu Anzeigen wegen »Pornographie« und langwierigen Prozessen führte, schreibt 1909 im ersten Band seiner »Illustrierten Sittengeschichte vom Mittelalter bis zur Gegenwart« über den Brauch des Hochzeitsbades: »In Gesellschaft der Hochzeitsgäste und begleitet von den Spielleuten zog das junge Ehepaar ins Badhaus, um dort das Hochzeitsbad gemeinsam zu nehmen. Um sich zu reinigen? Ja gewiß, nebenher. In der Hauptsache aber, um in adamitischem Zustand die Hochzeitsfeier bei Zechen, Singen und Jubilieren zu Ende zu führen. Daß dabei der erotische Witz in Wort, Scherz und Spiel die oberste Note bildete, ist die von allen Zeitgenossen gemeldete Regel. Aber auch später, als die beiden Geschlechter getrennt badeten, hatten alle Teile nach dem Bade noch volle Gelegenheit, in dieser Richtung auf die Kosten zu kommen. Denn es war Sitte, daß sich nach dem Bade beide Geschlechter im Badehaus unter allen Umständen zu gemeinsamem Zechen, Spielen und Tanzen vereinigten. Da man nun sehr bald gewahrte, daß es sich ungleich bequemer tanzen und springen ließ, je weniger man von überflüssiger Kleidung dabei belästigt wird, so kam es nicht selten dazu, daß man auf beiden Seiten gar gern darauf verzichtete, erst vollständig Toilette zu machen, bevor man zu Tanz und Spiel überging. Das bedeutete natürlich nichts anderes, als ein beabsichtigtes Gelegenheitschaffen für die derbste Galanterie. Und es liegt in der Natur der Situation, daß diese Gelegenheit auch gründlich ausgenutzt wurde. Von Männlein und Weiblein wurde entweder das wiederholt, was man vorher im gemeinsamen Bade miteinander getrieben hatte, oder es wurde gründlich nachgeholt, wozu man vorher nicht die genügende Gelegenheit gefunden hatte...

Daß solche Zustände, und zwar sowohl der Umstand des gemeinsamen Badens aller Hochzeitsgäste, als auch die angeführten Orgien, durchaus auf historischer Wahrheit beruhen und nicht aus der übertriebenen Phantasie der zeitgenössischen Sittenprediger und Chronisten geboren sind, erweisen uns unwiderleglich die behördlichen Erlasse und Polizeiverordnungen, die sich mit den Braut- und Hochzeitsbädern beschäftigen. Aus verschiedenen Städten wissen wir zum Beispiel genau die Zahl der Hochzeitsgäste, von denen sich das Brautpaar ins Bad begleiten lassen durfte. Das Münchener Stadtrecht aus dem Anfang des vierzehnten Jahrhunderts schrieb vor: ›Zu der Fest und zu Pette und zu Bade soll man haben jedweder Teils nur sechs Frauen, das sind zwölf Frauen.‹ In Regensburg waren dem Bräutigam im vierzehnten Jahrhundert sogar vierundzwanzig Genossen fürs Bad zugebilligt, ›daß er und die Braut soll selb acht Frauen dargehen und mit keiner mehr‹.«

Fuchs schließt seine Darstellung: »Auf dem Höhepunkt der Stimmung, wenn der Wein und die kecke Unterhaltung mit ihrer stimulierenden Wirkung auch das Schamgefühl der Frauen überwunden hatten, soll auch von ihnen gar manche sich mit einer ähnlichen primitiven Gewandung begnügt haben, die der Neugier der Männer nicht viel geringere Zugeständnisse machte. Mit anderen Worten: Gar manches Badefest wurde mit einem nackten Ball beschlossen.«

Allerdings untersagte dann im 15. Jahrhundert eine Verordnung aus Görlitz das nackte Tanzen nach dem Bad. »Alsdenn vormals die jungen Gesellen nach dem Bade wider gute Sitten in Badekappen und barschenkicht und auch nicht alleine zu der Zeit, sondern auch zu andern Tänzen getanzt haben, will der Rath, daß fortmehr kein Mannsbilde in Badekappen oder barschenkicht tanzen solle, sondern alle, die da tanzen wollen, sollen sein mit Joppen und Hosen angethan, nach anderer Länder und Städte löblicher Gewohnheit.«

Eine Badeordnung für das Glottertal aus dem Jahr 1550 schreibt vor, daß jeder Mann sein Beinkleid und Hemd und jede Frau oder Jungfrau ihr Hemd nicht eher als in der Badewanne ablegen soll. »Item soll aint jedt wederer Bader, es seyn Manns- oder Weybspersonen, ire Heimlichkeiten zuedecken.«

Einer Chronik ist zu entnehmen, daß 1591 in Eßlingen achtzehn Paare in einer Badstube verhaftet wurden, weil sie dort mehrere Tage und Nächte hindurch Orgien gefeiert hatten.

Genauere Berichte darüber fehlen.

Der Kupferstecher und Holzschneider Hans Sebald Beham (1500–1550) hat eine Darstellung hinterlassen, auf der ein kostümierter Mann von zwei nackten Damen bedrängt wird. Die eine sitzt im Badzuber und will den Mann ausziehen, die zweite hübsche Nackte steht hinter dem Mann und hilft ihrer Freundin, den Mann zu entkleiden. »Veni, te lavabimus, quid habemos, dabimus« steht darüber. »Komm, laß dich waschen, was wir haben, werden wir dir geben.«

Der Mann auf der Darstellung Behams trägt ein Karnevalskostüm. Zwei Themenkreise treffen hier zusammen: die Sinnlichkeit des Badhauslebens mit der des Karnevals.

Ab 17. Dezember jeden Jahres hatte Rom die Saturnalien gefeiert, eine Art Volksfest, bei dem die Rollen getauscht wurden: der Sklave war frei und wurde von seinem Herrn bedient. Die Schranken waren aufgehoben – sieben Tage lang gab es keine Standesunterschiede. Man genoß alle nur erdenklichen Freiheiten am Tisch und im Bett. Die Saturnalien der Römer standen Pate zum Fest der Narren, zur Fastnacht, zum Karneval.

1445 entrüstet sich der Erzbischof von Sens an der Yonne über das Treiben während des Narrenfestes. Er schreibt: »Zittern und erröten mögen die, die den ruchlosen Ritus einer gewissen Festlichkeit befolgen, den ihre Anführer das Fest der Narren nennen, das eine unzweifelhaft teuflische Einrichtung unter dem ehrwürdigen Namen des Herrn und der Freude der Tage seiner Geburt den Priestern und Klerikern in vielen Kirchen als zu befolgen überliefert hat; an den Tagen, an denen sie nach ganzer Heiligkeit streben sollten, überlassen sie sich Unflätigkeiten und Unanständigkeiten zur Zeit des Gottesdienstes, indem sie, gespenstische und monströse Masken tragend und als Frauen, Kuppler oder Schauspieler verkleidet, Tänze in der Kirche und in ihrem Chor aufführen, unanständige Lieder singen, fette Speisen von einer Ecke des Altars neben dem die Masse Zelebrierenden essen, ebendort das Würfelspiel betreiben, mit stinkendem Rauch, und zwar vom Leder alter Schuhe, weihräuchern, durch die ganze Kirche rennen und springen, wegen ihrer Schändlichkeit nicht erröten, nackte Männer ohne Bedeckung der Schamteile auf schmutzigen Wagen und Fuhrwerken unverschämt durch die Stadt und die Theater führen, sich zu schimpflichen Schauspielen zum Gelächter der Dabeistehenden und Zusammenlaufenden hergeben, schändliche Gesten mit ihrem Körper ausführen, schamloseste und possenreißerische Reden halten und viele andere Greuel, deren man sich zu erinnern schämt, vollbringen; und mit Recht wird dieses schmähliche Zusammentreffen Fest der Narren genannt, d. h. eine Zusammenballung von üblen Menschen, die über übelste Dinge frohlocken.«

Das »Festum fatuorum«, das Narrenfest, wurde vom 9. Jahrhundert bis zum Beginn des 16. Jahrhunderts am Neujahrstag in Frankreich gefeiert. Die wesentlichsten Elemente dieses Festes wurden in die Fastnacht, in den Fasching und in den Karneval übernommen.

»Carne-vale« nennt man das Fest, während dem, wie der Engländer Michael Munday (1553-1633) formulierte, »die Menschen keinem Gesetz gehorchen«.

Auch im alljährlichen Kirchenweihfest mit seinen Tänzen waren dabei, Eduard Fuchs folgend, deutliche Ansätze zu orgiastischen Verhaltensweisen gegeben. »Da die Köpfe bei solchen Gelegenheiten immer schon vorher vom Wein erhitzt waren, so dauerte es selten lange, bis die Sinne aller entfesselt waren. Ob's die andern sahen, kümmerte keines; die Männer machten keine Umstände, und die Weiber kicherten um so vergnügter, je enger und fester ein Bursche sie an sich preßte. Je mehr sich die Stimmung steigerte, und je turbulenter damit das gesamte Treiben wurde, um so häufiger erfüllten sich bei den einzelnen alle wollüstigen Sensationen des Tanzes. Immer wieder verzog sich das eine oder andere Paar, um ebenso heimlich, wie sie fortgeschlichen, wieder zu erscheinen. Hinter der im Dämmer liegenden Hecke hat man gegenseitig die heimliche Lust gestillt, und die stattliche Bürgerin ist dabei gegen ihren Galan genau so willfährig gewesen, wie die vornehme Dame gegen einen zärtlichen Junker, oder die breithüftige Magd gegen einen brünstigen Knecht. Wenn die Sonne endlich zum Horizont sich neigte, war es kein bloßes Girren und Kichern mehr, das sich den Kehlen entrang, sondern ein wollüstiges Ächzen und Stöhnen. In diesem Stadium lösten sich stets alle Widerstände. Der Tanz wird aus einem Rhythmus zum wilden Schweigen entfesselter Gier. Alles, alles, – das ist der einzige Wille, der die Gemüter erfüllt. Und dieses alles erfüllt sich trunkenhaft wild. Mund ist an Mund geheftet, und wie Eisenklammern krallen sich die Hände gegenseitig ins üppige Fleisch. Der Bursche schleift die Dirne nicht mehr erst hinter die Dorfhecke, sondern auf offenem Plan zwingt er sie nieder, um seine wilde Gier in vollen Zügen an ihrer Lust zu büßen.«

Florian Daulen von Fürstenberg, der Pfarrer des Dorfes Schellenwalde, wettert in seinem 1850 erschienenen »Tantzteuffel« gegen das »Verkördern«, den »unflätigen, leichtfertigen, ehrvergessenen« Tanz, bei dem »sie oft durcheinander unordentlich gehen und laufen, wie die bisenden Küh, sich werfen, schwingen und verdrehen (welches sie jetztund mit einem neuen Namen, das ist, verkördert, heißen), so geschiehet nun so schendlich, unverschämt, schwingen, werfen, verdrehen und verkördern, von dem Tanzteufel so geschwinde, auch in aller Höhe, wie der Bauer den Flegel schwinget, daß bisweilen den Jungfrauen, Dirnen und Mägden die Kleider bis über den Gürtel, ja bis über den Kopf fliegen, oder werffens sonst zu Boden, fallen auch wohl beide, und andere viel mehr, welche geschwinde und unvorsichtig hernach laufen und rennen, daß sie über einem Haufen liegen. Die gerne unzüchtige Ding sehen, denen gefällt solch Schwingen, Fallen und Kleider fliegen sehr wohl, lachens, und sind fröhlich dabei, denn man machet ihnen gar ein fein Welsch Bel videre, etc.«

Eduard Fuchs ergänzt in seiner »Sittengeschichte«: »Der Hauptspaß bei diesem Verkördern war das Zufallekommen eines Tänzerpaares, wodurch dann stets weitere Paare mitgerissen wurden, so daß sich alsbald ein ganzer Menschenknäuel am Boden wälzte. Dabei vor allem kam es dann zu den sehr erwünschten unzüchtigen Entblößungen.«

Da »die Mannspersonen mit ihren Kleidern nicht bedecket, sich am Tanze sehen lassen, und sich sonst mit ihren Gebärden ganz unzüchtig und ärgerlich verhalten«, wird in der Sächsisch-Meißnerischen Polizeiordnung im Jahr 1550 ein Verbot der Tänze empfohlen. Fuchs führt weiter aus, daß »das Umwerfen der Tänzerinnen bei den Frauen keinen ernstlichen Widerstand fand«, und daher »artete dieser Spaß an verschiedenen Orten förmlich zu Orgien aus, ohne die es beim Tanze überhaupt niemals mehr abging.«

Es waren Tänze, bei denen die Mädchen »sprungen her so gar gefüg, daß man ihn'n oft, ich weiß nit wie, Hinauf gesah bis an die Knie«, wie Heinrich von Mittenweiler dichtete.

> Das Tüttel aus dem Busen sprang;
> Tanzens gyr sie dazu zwang.
> Hüddelein, der ward so heiß,
> Daß sie den Kittel vorn aufreiß,
> Da sah man ihr die ihren do
> Und macht viel Männerherzen froh.

Eine besondere Gefahr sahen die Zeitgenossen darin, daß die Tänzer, wenn sie »des unflätigen und unverschämten Tanzes satt seyn«, einander nach Hause begleiten, »Knecht und Magd, öfters zween, drei Knecht, eine Magd, oder ein Knecht und etliche Mägde, die haben für niemands kein Scheu«. So ziehen sie »bis in Hof, ja bis fürs Bette, oder für den Stall und Schoppen, damit sich die Jungfräulein fürm Pöppel nicht fürchten möchten...«

VON HEXEN UND TEUFELN

»Die Frau ist entweder Heilige oder Hure, Jungfrau oder pansexuelles Wesen«, schreibt 1970 Ulrich K. Dreikandt, Herausgeber einer Anthologie mit Dichtungen und Dokumenten der

Schwarzen Messen, über die Rolle der Frau und deren Behandlung in den Schriften der Kirchenväter und in der theologischen Literatur des Mittelalters. »Bei der teilweise ja bis heut nicht untergegangenen Vorstellung ihrer physiologischen Unersättlichkeit liegt es nahe, daß sie mit dem Teufel im Bunde stehe, daß ihre Sexualität das Böse schlechthin darstelle.«

»Les courriers ordinaires du sabbat sont les femmes, les mysteres du quel passent par leur mains, que par celles des hommes.« Dieser Satz steht in den 1612 in Paris unter dem Titel »Tableau de l'Inconstance de mauvais Auges et Démons« veröffentlichten Untersuchungen über das Hexenwesen. »Die ordentlichen Kuriere des Sabbats sind die Frauen, seine Mysterien gehen mehr durch ihre Hände als durch die der Männer.« Die Frau als »Pforte der Hölle«...

Die deutschen Inquisitoren Heinrich Institoris (um 1430–1505) und Jakob Sprenger (1436/38 bis nach 1494) erwirken am 5. Dezember 1484 die Bulle Summis desiderantes: »Mit sehnlichstem Verlangen wünschen wir, wie es die Pflicht pastoraler Obhut erfordert, daß der katholische Glaube zumal in unseren Zeiten wachse und blühe...«

Papst Innozenz VIII. erläßt die berühmt-berüchtigte Bannbulle, denn »viele Personen beiderlei Geschlechts, ihres eigenen Heils nicht achtend und von ihrem katholischen Glauben abweichend« geben sich mit Teufeln, Inkuben und Sukkuben der Schande preis, »angetrieben vom Teufel scheuen sie sich nicht, die widerlichsten Untaten und Auswüchse unter Gefahr für das eigene Seelenheil zu begehen, wodurch sie die Majestät Gottes beleidigen, zu Skandal Anlaß geben und anderen ein schlechtes Beispiel sind«. Die beiden Dominikaner Insistoris und Sprenger erstellen »das verruchteste und zugleich das läppischste, das verrückteste und dennoch unheilvollste Buch der Weltliteratur«, den Hexenhammer »Malleus Maleficorum«. Eine Art Handbuch mit Richtlinien für die Hexenverfolgung, das in den Jahren 1487 und 1520 dreizehnmal und zwischen 1574 und 1669 sechzehnmal aufgelegt wird. Andere Quellen sprechen sogar von mindestens 64 Auflagen.

Die erste Frau, »aus einer krummen Rippe geformt«, heißt es darin, ist auf Grund dieses Defekts »ein unvollkommenes Lebewesen«, das von seiner Art her zur Hexerei tendiert. Denn »was ist ein Weib anderes als eine Feindin in der Freundschaft, eine unvermeidliche Strafe, ein notwendiges Übel, eine natürliche Versuchung, eine wünschenswerte Kalamität, eine häusliche Gefahr, ein ergötzlicher Schaden, ein mit schimmernden Farben überzogenes Übel der Natur«?

Die Hexe des Mittelalters ist nicht die alte, häßliche, warzenbehaftete Hexe Grimmscher Märchen. Die Hexe des Mittelalters ist jung, hübsch und verführerisch. Nicht ohne besondere Absicht wird die Hexe von den Helfern der Inquisition »vollständig entkleidet. Die rohen Hände des Scharfrichters und der Henkersknechte begannen vor allem in der schamlosesten Weise an dem Körper der Unglücklichen nach verborgenen Zaubermitteln, durch die sie sich etwa gegen die Folter unempfindlich machen könnte, zu suchen. Dabei wurde nicht selten von Bütteln, Scharfrichtern und Gefängniswärtern noch die scheußlichste Unzucht verübt.« Diese Darstellung der Untersuchungsmethoden findet sich in W. G. Soldans 1863 erschienenen »Geschichte der Hexenprozesse«, einem »epochemachenden« Buch, das 1879 von dem Schwiegersohn des Autors, Heinrich Heppe, nochmals überarbeitet und ergänzt, und 1911 auf Grund neuer Quellenstudien in einer Neubearbeitung Max Bauers wieder aufgelegt wurde. Weiter heißt es dort: »Da möglicherweise im Haar ein Zaubermittel versteckt sein konnte, wurde der Angeklagten an allen Körperteilen alle Haare und Härchen abrasiert beziehungsweise abgesengt.« Dadurch wurden auch die Geschlechtsorgane freigelegt, denn »die Macht der Hexen« erstreckte sich, wie im »Hexenhammer« zu lesen ist, »vor allem auf die Funktionen der Geschlechtsteile«. Die Geschlechtsorgane waren es auch, die zwei oder drei Stunden vor Mitternacht »mit einem dunkelgrünen stinkenden Wasser« eingerieben werden mußten, »die Hände, Schläfen, Brust, Schamteile, Fußsohlen«, erst dann konnte der Flug zum Sabbat angetreten werden.

Zu diesen Salbungen führt Gerhard Zacharias aus: »Diese Handlung ist nicht einfach eine Imitation kirchlicher Salbungsgebräuche, sondern sie hat einen sehr realen Zweck, indem sie dazu dient, halluzinatorische Erlebnisse, besonders das des Fluges, zu erzeugen. Wesentliche Bestandteile der Hexensalbe sind nach den alten Rezepten u. a. der Stechapfel (Datura Stramonium), das Bilsenkraut (Hyoscyamus niger) und die Tollkirsche (Atropa Belladonna). Aufgrund der Mitteilungen alter Autoren wie Giambattista della Porta (um 1535–1615) und Johann Weikhard von Valvasor (1641–1693) sowie durch Experimente moderner Forscher wie Hermann Führer (1925), Siegbert Ferckel (1954) und Will-Erich Peuckert (1960) wissen wir, daß die Anwendung salbenförmiger Pharmaka aus den genannten Nachtschattengewächsen die Versuchspersonen in einen tiefen, wilden Traumzustand verfallen läßt. »Vor meinen Augen tanzten zunächst grauenhaft verzerrte Gesichter. Dann plötzlich hatte ich das Gefühl, als flöge ich meilenweit durch die Luft. Der Flug wurde wiederholt durch tiefe Stürze unterbrochen. In der Schlußphase schließlich das Bild eines orgiastischen Festes mit grotesken sinnlichen Ausschweifungen.«

Ein »Paradies der geschlechtlichen Lust in allen Formen und Abarten« nennt Paul Frischauer die Orgie, die Höhepunkt und Abschluß des Hexensabbats bildete. »Jeder Wunschtraum des Triebes ging in Erfüllung: gleichgeschlechtliche Liebe, Geschlechtsverkehr zu dritt, zwei Männer und eine Frau, zwei Frauen und ein Mann, Männer und Frauen in Gruppen. Jede empfindsame Leibesöffnung wurde zur Lust erweckt und in jeder nur möglichen Stellung befriedigt. Die steife Zunge des Teufels half nach, wenn die Männlichkeit erschlaffte, er zog an seinen Fingern die Krallen ein, um sie als männliche Glieder benutzen zu können.«

So sagten 1459 in Arras Hexen aus, daß während des Sabbats »der vorsitzende Teufel die Neubekehrte zur Seite nahm und sie in das nahegelegene Gehölz schleppte, damit er sie auf seine Weise lieben und körperlich besitzen konnte... bei der ersten Berührung der Neubekehrten mit dem Glied des Teufels fühlte sich dieses meist kalt und weich an, so fühlte sich oft auch der ganze Körper an... Nach ihrer Rückkehr auf den Festplatz schlief sie, noch vor dem Festmahl, mit irgendeinem anderen Mann... Dann wurden die Fackeln gelöscht (wenn welche da waren), und auf Geheiß des Teufels nahm jeder seinen Partner und hatte Geschlechtsverkehr mit ihm. Manchmal werden auf Befehl des Teufels unbeschreibliche Ausschweifungen begangen, so werden die Frauen ausgetauscht, eine Frau gezwungen mit anderen Frauen zu verkehren und ein Mann mit anderen

Männern, dabei und beim Verkehr zwischen Mann und Frau wird die übliche Körperöffnung, aber auch eine andere benutzt, ein Verstoß gegen die Natur der Frau und in gleicher Weise gegen die Natur der Männer.«

Die Frauen sprechen von Teufeln »in der Gestalt von Männern, aber sehr häßlich. Als die Tänze vorüber waren, schliefen die Teufel mit ihnen und amüsierten sich in ihrer Gesellschaft. Einer von ihnen, ihr Partner, nahm sie, küßte sie zweimal und verkehrte dann länger als eine halbe Stunde mit ihr.« Auch eine andere Hexe, Jeane Guilemin, hatte »eine gute halbe Stunde lang Geschlechtsverkehr« mit dem Teufel.

Une chose agreable et plaisant, eine angenehme und lustvolle Angelegenheit, sagen die einen; die anderen: une volupté admirable, eine wunderbare Wollust...

Wie es am Hexensabbat zuging, ist dem vor der Inquisition von Longroño verhandelten Prozeß zu entnehmen, der am 7. und 8. November 1610 durch »ein feierliches Autodafé« abgeschlossen wurde. In dem »Bericht über die Vorfälle und Übeltaten, die in der Hexensekte begangen wurden, wie sie berichtet wurden in ihren Aussagen und Bekenntnissen« heißt es: »An den Vorabenden gewisser Hauptfeste im Jahr, das sind die drei Ostertage, die Vigilien des Dreikönigsfestes, Christi Himmelfahrt, Fronleichnam, Allerheiligen, Lichtmeß, Mariä Himmelfahrt, Mariä Geburt und die Vigil des Festes des heiligen Johannes des Täufers, versammeln sie sich zum Hexensabbat, um den Teufel feierlich anzubeten, und alle beichten bei ihm und klagen sich ihrer Sünden an: jedes Mal, da sie eine Kirche betreten haben, Messen, die sie gehört haben und alles übrige, was sie wie die Christen getan haben, und alle Schlechtigkeiten, die sie, obgleich sie sie hätten ausführen können, nicht angestellt haben. Und der Teufel macht ihnen deswegen sehr ernst Vorhaltungen und sagt ihnen, daß es sich nicht gehöre, irgend etwas Christliches zu tun. Währenddessen bauen die Gehilfen des Teufels (das sind andere Dämonen gleichen Wuchses und gleicher Gestalt wie der Teufel des Hexensabbats, obschon kleiner, und gewöhnlich sind es sechs oder sieben, und wenn man sie braucht, kommen viele von ihnen dorthin in großer Zahl) einen Altar auf mit einem alten, häßlichen und schäbigen Tuch als Decke, und darauf einige Bildwerke mit Konterfeis des Teufels, Kelch, Hostie, Missale, Meßkännchen und einige Gewänder, wie man sie in der Kirche zum Messelesen benötigt (nur daß sie hier schwarz, häßlich und schmutzig waren), und der Teufel legt seine Gewänder an, wobei die Diener ihm helfen, und sie gehen ihm bei seiner Messe zur Hand, wobei sie mit dunklen, heiseren und mißtönenden Stimmen singen.«

Hauptinhalt der Messe sind Satansanbetung und blasphemische Opferungen. Danach haben die Anwesenden vor dem Teufel niederzuknien »und küssen ihm die linke Hand und die Brust in Höhe des Herzens, und zwei Hexer, die das Amt der Schleppenträger wahrnehmen, heben dem Teufel den Unterteil seiner Gewänder hoch, damit man ihm die Schamteile küssen kann, und alsogleich wendet sich der Teufel auf die linke Seite: sie heben seinen Schwanz hoch und entblößen jene Körperteile, die sehr schmutzig und übelriechend sind. Und für den Augenblick, da man den Teufel unterhalb des Schwanzes küßt, hat er vorgesehen, daß er den Betreffenden einen fürchterlich stinkenden Wind ins Gesicht bläst: dies macht er, der Teufel, fast immer, wenn man ihn auf jene Körperteile küßt.« Dann folgt das Abendmahl. Weiter heißt es in dem Bericht von Longroño: »Sobald der Teufel seine Messe beendet hat, wohnt er allen bei, Männern und Frauen, fleischlich und nach Weise der Sodomiten, und besagte Estebania de Barrenechea, die Königin des Hexensabbats, ging hin und bezeichnete jene Hexen, die sich dorthin zu begeben hatten, woselbst der Teufel ein wenig abseits stand, zum gleichen Zwecke. Und Estebania de Iriarte, ihre Tochter, war diejenige, die am beständigsten den besagten Akten oblag; und kaum hatte ihre besagte Mutter ihr das Zeichen gegeben, daß sie dorthin gehen solle, gingen auch schon Juanes de Goybúru, ihrer Mutter Gatte (der das Tambourin schlug, und Juanes de Sansin mit der Trommel) dorthin, wo die Hexen standen, und suchten sie dort heraus und brachten sie, wobei sie ihr aufspielten, dorthin, wo der Teufel stand, der sie alsogleich mit seiner linken Hand (wobei alle zusahen) auf den Boden streckte, mit dem Mund nach unten, oder er stemmte sie auch wohl gegen einen Baum, und in dieser Stellung wohnte er ihr nach Art der Sodomiten bei, während ihr Gatte, der besagte Ioanes de Sansin, die Musik dazu machte, und während die noch in dem besagten Akt begriffen war, gab sie ein sehr schrilles Kreischen von sich, so daß alle es hörten, und vor Gericht aufgefordert, den Schrei zu bilden in der Art, wie sie es zu tun pflegten, erwies es sich, daß es so ist, als ob ein Stier brüllt. Und sogleich nach Abschluß der schändlichen Akte ging sie sehr stolz und zufrieden unter Musikbegleitung davon, und man brachte sie zu der Stelle zurück, woher man sie geholt hatte. Und in der besagten Form ging die besagte Königin und bezeichnete all diejenigen, welche sich mit dem Teufel zu kopulieren hatten, und man brachte sie mit besagter Feierlichkeit und Musik dorthin, und sie gingen danach wieder an ihren Standort zurück, und alle stießen immer das erwähnte Kreischen aus, wenn sie die schändlichen Akte beendeten. Und die besagte Maria Iriarte, Tochter der Königin des Hexensabbats, erklärt, daß der Teufel, als ihre Mutter sie zu besagtem Zwecke erstmalig ihm zugeführt habe, es mit ihr beidseitig im Fleische getrieben und sie auf diese Weise defloriert habe, und sie habe große Schmerzen dabei ausgestanden und sei mit einem ganz blutigen Hemd nach Hause zurückgekehrt und habe sich ihrer Mutter gegenüber beklagt, und die habe ihr entgegnet, das habe nichts zu bedeuten, er, der Teufel, sei mit ihr vordem ebenso verfahren... Und Martin Vizcar Bruco, ein mit der Kirche ausgesöhnter Hexer (der am Hexensabbat das Amt des Aufpassers innehatte, um die Kinder zu überwachen und zu leiten), gab zu Protokoll, daß er, als der Teufel ihm zum erstenmal nach Art der Sodomiten beiwohnte, großen Schmerz empfand und ganz blutig nach Hause zurückkehrte; und um seine Frau zu beruhigen (die ihn fragte, was das denn für Blut sei), habe er vorgegeben, sich mit einem Buschast am Bein verletzt zu haben. Und sobald der Teufel aufhört, die erwähnten üblen Dinge zu begehen und noch andere höchst schauderhafte, die wir hier übergehen, vermischen sich die Hexer untereinander, Männer mit Frauen, auch Männer mit Männern, ohne Ansehen des Standes und Verwandtschaftsgrades.«

Zwei Jahre nach Longroño, 1612, veröffentlichte Pierre de Lancre (1553-1631), ein Parlamentsrat aus Bordeaux, das Ergebnis seiner im Auftrag des französischen Königs Heinrich IV. (1553-1610) durchgeführten Untersuchungen über das Hexenwesen unter dem Titel »Tableau de l'Inconstance de mauvais Anges et Démons«. Basierend auf den von ihm 1609 eingeholten oder erpreßten Zeugenaussagen, beschreibt de Lancre den Sabbat als einen »Markt von zusammengewürfelten, rasenden und außer sich geratenen Händlern, die von allen Seiten her eingetroffen sind. Ein Zusammentreffen und ein Gemisch von hunderttausend blitzschnellen und vorübereilenden Dingen, die zwar durchaus neuartig, aber von einer abscheulichen Neuartigkeit sind, die das Auge beleidigt und das Herz empört. Unter diesen Dingen sieht man solche, die real sind, und andere, die Blendwerk und Trug sind. Einige (wenn auch sehr wenige) sind angenehm, wie die Schellen und die wohlklingenden Instrumente, bloß, daß man sie dort dergestalt hört, daß sie nur dem Ohr schmeicheln und nichts im Herzen anrühren, indem sie mehr in Lärm, der betäubt und erschreckt, bestehen als in Harmonie, die gefällt und erfreut. Die anderen Dinge, die unangenehm, voll Häßlichkeit und Greuel sind, bezwecken nur Zügellosigkeit, Beraubung, Verderben und Zerstörung. Wo die Menschen vertieren und sich in Tiere verwandeln, indem sie die Sprache verlieren, solange sie so sind. Und die Tiere hingegen sprechen dort und scheinen mehr Vernunft als die Menschen zu haben, indem jedes seinem Wesen entfremdet wird.«

Die Frauen sind es nach de Lancre, von denen das Übel ausgeht: »Die ordentlichen Kuriere des Sabbats sind die Frauen, seine Mysterien gehen mehr durch ihre Hände als durch die der Männer. Nun, sie fliegen und eilen zerzaust wie Furien, nach der Sitte des Landes, indem sie einen so leichten Kopf haben, daß sie auf ihm keine Bedeckung ertragen können. Man sieht sie dort nackt, bald eingefettet, bald nicht.«

Die 28jährige Marie de Ralde, »eine sehr schöne Frau«, wie de Lancre anmerkt, sagte aus, daß sie am Sabbat »viel größere Lust und Befriedigung gehabt habe, als wenn sie zur Messe gegangen sei«.

Jeanette d'Abadie, ein 16jähriges Mädchen, hatte am Sabbat gesehen, »wie jedermann sich auf inzestuöse Weise und gegen alle Ordnung der Natur vermischt habe..., wobei sie sich angeklagt hat, selbst durch Satan defloriert worden zu sein und unzählige Male fleischlich erkannt worden zu sein durch einen ihrer Verwandten und andere, die sie dazu aufzufordern geruht hätten; daß sie der Paarung mit dem Teufel ausgewichen sei, weil er, da er ein aus Schuppen gebildetes Glied habe, die Erduldung eines außerordentlichen Schmerzes bewirke; außerdem, daß sein Samen äußerst kalt sei, so sehr, daß er niemals schwängere, auch nicht derjenige Samen der anderen Männer auf dem Sabbat, obwohl er natürlich sei. Daß sie außerhalb des

Sabbats niemals Schuldhaftes getan habe, daß sie aber auf dem Sabbat ein wunderbares Vergnügen bei diesen Paarungen gehabt habe, bei anderen Paarungen als bei der mit dem Satan, von der sie gesagt hat, daß sie schrecklich sei; sie hat uns sogar ein wunderbares Vergnügen beim Sprechen und Erzählen zu erkennen gegeben, indem sie alle Dinge freier und frecher bei ihrem Namen nannte, als wir es zu tun von ihr zu verlangen gewagt hätten, eine Tatsache, die in wunderbarer Weise die Realität des Sabbats bekräftigt. Denn es ist wahrscheinlicher, daß sie sich auf dem Sabbat mit Leuten, die sie genannt hat, begattet hat, als daß Satan diese Leute dort in seinem Bett durch ein Blendwerk gezeigt hat, oder daß er sie körperlich transportiert hat, indem sie, Jeanette, diesen natürlichen Samen nur dann hundertmal, wie sie sagt, hat fühlen können, wenn sie sich körperlich und wirklich mit einem natürlichen Mann begattet hat, den sie uns genannt hat und der noch am Leben ist.«

Auch mehrere andere Frauen bestätigten de Lancre, »daß die Vergnügungen und die Lust dort so groß und von so vielerlei Art seien, daß es weder einen Mann noch eine Frau gebe, die nicht sehr gerne dorthin eilten; es gebe dort nur die Kinder, die durchaus keine Furcht hätten, zudem seien es nur die sehr kleinen, welche die Kröten hüteten. Die Frau treibt ihr Spiel in Gegenwart ihres Ehemannes ohne Argwohn und ohne Eifersucht, er sei dabei oft sogar der Kuppler; der Vater defloriere die Tochter ohne Scham, die Mutter raube die Unberührtheit des Sohnes ohne Scheu, der Bruder die der Schwester; man sehe dort die Väter und Mütter ihre Kinder bringen und anbieten. Zu den großen Versammlungen schließlich, die an den jährlichen Festen abgehalten werden, gehen und kommen auf den Sabbat so viele Leute aus allen Teilen der Erde, daß eine uns sagt, sie habe dort so viele Leute gesehen, wie es Sterne am Himmel gebe. Ebenso haben sie gesagt, daß sie nicht glaubten, es sei böse getan, auf den Sabbat zu gehen, sowie, daß es vielmehr eine Bosheit sei, ihnen eine so große Befriedigung zu untersagen und zu verbieten; daß diese Ausübung sie nicht der Gnade Gottes beraube; daß sie trotzdem alle Tage zur Kirche gingen und nicht glaubten, ihren Anteil am Paradiese verloren zu haben.«

Richard Wrede, Dr. jur. und später Direktor einer Rechts-, Steuer- und Wirtschafts-Beratungsstelle in Braunschweig, der als 28jähriger eine »kulturgeschichtliche Studie« über die »Körperstrafen bei allen Völkern von den ältesten Zeiten bis Ende des neunzehnten Jahrhunderts« geschrieben hatte, versuchte in seiner Publikation »das typische Bild des Sabbath zu geben«, wie er »ihn aus zahllosen Prozessen zusammengestellt« und in dem 1897 erschienenen Buch »Die Synagoge Satans« des polnischen Autors Stanislaw Przybyszewski (1868–1927) gelesen hatte.

An einem »verrufenen schauerlichen Ort auf einem Berge« findet der Sabbat statt, »eine wüste Haide ohne einen Weg und eine Wohnung in der Nähe« ist der Schauplatz. Die Hexe weiß nicht, wie sie hingekommen ist. Nach einem »›steinharten‹ Schlaf, der aber nur kurze Zeit dauert, manchmal nur einen Augenblick« trifft sie ein und »findet bereits eine große Versammlung von Männern (deren nur sehr wenige), Frauen und Kindern. Einige darunter glaubt sie zu erkennen, aber nicht genau, denn es ist sehr dunkel und das unruhig flackernde Licht der Fackeln verzerrt die Gestalten zu scheußlichen Gespenstern.

Sie sieht die Weiber, halbnackt, mit aufgerissenen Kleidern und aufgelösten Haaren, hin und her in wilden Sprüngen laufen, leicht und behende, als hätten sie kein Gewicht, von Zeit zu Zeit erhebt sich ein brüllendes Geheul: ›Har! Har! Sabbath! Sabbath!‹ und plötzlich, wie auf ein gegebenes Zeichen, ordnen sich alle Anwesenden in einen Kreis mit auf den Rücken gelegten Händen, Mann (er ist meistens der Buhlteufel) und Weib mit dem Rücken gegeneinander gekehrt, und nun beginnt ein rasender Taumel des Tanzes. Der Kopf wird in immer schnellerem Tempo nach rückwärts geworfen, obscöne Gesänge werden gebrüllt, fortwährend unterbrochen von dem keuchenden, heiseren: ›Har! Har! Teufel! Teufel! Spring hier! Spring da!‹

Die Orgie gelangt unter den wildesten Sprüngen in einen taumelnden Wirrwarr auf die Spitze. Die Bestie hat sich losgelöst, brünstige Gier vermählt sich mit Blutdurst, Wahnsinn der Wollust entzündet sich an den Delirien des Schmerzes, die der Taumel verursacht.

Der Tanz löst sich, die Menschen stürzen aufeinander, Männer und Frauen ohne Unterschied, der Vater auf die Tochter, der Bruder auf die Schwester, Mann auf Mann, die ganze Versammlung wälzt sich in der unflätigsten, widernatürlichen Unzucht, wie Hunde liegen sie erstarrt in konvulsivischen Zuckungen aufeinander und in das gräßliche Stöhnen der unmenschlichen, schmerzhaften Kopulation mischt sich das heisere Gebrüll: ›Har! Har!‹ Das Weib ist es, welches diese Versammlung beherrscht und exaltiert. Um auch nur den Anschein der Scham zu verleugnen, krampft sie die Hände auf dem Rücken zusammen, sie wirft sich rückwärts zu Boden, spreizt die Beine in der Höhe auseinander und bietet sich mit heiserem Schreien dem Phallus hin, die alte Kybelepriesterin erwacht in ihr mit doppelter Macht, die nymphomanische Furie mit dem übermenschlichen Sinnesüberschwang, dem Schmutz und Ekel zur Wollust wird. Die Wollustempfindung verreckt im Blutdurst; sie wühlt mit den Nägeln im eigenen Fleisch, rauft sich dicke Strähnen ihres Haares aus dem Kopf, zerkratzt sich die Brust, aber das genügt nicht, um die Bestie zu stillen. Sie wirft sich auf das Kind, das Satan zum Opfer gebracht wurde, zerschneidet ihm die Brust mit den Zähnen, zerrt das Herz heraus, frißt es bluttriefend, oder sie zerreißt ihm die Adern am Hals und trinkt das herausspritzende Blut, oder sie quetscht ihm das weiche Haupt zwischen ihren Schenkeln und preßt es gewaltsam in ihre Genitalien hinein mit den Worten: ›Gehe hinein, woher du gekommen bist!‹ Zahllos sind die Modifikationen dieses Lustmordes und immer ist es das Kind, das furchtbare Opfer des blutdürstigen Satans im Weibe.«

Denn, so führt Wrede aus, in der Hexe ist »jedes Mitgefühl ertödet, sie ist grausam bis zur Bestialität, sie kennt kein Mitleid, aber sie kennt eine exstatische Wollust, Schmerzen zu verursachen. Sie liebt die Wollust der Grausamkeit, und ihre sexuelle Wollust ist immer mit Grausamkeit gemischt. Sadismus und Masochismus beherrschen ihre geschlechtliche Lust, aber es genügt ihr nicht, zu prügeln und geprügelt zu werden, erst, wenn sie mit gierigen, flackernden Händen in den Eingeweiden des gemordeten Kindes wühlt, wenn sie mit ihren Zähnen in seine Brust einhackt und das zuckende, noch warme Herz herauszerrt, wenn sie sich mit ihrem nackten Hintern in der geöffneten Bauchhöhle mit schreiender Wollust wälzen kann, dann mag sie wohl eine kleine Befriedigung empfinden.

Dieselbe schrankenlose Wollust in ihrem Haß. Sie haßt alles, was Gesetz heißt, sie wütet gegen alles, was die Entfesselung ihrer dämonischen Triebe hemmen könnte und vor allem haßt sie die Kirche und ihre Einrichtungen. Sie kennt keine größere Lust, als den Gottesleib in ihre schmutzigen Salben hineinzukneten, sie in das Geschlechtsorgan hineinzustopfen und das verfaulte Aas der geschändeten Leichen mit ihm zu würzen.«

Der Sabbat als »eine fratzenhaft verzerrte Synthese aller orgiastischen Kulte des Altertums. Der Dienst der Kybele, wo die hysterische Lustgier in eine Raserei der raffiniertesten Grausamkeiten ausläuft, die seltsamen, längst schon vergessenen Künste der Unzucht bei dem Dienst der Astarte, die Verbrechen und Beschwörungen, mit welchen die griechischen Hexen die Hekate zur Preisgabe von Toten zwangen, alles das finden wir im Sabbath wieder vereint!« Die Orgie als Selbstzweck, als »Instinktraserei«, ohne Bezug, »die Orgie um der Orgie willen, man tobte sich aus in den qualvollsten Wollustkämpfen, man wurde wieder ein Wolf, ein Vampyr, ein Bock, ein Schwein, man raste in dem Bewußtsein ewiger Verdammnis, aber was bedeuteten alle Himmelsfreuden gegen die übermenschlichen Lüste des Sabbath!

Und so wurde der Sabbath, dem man das erste Mal mit Angst beiwohnte, mit dem grauenhaften Bewußtsein, das Seelenheil unrettbar verloren zu haben, nach und nach zu dem einzigen Kult ohne Gegensatz, ohne Beziehung und ohne eine andere Bedeutung als die, die Wollust ins Unermeßliche gesteigert zu empfinden. Und Satan, der ursprüngliche Anti von allem Katholischen, wurde der einzige Gott, der gütige Vater, der das maßlose Glück bereitete. Wollte man ursprünglich von ihm irdische Güter haben, verschrieb man sich ihm, um Gold und Macht zu erhalten, so hat man jetzt all das vergessen, man verlangte nichts mehr von ihm, man pries ihn und küßte ihm dankbar den Hinteren. Denn er gab alles, das vulkanische Erbeben des Fleisches, in dessen Spasmen alles Gold als nichtiger Staub und alle Macht als eine dumme Eitelkeit erscheint. Das Stadium der Negation, der bewußten Blasphemie, womit die Hexe sich in den geschlossenen Zirkel der Satansanbeter einführte, dauerte sehr kurz, in den rasenden Stürmen des Geschlechts war bald der Christengott vergessen, es gab bald keinen andern Gott außer Ihm, dem ragenden Phallus, und hebt der Bock die schwarze Hostie und ›bellt‹ er die unartikulierten Worte: ›Das ist mein Leib!‹ dann fällt die ganze Gemeinde auf die Knie und mit derselben Inbrunst, mit der sie noch kurz vorher das heilige Sakrament anbetete, stöhnt sie aus tiefstem Herzen: ›Aquerra goity! Aquerra boyty! (Bock oben! Bock unten!)‹«

Gerhard Zacharias sieht in der Orgie des Hexensabbats »kein Mittel zur ekstatischen Befreiung aus den Fesseln des Körperlichen, sondern das Gegenteil davon: ein Hinabsteigen in die Tiefe des Königlich-Animalischen, um dort an jener großen, lustvollen – und zugleich schmerzhaften – Gewalt teilzuhaben, die in der christlichen Religion weitgehend unterdrückt oder sublimiert worden ist«.

Die Orgie als merveilleux plaisir. Die Orgie als wunderbares Vergnügen.

PARTIE A TROIS UND PARTOUZE

Im Jahr 1584 taucht in einer Leipziger Chronik auf, was sich 350 Jahre zuvor ereignet hatte:

1227 war Ludwig Graf von Gleichen mit den Kreuzrittern ins Morgenland gezogen und von den Sarazenen gefangengenommen worden. Als Gefangener arbeitet er im Garten des Sultans Saladin von Ägypten und verliebt sich in des Sultans Tochter Melechsala. Und Melechsala verliebt sich in ihn. Sie verspricht ihm die Freiheit, falls er sie zur Frau nimmt. Für Ludwig trotz allem Verliebtsein zweifellos ein Problem, denn auf Burg Gleichen in Thüringen, zwischen Arnstadt und Gotha gelegen, warten Ludwigs Frau Ottilia und seine beiden Kinder auf ihn. Dennoch beschließen Melechsala und Ludwig zu fliehen. Auf einem Schiff, zwischen Gewürzsäcken versteckt, erreichen sie Venedig und ziehen weiter bis Rom. Papst Gregor IX. tauft Melechsala auf den Namen Angelika. In jener Zeit war es vorgeschrieben, die Taufe »in völliger Nacktheit« zu empfangen. Der Papst, gerührt durch die nackte Anmut der jungen Angelika, versagt seine Hilfe nicht und gibt Ludwig die Lizenz zu einer Doppelehe. Nach 22 Jahren Abwesenheit trifft Graf von Gleichen endlich wieder auf seiner Burg ein.

Was weiter geschah, hat Johann Friedrich Löwen in Reime gefaßt:

> Itzt kam zu seiner ersten Frau
> Der Graf mit seiner zwoten;
> Und ihre Stirn sah nun genau
> Gefahren, die ihr drohten.

>Doch Wunder, wie erklärt man dich?
>Die beiden Weiber liebten sich.
>Sie teilten, Beispiel selt'ner Zeit,
>Wenn es doch Folgen hätte,
>Sie teilten ihre Zärtlichkeit
>Gern mit des Grafen Bette.
>Dies Bett, durch solch ein Wunder groß,
>Steht noch zu Gleichen auf dem Schloß.
>Weil alles stirbt, so starben auch
>Der Graf und seine Weiber.
>Ein Grab umschloß nach altem Brauch
>Die drei entseelten Leiber.
>Dies alles, samt des Grafen Ruhm,
>Lehrt Erfurts Epitaphium.

Nach mehr als zehn Jahren glücklicher Dreisamkeit am Tisch und im Bett waren die drei Eheleute in den Jahren zwischen 1259 und 1264 gestorben und auf dem Petersberg bei Erfurt bestattet worden: Ludwig Graf von Gleichen in der Mitte, zu seiner Rechten Ottilia, zu seiner Linken Angelika.

Natürlich ist nicht nachgewiesen, daß diese Ehe zu dritt des Grafen von Gleichen Realität war. Eine Anekdote erzählt, daß die Herzogin von Kurland 1788 das Grabmal sah und bedauernd anmerkte: »Schade, schade, daß es nicht wahr sein soll!«

Realität aber war schon 1540 Landgraf Philipp von Hessens Ehe zu dritt, zu der Martin Luther (1483-1546) und dessen Freund und Mitarbeiter Philipp Melanchthon (1497-1560) ihre Zustimmung gegeben hatten.

Vom 14. Februar 1650 ist ein Beschluß des fränkischen Kreistags in Nürnberg bekannt, um »die in diesem 30 Jerigen blutigen Krieg ganz abgenommen, durch das Schwert, Krankheit und Hunger verzehrte Mannschaft widerumb zu ersetzen und in das künftig ebenderselben Feinden, besonders aber den Erbfeind des christlichen Namen, dem Türken, desto stattlicher gewachsen, auf alle Mitl, Weeg und Weiss« sollen »auff Deliberation und Berathschlagung« unter anderem in Zukunft »jedem Mannßpersonen 2 Weiber zu heyrathen erlaubt sein: dabey doch alle und jede Mannßperson ernstlich erinnert, auch auf den Kanzeln öffters ermahnth werden sollen, sich dergestalten hierinnen zu verhalten und vorzusehen, daß er sich völlig und gebürender Discretion und versorg befleiße, damit Er als ein Ehrlicher Mann, der ihm 2 Weiber zu nemmen getraut, beede Ehefrauen nicht allein nothwendig versorge, sondern auch under ihnen allen Unwillen verhüette.«

Ebenfalls aus bevölkerungspolitischen Motiven ließ Friedrich der Große (1712-1786) »Bigamie nicht nur ungestraft, sondern erkannte sie rechtlich an, wie beispielsweise beim Géneral Favrat«. Und Franz Mehring (1846-1919) merkt in der zitierten »Lessing-Legende« des Jahres 1893 noch an: »Friedrich selbst hatte bekanntlich schon an einer Frau zuviel, und es wäre lächerlich, seine juridische und moralische Weitherzigkeit in geschlechtlichen Dingen einer persönlichen Lasterhaftigkeit zuzurechnen.«

Zu dem Zeitpunkt, als die Herzogin von Kurland ihren Ausruf tat, war auch schon das Dreiecksverhältnis des Dichters und Amtsrichters Gottfried August Bürger (1747-1794) mit den beiden Töchtern seines Vorgesetzten Leonhart, Dora und Molly Leonhart, bekannt, und Goethe hatte diesen drei Liebenden mit seinem Schauspiel »Stella« bereits ein literarisches Denkmal gesetzt.

Anfang des 16. Jahrhunderts erzählt Francesco Maria Molza (1489-1544) die Geschichte vom »Florentiner Ridolfo«, der »einen traurigen Ruf, besonders bei den Frauen« hatte, »die um seine Neigung« zum männlichen Geschlecht wußten. Auf Drängen der Verwandten heiratet Ridolfo ein Mädchen namens Beatrice. »Sie war noch ganz jung und so schön sie auch war, glich sie doch einem Jüngling weit mehr als einer Frau und waren ihr Gesicht und ihre Stimme fast männlich, woraus man entnehmen kann, daß Ridolfo es nicht besser hätte treffen können.« Ridolfo aber sucht sich wieder einen Knaben und macht ihn zu seinem Kammerherrn und Geliebten. Beatrice rächt sich und nimmt sich ihrerseits Ridolfos Freund ebenfalls zum Geliebten. Als Ridolfo das erfährt, will er Beatrice töten. Sie aber »zeigte ihrem Gemahl, wovon sie wußte, daß es ihm bei anderen so ausnehmend gefiel«, ihren – wie Ridolfo es ausdrückt: »Arsch«. Es habe Leute gegeben, schließt Molza seine Geschichte, die bezeugten, »daß alle drei in glücklicher Eintracht miteinander lebten, ohne daß man das richtige darüber wußte, welcher von beiden, ob der Kleine oder Beatrice, am meisten Ridolfos Frau war«. Frei nach dem Epigramm des Straton aus Sardes, der im 2. Jahrhundert lebte und in seiner Knabenmuse, der »Musa paidike«, geschrieben hatte:

Du siehst drei in dem Bette,
zwei davon sind aktiv, zwei passiv.
Ich scheine dir ein Wunder zu berichten,
und doch ist es so,
denn der mittlere bedient die beiden andern,
hinten erfreuend, vorn sich erfreuend.

Das Zeitalter entdeckt den Menschen neu und die Sinnlichkeit. Die Maler entkleiden die Götter und zeigen den Menschen bei der Paarung. Auch die Frau nimmt sich wieder das Recht auf Liebe und Schönheit. Sie entblößt ihren Busen und schminkt ihn, wie sie ihr Gesicht schminkt.

Und der Mann des 16. Jahrhunderts liebt es, seine Umwelt an den Vorzügen und der Schönheit seiner Frau teilhaben zu lassen: verbal, optisch und leiblich.

Der Franziskanerpfarrer Thomas Murner (1496–1537) schreibt 1514/15 ein Versepos mit dem nicht merkbaren Titel: »Die geuchmat zu straff allen wybschen mannen durch den hochgelerten herren Thoman Murner der heyligen geschrifft doctor beyder rechten Licentiaten und der hohen schůl Basel des Keyserlichen rechtens ordentlichen lerer erdichtet unnd eyner frummen gemeyn der löblichen statt Basel in freyden zů eyner letz beschriben und verlassen.«

Die »geuchmat« ist eine Narrenwiese, auf der sich die Gäuche, die Narren, einmal im Jahr treffen. Auch bei Murner ist es die Frau, die Schuld an den Torheiten der Männer hat. So natürlich auch daran, daß »man findt der Narren gar viel, die ihre Weiber vor jedermann rühmen und preisen. Ja, sprechen sie, ich hab ein solche schöne Frauen, daß wenn du sie sehest, wirst du dich ob ihrer Schönheit verwundern«.

Aus einem zeitgenössischen Bericht über den englischen Hof zitiert Eduard Fuchs: »Vielen Frauen macht es ein großes Vergnügen, von ihren Gatten und Liebhabern in Gegenwart eines Dritten umarmt zu werden, besonders wenn dieser zu ihren Courmachern gehört. Sie wissen, daß ihre Schönheit nicht verführerischer offenbar werden kann, als in den Stellungen, die die

Liebe erfordert. Und so lassen sie sich bei solchen Gelegenheiten, wenn auch mit scheinbar heftigem Widerstreben, so doch stets mit um so mehr Anmut besiegen. Auch sagen sie, daß sie sich nicht zu schämen brauchen, wenn ein Dritter dadurch das deutlichste Gemälde von ihren Reizen bekomme, denn es sei ja gegen ihren Willen geschehen. Die Frauen setzen nur in solchen Fällen den Absichten ihres Gatten oder Liebhabers einen unbesieglichen Widerstand entgegen, wenn sie Grund zur Annahme haben, daß diese nicht würdig ihrer Schönheit bei dem Kampfe bestehen werden. Sie sagen sich mit Recht, daß sie einzig dadurch in den Augen eines anderen herabgesetzt würden.«

1589 stürzte der Condottiere Abbé Pierre de Bourdeille, Seigneur de Brantôme, nach einem abenteuerlichen Leben an den Fürstenhöfen und Kriegsschauplätzen von Italien, Spanien, Portugal und England im Alter von 49 Jahren vom Pferd und widmete sich von diesem Zeitpunkt an der Niederschrift seiner »Mémoires«: »Vies des hommes illustres« und »Vies des dames galantes«. Einerseits Skandal- und Klatschgeschichten, andererseits eine der kulturhistorisch wichtigsten Quellen über das Leben im 16. Jahrhundert.

Auch Brantôme berichtet über Ehemänner, »die mit dem Anblick ihrer nackten Frauen so verschwenderisch umgehen«. Brantôme schreibt: »Ich kenne einen, der eines Morgens beim Ankleiden einen Freund in seinem Zimmer empfing und ihm seine nackte Frau zeigte, die noch schlief. Da es sehr heiß war, hatte sie die Bettdecken zurückgezogen. Der Ehemann schob sogar den Vorhang beiseite, so daß sie von der aufgehenden Sonne beschienen wurde und der Freund ihren Körper, an dem alles eitel Schönheit und Vollkommenheit war, betrachten und seine Augen daran weiden konnte. Daraufhin begab er sich mit dem Edelmann zum König.

Der betreffende Edelmann aber war der Verehrer dieser Dame. Er erzählte ihr am nächsten Morgen von diesem Anblick und schilderte ihr bis in die verborgensten Einzelheiten, was er an ihren schönen Gliedern gesehen hatte. Ihr Gatte bestätigte es und gab zu, selber den Vorhang beiseite gezogen zu haben, worauf die Dame ein solcher Zorn erfaßte, daß sie sich ihrem Verehrer bedenkenlos hingab. Das hatte dieser vorher mit all seinem Liebeswerben nicht erreicht.

Ein Grandseigneur, den ich selber kannte, wollte eines Morgens auf die Jagd gehen. Als seine Begleiter sich zur Morgenaufwartung in sein Zimmer begaben, hatte er seine Frau neben sich liegen und zog so rasch die Decke zurück, daß sie sich halb entblößt den Herren präsentierte. Der Edelmann lachte und sagte zu den Umstehenden: ›Nun, meine Herren, war das nicht ein schöner Anblick?‹ Die Frau war über diesen Vorfall so erbittert, daß sie ihrem Gatten die Pest an den Hals wünschte, und es ist gut möglich, daß sie es ihm später heimgezahlt hat.«

Was ist von Ehemännern zu halten, fragt Brantôme, »denen es nicht genügt, bei ihren Frauen Wollust und Ausschweifung zu finden, sondern die auch noch Bekannte, Freunde und sogar fremde Männer auf sie lüstern machen? So habe ich mehrere gekannt, die ihre Frauen lobten, ihre Schönheit priesen, ihre Glieder und ihre Körper schilderten nebst allen Vergnügungen und Tollheiten, die sie mit ihnen begingen, und schließlich jene ermunterten, sie zu küssen, zu berühren, zu betasten oder nackt zu betrachten.«

Von einem »großen Herrn« berichtet Brantôme, der »wußte, daß einer seiner Freunde und Verwandten in seine Frau verliebt war, und sei es nun, daß er dessen Begierde noch mehr reizen wollte oder ärgerlich war, daß er eine so schöne Frau besaß, die der andere nicht auch genossen hatte, kurz, eines Morgens, als der Freund zum Besuch kam, zeigte er ihm seine Frau, mit der er im Bette lag, halb nackend; ja noch schlimmer, er vollzog mit seiner Frau vor den Augen des Freundes den Akt, als ob sie allein gewesen wären, und bat den Freund, recht genau zuzusehen; was dieser auch tat.«

Und Brantôme weiß von einem anderen, ebenfalls »vornehmen Herrn«, daß dieser »seine schöne Frau vor den Augen seines Herrn, eines Prinzen liebte«. Das geschah »auf dessen Wunsch und Befehl, weil dieser daran Vergnügen fand«.

Zwei Komponenten sind bestimmend für das Verhalten, seinen Partner vor anderen zu entblößen und den Coitus vor oder mit einer dritten Person zu provozieren: der Kandaulismus und die Mixoskopie.

Der Wiener Schriftsteller und Kulturhistoriker Gustav Gugitz (geb. 1874), der neben einer Fülle von kultur- und literarhistorischen Arbeiten über Alt-Wien auch Werke der erotischen Literatur durch seine Publikationen der Öffentlichkeit wieder zugänglich machte, prägte den Begriff des »Kandaulismus«. Das Verlangen des Mannes, die Frau oder Geliebte anderen nackt zu zeigen nach der von Herodotus erzählten Historie des Lyderkönigs Sadyattes (gest. 687 v. Chr.), Kandaules genannt, der von der Schönheit seiner Frau Rhodope so angetan war, daß er sie seinem Freund Gyges nackt vorführte. Gugitz schreibt: »Da der dem Exhibitionismus zugrunde liegende Trieb darauf beruht, daß man Bewunderung mit seiner Entblößung hervorrufen will, so begehrt man, jene Teile zur Schau zu stellen, die man selbst für die schönsten und verlockendsten hält und in die man daher verliebt ist. Es bedarf also durchaus nicht, daß der Mann seinem Exhibitionstrieb bloß in der Exposition seiner eigenen erogenen Zonen Luft macht, sondern es ist gleichbedeutend, wenn er auf einem Umweg seine Exhibitionslust auf die Schaustellung der eigenen Gattin oder Geliebten überträgt.«

Ein Bedürfnis, das – sozusagen – Tradition hatte.

Wie im Buch Ester vom Perserkönig Achaschwerosch (Xerxes I., 485–465 v. Chr.) berichtet wird, befahl er anläßlich eines Gastmahls »am siebten Tag, als das Herz des Königs durch den Weingenuß angeheitert war«, die Königin Waschti nackt, nur mit dem königlichen Kopfschmuck bekleidet, »vor den König zu bringen. Er wollte ihre Schönheit den Völkern und Fürsten zeigen; denn sie hatte ein liebreizendes Aussehen«. Da Waschti sich weigerte, wurde sie verstoßen.

Im »Leben der Caesaren« berichtet Sueton von Caligulas Frau Caesonia, die Suetons Meinung nach zwar »weder besonders schön noch jung und bereits von einem anderen Manne Mutter dreier Töchter« war, aber »eine ungehemmte Genußsucht« besaß und »restlos der Ausschweifung ergeben« war. »Caligula liebte diese Frau brennend und sogar für längere Zeit. Oft zeigte er sie seinen Soldaten im Reitermantel, mit Schild und Helm geschmückt, wie sie neben ihm ritt, seinen Freunden aber auch ganz nackt.«

Als Mixoskopie bezeichnet die Wissenschaft seit Ende des vorigen Jahrhunderts die Erregung, die beim Betrachten des Geschlechtsverkehrs anderer entsteht. Mixoskopie stammt aus dem Griechischen und ist zusammengesetzt aus den Wörtern für »geschlechtliche Vereinigung« und »zuschauen«. Geprägt von dem aus Mannheim stammenden Grazer Professor Richard

Freiherr von Krafft-Ebing, dessen Werk »Psychopathia sexualis« 1886 großes Aufsehen erregte. Anhand zahlloser Krankengeschichten legte Krafft-Ebing die erste wissenschaftliche Darstellung aller Abweichungen des Geschlechtstriebs vor, orientiert an den Maßstäben der damals geltenden Moral. Der Berliner Neurologe und Sexualforscher Albert Moll grenzte 1891 den Begriff der Mixoskopie gegenüber anderen, meist pathologisch interpretierten Begriffen sexueller Schaulust ab.

Schon Martial hatte in einem seiner Epigramme Löcher in Bordelltüren erwähnt, »die vielleicht lüsterne Nadeln gebohrt«, um Geschlechtsverkehr im Nebenraum beobachten zu können, ein Vergnügen, das man vor allem der Messalina nachsagte. Ein Motiv, das auch in den »Ragionamenti« wiederkehrt, in den »Kurtisanengesprächen« des Pietro Bacci, 1533 und 1536 erstmals erschienen. Pietro Aretino, wie sich Pietro Bacci später nach seiner Heimatstadt Arezzo nannte, war am 20. April 1492 als Sohn einer Kurtisane und eines Edelmannes geboren worden, dann mit 13 Jahren von zu Hause ausgerissen, lebte in Perugia bei einem Buchbinder und verschwand, wiederum heimlich, 1511 nach Rom. Dort findet er, 19 Jahre alt, den Bankier Agostino Chigi als Mäzen, bestiehlt ihn, tritt in die Dienste eines Kardinals, wird Kapuziner, verläßt den Orden wieder und kehrt nach Rom zurück – zu Papst Leo X. Später treibt er sich in Mailand, Bolognia, Pisa und wieder in Rom herum, bis er sich 1527 in Venedig niederläßt. Einer Stadt mit 11 654 Kurtisanen, zu denen auch Nanna gehört, die Protagonistin seiner »Kurtisanengespräche«. Sechs Tage lang erzählt Nanna der Gevatterin Antonia ihr Leben: ihr Leben als Nonne, als Ehefrau und als Dirne. In der Klosterzelle der Nanna, »in der Mitte aller Zellen gelegen«, waren die Fugen der dünnen Ziegelwände »so schlecht verstrichen, daß überall große Ritze waren; man brauchte nur das Auge an eine dieser Spalten zu legen, um sofort zu sehen, was in allen Nebenkammern vorging«.

Nanna berichtet: »Ich sah in der Nebenzelle vier Nonnen, den Ordensgeneral und drei Mönchlein wie Milch und Blut, die zogen dem ehrwürdigen Vater den Priesterrock aus und bekleideten ihn dafür mit einem Atlaswams. Auf die Tonsur setzten sie ihm eine golddurchwirkte Haube und darüber ein Samtbarett, das über und über mit Glasperlen besetzt und mit einem weißen

Federbusch geschmückt war. Dann gürteten sie ihm ein Schwert um, und der selige General lallte trunkene Worte und ging breitbeinig wie Held Bartolomeo Coglioni in der Kammer auf und ab. Unterdessen hatten die Nonnen ihre Röcke und die Mönche ihre Kutten ausgezogen, die Mönche aber zogen die Nonnenkleider an. Die vierte aber legte den Talar des Generals an und setzte sich mit feierlicher Würde hin und spielte den Kirchenfürsten, der den Klöstern ihre Gesetze gibt.

Antonia: Eine schöne Orgie!

Nanna: Wart nur – jetzt fängt es ja erst an, schön zu werden.

Antonia: Wieso denn?

Nanna: Paß auf, der ehrwürdige Vater rief die drei Mönchlein heran und lehnte sich auf die Schulter des einen, der ein schlank aufgeschossener, zart gebauter Jüngling war. Von den beiden anderen ließ er sich das Hähnchen aus dem Nest holen – das aber vorderhand noch das Köpfchen hängen ließ. Doch der gewandteste und hübscheste von den beiden Brüderchen legte es auf seine flache Hand und streichelte mit der anderen Hand, wie man einer Katze den Schwanz streicht, bis sie vom Schnurren ins Fauchen gerät und sich schließlich nicht mehr halten läßt. Da richtete denn auch das Hähnchen sich stolz empor. Der wakkere General aber kriegte die hübscheste und jüngste von den Nonnen zu packen, schlug ihr die Röcke über den Kopf zurück und ließ sie sich mit der Stirn auf die Bettstelle aufstützen. Dann hielt er mit seinen Händen sanft ihre Hinterbacken auseinander – es sah aus, wie wenn er die weißen Blätter seines Meßbuches aufschlüge – und betrachtete ganz hingerissen ihren Popo. Der war aber auch weder ein spitzes Knochengerüst noch ein schwabbeliger Fettklumpen, sondern gerade die richtige Mitte: ein bißchen zitterig und schön und schimmernd wie beseltes Elfenbein. Die Grübchen, die man mit solchem Vergnügen an Kinn und Wangen schöner Frauen sieht, sie zierten auch diese Backen, die so zart waren wie eine Mühlenmaus, die in lauter Mehl geboren und aufgewachsen ist. Und so glatt waren alle Glieder des Nönnchens, daß die Hand, die man auf ihre Lende legte, sofort bis an die Wade herunterfuhr, wie der Fuß auf dem Eise ausrutscht, und Haare sah man auf ihren Beinen ebensowenig wie auf einem Ei.

Antonia: Da verbrachte wohl der Vater General den ganzen Tag mit seiner andächtigen Bewunderung, he?

Nanna: Gott bewahre! Er tunkte seinen Pinsel in den Farbtopf, nachdem er ihn vorher mit Spucke gesalbt hatte, und ließ sie sich drehen und winden, wie wenn die Weiber in den Geburtswehen sich winden oder wenn sie das Mutterweh haben. Und damit der Nagel recht fest stäke, gab er seinem Spinatfreund, der hinter ihm stand, einen Wink; der löste ihm die Hosen, daß sie ihm auf die Hacken fielen und setzte Seiner Ehrwürden Visibilium das Klistier an. Der General aber verschlang mit seinen beiden Augen die beiden anderen Knaben, die sich die Nonnen recht bequem übers Bett gelegt hatten und ihnen die Sauce im Mörser verrieben. Das war ein großer Kummer für die vierte Schwester, die ein bißchen triefäugig und etwas schwärzlich von Haut war, weshalb keiner etwas hatte von ihr wissen wollen. Sie wußte sich aber zu helfen. Sie füllte nun den gläsernen Bernhard mit warmem Wasser – man hatte gerade für den hohen Herrn Wasser zum Händewaschen gewärmt –, setzte sich auf ein Kissen am Boden nieder und stemmte die Fußsohlen an die Wand. Dann brachte sie das Glasding an die richtige Stelle und stieß es sich mit solcher Geschicklichkeit in den Leib, daß es war, als wenn ein Degen in die Scheide fährt. Ich schwand vor Wonne beim Zuschauen, wie die Pfänder bei den Wucherern schwinden, und begann mein Mäuschen mit der Hand zu reiben, wie im Januar die Katzen auf den Dächern sich mit dem Steiß aneinanderreiben.

Antonia: Nicht schlecht! Und wie ging es nun weiter?

Nanna: Nachdem der hohe Herr lang raus- und reingerutscht war, sagte er: ›Wir wollen's jetzt alle zusammen machen. Komm her, mein Junge, und küß mich, und du auch, meine Taube.‹ Die eine Hand hielt er nun an die Dose der Engelsonne, mit der anderen liebkoste er die Hinterbacken des hübschen Jungen, und dabei küßte er bald ihn, bald sie und machte dazu ein so schmerzverzogenes Gesicht wie auf Belvedere die Marmorfigur von dem Mann, der inmitten seiner beiden Söhne von den Schlangen getötet wird. Schließlich fingen sie alle zusammen an zu schreien: die Nonnen und die Mönchlein auf dem Bett und der General nebst Unterlage und Rückdeckung und auch die Überzählige mit der venezianischen Glasrübe. Taktmäßig wie Kurrendesänger oder wie Schmiede, die auf das Eisen hämmern, schrien sie los: ›Ach! Ach!‹ und ›Küsse mich!‹ und ›Dreh dich besser zu mir her!‹ ›Die süße Zunge!‹ ›Gib mir die doch!‹ ›Da hast du sie!‹ ›Stoß feste!‹ ›Wart, es kommt schon!‹ ›Oh, da ist's!‹ ›Drücke mich!‹ ›Hilf mir doch!‹ – und das alles bald halblaut, bald in höchsten Tönen und in allen Klängen der Tonleiter. Und das war ein Augenverdrehen, ein Stöhnen, ein Schieben und ein Trampeln, daß Bänke und Schränke und Bett und Tisch und Stühle hin und her schwankten wie die Häuser bei einem Erdbeben.

Antonia: Tadellos!

Nanna: Und auf einmal, da gab's gleichzeitig acht Seufzer tief aus Leber, Lunge, Herz und Seele des Ehrwürdigsten und, so weiter, der Nonnen und Mönche. Und diese Seufzer machten einen so starken Wind, daß sie acht Fackeln würden ausgeblasen haben. Und mit diesem Seufzer sanken sie alle wie erschöpft zu Boden, wie Betrunkene, die der Wein niederwirft.«

Später, als »ein heller Schein« durch eine Wandritze fällt, wirft Nanna nochmals einen Blick in die Nebenzelle, »und da waren sie alle nackt; und gewiß, wenn der General und die Nonnen und die Klosterbrüder alt gewesen wären, so würde ich sie mit Adam und Eva vergleichen oder mit anderen aus dem Seelengewimmel der Vorhölle. Aber überlassen wir lieber solche Vergleiche den Sybillen! Der Prälat ließ nun seinen Spinatfreund, ich meine jenen hübschen schlanken Milchbart, auf einen viereckigen Tisch steigen – es war der Eßtisch der vier Christinnen des Antichrist –, und das Bürschchen nahm statt 'ner Trompete einen Stock und setzte ihn an den Mund wie ein Trompeter sein Instrument und ließ eine Fanfare erschallen. Nach dem Tarataratara aber rief er aus: ›Der Großsultan von Babylon tut allen wackeren Kämpen kund und zu wissen, daß sie allsogleich mit eingelegter Lanze hier auf der Stechbahn zu erscheinen haben. Und wer die meisten Lanzen bricht, der erhält als Preis einen ganz glatten runden ohne Härchen, woran er die ganze Nacht seine Freude haben kann. Amen!‹«

Und weiter berichtet Nanna:

»Da stellten sie sich nun in Reih und Glied zum Turnier auf. Der Hintere jener schieläugigen Schwarzen, die vorhin soviel Vergnügen von ihrem gläsernen Stengel gehabt, wurde als Stechziel bestimmt, und dann losten sie die Reihenfolge aus. Der Vortritt fiel dem Trompeter zu; er gab einem Kameraden den Stock, um für ihn zu blasen, während er selber ritt, dann spornte er sich mit den eigenen Fingern und bohrte seine Lanze bis ans

Heft ins Zentrum der Freundin; und weil der Stoß so gut war wie drei, wurde er mit lautem Beifall belohnt.

Antonia: Hahaha!

Nanna: Nach ihm traf das Los den Prälaten, der legte die Lanze ein und ritt und traf den Freund in dieselbe Stelle, wo dieser die Nonne getroffen hatte. So standen sie fest, wie Grenzsteine zwischen zwei Äckern. Das dritte Los traf dann ein Nönnlein, und da sie keine Lanze von Kernholz hatte, nahm sie eine von Glas und jagte sie im ersten Anlauf dem General von hinten hinein, während sie, um auch selber nicht zu kurz zu kommen, die Schellen in ihrem Venustempel unterbrachte.

Antonia: Wohl bekomm's!

Nanna: Gleich darauf kam der zweite Mönch dran, weil er das nächste Los zog; der zielte gut und traf mit dem Pfeil sofort ins Schwarze, die zweite Nonne aber machte es wie ihre Kameradin und stieß die Lanze mit den beiden Kugeln in das Utriusque des Jünglings, der von dem Stoß sich krümmte wie ein Aal. Endlich kam deren der letzte und die letzte dran, und da gab's viel zu lachen, denn sie begrub den gläsernen Zuckerstengel, den sie am Morgen beim Frühstück erwischt hatte, tief in den hinteren Schlund ihrer Schwester im Herrn, das Klosterbrüderchen aber, das ganz zuletzt übrigblieb, pflanzte ihr seinen Lanzenschaft zwischen die Hinterbacken. Und das ganze sah aus wie ein Bratspieß voll verdammter Seelen, die Satanas zu Meister Luzifers Karneval sich fürs Höllenfeuer herrichten wollte.«

Mit den »Kurtisanengesprächen« war Aretino dem Vorbild der »Hetärengespräche« des Lukian gefolgt, fünfzehn kurze Dialogszenen, in denen ebenfalls Mütter ihre Töchter in die Geheimnisse des Hetärenberufs einwiesen. In Florenz waren 1496 die »Hetärengespräche« in einem Band »Lukianu Samosateos dialogoi« betitelt, erschienen, vier Jahre zuvor in Venedig auch »Il Decamerone« des Giovanni Boccaccio, der, 1313 in Paris geboren und 1375 in Certaldo gestorben, mit »Il Decamerone« nach einer Fülle von anderen Dichtungen den Höhepunkt seines dichterischen Schaffens erreicht hatte. Ende des 15. Jahrhunderts landet Boccaccios »Decameron« dank des fanatischen Dominikanerpredigers Savonarola auf dem Scheiterhaufen der katholischen Kirche, noch ein halbes Jahrhundert bevor es Papst Paul IV. auf den Index der verbotenen Bücher setzte. Als hätte

Boccaccio das alles geahnt, hatte er im Schlußwort vermerkt: »Verdorbene Charaktere können niemals ein Wort in einem gesunden Sinn verstehen; ebensowenig wie derartige Charaktere mit anständigen Worten etwas anzufangen wissen, können weniger passende Worte einen gesunden Geist vergiften; Schmutz verdunkelt nicht die Strahlen der Sonne und die Gebrechen der Erde nicht die Herrlichkeit des Himmels.«

Giovanni Boccaccio war 35 Jahre alt, als die Pest, ausgehend von China, über Indien, Ägypten und die Türkei, den Balkan und Europa erreicht. 1348, während alle vor dem Schwarzen Tod aus den Städten fliehen, ist Boccaccio in Florenz. Es war das »ehrwürdige Ansehen göttlicher und menschlicher Gesetze fast ganz gefallen«, schreibt Boccaccio. »Jedem war also erlaubt zu unternehmen, was er wollte.« Alle tun das, »wonach sie gelüstet. Nicht bloß freie, sondern auch klösterliche, eingeschlossene Personen sind wollüstig und ausschweifend geworden. In der Meinung, dadurch dem Tode zu entgehen, haben sie die Bande der Gelübde zerrissen und sich der Fleischeslust ergeben«. Boccaccio schreibt, daß Vertreter gehobener Stände, eine »accademia d'amore« gebildet haben. Seinen und den Berichten anderer Zeitgenossen folgend faßt Otto Zierer zusammen: »In Mailand kommen sogenannte ›Stubenbrüderschaften‹ auf, deren Mitglieder die Zeit mit Fressen und Saufen totschlagen. Auf Korsika führt eine politische Partei die allgemeine Güter- und Weibergemeinschaft ein, und es gilt bis 1355 als Staatsverbrechen, wenn ein weibliches Wesen einem Manne nicht willfährig ist.«

In der Kirche zur heiligen Maria Novella begegnen in jenem Pestjahr 1348 sieben junge Damen drei jungen Männern. »Keine von ihnen war älter als achtundzwanzig noch jünger als achtzehn Jahre. Klugheit, Adel, schöne Gestalt, artige Sitten und anmutiges Auftreten zierte sie alle.« Und auch die drei Männer waren »gefällig und artig«. Die Damen, angeführt von Pampinée, fliehen aus der Stadt Florenz aufs Land und verbringen dort zehn unbeschwerte Tage. Zum Zeitvertreib erzählt man sich verschiedene Geschichten. Beispielsweise am achten Tag Schwänke, »welche Weiber Männer und umgekehrt oder auch Männer einander täglich spielen«. Die achte Geschichte dieses Tages spielt in Siena und berichtet von der Freundschaft Spinelloccio Tanenas und Zeppa di Minos: »Durch die öftern Besuche, welche Spinelloccio dem Zeppa, er mochte zu Hause sein oder nicht, abstattete, wurde er mit dessen Frau so vertraut, daß es bis zum Beischlaf kam. Dies setzten sie eine ziemliche Weile, von jedermann unbemerkt, fort.« Als Zeppa seine Frau eines Tages ertappt und sie »mit Tränen um Vergebung« bittet, verlangt Zeppa, daß seine Frau Spinelloccio ins Haus lockt. Zeppa wird vorzeitig zurückkehren und seine Frau soll Spinelloccio dann in einer Truhe verbergen, damit Zeppa seinen Freund nicht überraschen kann. So geschieht es. Spinelloccio versteckt sich in der Truhe. Nun verlangt Zeppa von seiner Frau, Spinelloccios Frau zu rufen.

Weiter heißt es bei Boccaccio: »Voll Furcht tat die folgsam gewordene Frau alles, was er hieß, und auf vieles Bitten erschien endlich die Frau des Spinelloccio, weil sie hörte, daß ihr Mann nicht zu Tisch käme.

Zeppa erwies ihr bei ihrer Ankunft eine Menge Liebkosungen, nahm sie freundschaftlich bei der Hand und führte sie, nachdem er seiner Frau heimlich befohlen, in die Küche zu gehen, in die Kammer, die er hinter sich alsbald verschloß.

›Nun, Zeppa, was soll das heißen‹, sprach die Frau des Spinelloccio, als sie die Türe zuschließen sah, ›habt Ihr mich deshalb rufen lassen? Ist das Freundschaft zum Spinelloccio?‹

›Meine Dame‹, entgegnete Zeppa, indem er sie festhaltend sich dem Kasten, worin ihr Mann steckte, näherte, ›ehe du dich beklagst, höre mich an: Ich habe Spinelloccio wie meinen Bruder geliebt und liebe ihn noch. Aber gestern machte ich, ohne sein Wissen, die Entdeckung, daß er mein Vertrauen zu ihm dazu mißbraucht, meine Frau ebenso zu bedienen wie dich. Weil ich ihn nun liebe, will ich nicht anders mich rächen, als er mich beleidigte. Er hat meine Frau gebraucht, und ich will dich wieder brauchen. Wenn du nicht willst, so muß ich mich an ihn halten, und da ich einmal beschlossen habe, die Sache nicht ungerächt hingehen zu lassen, so will ich ihm so mitspielen, daß ihr beide keine vergnügte Stunde mehr in eurem Leben haben sollt.‹

›Mein lieber Zeppa‹, erwiderte die Frau bei dieser Nachricht, die sie auf wiederholtes Zusichern endlich glaubte, ›da deine Rache auf mich fallen soll, so bin ich's allenfalls zufrieden, doch mit der Bedingung, daß du dafür sorgst, daß deine Frau bei dem, was wir vornehmen wollen, dennoch künftig mit mir in Eintracht lebe, so wie ich, ungeachtet der mir zugefügten Beleidigung, ferner mit ihr zu leben gedenke.‹

›Dies soll geschehn‹, entgegnete Zeppa. ›Dazu will ich dir auch noch ein so kostbares und schönes Kleinod schenken, dergleichen du gewiß noch nicht besitzen wirst.‹ Mit diesen Worten umarmte er sie, legte sie mit Kissen auf den Kasten, worin der Mann steckte, und so erlustigten sie sich miteinander, solange es ihm gefiel.

Spinelloccio, der im Kasten alle Worte des Zeppa und die Antworten seiner Frau gehört hatte, stand bei dem trevisanischen Tanze, den sie nun über seinem Kopfe ausführten, die längste Zeit beinah Todesangst aus. Hätte er sich nicht vor Zeppa gefürchtet, er würde, ungeachtet er eingesperrt war, seiner Frau gewiß ein Kapitel gelesen haben. Als er aber überlegte, daß er die Beleidigung angefangen, Zeppa daher recht täte und noch gelind und freundschaftlich verführe, faßte er den Vorsatz, mehr als jemals des Zeppa Freund zu sein, wenn dieser nur wolle.

Nachdem Zeppa seiner Lust an der Frau gefrönt hatte, verließ er den Kasten, und die Frau verlangte nunmehr das versprochene Kleinod. Er öffnete daher die Kammer und ließ seine Frau hereinkommen, die lächelnd nichts weiter sagte, als: ›Freundin, Ihr habt Gleiches mit Gleichem vergolten.‹

›Öffne diesen Kasten‹, sagte er hierauf und zeigte, als dies geschehn, den darin verborgenen Spinelloccio der Frau.

Es würde sehr schwer zu beschreiben sein, wer von beiden sich am meisten schämte, ob Spinelloccio beim Anblick des Zeppa, der, wie er wohl sah, alles wußte, was er getan hatte, oder die Frau vor ihrem Mann, da sie sich leicht vorstellen konnte, daß er alles, was über ihm vorgegangen war, gehört und gefühlt hatte. –

›Hier ist das Kleinod‹, sprach Zeppa, ›das ich dir schenken will.‹

Spinelloccio kroch aus dem Kasten und sagte, ohne viel Umstände: ›Zeppa, wir sind quitt. Das beste ist wohl, wie du kurz vorher sagtest, wir bleiben Freunde wie zuvor. Und da wir sonst alles gemeinsam hatten außer den Weibern, so dächte ich, wir hätten auch diese künftig gemeinschaftlich.‹ Zeppa war es zufrieden. Alle vier speisten mit der größten Einigkeit zusammen, und von nun an hatte jede dieser beiden Frauen zwei Männer und umgekehrt, ohne daß jemals eine Uneinigkeit oder Streit zwischen ihnen darüber entstanden wäre.«

Hervorzuheben ist, daß die Frauen nicht getauscht wurden, sondern daß sich eine doppelte Triole ergab. Von nun an hatte jede der beiden Frauen zwei Männer und jeder der beiden Männer zwei Frauen, betont Boccaccio.

Dreihundert Jahre später, zu Zeiten des Seigneur de Brantôme, pflegten manche Ehemänner, die sich betrogen fühlten, anders zu verfahren. So erzählt Brantôme »die Geschichte eines albanesischen Ritters, der seine Frau beim Ehebruch überrascht und deren Liebhaber bei dieser Gelegenheit getötet hatte. Er war wütend darüber, daß seine Frau sich nicht mit ihm begnügte, da er doch ein wackerer Ritter war, ja ein Held im Reiche der Venus, der bis zu zehnmal in einer Nacht sein Opfer zu bringen verstand. Um sein Weib zu strafen suchte er ein Dutzend Männer zusammen, die in dem Ruf standen, besonders feurig zu sein, und mietete sie für Geld. Er sperrte sie in einem großen Zimmer mit seiner Frau zusammen, die jung und sehr schön war, und befahl ihnen, der Frau alles anzutun, was irgend möglich sei. Die Männer machten sich nacheinander ans Werk und waren dabei so eifrig, daß die Frau des Ritters darüber den Geist aufgab. Im Augenblick ihres Sterbens sagte er ihr, da sie diesen süßen Trank allzusehr geliebt habe, möge sie sich nun ein für allemal daran satt trinken.«

Eduard Fuchs schrieb über diese Zeit: »Die Ausschweifung wurde Schritt für Schritt systematisiert und organisiert. Den Einzelgenuß steigerte man immer häufiger zu Massengenüssen, zu Orgien.«

Ein besonderes Fest hatte der junge Brantôme am Hofe Heinrich II. (1519–1559) miterlebt. »Ich entsinne mich«, schreibt er, »daß Heinrich II., seit 1547 König von Frankreich, sich eines Tages, im August oder September, zu Saint-Germainen Laye befand und Lust hatte, des Abends in dem schönen Walde von Saint-Germain die Hirsche in der Brunst zu beobachten; er nahm verschiedene vertraute Prinzen und vornehme Damen mit. Einer aus der Gesellschaft sagte, es schicke sich nicht für eine keusche Frau, derartige Liebesspiele von Tieren anzusehen, denn der Anblick rege die Venus zu sehr auf; die Frauen würden ja solchen Appetit bekommen, daß ihnen das Wasser im Muttermunde zusammenliefe, wogegen es dann kein andres Mittel gäbe als die Einflößung von Sperma.«

Sich an der Brunst von Tieren aufzugeilen, war für die Damen und Herren der besseren Gesellschaft auch schon früher ein besonders beliebtes Schauspiel.

Johannes Burcardus, Bischof von Orta, von 1492 bis 1503 Zeremonienmeister und Sekretär von Papst Alexander VI., hinterließ ein Tagebuch, in dem über die Feste und Vergnügungen des Papstes berichtet wird. So liebte er es zuzuschauen, wenn im Hof seines Palastes »Reitknechte Hengste und rossige Stuten aufeinander hetzen mußten«. Vom Fenster aus beobachteten der Papst und seine Tochter Lucrezia das Schauspiel »cum magno risu et delicatione praedicta« – mit großer Freude und ausgesprochenem Ergötzen.

Allzuviel Einzelheiten aber verrät Burcardus auch in seinem Tagebuch nicht, denn »wer würde nicht davor schaudern, die entsetzlichen Ungeheuerlichkeiten an Ausschweifungen aufzuzählen, die bereits offenkundig im Hause des Papstes mit Verachtung der Scham vor Gott und den Menschen begangen werden? All die Schändungen, die Inzeste, die Gemeinheiten an Knaben und Mädchen, all die Huren im Palast Petri, die Kupplerscharen und Kupplerwettbewerbe, die Bordelle und Hurenhäuser.«

Ein Fest aber, das am 27. Oktober 1501 stattfand, schildert er ausführlich. Auch die Kinder des Papstes, die 21jährige Lucrezia und der 26jährige Cesare, Herzog von Valence, nahmen daran teil. »Einst wurde auf dem Zimmer des Herzogs von Valence im apostolischen Palast eine Abendmahlzeit gegeben, bei welcher auch fünfzig vornehme Kurtisanen gegenwärtig waren, die nach Tische mit den Dienern und anderen Anwesenden tanzen mußten, zuerst in ihren Kleidern, dann nackend. Darauf wurden Leuchter mit brennenden Lichtern auf die Erde gesetzt, und zwischen denselben Kastanien hingeworfen, welche die nackten Weibsbilder, auf allen vieren zwischen den Leuchtern durchkriechend, auflasen, während Seine Heiligkeit, Cesare und Lukrezia zusahen.

Endlich wurden viele Kleidungsstücke für diejenigen hingelegt, die mit mehreren dieser Lustdirnen ohne Scheu Unzucht treiben würden, und sodann diese Preise ausgeteilt.«

Im Tagebuch des Burcardus heißt es: »Jeden Tag läßt der Papst Mädchen bei sich tanzen, oder gibt andere Feste, an denen diese Mädchen sich beteiligen.«

Das Schauspiel coitierender Paare als Auftakt zu einer Orgie »par tous pou tous«, einer Orgie von allen für alle: Partouze.

SEXUALSCHWÄRMER

Knappe fünfzig Jahre nachdem laut Burcardus aus dem apostolischen Palast ein Bordell geworden war, »und ein weit schandvolleres Bordell, als je ein öffentliches Haus sein kann«, tagt jahrelang das Zweite Tridentinische Konzil, um die herrschende Sittenlosigkeit und Häresie in den Griff zu bekommen. Da die beiden Widersacher, die Katholiken auf der einen Seite und die protestierenden Anhänger des Reformators Luther auf der anderen Seite nicht an grobschlächtigen Anschuldigungen sparten, ist es schwer auseinanderzuhalten, was historische Realität und was Unterstellung war.

Sagte man dem Kardinal Robert Bellarmin, der seit 1560 der neugegründeten »Societas Jesu« angehörte, nach, er habe »stetig auf der Streu stehen vier artige Feißen, die er zu seinem Willen gebrauchet und die er mit den allerköstlichsten Geschmeiden, Edelsteinen, Silber und Gold verzieret, vor sich bringen läßt«, so warf man Luthers »Gartenbrüdern« vor, sie würden »einander ihre Frauen beilegen«.

Die Sekte von Eloi Pruystinck, genannt Loiet le Couvreur, berief sich zwar auf Luthers Lehren, doch distanzierte sich dieser von den Loisten, da sie die freie Liebe predigten, die Polygamie und die Polyandrie, die Ehe eines Mannes mit mehreren Frauen und die Ehe einer Frau mit mehreren Männern.

Um 1520 leiten Thomas Müntzer (um 1468–1525) und der Tuchweber Nikolaus Storch, die sogenannten Zwickauer Propheten, die Wiedertäuferbewegung ein. Radikal-politische Ideen vermengten sich mit religiös-mystischen, zu denen auch die sexuelle Gemeinschaft aller gehörte. Als Thomas Müntzer 1525 hingerichtet wurde und auch Nikolaus Storch im selben Jahr starb, bedeutete das keineswegs das Ende der Wiedertäuferbewegung. Vor allem in der Schweiz hatten die Wiedertäufer eine große Anhängerschaft. Das Taufhaus von St. Gallen, so wird berichtet, »konnte die Menge der Täuflinge nicht mehr fassen, und man taufte deshalb öffentlich in Teichen und Flüssen.

Die Sektierer zeigten sich gern nackt oder halbnackt, küßten sich sehr ungeniert, trugen Brotmesser an Stelle der Degen, beichteten einander vor allem Volk ihre Sünden, insbesondere natürlich solche sexueller Natur. In ihren Zusammenkünften kam es zu furchtbaren Zitterkrämpfen und Gliederverrenkungen, die in hervorragendem Maße ansteckend wirkten. Eine noch aufregendere Spezialität bei ihnen war das sog. ›Sterben‹. Die besonders Begnadeten hielten den Atem künstlich so lange zurück, bis sie schwarz und blau wurden und, wie die Berichte sagen, ganz aufgeblasen aussahen. Dann kehrten sie zum Leben zurück und schwärmten von unerhörten Offenbarungen, die ihnen in einer anderen Welt zuteil geworden seien. Bald mehrten sich die Exzesse. In Gossau entkleidete sich ein junger Mensch in der Versammlung vollständig und vollzog mit einer wiedertäuferischen Schwester angesichts der ganzen Gemeinde das ›Werk des Glaubens‹, will natürlich sagen des Fleisches, und die alte Lehre tauchte wieder auf, daß es für den Heiligen keine Sünde mehr gebe, daß ihm jedes Verbrechen erlaubt sei. Eine Dienstmagd in St. Gallen, Verena Baumann, erklärte sich für eine neue Inkarnation Christi, ernannte eine Freundin zu ihrem Petrus und verteilte auch sonst Ämter und Würden. Ihr Hauptgebot war völlige Nacktheit. Sie selbst setzte sich trotz strengster Winterkälte nackt in den Bach. Der Magistrat griff ein, steckte die Baumann ins Irrenhaus und verurteilte mehrere ihrer Anhänger zu Prangerstrafen.«

Aber nicht nur in der Schweiz, auch in Süddeutschland, in Italien und in den Niederlanden tauchten Anhänger der Wiedertäufer auf – von der Kirche gnadenlos verfolgt. Bis zum Jahr 1530 werden 2000 Tote registriert.

Vier Jahre später, 1534, im selben Jahr, in dem der bekehrte spanische Offizier Ignatius von Loyola (1491–1556) die »Compañía de Jesús«, den Jesuitenorden, gründet, tauchen die Wiedertäufer unter Führung von Johann Matthys, auch Jan Matthisson oder Matthiesen genannt, und Jan Bockelson, auch Johann Bockhold, einem früheren Schneider und Schauspieler, in Münster auf. Sie fordern bei ihren kultischen Orgien völlige Nacktheit und empfehlen Nacktheit auch fürs Privatleben. Über das Auftreten der »Anabaptisten« in Münster berichten nach zeitgenössischen Quellen Angus Hall und Jeremy Kingston: »In

Begleitung seiner schönen Frau, einer ehemaligen Nonne, und des gleichermaßen attraktiven Bockelson setzte Matthisson, selbst ein auffallend gutaussehender Mann, sein Erscheinen auf dem Marktplatz dramatisch in Szene. Beide Männer trugen wallende Gewänder, wie sie für Propheten angemessen schienen, und Matthisson hielt zwei Steintafeln in den Händen. Er verkündete den verblüfften Stadtbewohnern: ›Der Herr hat mich dazu bestimmt, euch seinen Willen kundzutun.‹ Bockelson, so sagte er, würde sie ›einweisen in den reinen und heiligen Gottesdienst, der einem auserwählten Volk angemessen ist‹.

Diese imponierenden Propheten fanden schnell lokalen Anhang, besonders unter den Frauen, die etwa in derselben Weise reagierten wie die heutigen Fans der Popstars, nur daß ihre Begeisterung angeblich religiöser Natur war. Ein zeitgenössischer Bericht über die Ereignisse in Münster, geschrieben von einem den Wiedertäufern feindlich gesinnten Mann, gibt ein lebhaftes – wenn auch möglicherweise übertriebenes – Bild der damaligen Hysterie: ›Die Tollheit der bäuerlichen Bacchanten wurde von den Weibern noch übertroffen... Einige hatten ihr Haar aufgelöst, andere rannten fast nackt umher... Wieder andere warfen sich zu Boden und breiteten ihre Arme wie am Kreuz aus; dann sprangen sie auf, klatschten in die Hände, knieten nieder und heulten, knirschten mit den Zähnen, hatten Schaum vor dem Mund, schlugen sich auf die Brust, weinten, lachten, heulten auf und stießen seltsame, unverständliche Laute aus.‹

Innerhalb eines Monats nach Ankunft von Matthisson und Bockelson hatten die Wiedertäufer den Großen Rat von Münster unter Kontrolle. Eine ihrer ersten Amtshandlungen bestand darin, die in der Stadt verbliebenen Lutheraner und Katholiken außer denjenigen, die sich bekehren ließen, zu vertreiben. Das Eigentum der Flüchtenden wurde beschlagnahmt und unter den Wiedertäufern verteilt.

Unterdessen zogen der Bischof von Münster und die Herrscher angrenzender Fürstentümer Truppen zusammen und kesselten die Stadt ein. Auch Matthisson stellte eine Armee auf. Eines Tages veranlaßte Matthisson zwanzig seiner Leute aufgrund einer Vision, die er gehabt hatte, zusammen mit ihm vor die Stadtmauern zu gehen und sich dem Feind zu stellen. Die kleine Schar war den Belagerern eine leichte Beute.

Hier nun übernahm Bockelson die Befehlsgewalt. ›Gott wird

unter uns einen anderen Propheten erstehen lassen, einen, der noch größer ist und höher steht als Jan Matthisson‹, verkündete er. Schon bald wurde klar, wer das sein sollte. Bockelson begann mit der Reorganisation der Stadtregierung. Er wollte der König des ›Neuen Jerusalem‹ sein, und zwölf Älteste, die die zwölf Stämme Israels symbolisierten, sollten ihm bei der Gesetzgebung zur Seite stehen. Und es gab viele neue Gesetze auszuführen: Gesetze, die den kommunalen Besitz regelten; Gesetze, die Polygamie und Ehescheidung erlaubten; Gesetze, die die Todesstrafe vorsahen für Vergehen wie Gotteslästerung und die Weigerung einer Frau, jeden Mann zu heiraten, der sie ausgewählt hatte. Da es in Münster einen großen Frauenüberschuß gab, standen viele dem Polygamiegesetz wohlwollend gegenüber, doch das Fehlen von Wahlmöglichkeiten wirkte abschreckend. Bockelson selbst nahm sich schließlich sechzehn Ehefrauen, von denen Matthissons schöne Witwe Divara seine Königin war. Er richtete einen eleganten Hofstaat ein und kleidete sich und seine Frauen in Seide und Gold. (Seine Untertanen waren jedoch gesetzlich verpflichtet, sich einfach zu kleiden – der größte Teil ihrer Kleidung war beschlagnahmt worden.) Ein Goldschmied namens Dusentschur fertigte Kronen aus Gold und erlesene Schmuckstücke für den König und die Königin an. Dusentschur diente auch als Bockelsons ›Prophet‹ oder, modern ausgedrückt, als Mann für die Öffentlichkeitsarbeit. Er verkündete vor der versammelten Bevölkerung, daß ›Johann Bockelson aus Leyden, der Mann Gottes und heilige Prophet, über den ganzen Erdkreis König sein soll. Er wird über alle Kaiser, Könige, Fürsten und alle Gewalten der Erde herrschen; er wird über allen Obrigkeiten stehen, aber keine über ihm. Er wird das Szepter und den Stuhl Davids, seines Vaters, einnehmen, bis Gott das Reich von ihm zurückfordern wird.‹ Gedenkmedaillen wurden geprägt, die Bockelsons Kopf zeigten und die Inschrift trugen: Das Wort ist Fleisch geworden.

Bockelson brachte es fertig, die Stadt länger als ein Jahr wirksam gegen die Belagerer zu verteidigen. Da nur wenig Männer zur Verfügung standen, zog er auch Frauen ein, die lernten, die Armbrust zu handhaben und Kalk- und Pechkübel vorzubereiten, die man gegen die Angreifer verwandte. Doch es blieb nicht aus, daß die Blockade rund um die Stadt Wirkung zeigte. Die Münsteraner verhungerten langsam, während Bockelson ihnen

Wunder versprach. Gott würde Kieselsteine in Brot verwandeln, sagte er. Die verzweifelten Menschen wandten sich der Promiskuität zu, um das Leid zeitweilig vergessen zu können. Die letzten Tage der Herrschaft Bockelsons waren eine ausgedehnte, freudlose Orgie.«

Am 24. Juni 1535 wurden die Wiedertäufer von Münster schließlich überwältigt. Bockelson und einige seiner Anhänger wurden verhaftet. Angekettet wie wilde Tiere wurden Bockelson, sein Freund Knippendolling und sein Rat Bernhard Krechting auf deutschen Märkten zur Schau gestellt. Dann wurden sie wieder nach Münster zurückgebracht und am 22. Januar 1536 öffentlich zu Tode gefoltert. In eisernen Käfigen hängte man die verstümmelten Leichen am Turm der Lambertikirche von Münster zur Abschreckung aller auf.

Zur selben Zeit wie das Zweite Tridentinische Konzil behandelte 1551 auch die russisch-orthodoxe Kirche auf dem Moskauer Konzil »teils aus dem konservativen Bemühen um die Abwehr auswärtiger Neuerungen, teils aus dem Bedürfnis nach moralischer und geistlicher Stärkung der orthodoxen Geistlichkeit, die Mißstände, die im weltlichen, kirchlichen und insbesondere klösterlichen Leben überhandgenommen hatten«, schreibt Christoph Koch über das russische »Hundertkapitelbuch«, »Stoglav« genannt, in dem »hundert Antworten der Konzilsväter auf Fragen des Zaren« gegeben werden. Christoph Koch führt aus: »Mit großer Anschaulichkeit werden die Unsitten der Zeit besprochen, welche den Unwillen der Kirche erregen: Die Masse der Gläubigen hält noch immer an heidnischen Traditionen fest, die sich vor allem im Brauchtum des Volkes behaupten. Zauber- und Hexenglauben leben mit großer Zähigkeit fort, die Astrologie gewinnt zusehends an Boden. Skomorochen (Gaukler) üben ihren schädlichen Einfluß aus. Viele Orthodoxe kleiden sich nach ausländischer Mode, andere lassen sich nach dem Vorbild der Lateiner den Bart scheren. Die Trunksucht ist bis in die Kreise der Bojaren verbreitet. Das Brettspiel hält viele Christen von einem gottgefälligen Leben ab. Falsche Propheten und Sektierer verführen das Volk. Die Geistlichkeit selbst bietet ein Bild des sittlichen Verfalls. Die Mönche suchen in den Klöstern nicht das Heil ihrer Seele, sondern Müßiggang, Vergnügen und niederste Ausschweifung. Mönche und Nonnen besuchen gemeinsam das Bad, die Klosterbrüder holen Frauen in ihre Zellen, verprassen das Klostergut und geben sich der Sodomie hin.« Wörtlich heißt es im »Stoglav«: »Männer und Weiber gehen miteinander ins Bad, und selbst Mönche erröten nicht, mit Nonnen dorthin zu gehen. Endlich – und dies ist das Bejammernswerteste, was über ein Volk den göttlichen Zorn, Krieg, Hunger und Pestilenz bringt – man ergibt sich der Sodomie.«

Das war zur Zeit Iwan IV. (1530–1584), der Schreckliche genannt. Über die orgiastischen Gelage am Zarenhof schreibt Richard Waldegg in seiner »Sittengeschichte Rußlands«: »Wein floß in Strömen. Die betrunkene Gesellschaft patschte mit den Händen in den erlesensten Speisen, wälzte sich mit halbnackten Weibern vor aller Augen auf den Lagern im Festsaal. War ein Mädchen nicht willig, brach die Peitsche bald jeden Widerstand. Tagsüber jagten die Beauftragten des Zaren durch die Straßen Moskaus und holten aus den Häusern die schönsten Frauen, um sie in den Kreml zu schleppen.

Das Treiben irrsinniger Narren schätzte Iwan besonders als Erheiterung der trüben Stunden. Er ließ sie obszöne Spiele aufführen und zwang manchmal sogar seine Würdenträger, Masken anzulegen und sich an der Orgie zu beteiligen... Den Alkoholrausch suchten die Zecher, weil sie erst dann alle Hemmungen verloren, sich vor aller Augen wie Tiere über die in den Saal getriebenen Mädchen zu werfen. Letztlich lebten aber auch sie alle in ständiger Todesangst, denn keiner konnte wissen, ob nicht er das nächste Opfer der Willkür Iwans sein würde. Wer die Orgien verurteilte, galt nicht nur als unmännlich, als Schwächling, sondern sogar als Feind des Zaren.«

Es wird gesagt, das Iwan noch am Sterbebett seine Schwiegertochter zu vergewaltigen versuchte. Dann wurde er in ein Ordensgewand gehüllt, um, seinem Wunsch entsprechend, als Mönch begraben zu werden.

Schriftliche Berichte über das Leben und Treiben in Rußland gelangten ab 1549 in lateinischer Sprache und ab 1557 in deutscher Sprache nach Deutschland. Das waren zuerst die »Commentarii Rerum Moscoviticarum« des Sigismund Freiherr von Herberstein (1486–1566), eines Gelehrten, der als Gesandter durch ganz Europa reiste und 1517 und 1525 nach Rußland.

Dann war es der Gelehrte Adam Oelschläger (um

1599–1671), der im Auftrag des Herzogs Friedrich von Holstein-Gottrop 1633 bis 1635 an einer Handelsmission teilnahm und zwei Jahre lang, von 1636 bis 1638, als Dolmetscher des holstein-gottropschen Gesandten am Zarenhof tätig war. Unter dem Namen Adam Olearius veröffentlicht er 1647 seine Eindrücke in dem Buch »Offt begehrte Beschreibung der newen orientalischen Reise. So durch Gelegenheit einer Holsteinischen Legation an den König in Persien geschehen«. Auch Olearius entrüstet sich über die Badesitten: »Die Frauenspersonen sind sehr unverschämt und ausgelassen. Es ist in Rußland nichts Seltenes, daß junge Weiber, wenn sie baden wollen, sich unter freiem Himmel ausziehen und aus dem Bade wieder nackt herauslaufen. Vierzig, fünfzig und mehr Frauen und Mädchen tanzen und springen ohne Scham und Ehrbarkeit, so wie Gott sie erschaffen hat, herum und scheuen sich auch nicht vor den Fremden, die vorübergehen.«

Die Chronisten überliefern auch die Nachrichten über die Herrschaft des Dimitrij Iwanowitsch und über seine polnische Frau Maryna Mniszek. Am 2. Mai 1606 kam sie »mit viel Gepäck nach Moskau, in die Hauptstadt des Reiches, das sie als Polin haßte«, schreibt Waldegg. »Ihrer Abneigung gegen alles Russische entsagte sie ebensowenig, wie ihrem hemmungslosen Liebesleben mit polnischen Kavalieren. Diese eleganten Herren zog sie schamlos offen ihrem häßlichen Gemahl vor.

Um sich mit ihrem zahlreichen, meist männlichen Gefolge, mit Narren, Gauklern und Possenreißern im Kreise leichtlebiger Weiber amüsieren zu können, brauchte sie große Säle, und solche boten in erster Linie die alten Klöster. Unter dem Vorwand, die russische Religion studieren zu wollen, ritt Maryna mit ihren polnischen Adeligen in verschiedene Nonnenklöster und machte diese zu Stätten wilder Ausschweifungen. Die heiligen Häuser dienten der Zarin als Bordelle, in denen sie und ihre Freundinnen sich nahezu wahllos ihren Liebhabern preisgaben.«

Im Jahr 1645 gründet der Bauer Daniel Filipowitsch die Sekte der Chlysty oder Chlisten, benannt nach dem russischen Wort für »Geißler«. In Richard Waldeggs »Sittengeschichte Rußlands« ist darüber zu lesen: »Die Chlisten verbanden mystische Riten mit sexuellen Ausschweifungen. Meistens versammelten sie sich in den Wäldern oder in Gemeinschaftshäusern zur Andacht, wobei sie nicht nur stundenlang sangen, sondern sich auch geißelten. Dadurch steigerten sie sich in den Zustand höchster sexueller Ekstase, der in einer geschlechtlichen Orgie endete. Den Zustand völliger geistiger und körperlicher Ermattung sahen sie als Ergebnis jener Läuterung an, die sie angeblich deshalb erfahren hatten, weil sie sich durch Sündigen von der Versuchung zur Sünde reinigten. Die Chlisten achteten nicht die Autorität des Patriarchen von Moskau, des Oberhauptes der christlich-orthodoxen Kirche Rußlands, sondern glaubten, einen neuen Christus in ihren Reihen zu haben, einen gewissen Daniel Filipowitsch, der vorgab, von hundertjährigen Eltern geboren worden zu sein.

Eine Abspaltung von dieser Sekte waren die ›Hüpfer‹, die sich zwar nicht geißelten, sondern sich in den Zustand der Ekstase brachten, indem sie stundenlang um ein offenes Feuer hüpften. Dabei hielten jeweils zwei Männer und eine Frau einander an den Händen, und wenn sie sich am Ende ihrer Kräfte fühlten, glaubten sie, die Gottheit sei über sie gekommen. Dann verschwanden die sich willkürlich zusammentuenden Paare im Dunkel des Waldes und gaben sich der Lust hin. Da oft ganze Familien Sektenangehörige waren, kam es auch vor, daß sich Blutsverwandte im Zustande der ›Erleuchtung‹ paarten – aber Inzest galt während der rituellen Orgien nicht als Sünde.

Zar Alexei, der ein frommer Mann war, erkannte die Gefahren, die von seiten der Sektierer nicht nur der Religion, sondern auch dem Staatswesen und der Volksmoral drohten. Seine Feldzüge gegen die Ketzer zeichneten sich durch Härte aus, aber da sich die Chlisten meistens in ganzen Kolonien tief in den Wäldern ansiedelten und ihre Zahl ständig zunahm, war es den zaristischen Truppen nur zum geringsten Teil möglich, solche Schlupfwinkel zu finden. Unzählige Geißler und Springer starben den ›Märtyrertod‹, aber das bestärkte die Überlebenden nur in ihrem Widerstand gegen das herrschende Regierungs- und Moralsystem. Die Sekte der Chlisten wurde, ungeachtet der schweren Verfolgungen, immer stärker, denn ihre Regeln kamen zwei Grundzügen des russischen Menschen entgegen: seiner Empfänglichkeit für mystischen Aberglauben und seinem unbändigen Verlangen nach uneingeschränktem Geschlechtsgenießen, das seine Enthemmtheit nur in der Massenorgie vollkommen erreichte.«

3
SCHAU-SPIEL

PERSONIFIZIERTE WOLLUST

»Jede Frau, die das Herz auf dem rechten Fleck hat, muß überzeugt sein, daß sie zur Wonne ihres Gatten erschaffen sei und daß alle Männer zu ihrer Wonne erschaffen seien. Du hast gewisse Verpflichtungen gegen deinen Gatten, du hast aber auch gewisse Verpflichtungen gegen dich selbst. Tu alles, was dein Gatte von deiner Gefälligkeit verlangt, was ihm angenehm erscheint, darf dir niemals schmachvoll vorkommen. Wandle dich wie Proteus in alle möglichen Gestalten, wenn er es befiehlt. Wenn ihm die Laune kommt, sich ein wenig frei mit dir zu ergötzen, so laß alle Scherze, die er ersinnen mag, dir recht sein. Befriedige gern und willig seine Leidenschaft: andere werden die deinige befriedigen.«

1659 war das Buch, aus dem diese Sätze entnommen sind, unter dem Titel »Johannis Meursii Elegantiae Latini Sermonis seu Aloisia Sigaea Toletana De arcanis Amoris et Veneris« erschienen. Der anonyme Herausgeber behauptete, die Dialoge seien von Luisa Sigea (1530–1560), Erzieherin der Infantin Maria und Hofdame der Königin von Ungarn, verfaßt worden. Er gab weiter an, er habe das Manuskript aus dem Nachlaß des Leydener Professors Jan de Meursius (1579–1639) erworben, eines holländischen Sprachforschers, der das in spanischer Sprache verfaßte Manuskript ins Lateinische übersetzt habe. Als wirklicher Verfasser wird der Advokat Nicolaus Chorier (1612–1692) genannt, obwohl er immer bestritten hat, der Autor zu sein.

»Die Frauenschule«, wie der Titel der ersten deutschen Übersetzung des Buches 1792 lautete, enthält Gespräche über alle Möglichkeiten und Arten der Liebe.

Auch eine Orgie zwischen der jung verheirateten Ottavia und

der erfahrenen Ehefrau Tullia mit deren Liebhaber Lampridio und dessen Freund Rangoni gehört dazu. Tullia hat ihren Freund und Liebhaber Lampridio kurzfristig an Ottavia ausgeliehen.

Lampridio: Ich wünsche, daß Ottavia gemessen und langsam ihr Hinterteil kreisen läßt, während ich mit ihren Rosenknöspchen scherze. Und mit inbrünstiger Neigung soll deine Hand, Tullia, mein Scrotum und die Testikel kitzeln, auf daß ich vollkommene Freude finde.

Tullia: Spiel deinen Part, Bursche. Wir werden auf bewundernswerte Weise das unsere dazu tun.

Ottavia: Du stößt grausam auf mich ein, Lampridio. Doch du sollst nicht ungestraft bleiben. Ich werde deine Stöße mit mächtigen Stößen erwidern. Da, da, da. Bereite ich dir Vergnügen?

Tullia: Lampridio, du erweisest dich als wahrhaft bewundernswerter Krieger. Nun, da du den Dolch bis ans Heft ins Fleisch gestoßen hast, verursachst du Ottavia nicht den Tod und doch die Freuden des Ersterbens! Man möchte meinen, Ottavia, du wolltest deinen Odem aushauchen, wogegen dein amuröser Held sein ganzes Wesen in dein Inneres zu ergießen scheint.

Ottavia: Welch müßige Rede! Was lenkst du mich ab vom Hochgefühl unstillbarer Lust? Doch... doch... in mir flammt ein Feuer, daß sich schnell ausbreitet.

Tullia: Ja, das rührt von dem Feuerbrand her, den Lampridio an dein Allerheiligstes gesetzt hat. Nun funkelt es in dir. Dennoch will ich dich küssen, mein Lampridio.

Lampridio: Oh, zarter Kuß, vollkommene Vermehrung meiner Verzückung. So nähere dich mir mit deinen kugeligen Brüsten aus lauter Elfenbein, daß ich sie küssen mag. Jetzo... jetzo, Ottavia, Tullia, ergießen sich aus mir... wollüstige Ströme.

Ottavia: Ich fühl es. Ich fühle sie in meinen Teich schießen. Weiter! Oh! Oh! Mach weiter! Und ich, und ich!

Tullia: Und du, du magst desgleichen dich in Fluten lösen. Steht euch bei, einer dem anderen! Es ist wohlgetan, beim Gotte Subigus, bewundernswert wohlgetan. He, Rangoni, was grübelst du so still und stumm die ganze Zeit?

Rangoni: Das meinst du nur.

Tullia: Du läßt dein Glied sehen. Wie groß es geworden ist, im Nu bereit zum Kampf! Du bist ein herrlicher Krieger. Mich dünkt, dem armen Wesen wird keine Ruhe gewährt sein...

Rangoni: Ich werde mit euch so wild verfahren, wie es in meinen Kräften steht. Oh, welch bezauberndes Bild! So richte ich die harte Waffe in deiner göttlichen Schönheit auf. Ich bitte dich, Ottavia, sie freundlich zu empfangen.

Ottavia: Hurtig, mein Guter, ein neuer Kitzel regt sich in meinen Lenden. Ist das recht, Tullia? Wie spaßig, wie spaßig!

Tullia: Schwenke dein Hinterteil hin und her, Ottavia, wie ich es tue. Gleiche dich mir an. So wird es ihm und dir hochwillkommen sein. Bewundernswert! Bewundernswert! Die zuckende Lüsternheit deiner Lenden wird geweckt!

Rangoni: Befleißigt euch, euch in rascher Folge auf und ab zu bewegen. Ich verstehe die Sprache der brünstigen Flut, die aus dem See seiner Lenden strömt. Heb deine Hinterbacken zitternd ihm entgegen, Ottavia, während ich ihm beistehe, da er schon keucht.

Ottavia: Tullia... Du, Rangoni, reißest mich hin in deiner Wildheit. Ich kann nichts, außer als meiner Raserei Luft machen. Ich fühle, wie es fällt, Tropfen um Tropfen... Ah! Ah!

Tullia: Der Regen, dem Danae, Acrisius' Tochter, dem goldenen Regen ihres geliebten Jupiter den Vorzug geben würde. Beweg dich, Tullia, beweg dich!

Tullia: Ich hab meinen eigenen Part, und darin werde ich mich bewegen.

Ottavia: Zwei Male schon, Rangoni, zwei Male deinerseits, Rangoni! He! He!... und ich dreimal. Ah! Ah! Ah!«

Die Frau jener Epoche ist die personifizierte Wollust. Wenn sie zögert, so zögert sie nicht, um sich zu verwehren. Ihr Zögern dient vielmehr der Steigerung der Lust und des nachfolgenden Vergnügens.

Die Frau jener Epoche empfängt ihre Gäste im Schlafgemach, verrichtet in Gegenwart der Gäste ihre Morgentoilette und legt ihre Gewänder an, nicht ohne ihren nackten Körper mit ins Spiel zu bringen.

Sie empfängt ihre Freunde und die Freunde ihres Gatten sogar im Bad. Manchmal schlägt sie eine Decke über die Wanne, aber gewährt jedem gerne den Blick auf ihren Busen und ihre Scham. Eduard Fuchs zitiert aus Mairoberts »Espion anglais«, einem »materialreichen Zeitspiegel«: »Die schöne Frau von G. war eben im Bade. Als ihre Kammerfrau nach wenigen Augenblikken das Zimmer verließ, bat ich um die Gunst, das Badetuch entfernen zu dürfen, was mir auch durch ein graziöses Lächeln erlaubt wurde. Ohne den Anstand zu verletzen, ermöglichte sie mir so auf die graziöseste Weise, die genauesten Kenntnisse von allen ihren Reizen zu bekommen, auf die sie, wie ich zugeben muß, mit Recht stolz war. Leider mußte das verführerische Schauspiel vor der Zeit abgebrochen werden, da der Marquis B. gemeldet wurde, der früher einmal Rechte auf sie hatte. Als später auch ihr Gatte sich einstellte, verließ ich sie, weil die Situation nun langweilig wurde.«

Nun – die Dame von G. mag dem Franzosen die Schuld gegeben haben, daß die Situation langweilig wurde, bedenkt man den Brief einer Wienerin, geschrieben 1780: »Sie beklagen sich über die Unbequemlichkeit, zu denen die Verheimlichung unserer Liebe uns zwingt. Aber das liegt doch nur an Ihnen. Glauben Sie mir, lieber Freund, mein Mann würde mit Freuden auf einige Wochen in einen Tausch einwilligen, wenn Sie ihm dafür offen seine Rechte bei Ihrer hübschen Haushälterin abtreten. Führen Sie ihn in die Arme dieser liebenswürdigen Person, und er wird Ihnen dadurch danken, daß er Ihnen alle Wege ebnet, die Sie immer wieder von neuem in die meinigen führen.«

»Anno 1686« war eine vierzigseitige Broschüre erschienen, die den Titel trug: »Daß Die bloße Brüste seyn Ein groß Gerüste Viel böser Lüste / wird Dem züchtigen Frauen-Zimmer zu Ehren / und Den unverschämten Weibs-Stükken zur Schande / erwiesen«.

»Ach wo bleibet doch die alte Zucht und Schamhaftigkeit?« fragt der Verfasser, ein protestantischer Pastor. »Eherzeiten ließ sich keine Mannes-Person gerne mit bloßen Füßen in seinem Hause von Kindern und Gesinde sehen: Heutigen Tages spatzieren unsere Weibes-Bilder, die doch von Natur schamhaftiger sein sollten, nicht mit bloßen Füßen, sondern gar mit bloßem Halse, Schultern und Brüsten auf die Gasse zum Hause hinaus und lassen sich also von Fremden und Bekannten schauen... Nun nenne ich die nackten Brüste ein Huren-Laster und Huren-Tracht, denn diese pflegen gemeiniglich gern mit bloßen Brüsten zu gehen und sich aus Geilheit zu entblößen... Was soll man nun wohl von euch sagen, ihr liederliche Hoffahrts-Teufel und geile Schwestern, die ihr euch mit Fleiß aufgeputzet, die

Brüste aufmutzet, und in Gegenwart der Manns-Personen bald einander selbst in den Busen greifet, um hiemit zum kühnen Eingriff sie anzufrischen... Nein! saget mir, ihr nackte unverschämte Weibsbilder, wem kleidet ihr euch so nacket zum Gefallen? Eueren Männern, das ist Thorheit und Narrheit, die wissen doch wohl was euer Vorrat ist, und können ihre Augenweide und Herzenslust daran haben, wenn sie wollen. So thut ihr's Fremden zu gefallen? Ei, so hole euch der Teufel, wo nicht Buße und Änderung solches bösen Sinnes bei euch erfolget...«

Eduard Fuchs schreibt in seiner »Sittengeschichte« über diese Epoche: »Alles ist Sinnlichkeit und Wollust und das ganze Leben eine einzige fortgesetzte wollüstige Ekstase. Aber auf den Rausch folgt keine peinliche Ernüchterung, sondern neue Lust. Die Dinge haben keine Konsequenzen, kein Lendemain, sondern nur ein Heute. Die Sinnlichkeit wird durch keine Prüderie verlästert und verzerrt, sie ist ein großer verzauberter Wundergarten, aus dem die Sünde verbannt ist.«

Mit den Frauen jener Zeit befassen sich die Brüder Edmond und Jules de Goncourt (Edmond 1822–1896, Jules 1830–1870), Maler und Stecher, Kunst- und Kuriositätensammler, Kulturhistoriker und Literaten. Sie schrieben zahlreiche Romane und verfaßten gemeinsam Tagebücher, sie veröffentlichten »Portraits intime« des 18. Jahrhunderts und ein Buch »La femme des 18e. siècle« über die Frau, »die nicht nur die einzige Triebfeder« ist, »die alles in Bewegung setzt«, sondern »die auf dem Gipfel der Gesellschaft aufgestellte Idee, zu der alle Augen erhoben sind, der die Herzen aller zufliegen. Sie ist das Bildnis, vor dem man niederkniet, die Gestalt, die man anbetet.« Aber man ist auch der Meinung, »daß eine Frau mit dreißig Jahren ›jede Schande getrunken‹ hat, und daß ihr nur eine gewisse Eleganz in der Unanständigkeit, eine leichte Grazie im Fallen übrig bleibt, und nach dem Fallen ein sachtes oder wenigstens anständiges Schäkern, das sie vor der Degradierung bewahrt. Nach dem vollständigen Vergessen ihrer selbst ist ein Rest von Würde alles, was sie an Schamhaftigkeit in die Libertinage mitbringt.«

RUND UM SODOM UND GOMORRHA

Im ersten der fünf Bücher Moses, in der Genesis, ist zum ersten Mal von »Sodimitischer Sünde« die Rede: von der Sünde »widernatürlichen Verkehrs« Gleichgeschlechtlicher, als die Männer Sodoms zu später Stunde das Haus Lots umringen und von ihm die zwei Engel, damals noch männlichen Geschlechts, von Lot fordern. »Führe sie heraus zu uns, wir wollen sie erkennen!«

Deutlicher ist die Bibel im 19. Kapitel des Richterbuchs. Da rotten sich die Männer von Gibea zusammen und fordern von einem alten Mann: »Gib uns den Mann, der in dein Haus eingekehrt ist, wir wollen ihm beiwohnen!«

Weiter heißt es in der Bibel: »Da trat der Mann als Hausherr vor sie und sprach zu ihnen: ›Nicht also, meine Brüder! Handelt doch nicht so abscheulich, nachdem dieser Mann in meinem Haus abgestiegen ist; begeht nicht diese verruchte Tat! Meine Tochter, die noch Jungfrau ist, und seine Nebenfrau will ich euch herausschaffen. Ihnen mögt ihr Gewalt antun und mit ihnen machen, was euch beliebt. An diesem Mann aber begehet nicht eine solch ruchlose Tat!‹

Die Männer wollten jedoch nicht auf ihn hören. Der Mann ergriff also seine Nebenfrau und brachte sie ihnen ins Freie heraus. Man mißbrauchte sie, und sie trieben ihren Mutwillen an ihr die ganze Nacht bis zum Morgen. Erst als die Morgenröte heraufstieg, ließ man sie fort.«

»Wohnt ein Mann seinsgleichen wie einem Weibe bei, so haben beide abscheuliches getan; sie sollen des Todes sterben; Blutschuld belastet sie«, steht im Leviticus, dem dritten Buch Moses.

In seinem ersten Brief an die Römer schrieb der Apostel Paulus: »Darum gab sie Gott schmählichen Begierden preis; denn ihre Frauen vertauschten den natürlichen Verkehr mit dem widernatürlichen; und ebenso verließen auch die Männer den natürlichen Verkehr mit der Frau und entbrannten in ihrer Gier zueinander; Männer treiben an Männern das Schandbare und empfangen den ihrer Verirrung gebührenden Lohn an sich selber.« Und: »Sie kennen gar wohl die Satzung Gottes, daß alle, die solches treiben, den Tod verdienen.«

Der römische Kaiser Valerian (190–260) entschied sich für den Scheiterhaufen, der oströmische Kaiser Theodosius

(379–395) für das Köpfen und Justinian (483–565) quälte zu Tode, indem er in das Glied ein spitzes Schilfrohr einführen ließ.

König Heinrich VIII. von England folgte diesen christlichen Vorbildern im Jahr 1533 mit einem Gesetz, das für alle, die »das verabscheuungswürdige und schimpfliche Laster der Sodomie« betreiben, Tod durch den Galgen vorsah.

Die weltliche Gerichtsbarkeit in Deutschland hingegen sah zu dieser Zeit für das Delikt der Sodomie den Scheiterhaufen vor.

Vom 5. April 1631 ist ein Gerichtsverfahren gegen Audley Lord Castlehaven bekannt, der von seinem Sohn beschuldigt wurde, Frau und Tochter gezwungen zu haben, mit den Dienern in seiner Gegenwart geschlechtlich zu verkehren, während er selbst mit den Dienern sodomitischen Verkehr hatte, vor allem mit Antill und Skipwith. Die Tochter des Angeklagten sagte laut Protokoll des Gerichts aus: »Zuerst wurde ich überredet Skipwith beizuwohnen, überredet vom Lord und dessen Drohungen, weil er sagte, daß ich nichts müsse, außer dem, was Skipwith mir macht. Er sah zu, wie Skipwith und ich einander des öfteren beiwohnten, auch etliche Diener um uns herum... Beim ersten Mal verwendete er Öl, um in mich einzudringen, weil ich damals erst zwölf Jahre alt war; meist wohnte er mir bei, wenn der Lord dabei war und folgte dessen Anweisung.«

Die Frau Audleys sagte aus: »Die erste oder zweite Nacht nach unserer Hochzeit kam Antill zu uns ans Bett, und Lord Audley sprach mich unzüchtig an und sagte mir, daß mein Körper ihm gehöre und wenn ich mit seinem Wissen irgendeinem Manne beiwohne, so wäre das nicht meine Schuld sondern seine. Er veranlaßte Skipwith, nackt ins Zimmer zu kommen und in unser Bett: und es machte ihm Spaß seine Diener aufzufordern, sich nackt zu zeigen und zwang mich sie anzuschauen und jene zu belobigen, die den Längsten hatten. Broadway, ein Diener Seiner Lordschaft, wohnte auf Befehl Seiner Lordschaft mir bei, und da ich mich sträubte, hielt Lord Audley meine Hände und einer meine Füße... Es freute ihn, beim Akt zuzuschauen und er veranlaßte Antill in unser Bett zu kommen und mir so beizuwohnen, wie er es gern sah, und obwohl ich laut aufschrie, beachtete er nie mein Klagen darüber, sondern ermunterte den Schänder noch.«

Diese Aussagen wurden von etlichen Dienern bestätigt. So

ergänzte Broadway, der Lord habe ihn »wie eine Frau benutzt«, während er, Broadway die Lady Castlehaven vergewaltigte. Er bestätigte auch, daß der Lord dabei war, wenn Skipwith die junge Lady verführte und daß der Lord »ihn aufforderte, ihr ein Kind zu machen, weil er lieber einen Jungen von Skipwith als von einem anderen« hätte.

Fitzpatrick, ein anderer Diener, gab zu Protokoll, daß Skipwith ein besonderer Liebling des Lords war und er »mit ihm im Bett zu liegen pflegte«. Auch Fitzpatrick teilte häufig das Bett mit dem Lord und auch die meisten anderen Diener trieben mit dem Lord Sodomie. Auch habe Castelhaven sich in seinem Haus eine Frau namens Blandine gehalten. Sie war »eine ganz gewöhnliche Hure seiner Lordschaft und der Diener. Sein Haus war ein gewöhnliches Bordell und der Lord hatte nicht nur Spaß mitzumachen, sondern auch zuzuschauen, während es die anderen Männer trieben. Blandine wurde einmal von ihm und den Dienern volle sieben Stunden lang mißbraucht.«

Da der Lord ein Mitglied des englischen Hochadels war, lautete das Urteil für seine Vergehen nicht auf Tod durch den Strang. Der Lord wurde, was wohl christlicher war, enthauptet, zwei seiner Diener aber gehenkt.

Im Jahr 1684 erschien in englischer Sprache, angeblich in Antwerpen gedruckt, ein Bühnenstück mit dem Titel »Sodom«. Als Autor trug das Buch das Signum »E. of R.«: Earl of Rochester. John Wilmot Second Earl of Rochester wurde am 1. April 1647 in Oxfordshire geboren und im Wadham-College ausgebildet, reiste durch Frankreich und Italien und, so heißt es im Lexikon, »erlag schließlich in jungem Alter seinem ungeordneten, zügellosen Leben am Hofe Karl II.«, nämlich am 26. Juli 1680 im Alter von 33 Jahren, versehen mit den Sterbesakramenten, nachdem er fünf Wochen zuvor, schon sterbenskrank, alle seine obszönen Schriften hatte verbrennen lassen.

Als 1660 Karl II. (1630–1685), von dem der Geschichtsschreiber und Literarhistoriker Hippolyte Taine (1828–1893) sagte, er war ein Wüstling, der sich »im Kote tiefster Gemeinheit und Wollust wälzte«, zum König von England ausgerufen wurde, schien die Karriere des jungen Rochester gesichert. Der Vater John Wilmots, Henry Lord Wilmot, war ein Jugendfreund Karl II. Als Rochester 1664 von seiner Reise durch Frankreich und Italien zurückkehrte, wurde er am Hof Karl II. freudigst aufgenommen – und fiel ein Jahr später in Ungnade, um wenig später wieder an den Hof zurückzukehren, denn Karl II. schätzte die geistreich-obszöne Anwesenheit der »anmutvollen und gepflegten Person, groß und gut gewachsen« und – bisexuell veranlagt, wie Karl II. auch. »Bis zu seinem Lebensende«, schreibt Arthur Maria Rabenalt, »ereignete sich nun Verbannung und Verzeihung, Gnade und Ungnade in schönster Reihenfolge, mit der Regelmäßigkeit von Ebbe und Flut«. Schon als Oxford-Student hatte Rochester sich, wie formuliert wird, »wüsten Orgien hingegeben«, hatte Frauen geraubt, verführt, geschändet und auf den Strich geschickt. Zusammen mit seinem Freund George Villiers, Herzog von Buckingham, mietete Rochester einmal ein Wirtshaus, lud alle Ehepaare der Umgebung ein und bewirtete sie. Sobald die Ehemänner betrunken waren, vernaschten er und sein herzoglicher Freund der Reihe nach die anwesenden Frauen im Beisein ihrer schnarchenden Männer.

Der schon zitierte Hippolyte Taine vergleicht den Earl of Rochester mit einem »schmutzigen Schuft, der einen köstlichen Schmuck in den Rinnstein taucht«, denn er ist »ein Mensch, der elegant zu sein versucht und doch gemein und schmutzig bleibt, der die Gefühle eines Lastträgers in der feinen Sprache der gebildeten Welt zu schildern unternimmt, der angelegentlichst für jede Obszönität eine passende Metapher sucht, der geflissentlich, mit Vorbedacht seine Zoten reißt, der den feinen Stil zu solchem Dienst herabwürdigt, ohne zu seiner Entschuldigung Natürlichkeit, Schwung, Genialität, Wissen anführen zu können.« Rochester hat die Liebe, meint Taine, allen Schmuckes beraubt. Zurückgeblieben ist »nur übersättigte Gier, abgestumpfte Sinnlichkeit«.

Im ersten Prolog zu Rochesters fünfaktigem Spiel »Sodom« heißt es:

Nie ward noch dergleichen
geschrieben, es ist wahrlich ohnegleichen.

Und etwas später:

Die Szenen sind so treu und nach dem Leben,
daß Votzen schnappen werden und sich heben
nicht nur der Jungen Schwänze; auch die kalten
der alten Herren sind nicht mehr zu halten.
Dem Autor selbst stand er, mehr als ihm lieb,

>so ungeheuer, während er dies schrieb,
>daß er sich, als das Stück er überdachte,
>begeilt an seinem Schwanz zu schaffen machte.

Der König Bolloxinion hat in Sodom die allgemeine Geschlechtsfreiheit eingeführt.

>Mein Volk sei frei, im Lieben wie im Denken;
>mit meinem Schwanz als Szepter will ich's lenken!

Er verkündet:

>Geboten sei die Päderastie fortan,
>in Acht und Bann jedoch die Votz getan!

Nie wieder will er was mit Frauen zu tun haben.

>Mit Selbstbefriedigern mögen sie sich rammeln,
>im Leibe Ziegenmilch statt Samen sammeln.

Königin Cuntigratia und ihre Hofdamen erwarten sehnlichst den Oberbefehlshaber der Armee, Buggeranthos. Aber es geht nicht gut aus. Buggeranthos enttäuscht, die Frauen befriedigen sich selber, Geschlechtskrankheiten breiten sich aus.
Flux, der Leibarzt des Königs rät:

>Laßt der Natur ihr angestammtes Recht:
>fickt Weiber, denn das Pousserieren tut schlecht!

Da sich der König weigert, bleibt die Strafe mit »Feuer und Schwefel« nicht aus.
Im Epilog fragt die Hofdame Cunticula:

>Kann denn das Arschloch bei der höchsten Glut
>euch so begeilen wie die heiße Fut!
>Darf noch die Hand den höchsten Lüsten frönen?
>Nein, nur die Votze soll den Penis krönen!
>Sagt, ob der Arsch mehr als die Votze beut,
>sagt, ob nicht diese mehr den Schwanz erfreut?

Erotisch bis pornographisch ist auch die Ausstattung, die das Stück erfordert. Eine Szene zu Beginn zeigt im Vorzimmer des Schlosses an den Wänden »Bilder, die Männer und Frauen im Akt der Liebe darstellen«. Die Szene endet mit der Aufforderung des Königs an seinen Günstling:

>Komm, Pockenollo, komm... Mein Schwanz brennt heiß.
>Komm, zieh dich aus und laß mich in den Steiß.

Es bleibt dem Regisseur und der Potenz des Darstellers überlassen, ob der Vorhang fällt oder die Szene vor den Augen der Zuschauer durchgeführt wird.

Der zweite Akt spielt zuerst in einem Garten, »in dem männliche und weibliche Statuen in mannigfaltigen Stellungen untergebracht sind. In der Mitte erhebt sich ein Springbrunnen, der ein Weib darstellt, das auf dem Kopf steht und in die Höhe pißt«.

Dann im Zimmer der Königin. Auf dem Thronsessel wird sie »von Lady Officina mit einem Selbstbefriediger bearbeitet. Die Hofdamen ziehen gleichfalls ihre Apparate heraus und befriedigen sich aus Leibeskräften, da sie es als Ehrensache betrachten, der Königin nicht nachzustehen«.

Während Fuckadilla in Erwartung des Generals »Wach auf strammer Schwanz und laß die Eier Samen geben« singt, tanzt ein Ballett. Die Szenenanweisung lautet: »Sechs nackte Männer und Frauen schlingen einen Reigen. Die Männer bedienen der Frauen Votzen, die sie oft küssen und zärtlich betrachten. Die Weiber spielen mit der Männer Schwänze und küssen und filzen die Hoden. Dann vögeln die einzelnen Paare. Nach dem Beischlaf seufzen die Frauen, während die Männer einfältig dreinschauen und davonschleichen.«

Der dritte Akt bringt eine Verführungsszene zwischen den Geschwistern Prinz Pricket und Prinzessin Swivia, wobei die beiden aber von der Hofdame Cunticula überrascht werden. Doch die Prinzessin sagt:

Du darfst ruhig dich am Anblick laben;
wir setzen fort, was wir begonnen haben.

Das Dreierspiel endet mit einem vorzeitigen Orgasmus des Prinzen.

Du brachtest dich um deiner Liebe Lohn;
mich schwächtest du. Was hast du nun davon?

Während sich die beiden letzten Akte weitgehend im Verbalen erschöpfen, ist der nachfolgende Epilog der Fuckadilla eindeutig eine an die Zuschauer gerichtete Aufforderung, dem Spiel nun die gemeinsame Orgie folgen zu lassen:

Nun sitzt ihr da, so blöd und gottverlassen,
so stieren Blicks, als könntet ihr's nicht fassen.
Sind eure Hosen etwa voller Samen
– wie mich die Fut juckt –, weil ihr keine Damen
habt. Seht nur wie mein Vötzchen schäumt und klafft,
weil ihr verspritztet euern schönen Saft.
Nach strammen Burschen trag ich nun Verlangen,
die mit begeiltem, steifem Schwanz behangen.

Sie wird noch deutlicher:
In Vögelstimmung könnt ihr mich jetzt sehn.
Kommt Hurensöhne – warum zögert ihr? –
und opfert eure süßen Schwänze mir.
Die beste Fut sei euch nur gerade gut.
Kommt dutzendweis in meine geile Fut;
ich fick mit jedem, der es kraftvoll tut.

In unseren Tagen hat sich Arthur Maria Rabenalt den Kopf zerbrochen, »was die Aufführbarkeit des Stückes betrifft«. In seiner »Untersuchung der darin ausgeübten Geschlechtspraktiken« kommt er zu dem Ergebnis, daß »durchaus die technische Möglichkeit einer Realisierung, wenn auch unter gewissen Schwierigkeiten (Erectio, Pollutio etc. in bestimmten, dramatischen Augenblicken)« gegeben ist.

Denn am 21. Oktober 1710 hatte Zacharias Conrad von Uffenbach in seinem Tagebuch, das er während seiner »merkwürdigen Reisen durch Niedersachsen, Holland und England« führte und 1754 auch drucken ließ, notiert, er habe voll Staunen gehört, daß die »heßliche Satyre gegen den König Carl II.«, die »schändliche Comödie Sodom« vor König Karl II. »auf die heßlichste Manier auf dem Theater gespielet worden«.

Schmückt jedes Zimmer mir mit einem Knaben,
doch diesen Liebling will ich bei mir haben.
Geht! Bringt die Knaben auf die Zimmer, geht!
Bereitet alles vor, mein Penis steht!

Diese Verse Rochesters kennzeichnen das England des 17. und 18. Jahrhunderts.

Der »Spezialarzt für Haut- und Sexualleiden in Berlin-Charlottenburg« Dr. Iwan Bloch (1872–1922), hatte 1902 unter dem Pseudonym Dr. Eugen Dühren »die Frucht einer mehrjährigen ernsten, ehrlichen quellenkritischen Forschung« publiziert: »Das Geschlechtsleben in England.« Im zweiten 1903 unter dem Titel »Englische Sittengeschichte« erschienenen Band schreibt Bloch: »Die Zahl der Homosexuellen hatte sich in der zweiten Hälfte des 17. Jahrhunderts so sehr vermehrt, daß sie sich sogar zu eigenen Klubs vereinigen konnten.«

So berichtet Edward Ward 1709 in seiner »History of the London Clubs« vom »Mollies Club«, einem der ersten nachweisbaren Homosexuellentreffs: »Es gibt eine besondere Rotte von Kerlen in der Stadt, die sich »Mollies« (Effeminati, Weichlinge) nennen und die so sehr alles männlichen Betragens bar und aller männlichen Kraft beraubt sind, daß sie sich lieber für Weiber halten und alle kleinen Eitelkeiten nachahmen, welche die Sitte dem weiblichen Geschlecht beilegt, indem sie ganz nach Art der Weiber sprechen, gehen, schwatzen, schreien, schelten und sonst weibliches Gebahren nachäffen. In einer gewissen Taverne der City, deren Abzeichen ich nicht nennen will, weil ich kein Odium auf das Haus laden möchte, haben sie feste und beständige Zusammenkünfte. Sobald sie dort zusammengekommen sind, ergehen sie sich gewöhnlich in echt weiblichem Geschwätz und veranstalten all den impertinenten Klatsch (Tittle Tattle), wie ihn eine lustige Gesellschaft echter Frauen liebt. Darauf verkleideten sie einen ihrer Brüder oder vielmehr ›Schwestern‹ (nach ihrem weiblichen Jargon), indem sie ihm ein Nachtgewand anlegten und eine Taffett-Haube aufsetzten, damit er eine Frau darstelle und ein (zu diesem Zwecke vorhandenes künstliches) Kind gebäre, das nachher getauft wurde, während ein zweiter Mann mit einem großen Hute als Landhebamme, ein dritter als Amme fungierte und alle übrigen die unziemlichen Gäste einer Taufe bildeten. Jeder mußte zur weiteren Förderung des unanständigen Vergnügens von einem ›Gatten‹ und Kindern reden und die Tugenden der ersteren und das Talent der letzteren rühmen, oder auch als ›Witwe‹ seiner Trauer über den Verlust des Gatten Ausdruck geben. So äfft jeder in seiner Weise die kleinen Schwachheiten der Weiber nach, die beim Kaffee schwatzen, um dadurch die natürlichen Neigungen (des Mannes) zum schönen Geschlecht zu ersticken und die Begierde auf unnatürliche Befleckung zu lenken. Sie setzten diese Praktiken fort, bis sie von einigen Agenten der Reformgesellschaft entdeckt und aus ihrem Schlupfwinkel vertrieben wurden, so daß mehrere von ihnen öffentlich bestraft wurden, was glücklicherweise ihren skandalösen Orgien ein Ende machte.«

Neben Edward Wards Buch gab es noch die Publikationen eines Jack S..n..r »Satans Harvest Home, or the Present State of Whorecraft, Adultery, Fornication, Procuring, Pimping, Sodomy, and the Game at Flatts, and other Satanic Works, daily propagated in this good Protestant Kingdom«, 1749; die des

J. W. von Archenholtz, »vormals Hauptmann in K. Preuß. Diensten« über England und Italien und die Schrift eines Advokaten namens Holloway mit dem Titel »The Phoenix of Sodom or the Vere Street Coterie. Beeing an Exhibition of the Gambols Practised by the Ancient Lechers of Sodom and Gomorrah, embellished and improved with the Modern Refinements in Sodomitical Practices, by the members of the Vere Street Coterie, of detestable memory«.

Holloway berichtet von einem Club, der seine orgiastischen Zusammenkünfte um 1785 in Clementslane abhielt. Zur selben Zeit wurden auch in Exeter während einer homosexuellen Orgie fünfzehn Männer verhaftet und »ohne Respekt vor ihrem Range die einzelnen in effigie verbrannt«.

J. W. von Archenholtz schreibt 1796: »Im Oktober 1794 erhielt das Polizeigericht der Straße Bowstreet zu London einen anonymen Brief, in welchem gemeldet wurde, daß jeden Montag Abend sich ein Klub von Männern zu den abscheulichsten und widernatürlichsten Zwecken versammle, und daß dieser Klub in einem Wirtshaus, die Traube genannt, nahe bei Clare Market gehalten werde. Ferner ward gemeldet, daß die Mitglieder dieses Klubs fast alle Diebe und falsche Münzer wären.

Die Mitglieder des Polizeigerichts hielten es für ihre Pflicht, die Wahrheit dieser Angabe zu untersuchen. Sie sandten daher zwei Polizeirichter an dem nächstfolgenden Montag nach diesem Hause, mit dem Auftrage, sich unter die Mitglieder des Klubs zu mischen.

Diese kamen dahin, blieben eine Zeitlang da und sahen den Abscheulichkeiten zu, welche vor ihren Augen vorgingen. Hierauf sandte der Polizeirichter Bond an dem nächstfolgenden Montag die Polizeiwache nach dieser Versammlung. Diese sprengte die Tür auf, besetzte Fenster und Türe, um das Entwischen dieser Unmenschen zu verhüten, und bemächtigte sich derselben.

Bei Eintritt der Wache in das Zimmer fand dieselbe zwei Kerls in Weiberkleidern, mit Muffen und breiten Shawls, mit Weiberhauben nach der neuesten Mode in Form eines Turbans, mit seidenen Schürzen usw. bekleidet. Beide waren weiß und rot geschminkt und tanzten zusammen ein Menuett in der Mitte des Saales, während die übrigen in den unanständigen Stellungen rund herum an der Wand sich befanden.«

Den ältesten Club dieser Art, den »Vere Street-Club«, beschreibt Holloway 1813: »Das in Frage stehende berüchtigte Haus war in einer für die Zwecke, denen es diente, höchst geeigneten Weise eingerichtet. Ein Zimmer war mit vier Betten versehen; ein anderes war als Damenankleidezimmer eingerichtet, mit einem Toilettentisch und jedem Zubehör, wie Schminke usw. Ein drittes Zimmer hieß die Kapelle, wo die Trauungen stattfanden, bisweilen zwischen einem ›weiblichen‹ Grenadier von sechs Fuß Höhe und einem ›petit maître‹, der noch nicht halb so groß war wie seine ›geliebte Frau‹! Diese Hochzeiten wurden mit allem falschen Schein von Brautjungfern und Brautführern gefeiert, und die ›Brautnacht‹ wurde oft von zwei, drei oder vier Paaren in demselben Zimmer und vor den Augen der anderen absolviert. So unglaublich diese Tatsache erscheint, kann sich doch der Leser auf ihre Richtigkeit verlassen. – Der obere Teil des Hauses war für die Kerle bestimmt, welche beständig für gelegentliche Besucher zur Verfügung standen, welche alle Anlockungen, die in einem Bordelle von weiblichen Prostituierten aufgeboten werden, in Anwendung brachten, wobei der einzige Unterschied in dem Mangel an Dezenz bestand, der zwischen den verworfenen Männern und verderbten Weibern zu Tage tritt. – Man konnte Männer vornehmen Standes und angesehener Berufe mit Burschen niederster Sorte in oder supra lectum sehen. Aber die Vollziehung eines solchen abscheulichen Aktes war dennoch bei weitem erträglicher als die höchst widerwärtige Unterhaltung, welche denselben begleitete und die, wie Cook uns erklärt, zum Teil so obszön war, daß er sie weder schriftlich noch mündlich wiedergeben könne. Es scheint, daß viele dieser Burschen verheiratet sind und daß sie oft, wenn sie zusammen sind, ihre Frauen, die sie ›Tommies‹ nennen, lächerlich machen und sich rühmen, sie zu Akten gezwungen zu haben, die zu ekelhaft sind, um sie zu nennen. Ein Beispiel muß ich anführen, weil die Geschichte unseres Landes einen Präzedenzfall kennt, der einen Peer des Reiches und seine infame Genossin an den Galgen brachte. Ich meine Lord Audleys Fall, der der Vergewaltigung und des päderastischen Mißbrauches seines eigenen Weibes überführt wurde. Der Fall, den ich berichte, wurde in Vere Street von dem Gatten selbst vielen der Besucher erzählt, wobei die Genossin seiner Schuld gegenwärtig war und sich an der Erzählung beteiligte, als ob es ein verdienstlicher Akt gewesen wäre. Dieses unglückliche Weib war so tief gesunken, daß sie häufig sich diesem Akte als einem durchaus zulässigen unterwarf! Der elende Bursche, von dem hier die Rede ist, ist einer von den drei Verworfenen, die in demselben Hause der City zusammen wohnen. Einer von ihnen ist unter dem Beinamen ›Venus‹ bekannt.... Cook erzählt ferner, daß ein Gentleman aus einem respektablen Hause der City häufig zu einem Gasthaus-Bordell kam und mehrere Tage und Nächte dort blieb, während welcher Zeit er sich gewöhnlich mit acht, zehn und bisweilen einem Dutzend verschiedener Knaben und Männer vergnügte!

Der Sonntag war der große allgemeine Tag der Rendezvous, zu welchen viele Teilnehmer oft aus großer Entfernung, bis zu 30 Meilen von London, herreisten, um an der Festlichkeit und den eleganten Vergnügungen mit Grenadieren, Bedienten, Kellnern, Trommlern und der ganzen Brut der Katamiten in menschlicher Gestalt vom Kehricht von Sodom bis zum Unrat von Gomorrah, teilzunehmen.«

Der Londoner Arzt Bernhard de Mandeville (1670–1733), ein freidenkerischer Moralist französisch-holländischer Abstammung, ließ 1705 in den Straßen von London ein gereimtes Pamphlet verkaufen: »The Grumbling Hive, or Knaves Turned Honest« – Der murrende Bienenstock oder Ehrbar gewordene Schurken. »Trug, Ausschweifung und Eitelkeit sind nötig, damit wir aus ihnen süße Frucht ziehen. Freilich ist der Hunger eine widerwärtige Unbequemlichkeit; aber könnten wir ohne ihn uns nähren, verdauen, gedeihen? Wie häßlich ist der Weinstock, aber wie lieblich sein Erzeugnis, der Wein. Das Laster ist für die Blüte eines Staates ebenso notwendig, wie der Hunger für das Gedeihen des Menschen. Es ist unmöglich, daß die Tugend allein ein Volk glücklich und ruhmreich mache.« 1714 erschien dann das erweiterte Pamphlet unter dem Titel: »The Fable of the Bees, or Private vices, public benefits« – Die Bienenfabel oder Private Laster, öffentliche Nutzen – mit dem Sinngehalt, die Blüte des Lasters im Kollektiv fördere durch ihren Luxus nicht zuletzt Handel und Gewerbe.

Eugen Dühren weist noch auf ein weiteres Werk Mandevilles hin, auf das 1727 in englischer und 1751 in französischer Sprache erschienene Buch »A Modest Defense of public stew« oder auch »A Conference upon whoring« genannt. Eine Schrift über die Notwendigkeit der Prostitution mit praktischen Vorschlägen für ein sinnvolles Bordellkonzept. Dühren führt, Mandevilles Aufzeichnungen folgend, aus: »Von zwei Übeln muß man das kleinere wählen. Das Allgemeinwohl steht über dem Individualwohl. Geschlechtliche Freiheit ist besser als das ewige Verbot, das zum Übertreten geradezu ansport«.

Schon Karl II. hatte gesagt: »Wenn sie Bordelle nicht mögen, brauchen sie ja nicht reinzugehen.«

Auf der Piazza in Convent Garden gab es das Bordell der »Mother Douglas«, das zum Schauplatz der Literatur wurde. Etwa im Jahr 1746 hatte ein arbeitsloser und mehrmals vorbestrafter 39jähriger Mann dem Buchhändler Ralph Griffiths in St. Pauls Church Yard ein Manuskript angeboten: »Fanny Hill or the Memories of a Woman of Pleasure.« Griffiths zahlte 20 Guineas, druckte das Buch und verdiente in den nächsten Jahren zehntausend Pfund. Kurz nach Erscheinen mußte sich der Autor John Cleland vor einem Privy Council verantworten, warum er dieses obszöne Buch geschrieben habe. John Cleland sagte dem Vorsitzenden Lord Granville die Wahrheit: aus Geldmangel. Der 27jährige Lord Granville sprach Cleland frei und gab ihm eine Rente von hundert Pfund jährlich, damit Cleland in Zukunft seine Talente besser anwende.

Einer der Schauplätze in Clelands Roman war das Puff der Mother Douglas, bei Cleland Mrs. Cole genannt. Mrs. Coles Puff ist nach dem Bordell der Mrs. Brown, nach Fanny Hills jäh beendeter Liaison mit Charles und nach ihrem Mätressendasein bei Mr. H. die nächste Station auf ihrem Weg, der mit der Rückkehr ihres geliebten Charles in seinem Verzeihen endet und in Fannys Bedauern über jene, »die im Sumpf der großen Sinnlichkeit bis zum Halse stecken und keine Spur von Empfindung für den zarten Charme der Tugend haben«.

Drei junge Mädchen sitzen in dem als Putzmacherladen getarnten Bordell der Mrs. Cole: Emily, Louisa und Harriet, keine älter als neunzehn Jahre.

Fanny berichtet: »Die Mädchen nahmen mich mit und zeigten mir das Haus, ihre ansehnlichen Zimmer, die bequem und luxuriös eingerichtet waren sowie einen großen Besucherraum, wo sich eine geschlossene Gesellschaft traf und Lustparties abgehalten wurden, bei denen die Mädchen mit ihren Liebhabern schäkerten und sich völlig ungezwungen ihrem wollüstigen

Mutwillen überließen. Auflehnung gegen Anständigkeit, Züchtigkeit und Eifersucht war, gemäß ihren Vorschriften, Gesetz dieser Gesellschaft: Jede geistige Empfindung, die verlorengegangen war, mußte durch ein sinnliches Vergnügen wieder ersetzt werden, durch die Abwechslung, den Reiz der Behaglichkeit und den Luxus. Die Erfinder und Träger dieser geheimen Gesellschaft hätten sich, wenn sie sich auf dem Gipfel ihrer guten Laune befanden, für die Erneuerer des goldenen Zeitalters halten können, bevor die Unschuld durch die Begriffe ›Schuld‹ und ›Scham‹ verdunkelt worden war.

Als der Abend kam und das angebliche Geschäft geschlossen worden war, wurde die Akademie geöffnet. Die Maske der Züchtigkeit wurde vollständig abgenommen. Die Mädchen taten das, wozu sie Lust hatten, oder kamen den Interessen ihrer jeweiligen Liebhaber entgegen. Kein Mann wurde jedoch zugelassen, von dessen Charakter und Verschwiegenheit sich Mrs. Cole nicht ausreichend überzeugt hatte. Um es kurz zu machen – dies war das sicherste und feinste, zugleich aber auch das am bequemsten eingerichtete Haus der Stadt. Alles war so beschaffen, daß die Anständigkeit dem Vergnügen nichts nahm, bei dessen Ausübung die Mitglieder des Hauses, die die ungewöhnliche und schwierige Aufgabe, nämlich die Verfeinerung des Geschmacks und der Delikatesse mit den gröbsten und ausschweifendsten Vergnügungen der Sinne in Übereinstimmung zu bringen, überaus vorteilhaft gelöst hatten.«

Die liebenswerte, aber geschäftstüchtige Mrs. Cole nutzt die Gelegenheit, die 18jährige und noch jungfräulich-unverdorben wirkende Fanny entsprechend zu verkaufen. »Diese Zusammenkunft wird in erster Linie deinetwegen abgehalten«, erfährt Fanny, »weil die Mitglieder beim Genießen der Lust nichts so sehr lieben wie die Abwechslung. Außerdem wollen sie sehen, wie bei dir durch eine allgemeine Zurschaustellung deine Zurückhaltung und Schamhaftigkeit verschwindet, die sie für das Gift jeder Freude betrachten. Weil sie das Vergnügen predigen und nach dieser Vorschrift leben, erlauben sie es sich, allen hübschen Frauen, die sie für geeignet halten und die ihnen gerade über den Weg laufen, eine praktische Unterweisung der Freuden zu geben. Weil aber ein solcher Vorschlag zu schockierend für eine junge Anfängerin ist, sollen die Erfahreneren mit gutem Beispiel vorangehen, denen du dann, wie ich hoffe, gern nacheifern wirst... Du hast allerdings immer noch die Freiheit, diese Gesellschaft zu verlassen, weil es in der Natur des Vergnügens liegt, daß daraus jeder Zwang verbannt sein muß.«

Den Reigen der Liebenden auf der Liege eröffnen »die sanfte und liebestolle Louisa« und »ein Kornett der Kavallerie«, das zweite Paar sind »ein junger Baronet und die süßeste aller Charmanten, die gewinnende, zärtliche Harriet«, dann folgte das »unbeschreiblich schöne und überaus gefühlsstarke Geschöpf« Emily mit ihrem Liebhaber und endlich Fanny mit ihrem »Speziellen«, einem Mann, »den jede Frau, wie man so sagt, einen sehr hübschen Burschen genannt hätte«.

Fanny erzählt weiter: »Er setzte mir überzeugend auseinander, daß meine Anwesenheit ihnen das Recht gäbe, damit zu rechnen, daß ich einverstanden wäre. Zu gleicher Zeit wiederholte er jedoch, daß, wenn alle diese großartigen Vorspiele nicht jeden Widerwillen überwunden hätten und ich nicht mit den Launen und Wünschen dieser Gesellschaft übereinstimmen würde, die allerdings hoffte, daß das Spiel mir eigentlich entgegenkommen müßte, und so groß auch seine eigene Enttäuschung dann wäre, würde er trotzdem alles lieber erdulden, als daß er das Werkzeug sein möchte, das mich zu einer unannehmbaren Aufgabe zwingen würde. Ich gab ihm darauf zur Antwort, ohne auch nur zu überlegen oder mich zu verstellen, daß ich selbst dann, wenn ich nicht schon eine Verpflichtung eingegangen wäre, ihm ohne jede Zurückhaltung zur Verfügung stehen würde, denn allein schon das Beispiel dieser angenehmen Kolleginnen habe mich zu diesem Entschluß gebracht, und ich wäre ausschließlich deshalb etwas verlegen, weil ich es als einen großen Nachteil empfände, daß ich nach diesen herrlichen Schönheiten erst erscheinen müßte... Mein Freund, der jetzt nur noch allein über mich zu gebieten hatte, befriedigte die Neugier der Gesellschaft – und damit sicherlich auch seine eigene –, indem er mich in alle nur erdenkbaren Stellungen brachte und die Schönheit unter jedem Gesichtspunkt herausarbeitete. Dabei küßte er mich immer wieder und erlaubte seinen Händen solche anstachelnden Freizügigkeiten, daß jede Empfindung von Scham schnell verflogen war.«

Zwei Mal beglückte er Fanny. »Die Gesellschaft, die schweigend um uns herumgestanden hatte, half mir, als alles vorbei war, beim Ankleiden. Sie beglückwünschte mich zu der Ehre, die vor ihren Augen meine Reize erlebt hatten, für die ich gleich auch den doppelten Lohn in einer einzigen Vereinigung bekommen hätte. Mein Liebhaber, der sich wieder angezogen hatte, war auch jetzt, obwohl er durch den vorangegangenen Genuß geschwächt war, überaus freundlich zu mir. Die Mädchen küßten und umarmten mich ebenfalls. Sie versicherten mir, daß ich mich nie mehr einer öffentlichen Probe unterziehen müßte, wenn ich dazu keine Lust verspürte. Ich sei jetzt gründlich eingeweiht worden und gehöre voll und ganz zu ihnen.«

Eine Epoche, die schwer zu analysieren ist, nennt Gordon R. Taylor diese Zeit. Sie beweise, »was den Paternisten so schwer verständlich ist, nämlich den Unterschied zwischen Zügellosigkeit und Freiheit«. Maternistische Merkmale findet Taylor in der »Geringschätzung der Autorität, Duldung der Homosexualität, Nachsicht gegenüber sexueller Libertinage. Aber in anderen Dingen unterscheidet sie sich von der üblichen maternistischen Verhaltensnorm, und nirgends mehr als in der Einstellung der Frau. Das Verhältnis des Mannes zur Frau war im Grunde feindlich, die Männer versuchten, die Frauen als Mittel ihrer Annehmlichkeiten zu gebrauchen. Die Frauen sahen in den Männern gemeine Geschöpfe, ohne die man unglücklicherweise nicht auskam.«

So ist die Frau eine ständige Provokation – und sie genießt es. »Die Engländer können nicht rechnen, wenn es sich um Vergnügen handelt«, erkannte Madame Cornelys, die Tochter des Schauspielers Guiseppe Imer (gest. 1758) aus Genua, die als Teresa Imer 1742 in Venedig als Sängerin debütierte, dann nach Wien ging, in Holland Madame Cornelys wurde und 1760 in London das »Charliste House« eröffnete, in dem sie jedes Jahr 12 Bälle für den Adel und 12 Bälle für die bürgerliche Gesellschaft gab – mit durchschnittlich 500 bis 600 Besuchern. Zwei Guineas Eintritt verlangte Madame Cornelys. Teurer waren die Bälle der Mrs. Pendergast in ihrem hellerleuchteten Serail in Pall Mall.

»Bei diesem Balle erschienen viele schöne und vornehme Frauen in Masken, sonst aber in puris naturalibus«, also nackt, wie Gott sie schuf, heißt es in einem zeitgenössischen Bericht. »Eine Musikkapelle spielte zum Tanz auf und ein kaltes Büfett sorgte für die Erfrischungen! Nach Beendigung des Tanzes wurde plötzlich der Saal verdunkelt und zahlreiche Sofas dienten der nun folgenden geschlechtlichen Orgie.«

Bekannt war auch das Bordell einer Miss Falkland. Es bestand aus drei Häusern: dem Tempel der Aurora, dem Tempel der Flora und dem Tempel der Mysterien. Eduard Fuchs schreibt dazu: »Der Tempel der Flora enthielt dieselbe Zahl (12) junger Nonnen, die infolge der vorausgegangenen Erziehung äußerste Lebhaftigkeit, Fröhlichkeit, Gefälligkeit und eine ›unbeschreibliche Wollust‹ entfalteten, kurz, die Besucher so bezauberten, daß diese oft eine schwere Wahl unter so viel Reizen hatten... Der Tempel des Mysteriums rechtfertigte seinen Namen durch die in ihm sich abspielenden Szenen geheimer und unerhörter Ausschweifung. Weder die Insassinnen der beiden anderen Tempel noch diejenigen anderer Bordelle hatten Zutritt zu ihm.«

Am King Place in London residierte Charlotte Hayes, die Einladungen mit folgendem Wortlaut verschickte: »Mrs. Hayes empfiehlt sich respektvoll dem Lord... und nimmt sich die Freiheit, ihn zu benachrichtigen, daß morgen abend, präzise 7 Uhr, 12 schöne Nymphen, fleckenlose Jungfrauen, die berühmten Venusfeste, wie sie in Tahiti gefeiert werden, nach der Instruktion und unter Führung der Königin Oberea (welche Rolle von Mrs. Hayes selbst übernommen wird) ausführen werden.«

Mit den Venusfesten von Tahiti spielte Charlotte Hayes auf Bescheibungen von Hawksworth an, der als Begleiter von James Cook (1728–1779) auf Südseereisen beobachtet hatte, daß in Tahiti »junge Männer und Frauen oft ganz öffentlich vor den Zuschauern verkehren, wobei die Umstehenden ihren Rat geben, meist Frauen und unter ihnen die angesehensten Einwohner«. Haksworth merkte noch an, daß die Mädchen meist nicht älter als elf Jahre wären.

Dem Bericht über den Ablauf dieses Festes bei Mrs. Hayes ist zu entnehmen, daß insgesamt 23 Besucher kamen, »alle aus dem höchsten Adel, darunter 5 Mitglieder des Hauses der Gemeinen. Punkt 7 Uhr begann das Fest, zu welchem Mrs. Hayes als ausübende Männer 12 junge athletische Burschen engagiert hatte, die nun vor den Augen des entzückt zuschauenden Publikums mit den Nymphen das tahitische Venusfest feierten, nach dessen Schluß ein opulentes Mahl eingenommen wurde.«

Besonders vermögenden Engländern stand auch noch »De Fountein« in Amsterdam zur Verfügung, ein Gebäude »mit Restaurant, Tanzsaal, Privatzimmern, Café und (auf dem Dache des Hauses) Billardzimmer, wo die schönsten Mädchen vollkommen nackt Billard spielten«. Über das Amsterdamer Etablissement schreibt der Publizist Lujo Bassermann in seiner Kulturgeschichte über das »älteste Gewerbe« der Welt: »Die Tischchen waren an die Fensterwand gerückt, die Mitte des Saales nahmen die Billards ein. Aber keiner der Herren griff nach der Queue, alle saßen und nippten und verfolgten mit Kennerblicken die Billardmannschaft, die aus einem Dutzend splitternackter junger Holländerinnen bestand. Erhielt solch ein Stammgast einen Zettel mit der vorgedruckten Aufforderung, Billard um halb zehn, so wußte er sogleich, was ihm bevorstand, und hatte obendrein noch ein Alibi gegenüber seiner Gemahlin.«

In solchen und ähnlichen vornehmen Liebestempeln wurde »allen Lastern und Perversitäten Rechnung getragen«, so daß alle, »selbst die wahnwitzigsten Launen auf ihre Kosten kamen«, resumiert Eduard Fuchs. »In diesen Warenhäusern der Liebe war alles zu finden und alles zu bekommen: die schönsten Frauen aller Nationen und in allen Lebensaltern: vom unwissenden Kind bis zur überreifen Frau, die sich durch laszive Exzentritäten begehrlich machte. Hier gab es pikante Soupers, bei denen nackte Dirnen servierten, Folterkammern mit den raffiniertesten Stimulanzwerkzeugen für Impotente und Greise. Hier wurden nackte Bälle und Massenorgien abgehalten; erotische Schauspiele wurden aufgeführt, bei denen man sowohl Zuschauer wie Akteur sein konnte; wen die Lust ankam, mit Frauen einer andersfarbigen Rasse zu verkehren, hier konnte er diese Begierde stillen.«

Geradezu legendär ist der Ruf eines William Douglas, dritter Earl of March und vierter Herzog von Queensberry, ein steinreicher Mann, dessen Haus am Piccadilly Place 138 in London ebenso wie seine Villa in Richmond als »Capri des modernen Tiberius« bezeichnet wurde, während er mit Eliogabal den Hang zur szenischen Darstellung vom »Urteil des Paris« gemeinsam hatte. Nur daß »Old Q«, wie man ihn nannte, nicht die Rolle der Venus übernahm. Dafür hatte er eine Vielzahl von Prostituierten, Bürgersfrauen und Damen der Gesellschaft, die sich darum rissen, vor Old Q und seinen Freunden nackt zu paradieren, kleine Szenen aufzuführen und die anwesenden Männer zu animieren, mitzuspielen. »Das Weib war ihm alles, und von der ›orientalischen Wollust‹ des Old Q wußte die englische Lebewelt die raffiniertesten Dinge anzudeuten«, heißt es in einem Bericht. Man riß sich förmlich darum, zu seinen Orgien geladen zu werden. Als er 1810 mit 86 Jahren starb, lagen auf seinem Bett 30 Liebesbriefe, die er an seinem Todestag erhalten hatte. Mit Wohlgefallen registrierten seine Neider, daß Old Q in den letzten sieben Jahren seines Lebens angeblich 10000 Pfund für Aphrodisiaka ausgegeben hatte, um den sexuellen Ansprüchen seiner zahlreichen Orgien noch gewachsen zu sein.

Old Q hatte schon seinen fünfzigsten Geburtstag hinter sich, als ein gräfliches Paar in London auftaucht und eine Luxuswohnung in der Withcombe Street, Leicester Fields, nimmt: Alexandro Graf von Cagliostro und seine Gattin Seraphina. So nennen sie sich zumindest. In Wirklichkeit handelt es sich, was man erst später erfährt, um den aus Ballaro bei Palermo stammenden Abenteurer Guiseppe Balsamo (1743–1795) und die aus Rom gebürtige Lorenzina Feliciani, Tochter eines Handschuhmachers, die sich ab dem Jahr 1776 Seraphina nennt. In einem Nebenraum der Londoner Luxuswohnung hat sich Cagliostro ein alchimistisches Laboratorium eingerichtet und mixt dort unter anderem auch das, was Old Q nach Aussage seiner Neider so bitter nötig hatte: Verjüngungspillen und Schönheitssalben. Mit 13 Jahren hatte er sich im Convent der Benfratelli von Cartegirone die Grundzüge der Chemie und der Medizin angeeignet, sich dann als Zuhälter und Kuppler betätigt und schließlich in den Vorderen Orient abgesetzt. Zurückgekehrt nennt sich Balsamo Alexandro Graf von Cagliostro und »angebeteter Schüler des weisen Althotas, Adoptivsohn des Scherifen zu Mekka, mutmaßlicher Sohn des letzten Königs von Trapezunt, auch Ilso Acharat geheißen. Unglückliches Kind der Natur, Oberster Großmeister der ägyptischen Freimaurerei der hohen Wissenschaften, Großkophta von Europa und Asien«.
Er gibt an, von einem Engel gezeugt worden zu sein, und behauptet, durch seine »materia prima«, ein rotes Pülverchen, den Menschen unbegrenztes Leben schenken, oder besser: teuer

verkaufen zu können, denn seine Verkaufspreise orientieren sich an dem Vermögensstand des jeweiligen Interessenten. Und da zu seinem Kundenkreis die Reichsten der Reichen zählen, haben der Graf und seine Seraphina ausgesorgt, vorausgesetzt sie wechseln häufig genug ihren Aufenthaltsort, was sie auch tun.

Otto Zierer nennt Cagliostro einen »kleinen, dicklichen und krummbeinigen Zuhälter« und referiert nach dem 1791 in Rom erschienenen »Compendio della vita e delle gesti di Guiseppe Balsamo denominato il Conte Cagliostro etc« über dessen Scharlatanerien: »Wer den Grafen und seine Begleiterin auf sein Schloß lädt oder ihm seinen Salon für eine Sitzung zur Verfügung stellt, muß nicht nur galanterweise die Unkosten des Paares bestreiten und für ein anständiges Douceur Sorge tragen, er darf auch mit Geschenken an Seraphina und heimlich zugesteckten Börsen an den Grafen nicht knauserig sein. Der Graf revanchiert sich dafür mit den seltsamsten Vorführungen magischer und mystischer Art. Wer z. B. eine Materialisierung des Teufels erleben will, ist bei Cagliostro an der richtigen Adresse. Ein Mann wie Cagliostro, der den Stein der Weisen besitzt, versteht es selbstverständlich auch, Hanf in Seide, Kieselsteine in Diamanten, Pulver in Rosen oder Blei in Gold zu verwandeln. Er zeigt seinem erschauernden Publikum eine echte Alraune in einer Phiole, jenes kleine, unter der Erde lebende Geschöpf, das aus dem Samen Gehenkter ersprießt. Cagliostro ist auch in der Kunst des geheimnisvollen Grafen Kueffstein (mit dem befreundet zu sein er behauptet) bewandert, vermittels feinster Destillation und Fermentation ›künstliche Menschen‹, sogenannte ›Homunculi‹, herzustellen. Dem Fußvolk der Gäste führt der Graf seine Kristallkugel vor, aus der Seraphina die Zukunft liest. Lüstlingen unter dem Publikum suggeriert Cagliostro beim ausdauernden Hineinstarren in die Kugel Schlafzimmerszenen der Freunde oder Freundinnen, Nebenbuhler oder Geliebten, oder er beschwört Gestalten aus der Vergangenheit und läßt die in Trance gefallenen Gastgeber als Zuschauer an antiken Orgien teilnehmen.

Den bedeutendsten Erfolg verzeichnen Cagliostro und seine Seraphina jedoch mit der Verbreitung der ›Ägyptischen Freimaurerei‹, deren Großmeister sie zu sein behaupten. Logen dieser Sekte werden von den vornehmsten Gesellschaftskreisen Europas in London und Neapel, in Riga und Paris gegründet.

In seinen hinterlassenen Papieren hat Cagliostro selbst die geheimnisvollen Zeremonien beschrieben, die bei der Aufnahme eines Mitglieds in die ägyptische Loge zelebriert werden: ›Die Männer, die den Meisterrang errungen haben, nehmen den Rang der alten Propheten ein, die Frauen den der Sibyllen. Großmeisterin Seraphina bläst den weiblichen Adepten von der Stirne bis zum Kinn den Atem ins Gesicht mit den Worten: ›Ich gebe Euch diesen Atem, auf daß er in Euren Herzen keimen und Leben gewinnen möge: der Geist der Wahrheit, den wir in den Namen Helios, Mene, Tetragrammaton besitzen.‹

Der Empfänger wird alsdann durch einen dunklen Gang in eine mächtige Halle geführt, deren Decke, Wände und Boden mit schwarzem Tuch ausgeschlagen sind. Dieses ist mit Schlangen bestickt. Drei Grablichter glimmen dort, von Zeit zu Zeit erhellen sich die traurigen Überreste von Leichen in ihren Tüchern. Ein Haufen Skelette stellt den Altar dar, ihm zur Seite sind Bücher aufgetürmt...‹«

Zeitgenössischen Berichten folgt die Darstellung der Zeremonien in dem 1928 erschienenen »Bilder-Lexikon der Kulturgeschichte« des Instituts für Sexualforschung in Wien. »Nach Überstehung einer Reihe von galanten Versuchungen fanden sich die Novizen bei Morgengrauen im Tempelraum zusammen, ein Vorhang ging hoch, und man sah auf einer goldenen Weltkugel einen völlig nackten Mann, der eine Schlange in der Hand hielt: Cagliostro. Die Oberpriesterin erklärte den erstaunten Damen, daß die Wahrheit und Weisheit nackt sei und sie es ihr nachtun müßten, und als die Schönen, ihrem Winke folgend, sich entkleidet hatten, hielt C. eine Rede, die das Vergnügen als letztes Ziel des menschlichen Lebens feierte. Die Schlange, die er in der Hand hielt, stieß einen Pfiff aus und alsbald erschienen 36 Genien in weiße Gaze gekleidet. ›Ihr seid's‹, sprach C., ›welche das Schicksal beruft, meine Lehren zu vollenden‹, und verschwand: die Orgie konnte beginnen.«

1787 hatte Cagliostro versucht in Rom eine Loge zu gründen. Er wurde verhaftet und zum Tode verurteilt, dann aber, 1791, zu lebenslänglicher Haft in der Festung San Leo begnadigt. Wahnsinnig geworden, starb er dort 1795. Seine Frau »Seraphina, die mystische Tochter der Magie«, hatte das gleiche Schicksal erlitten. 1789 war sie in das Kloster Sant' Apollonia in Rom gebracht worden und dort 1794 im Wahnsinn gestorben.

Ein so raffinierter Psychologe wie Cagliostro, meint Frank Arnau, wußte alle Chancen seiner Zeit, in der die okkulten Wissenschaften sich mehr und mehr ausbreiteten, zu nutzen. »Dabei flossen die Begriffe der Magie, der Riten der Rosenkreuzer, der Kulte der Freimaurer und die der erotischen Mysterien der ›Schwarzen Messen‹ ineinander, so daß es für die Leichtgläubigkeit keinen Ausweg mehr aus diesem Labyrinth gab.«

PARISER »GALANTERIEN«

»Wir haben die Magie in uns. Bei den Männern sitzt sie im Kopf, bei den Frauen in den Lenden.« Dieser Satz charakterisiert die zweite Hälfte des 17. Jahrhunderts in Frankreich. Die Magie war zu Ehren gekommen, die Zauberkünste erfreuten sich größter Beliebtheit und der Satan war populär geworden.

1654 war Ludwig XIV., noch keine 16 Jahre alt, in Reims zum König von Frankreich gekrönt worden und hatte zwei Jahre später Marie Mancini und deren Schwestern Hortense, Marie-Anne und Olympia kennengelernt, die Nichten des Kardinals Mazarin. Mit ihnen beschäftigten sich »vier amoureuse Novellen«, die der deutsche Publizist Hermann Schreiber einem französischen Historiker namens Claude Villaret (1715–1766) zuschreibt. Angeblich stammte Claude Villaret aus wohlhabendem Haus und hatte sich, um seinen Gläubigern in Paris zu entgehen, als 30jähriger zu einer Komödiantentruppe geschlagen, bis er schließlich nach Paris zurückkehren konnte und Freunde ihm »den schönen Posten eines Ersten Sekretärs am Rechnungshof verschafften, auf dem er in jahrelanger ungestörter Arbeit all jene Prozeßakten, Testamente und anderen Schriftstücke durchsehen und neuordnen durfte, die bei dem großen Archivbrand von 1738 verschont geblieben waren«. So skizziert Hermann Schreiber, der Übersetzer Villarets, dessen Leben. Claude Villaret »bewies Liebe, Umsicht und Begabung für diese neue Berufung, indem er die Bände IX bis XVIII, also neun kräftige Folianten, der berühmten ›Französischen Geschichte‹ des 1759 verstorbenen Abbé Paul François Velly verfaßte.« Er beschrieb die Zeit zwischen 1329 und 1469, studierte nebenbei auch noch die »Materialien zur französischen Geschichte des sechzehnten und des siebzehnten Jahrhunderts, wohl weil er gehofft haben mag, die ›Histoire de France von Velly‹ mit weiteren Bänden fortzusetzen. Er beschäftigte sich mit der Geheimgeschichte dieser Jahrhunderte, wie sie sich in den Korrespondenzen mit Diplomaten und Emissären spiegelt, und diese Unterlagen mögen es wohl auch gewesen sein, die Villaret zu einer halb dichterischen, halb dokumentarischen Beschäftigung mit vier von den sieben Nichten Mazarins anregten.« Unter den Schriftstücken, die Villaret zur Einsicht vorlagen, waren auch jene der Affäre um Louise-Athémais de Rochechouart-Mortemart, Marquise de Montespan (1541-1707), die das Paris von 1679/80 in Atem gehalten hatte.

Seit 1673 war die Pariser Polizei über Vorkommnisse informiert, in die zahlreiche namhafte Persönlichkeiten Frankreichs verwickelt waren, auch die Mätresse des Königs, eben jene Marquise de Montespan. Durch Magie und »Schwarze Messen« hatte sie all die Jahre versucht, Einfluß auf Ludwig XIV. zu gewinnen und ihre Vorgängerin, die um drei Jahre jüngere Louise Le Blanc La Baume, Mademoiselle de La Vallière (1644-1710) auszuschalten. »Ich erbitte die Freundschaft des Königs und die des Monsigneur le Dauphin«, soll sie während solcher »Schwarzer Messen« gebetet haben, »und daß sie für mich fortdauern möge, daß die Königin unfruchtbar sei, daß der König ihr Bett und ihren Tisch verlasse um meinetwillen, daß ich von ihm all das erlange, um was ich ihn für mich und meine Eltern bitten werde, daß meine Bedienten und mein Gesinde ihm angenehm seien, geliebt und geachtet von den großen Herren, daß ich gerufen zu werden vermöchte zu den Ratsversammlungen des Königs und das zu erfahren vermöchte, was sich dort ereignet, und daß, indem diese Freundschaft stärker zunimmt als in der Vergangenheit, der König die Villière verlasse und nicht mehr beachte, und daß, indem die Königin verstoßen wird, ich den König heiraten könnte.«

Am 8. März 1679 wies Ludwig XIV. den Polizeikommissär von Paris, Nicholas de la Reynie an, alle, die verdächtig waren, an »Schwarzen Messen«, Gift- und Ritualmorden und Beschwörungen teilgenommen zu haben, ohne Rücksicht auf Rang und Namen zu verfolgen. Er konnte nicht ahnen, wie tief auch seine Madame de Montespan mit verstrickt war.

1667 hatte die Montespan zum ersten Mal Verbindung zu Cathérine Deshayes, verehelichte Montvoisin, genannt La Voisin, aufgenommen. Die Voisin bewohnte in der Rue La Villeneuve-sur-Gravois ein kleines Haus. Dort las sie aus der Hand, sagte die Zukunft voraus, nahm Abtreibungen vor und braute Gifte. Sie galt als eine der berühmtesten »Zauberinnen« von Paris und hatte auch Kontakte zu abgefallenen Priestern, die »Schwarze Messen« zelebrierten.

Mit den »Schwarzen Messen« verfolgten die Anhänger und Praktikanten zwei Ziele: die Umkehrung der christlichen Zeremonie in der Anbetung des Satans und – sexuelle Stimulans, »so daß sich der religiöse Akt zu Satans Ehren«, wie der Kulturhistoriker Eberhard Buchner formuliert, »zu einer sexuellen Orgie großen Formats auswächst, bei der auch die mangifachsten Perversitäten nicht fehlen«.

Der Engländer Frank Donovan, der 1973 unter dem Titel »Never on a Broomstick« einen historischen Abriß über »Zauberglaube und Hexenkult« veröffentlichte, sieht den Ursprung einiger Charakteristika der Satansmessen »in den Liebesmessen des frühen orthodoxen Christentums. Messen für einen bestimmten Zweck, die gegen eine Gebühr gelesen wurden, gab es in der frühen Kirche häufig. Eine Todesmesse, die den Tod eines Feindes garantieren sollte, wurde nicht für ketzerisch gehalten, wenn auch der Pfarrer und der, der für die Messe bezahlt hatte, verbannt wurden. Liebesmessen, die Liebe und Leidenschaft hervorrufen oder Treue besiegeln sollten, waren nichts Ungewöhnliches. Sie konnten etwa über einem nackten Mädchen auf dem Altar gelesen werden, wobei immer spezielle Beschwörungsformeln zur Liturgie hinzugefügt wurden. Ein Theologe behauptete, daß solche Messen, wenn sie dazu gedacht waren, Liebe hervorzurufen, ›offensichtlich keinen Beigeschmack von Ketzerei an sich haben, da die göttlichen Gebote Liebe und Barmherzigkeit fordern‹. Dennoch wurde ein spanischer Pfarrer, der Rom besuchte, sich dort in vier Nonnen verliebte und eine Gruppe von Mönchen eine Messe mit speziellen Gebeten zelebrieren ließ, um ihm bei ihrer Verführung zu helfen, für eine gewisse Zeit aus der Stadt verbannt. Die Spezialität eines berühmten Exorzisten wiederum war es, die Messe auf dem Bauch der vom Teufel besessenen Nonne zu lesen«.

Der Altar als Opfertisch – der Körper einer nackten Frau als Altar, auf dem die Satansmesse zelebriert wird.

Während der Zeremonie küßt der Priester die Brüste des Mädchens, oder verkehrt mit ihr vor den Augen aller Anwesenden.

Details sind den Aussagen vor der durch Ludwig XIV. ernannten »Commission de l'Arsenal« zu entnehmen.

Unter den Zeugen, die in dem dunkel verhangenen, durch Kerzen erleuchteten »chambre ardente« vernommen werden, ist der Gehilfe der Voisin, ein Wollhändler namens Le Sage; ist Françoise Filastre, die Patin der Voisin und angesehene Magierin in Paris; ist die Tochter der Voisin, die 21jährige Marie-Marguerite Montvoisin. Ferner der Sakristan von Saint-Marcel in Saint-Denis, Abbé Guibourg, und andere Priester, unter ihnen Davot.

Am 28. November 1679 sagt Le Sage aus: »Davot und die Voisin hätten ihm gesagt, der eine wie der andere, daß er, Davot, die Messe im Kabinett der Voisin gelesen habe, auf dem Bauch eines Mädchens oder einer Frau, an die er sich im Laufe der Zeit habe erinnern können, und Davot habe auch gesagt, daß er dabei Geschlechtsverkehr gehabt habe, und daß er, während er seine Messe gelesen habe, ihre Schamteile geküßt habe, und daß er nicht der einzige gewesen sei, der solche Dinge getan habe, und daß Gérard, Priester von Saint-Sauveur, Freund des Davot, mit dem er, Le Sage, bei Davot gegessen und getrunken habe, ebenso die Messe gelesen habe auf dem Bauch einer Kaufmannstochter aus der Rue Saint-Denis, aus der Pfarrei Saint-Sauveur, die er verführt habe, und die er glauben gemacht habe, daß sie, wenn er die Zeremonie und die Beschwörung auf ihrem Bauch macht, nicht schwanger werden würde, aber das Mädchen sei, nachdem sie einige Zeit bei Gérard, auf einem Hängeboden versteckt, gewohnt habe, schwanger geworden, und Gérard sei deswegen in Bedrängnis geraten und habe sich darum aus dem Staube gemacht, nachdem er einige Zeit versteckt bei Davot in Saint-Benoît gewohnt habe.«

Am 20. August 1680 erklärt die Tochter der Voisin, »sie habe zwei Messen lesen sehen durch Guibourg in dem Zimmer, wo ihre Mutter geschlafen habe, eine weitere davon habe er gelesen bei der Delaporte, wo sie, Montvoisin, dazugekommen sei zum Zeitpunkt, in dem er sie zu lesen aufgehört habe; sie habe den zugerichteten Altar, ein Kreuz und brennende Kerzen vorgefunden. Die drei Messen seien für die gleiche Affaire gelesen worden, diese letzte zwischen zwei und drei Uhr nachmittags, zwei Monate vor der Festnahme ihrer Mutter. Guibourg habe Messen auf dem Bauch von Damen bei ihrer Mutter gelesen. Die erste sei, nach ihrem Wissen, vor mehr als sechs Jahren gewesen; – sie habe ihrer Mutter geholfen, die notwendigen Sachen dafür vorzubereiten – eine Matratze auf Sitzen, zwei Schemel auf beiden Seiten, wo die Kerzenleuchter gewesen seien, worauf Guibourg aus dem kleinen Zimmer nebenan gekommen sei, bekleidet mit seiner Casel, und danach habe die Voisin die Frau, auf deren Bauch die Messe gelesen werden sollte, in das Zimmer eintreten lassen und sie, Montvoisin, aus ihm hinausgehen lassen.

Als sie älter gewesen sei, habe ihre Mutter sich nicht mehr vor ihr vorgesehen, und sie sei bei dieser Art von Messen anwesend gewesen, und sie habe gesehen, daß die Dame ganz nackt auf die Matratze gelegt worden sei, mit hängendem Kopf, der gestützt worden sei durch ein Kopfkissen auf einem umgedrehten Stuhl, die Beine hängend, ein Tuch auf dem Bauch und auf dem Tuch ein Kreuz in Höhe der Brust, den Kelch auf dem Bauch; Madame de Montespan habe sich eine dieser Art von Messen lesen lassen durch Guibourg bei der Voisin, vor ungefähr drei Jahren, sie sei gegen zehn Uhr abends gekommen und erst gegen Mitternacht fortgegangen«.

Auch von Tauben ist die Rede, der sie »den Hals abgeschnitten hätten und das Blut davon in einem Glasgefäß gesammelt hätten, welches Blut sie verwahrt hätten«, und von destillierten Eingeweiden eines Kindes ist die Rede und von der Nachgeburt der Mutter als Beiwerk der »Schwarzen Messe« des Abbé Guibourg. Es ist die Rede davon, daß sie gesehen habe, »wie man drei oder vier Kinder im Ofen habe verbrennen lassen« und wie Abbé Guibourg einem »anscheinend vor der Zeit geborenen Kind, das für die Messe der Madame de Montespan auf Anordnung ihrer Mutter überreicht worden sei« die Kehle durchgeschnitten und »das Blut, zusammen mit der Hostie in den Kelch gefüllt und koserviert« habe...

Abbé Guibourg wird am 10. Oktober 1680 verhört und sagt aus, »die Dame, für die er die Messe gelesen habe, habe immer herunterhängende Haare gehabt, die ihr das Gesicht und die Hälfte der Brust bedeckt hätten. Er habe die zweite Messe in einer Ruine auf den Wällen von Saint-Denis, auf der gleichen

Frau, mit denselben Zeremonien gelesen, und die Pelletier habe sich dazu eingefunden. Er habe die dritte Messe in Paris bei der Voisin auf derselben Frau gelesen, es könne acht oder neun Jahre her sein, und inzwischen hat er gesagt, dreizehn oder vierzehn Jahre. Erklärt noch, daß er vor fünf Jahren eine solche Messe bei der Voisin auf der gleichen Person gelesen habe, von der man ihm immer gesagt habe, es sei Madame de Montespan«. Weiter heißt es in dem Protokoll über das Verhör des Abbé Guibourg: »Er habe bei der Voisin, bekleidet mit der Albe, der Stola und dem Manipel, eine Beschwörung in Gegenwart der Des Œillets gemacht, die verlangt habe, einen Zauber für den König zu machen, und die begleitet gewesen sei von einem Mann, der ihm die Beschwörung gegeben habe, und da es notwendig gewesen sei, Sperma von den beiden Geschlechtern zu haben, habe die Des Œillets, die ihre Tage gehabt habe und nicht davon habe geben können, aber etwas von ihrem Menstrualblut in den Kelch geschüttet, und der Mann, der sie begleitet habe, habe nachdem Guibourg mit ihm in den Alkoven hinübergegangen sei, von seinem Sperma in den Kelch geschüttet. Zu all dem hätten die Des Œillets und der Mann jeder Pulver vom Blut der Fledermaus und Mehl getan, um der ganzen Mischung eine festere Gestalt zu geben, und nachdem er die Beschwörung rezitiert habe, habe er das Ganze dem Kelch entnommen, das in ein kleines Gefäß getan worden sei, das die Des Œillets oder der Mann fortgetragen haben.«

Schon im August 1680 hatte Ludwig XIV. die »Commission de l'Arsenal« wieder aufgelöst, als er nämlich hörte, wie intensiv seine frühere Mätresse in die Vorkommnisse involviert war. Aber La Reynie untersuchte ohne königlichen Auftrag weiter. Ludwigs Vertrauter J. B. Colbert war von der Schuld der Montespan ebenso überzeugt, wie der Kriegsminister Marquis de Louvois. Beide veranlassen Ludwig XIV., die ganze Angelegenheit zu unterdrücken, um eine Mordanklage gegen die Montespan zu vermeiden. 1709 schließlich, zwei Jahre nach dem Tod der Montespan, läßt Ludwig XIV. die Akten und das gesamte Beweismaterial verbrennen – nicht wissend, daß bereits eine Vielzahl von Abschriften existieren und kursieren.

Unter den Akten befindet sich auch der handschriftliche Bericht eines Monsieur D'Argenson, der die Aussage der 22jährigen

Marianne Charmillon protokollierte, sie wäre von dem Subdiakon der Diözese Bourges, J. B. Sebault, »der in Pension bei ihrem Vater gewohnt habe, und von dem sie zwei Kinder gehabt habe, die noch leben« überredet worden, einen Pakt mit dem Teufel abzuschließen. Sechsmal war sie Zeuge einer Schwarzen Messe, die Pater Guignard, der Pfarrer von Notre-Dame in Bourges, zwischen Mitternacht und ein Uhr in einem Keller in der Umgebung von Paris zelebrierte.

Marianne Charmillon sagte aus, »daß Guignard dort die Messe in priesterlichen Gewändern gelesen habe; daß er sie einmal auf dem Körper der Reumütigen zelebriert habe, die nackt, ohne Hemd gewesen sei, und daß der Subdiakon Sebault, der ebenso nackt gewesen sei wie sie, bei der Messe respondiert habe: ›Sooft der Altar zu küssen war, küßte Guignard den Körper der Charmillon, und er konsekrierte die Hostie über ihren Schamteilen, in die er ein Teilchen der Hostie einführte; nachdem dann die Messe vollendet war, begattete sie der Subdiakon Sebault, und indessen begatteten auch Guignard und sein Genosse eine Frau mit Namen Lefebvre. Nach Vollendung der Messe wusch Sebault, die Hände in den Kelch getaucht, seine Schamteile und die weiblichen.‹ Guignard, dieser andere Privatmann und die Lefebvre hätten dasselbe gemacht«.

Diese und andere Akten konnte, laut Hermann Schreiber, auch Claude Villaret einsehen und sagt auch den Nichten des einflußreichen Kardinals Mazarin (1602–1661) einen Hang zur Magie und die Teilnahme an Schwarzen Messen nach. Vor allem Olympia Mancini, Comtesse des Soissons (1639–1708), mit 30 Jahren bereits Witwe, »aller Rücksichten ledig, schön, jung, reich, eine Frau, die sich offensichtlich alles erlauben durfte«, soll einen eigenen magischen Zirkel geleitet haben, zu dem auch die sechs Jahre jüngere Marie-Anne Zugang suchte. Denn neben Gift war »die Magie oder was man so nannte, der zweite, der elegantere Weg, sich eines unbequemen Gatten zu entledigen...«. Ein solcher Abend im magischen Zirkel wird in einer der Villaret zugeschriebenen Novellen geschildert.

»Da saßen Damen und Herren, die sie alle mehr oder weniger gut kannte, erst munter konversierend, dann erwartungsvoll schweigend auf ihren Stühlen, Getränke und Konfekt wurden gereicht, und endlich erschien der große Meister, ein Monsieur

Aldo di Pigmentelli, schlank, grau, imposanter Kopf, aber kurze Beine, von leicht schwefligen Dünsten umweht und auf einem Bein etwas hinkend wie der Gottseibeiuns, im übrigen aber eine urbane Erscheinung von besten Manieren.« Dann wird Zabaoth, der Herr der Geister, beschworen – mit Hilfe einer Laterna Magica und Rauchschwaden anstelle von Nebel. Der Magier sagt: »›Wir sind, indem wir uns hier zusammenfinden, schon den ersten Schritt aus der Welt der Titel, Ränge und Vermögen hinausgetreten. Wir werden uns noch weiter von ihr entfernen müssen, wenn wir unser Ziel erreichen wollen, und werden uns dieses vertrauten Ballasts‹ – man hörte mahnendes Räuspern – ›unserer Ämter, Familien und Verdienste schließlich völlig entledigen, um als reine Seelen, dämonischen Zephyren ebenbürtig, zu einer, wenn auch nur flüchtigen Vereinigung mit dem Geisterreich zu entschweben...‹«

Wenige Tage später wird Marie-Anne von ihrer Schwester zu einer kleinen Gesellschaft geladen – »zwei Stunden vor Mitternacht allein« – ins vornehme Wohnhaus der Schwester, ins Hôtel de Soissons. Man trifft sich maskiert – die Damen tragen keine Unterkleidung. Anwesend sind die beiden Schwestern Mancini und Mademoiselle La Fare, Zofe und Geliebte der Olympia, sowie vier Herren, zwei davon aus dem Vertrautenkreis des Königs. Man trinkt, ißt und tanzt. »Nach dem Tanz, der alle ein wenig erhitzt hatte, wurde getrunken, aber nichts Kühlendes, sondern schwerer spanischer Honigwein und Liköre, die seltsam schmeckten und wohl ein Aphrodisiakum enthielten. Villeroy nahm nichts davon, aber Lauzun sprach ihnen kräftig zu und war auch der erste, der sich näher an Marie-Anne heranwagte. Ehe sie sich's versah, hatte er die Schulterbänder ihres Kleides geöffnet, und sie mußte es schnell mit den Händen an die Brust pressen, sonst wäre es zu Boden geglitten. Ein hilfesuchender Blick zu Olympia zeigte ihr, daß Guiche und Villeroy, die sie zur Seite hatte, sich noch damit begnügten, ihre Arme zu küssen. Also wagte Marie-Anne, Lauzun zurückzustoßen, sie tat es freundschaftlich, wie scherzhaft, mit der Rechten, aber der flinke Kavalier, in unzähligen Kämpfen dieser Art erfahren, revanchierte sich, indem er die ihn zurückstoßende Hand fest umfing und inbrünstig an die Lippen drückte. Mit einem teuflischen Lächeln, das ihn noch schöner machte, tat der Marquis de Vardes mit Marie-Annes Linker dasselbe. Gefangen in der höflichsten aller Liebkosungen, war die Herzogin wehrlos und fühlte, wie das schwere, glatte Gewebe an ihr zu Boden glitt; sie war nackt.

Nun hoben auch Villeroy und Guiche den Blick, und selbst Olympia ließ die Augen wohlgefällig auf der enthüllten Marie-Anne ruhen, die zitternd und unfähig, etwas zu tun, ihre Hände weiter den beiden Männern überließ.

›Mes compliments, Madame la Comtesse‹, flüsterte Villeroy am Ohr Olympias, ›Sie verwöhnen uns...‹ Die Gräfin erhob sich, seufzte, als sei sie des Spieles beinahe schon müde... hob die Arme und ließ sich inmitten der kleinen Gesellschaft so selbstverständlich entkleiden wie in ihrem Schlafzimmer. Von ihren Kavalieren geleitet, gingen die Damen nun zu den beiden Fensternischen. Die schweren Samtvorhänge waren geschlossen, aber aus der Fensterverkleidung ragten, geschickt bronziert, als handle es sich um Verzierungen, Ringe und Haken. Man ließ Marie-Anne Zeit, absichtlich, sie sollte sehen, daß die Gräfin sich widerstandslos festbinden ließ, die Arme an die oberen Haken, die Fußknöchel an die unteren, so daß sie, den Rücken zum Fenster gewendet, wehrlos ausgespannt war und sich nur um ein paar Zoll bewegen konnte.

Wie in Trance ließ Marie-Anne dasselbe mit sich geschehen... Als sie festgebunden und völlig wehrlos war, trat Lauzun auf sie zu, ergriff ihren Kopf und preßte seinen Mund auf den ihren. Er drückte sie so hart im Nacken, daß sie die Lippen öffnen mußte, und spielte lange mit der Zunge in ihr, bis sie meinte, ersticken oder sich übergeben zu müssen... ›Machen wir also Ernst‹, sagte Lauzun, ›schließlich geht es hier nicht um Kinderspiele, sondern um unser Ritual. Sie kennen es noch nicht, schöne Unbekannte, aber Sie werden es gleich kennenlernen. Wir sind, wie Sie uns hier sehen, Satansdiener, weil wir in ihm den wahren Herrn der Welt sehen. Und während die Religion, die man heuchelt, das Geschlecht verachtet, fürchtet und verleugnet, ist unsere Religion das Geschlecht selbst. Es gibt nichts in unserem Leben, das stärker wäre... allons-y!‹

Mit ihren Masken, im flackernden Kerzenschein, hatten die vier Herren tatsächlich etwas Diabolisches, und Marie-Anne begriff nun auch, warum sie alle vier gleichartig in roten Samt gekleidet waren. Sie sprangen zu den großen Vasen, in denen langstielige Schilfrohre standen, die oben walzenförmige, harte

Blüten angesetzt hatten. Diese schwangen sie kunstvoll wie Rapiere und begannen ein höchst einseitiges Scheingefecht gegen die nackten Damen, denen freilich nicht allzuviel Leid geschah. Die Rohre stachen nur ein wenig und bogen sich dann um, die harten Stempel aber übten auf die Haut einen außerordentlich starken Reiz aus, beinahe wie eine Bürste.

Marie-Anne spürte noch wenig, obwohl es Lauzun auf ihre Brüste abgesehen hatte, während Vardes sie unter den Achseln kitzelte, aber sie hörte Olympia bereits stöhnen und das zufriedene Grunzen des Grafen de Guiche:

›Sie sind unsere Priesterin‹, murmelte er, ›über Sie führt der Weg zur Magie des Geschlechts für uns alle... Oh... là... tauché!‹

Gleichzeitig stieß Olympia einen langen Schrei aus, und Marie-Anne begann zu erraten, was ihr bevorstand, denn die ersten Krämpfe schüttelten sie, so kunstvoll agierte Vardes unter ihren Achseln, an ihren Flanken und an der Innenseite ihrer Schenkel. Villeroy und Guiche hatten die Gräfin losgebunden und auf ein großes Lager aus Fellen und Decken getragen, das im Hintergrund des Saales den Boden bedeckte. Erst nach Minuten kamen sie zurück, nicht um Vardes und Lauzun zu assistieren, sondern nur, um zuzusehen.

›Vier Männer gegen eine Frau, und die ist noch wehrlos‹, dachte Marie-Anne erbittert; der Satanskult schien es mit den Frauen nicht besser zu meinen als das Christentum. Dann stöhnte auch sie zum erstenmal: Vardes hatte wie spielerisch die lange, harte Walze an ihr Gesicht geführt und gleich darauf einmal ganz, von hinten nach vorne durchgezogen. Sie bäumte sich, Lauzun lachte und stach genau in die Warze der linken Brust. Nun riß sie wild an den Seilen, die sie hielten, die Haken klirrten, sie wand sich wie eine Irre im Turm in dem Versuch, die Beine zu schließen, die Schenkel zusammenzupressen, um dieses grauenhafte Instrument nicht mehr fühlen zu müssen. Einzig, daß sie gesehen hatte, wie man Olympia sogleich nach ihrem Zusammenbruch losband, einzig die Aussicht, daß dies alles vorübergehen würde, gab ihr in diesem Augenblick Kraft. Offensichtlich aber wollte man bei ihr nicht so schnell zum Ende kommen. Vardes gönnte ihr immer wieder Pausen, in denen er nur zärtlich an der Haut herumstrich, ja einmal sogar ihre Nase kitzelte, so daß sie entspannend niesen konnte, und dann wieder ganz von ihr abließ. Sie sollte wach bleiben, sie sollte wissen, daß sie hier nackt hing, während die vier Herren sie in aller Muße betrachteten und sich bald an ihrer Erregung, an ihrer Besinnungslosigkeit weiden würden.

Vardes trat ganz nah an sie heran, küßte ihre Brüste, die sich längst voll aufgerichtet hatten, und begann mit der Zunge lindernd die Stelle zu liebkosen, wo der Schilfstengel Lauzuns getroffen hatte. Offenbar durften die Männer sie nicht mit den Händen berühren. Die Küsse des Marquis, des berühmtesten Liebhabers am Hof, tauchten Marie-Anne in gnädigen Nebel. Sie zitterte leicht, sie fühlte die Wärme der Lust in den Beinen langsam höherkriechen, und sie bedauerte, keine Hand frei zu haben, um die Liebkosungen zu erwidern, als Vardes vor ihr niederkniete und seinen Kopf gegen ihren Schoß drückte. Heiß begann die Erregung in ihr zu pochen, zog die Lenden zusammen, ließ die Arme zucken, und plötzlich war Vardes nicht mehr da, plötzlich war sie wieder allein, ausgespannt, und die elastischen Borsten dieser Teufelspflanze kamen wieder, nun schneller, gieriger, von vorne, von hinten, nie eindringend, immer nur mit einem wahnsinnigen Kitzelreiz über die geheimsten Stellen ihres Leibes hinspielend.

Sie wußte nicht mehr, ob sie schwieg oder stöhnte oder schrie. Ihr Mund war weit offen, sie sog die Luft ein wie eine Erstickende, und der Speichel rann ihr über den Hals zwischen die Brüste hinunter. Nun fürchtete sie nichts so sehr, als daß man sie einfach so hängen lassen würde; sie müßte sterben an diesem ungeheuren Reiz und der Unmöglichkeit, selbst etwas zu seiner Befriedigung zu tun.

Als habe er ihre Gedanken erraten, sprang Villeroy schnell hinzu und durchtrennte mit sicheren Schnitten die Fesseln. Sie fiel zu Boden, aber sie wehrte sich nicht, sie kroch auf Vardes zu, der mit gesenktem Schilfdegen auf sie niedersah, sie wand sich nackt wie ein Reptil auf dem Teppich vor den vier Männern...«

Auch Marie-Anne muß sich später vor dem Staatsrat La Reynie verantworten. Auch sie hatte Le Sage aufgesucht, auch sie hatte auf diese Weise versucht, sich ihres Gatten zu entledigen. Aber nachweisen konnte man ihr nichts.

Als Olympia von La Reynie verhört wird und er sie fragt, ob sie vielleicht einmal den Teufel selbst gesehen hätte, antwortet sie: »Gewiß – ich sehe ihn in diesem Augenblick. Er ist alt und häßlich und als Staatsrat verkleidet.«

Am 1. September 1715 stirbt der Sonnenkönig Ludwig XIV., drei Tage vor seinem 77. Geburtstag. 72 Jahre lang hatte er regiert. Es wird berichtet, daß ein Hauslehrer den jungen Dauphin immer wieder habe schreiben lassen: »Jedesmal, wenn des Fleisches Lust mich zur Unkeuschheit reizen möchte, will ich dieser Versuchung mit aller Macht widerstehen!« Dieser Satz eines römischen Stoikers aber wurde nicht zur Lebensmaxime Ludwig XIV. Noch mit Maria Mancini liiert, wurde mit Marguerite von Savoyen wegen einer Ehe verhandelt und mit Maria Theresia, Infantin von Spanien, ein Ehevertrag abgeschlossen. Er heiratet sie 1660. Ein Jahr später, 1661, kommt das erste Kind zur Welt. Er nimmt sich Louise de La Vallière als Mätresse. 1662 wird das zweite Kind geboren und ein Jahr später, 1663, ein drittes Kind – diesmal von seiner Mätresse. 1664 ein Kind von seiner Frau und 1665 ein Kind von seiner Mätresse und 1666 noch ein Kind von seiner Mätresse. Im selben Jahr lernt er auch die Marquise de Montespan kennen, die er ein Jahr später, 1667, zur offiziellen Mätresse macht, im selben Jahr, in dem ein Kind von seiner Frau und ein Kind von seiner bisherigen Mätresse zur Welt kommt. 1668 bringt auch seine Frau wieder ein Kind zur Welt und 1669 auch seine neue Mätresse, die Montespan, die 1670 gleich noch einmal gebärt. 1671 ist sozusagen Pause. Dafür kommen 1672 gleich zwei Söhne – einer von seiner Frau und einer von seiner Mätresse, die 1673 noch ein Kind zur Welt bringt. Während er jetzt seine außerehelichen Sympathien zwischen Mademoiselle Scarron und seiner Mätresse teilt, schwängert er sie nochmals. Das Kind wird 1676 geboren, ein weiteres 1677. Im Jahr darauf wird Mademoiselle de Fontages seine Mätresse. Ab seinem vierzigsten Lebensjahr scheint sich der Geschlechtsverkehr des Königs zu beruhigen... Dem widerspricht aber die Aussage seiner Schwägerin, der Herzogin von Orlèans (1652–1722), bekannter unter dem Namen Liselotte von der Pfalz. Sie schreibt über den 70jährigen König Ludwig XIV.: »Er ist devot; aber wäre er es auch nicht, so wäre er sehr debauchirt, denn er kann Weiber nicht entbehren, darum liebt er alle seine Gemahlinnen so sehr. Der gute König weiß die Meriten nicht wohl zu unterscheiden, wenn er nur was im Bette hat, ist alles gut bei ihm.« Wenn all das Ludwig XIV. auch keineswegs als Tugendbold ausweist, so waren seine sexuellen Eskapaden doch nicht mit denen seiner Höflinge vergleichbar. So ist, laut Otto Zierer, den Briefen des Roger de Rabutin, Comte de Bussy (1618–1693), die zweihundert Jahre später in Paris erscheinen, zu entnehmen, »daß betrunkene Höflinge und hochadelige Nichtstuer noch weitaus schlimmere Orgien veranstalteten. Die jungen Herzöge, Grafen und Pairs gaben sich vor allem in den zahlreichen, komfortabel eingerichteten Pariser Freudenhäusern ein Stelldichein, wo sie Gelegenheit fanden, sich auszutoben und Skandale zu provozieren. Man nahm es noch hin, als eine Gruppe solcher Herren, darunter der Herzog de La Ferté-Biron, der Sohn des Wirtschaftsministers Colbert und der Marquis d'Argenson das Kastanienfest Alexanders VI. wiederholten und nackte Dirnen kostbare Geschenke vom Boden aufheben ließen. Übel vermerkt wurde den gleichen Herren jedoch, daß sie ihre Jagdhunde mit in ein Bordell nahmen und die Dirnen zum Gaudium der Anwesenden zwangen, den Molosser-Doggen gefällig zu sein. Der Sohn Colberts bezog dafür von seinem berühmten Vater eine Tracht Prügel, die anderen wurden vom König vom Hofe verbannt«.

Von Roger de Bussy-Rabutin, wie er sich auch nannte, erschien 1665 in Lüttich eine »Histoire amoureuse des Gaules«, eine Liebeschronik der Gallier. Sie wurde, ohne Nennung des Autors, 1666 auch in deutscher Sprache in Leipzig veröffentlicht und trug den Untertitel: »Kurtzweilige Liebes-Geschichte fürnehmer Standes-Personen am Königl. Hoff zu Pariss.«

Der Comte de Bussy hatte 1658 am Feldzug gegen die Spanier teilgenommen. Ein Spottgedicht gegen Personen des Hofes trug ihm die Verbannung auf sein Schloß in Burgund ein. Zur Unterhaltung seiner Begleiterin, der Madame de Montglat, schrieb er dort in einer »Liebeschronik« allen Klatsch und Tratsch, alle Liebesaffären und Indiskretionen, die ihm vom Hof des Königs bekannt waren. Dabei handelte auch er wenig diskret: er nannte sämtliche Namen. Ohne sein Wissen kursierten in Paris heimliche Abschriften, zum Amüsement derer, die nicht erwähnt waren, aber zum Ärger der Betroffenen. Als bekannt wurde, daß der als »Unsterblicher« in die »Academie Française« gewählte Bussy-Rabutin der Verfasser dieser französischen »Galanterien« war, gab es einen Skandal. Ludwig XIV. ließ den Grafen verhaften, hielt ihn 16 Monate lang in der Bastille gefangen und verbannte ihn anschließend wieder auf seinen Landsitz.

Durch eine »Histoire abregée de Louis le Grand« sucht Bussy-Rabutin 1699 Gnade und Versöhnung. Dieser »historische Abriß« brachte ihm zwar die Freiheit wieder – aber der Zugang zum Hof des Sonnenkönigs blieb ihm weiterhin verwehrt. Dafür sorgten schon alle, die Bussy-Rabutin in den Büchern erwähnt hatte.

»Wenn sich der König entschlösse, alle Menschen zu bestrafen, die der schlimmsten Laster schuldig sind, so hätte er weder Adelige, Prinzen noch Diener mehr, und in jedem Hause Frankreichs herrschte Trauer«, schrieb die Herzogin von Orléans 1699 in ihren Memoiren. Sechzehn Jahre später übernimmt ihr Sohn Herzog Philipp von Orléans für den erst fünfjährigen König Ludwig XV. die Regentschaft von Frankreich.

Eduard Fuchs bezeichnet jenen 1. September 1715 als das offizielle Datum für den Beginn einer allgemeinen Orgie: »Von diesem Tage an wurde die Orgie der allgemeine Zustand der herrschenden Gesellschaft, und die Teilnahme daran brachte Ruhm und befriedigte den Ehrgeiz. Von jetzt an liebte man in des Wortes vollstem Sinne öffentlich. Die Zügellosigkeit überstieg an Frechheit alles, was man bis jetzt darin erlebt hatte. Und im Mittelpunkte dieses ungeheuerlichen Tohuwabohus stand immer der Regent von Frankreich. Sein einziges Gesetz, das er aufstellte, war: ›Amüsieren wir uns.‹ Aber man verstand darunter die ordinärsten Formen. In diesen Jahren ist die Ausschweifung aller Grazie entkleidet, sie ist nur viehische Betätigung. Alles geht ›Tambour battant‹: auf das Einander-sehen folgt noch am selben Tag das Sich-miteinander-vermischen.«

Die Mutter des 41jährigen Regenten wurde der Nachwelt vor allem durch ihre urwüchsigen, oft drastischen Briefe bekannt, die 1867 unter dem Titel »Briefe der Herzogin Elisabeth Charlotte von der Pfalz aus den Jahren 1676–1722« erschienen und zu den wichtigsten Dokumenten der Kultur- und Sittengeschichte zählen. Über ihren Mann, den Bruder des Sonnenkönigs, schrieb sie: »Monsieur ist mehr auf die Buben erpicht. Er nimmt Lakaien aus den Vorzimmern. Alles, was er in dieser Welt hat, vertut er auf diese Weise.«

Schon ihre Vorgängerin Henriette von England (1644–1670)

hatte ihn mit einem Chevalier de Lorraine teilen müssen, einem Mann Ende zwanzig, »schön wie ein Engel«, der als verderbtester Mann Englands galt und sich nur als homosexuell ausgab, um den Einfluß auf den Herzog nicht zu verlieren. Als der Herzog aber erfuhr, daß Lorraine ein Verhältnis mit einer der Ehrendamen seiner Frau hatte, entließ er die Ehrendame. Der König verhaftete Lorraine – und der Herzog weigerte sich mit seiner Frau zu verkehren, ehe nicht Lorraine wieder frei wäre. Henriette von England starb am 30. Juni 1670 und am 21. November 1671 heiratete er die 19jährige Liselotte von der Pfalz. Aber »Monsieur läßt sich von mir nicht anfassen«, gesteht sie nach der Hochzeitsnacht ihrer Schwester. Wie den Briefen der Herzogin zu entnehmen ist, fand ihr Mann für seine Veranlagung viele Möglichkeiten bei Hof. »Wer alle hassen wollte, so die jungen Kerls lieben, würde hier keine sechs Menschen lieben können oder aufs wenigst nicht hassen. Es sind deren allerhand Gattungen. Es sind (solche), die die Weiber wie den Tod hassen und nichts als Mannsleute lieben können. Andere lieben Männer und Weiber; andere lieben nur Kinder von zehn, elf Jahren, andere junge Kerls von siebzehn bis fünfundzwanzig Jahren und deren sind am meisten. Andere Wüstlinge sind, so weder Männer noch Weiber lieben und sich allein divertieren (zerstreuen), deren ist die Menge nicht so groß als der anderen. Es seind auch, so mit allerhand Wollust treiben, Vieh und Menschen, was ihnen vorkommt! Ich kenne einen Menschen hier, so sich gerühmt hat, mit allen zu tun gehabt haben, bis auf Kröten.«

Im dritten Jahr ihrer Ehe wird Philipp geboren. Der Oberstallmeister Abbé d'Effiat wird zum Hofmeister und damit zum Erzieher ihres Sohnes bestimmt, »ein Kerl, so seine Kammer im Palais Royal voller Huren und Buben hat«. Ihrer Tante, der Kurfürstin Sophie von Hannover, schreibt Liselotte besorgt, »daß dieser Mensch einer von den ehrvergessensten und ausschweifendsten Kerlen von der Welt ist – denn es ist gewiß kein größerer Sodomit in Frankreich – und daß es ein schlechter Anfang für einen jungen Prinzen sei, mit den ärgsten Ausschweifungen von der Welt sein Leben anzufangen. Auf diesen Punkt hat Monsieur geantwortet, er müsse zwar gestehen, daß d'Effiat die Jungen lieb gehabt hätte, allein daß es schon viele Jahre wäre, daß er sich von diesem Laster korrigiert hätte«.

Als 13jähriger wird Philipp zum ersten Mal verführt. »Eine

Frau von Qualitäten hat ihn gelehrt gemacht«, vermerkt seine 35jährige Mutter. Aber sehr bald gerät ihr Sohn in den Einfluß der Günstlinge seines Vaters. »Meinen Sohn haben die Favoriten von Monsieur ganz eingenommen. Er liebt die Weiber, und sie sind seine Kuppler, schmarotzen, fressen und saufen mit ihm und stecken ihn in ein solch Luderleben, daß er nicht wieder heraus kann kommen.«

1694 heiratet Philipp die 17jährige Françoise Marie, eine Tochter des Königs und seiner Mätresse Montespan. Aber für den 20jährigen war das kein Grund, sein Leben zu ändern. 1698 schreibt seine Mutter: »Ich glaube gar gewiß, daß mein Sohn mit dem tollen Leben, das er führt, ganze Nächte zu rasen und erst um acht Uhr morgens schlafen zu gehen, nicht lange leben wird. Er sieht oft aus, als hätte man ihn aus dem Grab gezogen. Man bringt ihn gewiß ums Leben, und sein Vater will nichts dagegen sagen. Es ist wahrhaftig schad, daß man meinen Sohn so in das Luderleben gesteckt hat; wenn man ihn an etwas Besseres und Rechtschafferes gewöhnt hätte, würde er ein ganz anderer Mensch geworden sein.«

Philipp von Orléans wußte seine Regentschaft und die damit verbundene Macht vor allem sexuell zu nutzen. Seine Mutter wirft ihm vor, die Frauen »comme à votre chaise percée«, wie einen Nachttopf zu benutzen. »Ich sage meinem Sohn gar oft, daß seine Maitressen ihm wie sein heimlich Gemach seyn; daß er wohl das, was ihm nöthig ist, bei ihnen verrichtet, daß er aber sie nicht recht liebt, sonst würde er es nicht leiden können, daß sie andern nachlaufen und bei ihnen liegen. Was man verliebt seyn heißt; kann er nicht begreifen, meint, es stehe nur in Romans, finde sich aber nicht in der That.« Und drei Wochen später, am 6. Oktober 1719, schreibt sie: »Mein Sohn ist nicht delikat, wenn die Damen nur von guten humor seyn, brav fressen, saufen und frech sein, weiter bedürfen sie keiner Schönheit, ich habe ihm oft vorgeworfen, daß er so viele häßliche liebt.«

Ganz besonders amüsiert ihn, wenn einer »größte Wüstereien glatt heraus, ganz grossierement alles mit Namen nennt«. Daß seine Mutter mit dieser Bemerkung nicht Unrecht hatte, belegt ein zeitgenössischer Bericht: »Madame de Pramenoux betrank sich einmal bei einer intimen Tafel ziemlich stark. In diesem Zustand begab sie sich auf ihr Zimmer, um, wie sie sagte, ihr Testament zu machen. Wieder in die Gesellschaft zurückgekehrt, las sie es vor. Sie vermachte ihr ›liebstes Teil‹ Herrn von Senneterre, um ihm einen besseren Geschmack für diese Frauenschönheit beizubringen; das reiche Pelzwerk, mit dem dieser Ort bei ihr verbrämt ist, Herrn Dolgoruky, dem Gesandten des Zaren, damit er sich in seiner kalten Heimat warm halten könnte. Ihre beiden Brüste vererbte sie Herrn d'Entragne, um seine Figur zu verbessern; ihr Temperament und ihre Ausdauer bei den Kämpfen der Venus überschrieb sie dem Regenten. Alle Anwesenden klatschten begeistert Beifall.« Es amüsierte ihn auch, wenn sich zu seinen Liaisonen Dritte gesellen. »Ich kann das nicht begreifen«, schreibt seine Mutter. »Mich deucht, wenn ich was lieb hätte, wollte ich's für mich behalten und könnte nicht leiden, daß es jemand neben mir lieb hätte.« Liselotte hatte sich nämlich über die Vielzahl seiner vielen unehelichen Kinder Gedanken gemacht. »Ich glaube nicht, daß mein Sohn sicher sein kann, daß die Kinder von ihm sind. Denn sie ist eine dolle Hummel, die Tag und Nacht säuft wie ein Bürstenbinder. Mein Sohn ist gar nicht eifersüchtig. Einer von seinen Leuten logiert bei ihr, sie sind wie Topf und Braten. Meinen Sohn amüsiert das nur.«

Die Brüder Goncourt haben das 18. Jahrhundert das Jahrhundert der Wollust genannt. »Das ist sein Geheimnis, sein Reiz, seine Seele. Es atmet Wollust und macht sie frei. Die Wollust ist die Luft, von der es sich nährt und welches es belebt. Sie ist seine Atmosphäre und sein Atem, sein Element, seine Inspiration, sein Leben und sein Genie. Sie zirkuliert in seinem Herzen, seinen Adern und seinem Kopfe. Sie gibt seinem Geschmack, seinen Gewohnheiten, seinen Sitten und seinen Werken einen eigenen Reiz. Die Wollust geht aus dem innersten Wesen dieser Zeit hervor, sie redet aus ihrem Munde. Sie fliegt über diese Welt dahin, nimmt sie in Besitz, ist ihre Fee, ihre Muse, das Bestimmende ihrer Moden, der Stil ihrer Kunst. Und nichts ist von dieser Zeit übrig geblieben, nichts hat dies Jahrhundert der Frau überlebt, was nicht von der Wollust geschaffen, berührt und bewahrt wurde, wie eine Reliquie der göttlichen Gnade in dem Dufte des Genusses.«

1710 war eine satirisch gemeinte »Karte des Liebeslandes« erschienen, auf der Paris als »Hauptstadt des Genußlandes« verzeichnet ist. Das Zentrum dieser Wollust ist das Château Villers-Cotterets.

»Auf dem Schloß fanden unbeschreibliche Orgien statt, Soupers, zu denen die Tischgenossen, Männer wie Frauen, splitternackt erschienen«, schreibt Louis de Rouvroy, Duc de Saint-Simon (1675–1755) in seinen »Mémoires«, ein frustrierter, mimosenhafter Ehrgeizling, dem es nicht schnell genug mit seiner Karriere ging und der deswegen als 27jähriger den Militärdienst quittierte. »Von dem Augenblick an, da die Stunde des Soupers gekommen war, fand jeder, der von draußen kam, die Türen und Zugänge nicht nur verschlossen, sondern geradezu verbarrikadiert, und es bestand keine Aussicht mehr, zum Regenten vorzudringen, welche Nachricht immer man zu überbringen hatte. Diese Abgeschlossenheit währte bis zum frühen Morgen.«

»Souper der Göttinnen« hießen solche Feste. Drei »filles de l'opera« zur Darstellung der Juno, Minerva und Venus waren geladen, der Regent selbst spielte den Paris und andere Gäste Faun und Cupido.

Gab Claudine de Tencin, Mätresse des Regenten Philipp und Freundin von zwölf bis vierzehn nachweisbaren anderen Liebhabern, bei dem Souper den Ton an, so verlangte sie, wie Philipp selbst sagte, »daß nach dem Champagner alle Kerzen gelöscht wurden und die Tischgenossen sich gegenseitig auspeitschen mußten. Jeder mußte sich seinen Partner im Dunkeln suchen«.

Louis François Armand du Plessis, Herzog von Richelieu (1696–1788), Marschall von Frankreich, Großneffe des berühmten Kardinals, war einer der bedeutendsten und einfallsreichsten Lebemänner an der Seite des Regenten. Er berichtet in seinen Memoiren über eine dieser Veranstaltungen: »Der Regent, der an jenem Tage besonders guter Laune war, äußerte den Wunsch, bei seiner Tochter zu Abend zu essen, und diese beeilte sich sogleich, den Befehl zur Herrichtung der Tafel zu erteilen. Es war die gewöhnliche Tafelrunde des Luxembourg beisammen: von den Damen die Frauen von Daverne, Parabère, Grevres und Duvedant, von den Herren der Regent, der Marquis de la Fare, Fargis, Riom und ich.

Nach dem Spiel setzte man sich zu Tisch und der Regent schlug vor, den Damen fest zuzutrinken, um im Wein ihren Charakter zu erkennen. Der Vorschlag wurde mit Beifall aufgenommen, und wir bekamen alle ein Räuschchen. Der Herzog von Orléans, der durch den Wein ausgelassener geworden war als die übrigen, sang Lieder, die schon mehr als lustig waren, begleitete sie mit mehr als sprechenden Gebärden und jeder folgte seinem Beispiel. La Fare wollte uns eine von ihm konstruierte Laterna magica zeigen, und er ließ eine Anzahl Kupferstiche aus dem Buch des Pietro Aretino an unseren Augen vorübergleiten.« Dann ging man dazu über, nach den Versen des Pietro Aretino lebende Bilder darzustellen. Zuerst Einzelszenen, dann gemeinsame – die Liebe des Hirtenknaben Daphnis zu Chloe zum Beispiel. Die Rolle der Chloe übernahm Marie-Louise-Elisabeth, Duchesse de Berry. Sie war die Tochter Philipps – und zählte ebenfalls zu seinen Geliebten.

In diesen und ähnlichen »Fêtes d'Adam« sah Philipp ab 1720 zusätzlich noch eine politische und erzieherische Aufgabe, der zehnjährige Dauphin sollte durch solche Nacktbälle »aufgeklärt« werden, denn die Enkel des 72jährigen Marschall de Villeroi, der mit dem 61jährigen Bischof Fleury von Fréjus die Erzieher des Dauphin waren, versuchten ihn zu päderastischen Orgien im Park von Versailles zu verführen. Also setzte Philipp alles daran, den Jungen in die allgemeinen Liebesspiele einzuführen. Die Gesellschaft von Paris drängte sich, zu diesen Nacktfesten eingeladen zu werden, deren Höhepunkt jeweils die allgemeine Orgie mit wechselnden Partnern bildete. Damit sich der Junge nicht langweilte, lud man für ihn gleichaltrige Mädchen ein. Sie hatten die Spiele der Erwachsenen nachzuahmen. Der verwegene Gedanke Philipps, bei einem solchen Fest seine Tochter und Geliebte mit dem Dauphin zu verkuppeln, schlug fehl. Der Herzog von Bourbon hatte später mit Maria Leszynska mehr Erfolg. In der Hochzeitsnacht am 5. September 1725 vernaschte der 15jährige König seine 22jährige Königin gleich siebenmal hintereinander.

1723 war Ludwig XV. mündig geworden und hatte den bisherigen Regenten abgelöst. Die Geschichte bezeichnet Ludwig XV. als einen »berüchtigten Erotomanen und Sklaven seiner Mätressen«, zu deren berühmtesten Jeanne Antoinette Poisson (1721–1764), die Madame de Pompadour, zählte. In Gesprächen gebildet und amüsant, im Bett aber reizlos und frigide, fesselte die »maîtresse en titre« Ludwig XV. mit einem Trick 19 Jahre lang an sich: sie führte ihm ständig neue Mädchen zu, die sie durch Kuppler im ganzen Land »kaufen« ließ. Daß sie ihm einen riesigen »Hirschpark« mit unzähligen Mädchen, die Unsummen von Geld kosteten, in Versailles einrichtete, hat die Forschung mittlerweile widerlegt. Heute weiß man, daß der sogenannte »Hirschpark« eine kleine Absteige für flüchtige Liebesabenteuer in der Rue d'Anjou in Versailles war – ein kleines Haus, das »Hôtel du Parc aux Cerfs« hieß, ziemlich bescheiden eingerichtet war und von 1750 bis 1771 dem König gehörte. Es wurde von ihm immer dann benutzt, wenn er nicht ins Palais Royal wollte, den »Mittelpunkt der Unzucht, der Wollust, des Spiels, der Geschäfte und politischen Intrigen«, wie Rétif de la Bretonne (1734–1806) dieses historische Superpuff nannte.

Die Pompadour kämpfte mit allen Mitteln gegen ihre Frigidität an. Sie schluckte Pillen, Pillen gegen den psychosomatisch bedingten weißen Ausfluß und Pillen gegen ihre Gefühlskälte. Und sie las erotische und pornographische Bücher. »Glückliche, in angenehmer Erregung verbrachte Stunden« verdankte sie nach eigener Aussage den »Memoiren des Saturnin«. Das Buch erschien 1740 mit der Angabe »von ihm selbst erzählt« und zahlreichen Illustrationen. Sowohl der Text als auch die Bilder empörten vor allem den Klerus. Dem Pariser Advokaten Jean Charles Gervaise de Latouche (1715–1782), dem man das Buch zuschrieb, passierte nichts, da er beim Hof etliche Gönner hatte, unter ihnen auch die Pompadour. Aber den Kupferstecher und dessen Auftraggeber verhaftete die Polizei, ließ aber beide bald wieder frei.

Die »Memoiren des Saturnin« haben das liederliche Leben in den französischen Klöstern unter Mönchen und Nonnen zum Inhalt. Saturnin selbst ist von mehreren Klosterbrüdern gezeugt. Der Tag des Eintritts seiner Mutter als »Braut« des Klosters wurde von allen Brüdern und Schwestern mit einer Orgie gefeiert, bei der sie sich allen zwanzig Klosterbrüdern hingeben sollte. Die Mutter Saturnins erzählt: »Meine Lieben, sagte ich ihnen, eure Zahl erschreckt mich, aber mein Mut wäre vielleicht größer als meine Kräfte, und ich würde unterliegen. Ihr seid eurer zwanzig; die Partie ist ungleich! Ich will euch einen Vorschlag machen. Ziehen wir uns alle ganz aus. Um mit gutem Beispiel voranzugehen, entledigte ich mich aller meiner Kleidungsstücke. Kleid, Mieder, Unterrock und Hemd waren im Nu abgeworfen, und auch sie standen splitternackt vor mir. Meine

›Schwestern‹ hatten sich gleichfalls entkleidet. Meine Blicke berauschten sich für einen Augenblick an dem herrlichen Schauspiel von zwanzig steifen, dicken, langen, stahlharten und kampfbereiten Schwänzen. Ach, wenn ich doch ebenso viele Fotzen gehabt hätte, um alle gleichzeitig aufzunehmen!

Also, fuhr ich fort, es ist Zeit zum Beginne! Ich werde mich auf jenes Bett legen und die Schenkel auseinanderspreizen, so daß ihr nur, mit dem Schwanze in der Hand, auf mich zulaufend ins Loch zielen könnt. Hübsch einer nach dem anderen; Ordnung muß sein. Die Ungeschickten dürfen sich nicht beklagen. Wer nicht ins Loch trifft, findet andere Fotzen, die ihn liebevoll aufnehmen und wo sie ihren Liebeszorn dämpfen können. Das ist mein Vorschlag, ihr Herren.

Sie stimmten mir beiläufig zu. Das Los wurde gezogen, das ›Ringelstechen‹ begann. Einer, ein zweiter und ein dritter stürmten heran, verfehlten das Ziel und stürzten sich auf meine Schwestern, die sie auf alle möglichen Arten ihr Mißgeschick vergessen lassen. Ein vierter naht – du warst's, Pater Prior! Ah, ich lohnte deine Geschicklichkeit feurig, und wenn die Befruchtung bei gleichzeitiger Endladung eintritt, so teilst du mit fünf oder sechs anderen, die dir im Glücke folgten, den Ruhm, Saturnin gemacht zu haben.«

Neben ausführlichen praktischen Hinweisen an den Klerus, wie Frauen und Mädchen am leichtesten im Beichtstuhl zu verführen seien, enthält das Buch auch einige »weltanschauliche«, die »Heilige Schrift« interpretierende Ausführungen: »Gott sprach zu den ersten Menschen: Wachset und vermehret euch. Sie waren allein. Wie dachte sich Gott die Vermehrung? Genügte Adam, um die Welt zu bevölkern? Adam zeugte Töchter, die er vögelte, Eva gebar Söhne und ließ sich von ihnen vögeln, und auch Söhne und Töchter vögelten einander, wenn sich die Gelegenheit bot. Wie war's bei der Sintflut? Auf der ganzen Welt gab es nur Noahs Familie: Es blieb also nichts anderes übrig, als daß die Brüder bei den Schwestern schliefen, die Söhne die Mutter und der Vater die Töchter vögelte, wollten sie die Erde wieder bevölkern.« Pater Casimir zieht den Schluß daraus: »Die Vögelei ohne Unterscheidung ist eine göttliche Einrichtung, ist eine Vorschrift Gottes, und die Unterscheidung haben erst die Menschen gemacht. Jene steht himmelhoch über dieser. Begeht man nicht ein Verbrechen, wenn man den Menschen und nicht Gott hört?!« Denn, so meint der Pater, die Menschen »stellten alles auf den Kopf und bauten Luftschlösser, worin sie die Tugenden und die Laster getrennt unterbrachten. Sie erfanden Gesetze, die weit davon entfernt waren, die Zahl ihrer eingebildeten Tugenden zu erhöhen, dagegen die der auch nur eingebildeten Laster vermehrten«.

Nach dem Grundsatz des heiligen Paulus: »Ehe ihr euch vom Feuer verzehren lasset, vögelt, liebe Kinder, vögelt!« gestaltet Pater Casimir das Leben im Kloster und versucht auf seine Weise »einen Ausgleich zwischen der Strenge des Lebens, die man von uns Mönchen fordert, und der Schwäche des Fleisches herzustellen«. In einem »prachtvoll eingerichteten Saal, an dessen Wänden mehrere wie für die Liebe geschaffene bequeme Betten standen«, finden die Orgien statt, an denen von nun ab auch Pater Saturnin teilnimmt. »Dann entkleideten sich alle«, berichtet er in seinen Memoiren, »und führten mir alle möglichen Bilder der Wollust vor. Die eine schmiegte das Gesicht aufs Kanapee und streckte mir den hocherhobenen Popo entgegen; sie brachte die eine Hand unter den Bauch und onanierte gewaltig darauflos, so daß ich bei jeder Bewegung ihres Fingers in die Fotze hineinsehen konnte, die mir einst solch starke Gefühle verschafft hatte. Eine zweite lag auf einem schwarzgedeckten Bette auf dem Rücken; die gespreizten Beine hingen herab, so daß ich die volle Unteransicht von vorn genoß. Die dritte hieß mich auf dem Boden zwischen zwei Stühlen niedersitzen, und indem sie das eine Bein auf den einen und das zweite auf den andern stellte, hockte sie sich so hin, daß ihre Fotze gerade über meinen Augen stand. In dieser Stellung bearbeitete sie sich mit einem Godmiché, während eine andere sich vor mir von einem unserer kräftigsten Mönche toll vögeln ließ; beide waren splitternackt und lagen so, daß ich alle Bewegungen von Schweif und Fotze sehen konnte. Wie ein Sturmbock rannte der Schweif gegen den Bauch der Schwester an. Was man nur an Geilheit ersinnen kann, wurde mir vorgeführt.

Mitunter legte man mich ganz nackt auf eine Bank, eine Schwester setzte sich rittlings auf meinen Hals, so daß mein Kinn im Haar ihrer Fotze stak, die zweite setzte sich auf meinen Bauch, eine dritte auf meine Schenkel, wobei sie meinen Schwanz in ihr Loch zu bringen versuchte, zwei andere hockten mir in der Weise zur Seite, daß ich je eine Fotze in der Hand hielt, die sechste endlich, die den schönsten Busen hatte, lag mir zu Häupten und preßte mein Gesicht zwischen ihre Brüste. Alle waren nackt und wetzten sich an mir, und allen kam es. Meine Hände, meine Schenkel, mein Bauch, mein Hals, mein Schwanz – alles war überschwemmt.«

Ludwig XV. hatte für seine Orgien, die er feierte, einen eigenen »Intendant des Menus-Plaisirs« namens La Ferté, ein Amt, das sein Nachfolger Ludwig XVI. (1754-1793) sofort abschaffte. Aber nur das Amt konnte er abschaffen, nicht die Gepflogenheiten bei Hofe, die auch in den nächsten Jahren dieselben blieben. Die geheimen Orgien von Versailles fanden nach wie vor statt und setzten sich dann, wie es in »Memoires historiques et politiques du règne de Louis XVI.« heißt, »in nächtlichen Promenaden fort. Vaudreuil, Besenval, der Fürst von Hénin, Adhémard, Diane, die Herzogin Jules usw. genossen weiter das Vertrauen der Königin. Man vergnügte sich mit einer großen Zahl verschiedener, pikanter Spiele, deren Einzelheiten der Geschichte fremd sind. Eines Tages z. B., als es der Compagnie des Réjouis – so nannte man sich – gefiel, die Geschichte der Hirschliebschaften im Buffon vorzulesen, fand man es als amüsant, daß die Herren und Damen sich in Hirschfelle kleideten, um Hirsch und Hindin nachzuahmen. Nachdem nun die ganze Gesellschaft in diese Gewänder verkleidet in dem Garten umhergeschweift war, fand man es noch sehr belustigend, auch im Hause das Vergnügen des Hirsches und der Hindin nachzuahmen«. Ein Zeitvertreib, dem auch Ludwig XV. gerne nachgegangen war. In dem Tagebuch eines Höflings fand sich mit Datum vom 4. Oktober 1740 der Eintrag: »Der König ist gestern sehr früh aufgestanden und mit Frau de Mailly und de Vintimille ausgegangen, um im Wald von Fontainebleau die Brunft der Hirsche sich anzusehen. Aber sie haben nicht vor ihm gebrunftet und man hat sie nur schreien hören.«

Die sexuelle Nachfolge dieses Ludwig wurde von »Charlot«, dem Bruder des Königs wahrgenommen, von Charles Philippe Graf d'Artois (1757-1836), und von Philippe, Herzog von Orléans (1747-1799), dem Philippe Egalité der Französischen Revolution, der als Mitglied der Nationalversammlung im Nationalkonvent für den Tod König Ludwig XVI. stimmte und schließlich selbst hingerichtet wurde. Der Graf d'Artois, dem man ein Verhältnis mit der Königin Marie Antoinette (1755-1793) nachsagte, weil er als deren »maître de plaisir« ausschweifende Feste in Schloß Trianon veranstaltete, tat es vielen Großen gleich: Freund vieler Dirnen und Schauspielerinnen, Liebesspielen zu dritt und viert und in Gruppen nicht abgeneigt, erließ er, als er 1824 König von Frankreich wurde, strenge Gesetze gegen Unsittlichkeit.

»Das Zeitalter Ludwig XV. und vor allem die persönliche Moral dieses absoluten Herrschers«, schreibt Eduard Fuchs, »ist in der Geschichte vornehmlich durch die Maitressennamen Herzogin von Chateauroux, Marquise von Pompadour und Gräfin Dubarry plakatisiert. Aber auch mit diesen Namen ist nur wenig gesagt, solange man nicht das Genußprogramm spezifiziert, das diese Namen verkörperten. Sie bedeuten die Weiterführung der seitherigen Ausschweifung in die unermeßliche Region des tausendgliedrigen Raffinements.

Beim Ausgang der Regentschaft und dem Beginn des Regimes Ludwig XV. war man zwar nicht übersättigt, sondern nur im gewissen Sinne müde geworden. Um deshalb das seither verfolgte Programm nicht nur weiterhin fortsetzen zu können, sondern die Leistungsfähigkeit womöglich noch zu steigern, mußte man die Formen des Genießens verfeinern.« Es wurde der Schauplatz der Orgie, wie Fuchs formuliert, »von der Gasse in die cabinet particulier verlegt. Dadurch kam das eigentliche Lusthaus, das sogenannte Petite maison auf, das Absteigequartier des 18. Jahrhunderts, über das jeder vornehme Herr und sogar zahlreiche vornehme Damen verfügten. Hier, in diesen in Wald und Parks versteckten Villen, war alles Bundesgenosse der Liebe und außerdem alles Bequemlichkeit. Die Wollust hat an ihnen alles bestimmt: Lage, Form, und vor allem die üppige, den Genuß steigernde Einrichtung. Verführerische Boudoirs, üppige Speisezimmer, elegante Erfrischungsgelegenheiten wie Badekabinetts – alles findet sich dort. Von der Hand der größten Meister sind die Wände mit üppigen erotischen Gemälden und Skulpturen geschmückt, in den Regalen war die reiche galante Literatur der Zeit vereinigt, geschmückt mit Darstellungen, die die Sinne teils entflammen, teils immer wieder von neuem aufpeitschen mußten. Sogar jedes Möbelstück war in seiner Art galant und jede Sitzgelegenheit ein wirklicher Altar der Wollust«.

Einige dieser petites maisons waren mit kleinen Bühnen für erotische Darbietungen ausgestattet, umgeben von Logen, die dem geladenen Publikum erlaubten, noch während des Spiels – oder unmittelbar danach, das zu tun, was ihnen auf der kleinen Bühne geboten worden war. Oder, wie es Gaston Capon und R. Yve-Plessis 1905 in ihrem Buch »Les théâtres clandestins« ausdrückten, »mit der Mätresse alsbald die eigene Glut kühlen zu können, die der Anblick der verwegenen Darbietungen und Dialoge in ihnen selbst hervorgerufen hatte«:

Man schloß sich zu erotisch-literarischen Gesellschaften zusammen, gründete eine »Académie de ces dames et des ces messieurs« (1739-1776), ein anderer Zirkel nannte sich einfach »Société dramatiques«. Eines der Mitglieder war Anne Claude Graf von Caylus (1692-1765), Verfasser mehrerer obszöner Theaterstücke, auch Claude Prosper Jolyot de Crébillon (1707-1777), Sohn des »Unsterblichen« Crébillon (1674-1762) gehörte dazu. Von ihm stammt das moralische Märchen »Le Sopha« und das Kamingespräch »Le hazard du coin du feu«, eine »Hohe Schule des Liebesspiels zwischen dem Herzog von Clerval und Célie«. Crébillons »Tableaux des mœurs du temp dans les différent âges de la vie«, eine Reihe von »Gesprächen«, war bestens dazu geeignet, in kleinen Zirkeln aufgeführt zu werden. Ein besonders beliebtes Motiv, die Verkleidung, findet sich im 13. Gespräch: Madame de Rastard »als Knabe verkleidet im Grase liegend« erwartet Madame Copen, aber es nähert sich der Stiefsohn der Madame Copen »verkleidet mit den Kleidungsstücken seiner Stiefmutter«. Es kommt zur Entkleidung und Entdeckung.

Der Stiefsohn: Es ist also eine Verkleidung! Du bist also ein verkleidetes Mädchen! Du hast das hübscheste Vötzchen von der Welt! Aber was willst du denn, daß ich, eine Frau, damit anfangen soll?

Madame de Rastard: Nun, mein großes Närrchen, ich überlasse dir mein Vötzchen, so wie es ist, zu deiner Belustigung... Leg dich auf mich, Bauch gegen Bauch... So...! Warte, laß mich dein Kleid ganz aufheben, es geniert mich... So, jetzt ist auch meine Hose ganz drunten. Nun schiebe ich noch mein Hemd hinauf, dann können wir es besser machen! Presse dich fest an mich, reiben wir uns feste aneinander...

Ah...! Sehr gut! Küsse mich! Gut! Gib deinen Arm unter mich, umarme mich... Drücke mich! Aber was spüre ich denn da...? Was willst du mir denn da hineinschieben? So sprich doch! Du Kecke, du...! Sag doch... Du tust mir weh! Au! Au!

Der Stiefsohn: Es ist nur ein kleiner Schwanz.

Madame de Rastard: Oh! Ah! Ah! Was ist das...? Was ist das...? Das sind Hoden! Au! Au! Sind Sie es, Madame Copen? Au! Das ist nicht möglich... Au! Au! Ein Schwanz, ein Schwanz! Ich bin verloren!

Schon wenig später konkretisiert sich die Szene:

Der Stiefsohn: Komm, laß mich dein Vötzchen kitzeln. Es ist sogar für mich sehr eng, obwohl ich keinen großen Schwanz habe. Aber ich bin noch sehr jung, er wird schon noch größer werden. Nimm ihn doch, kleine Schelmin... So, in die Faust! Reib ihn, reib ihn, damit er wieder steif wird! Vorwärts! Stärker, stärker! Ich werde dich auch peitschen, wenn du es nicht besser machst... Gut jetzt! Gut so! Jetzt ist es recht! Kitzle mir mit der andern Hand die Hoden... So! Ah! Jetzt machst du es entzückend! Gib die Beine auseinander, gib auseinander. Deine verfluchte Hose ist sehr störend... Tue ich dir weh?

Madame de Rastard: Nein, mein Herr... Au! Au! Au!

Der Stiefsohn: Diesmal komme ich ganz leicht hinein.

Madame de Rastard: Ah! Sie sind schon drinnen!

Der Stiefsohn: Meiner Treu, ja, ich bin drin... Ah! Kecke! Du klapst mich auf den Hintern... Klapse nur! Du zwickst mich! Nun, zwick mich nur! Arbeite doch! Bewege dich! Rühr dich! Du schließt meinen Schwanz nicht so gut ein wie beim erstenmal. Ich spüre, daß er schlaff wird.

Madame de Rastard: Mein Herr, Sie tun mir weh, und Sie sehen ja, daß Sie nicht fertig werden.

Der Stiefsohn: Ah! Jetzt bin ich ganz herausgerutscht.

Madame de Rastard: Ich sagte es Ihnen voraus! Lassen Sie mich, ich will fortgehen; es ist schon spät.

Der Stiefsohn: Oho! Du wirst nicht eher fortgehen, bis ich nicht gespritzt habe.

Madame de Rastard: Sie sehen ja, daß Sie nicht können.

Der Stiefsohn: Oh! Wir wollen sehen! Dreh dich um, ich will dich in den Hintern ficken.

Bordell und Theater waren »zwei Namen für die selbe Sache«, schrieb Curt Moreck, in den 20er Jahren Herausgeber zahlreicher erotischer Schriften und Verfasser kulturgeschichtlicher Werke, unter anderem einer »Sittengeschichte des Kinos« im Jahr 1926. In der 1925 von Leo Schidrowitz edierten »Sittengeschichte des Theaters« schrieb Moreck über »Das galante Theater Frankreichs«: die »intimen Bühnen mit ihrer Halböffentlichkeit und die Privattheater in den öffentlichen Häusern und in den Hotels der Herren und Damen von Welt stellen sich ganz in den Dienst eines zügellosen Venus- und Priap-Kults. Vor einem Auditorium von Libertins veranstaltet die berühmte Primaballerina Guimard mit ihrem Partner Dauberval jene unzüchtigen Ballette, in denen sie den Hauptpart ausführt und die mit einer Orgie enden, in denen das für die raffiniertesten Ausschweifungen präparierte Publikum in die Handlung eingreift«.

Die erwähnte Marie-Madeleine Guimard (1743–1816) hatte mit 16 Jahren im »Corps de ballett de Comédie« debütiert und war mit 18 Jahren an die »Académie royale de Musicque et de Danse« gekommen, was nichts anderes als »der Harem, der Weiberstall pour princes, maison publiques pour gentilhommes« war, wie Gaston Capon es ausdrückt. Später heißt es einmal in den regelmäßigen Berichten, die die Pariser Polizei täglich im Auftrag des Königs verfassen und ihm jeden Morgen vorlegen mußte, über die Tänzerin: »Sie gibt drei Soupers wöchentlich, eins, an dem die ersten Herren des Hofes und allerlei Leute von Namen teilnehmen; ein anderes, das aus Schriftstellern, Künstlern und Gelehrten zusammengesetzt ist; endlich noch ein drittes, eine wahrhafte Orgie, zu dem die verführerischsten und lüsternsten Mädchen eingeladen wurden, wo Wollust und Ausschweifung auf die Spitze getrieben wurden.«

Drei Theater besaß die Guimard. Eines mußte sie 1769 versteigern, besaß dann eines in Pantin und ab 1772 ein Theater in der Chaussée d'Antin. Zu dem Repertoire ihres Theaters gehörten die obszönen Stücke eines Pierre Boudin und Stücke von Charles Collé (1709–1783), dem Sekretär des Herzogs von Orléans. Sein »Le rossignol ou le mariage secret«, nach einer Novelle von Boccaccio, sollte nach Meinung des Autors wegen der Obszönitäten besser nur in intimem Rahmen gespielt werden. Collés Stücke wurden auch auf den Bühnen des Grafen Clermont aufgeführt, eines Enkels von Ludwig XIV. und der Montespan.

Graf Clermont hatte als Mitarbeiter einen Günstling der Pompadour, Monsieur Laujon, dessen Aufgabe es war, sämtliche Stücke mit besonderen Pikanterien und Obszönitäten anzureichern.

In dem Buch über das erotische Geheimtheater des 17. bis 18. Jahrhunderts, »Voluptas ludens«, führt Arthur Maria Rabenalt noch weitere Bühnen dieser Zeit an: das Schloßtheater in l'Ile-Adam des Prinzen von Corti, der in die Boulevard-Stücke seines Theaters ebenfalls pikante Szenen einfügen ließ. In der Provence gab es das Theater des Marquis de Brunoy, Sohn eines reichen Bankiers. Sein Publikum bestand aus Damen der Gesellschaft, »die zwar jung und hübsch waren, aber von so zweifelhaftem Ruf, daß der Architekt es nicht wagte, seine Frau zu den Vorstellungen mitzunehmen«.

Über die beiden Theater des Herzogs Grammont in den petites maisons von Puteaux und Clichy schreibt Rabenalt, man habe dort »unter außerordentlicher Geheimhaltung eine Anzahl äußerst frivoler und indezenter Stücke« aufgeführt. Stücke aus dem »Théâtre d'amour« des Delisle de Sales (geb. 1745), einer Sammlung »griechischer, assyrischer, römischer und französischer« Theaterszenen. Von den insgesamt acht Stücken wurden, nach Auskunft von de Sales, vier »buchstabengetreu« aufgeführt. Um diesen Hinweis richtig einzuschätzen, muß man Thema und Inhalt der Szenen kennen. Zum Beispiel von »Junon et Ganyméde« und von »Héloyse et Abeillard«. Nach Curt Moreck »offenbart das Spiel von ›Juno und Ganymed‹ den Zuschauern eine unerhörte Szene, in deren Verlauf der Mundschenk der Götter nach einem brünstigen Kusse Junos seine Tunika fallen läßt; er bedeckt ihren Körper mit glühenden Liebesküssen, und während der Ekstase der Göttin lüftet er halb ihren letzten Schleier. Nachdem sich Juno ein wenig von ihrer Erregung erholt hat, gewahrt sie, daß sie bis zu ihrem Schoße hinauf entblößt ist; sie erhebt sich und flieht in ihr Boudoir, allein nicht ohne die Türe ein wenig offen zu lassen. In ›Heloise und Abälard‹ beginnt eine Szene zwischen dem Meister und seiner Schülerin damit, daß er ihre Brüste zum Gegenstand seines bewundernden Studiums macht, und sie endet damit, daß er nach flammenden Küssen auf diese Hemisphären aus Fleisch auf ihren andern Halbkugeln das Vergnügen einer regelrechten Flagellation genießt, welche Lektion er ihr ankündigt mit den

Worten: ›Nun, meine reizende Schülerin, biete dich meinen Schlägen dar, aber ohne Hülle, denn nackt will ich diesen Teil von dir schlagen!‹ Hierauf führt Abälard der zaghaften und ungeschickten Heloise die Hand, aber er selbst hebt, mit einer erfinderischen Steigerung, die letzten Hüllen hoch«.

Zu den Stücken im »Théâtre d'amour« des Delisle de Sales gehörte auch die »wollüstigste aller Pantomimen«, der kurze Dialog »L'Air de Myrza«, eine Spielvorlage für den Herzog von Grammont und Sophie Arnould (1740–1802), eine Sängerin und Schauspielerin, die von sich selbst sagte, daß sie »nie eine Jungfrau« gewesen sei und, laut dem Schriftsteller und Philosophen Jean Baptiste de Boyer, Marquis d'Argens (1704–1771), »die Tugend als ein nie betretenes Land« angesehen habe. Dabei ist anzumerken, daß weniger die Dialoge, als vielmehr die szenische Darstellung den Reiz des Stückes ausmachte und die Absicht verdeutliche, die Zuschauer zu sexuellen Handlungen während und vor allem nach der Vorführung zu animieren.

Über »L'Air de Myrza« schreibt Moreck: »In der ersten Szene erblickt der Zuschauer die schöne Kurtisane im Bade sitzend, als durch die nur angelehnte Türe ihr Geliebter eintritt; mit verschämter Grazie wirft sie ein Gewand von durchsichtiger Gaze über, das ihre Reize mehr hervorhebt als verbirgt. Ein Duo der Verliebten schildert alle wollüstigen Reize ihres Körpers und verrät die sinnliche Entflammtheit, die sie zur Vereinigung drängt. Es ist ein raffiniertes Spiel der Begierde, das sich vor den Augen des Zuschauers entwickelt, gewürzt durch die immer deutlicher werdenden und aufpeitschenden Worte; es ist das Präludium der höchsten Liebeswonne, das sich steigert bis zum Fallen des letzten Schleiers und einer kokett gespielten Schamhaftigkeit. Schon in der sechsten Doppelstrophe stammelt die erglühende Kurtisane: ›Weiter... weiter... folge deinem Drange. – Das Glück selbst wieder erweckt neue Wünsche...‹, worauf sich Grammont in höchster Erregung auf den halbentblößten Rücken der Arnould niederbeugt.« Grammonts »Herz pocht, droht zu zerspringen vor Leidenschaft«. Er »umhüllt sie mit Liebkosungen, um ihren letzten Widerstand zu brechen. Arnould zögert, aber der Wunsch, sich ihm hinzugeben, ist stärker«.

Schließlich »fällt der letzte Schleier«, Sophie Arnould steht nackt da.

»Grammont: Warum macht deine Nacktheit dich erröten, himmlische Arnould,
Warum nur weichst du meinen Blicken aus...
Arnould: Nein... nicht... nicht sieh mich an!
Trunken vor Wahnsinn bin deiner ich nicht würdig!
Grammont: All das, was du mir sagst, macht mich nur noch verwegner, dreister:
Die Lippen meines Mundes fiebern dir entgegen.
Arnould: Oh Gott!!! Oh Gott!!! Was tust du denn mit mir?
Ich brenne, deine Küsse von neuem zu empfangen...«

Man sagt, wie Moreck ausführt, Sophie Arnould und Grammont hätten »den Dialog in höchst natürlicher und leidenschaftlicher Weise zur Darstellung gebracht und daß dieser öffentlichen Vorführung eine vollkommen intime gefolgt sei, die an Nuancen des Genusses nichts habe entbehren lassen«.

Die Schauspielerin Marie-Françoise Marchand, Dumesnil genannt, und der Schauspieler Charles François Racot (1710–1784), Grandval fils genannt, besaßen ab 1749 ein Theater an der Banlieu Rue Blanche. Rabenalt schreibt über Grandval fils: »45 Jahre lebte er mit der Schauspielerin Marie-Françoise Dumesnil (eigentlich Marchand) von der Comédie zusammen. Grandval und sie boten ein schönes Beispiel außerehelicher Treue. Nahe der Banlieu Rue Blanche hatten beide ihre Häuser in engster Nachbarschaft. Nur ein Garten trennte den Schauspieler von seiner Freundin.«

Eines der berühmtesten Stücke des Grandval fils war »La Nouvelle Messaline«, dessen Inhalt Rabenalt folgendermaßen wiedergibt:

»Die Kaiserin Messalina hat nicht nur vier Gardisten, sondern sogar das ganze Gardecorps verbraucht. Noch immer unbefriedigt, wendet sie sich den Karmeliterpadres zu, die man ihr als letztes Mittel empfohlen hat. Ihr Geliebter, der den unersättlichen Appetit Messalinas kennt, vergnügt sich derweilen an der gefälligen Zofe der Kaiserin.«

Ausführliche Kopulationsszenen finden sich in allen Stücken von Grandval fils, in »Les Deux Biscuits« ebenso wie in »Le temperament«.

Arthur Marie Rabenalt, dem es seinen eigenen Angaben nach gelungen war »seltenes und weitverbreitetes Material aufzuspüren« und »Zugang zu den streng sekreten Abteilungen der verschiedensten Bibliotheken, Institute und Sammlungen des In- und Auslandes zu erhalten«, berichtet noch von einer Theaterrarität des Nicolas-Médard Audinot (geb. 1732), der ursprünglich auf der Foire Saint-Germain ein Marionettentheater führte und daraus schließlich ein Kindertheater besonderer Art machte: »Audinot verpflichtete zwei mittelmäßige Autoren, ließ sich frivole und laszive Stücke schreiben, die von den frühreifen, verderbten Kinderdarstellern – unter denen sich die Tochter des Direktors Eulalie-Joseph Audinot durch ihre akrobatischen Fähigkeiten auszeichnete – aufgeführt wurden. Das Theater hatte – wie nicht anders zu erwarten – großen Erfolg. Es gehörte zu den depravierten Genüssen des Publikums, Kinder als Erwachsene agieren zu sehen, die Unanständigkeiten sprachen, sich als Ehegatten, Liebesleute bezeichneten und dementsprechend handelten.«

Es gab keinen Einfall mehr, den man nicht aussprechen konnte, keine Laune, die man nicht erfüllen konnte, charakterisiert Eduard Fuchs diese Epoche. Alles, was raffinierteste erotische Phantasie sich jeweils ausgedacht hat, fand seine täglich sich überbietende Verwirklichung und fand Niederschlag in der erotischen Literatur jener Zeit. In den Werken eines Andrea de Nerciat, eines Réstif de la Bretonne, eines Marquis de Sade und anderer. Die Freude am Dialog und seiner szenischen Erweiterung, der Hang zum Schau-Spiel, die Lust am Arrangement der Gruppen sind wesentliche Elemente dieser Literatur.

DEBOUCHE OUTREE

De Sade nennt das 18. Jahrhundert »le siècle absulement corrompu« – das durch und durch verderbte Jahrhundert, das Jahrhundert der beginnenden Fäulnis. »Débauche outrée« ist der Begriff für die Vergehen, die ihm und seiner Zeit vorgeworfen werden – unmäßige Ausschweifung.

Nahe dem Platz, wo zwanzig Jahre vorher die Herzogin de Berry ihre Nacktpartys veranstaltet hatte, wurde Donatin Alphonse Françoise de Sade 1740 geboren. 64 Jahre später wirft man seine Leiche auf dem Friedhof des Irrenhauses von Charenton-Saint-Maurice in irgendein namenloses Grab, »doch seine wilde Intelligenz lebte in Romanen und Schmähschriften weiter«, schreibt Donald Thomas, einer seiner zahlreichen Biographen. Und die weiteren Stichworte seines Lebens: »Zweimal war er einem Todesurteil knapp entgangen, siebenundzwanzig Jahre hatte er in Gefängnissen und Irrenhäusern zugebracht, doch ungebrochen verkündete der Marquis de Sade seine erschreckende Philosophie menschlichen Verhaltens, die er heimlich in den langen Monaten und Jahren der Gefangenschaft niedergeschrieben hatte. In seiner neuen Weltanschauung gab es keinen Gott, keine Moral, keine Liebe, keine Hoffnung – nur den Untergang des Menschen in einer vernichtenden erotischen und mörderischen Raserei. Mord, Diebstahl, Vergewaltigung, Perversion und Inzest waren Stationen auf dem Weg zum Ende.«

Ob de Sade all das, was er in seinen Werken beschreibt, wirklich erlebte, ob er es nur ausschmückte, ob er die Gesellschaft seiner Zeit nur schockieren wollte – über diese Fragen haben sich etliche Wissenschaftler und Schriftsteller ihren Kopf zerbrochen. Die Fragen blieben unbeantwortet und werden unbeantwortet bleiben. Vieles ist belegbar – für vieles fehlen Zeugnisse. Sicher ist nur der Zusammenhang zwischen Leben und Werk. De Sade schrieb seiner Frau: »Ich habe mir alles vorgestellt, was man sich vorstellen kann, aber ganz bestimmt habe ich nicht ausgeführt, was ich mir vorgestellt habe und werde es gewiß nie ausführen.« Dieser Aussage widersprechen die Orgien in seinem petite maison in Arceuil 1764, die Orgien in seinem Schloß in La Coste während des Winters 1774/75 mit einer Gruppe junger Mädchen, zwei reiferen Frauen und einem jungen Mann, den de Sade als seinen Sekretär engagiert hatte, die Orgien 1772 mit Prostituierten in einem Bordell in Marseille, und so weiter und so weiter...

Für den französischen Schriftsteller und Dramatiker Albert Camus (1913–1960) war de Sade, so schrieb er 1951, »ein Beispiel dafür, daß auf eine durch die Gesellschaft erlittene grausame Behandlung eine grausame Antwort gegeben wird«. Simone de Beauvoir schrieb 1952: »Sades Verdienst ist es nicht nur, mit lauter Stimme verkündet zu haben, was jeder Mensch sich verschämt eingesteht, sondern auch, sich damit nicht abgefunden zu haben. Um gegen die Gleichgültigkeit anzukämpfen, hat er sich für die Grausamkeit entschieden.« Der literarische Rang seiner Werke, meist nach stilistisch unzureichenden und lückenhaften Übersetzungen beurteilt, ist umstritten. Charakteristisch hierfür ist das, was der Bestsellerautor Curt Riess über de Sade schreibt. Er nennt dessen Bücher »abscheulich und vor allem kaum von literarischem Wert« und de Sade habe sich »mit der Kunst des Schreibens nie auseinandergesetzt«. Aber: »Welche Gedankenfülle! Welche Fähigkeit, Menschen zu porträtieren, sie zu durchleuchten! Welche Einsichten in die Natur und die Unnatur des Menschen! Welche Einsichten in die Abarten der Sexualität!«

Ein »schmackhafteres Buch« zu schreiben als de Sade war das Ziel von Nicolas Edme Réstif de la Bretonne (1734–1806).

Sechs Jahre älter als de Sade, veröffentlichte er 1798 unter dem Pseudonym Jean Pierre Linguet sein Buch »Anti-Justine«. Niemand könne »über die schmutzigen Werke des Marquis de Sade« mehr entrüstet sein als er, schreibt er im Vorwort. »Möge mein köstliches Buch die von ihm geschriebenen Werke vernichten.« Das war ein frommer Wunsch, der sich nicht erfüllte. Fraglich bleibt auch, ob Réstif de la Bretonne das Ziel, das er sich gesetzt hatte, wirklich erreichte, die »Justine« des de Sade zu »ersetzen« und »diese an Wollust« zu übertreffen. Seine »Anti-Justine« muß, so meint er, »einen Mann, der ein Kapitel gelesen hat, so weit bringen, daß er seine Frau vollständig ausnutzt, ganz gleich, ob sie jung oder alt, schön oder häßlich ist. Voraussetzung ist nur, daß die Dame auf dem Bidet war und schöne Schuhe anhat«. Den ersten Teil seines Buches beschließt er mit der Drohung, »die ›Anti-Justine‹ wird noch sieben oder gar acht solche Teile haben wie diesen«.

Wir zitieren eine Orgie à la Bretonne aus dem ersten Teil seiner »Anti-Justine« über einen »guten Vater, der seine Tochter lieben läßt«. Cupidonet bringt einen Liebhaber zu seiner Tochter Conquette:

»Als wir ankamen, ließ ich ihn durch einen Vorhang Conquette sehen, die er noch nicht kannte.

›Die ist wirklich reizend‹, sagte er. ›Richtig schön zum Lieben.‹

Ich ging allein zu Conquette.

›Zeige deine Brüste und hebe deine Röcke in die Höhe – ein junger Mann von zwanzig Jahren, der schön wie die Liebe ist, beobachtet dich.‹

›Ist er mein Liebhaber?‹ fragte sie.

›Ja‹, sagte ich. ›Er heißt Trait d'Amour. Wenn du dich jetzt wäschst, mußt du ihm alles zeigen. Ich bin gleich mit ihm da.‹ Ich ging zurück und sagte: ›Beobachte sie beim Waschen!‹ Trait d'Amour konnte sich kaum sattsehen. Conquette entblößte die Brüste und fuhr mit einem Schwamm über die rosigen Warzen. Anschließend hob sie die Röcke in die Höhe, fuhr mit einem anderen, parfümierten Schwamm über den Popo und die Scheide und stand so da, daß ihre Scheide gut zu sehen war. Anschließend legte sie sich in das Bett und zog die Vorhänge zu. Ich ging, um die Vorhänge wieder zurückzuziehen und sagte zu Trait d'Amour, er solle mir in einigen Augenblicken nachkommen.

Ich stieg auf die herrliche Conquette und steckte ihn ihr hinein. Trait d'Amour kitzelte mir die Hoden. Wonnevoll entlud ich, und sie jauchzte vor Wollust. Ich zog ihn wieder heraus. Danach kam Trait d'Amour an die Reihe. Conquette schrie vor Schmerzen auf, als er seinen schönen Penis in ihr enges Kleinod einführte, aber sie bewegte sich lebhaft hin und her.

Dreimal bediente er Conquette, dann hob ich ihn von ihr herunter, damit er wieder zu Atem kommen konnte.«

Réstif de la Bretonne war Schriftsetzer und wurde 1764 Direktor einer Druckerei. Etwa um diese Zeit begann er auch zu schreiben. In 40 Jahren rund 200 Bücher. De Sade, dem die Kritik von Réstif de la Bretonne natürlich bekannt war, revanchierte sich seinerseits. Er schrieb: »R... überschwemmt das Publikum und braucht eine Druckpresse neben seinem Bette. Glücklicherweise seufzt diese allein unter seinen schrecklichen Geistesprodukten; ein platter und kriechender Stil, ekelhafte Abenteuer in schlechtester Gesellschaft; kein anderes Verdienst als eine große Weitschweifigkeit, für die ihm nur die – Pfefferhändler dankbar sein werden.« Aber heute zählen seine Werke immerhin mit zu den wichtigsten Quellen und Zeugnissen des 18. Jahrhunderts, er selbst gilt als ein genauer Chronist seiner Zeit und seiner Umgebung. Im Gegensatz zu vielen anderen Schriftstellern seiner Epoche befaßte er sich mit dem Schicksal des Volkes, der Handwerker und Arbeiter am Vorabend der Französischen Revolution.

Als die Wirren dieser Revolution um 1790 ihren Höhepunkt erreichten, sucht der 50jährige André Robert Andréa de Nerciat Zuflucht im Heimatort seiner Frau – in Neapel. Der 1739 in Dijon geborene Nerciat hatte ursprünglich die Militärlaufbahn einschlagen wollen, 1775 aber seinen Dienst quittiert. 1777 und 1778 erschienen von ihm eine Reihe erotischer und pornographischer Romane, allerdings nicht unter seinem Namen. 1780 war er für zwei Jahre in Kassel als Unterbibliothekar tätig und wurde dann gekündigt, weil er angeblich die Bibliothek in Unordnung gebracht hatte. Kurz war auch sein Dasein als Verwalter des Bauwesens auf dem Hof des Prinzen von Hessen-Rothenburg. Schließlich kehrte er nach Paris zurück, das er fluchtartig in Richtung Neapel verläßt. Dort gewinnt er die Gunst der Königin Karoline, die ihm eine monatliche Rente zahlt und »ihn mehrfach als diplomatischen Agenten benützte«. Auf einer seiner Missionen nach Rom wird Nerciat 1798 von französischen Truppen gefangengenommen und erst kurz vor seinem Tod nach Neapel entlassen.

Nerciats Gönnerin ist hinlänglich bekannt. Als sechste Tochter der österreichischen Kaiserin Maria Theresia (1717–1780) im Jahr 1752 geboren, wurde sie mit 16 Jahren mit dem um nur ein Jahr älteren König Ferdinand IV. (1751–1825) verheiratet und damit Königin von Neapel und Sizilien. Graf Guiseppe Gorani (1740–1819) nannte sie in seinen 1794 erschienenen »Mémoires sécrets et critiques des cours et des mœurs des principeaux Etats de l'Italie« eine »österreichische Megäre«. Obwohl Karoline über ihre Hochzeitsnacht sagte, sie wolle »lieber sterben, als das noch einmal durchmachen«, gebar sie ihrem Mann im Laufe der 27 Ehejahre elf Töchter und sieben Söhne.

General Pietro Coletta, Verfasser einer »Geschichte des Königreichs von Neapel«, nannte die Königin Karoline »rachsüchtig und hochfahrend« und »durch eine glühende Wollust« verblendet. Königin Karoline machte kein Geheimnis aus ihrer lesbischen Veranlagung zu Lady Emma Hamilton (1765–1815), der Geliebten Lord Nelsons (1758–1805), der wiederum sagte, daß von den Frauen in Neapel »nicht eine tugendhaft« sei und unter »den Männern ist nicht ein einziger, der nicht an den Galgen oder auf die Galeere gehörte«.

De Sade hat in seinem Roman »Juliette« die Königin von Neapel Charlotte genannt. »Ich bin zu sehr Hure, um dir Treue zu schwören«, sagte sie zu Juliette, »denn nicht mein Herz biete ich dir an, sondern eine Scheide, die jedesmal feucht wird, wenn deine Hand daran rührt.« Juliette, die Titelheldin aus de Sades Roman, war von Frankreich nach Italien geflohen und mietete in Neapel »ein herrliches Palais auf dem Quai von Chiagia, wir richteten es auf's Glänzendste ein und verbrachten über einen Monat damit, die Sitten und Gebräuche dieser Menschen zu studieren«.

Juliette berichtet weiter: »Der Ruf unserer galanten Abenteuer verbreitete sich rasch. Der König wollte uns sehen, aber seine Frau, eine würdige Schwester der eifersüchtigen und ehrgeizigen Antoinette, sah uns mit scheelen Augen an, Ferdinand hatte in ihr mehr eine Spionin und Feindin, als eine Freundin. Kurze Zeit nach unserer Vorstellung erhielten wir folgenden Brief vom König von Neapel: ›Ich habe wie Paris gewählt und dir den Apfel gereicht. Ich erwarte dich morgen allein in Portici, ein Widerspruch hilft nicht.‹ Ich versicherte dem Pagen, daß ich bestimmt kommen werde. Sobald er fort ist, eile ich, den andern das Glück mitzuteilen, und weit entfernt von jeder Eifersucht und jedem Neid beschwören sie mich nur, ja nicht das Abenteuer zu verfehlen. Geschmückt wie die Göttin Venus fahre ich in einem sechsspännigen Wagen zum Rendezvousort. Geheimnisvoll hineingeführt, treffe ich den König in einem Boudoir. ›Meine Wahl hat wohl Eifersucht erzeugt‹, sagte der König in schlechtem Französisch. ›Nein, Sire‹, antwortete ich, ›meine Schwestern haben es mit derselben Ruhe hingenommen wie ich.‹ Er führte mich in ein benachbartes Kabinett und zeigte mir ein siebenundzwanzig- bis achtundzwanzigjähriges Mädchen, das fast nackt in einer Spiegelgrotte lag. ›Die Begierde dieser Frau mußt du ebenso erfüllen wie die meine.‹ – ›Und wer ist dieses Weib?‹ – ›Die Königin.‹ – ›Ah, du bist es, Charlotte‹, sagte ich, ›ich kenne deinen Ruf.‹ – ›Wenn du willst, Juliette, daß ich deine Wünsche erfülle, mußt du der Königin in allem und jedem gehorchen.‹ – ›Sie soll sagen, was sie will. Ich besitze alle Quellen der Lust und weiß sie zu verwenden.‹ Im selben Moment fiel mir Charlotte von Lothringen um den Hals und gab mir durch tausend Küsse zu verstehen, wie sie sich sehne, die Vergnügungen kennenzulernen, die ich versprach. Ferdinand entkleidete uns beide und ebenso einen schönen Pagen von fünfzehn Jahren, und während Charlotte und ich uns auf dem Kanapee geilten, ließ sich Ferdinand gegenüber von uns von dem Pagen einen herunterreißen, währenddem er denselben abfilzte. Charlotte, die lebendig gewordene Unzucht, schlang ihre Füße um die meinen und rieb mit Leidenschaft ihren Kitzler an den meinen, sie filzte meinen Popo und bohrte mir die Zunge in den Mund. Die königliche Hure war ganz in Flammen, wir wechselten die Stellung, und die Köpfe zwischen unseren Schenkeln schleckten wir uns mit Leidenschaft. Charlotte ist ein sehr schönes Weib und obwohl man ihr ansieht, daß sie viel und nach allen Arten geliebt hat, ist sie noch immer eng gebaut. Wir binden uns Godmichés um, die uns der König zuwirft, und bearbeiten uns aufs Kräftigste. In einer dieser Stellungen befindet sich mein Arsch vor dem Gesichte Ferdinands, und er bedeckt ihn mit Küssen. Er verlangt, daß wir einen Moment innehalten, pouseriert zuerst mich und dann seine Frau und läßt sich dann von seinem Pagen vögeln, währenddem er selbst ihn pouseriert. Hierauf peitschten wir uns gegenseitig, währenddem wir vögelten, und die Königin schleckte den Pagen, währenddem ihr Mann sie pouserierte, hierauf umgaben wir den König, ich schleckte ihn, seine Frau sokratisierte ihn und sein Page gab ihm den Arsch zu lecken. Als er sich erhob, stand er ihm steinhart.«

Daß die Königin von Neapel Andréa de Nerciat ein monatliches Salär zahlt, wurde schon erwähnt. Einen besonderen Aspekt gewinnt diese Tatsache, wenn man in Nerciats »Felicia oder Meine Jugendtorheiten«, 1775 erschienen, von einem Prinzip des Autors erfährt: Felicia hat die Absicht, ihre »Torheiten mit der Befriedigung eines frischgebackenen Obersten Revue passieren zu lassen, der sein Regiment bei einer Parade vorbeimarschieren sieht«, und sie erwägt »allen Männern meiner Bekanntschaft Lösegelder aufzuerlegen, indem ich sie mit einer Widmung bedrohe«. Sie sagt: »Wie viele Autoren werden mich um mein Schicksal beneiden! Man bezahlt mich im voraus, und diese armen Teufel haben oft Mühe, ein armseliges Honorar aus ihren Werken herauszuschlagen, wenn sie mit ihrer Arbeit fertig sind.«

»Andréa de Nerciat verdankt seinen Ruhm«, schreibt Lo Duca, diesem Buch, »das weit davon entfernt ist, ›der Katechismus der Libertinage und der Korruption‹ zu sein, wie Grimm sagte. Es ist vielmehr das getreue Abbild einer Welt, wo der Libertiner natürlich immer nur im Namen der Freiheit handelt.«

Achselzuckend taten zahlreiche Philologen Andréa de Nerciat und andere Autoren des 18. Jahrhunderts mit der Bezeichnung »Pornographen« ab, führt Dr. Georg Cordesmühl 1906 im Vorwort zur ersten deutschen Ausgabe von »Le Diable au Corps« des Andréa de Nerciat aus. Aber »für den Blick des vorurteilsfrei Forschenden und Zusehenden« sind sie als »Zeitdokumente, die der Sittenschilderer nicht missen kann und nicht missen möchte« von unschätzbarem Wert.

Mit den Zuständen im Rom der Caesaren vergleicht Cordesmühl die Situation im Frankreich des 18. Jahrhunderts. »Es war kein Ruhm mehr, tugendhaft oder ehrenhaft zu sein, nein, gerade das Lasterhafte und Ausschweifendste errang die höchste Bewunderung, das höchste Ansehen bei den lebensfrohen Zeitgenossen gewisser Kreise.

Wo ein Sumpf ist, erblühen auch Sumpfblumen. So war es im ganzen Lande und in Paris zumal. Der Eid verlor seine Heiligkeit, Kirche und Gottesdienst ihren ehrwürdigen Nimbus; Bestechung und heimlicher Mord, Betrug, falsche Aussagen und ähnliches galten als alltägliches; alle Bande der Ehe und Familie lösten sich. Venus und Priapos wurden die am meisten verehrten Gottheiten. Man gründete Klubs, in denen die scheußlichsten Gotteslästerungen vorgenommen wurden, man bildete andere, die lediglich geschlechtlicher Ausschweifung dienten und deren Existenz ein offenes Geheimnis war, Vereinigungen, die man ruhig gewähren ließ, wenn nicht gerade ein allzu dreister Exzeß die Behörde geradezu zum Einschreiten zwang. Kam es einmal zu einem Prozeß, der das Treiben gewisser Giftmischer und Liebes- oder sonstiger Bruderschaften allzu hell zu beleuchten drohte, schlug man ihn zudem in den meisten Fällen schließlich nieder, um nicht allzu viele und allzuhochgestellte Persönlichkeiten zu kompromittieren...

Eines darf man aber nicht vergessen, denn es ist ein Charakteristikum der Moral jener Tage. Laster und Scheußlichkeiten beging, oder konnte immer nur ein anderer begehen, und auch das meistens nur, hatte es einen öffentlichen Skandal gegeben; tat man selber auch ganz das gleiche, war das nur ein Ausdruck persönlicher Vorurteilslosigkeit und geistiger Freiheit.«

Diese »geistige Freiheit« gewährte sich Andréa de Nerciat zweifellos. Als Freund zahlreicher adeliger Damen hatte er Zugang zum Königshof und zu den dort veranstalteten »Soupers«

und hatte, selbstverständlich auch, wie jeder Franzose, Zugang zu den verschiedenen Geheimklubs. Doch bedurfte es seiner Meinung nach nicht unbedingt dieser halb organisierten Veranstaltungen. »Man lasse einmal eine ungefähre Anzahl hübscher Frauen, die nicht spröde sind, und liebenswürdige Männer zusammen zu Abend essen, so wette ich«, heißt es im »Liebesfrühling« von Nerciat, »daß in diesem Zirkel irgendein Schwindelkopf das Beispiel geben wird, seine Nachbarin auf unanständige Weise zu necken, und daß alle seinem Beispiel folgen und es ihm nachtun werden, so daß bald alle Frauen mehr oder weniger der Plünderung preisgegeben sein werden.«

Obwohl, so muß der Monsieur des 18. Jahrhunderts in seinem »berühmtesten und obszönsten« Werk »Le Diable au Corps« einschränken, »ein Vorschlag, wie der von Tréfoncier gemacht, würde in Deutschland zweifelsohne auf große Schwierigkeiten stoßen, denn die hochgeborene Welt steigt da nicht gerne von ihrem Piedestal herunter«. Aber »in Paris braucht man nicht weit zu laufen, um zu lernen, wie man die Zügel, den Umständen nach, schießen lassen soll«. Der Prälat Tréfoncier, ein Deutscher, »ausschweifend wie ein Offizier«, macht der brünetten Marquise und der pikanten Gräfin von Mottenfeu den Vorschlag, ein Hauskonzert mit anschließender Orgie zu veranstalten, zu der auch noch Philippine und Nicolette, »eine bedeutende Schönheit von etwas männlichem Habitus«, und andere geladen sind – auch die beiden Schwarzen, die junge Zinga und der »gut ausgestattete« Zamor.

So beschreibt Nerciat das petite maison des Prälaten: »Man gewahrt das Innere eines achteckigen, von Wohlgerüchen durchfluteten, von mildem Lichte erhellten, mit unsäglicher Kunst ausgestatteten Gemaches. Die Dekoration läßt alles sehen, was es Geniales und Erlesenstes im schlüpfrigen Geschmack in Malerei und Bildhauerarbeit geben kann. Die einzigen Möbel darin sind ein ungeheures, sehr niedriges, für Liebeskämpfe vorzüglich geeignetes Kanapee und eine Anzahl über einen kostbaren Teppich verstreuter Kissen. Vier prachtvolle Spiegel größten Maßes, von denen je zwei einander gegenüber angebracht sind und bis zum Boden herniederreichen, vervielfältigen alle Gegenstände in des Wortes vollster Bedeutung bis ins Endlose. Etwas weiter entfernt befinden sich zwei geöffnete Kabinette; in dem einen springt eine Fontäne, die das in einem antiken Marmorbassin befindliche Wasser unaufhörlich erneuert; außerdem sind eine Anzahl Toilettengegenstände darin; hier gibt es parfumierte Wäsche, Schwämme, Essenzen, Pomaden, kurz alles, was die verwöhnteste Frau für nötig oder überflüssig halten kann; in dem anderen Kabinett befinden sich die Erfrischungen und Stimulantien, wie Ambrapastillen, ›neapolitanische Teufelchen‹ und andere ›Zündstöcke‹ aus der Fabrik zu Paphos. Es genügt, einen Blick auf diesen Wunderraum zu werfen, um im tiefsten Herzen zu spüren, wie töricht es gewesen wäre, die Wonnen, zu denen er einladet, anderswo zu suchen.«

Das ist der Schauplatz der Orgie. Doch »wo gäbe es einen Maler, der fähig und geschickt wäre, seine Einbildungskraft auf den Ton dieser Wollustszene zu stimmen und imstande wäre, augenblicklich diese zitternde Beweglichkeit festzuhalten! Wo einen Erzähler finden, der wirklich würdig wäre, die Chronik der Welt der Leidenschaften niederzuschreiben und all' die Worte, Ausrufe, das Stammeln, die Seufzer, das tausendmal beredter als Worte klingende Schluchzen wiederzugeben und so die prachtvolle Ausschweifung, in die unsere zehn Freunde untergetaucht sind, wahrheitsgemäß schildern zu können!«. Die Negerin Zinga macht auf dieser Orgie zum ersten Mal die »so süße Bekanntschaft mit weiblicher Liebeskunst. Welch kostbare Entdeckung! Welch unerschöpfliche Quelle der Wollust. Die überglückliche Zinga, von dem Reiz dieser unvergleichlichen neuen Erfahrung völlig berauscht, wälzt sich hin und her, fährt in die Höhe, krallt ihre Finger wie eine wild gewordene Katze in den Stoff der Kissen und stößt in ihrer heimischen Mundart Gott weiß was für Laute aus, die viel bedeuten mögen, die man aber kaum versteht; die Gräfin, der es vollkommen klar ist, wieviel Keuschheit Zingas an der Stärke dieser Wirkung schuld, verliebt sich doppelt heftig in die Negerin, saugt sich an ihr fest und preßt ohne Rücksicht auf den Preußen, der ganz zufrieden ist, da zu sein, wo er sich befindet, aber der jetzt eben abgeworfen wird, ihren Leib gegen den der Schwarzen. Mund auf Mund, Busen auf Busen, Koralle auf Koralle wälzen Ebenholz und Elfenbein sich hin und her, umschlingen sich und haben einen Augenblick lang nur eine Seele... Die zartfühlende Zinga kommt endlich zu sich, nur um zu sagen, sie solle und müsse ihrerseits diese Wohltaten vergelten. Mit der Gewandtheit eines Fisches, der die Welle zerteilt, stiehlt sie sich unter den Körper ihrer feurigen Freundin und gleitet bis zum Eingang von deren kleiner Sonne. Friedrichs unerfahrene Finger sind aus diesem Vorhof verjagt. Die kluge Zinga weiß sogleich, was nötig ist und was sie hier ersetzen soll. Nunmehr liegen alle Schätze der entzückenden Negerin vor den Augen Friedrichs offen da.

Die Hacken unter dem Arsch, die Knie gespreizt, den Körper in die Höhe gehoben, könnte Zinga sich nicht besser hinlegen, um irgendwem die beste Fickgelegenheit zu geben. Friedrich läßt sich eine so vortreffliche Gelegenheit auch nicht entgehen; er macht sich ans Werk und stößt seinen dünnen Minnedorn, dem der Einfall der kleinen Gräfin glücklicherweise nicht die letzte Spannkraft geraubt, an der geeigneten Stelle bis ans Haar hinein. Während Zinga züngelt und ihrer Geliebten einen köstlichen Augenblick verschafft, geht der andere Vetter Friedrichs, geht Georg, der eben aus dem Toilettenzimmer kommt, an ihr vorüber. Obwohl der Blondkopf nichts recht verführerisches aufzuweisen hat, da die Kälte des Wassers seinen sehr hat zusammenschrumpfen lassen, packt die ausgelassene kleine Gräfin ihn dennoch beim Geschlechtsteil, zieht ihn zu sich heran, läßt ihn sich hinsetzen, nimmt das entseelte Spielzeug in den Mund und hält es für eine Ehrensache, es wieder zum Leben zu erwecken. Bei Gott, das ist ein Spiel nach dem Herzen dieser überaus geschickten Frau; sie hat ihn noch nicht zwei Minuten lang bezuzzelt, als er seine ganze Ausdehnung und Straffheit wiedergewonnen. Aber, du reizende Gruppe, ich kann mich nicht mit dir allein befassen«.

Solch »ernsthaftes, kunstgerechtes Ringen, bei dem die Glut und Gewandheit der Kämpfenden fast vergessen läßt, daß sie schon anderswo und heftig gefochten«, beschreibt Nerciat ausführlich und langatmig, über dreißig Druckseiten lang, was die beiden Sexualforscher Dr. Phyllis und Dr. Eberhard Kronhausen allerdings »einen kunstvollen Satzbau und zeitunabhängige Erzähltechnik« nennen.

Man muß es Nerciat halt glauben, daß es nichts Schöneres geben kann, als die aus »bewundernswürdigen Leibern gebildete Gruppe, deren jeder ein vollendetes Bild seiner Farbe wie seines Geschlechtes darstellt« nachzuahmen, die »in allen Lust und Kraft weckt«.

Weiter geht es – in wechselnden Stellungen, in wechselnden

Gruppen mit wechselnden Partnern, Nerciat macht es dem Leser schwer, sich in der Geographie der Leiber und Glieder einigermaßen zurechtzufinden. Der zweifellos praxiserfahrene Autor hätte eines »maître de plaisir« bedurft. De Sade wußte schon, warum er, der große Voyeur, seine Orgien so sorgfältig arrangieren ließ.

»Bringen wir ein wenig Ordnung in unsere Vergnügungen. Man genießt dieselben dann besser, wenn man sie vorher fixiert«, läßt de Sade die 30jährige Äbtissin Délben sagen, ehe sie die 15jährige Euphrosine und die 12jährige Juliette verführt. Auch im dritten Gespräch seiner »Philosophie im Boudoir«, in dem die 15jährige Eugenie in die Mysterien der Sexualität eingeweiht wird, legt de Sade seiner Madame de Saint-Ange die Worte in den Mund: »Lassen Sie uns bitte ein wenig Ordnung in diese Orgie bringen; man braucht sie selbst in Rausch und Schändlichkeit!« Worauf Dolmancé sein Arrangement für das »faire l'amour à trois« trifft: »Nichts ist einfacher, das wichtigste ist, so scheint mir, daß ich mich entlade, während ich diesem Mädchen soviel Lust wie möglich schenke. Ich werde ihm mein Glied in den Arsch stecken, während Sie, in seine Arme gebeut, es wichsen, so gut Sie können; mittels der Haltung, in die ich sie bringe, kann sie es Ihnen vergelten: Sie küssen sich gegenseitig! Nach ein paar Gängen in den Arsch variieren wir das Bild. Ich werde Ihnen in den Arsch fahren, Madame; Eugenie, über Ihnen, Ihren Kopf zwischen den Beinen, bietet mir ihre Klitoris zum Saugen: ich werde sie so ein zweites Mal Samen verlieren lassen. Darauf gehe ich wieder in ihren Anus über; Sie zeigen mir Ihren Arsch anstelle der Scheide, die sie mir geboten hat, das heißt, Sie nehmen, wie Sie es zuvor getan hat, ihren Kopf zwischen die Beine; ich sauge Ihr Arschloch, wie ich ihr zuvor die Scheide gesaugt habe, Sie entladen sich, ich tue desgleichen, während meine Hand, die den Körper dieser reizenden Novize umfaßt, ihr die Klitoris kitzelt, um sie gleichfalls außer sich geraten zu lassen.«

Nach einigen Vorspielen sagt dann Dolmancé als »maître de plaisir« dieses Boudoirs: »Kommen Sie, Eugenie, placieren Sie sich; führen Sie das Bild aus, das ich skizziert habe, und stürzen wir uns alle drei in den wollüstigen Rausch.«

Im fünften Gespräch haben sich zu den drei Personen noch der Bruder der Saint-Ange, Chevalier de Mirvel, und der junge

Gärtner August gesellt, »dessen Glied dreizehn Zoll Länge und achteinhalb Umfang hat«, was in unseren heutigen Maßen ungefähr der beängstigend stattlichen Länge von 34 cm und 22 cm Umfang entspricht. Auch im Verlauf dieser Orgie unterbricht Dolmancé das Spiel mit den Worten: »Warten Sie, ich will diesen Akt arrangieren!«

Und alles geschieht, wie Dolmancé anweist:

»Augustin, lege dich auf den Rand dieses Bettes; Eugenie soll sich in deine Arme legen; während ich sie sodomisiere, wichse ich ihre Klitoris mit der prächtigen Schwanzspitze Augustins, der, um seinen Samen zu sparen, aufpassen soll, daß er sich nicht entlädt; der teure Chevalier, der, ohne etwas zu sagen, ganz sachte wichst, während er uns zuhört, möge sich bitte auf Eugenies Schultern ausstrecken und meinen Küssen dabei seinen schönen Arsch darbieten: ich will ihn von unten wichsen; auf diese Weise werde ich, während ich mein Werkzeug in einem Arsch habe, mit jeder Hand einen Schwanz wichsen können; und Madame, nachdem ich Ihr Gatte war, will ich, daß Sie der meine werden: nehmen Sie den riesigsten Ihrer Godemichés!«

Dolmancé wird nicht nur befriedigt. Er ist auch zufrieden! »Wirklich, es ist ein Vergnügen, euch Bilder vorzuschreiben«, sagte er, »auf der Welt gibt es keinen Künstler, der sie ausführen könnte wie ihr!«

Übersichtlichkeit ist das Prinzip de Sades.

In »Juliette« schildert er eine Orgie im Landhaus der Prinzessin Borghese, Olympia genannt, »dreißig Jahre alt und ebenso geistvoll wie schön«, an der insgesamt 17 Personen beteiligt sind. Schauplatz ist ein einsamer Pavillon: »Wir traten in einen runden Saal ein, um den herum ein Kanapee lief, das nicht höher als acht Zoll und ganz mit Kissen bedeckt war. Die zahlreichen Spiegel an den Wänden machten dieses kleine Zimmerchen zu einem der schönsten Tempel der Venus. Nachdem die jungen Mädchen mehrere mit wohlriechendem Öl angefüllte Lampen angezündet hatten, die mit grünem Gaze verschleiert waren, zogen sie sich zurück.«

Der Leitspruch der Prinzessin lautet: »Schänden wir uns, verkaufen wir uns, seien wir Huren!«

Zuerst vernaschen sich die Prinzessin Borghese und Juliette. Dann werden die fünf Mädchen gerufen. Sie erscheinen »im Zustand vollständiger Nacktheit«, und eine ganze Stunde vergeht

»unter herrlichsten Genüssen«. Die Prinzessin schätzt es, »eine Frau im Taumel der Wollust zu sehen«.

Dann werden die »zehn sechzehn- und zwanzigjährigen Knaben« gerufen. »Ein leichter Schleier umhüllt ihre Glieder auf griechische Art. Auf einen leisen Wink Olympias standen sie nackt da.«

»Sieh erst einmal meinen Vergnügen zu und dann ahme sie nach«, sagt die Prinzessin.

De Sade läßt Juliette die Szene beschreiben: »Nun stellte sich einer der Knaben zum Kopf Olympias und der andere zu ihrer Scham. Vier andere stellten sich gleichfalls in die Nähe des Kopfes und die letzten vier begaben sich zum Bauch. Die ersten zwei jungen Leute kitzelten die Glieder ihrer vier Genossen. Bald war Olympia mit der ausgespritzten Flüssigkeit bedeckt. Sie sprach kein Wort, seufzte nur hie und da, und man konnte bemerken, daß durch ihren Körper ein leichter Schauer rieselte. Nun stürzten sich die beiden Knaben, einer von hinten und einer von vorn, auf Olympia. Der Reihe nach steckten ihr nun die übrigen ihre Glieder in den Mund, sie sog daran und entlud schließlich wie eine Bacchantin.

›Nun‹, fragte sie mich, als sie aufstand, ›bist du mit mir zufrieden?‹ – ›Ja‹, sprach ich, ›gewiß, aber man kann noch bessere Dinge aufführen, und ich will dich davon überzeugen.‹ Die jungen Mädchen wurden nun von mir beauftragt, die Glieder der Knaben wieder zum Stehen zu bringen. Sobald sie wieder in die Luft ragten, steckte ich zwei davon in meine Scheide und eines in meinen Popo, eines leckte ich, zwei steckte ich unter meine Achselhöhlen, ein anderes in meine Haare, zwei andere kitzelte ich mit den Händen und das zehnte ließ ich an meinen Augen reiben, verbot aber die Samenentleerung. Die zehn Knaben mußten untereinander abwechseln, bis jeder in allen Tempeln der Wollust geopfert hatte. Die schönen Knaben übergossen mich mit Samen, und die Borghese mußte zugestehen, daß mein Einfall von größerer Gelehrtheit zeugte wie der ihre.

›Nun wollen wir an das Vergnügen dieser jungen Mädchen denken‹, sprach ich, ›und Kupplerinnen spielen.‹ Wir legten sie also in verschiedenen Stellungen hin und führten jeder zwei junge Männer zu. Das größere Glied wurde immer in den Popo und das kleinere in die Scheide geschoben; wir durchliefen die Reihen und ermunterten die Arbeitenden. Der Hauptgenuß

Olympias bestand darin, die Glieder aus ihren Bahnen herauszuziehen, sie zu lecken und dann wieder hineinzustecken. Manchmal auch, wenn ein Platz frei war, fuhr sie selbst mit ihrer Zunge hinein und verblieb mehr als eine Viertelstunde lang darin. Der, den sie seines Aufenthalts beraubt hatte, vögelte sie während dieser Zeit. Ich war heftiger aufgeregt als sie und feuerte die Kämpfenden durch heftige Schläge auf die Arschbacken oder durch Kitzeln oder durch Züngeln an. Mit einem Wort, es gab gar nichts, was ich nicht erfunden hätte, um die Ausspritzung des Samens zu beschleunigen, die in meinem Hintern stattfand.«

Die von de Sade geschilderten Grausamkeiten und Morde, in denen fast alle seine Orgien gipfeln und meist enden, wurden in den Zitaten dieses Buches bewußt ausgeklammert. Dem französischen Philosophen und Schriftsteller Georges Bataille (1897–1962) folgend, interpretiert sich der Sadismus im Bestreben »den anderen zu ergreifen und zu versklaven, wobei dieser andere für ihn ein Objekt ist«.

Erniedrigung und Beherrschung aber widersprechen dem Prinzip der Befreiung durch Ekstase, Rausch und Orgie.

Wir folgen de Sade dort nicht, wo er in seinem in der »Philosophie im Boudoir« enthaltenen Traktat »Français, encore un effort si vous voulez être républicains«, die »Handlung des Tötens« zu rechtfertigen sucht, weil der Mensch von der Natur die Impulse erhält, »die diese seine Handlung verzeihlich machen können«. Wir folgen ihm dort, wo er in einer utopischen Gesellschaft den Frauen die sexuelle Freiheit in Aussicht stellt: »Nie kann der Akt des Besitzens an einem freien Wesen vollzogen werden; eine Frau ausschließlich zu besitzen, ist ebenso ungerecht wie der Besitz von Sklaven; alle Menschen sind frei geboren, und alle sind gleich in ihren Rechten: nie wollen wir diese Grundsätze außer acht lassen; es kann demnach auch nie einem Geschlecht ein legitimes Recht zuerkannt werden, sich des anderen ausschließlich zu bemächtigen, und nie kann eins dieser Geschlechter oder eine dieser Klassen die andere nach Gutdünken besitzen. Nach dem reinen Naturgesetz kann eine Frau als Motiv der Verweigerung gegenüber dem, der sie begehrt, nicht einmal die Liebe anführen, weil dieses Motiv einen Ausschluß vornimmt und kein Mann vom Besitz einer Frau ausgeschlossen werden kann, sobald offenbar ist, daß sie tatsächlich allen Männern gehört. Der Akt des Besitzens kann nur an einem Gebäude oder an einem Tier vollzogen werden, niemals aber an einem Individuum, das uns ähnlich ist, und alle Fesseln, die eine Frau an einen Mann binden können, sind, wie immer ihr sie euch denken mögt, ebenso ungerecht wie trügerisch.«

Wenn de Sade dem Mann das Recht zuspricht, die Frau zwingen zu können, »sich unseren Wünschen zu unterwerfen« und das Recht, »Gesetze zu erlassen, welche sie zwingen, der Glut dessen nachzugeben, der sie begehrt«, so spricht er vom Recht auf Genuß, nicht vom Recht auf die Frau als Eigentum. »Alle Männer haben also ein gleiches Recht auf den Genuß aller Frauen; nach dem Gesetz der Natur gibt es daher keinen Mann, der ein persönliches und einmaliges Recht an einer Frau beanspruchen kann.« Da aber die Frauen »viel ungestümere Neigungen zu den Freuden der Wollust empfangen haben« als die Männer, sollen sie ihnen »frönen können, soviel sie wollen, absolut ungebunden durch jegliche Ehebande und falsche Vorurteile der Schamhaftigkeit; ich will, daß die Gesetze ihnen erlauben, sich soviel Männern hinzugeben, wie ihnen beliebt; ich will, daß ihnen genau wie den Männern der Geschlechtsgenuß mit allen Geschlechtern und allen ihren Körperteilen erlaubt werde; und unter der besonderen Bedingung, daß sie sich selbst allen hingeben, die dies begehren, müssen sie die Freiheit erhalten, alle jene zu genießen, die sie für würdig befinden, sie zu befriedigen«.

In der 1795 erschienenen Schrift appelliert de Sade an die Frau:

»Achtet keine anderen Gesetze mehr als die eurer Neigungen, keine andere Moral mehr als die der Natur; schmachtet nicht länger in den barbarischen Vorurteilen, die eure Reize verdorren ließen und die göttlichen Impulse eures Herzens gefangenhielten; ihr seid frei wie wir, und der Weg zu den Schlachten der Venus steht euch offen wie uns; fürchtet keine absurden Vorhaltungen mehr: Schulmeisterei und Aberglaube sind zuschanden; man wird euch nicht mehr über eure reizenden Ausschweifungen erröten sehen; mit Myrten und Rosen bekränzt werdet ihr unsere Achtung nur noch im Verhältnis dazu erringen, wie weit ihr sie zu treiben gewagt habt.«

Soche Vorstellungen de Sades waren nur eine Fortführung der Realität des 18. Jahrhunderts.

Da ist »inmitten eines Gartens, so daß die Zusammenkünfte vollkommen mit dem Schleier des Geheimnisses umgeben waren«, das Bordell der Duvergier, Treffpunkt der Libertins von Paris. Sechs Frauen, »aber mehr als dreihundert standen zu ihren Diensten«, sowie zwei Männer und zwei Knaben, »und genügten diese nicht, so hatte sie immer Ersatz in achtzig außer Haus lebenden Männern bereit«. So ist dieses Bordell auch für außergewöhnliche Wünsche bestens geeignet, wie sie beispielsweise der 40jährige Monsieur de Noirceuil hatte, dessen 20jährige Frau »Zeuge seiner Ausschweifung« zu sein hatte. Außer dem Ehepaar Noirceuil sind an der Orgie mit der als jungfräulich verkauften Juliette noch zwei Knaben im Alter von 16 und 18 Jahren beteiligt. Während Madame Noirceuil Juliette entkleidet, »ließ sich Noirceuil von seinen Lustknaben küssen und bearbeitete sie mit den Händen; der eine von ihnen kitzelte ihm den Popo, der andere das Glied. Sobald ich nackt war, führte mich Madame Noirceuil auf Befehl ihres Gatten zu ihm hin, und der Schuft küßte mir die Backen mit wollüstiger Geilheit. Bald befanden sich die beiden Lustknaben, dank den geschickten Händen seiner Gattin, in demselben Zustand wie ich. Noirceuil sowie seine Frau waren nun gleichfalls entkleidet, und der Schuft wählte vorerst niemanden aus, sondern erwies vorerst, unabhängig von dem Geschlecht, jedem Popo dieselbe Huldigung. Nachdem er schließlich genügend erregt war, befahl er seiner Gattin, mich bäuchlings auf das Kanapee zu legen, und nachdem er meinen Hintern zur Erleichterung genügend mit der Zunge befeuchtet hatte, mußte sie sein Glied in meinen Popo einführen. Noirceuil hat, wie Sie wissen, ein Glied, das sieben Zoll im Umfang und elf in der Länge mißt. Infolgedessen konnte ich ihn nur unter ungeheuren Schmerzen empfangen. Trotzdem jedoch drang er bis zu den Hoden hinein, während auf der anderen Seite einer der Freudenknaben in seinem Popo verschwand. Dann ließ der Wüstling seine Frau in derselben Haltung neben mich legen, und nun mußte sie sich denselben Exzessen aussetzen, denen er sich auf meinem Körper hingab. Es war nämlich noch ein Glied frei geblieben, Noirceuil ergriff es, und während er mich bearbeitete, führte er es in den zarten Popo seiner teuren Ehehälfte ein«.

Das berühmteste Bordell in Paris war das Freudenhaus der Madame Gourdan in der Rue des deux Portes mit den verschiedensten Einrichtungen: Mit dem »Serail«, dem Empfangsraum für die Gäste, in dem immer zwölf Mädchen anwesend waren und Wünsche und Preise vereinbart wurden. Das »Piscine« war ein Badekabinett, in dem die Mädchen gebadet, ihre Haut »jung gemacht« wurde. Dort wurde auch mit »Eau de pucelle« bei den jungen Mädchen eine nicht mehr vorhandene Jungfernschaft vorgetäuscht. Das »Cabinet de Toilette« diente dazu, daß sich die Mädchen zwischendurch zurechtmachten. Zum »Sal de bal« gab es durch das Haus eines Kaufmanns in einer Nebenstraße einen geheimen Zugang zum Treffpunkt hochgestellter Herrn und Damen »vornehmer Herkunft«. Im »Infirmerie« wurde versucht, impotenten Kunden durch obszöne Bücher, Bilder und Kupferstiche unter Zuhilfenahme von Dragées wieder Kraft zu verleihen. Das »Chambre de la question« war eine Einrichtung für Voyeure. Durch verborgene Luken konnte man dem Liebesspiel der Paare zusehen. Für Fesselungen und ähnliche Genüsse gab es den »Salon des Vulcan«, der so gelegen war, daß »das durch die Schmerzensrufe, durch Weinen und Schreien verursachte Geräusch auf keine Weise von Aussenstehenden gehört werden konnte«.

In »Gesellschaft von mehreren die Freuden der Wollust zu genießen« nannte Eduard Fuchs in seiner »Geschichte der erotischen Kunst« eine »Spezialität« jener Zeit. »Man bildete sogenannte bandes joyeuses zu gemeinsamer, potenzierter Ausschweifung. Einer solchen bande joyeuse gehörten nach den Polizeiakten an: der Herzog von Fronsac, die Herren Coigny, de Lavaupollière, de Vandreuil und de Persennat. In diesen Kreisen war es eine Zeitlang Mode, bei den galanten Soupers die Maitressen unter sich zu tauschen. Wer sich gegen diesen Brauch sträubte, wurde darüber belehrt, daß dies eines homme supérieur unwürdig wäre. Von besonders vornehmem Geschmack zeugte, wenn ein homme supérieur bei den gemeinsamen Soupers, die er seinen Gästen gab, seine Maitresse nackt teilnehmen ließ, oder nur von durchsichtigem Mousseline umhaucht. War der damalige ›Übermensch‹ aber ein ganz erhabener Geist, so gab er seine Maitresse den ›Phantasien‹ eines jeden einzelnen seiner Gäste preis. Und viele Damen der vornehmen

Gesellschaft waren nach den zeitgenössischen Berichten ganz vernarrt in solche Scherze.

Sehr bald kam man bei diesen infamen Ausschweifungen dahin, daß man folgerte: je größer die Gesellschaft, in der man sich in Ausschweifungen ergeht, um so größer ist die Summe des Genusses für den einzelnen. Das führte zur Gründung zahlreicher geheimer sexueller Klubs.«

Da gab es die halbreligiösen »Chauffeurs«, die untereinander ihre Frauen tauschten. Uneingeschränkter Liebesgenuß war oberstes Gesetz beim Club der »Chevaliers et Nymphes de la Rose«. Die »Großloge« der Mitglieder befand sich in einem petite maison in Paris. Aufnahme fanden nur »Ritter im Alter des Liebens« und »Nymphen in dem Alter, da man gefallen und geliebt werden soll«. Der Logenraum hieß »Liebestempel«. Während ihrer Treffen trugen die Ritter Myrtenkronen, die Nymphen Rosenkronen – und sonst nichts. Selbstverständlich waren alle zum Schweigen über die Vorgänge im Liebestempel und im angrenzenden Hain verpflichtet.

Aus je neunzig männlichen und weiblichen Mitgliedern bestand der »Ordre de la Persévérance«, ein »Orden der Glückseligkeit«, dessen Mitglieder sich alle zwei Wochen zu sexuellen Wettbewerben trafen. Die strenge Hierarchie innerhalb des Clubs orientierte sich an der sexuellen Ausdauer des einzelnen: die Zahl der Ejakulationen und die Zahl der Männer, die eine Frau befriedigen konnten.

Der Berliner Arzt und Sexualwissenschaftler Iwan Bloch hat in seinem »Beitrag zur Kultur- und Sittengeschichte des 18. Jahrhunderts«, dessen erste Auflage 1900 unter dem Titel »der Marquis de Sade und seine Zeit« erschien, eine zusammenfassende Darstellung verschiedener Pariser geheimer Clubs gegeben, »deren Mitglieder sich zum Zwecke des praktischen Studiums der Wollust vereinigten, die ihre ›Tempel‹ hatten mit den Statuen des Priapus, der Sappho und anderer Symbole der geschlechtlichen Lust, ihre besondere Sprache und Erkennungszeichen. Die ›Insel der Glückseligkeit‹ oder ›der Orden der Glückseligkeit‹ oder die Gesellschaft der ›Hermaphroditen‹ war der berüchtigste Liebesklub. Gegründet wurde er vom Herrn von Chambonas. Diese geheime Gesellschaft entlehnte alle Bezeichnungen, alles Ceremoniell und alle Formen dem Seemannsleben und richtete ihre Gesänge und Anrufungen an den heiligen

Nicolaus. ›Maître‹, ›Patron‹, ›Chef d'escadre‹, ›Viceadmiral‹ waren die Namen der einzelnen Grade der ›Ritter‹ und ›Ritterinnen‹, die einen Anker auf dem Herzen trugen und ewige Treue und Verschwiegenheit geloben mußten, wenn sie sich auf die Insel des Glückes führen liessen. In ihren ›mehr als galanten Versammlungen‹ wurden die obscönsten Reden geführt. Ein sehr eifriges Mitglied dieses obscönen Klubs war Moët, der Verfasser des ›Code de Cythère‹ (Paris 1746) und Übersetzer der englischen Schrift ›Lucina sine Concubitu‹. Er verfaßte für seinen Klub das merkwürdige Buch ›L'Anthropophile, ou le Secret et les Mystères de l'Ordre de la Félicité dévoilés pour le bonheur de tout l'univers‹, Arétopolis (Paris) 1746. Es enthält die Regeln und Statuten der Vereinigung, das ›Wörterbuch‹ derselben und Gedichte«.

Als »sehr mysteriös« bezeichnete Bloch »die Gesellschaft der ›Aphroditen‹, die durch einen heiligen Eid, durch häufigen Wechsel der Versammlungsorte ihr Geheimnis zu hüten suchten«.

Nähere Einzelheiten über die »Aphroditen« hat Nina Epton in ihrem Buch »Eros und die Franzosen« mitgeteilt: »Von den ›Aphroditen‹ aufgenommen zu werden, war keineswegs einfach und außerdem sehr kostspielig. Von jedem neuen Mitglied erwartete der Orden ein Beitrittsgeschenk, das seiner finanziellen Gesamtsituation entsprach, während der Jahresbeitrag für Herren 10000 und für Damen 5000 Livres betrug. Man verfuhr unnachgiebig gegen säumige Zahler, die aber fast immer ihrer Verpflichtung nachkamen, sobald ihnen der Ausschluß drohte. Sie ließen lieber sämtliche anderen Schulden anstehen, als daß sie sich die unvergleichlichen Genüsse versagten, die dieser einzigartige Klub ihnen bot.

Die Jünger der Aphrodite besaßen einen wunderbaren ›Landsitz‹ in der Nähe von Montmorency mit Gärten, die eigens für den amourösen Zeitvertreib entworfen waren. Eine hohe Mauer schloß das Gelände gut von der Außenwelt ab. Im Inneren war es geschickt in Gehölze, Gebüsche, Irrgärten und Gruppen von Pavillons aufgeteilt. Das Hauptgebäude oder ›Stift‹ (Hospice) war im Stil eines kleinen Landhauses erbaut. Das Speisezimmer imitierte ein Wäldchen, dessen gemalte Zweige sich zu einem blauen Himmelsgewölbe aus Glas emporrankten. Die Rasenflächen, Baumstämme, Marmorbalustraden waren so raffiniert angelegt, daß die Gäste den Eindruck hatten, in den Gärten eines Schlosses zu dinieren.

Eine große, von Säulengängen flankierte Rotunde war für besondere Zusammenkünfte reserviert. In der Mitte befand sich ein von steinernen Liebesgöttern beiderlei Geschlechts umgebener Altar. Eine Anzahl mit rosa Taft ausgeschlagener und mit silbrigen Gazevorhängen abgeschlossener Logen diente intimen Liebesbegegnungen, und jede Loge war mit kunstvoll angebrachten Gucklöchern versehen.« Nina Epton berichtet weiter, daß die Zahl der Mitglieder »auf zweihundert Eingeweihte der Aristokratie und der hohen Geistlichkeit begrenzt« war. »Die Bewerber mußten sich einer schwierigen Prüfung in der Liebe unterziehen, die drei Stunden dauerte und von unbestechlichen ›Würdenträgern‹ überwacht wurde, die den Siegern eine Krone überreichten. Wer innerhalb der drei Stunden nicht sieben Kronen errang, erfreute sich keiner hohen Achtung. Die Aufnahmezeremonie war eine großartige Angelegenheit und endete in einer Orgie, die einem römischen Bacchanal nicht nachstand.«

Ein weibliches Mitglied der »Aphroditen« hat zwanzig Jahre lang ein Tagebuch über ihre Begegnungen geführt und insgesamt 4959 »galante Rendezvous« vermerkt – mit zwei Onkeln, zwölf Vettern, 47 Negern, 93 Rabbinern, 117 Kammerdienern, 119 Musikern, 272 Prinzen und Prälaten, 288 Bürgerlichen, 342 Finanzleuten, 420 Herren der Gesellschaft, 439 Mönchen, 929 Offizieren und 1614 Ausländern.

Eine weitere geheime pornologische Gesellschaft war ein Tribaden-Club, die »Secte Anandryne«. Basierend auf den Berichten des Mathieu François Pindanzat de Mairobert (1727–1797) im »L'espion anglais« des Jahres 1784 schildert Iwan Bloch das Ritual dieser Sekte und den »Tempel der Vesta«: »In der Mitte des ›Tempels der Vesta‹ befand sich ein Saal von runder Form, der durch eine Glasdecke von oben und von den Seiten Licht empfing. Eine kleine Statue der Vesta befand sich im Saale. Die Göttin war dargestellt, als ob sie, die Füsse auf einen Globus gestützt, majestätisch in die Versammlung herabstiege, um ihr zu präsidieren. Sie schwebte ganz in der Luft, ohne daß dies Wunder die Eingeweihten überraschte.

Um dieses Heiligtum der Göttin zog sich ein schmaler Korridor, in dem 2 Tribaden während der Versammlung auf und ab gingen und alle Zugänge bewachten. Dem aus zwei Flügelthüren bestehenden Eingang gegenüber befand sich eine schwarze Marmortafel mit goldenen Versen, zu beiden Seiten Altäre mit dem vestalischen Feuer. Neben dem vornehmsten Altar stand die Büste der Sappho, der Schutzheiligen des Tempels, der ältesten und berühmtesten Tribade; neben dem anderen Altar die von Houdon angefertigte Büste der Mademoiselle (alias Chevalier) d'Eon, der ›berühmtesten neueren Tribade‹. Rund umher an der Wand standen die Büsten der von Sappho besungenen griechischen Tribaden, der Thelesyle, Amythone, Kydno, Megare, Pyrrhine, Andromeda, Cyrine usw. In der Mitte des Saales stand ein großes Ruhelager von mehr rundlicher Form, auf dem die Präsidentin und ihre Schülerin ruhten. Ringsherum saßen nach türkischer Sitte auf kleinen viereckigen Fusspolstern die einzelnen tribadischen Paare ›les jambes entrelacées, chaque couple composée d'une mère et d'une novice‹, oder nach mystischer Terminologie eine ›Incuba‹ und eine ›Succuba‹. Die Wände des Saales waren mit hunderten Reliefs geschmückt, welche die verschiedenen geheimen Teile des Weibes darstellten.«

Dann werden die Aufnahmeriten geschildert: In Anwesenheit der Priesterinnen werden die Novizen, Desirantes genannt, entkleidet und genauen Prüfungen unterzogen, ob sie von den 32 erforderlichen körperlichen Reizen und Vorzügen mindestens die Hälfte besitzen. Das Ergebnis wird durch Abstimmung erzielt. Nach Verkündung des Resultats muß die Novize den Eid ablegen, »nie mit Männern zu verkehren und nie die Mysterien der Versammlung zu verraten«.

Eine Aufnahmerede der Präsidentin Françoise Clairien, genannt Raucourt (1753–1815), Schauspielerin der »Comédie Française«, umreißt den Ursprung der Sekte und hebt die Vorzüge und Freuden lesbischer Liebe hervor. »Die Tribadie hinterläßt keine Reue und ist die ›sauve-garde‹ unserer jungen Mädchen und Witwen, sie vermehrt unsere Reize, erhält sie länger, ist der Trost unseres Alters, wenn kein Mann uns mehr will, eine wirkliche Rose ohne Dornen durch das ganze Leben.« Danach folgt ein Bankett, »wobei die ›feinsten Weine‹, besonders griechische getrunken, heitere und sehr wollüstige Lieder gesungen wurden, meist aus den Werken der Sappho. Als alle berauscht waren und ihre Leidenschaft nicht mehr zügeln konnten, wurde das Feuer im Sanctuarium wieder angezündet, die Wächterinnen wurden wieder aufgestellt, und eine wilde Orgie nahm ihren Anfang..., den beiden Heldinnen, welche am längsten die ›Liebesstürme‹ ausgehalten hatten, winkte als Belohnung eine goldene Medaille mit dem Bilde der Vesta und den Bildern und Namen der beiden Heldinnen«.

Von einem geheimen Päderasten-Club in Paris hatte schon Bussy-Rabutin 1688 in der erweiterten zweibändigen Ausgabe seines Buches »La France galante ou Histoire amoureuses de la cour sus le règne de Louis XIV.« berichtet, gegründet vom Herzog von Grammont, dem Malteserritter de Tillaret, Prinz Conti und Marquis de Béran. Auch der Intendant des Hoforchesters und Hofballetts, der Komponist Jean-Baptiste Lully (1632–1687), soll dem Klub angehört haben. Die drei Gründungsmitglieder, die sich als »Großpriore« bezeichneten, unterzogen die Novizen einer gründlichen körperlichen Prüfung. Bloch schreibt: »Enthaltsamkeit vom Weibe war streng vorgeschrieben. Jedes Mitglied mußte sich den ›rigueurs du Noviciat, qui durerait jusques à ce que la barbe fut venue au menton‹ unterwerfen. Wenn einer der ›Brüder‹ sich verheiratete, mußte er die Erklärung abgeben, daß dies wegen der Regelung seiner Vermögensverhältnisse geschehe, oder weil ihn seine Eltern dazu gezwungen hätten, oder weil er einen Erben hinterlassen müsse. Zugleich mußte er schwören, niemals seine Frau zu lieben, und nur so lange bei ihr zu schlafen, bis er einen Sohn bekäme. Er bedurfte für dieses Beisammensein noch einer besonderen Erlaubnis, die ihm nur einmal wöchentlich gewährt wurde. Man teilte die Brüder in vier Klassen, damit jeder Grossprior einen wie den anderen besitzen konnte. Diejenigen, welche in den Orden eintreten wollten, wurden nach der Reihe von den vier Grosspriore erprobt. Strenges Stillschweigen über die Vorgänge in diesem Paederastenklub war geboten, nur diejenigen, die der Neigung zur griechischen Liebe verdächtig waren, durften mit Vorsicht eingeweiht werden. Die paederastischen Orgien fanden in einem Landhause statt. Die Teilnehmer trugen bei denselben zwischen Rock und Hemd ein Kreuz, auf welchem in Relief ein Mann dargestellt war, der eine Frau mit Füssen trat!«

Die 30jährige Äbtissin Délben des Klosters Panthemont, in dem de Sades Juliette erzogen wird, sagt: »Die obersten Grundsätze meiner Philosophie bestehen darin, der öffentlichen Meinung zu trotzen.« Und zu den Grundsätzen ihrer Philosophie gehört es, das, was die öffentliche Meinung »Laster« nennt, nicht zu unterdrücken, »da sie das einzige Glück unseres Lebens sind. Man muß sie nur mit einem solchen Mysterium umgeben, daß man niemals ertappt wird«.

Bei de Sade findet sich die ausführliche Schilderung eines geheimen Klubs, »offenbar nach den ihm bekannten Vorbildern entworfen«, wie Bloch schreibt, »Gesellschaft der Freunde des Verbrechens« genannt.

In den Statuten dieser Gesellschaft heißt es: »Die Gesellschaft gebraucht das Wort Verbrechen gemäß der gangbaren Redeweise, doch erklärt sie, daß sie keinerlei Tat für ein Verbrechen hält... Die Person, welche aufgenommen werden will, muß jeglicher Religion, welcher Art sie auch sei, entsagen... Die Gesellschaft zerstört alle Banden der Ehe und vermischt die des Blutes, die Wollust in den Räumen der Vereinigung kennt keinen Unterschied. Man ergötzt sich an der Frau des Nachbarn, wie an seiner eignen, seinem Bruder, seiner Schwester, seinen Kindern, seinen Enkeln, sowie an der der anderen. Der kleinste Widerstand gegen diese Regeln wird mit Ausschließung gestraft.

Ein Mann muß auch seine Frau, ein Vater seine Kinder, ein Bruder seine Schwester usw. aufnehmen lassen... Während der Stunden, die der Wollust gewidmet sind, müssen alle Brüder und Schwestern nackt sein. Sie mischen sich und genießen ohne Unterschied, und niemals darf sich ein Mitglied durch eine Weigerung der Lust eines anderen entziehen. Der Gewollte muß sich zu allem hergeben, muß alles tun. Hat er doch im nächsten Moment dieselben Rechte... In der öffentlichen Versammlung ist keine Grausamkeit gestattet, mit Ausnahme der Rute auf den Hintern. Für die wilden Lüste gibt es Serails, angebaut an die Gesellschaft, und dort kann man ihnen freien Lauf lassen. Aber unter Brüdern soll es nur schwelgerische, süße Lüste geben.«

Die Statuten umfassen 45 Punkte und sehen alle nur erdenklichen Formen, auch Mord für 100 Franc pro Kopf, und Nekrophilie »in einer Stille wie in den Eingeweiden der Erde« vor. »Wollust, Ausschweifung, Gottlosigkeit, Gemeinheit, alle Auswüchse des Lasters und der Schwelgerei sollen in den Versammlungen thronen«, aber die »Todesstrafe trifft alle die, welche Geheimnisse der Gesellschaft verraten«.

Das Haus der Gesellschaft lag »in einem der entlegensten und menschenleersten Viertel von Paris«. Als Novize betritt es Juliette in Begleitung ihrer Patin Clairvil: »Clairvil mußte sich sofort nackt ausziehen, ich sollte mich erst während der Zeremonie entkleiden. Das Lokal schien mir prächtig und herrlich beleuchtet. Ich trat ein. Eine sehr schöne Frau von fünfunddreißig Jahren präsidierte. Sie war nackt. Großartig frisiert. Diejenigen, welche sie umgaben, waren auch nackt, zwei Männer und eine Frau. Mehr als dreihundert Leute waren schon versammelt, natürlich auch nackt. Man liebte, onanierte, peitschte sich gegenseitig, man schleckte sich und trieb Sodomie, man ergoß, und alles dies in der größten Stille. Man hörte kein anderes Geräusch als das unbedingt nötige. Manche spazierten zu zweien oder einzeln. Viele beobachteten die anderen und geilten sich mit Wollust an den Gruppen. Es gab verschiedene Kombinationen, mehrere von acht bis zehn Personen, Männer mit Männern, Frauen mit Frauen. Mehrere Frauen mit zwei bis drei Männern und umgekehrt. Wohlriechende Parfums brannten in großen Vasen und hüllten alles in berauschende Dämpfe ein, welche uns auch gegen unseren Willen in wollüstige Lässigkeit versenken mußten.«

Dann folgt die Prüfung und Beurteilung. Mit sexuellen Spielereien vergeht die Zeit bis zum festlichen Souper.

»Ich machte einen kleinen Rundgang im Saal und habe bemerkt, daß die ausschweifendste Phantasie nicht in ihrer Laune die Bilder der Unzucht gebären könnte, als ich an eigenartigen Stellungen und bizarren Launen, Mannigfaltigkeit des Geschmackes und der Neigung zu sehen bekam.« Zweihundert Personen nehmen an dem Souper teil. Dann »von den fremdländischen Weinen und den trefflichen Speisen angefacht, waren die Orgien nach dem Souper noch üppiger als früher. Es gab einen Moment, wo alle Mitglieder nur eine einzige Gruppe bildeten. Da gab es keine Handelnden und keinen Duldenden. Und man hörte nichts als Seufzer und den Schrei der befriedigten Wollust«.

»Kein Teil meines Körpers«, sagte Juliette, »blieb unberührt.«

1904 erhielt Iwan Bloch von einer 12 Meter langen und 11 Zentimeter breiten, eng beschriebenen Rolle Kenntnis, die für eine »hohe Summe« an einen deutschen Bibliographen verkauft wurde. Es war das Manuskript von »Die 120 Tage von Sodom oder Die Schule der Ausschweifungen«, das de Sade während seiner Haft in der Bastille am 22. Oktober 1785 begonnen und dessen detailliertes Konzept er 37 Tage später beendet hatte. Ein Katalog sexueller Exzesse von insgesamt 600 Möglichkeiten der Orgie und der Perversitäten. Im Anfangskapitel entwirft de Sade auch hier wieder das Modell einer »Bruderschaft des Lasters«, die von dem Herzog von Blangis, von einem Kirchenfürsten, einem Richter und einem Finanzier auf dem Landsitz des Herzogs eingerichtet wird. Auch dieses Modell basiert in seinen Grundzügen auf den Realitäten »jener Epoche des französischen Reiches, in der die meisten jener geheimen Reichtümer, die eine Schwelgerei und Ausschweifung gebaren, so geheim und verschwiegen wie sie selbst« waren, wie de Sade schreibt. »Man gab jede Woche regelmäßig gemeinsame Soupers in vier verschiedenen Landhäusern, die jeweils in vier verschiedenen Außenbezirken von Paris lagen. Das erste dieser Soupers, einzig den Wonnen der Päderastie gewidmet, erlaubte nur Männern den Zutritt. Dort sah man stets sechzehn junge Männer zwischen zwanzig und dreißig Jahren, deren immense Fähigkeiten unsere vier Helden – diesmal als Frauen – die höchste Sinnenlust kosten ließ. Sie wurden nur nach der Stattlichkeit des Penis ausgesucht, und es war fast zu einer Unerläßlichkeit geworden, ein Glied von solcher Mächtigkeit zu haben, daß es niemals hätte in eine Frau eindringen können. So wollte es eine sehr wesentliche Vorbedingung. Und da man in puncto Kosten nicht sparte, kam es nur selten vor, daß dieselbe nicht erfüllt wurde. Aber um alle Freuden zugleich genießen zu können, gesellte man zu diesen sechzehn, die man sich zum Manne nahm, eine gleiche Anzahl Knaben, die entschieden jünger waren und die Stelle der Frauen einnehmen sollten. Sie wurden im Alter zwischen zwölf und achtzehn Jahren gewählt und mußten, um zugelassen zu werden, eine Jugendfrische, ein Aussehen, einen Charme, eine Figur, eine Unschuld und eine Offenherzigkeit besitzen – vorzüglicher als alles, was unser Pinsel malen könnte. Keine Frau durfte bei diesen Männerorgien zugegen sein; exerziert wurde alles was in Sodom und Gommorrha je an Ausschweifungen erdacht worden ist.

Das zweite Souper war nur Mädchen aus feinem Hause geweiht, die wegen der Summen, die man ihnen zahlte, gezwungen waren, auf ihr stolzes Gehabe und die gewohnte Arroganz ihres Auftretens zu verzichten und sich den ausgefallensten Launen, ja sogar Kränkungen preiszugeben, die ihnen unsere Libertins gerne zufügten. In der Regel waren es zwölf. Da aber Paris nicht genügend Auswahl in dieser Kategorie bieten konnte, wechselten diese Abende mit anderen, zu denen nur ebenso viele rechtschaffene Ehefrauen Zutritt hatten, Damen comme il faut aus der Schicht der Justizbeamten und Offiziere. In Paris gibt es mehr als vier- bis fünftausend Frauen in diesen beiden Ständen, die durch Not oder Verschwendung dazu gezwungen werden, an dieser Art von Festen teilzunehmen. Sie zu bekommen, war nur eine Frage des Geldes, und unsere Libertins, reichlich damit versorgt, fanden oft wahre Wunder in eben diesen Kreisen. Denn was half es, eine biedere Frau zu sein, wenn man sich allem unterwerfen mußte. Die Wollust, die keine Grenzen kennt, wurde besonders dann erregt, wenn es galt, diejenigen zu Wiederlichkeiten und Beschmutzungen zu nötigen, welche durch eigenes Wesen und gesellschaftliche Konvention eigentlich vor solchen Prüfungen bewahrt sein sollten. Man ging hin, mußte alles mitmachen, und da unsere vier Übeltäter sämtliche Neigungen des wüstesten Erzlasters besaßen, bedeutete die unerläßliche Ergebung in all ihre Wünsche keine Kleinigkeit.

Das dritte Souper war den verworfensten und schmutzigsten Kreaturen bestimmt, die man sich nur denken kann. Wer die Abwege des Lasters kennt, dem wird eine solche Raffinesse ganz natürlich erscheinen; es ist sehr luststeigernd, sich sozusagen in der Gosse mit ihrem Abschaum zu suhlen; man kann sich so am zwanglosesten gehen lassen, scheußlich und gemein sein, wie man will, auf jede Würde verzichten; und diese Freuden, verglichen mit den Genüssen des vorangegangenen Abends und den distinguierten Frauenzimmern, die sie verschafften, gaben sowohl dem einen wie dem anderen Exzeß seine rechte Würze. Weil hier das Laster auf seinem tiefsten Punkt angelangt war, wurde nichts ausgelassen, um es so vielfältig und reizvoll wie möglich zu gestalten. Hundert Huren fanden sich im Laufe von sechs Stunden ein und nicht alle kamen heil davon. Aber greifen wir nicht vor; dieses Raffinement führt uns zu Details, bei denen wir noch nicht sind.

Das vierte Souper war für Jungfrauen reserviert. Man nahm sie nur im Alter zwischen sieben und fünfzehn Jahren. Ihre Herkunft war ohne Interesse, wichtig war nur ihr Aussehen: sie sollten bezaubernd sein und hinsichtlich ihrer Unberührtheit über jeden Zweifel erhaben. Unglaubliche Verfeinerungen der Libertinage! Es handelte sich nicht darum, all diese Rosen zu brechen; wie hätte man es auch können, da sie stets zu zwanzig angeboten wurden und von unseren Libertins nur zwei fähig waren, jenen Akt zu vollziehen... Ungeachtet dessen mußten die zwanzig Debütantinnen vollzählig zugegen sein, und jene, die unbeschädigt davonkamen, wurden vor den Augen unserer Freunde die Beute gewisser ebenso verdorbener Diener, die aus mehr als einem Grunde stets den Anhang der vier bildeten.

Unabhängig von diesen vier Abenden soupierte man jeden Freitag im geheimen unter sich; die Zahl der Anwesenden war sehr viel kleiner, die Kosten sicherlich weitaus größer. Man begnügte sich diesmal mit vier jungen Fräulein von Rang, die ihren Eltern mit List und Geld entlockt worden waren. Die Ehefrauen unserer Libertins nahmen fast immer an dieser Orgie teil, denn ihre äußerste Willfährigkeit, Fürsorge und Beflissenheit machten den Abend interessanter.«

Das letzte Werk von de Sade, das noch zu seinen Lebzeiten, allerdings anonym, erschien, beschäftigte sich mit der Figur der Isabella von Bayern (1371–1435): »Histoire secrète d'Isabelle de Bavière, reine de France.« Als 24jähriger hatte de Sade die mittelalterlichen Manuskripte in der Sammlung des Kartäuserklosters von Dijon gefunden. Die Figur der sinnlichen und grausamen Frau, die 1387 Karl VI. (1380–1422) heiratete und damit Königin von Frankreich wurde, faszinierte de Sade. Unmittelbar nach ihrer Hochzeit hatte die 16jährige Königin ihren um ein Jahr jüngeren Schwager Ludwig von Orléans verführt und es auch verstanden, dessen Gattin Margaretha für Triolen zu gewinnen. Zwölfjährige Knaben, Söhne aus adeligen Häusern, waren ihre Pagen. Zwölfjährige Mädchen wurden von ihr zu Hofdamen erzogen. Die Defloration dieser Mädchen besorgte einer der Liebhaber von Isabella – und sie selbst sah dabei zu.

Die Pagen waren ihr Spielzeug. Bei dem kleinsten Vergehen befahl die Königin den Pagen zu entkleiden und mit gespreizten Beinen und ausgebreiteten Armen festzubinden. Mit einer Lederpeitsche wurde dann so lange sein Glied geschlagen, bis es erigierte. Eine Hofdame mußte dann, vor dem nackten Pagen kniend, Fellatio ausüben.

In Vincennes gründete Isabella den »Cours amoureuses«. De Sade schreibt darüber: »Dort wurden nur unanständige Dinge getrieben. Zu dieser skandalösen Gemeinschaft gehörten Theologen, Doktoren, Hofherren, Vikare, Kaplane und die Ehefrauen höchster Fürsten mit ihren Hofdamen. Es war eine monströse Versammlung. Isabella versuchte, ein Gegenstück zum ›Cour d'amour‹ in Avignon zu schaffen. Diesen Hof in Avignon hatte einst die Fürstin Laura geführt, und Petrarca hatte an ihrem Hof gelebt und gedichtet. Vincennes aber war nichts als ein unreiner Tempel.« Isabella und ihre Hofdamen trugen dort die Tracht von Prostituierten – oder sie waren völlig nackt. In Vincennes konnte Isabella, heißt es bei de Sade, »das wüste, liederliche Leben führen, das sie liebte. Sie dachte sich immer neue schändliche Spiele aus«.

De Sade schrieb: »Sie besaß alle Laster und wog sie durch keine Tugend auf.«

Am 2. November 1814 starb der Marquis de Sade. In seinem 1782 geschriebenen Dialog zwischen einem Priester und einem Sterbenden sagt dieser: »Die ganze menschliche Moral ist in diesem einzigen Satz enthalten: ›Mache die anderen genauso glücklich, wie du selbst es zu sein wünschst, und füge ihnen niemals mehr Böses zu, als du selbst von ihnen ertragen möchtest.‹

Das sind, mein Freund, die einzigen Grundsätze, die wir befolgen sollten, und es bedarf weder einer Religion noch eines Gottes, um diese Grundsätze richtig zu finden und sie zu billigen; dazu bedarf es nur eines guten Herzens.«

Und: »Die Wollust war immer die liebste von allen Freuden; ich habe sie mein ganzes Leben lang heilig gehalten, und ich habe mein Leben in ihren Armen beschließen wollen: Mein Ende ist nahe; sechs Frauen – schöner als der Tag – sind in jenem benachbarten Zimmer; ich habe sie mir für diesen Augenblick vorbehalten.«

Er läutet. Die sechs Frauen treten ein.

Der Sterbende genießt noch einmal das Schau-Spiel...

MISZELLEN

In Deutschland eine Orgie zu veranstalten, hatte Andréa de Nerciat 1787 geschrieben, würde »zweifelsohne auf Schwierigkeiten stoßen, denn die hochgeborene Welt steigt da nicht gerne von ihrem Piedestal herunter«.

Dennoch erzählt man von erotischen Gartenfesten Friedrich Augusts von Sachsen (1670–1733), die er für die Gräfin Maria Aurora von Königsmarck (1662–1728) veranstaltete, mit ihm als Pan unter zahlreichen kaum bekleideten Nymphen.

Man erzählt auch von der »Garde der Tulpenmädchen« des Markgrafen Karl Wilhelm von Baden (1709–1738) auf seinem Schloß Karls-Ruhe. Insgesamt 160 Mädchen bedienten ihren Herrn bei Tag und vor allem nachts, einzeln, zu zweit und in Gruppen.

Man erzählt von dem Lustgarten des Grafen Albert von Hoditz auf seinem mährischen Gut in der Nähe von Troppau, wo die aus Brünn und Umgebung zusammengefangenen Mädchen als Nymphen im Evaskostüm die Besucher des Grafen und ihn selbst ergötzten.

Man erzählt von der »Eremitage« des Markgrafen Georg Wilhelm von Bayreuth, wo die Brüder und Schwestern Eremiten einander bewirteten und liebten, zu zweit und zu mehreren.

Man erzählt von einer Theateraufführung am Hof zu Hannover während des Karnevals 1702, wo die preußische Königin Charlotte »originalgetreu«, also nackt, im »Gastmahl des Trimalcho« von Petronius Arbiter auftrat. Die Gäste des Hofes hatten Gelegenheit »originalgetreu« der Entjungferung der kleinen Pannychris durch den Knaben Giton beizuwohnen und zu sehen, wie »Quartilla bei der Lüsternheit der übermütigen Gesellschaft Feuer fing«. Eine andere Szene, die Arbiter schildert, diente als burleske Einlage.

Eumolpus bestimmte »das Mädchen, auf seiner empfohlenen ›Güte‹ Platz zu nehmen, und sagte anderseits zu Korax, er solle unter das Bett kriechen, auf dem er selber lag, solle die Hände auf den Estrich stützen und mit den eigenen Lenden seinen Herrn in Bewegung setzen. Der kam dem Befehl geruhsam nach, und das Mädchen war geübt genug, um im gleichen Rhythmus Gegendienst zu leisten. Als nun die Geschichte so weit war, daß das Ziel winkte, brachte Eumolpus Korax in Schwung, indem er laut rief, er solle mit Ruckzuck arbeiten. So vergnügte sich der alte Herr in seiner Lage zwischen Diener und Freundin wie auf einer Schaukel. Unter ungeheurem Gelächter, an dem er selber teilnahm, hatte Eumolpus dies einmal und noch einmal gemacht«.

Man erzählt von erotischen Ballettvorführungen am Hofe Karl Alexanders von Württemberg mit anschließender Beteiligung des Publikums, und auch von einem kleinen Theater der Gräfin Wilhelmine von Lichtenau (1753–1820) in ihrem Berliner Palais »Unter den Linden«. Kleine Singspiele standen auf dem Programm – sie waren für die Hofgesellschaft bestimmt. Für König Friedrich Wilhelm II. (1744–1797), König von Preußen, und seine engsten Freunde gab man pornographische Stücke mit der Gräfin von Lichtenau als Protagonistin und willigen Mädchen als Mitspielerinnen. Nach der Vorführung wurde das Schauspiel im »Schwarzen Kabinett« des Palais fortgesetzt.

Als Beispiel für solche Aufführungen zitiert Eduard Fuchs »aus dem Szenarium eines deutschen Spiels« mit dem Titel »Diana und Aktäon«:

»Diana kam mit sechs Nymphen in hermetischer Kleidung mit Bogen und Köchern hervorgetanzt. Während des Tanzes nahmen die Nymphen das Jägergerät von Diana, hängten es an die um einen Wasserteich stehenden Bäume, entkleideten die Göttin und sich selber völlig nackt und sprangen nach allerhand Stellungen, Umarmungen, Reigenschlingen und Abwechslungen in das Wasser, um zu baden.

Gleich darauf kam Actäon in Jägertracht mit sechs großen englischen Hunden hereingetanzt. Als er sich im Tanze der Diana im Bade mit verliebter Miene nahte, erhob sich Klatschen und Platschen der im Wasser tanzenden Nymphen, die sich gleichsam in zierlicher Unordnung versteckten und ihre Göttin deckten. Darüber bekam Actäon plötzlich einen Hirschkopf, so daß er splitternackt da stand, und hernach begannen sich die Hunde gegenseitig die Haut vom Leibe und die Larven vom Kopfe zu reißen, so daß sich die englischen Doggen in nackte Cavaliers verwandelten. In vollem Tanz und mit einem Sprung eilten sie zu Diana und den Nymphen in das Wasser und genossen beim Schall der Musik untereinander vermischt das höchst angenehme Bad und andere fleischliche Üppigkeit nach genüge.«

Es scheint unwahrscheinlich, daß bei kleinen Bühnen die technischen Möglichkeiten für derartige Schau-Spiele ausreichten. Aber Spielvorlagen gab es genug. Sowohl in Szenen der griechischen und römischen Mythologie, als auch in Lukians »Hetärengespräche«, deren deutsche Übersetzung von Christoph Martin Wieland (1733-1813) im Jahr 1788 in Leipzig erschienen war. 1792 lag auch die deutsche Ausgabe von Nicolas Choriers »Frauenzimmerschule oder Die Dialoge der Luisa Sigea« vor – um nur zwei Titel zu nennen.

In Allendorf an der Werra, wenige Kilometer von Kassel entfernt, siedelte sich um 1700 eine Sekte an, deren Vorsteherin »Mutter Eva« ihren Anhängern predigte, daß die Geschlechtslust nicht getötet werden könne, indem »man ihr alle Befriedigung versagt, sondern daß man in der angemessenen Befriedigung die Erhöhung derselben suchen muß«. Eva von Buttlar (1670-1717), eine ehemalige Hofdame vom Hofe von Sachsen-Weimar-Eisenach, war die »Mutter Eva« der Sekte, die sie zusammen mit dem Theologen Winter, dem Arzt Appenfeller und zwei Fräulein von Kallenberg gegründet hatte. Eva von Buttlar war der »Teich Bethseba, worinnen sich alle baden mußten, welche da wollten seelig werden«. So vögelten die männlichen Anhänger der Sekte während der Gottesdienste mit ihr – und »Gottvater« Winter und »Gottessohn« Appenfeller bedienten unterdessen die Damen der Sekte. Damit aber der »neue Messias« nicht etwa irrtümlicherweise von einer »Unwürdigen«, sondern nur von Mutter Eva selbst geboren werden konnte, wurden allen Frauen der Sekte die Eierstöcke zerquetscht, um sie unfruchtbar zu machen.

1704 wies man die »Buttlarsche Rotte« aus Allendorf aus. Sie zogen weiter nach Saßmannshausen. 1706 schließlich verboten die Behörden die Sekte und verhafteten Eva von Buttlar und ihre Helfer Winter und Appenfeller. Später soll sich die »Buttlarsche Rotte« in Altona aufgelöst haben. Den Gedanken aber, durch Abtötung des Schamgefühls die paradiesische Unschuld wiederzugewinnen, griffen mehr als hundert Jahre später die beiden Königsberger Pastoren Dr. Johann Wilhelm Ebel (1784-1861) und Heinrich Diestel mit ihrer »Seraphinen-Gemeinde« wieder auf. 1841 wurden Ebel und Diestel angeklagt, Nacktgottesdienste abgehalten und mit ihren »Seelenbräuten« Polygamie betrieben zu haben. Nach den Ausführungen von Charles

Waldemar in seinem Buch »Magie der Geschlechter« ergaben die mündlichen Aussagen laut den Prozeßakten folgendes: »Die Gemeinde traf sich in privaten Zusammenkünften entweder in der Wohnung Ebels oder jeweils auf den Schlössern der Gräfin Ida und der Gräfin Kaunitz; das Ziel dieser Zusammenkünfte war vor allem darauf gerichtet, die sittliche Widerstandskraft der Männer zu stärken durch entsprechende Prüfungen. Aus diesem Grunde hatte bei den Versammlungen stets eine der schönsten Frauen Arm, Fuß und auch den Busen zu entblößen. Diese Schöne wurde dann mit dem Namen ›Frau Welt‹ angeredet. Im Laufe des Abends wies Ebel verschiedentlich auf sie hin als die personifizierte Versuchung, mit der Satan die Männer zu Fall bringen will. Um die Geschlechtsliebe nun im fortwährenden Seelenfeuer zu reinigen, ging Ebel so weit, im intimsten Kreis seiner besonders ›Erwählten‹ zu Entblößungen zu schreiten; durch den Anblick der Geschlechtsteile sollte das Gemüt der Frommen geläutert und gestählt werden; zuletzt wurde bei den Versammlungen von einem Paar ›Wiedergeborener‹ der Coitus ausgeführt und jeweils von Ebel als eine göttliche Handlung proklamiert. Während das erwählte Paar sich in höherer Vereinigung fand, übten die anderen Teilnehmer den ›Seraphenkuß‹, wie der Zungenkuß zwischen den Erwählten genannt wurde.«

Der Prozeß erregte größtes Aufsehen, lief durch zwei Instanzen – da aber sämtliche Mitglieder schwiegen, blieb von der ganzen Anklage nur eine Art seelische Beratung in sexuellen Fragen übrig. Das reichte zwar aus, um die beiden Pastoren zu suspendieren – nicht aber, um sie zu verurteilen.

Der deutsche Lyriker Heinrich Heine (1797–1856) schrieb über die Sekte Ebels: »Sie huldigen der Lehre, daß es nicht hinreichend sei, sein Leben ohne Sünde zu verbringen, sondern daß man auch mit der Sünde gekämpft und ihr widerstanden haben müsse; der Sieger, und sei er auch mit Sündenwunden bedeckt, wäre gottgefälliger als der unverwundete Rekrut der Tugend, der nie in der Schlacht gewesen. Deshalb, in ihren Zusammenkünften oder auch in einem Tête-à-tête von Personen beider Geschlechter, suchen sie sich wechselseitig durch wollüstige Betastungen zur Sünde zu reizen, doch sie widerstehen allen Anfechtungen der Sünde. – Ist es nicht der Fall, je nun, so werden ein andermal die Angriffe, das ganze Manöver, wiederholt.«

Etwa zur selben Zeit wie über Eva von Buttlar wird auch über die »Multiplikanten«, die »Sich-Vermehrenden«, berichtet. So melden 1723 die Behörden von Montpellier, die Anhänger dieser Sekte wären »beschnitte wie die Juden, sie tauffete mit Brandwein, sie unterfinge sich zu prophetisieren, und machten sich kein Gewissen nach ihrer Art zu vermehren. Dieser letztere Gebrauch bestunde darinnen, daß sie sich vor dem Minister trauen ließ, welcher denen Vertrauten einen Oliven-Zweig zum Zeichen ihrer Vermählung gabe; worauf die Heyrath in Gegenwart dreyer Zeugen auf einen in dem Saal der Zusammenkunft gesetzten sehr wohl bereiteten Bette vollzogen wurde. Wann aber nachher ein Theil sich fernerwerts verheyrathen wollte, stunde es ihnen frey, weilen die Ehe sie nicht länger als 24 Stunden verbindet«.

Diese allgemeine »Heyrath« fand nach der Predigt statt, die immer mit dem Satz »Wachset und mehret euch« abgeschlossen wurde – wobei bei der Zeremonie auch Kinder zugegen waren.

Die Ereignisse in Montpellier und die harte Bestrafung der Sektenmitglieder – die Priester wurden gehenkt, die Männer auf die Galeere verbannt und die Frauen ins Kloster gesteckt – schreckte andere nicht ab, ähnliche Sexualgemeinschaften zu schaffen. So gründeten die Studenten Bossenius und Bär in Bordelum in Schleswig 1737 eine Sekte, die Güter- und Weibergemeinschaft predigte und »jede Art von Unzucht« praktizierte. 1739 wurde die »Bordelumer Rotte« wieder aufgelöst.

In Ronsdorf bei Elberfeld waren es der Fabrikmeister Elias Eller (1690–1750) und seine »Ellerianer«, die von Ellers Frau als »Gottesmutter« einen neuen Messias erwarteten und erhofften. Er sollte von allen Mitgliedern der Gemeinschaft gezeugt sein.

Von einem Kult ganz anderer Art erfährt man durch Alexander Volcks Veröffentlichung »Das entdeckte Geheimnis der Bosheit der Herrenhutischen Secte« aus dem Jahr 1749/50.

1722 hatte eine Gruppe von protestantischen Handwerkern aus Glaubensgründen ihre mährische Heimat verlassen und in Sachsen bei Graf Ludwig von Zinzendorf Aufnahme gefunden. Graf Zinzendorf war ein »ehrlicher, armer Mann, der übrigens nicht mehr mogelt als nach Fontanes Ausspruch alle großen Männer«, merkte der Begründer der Psychoanalyse, Sigmund Freud (1856–1939) an, als ihm Dr. Oskar Pfister 1910 seine Arbeit »Die Frömmigkeit des Grafen Ludwig von Zinzendorf« zur

Beurteilung zuschickte. Pfisters Untersuchungsergebnisse sind im »Bilder-Lexikon der Kulturgeschichte« des Jahres 1928 zusammengefaßt: »Ende der 40er trat die zunächst still dahinlebende Gemeinschaft in ihre ›Sichtungszeit‹ ein und erregte in breitester Öffentlichkeit durch ihre Lehren und Sitten peinlichstes Ärgernis. Es handelte sich dabei im wesentlichen um drei allerdings miteinander zusammenhängende Momente: Seitenhöhlchenkult, allgemeinen Wundenkult und Ehepraxis. Das Seitenhöhlchen ist Bezeichnung für die Wunde, die ein Kriegsknecht Jesu nach der Kreuzabnahme beibrachte. Zinzendorf hatte den nur aus schwerster sexueller Neurose zu erklärenden grotesken Einfall, diesen Akt als einen Geburtsvorgang (Geburt der Kirche Christi) und die Seitenwunde als weibliches Geschlechtsorgan aufzufassen, und zwar letzteres in der doppelten Bedeutung als Geburts- und als Wollustorgan. Im weiteren Verfolg dieses mystischen Unsinns ergab sich die Anschauung, daß das Kind Christi, die Kirche, zugleich seine Braut sei (richtiger müßte es heißen: sein Bräutigam, aber das hätte ebenso der traditionellen religiösen Terminologie wie der offenbar im Grunde homosexuell orientierten Triebrichtung Zinzendorfs widersprochen) und daß diese Brautschaft auch für jede Einzelseele, unbeschadet, ob Mann oder Weib, Gültigkeit habe. Damit war das Seitenhöhlchen zum Sexualziel und zur kultischen Wollustquelle erklärt und man feierte auf dieser Grundlage in der Phantasie die verwegensten Orgien. Man ›kriecht in das Seitenhöhlchen hinein‹, ›wühlt sich hinein‹, ›beleckt es‹, ›frißt sich ein‹, wird zum ›Wundenbienelein‹, ›Wundentäucherlein‹, ›Blutwundenfischlein‹. Viele der Seitenhöhlchendichtungen (man sang sie beim Gottesdienst) sind geradezu als ein in Worte gefaßter Orgasmus zu bezeichnen, andere sind handfeste Spießererotik; ein Vers beginnt mit den Worten:

 Ach Höhligen von dem Speer,
 Halt schon dein Mäulgen her,
  Geküßt, geküßt muß seyn...

Selbstverständlich mußte sich dieses kuriose Dogma auch auf dem Gebiet des sexuellen Verkehrs zwischen Mensch und Mensch auswirken. Es gab für die Herrnhuter Schwärmer nur einen einzigen ›Eheherrn‹: Christus. Der irdische Gatte war nur sein zeitweiliger Stellvertreter, der ›Vizeehemann‹ oder ›Eheprokurator‹. Aber gerade durch diese Kennzeichnung wurde die

Bedeutung des Coitus ins ungeheuerliche gesteigert und ihm sozusagen ein heiliger Akzent beigelegt. Ein Gesangbuchvers redet offen den Penis an: ›Und geheimnisvolles Glied, das die ehelichen Salben (= semen virile) heilig gibt und keusch empfäht im Gebet...‹ Das Seitenhöhlchen wurde, besonders in der Herrnhuter Filialgemeinde Herrenhag, wiederholt auch theatralisch-plastisch dargestellt: inmitten der Vulva, Tisch und Bett und unter Umständen auch eine Reihe menschlicher Figuren ohne Köpfe, als Zeichen dafür, daß das Herz vor diesem Mysterium den Verstand verloren habe, eine Ansicht, mit der sich der Kritiker ohne weiteres einverstanden erklären wird. Bei einem Herrnhager Fest war das Bild des Heilands mit seinen Wunden illuminiert, dann aber erschien an seiner Stelle das Seitenhöhlchen, durch das die Teilnehmer feierlich hindurchschreiten mußten. Hand in Hand mit diesem Seitenhöhlchenkult ging die allgemeine Wundenverehrung der verzückten Schwärmer, die offenbar ebenfalls einer Perversion Zinzendorfs (Nekrophilie) entwuchs. Man schwelgte in den ekelhaftesten Vorstellungen, berauschte sich an Blutschweiß und Leichenduft, und das Abendmahl gestaltete sich für die ›Kreuzluftvögelein‹ zu einer nahezu nekrophagischen Handlung. Über die eheliche Praxis der Herrnhuter gehen die Aussagen auseinander. Fest steht, daß jede Ehe ›eingerichtet‹ wurde, d. h. die erste Kohabitation unter geistlicher Aufsicht, und zwar meistens im sogenannten ›blauen Kabinett‹, durchgeführt werden mußte.«

Besondere Bedeutung hatten die »Streiterehen«, die Ehen von jenen Personen, die kirchliche Ämter bekleiden mußten oder sollten. Alexander Volck führte in seiner Arbeit aus, daß diese »Streiter« auf einer Bank »aufrecht sitzend und gegeneinander anreitend koitierend« ihre Ehe vollziehen mußten. Der sexuelle Verkehr als Gottesdienst war eine tägliche Pflicht der Herrnhuter.

Ohne religiöse Verbrämung feierte die »Feigenbrüderschaft« in Wien ihre Orgien in einem Haus in Nußdorf. Friedrich Freiherr von der Trenk erwähnt sie 1912 in seiner »Lebensgeschichte«: »Es war eine Verbrüderung in Wien, welche sich den Namen Feigenbrüderschaft gab, diese jungen Leute gaben öffentliches Aergernis in allen möglichen Arten von Schwelgerei, Unzucht und Liederlichkeit. Die ganze Rotte wurde in ihrer Versammlung zu Nußdorf arretiert und unter diesen mußten die beiden Danziger Bürgermeisterssöhne hier öffentlich am Pranger stehen« – Ludwig und Johann Rottenburg.

Aus England wird zur selben Zeit von einem Mann namens Sir Francis Dashwood (1708-1781) berichtet. Er und eine Gruppe edler Herren hatten den »Orden of St. Francis at Medmanham Abbey« gegründet, eine Brüderschaft in der Ruine der Zisterzienser-Abtei am Oberlauf der Themse. Zwei Autoren haben diese Medmanham-Abbey beschrieben: Horace Walpole, Earl of Oxford (1717-1797), Mitglied des englischen Unterhauses und später auch Peer of England, also Mitglied des House of Lords, der Vertretung des Adels im englischen Parlament. Sein 1765 erschienener Roman »The Castle of Otranto« machte ihn zum Vater des englischen Schauerromans, die Medmanham Abbey war die Kulisse für sein »Schloß von Otranto«.

Zehn Jahre jünger als Walpole war John Wilkes (1727-1797), ein »Lebemann und Wüstling«, dessen »Essay on Woman« Walpole »das gotteslästerlichste und anstößigste Gedicht, das jemals verfaßt« worden ist, nannte. »Essay on Woman« war eine Parodie auf das 1733/34 publizierte Lehrgedicht »Essay of Man« von Alexander Pope (1688-1744), ein katholischer »Dichter und Denker«, der in seinem Werk die persönliche Tugend als Grundlage aller Zufriedenheit und allen Glückes predigte. Ob John Wilkes wirklich der Verfasser des »Essay on Woman« war, ist umstritten. Aber im House of Lords empörte man sich über die »höchst skandalöse, obszöne und gottlose Schmähschrift, als eine große Profanation vieler Teile der heiligen Schriften«, empört sich über den »höchst bösartigen und blasphemischen Versuch, die Person des Erlösers zu erniedrigen und lächerlich zu machen«.

Jener John Wilkes berichtete über die Medmanham Abbey, über deren »mächtigem Treppenaufgang die berühmte Inschrift ›Fay Ce Que Voudrais‹« stand, wie in dem Schloß des Romanhelden Gargantua von François Rabelais (1494-1553), der die Abtei Thélème als die Möglichkeit einer neuen menschlichen Gesellschaft in den Jahren 1537 bis 1564 entworfen hatte. Im Garten, im Hain von Medmanham, überall standen obszöne Statuen und Statuetten. Auch eine Bibliothek voll pornographischer Literatur war vorhanden – mit obszönen Darstellungen an den Wänden. Da traf man sich zu »allen Arten physischer und platonischer Liebe«. Jeder der insgesamt zwölf »Mönche« brachte zu den Treffs eine Dame von »lebhaftem, leichtfertigem und angenehmen Wesen« mit, die sich sowohl aus Kneipen und Bordellen, wie auch aus Angehörigen der Gesellschaft rekrutierten. Die Damen erschienen mit Masken, damit man sie nicht erkennen konnte, und legten diese dann erst im Innern der Abbey ab – und gleich auch ihre Kleidung. Ein Arzt, ein Chirurg und eine Hebamme gehörten mit zu der Bruderschaft, um unliebsame Schwangerschaften als Konsequenz der Orgien rechtzeitig zu beseitigen. Feierliche Mahlzeiten und Trinkgelage leiteten die Orgien ein, bei denen die »Mönche« ein und dieselbe »Nonne« nacheinander vernaschten.

Im Lauf der Zeit wurde die Medmanham-Orgie durch Zeremonien Schwarzer Messen angereichert, um durch neue Reize neue Möglichkeiten zu schaffen. Aber die Schwarzen Messen von Sir Francis waren nur »schmückendes Beiwerk« zum romantisch-verruchten Charakter seiner Feste.

Als »leibhaftigen Satan« sah man in Rußland Zar Peter den Großen (1672–1725) an, weil er selten die Kirche besuchte und seine Orgien auch an Feiertagen abhielt. Das war der einzige Grund. Denn die russisch-orthodoxe Kirche ließ Mitgliedern von Sekten jede sexuelle Freiheit, vorausgesetzt sie hielten die Festtage ein, ohne miteinander zu coitieren.

Gerhard Jaeckel schreibt über die Sekten Rußlands: »In den meisten Sekten war die Frau gleichberechtigt, weshalb diese Vereinigungen viele Anhänger hatten. Bei der Skakuny-Sekte durfte sich jeder Mann jede Frau nehmen – nur in der Öffentlichkeit durfte er sich nicht mit ihr sehen lassen. Sektenführer Korilin erklärte: ›Es ist besser, mehrere Weiber heimlich zu besuchen, als mit einer Frau öffentlich zu leben.‹

Viele Sekten lehnten die Ehe ab und proklamierten: Liebe ist göttlich, Ehe ist Menschenwerk. Hört die Liebe zwischen zwei Menschen auf, so gilt die Verbindung auch rechtlich als gelöst. Die freie Liebe war also nicht, wie manchmal berichtet wird, eine Erfindung der russischen Revolutionäre, sondern wurde lange vor der Revolution von 1917 praktiziert.

Als Reaktion auf die Überbetonung der Sexualität forderten andere Sekten die Verdammung alles Geschlechtlichen. Um nicht in Versuchung zu geraten, schreckten sie nicht einmal vor Selbstverstümmelung zurück.«

Um 1770 hatte »ein Bauer Namens Andrei Iwanow im Orloffschen Gouvernement 13 andere Bauern zur Kastration überredet«, berichtet Richard Wrede in seinem schon genannten Buch über »Die Körperstrafe bei allen Völkern«: »Ein sonst Unbekannter, Namens Kondratii Sseliwanow (er führte noch andere Namen: Andrei, Ssemen, Iwan, Foma) soll ihm dabei Dienste geleistet haben. Auf Grund einer gerichtlichen Untersuchung wurde Iwanow mit der Knute bestraft und dann nach Sibirien verschickt, Sseliwanow entfloh in das Tambowsche Gouvernement und begann dort mit einem Alexander Iwanow Schulow die Kastration unter den Bauern weiter zu predigen. 1775 wurde Sseliwanow in Moskau verhaftet und nach Bestrafung mit der Knute ins Irkutskische Gouvernement verschickt; seine Anhänger wurden teils gepeitscht und zu Zwangsarbeiten in der Festung Dünamünde verurteilt, oder unter der ausdrücklichen Weisung sich von der Sekte fernzuhalten, an ihrem Wohnort belassen.«

Die Verstümmelungen, mit denen die »Skopzen« ein reines, gottgefälliges Leben anstrebten, bestanden darin, daß den Männern die Hoden samt Hodensack durch Glüheisen, Messer oder mit einer Sense entfernt wurden, später, bei einer »höheren Weihe«, auch das Glied. Bei den Frauen wurden die Brustwarzen ausgeätzt oder abgebrannt, verschiedene Einschnitte auf den Brüsten vorgenommen und Schamlippen und Klitoris mit einem Messer oder einer Schere entfernt. Richard Wrede schreibt über diese Zeremonien: »Die Skopzenandachten beginnen in der Regel am späten Abend und dauern den größten Teil der Nacht, bisweilen bis zum Tagesanbruch. Die Orte sind Häuser und Bauernhütten, in denen sich eine vor Unberufenen sorgfältig geheimgehaltene Betstube befindet. Diese Betstuben sind mit Bildern mystischen und allegorischen Inhalts wie z. B. ›das allsehende Auge, ringsum von drei dasselbe umschwebenden Engelskreisen umgeben, während Adam und Eva unten stehen und ihnen Beifall klatschen‹ usw. geschmückt. Die Bilder sind häufig Vignetten aus russischen Übersetzungen deutscher Mystiker, wie Jung Stilling, Eckartshausen, selten original erdacht.

Bei den Andachtsübungen kleiden sich die Männer in lange, weite, weiße Hemden von besonderem Schnitt, die durch geflochtene Gürtel festgehalten werden und weiße, weite Beinkleider; die Frauen kleiden sich gleichfalls in weiße Hemden, in den Dörfern in blaue Nanking-Röcke, in den Städten in Zitzkleider, Kopf und Hals bedecken sie mit weißen Tüchern. Beide Geschlechter ziehen weiße Strümpfe an, bisweilen sind sie auch barfuß; in den Händen halten sie Handtücher oder Tücher.

Eine eigentümliche Feier ist das Abendmahl der Skopzen, in dem wir die Schwarze Messe wiedererkennen.«

Wrede zitiert dann das Abendmahl nach »authentischen aktenmäßigen Quellen«, wie sie in dem Buch »Études sur la situation intérieure, la vie nationale et les institutions rurales« 1847 durch Haxthausen gegeben wurden: »Während der Andacht wird ein 15- bis 16jähriges Mädchen, durch verführerische Versprechen verleitet, in eine mit warmem Wasser gefüllte Badewanne gebracht. Einige alte Weiber treten an sie heran und machen ihr einen tiefen Einschnitt in die Brust, tragen ihr die linke Brust ab und stillen mit erstaunlicher Gewandtheit die Blutung. Während dieser furchtbaren Qual wird dem Mädchen ein Bildniß des heiligen Geistes in die Hand gegeben, damit es bei andächtiger Anschauung desselben für die Schmerzen, welche diese fürchterliche Operation verursacht, unempfindlich werde. Die ausgeschnittene Brust wird auf eine Schüssel gelegt, in Stücke zerschnitten und unter die anwesenden Sektierer verteilt, welche dieselbe verzehren. Nach Beendigung dieser widerwärtigen kannibalischen Handlung wird das Mädchen aus der Wanne gehoben und auf einen zu diesem Zweck vorbereiteten Thron gesetzt, während die ganze Gesellschaft sie tanzend umkreist und dazu singt:

Tanzen wir
Springen wir
Den Zionsberg hinauf.

Der Tanz wird immer lebhafter und lebhafter und artet endlich in wütende Raserei aus; der Wahnwitz erreicht den höchsten Gipfel. Da werden plötzlich die Lichter ausgelöscht und es beginnt ein Auftritt, nach dessen Seitenstücke wir uns im heidnischen Altertum vergeblich umschauen würden.«

An westeuropäischen Gebräuchen orientierten sich die Sitten am Hofe Peter des Großen. Seinem Vorbild wiederum folgte der Adel, und an den Sitten und Unsitten des Adels orientierte sich das Volk, soweit der Adel und soweit die Leibeigenschaft das zuließ. So ist die Geschichte des zaristischen Rußland gleichzeitig auch eine Geschichte der Exzesse, des Alkohols, der Prügel und Orgien.

Über die »maßlosen Sauforgien«, deren Arrangeur und Protagonist Peter der Große selbst war, schreibt Richard Waldegg: »Eine Hauptattraktion bei den wilden Saufgelagen waren die dabei anwesenden Mädchen und Frauen. Prüde durften sie in Gesellschaft der vielen betrunkenen Männer nicht sein. Sie kamen auch selten in die Verlegenheit, freche Angriffe auf ihre Tugend abwehren zu wollen, denn es galt als eine der wichtigsten Spielregeln, daß die Damen nicht weniger trinken durften als ihre sauferfahrenen Kavaliere. Kein Wunder, wenn in vorgeschrittener Stunde die Gelage meistens in willkürliche Promiskuität ausarteten.

Keine Moskowiterin, ob verheiratet oder nicht, durfte es wagen, eine an sie gerichtete Einladung zu solch einem Festgelage abzulehnen. Eifersucht der Gatten ließ Pjotr nicht gelten, denn sobald die Orgie vorüber war, bekamen die Männer ihre Frauen ohnehin wieder zurück. Dann warfen Diener die volltrunkenen Zechgenossinnen in Decken und schleiften sie bis vor die Häuser der ängstlich harrenden Gatten. Manche der Schönen waren nackt, andere trugen Kleider, die sie vor Festbeginn nicht anhatten.«

Es wird berichtet, daß der Zar, als er in Berlin seiner Nichte, der Herzogin von Mecklenburg, begegnete, sie begrüßte und dann auf das nächstbeste Bett warf, um vor den Augen aller »den Eingebungen seiner entfesselten Leidenschaft« zu folgen, also – sie zu vögeln.

Zeitgenössische Berichte erzählen von einem Viereckverhältnis, das Peter mit Alexander Menschikow (1672–1729) und den Schwestern Arsenjew hatte, die offiziell als Hofdamen beschäftigt waren. Von jenem Menschikow übernahm Peter der Große dann auch eine litauische Bauernmagd, seine spätere Frau Katharina I. (1684–1727). »Sie war weder kleinlich noch eifersüchtig«, schreibt Waldegg, »sondern robust und hielt seelischen Belastungen ebenso stand wie körperlichen. Kurz nachdem ihr Töchterlein gestorben war, holte Pjotr sie zu einem großen Saufgelage. Er wollte, daß sie dabei ihr Leid vergessen sollte, aber plötzlich traten ihr doch Tränen in die Augen. Stille legte sich über den Saal. Da versuchte Graf Sapieha, ein Pole, die Stimmung zu retten, nahm einen vollen Becher und reichte ihn der Zarin. Katharina lachte unter Tränen, nahm einen kräftigen Schluck, weinte, lachte, wischte sich die Tränen aus den Augen und trank den Becher leer.

Solche Gelage waren kaum für keusche Frauen geeignet. Männer und Mädchen lagen gemeinsam auf bequemen Ruhebetten, Alkohol floß in Strömen und die Sitten wurden immer freier. Waren dann alle betrunken, wußte keiner, ob auch die rechten Partner noch immer beisammenlagen, und es kam zu ausschweifenden Orgien. Auch bei solcher Gelegenheit bewies Katharina ihre Großzügigkeit. Sie nahm es keinem Kavalier übel, wenn er in seiner Trunkenheit nicht mehr wußte, daß er der Gattin seines Zaren Respekt schuldig gewesen wäre.«

Auf Peter I. und Katharina I. folgte Peter Alexejewitsch – und feierte seine Thronbesteigung als Peter II. mit einer Orgie in einem Bordell. Seine Braut Katharina Dolgorucka ging mit ihm in die Puffs und nahm, zusammen mit den Dirnen, an den Orgien des jungen Zaren teil. Aber auch seine 18jährige Tante Elisabeth Petrowna folgte ihm gerne zusammen mit den Adeligen auf seine zahllosen Jagden. »Ihr ging es weniger um das Töten des Wildes als um all jene Sinnenfreuden, die man nirgends so ungehemmt genießen konnte, wie während der Jagdlager. Ihre üppigen, provokativ nackt zur Schau gestellten Frauenreize erregten zwar auch das Verlangen des gekrönten Jünglings, aber selbst der Hofklatsch wußte niemals zu berichten, daß ihn die stolze Frau erhört hätte. Sie trieb es lieber mit kräftigen Jagdburschen und kampferprobten Soldaten, als mit dem schmächtigen Neffen, der seine Kräfte durch die Ausschweifungen im Bordell frühzeitig geschwächt hatte.«

Als Peter II. 1730 starb, wurde die muntere Katharina Dolgorucka in ein Kloster gesteckt und eine Nichte Peter des Großen, Anna Iwanowa, wurde für zehn Jahre Zarin von Rußland. Da ihr Mann, der Herzog von Kurland, sich in der Hochzeitsnacht totgesoffen hatte, noch ehe er sie entjungfern konnte, verbot die neue Zarin jeden Schnaps am Hofe – und soff nur Wein.

1741 bestieg die 32jährige Elisabeth Petrowna (1709–1762) den Thron Rußlands. Der preußische Diplomat Graf Finckenstein schrieb über sie: »Die Wollust macht ihre vorherrschende Leidenschaft aus; sie gibt sich ihr mit Ungestüm und ohne Zurückhaltung hin, und man kann in Wahrheit sagen, daß ihre Tugenden wie ihre Mängel von der Vergnügungssucht abhängig sind; auch die Trägheit, die gewöhnliche Begleiterin der Wollust, ist ein Charakterzug dieser Fürstin.«

Der 1867 in Riga geborene Redakteur des »Neuen Wiener Tagblattes«, Bernhard Szana, Verfasser einer »Geschichte der erotischen Literatur« und in den 20er Jahren Herausgeber der heute unbezahlbaren »Bibliotheca Erotica et Curiosa«, veröffentlichte 1907 und 1908 unter dem Namen Bernhard Stern eine »Geschichte der öffentlichen Sittlichkeit in Rußland«. Über die Auswirkungen der Leibeigenschaft ist dort zu lesen: »Die Mädchen und Frauen, die der Wollust des Herrn sich widersetzen, erleiden schwere Strafe. Ein Bauer des Edelmannes F. will sein Weib nicht dem Herrn als Maitresse überlassen; Strafe: 10 Paar Ruten. Rittmeister Herr von X. findet ein Bauernmädchen nach seinem Geschmack und befiehlt ihr, sein Lager zu teilen. Sie ist nicht willig. Er ist gnädig und läßt sich zu Geschenken und Bitten herbei. Sie widersteht noch immer. Da ordnet er an, daß die Dirne in einem Raum neben seinem Schlafzimmer ihr Lager erhalte. In der Nacht überfällt er sie mit seinem Bedienten, und der Lakai soll das Mädchen festhalten, während der Herr es zu vergewaltigen sucht. Beider Kräfte reichen nicht aus, die Widerspenstige zu zähmen. Nun macht der Herr ein Ende: er diktiert der Dirne zehn Paar Ruten und macht sie zur Schweinehirtin. Besonders raffiniert geht ein anderer Edelmann, ein Herr von P., zu Werke: Mit der Pistole in der Hand zwingt er seine Gemahlin, ihm das Licht zu halten, während er ein Bauernmädchen entjungfert! Eine Zigeunerbande bittet den Herrn von T., ihr zu gestatten, im Krug des Gutes zu übernachten; der Edelmann gestattet es unter der Bedingung, daß die Männer an ihren Weibern in seiner Gegenwart die ehelichen Pflichten vollziehen, und weidet sich an den Manövern.«

Einen deutschen Beitrag zur Geschichte der Orgien in Rußland bot Prinzessin Sophie Auguste Friederike von Anhalt-Zerbst, die spätere Katharina II. (1729–1796). Als 15jährige war sie auf Einladung der Zarin Elisabeth nach Rußland gekommen und hatte noch im selben Jahr, 1744, den 16jährigen Großfürsten Peter (1728–1762) geheiratet. »Die Domestiken wird es amüsieren, uns zusammen im Bett zu sehen«, soll Peter gesagt haben

– und dabei blieb es auch. Die Ehe wird nicht vollzogen. Das besorgt acht Jahre später der Kammerherr Serge Saltykow (1700–1772). Sein Bruder Peter, ebenfalls Kammerherr, macht erst nach 35 Jahren von sich reden. Als Teilnehmer der »Petite Eremitage«, der »kleinen Einsiedelei«, wie man die Schauorgien nennt, die Katharina II., die Große, etwa ab 1788 zusammen mit Männern und Frauen des Adels veranstaltet und dabei immer mit drei Männern gleichzeitig zu koitieren pflegt: mit Peter Saltykow und den beiden Brüdern Nicholas und Valerian Zubov.

Von einer »geschlossenen Gesellschaft«, der »Petite Société«, mit derselben Absicht und derselben Besetzung, wird aus den Jahren 1794 und 1796 berichtet, aus einer Zeit also, zu der die rüstige Katharina bereits ihr sechzigstes Lebensjahr überschritten hatte.

»Die so skandalumwitterte Eremitage«, in der sich die Teilnehmer maskiert zu ihren Orgien trafen, schreibt Richard Waldegg, »bestand aus einer Flucht von Räumen, in die sich Katharina im vertrautesten Kreise zurückzog. Man war dort ganz unter sich und wollte durch keinen Unberufenen gestört werden. Selbst Diener durften diese Zimmer nie zur selben Stunde wie Katharina betreten. Auf ein Klopfzeichen erhielt man köstliche, erlesene Gerichte serviert, ohne daß ein dienstbarer Geist erschienen wäre, denn aus einer Versenkung des Bodens tauchten kleine, mit Leckerbissen überladene Tische auf. Kulturelle Genüsse bot die mit kostbaren Originalen ausgestattete Gemäldegalerie, die noch heute als eine der wertvollsten Sammlungen der Welt erhalten ist; Erbauung fand man in dem traumhaft schönen Wintergarten, in dem seltene exotische Pflanzen üppig wucherten. Eines der Lieblingsvergnügen der Zarin bot ein kleines Privattheater in der Eremitage, wo man nicht nur gewagtere Stücke aufführen konnte als im offiziellen Hoftheater, sondern wo auf der Bühne auch russische und ausländische Persönlichkeiten in bissigem Spott persifliert wurden. Als Autoren bewährten sich dabei die engsten Vertrauten der Zarin, sowie auch diese selbst. Neben vielen anderen war der Franzose Ségur einer der erfolgreichsten Verfasser in dieser Art. Der private Musentempel ermöglichte es, daß die Günstlinge der Zarin als Schauspieler agierten, und die Hausherrin verlangte dann vom Publikum, daß dieses ihren erwählten Bettfreunden begeistert huldigte.«

Man erzählte von Katharina der Großen, der man mehr als tausend Liebhaber zuschreibt, sie habe von ihrem Geliebten Gregor Alexandrowitsch Potemkin (1739-1791) verlangt, ihr neue und zusätzliche Liebhaber auszusuchen und zuzuführen. Man erzählt, daß diese Auserwählten erst durch den Leibarzt Katharinas untersucht und dann von der Gräfin Bruce auf Verstand und Charakter »examiniert« werden mußten. Auch hatte die Gräfin einen Aspiranten noch auf »intimere Weise« zu probieren, bevor ihn die Zarin übernahm.

Es ist selbstverständlich, daß eine solche Gestalt reichlich Anlaß bot, Mittelpunkt von Schmähschriften und pornographischer Literatur zu werden.

Die fingierten »Aufzeichnungen Fedor Pufferows Weiland Leibarzt Ihrer Majestät der Zarin aller Reussen Katharina II.« sind nur ein Beispiel. Darin wird das Lustschloß Gatschina beschrieben, »in dem jene erotischen Gemeinschaftsfeste gefeiert wurden, von denen die zeitgenössische Literatur der Nachwelt ebenso erstaunliche wie erregende Berichte überliefert hat«. Ein fensterloser Saal mit zwölf Wänden, »deren untere Hälfte mit facettierten Spiegeln verkleidet war«, Spiegel auch oben an der Decke des Saales, verspiegelter Fußboden, Licht von Hunderten von Kerzen, fellbedeckte Liegestätten und nur wenige Tische, deren Platten »von mächtigen, kühngeschwungenen Penissen getragen« wurden, und »deren Testikel merkwürdigerweise durch formvollendete Brüste ersetzt« waren. Von einem Thron aus konnte Katharina die Orgie beobachten: »Langsam zählte der Zeremonienmeister bis fünfundzwanzig. Bis dahin, so befahl die Etikette, mußten Herren und Damen völlig entkleidet in zwei Reihen vor dem Thron stehen.

Vorn die Herren, die Waffen steil nach oben gerichtet, dahinter die Damen... Auf ein Signal Katharinas hin wandten sich die Herren um und schoben ihr Glied – auch das verlangte die Etikette – stehenden Fußes in die Scheide der ihnen mehr oder weniger zufällig gegenüberstehenden Dame.

Wegen der oft sehr unterschiedlichen Größenverhältnisse war das bei manchen gar nicht so einfach. Trotzdem verlangte es die Hofetiquette, daß der Akt stehend durchgekämpft wurde, wobei die Damen allerdings fast ausnahmslos von ihrem Recht Gebrauch machten, den Kavalieren ihre prallen Hinterbacken entgegenzuhalten und somit a tergo ihren Speer zu empfangen.

Vom Thron aus beobachtete Katharina diese sich allwöchentlich wiederholende Orgie der zuckend zustoßenden Hintern der Männer, der wippenden Brüste und schaukelnden Säckchen. Wenn sie auf die Spiegelplatten des Fußbodens blickte, konnte sie sogar den Stoß der Schwerter in die Scheiden mühelos verfolgen. Das Stöhnen und Ächzen, vermischt mit den schrillen Lauten der Damen, schien Musik für ihre Ohren zu sein. Erst durch den triumphierenden Schrei des Siegers aus diesem erotischen Wettkampf wurde sie meistens aus ihren Studien gerissen. Diesmal, als ein drahtiger junger Offizier seinen Degen vor ihr senkte, dem man unzweifelhaft ansehen konnte, daß er sein Ziel erreicht hatte, gebot sie ihm, sich zu ihrer Rechten aufzustellen, um sie, sobald sich die Gasse der weniger glücklichen Höflinge gebildet hatte, in ihre Gemächer zu geleiten, um dort nach alter Sitte den Siegerpreis zu empfangen.

Diese Preisübergabe fand allerdings unter Ausschluß der Öffentlichkeit statt.«

Über einen Geheimklub in Petersburg zur Zeit Katharina der Großen, den »Physischen Klub«, berichtete Major Masson in seinen »Geheimen Nachrichten über Rußland«, die 1802 in Paris erschienen. »Es war eine Art geheimer Orden, der an Schändlichkeit alles übertrifft, was man von den schamlosesten Anstalten und Mysterien erzählt hat. Die eingeweihten Männer und Frauen versammelten sich an gewissen Tagen, um sich untereinander den schändlichsten Ausschweifungen hinzugeben. Ehemänner ließen ihre Gattinnen, Brüder ihre Schwestern in den Club aufnehmen. Von den Männern verlangte man Kraft und Gesundheit, von den Frauen Schönheit oder Jugend. Die Bewerber wurden erst zugelassen, nachdem sie ihre Probe abgelegt hatten. Die Männer vollzogen die Aufnahme der Frauen und umgekehrt. Nach einem schwelgerischen Mahle entschied das Los über die Paarung.«

1765 lernt ein 40jähriger Mann die Zarin in Petersburg kennen und beschreibt sie Jahrzehnte später: »Sie besaß die Gabe, alle für sich zu gewinnen, die sie an ihrer Bekanntschaft interessiert glaubte. Ohne schön zu sein, war sie sicher, durch ihre Sanftmut, ihre Leutseligkeit und ihren Geist zu gefallen, deren sie sich sehr gut bediente, um von jedem Hochmut frei zu erscheinen.

Wenn sie das in Wirklichkeit nicht war, mußte ihre Bescheidenheit heroisch sein, denn sie hätte mit sehr gutem Grund herrisch auftreten können.« Zweimal habe sich die Zarin nach ihm erkundigt, erfährt er. Und: »Ich hätte ihr sicher gefallen«, schreibt er, ein kranker, schwermütiger alter Mann, der sich nur noch seinen Erinnerungen hingibt, mit dem Personal ebenso zerstritten, wie mit seinem Mäzen und Gönner. Unbeschriebenes Papier ist sein einziger Gesprächspartner. Es ist der große Abenteurer und Held der Frauen des 18. Jahrhunderts, der Venetianer Giacomo Casanova de Seintgalt. Seine »Mémoires« beginnen 1734 und sollten bis 1797 reichen, aber sie enden 1774, denn »was ich über mein fünfzigstes Lebensjahr hinaus berichten könnte, wären doch nur traurige Dinge, und das würde mich jetzt erst recht traurig machen. Bislang habe ich meine Erinnerungen niedergeschrieben, um mich zusammen mit meinen Lesern daran zu erfreuen. Jetzt würde ich sie nur noch betrüben können. Welchen Sinn sollte das haben?«

Sein Leben reicht vom Kardinalsekretär in Rom und »galanten Paradeoffizier der venezianischen Truppen, vom Theatergeiger zum Kabbalisten und Protegé einflußreicher Senatoren der Heimatstadt, vom halbkriminellen Libertin und Spieler zum gentilhomme, Salonlöwe und Dichter in Paris, dem Staatsgefangenen der Republik Venedig zum Lotterieeinnehmer des französischen Königs, zum Unterhändler Frankreichs bei Devisentransaktionen in Holland und zum hochstaplerischen ›Eingeweihten‹ der schwerreichen Okkultistin Marquise d'Urfé«. Über Südfrankreich, Italien, Schweiz, London, Berlin, Petersburg, Moskau, Warschau, Wien, Paris, Barcelona, Madrid und Florenz führt ihn sein Weg kreuz und quer durch Europa, um in einem verlassenen böhmischen Dorf, in Dux, zu enden.

Man hat in Casanova »etwas völlig anderes zu sehen, als nur den lebenshungrigen, leichtlebigen Panerotiker im ausschließlichen Dienst der Lust«, schreibt einer seiner Biographen, der italienische Journalist und Literaturwissenschaftler Roberto Gervaso. Casanova ist neben dem »großen Venuspriester« und dem »sehr großen Schriftsteller« vor allem ein Feminist »im wahrsten Sinn des Wortes, ein Verfechter der natürlichen Rechte der Frauen, ihr Freund und Vertrauter«.

Für Casanova war der Liebesakt ein Schauspiel, bei dem er Autor, Darsteller und Zuschauer zugleich war. Er war kein

Freund großer Orgien. Er liebte nicht die unarrangierte Massenvögelei. Er schätzte die Triole, das Spiel zu dritt – mit sich im Mittelpunkt.

Durchblättert man Casanovas »Geschichte meines Lebens«, so stößt man auf seine Abenteuer mit den Schwestern Angelica und Lucrezia Castelli im Januar 1744 in Rom. »›Vergib dem Mann, der mich liebt und den ich anbete‹, sagte Lucrezia zu ihr. ›Da, schau ihn an und schau mich an. Wir sind noch genauso wie vor sieben Stunden. Das ist die Macht der Liebe!‹

›Angelica haßt mich‹, wandte ich ein, ›und ich wage nicht...‹

›Nein‹, erwiderte Angelica, ›ich hasse Sie nicht.‹

Nun bat mich Lucrezia, ich solle doch ihre Schwester umarmen; sie glitt über mich hinweg und freute sich über den Anblick ihrer Schwester, die hingebungsvoll in meinen Armen lag und nicht im mindesten an Widerstand dachte. Doch mehr noch mein Zartgefühl als die Liebe hielt mich ab, Lucrezia um den Beweis der Dankbarkeit zu bringen, den ich ihr schuldig war. Ich riß sie stürmisch an mich und genoß die Verzückung Angelicas, die zum erstenmal bei einem solchen Kampf zugegen war. Ersterbend bat mich Lucrezia, ein Ende zu machen; als sie mich aber unerbittlich fand, warf sie mich zu ihrer Schwester hinüber, die mich nicht zurückstieß, sondern mich so heftig an ihren Busen drückte, daß sie sich zu ihrem Glück verhalf, fast ohne daß ich etwas dazu tun mußte. Auf diese Weise öffnete zu der Zeit, als die Götter noch auf Erden wandelten, die wollüstige Anaideia, verliebt in den sanften, zärtlichen Hauch des Westwindes, ihm eines Tages ihre Arme und ward von dem göttlichen Zephir schwanger. Die Glut ihrer Leidenschaft machte Angelica unempfindlich für jeden Schmerz; sie spürte nur das Glück, ihr glühendes Verlangen zu stillen.

Lucrezia, erstaunt und hingerissen vor Freude, küßte uns abwechselnd und sah entzückt, wie ihre Schwester verging, und ebenso begeistert, daß ich standhielt. Sie trocknete die Schweißtropfen, die mir auf die Stirn traten. Schließlich erstarb Angelica zum drittenmal so zärtlich, daß sie auch mir meine Seele entriß.«

Juli 1760 in Neapel begegnet Casanova noch einmal Lucrezia – und deren Tochter, der 17jährigen Leonilda. Er verliebt sich in Leonilda und will abreisen, als er erfährt, daß er Leonildas Vater ist. Dann aber bleibt er doch mit dem Entschluß, diese »drei oder vier Tage heiter zu verbringen« und glaubt »der glücklichste al-

ler Sterblichen« zu sein. Sie gehen zu Bett, Casanova und Lucrezia: »Diese sagte zu ihrer Tochter, sie solle sich neben sie legen.
›Dein Vater wird sich nur deiner Mutter widmen.‹
›Und ich sowohl dem einen wie dem andern‹, antwortete Leonilda; und sie zog sich auf der anderen Seite des Bettes vollständig aus und legte sich mit den Worten neben ihre Mutter, daß ich in meiner Eigenschaft als Vater berechtigt sein müsse, mein Werk ganz zu sehen. Ihre Mutter war stolz darauf, bewunderte sie und freute sich, als sie sah, daß ich ihre Schönheit anerkannte. Ihr genügte, daß sie im Mittelpunkt stand, und ich nur an ihr das Feuer löschte, von dem sie mich entflammt sah. Die Neugier Leonildas fand ich entzückend.
›Das also hast du getan‹, fragte sie, ›als du mich vor achtzehn Jahren gezeugt hast?‹
Aber gerade in dem Augenblick, als Lucrezia zum Liebestod gelangt wäre, hielt ich mich für verpflichtet, mich zurückzuziehen, um sie zu schonen. Von Mitleid gerührt, half Leonilda mit einer Hand ihrer Mutter beim Aushauchen ihrer kleinen Seele; mit der anderen hielt sie ein weißes Taschentuch über ihren sich verströmenden Vater.
Lucrezia wandte mir den Rücken, zog ihre Tochter voll Dankbarkeit über deren zärtliche Bemühungen in ihre Arme und gab ihr hundert Küsse; dann wandte sie sich wieder mir zu und sagte voll Rührung:
›Da, schau sie dir gut an, sie ist ohne Makel! Überzeuge dich sogar, wenn du willst; sie ist unversehrt, so wie ich sie geboren habe.‹
›Ja, sieh mich an‹, sagte Leonilda lachend, ›und küsse Mama.‹
Ach, ich liebte diese Mutter, sonst hätte nichts die Tochter vor meiner Leidenschaft schützen können. Der Krieg begann nun von neuem und endete erst, als wir einschliefen.
Uns weckten die Strahlen der aufgehenden Sonne.
›Zieh doch bitte die Vorhänge auf, liebe Tochter‹, sagte die Mutter. Gehorsam zog Leonilda völlig nackt die Vorhänge auf und enthüllte mir Schönheiten, die ein Liebender nie genug bewundern kann. Ach, sie duldete, als sie ins Bett zurückkam, daß ich alles, was ich sah, mit Küssen bedeckte; aber sobald sie mich am Rande des Abgrunds sah, entschlüpfte sie und schob mich ihrer Mutter zu, die mich mit offenen Armen empfing.«

21 Jahre war Casanova gerade alt, als er zusammen mit sieben maskierten Kumpanen während des Karnevals Venedig durchstreift und eine junge Frau in das Gasthaus »Zu den Schwertern« in der Nähe von Rialto entführt: »Dort ließen wir uns in einem Zimmer im Oberstock ein gutes Feuer anheizen und Essen und Wein bringen, dann schickten wir den Kellner fort. Nun nahmen wir unsere Masken ab, und beim Anblick unserer Gesichter und aufgrund unseres Benehmens wurde die Entführte ganz umgänglich. Nachdem wir sie durch Worte und so manches Glas Wein aufgemuntert hatten, wurde ihr zuteil, worauf sie wohl gefaßt war. Mit gutem Recht war unser Anführer der erste, ihr seinen Liebesdienst zu erweisen, nachdem er sehr artig ihr einziges Widerstreben, ihm im Beisein der ganzen Schar zu willfahren, überwunden hatte. Sie fand sich gutwillig und lachend darein, mitzumachen.

Aber ich merkte ihr Erstaunen, als ich mich als der zweite vorstellte; sie glaubte, mir ihre Dankbarkeit bezeugen zu müssen. Als sich nach mir ein dritter einstellte, zweifelte sie nicht mehr an ihrem glücklichen Geschick, das ihr alle Glieder der Gesellschaft verhieß. Sie täuschte sich nicht. Mein Bruder war der einzige, der Krankheit vorschützte. Er konnte keine andere Ausrede gebrauchen, denn die Regel, die unter uns herrschte, war darin unerbittlich, daß jeder das gleiche tun mußte wie die anderen.

Nach diesem hübschen Meisterstreich banden wir wieder unsere Masken um, bezahlten den Wirt und brachten die beglückte Frau nach San Giobbe, wo sie wohnte, und verließen sie erst, als sie ihre Tür aufgeschlossen hatte. Wir mußten alle darüber lachen, daß sie uns auf die schönste Art der Welt dankte.«

Eine Orgie mit zwei gekauften Mädchen aus Padua, im Beisein eines Bekannten, erlebt Casanova 1759 in Holland. »Die Mädchen versuchten, die Spröden zu spielen; doch er machte sich über sie lustig, und ich schlug gleiche Töne an. Da beschlossen sie, sich zu fügen, und nachdem wir sie in Naturzustand gebracht hatten, taten wir, sie oft vertauschend, alles mit ihnen, was die Wüstheit einem eingibt, der solche Orte aufsucht, um sich zu unterhalten.« Aber am nächsten Morgen erwacht Casanova in schlechter Laune »wegen der nächtlichen Ausschweifung, die stets die Seele traurig stimmt«.

In Bern lernt Casanova ein Jahr später die Bäder »de la Matte« kennen. Ein Mädchen begleitet ihn in die Kabine, »verschließt die Tür von innen und zieht mir die Schuhe aus. Verdrossen und ohne mir auch nur einmal ins Gesicht zu blicken, steckt sie meine Haare und den Haarbeutel unter eine baumwollene Haube und entkleidet mich; sobald sie mich im Bade sieht, tut sie desgleichen und steigt, ohne mich um Erlaubnis zu fragen, ebenfalls hinzu. Sie beginnt, mich überall abzureiben außer an jener Stelle, die ich mit der Hand bedecke, von der sie also annehmen muß, daß ich dort nicht von ihr berührt sein will. Als ich meine, ich sei genügend abgerieben, verlange ich nach Kaffee. Sie klettert aus dem Bad, läutet und schließt auf; dann steigt sie wieder ins Wasser, und alles mit ganz ungezwungenen Bewegungen, als sei sie bekleidet. Nach einer Minute bringt uns eine alte Frau Kaffee, und als sie gegangen ist, steigt meine Badehilfe erneut aus dem Wasser, um die Tür abzuschließen; dann nimmt sie ihren alten Platz wieder ein.« Aber die 18jährige Schweizerin reizt Casanova nicht. Hingegen reizt diese Art von Badeanstalt seine Begleiterin Madame Dubois, die er am nächsten Tag, verkleidet als Mann, mit in das Bad nimmt. »Kaum sind wir unten angekommen, empfängt uns der gleiche Mann mit der Frage, ob wir gern ein Bad zu viert hätten, und wir betreten eine Kabine. Die Dienstmägde erscheinen, ich zeige meiner Besten das Mädchen, das mich nicht verlockt hatte, und sie nimmt es für sich; ich wähle mir eine andere große, wohlgebaute und selbstbewußte Magd, und wir schließen uns ein. Rasch lasse ich mir von der meinen die Haare richten, ziehe mich aus und schlüpfe ins Bad; meine neue Dienerin tut dasselbe. Meine Beste zögert; die Neuheit der Sache verwirrt sie, und sie bereut anscheinend, sich darauf eingelassen zu haben. Als sie mich unter den Händen der großen Schweizerin sieht, die mich überall abreibt, lacht sie und bringt es nicht über sich, das Hemd auszuziehen. Aber schließlich siegt eine Scham über die andere; sie steigt ins Bad und enthüllt meinen Augen geradezu zwangsläufig alle ihre Reize. Außerdem muß sie dulden, daß ich sie bediene, ohne es jedoch der anderen zu erlassen, ebenfalls hereinzukommen und ihre Pflicht zu tun. Die beiden Dienerinnen, die bereits öfters bei solchen Partien mitgetan hatten, schickten sich an, uns durch ein Schauspiel zu unterhalten, das ich recht gut kannte, das aber meiner Besten gänzlich neu war. Sie begannen, miteinander das gleiche zu treiben, was sie mich mit der Dubois tun sahen. Sehr überrascht beobachtete diese, wie temperamentvoll die Dienerin, die ich mir genommen hatte, der anderen gegenüber die Rolle des Mannes spielte. Auch ich war ein wenig erstaunt, obwohl sich sechs Jahre zuvor M. M. und C. C. vor meinen Augen in einer Weise ausgetobt hatten, wie man es sich nicht reizvoller vorzustellen vermochte. Ich hätte nie geglaubt, daß mich etwas ablenken könnte, wenn ich zum ersten Mal eine Frau in den Armen hielt, die ich liebte und die alles in vollkommener Weise besaß, was meine Sinne begehrten; der seltsame Ringkampf, in dem die beiden jungen Mänaden sich wanden, nahm auch sie gefangen. Sie behauptete, das angebliche Mädchen, das ich mir genommen hätte, sei trotz ihres Busens ein Jüngling, sie habe es genau gesehen. Ich blickte hin, und als die Jungfer meine Neugier bemerkte, zeigte sie mir ihre ungeheure und steife Klitoris. Ich erklärte meiner völlig verdutzten Besten, was das für ein Ding war, und sie erwiderte, das könne es unmöglich sein; da forderte ich sie auf, es anzufassen und zu untersuchen, und sie mußte mir beipflichten. Es sah aus wie ein dicker Finger ohne Nagel, war aber geschmeidig. Die Jungfer, die es auf meine schöne Haushälterin abgesehen hatte, sagte zu ihr, es sei fest genug, um es bei ihr einzuführen, wenn sie nichts dagegen habe; aber diese wollte nicht, ich wäre auch nicht sehr erfreut darüber gewesen. Wir sagten ihr, sie möge weiter ihr Spiel mit der Kameradin treiben, und gerieten dabei in die beste Stimmung; denn so komisch das Liebesspiel der beiden Mädchen auch war, es verfehlte doch nicht, uns in allergrößte Erregung zu versetzen. Hingerissen überließ sich meine Beste gänzlich ihrem natürlichen Verlangen und kam allen meinen Wünschen entgegen. Es war ein Fest, das zwei Stunden dauerte.«

Es ist unrichtig, wenn L. Bàccolo in seiner Arbeit »Casanova e i suoi amici« 1971 schreibt, Casanova habe erst »fast dreißigjährig« die »Liebe zu mehreren« kennengelernt. Es stimmt aber, wenn er schreibt, Casanova habe erst als dreißigjähriger die Liebe zu mehreren »als wohlorganisiertes Spektakel, als ausgeklügelte Erotik« erfahren.

Der französische Botschafter in Turin und von 1752–1755 in Venedig, François Joachim Pierre de Bernis (1715–1794), ist heimlicher Zeuge der Begegnungen zwischen seiner Geliebten M. M. mit Casanova. Dies hatte de Bernis zur Bedingung gemacht, als er von der Liebe seiner Freundin zu Casanova erfuhr.

M. M. informiert Casanova in einem Brief, daß ihr Freund de Bernis sie um die Gefälligkeit gebeten habe, »daß er unserer ersten Begegnung von einem Ort aus, der ein richtiges Versteck ist, beiwohne; von dort aus konnte er, ohne selbst gesehen zu werden, nicht nur alles sehen, was wir taten, sondern auch alle unsere Gespräche hören. Es ist ein unauffindbares Gemach. Du hast es in den zehn Tagen, die Du in der Villa zugebracht hast, nicht entdeckt; aber ich werde es Dir am letzten Tag des Jahres zeigen. Sage mir, ob ich ihm dieses Vergnügen verweigern konnte? Ich habe zugestimmt; und nichts war natürlicher, als es Dir zu verheimlichen. Nun weißt Du also, daß mein Freund Zeuge alles dessen war, was wir bei unserem ersten Zusammensein gesagt und getan haben.«

Auch beim nächsten Treffen ist der Voyeur de Bernis Zeuge der Begegnung.

Als M. M. dazu auch ihre und Casanovas Freundin C. C. einlädt, erweist sich Casanova als Regisseur. »In ausgelassener Fröhlichkeit legte ich die ›Akademie der Damen‹ auf den Tisch und zeigte M. M. eine Stellung, die ich gern gesehen hätte. Sie fragte C. C., ob sie mir diese zeigen wolle, und diese antwortete, daß sie sich dazu ausziehen und aufs Bett legen müßte. Ich bat sie, mir diesen Gefallen zu tun.«

Casanova erzählt weiter: »Ich lachte herzlich über das, was sie mir vorführte, stellte den Wecker auf drei Uhr, und in weniger als fünf Minuten waren wir alle drei im Naturzustand, eine Beute unseres Verlangens und der Liebe. Sie begannen ihr Wirken mit dem Ungestüm zweier Tigerinnen, als wollten sie einander verschlingen.

Die beiden vor meinen Augen kämpfenden Schönheiten schürten mein Feuer; aber ich war ungewiß, wie ich beginnen sollte. Das Gefühl sprach dafür, daß ich C. C. den Vorzug geben müsse, aber ich fürchtete die Sticheleien M. M.s, die mich mit meiner Liebe, die ich ihr allein hatte bewahren wollen, aufgezogen hätte. C. C. war schlanker als M. M., nur ihre Hüften und Schenkel waren stärker; sie hatte einen braunen Flaum, die andere einen blonden, und beide waren gleich geschickt in diesem Geplänkel, das sie ermüdete, ohne daß sie zum Ziel gelangen konnten.

Schließlich konnte ich nicht mehr widerstehen. Ich warf mich auf sie; angeblich, um sie zu trennen, stürzte ich mich auf M. M., die mir jedoch entschlüpfte und mich auf C. C. fallen ließ. Diese empfing mich mit offenen Armen, in denen ich binnen weniger als einer Minute meine Seele aushauchte; sie verging im gleichen Augenblick wie ich, wobei wir jede Vorsicht außer acht ließen.

Als wir aus unserer Verzückung erwachten, wandten wir uns M. M. zu, C. C. von Dankbarkeit angespornt, ich von Rachegefühlen, da sie mich genötigt hatte, ihr untreu zu werden. Ich hielt sie eine gute Stunde lang im Joch und sah mit Freuden den offensichtlichen Stolz C. C.s, daß sie ihrer Freundin einen würdigen Geliebten verschafft hatte.

Meine beiden Heroinen fügten sich meinen Ermahnungen. Gemeinsam kamen wir überein, bis zum Schlag der Uhr dem Schlaf zu huldigen, in der Gewißheit, daß wir die zwei Stunden, die uns dann bis zum Augenblick der Trennung blieben, gehörig ausnutzen würden.

Beim Erwachen erweckte uns unsere gemeinsame Nacktheit wieder zum Leben. Da C. C. sich artig beklagte, ich hätte mich ihr nur einen Atemzug lang gewidmet, legte M. M. mir nahe, ich solle ihr Genugtuung geben; und sie fand mich nicht abgeneigt. Nach einem langen Geplänkel, das von beiden Seiten mit der festen Entschlossenheit geführt wurde, es von Hymen krönen zu lassen, selbst wenn es Folgen haben würde, denen zu trotzen wir uns vorgenommen hatten, wollte M. M. das gleiche Risiko auf sich nehmen und ausschließlich der Liebe huldigen. Ungeachtet aller etwaigen Folgen gab sie mir den ausdrücklichen Befehl, sie nicht zu schonen, und ich stellte sie zufrieden. Wir waren alle drei vor Verlangen und Sinnenrausch trunken und durch die ständige Erregung so aufgeputscht, daß wir uns auf alles stürzten, was uns die Natur an Sichtbarem und Tastbarem gegeben hatte, und begierig in alles bissen, was wir sahen; wir waren in allen Trios, die wir ausführten, zu Angehörigen des gleichen Geschlechts geworden.«

Casanova war damals 28 Jahre alt. Fünf Jahre später, 1758, wird de Bernis Kardinal – und taucht in der »Juliette« von de Sade als Zeremonienmeister einer Orgie auf, die im Haus des Kardinals Albani in der Nähe von Rom stattfindet. Insgesamt vierzehn Personen beteiligen sich. Außer den Kardinälen Albani und de

Bernis sind es Juliette und Olympia und noch »zwei entzückende siebzehn- und achtzehnjährige Französinnen«, Elise und Raymonde, dazu »vier fünfzehnjährige Knaben« und vier »junge Männer von achtzehn bis zwanzig Jahren, deren Glieder ungeheure Größe besaßen«.

De Bernis arrangiert die Orgie: »›Ich will die Rolle eines Zeremonienmeisters spielen‹, sprach Bernis, ›alles möge mir gehorchen. Sie müssen der Reihe nach ihre Hintern unserer Prüfung darbieten, die jungen Knaben werden gleichfalls vorbeikommen, und je ein Knabe wird ein Mädchen zu umarmen haben, damit wir nachher nur noch Gruppen vor uns haben.‹

Der erste Wunsch wurde ausgeführt, wir gingen der Reihe nach vor den Wüstlingen vorbei, die unsere Arschbacken küßten, zwickten und stachen.

›Nun‹, fuhr der Zeremonienmeister fort, ›muß ein Knabe uns das Glied lecken. Einer der größeren Jünglinge muß uns das seine zum Küssen anbieten, während er den Hintern einer Frau lecken wird. Mit der Rechten wollen wir das Glied eines Mannes, mit der Linken die Arschbacken eines Knaben kitzeln, während uns die beiden anderen Frauen an den Hoden aufregen werden. Bei der dritten Szene‹, sprach Bernis, ›werden wir ebenso aufgestellt bleiben, wie wir jetzt sind, nur werden uns diesmal Frauen kitzeln und zwei kleine kniende Knaben werden uns ihr Loch lecken lassen.

In der vierten Szene werden uns zwei Frauen das Glied lecken und uns der Reihe nach vier Männer in den Hintern einführen. Die vier Knaben mögen sich unter unseren Mund begeben und ihre vier Hintern unseren Küssen darbieten.

Die fünfte Szene wird auf folgende Art vor sich gehen‹, sprach der Ordner. ›Albani, dessen Zustand dem meinen gleicht, wird Elise im Hintern vögeln, während ich das gleiche an Juliette versuchen will. Die vier jungen Leute mögen sich mit unserem Hintern beschäftigen und je zwei Knaben werden uns Glied und Popo zum Küssen darbieten.‹«

Casanova war 47 Jahre alt, als er im Garten des Imperiali, Prinz von Montana und Francavilla (vor 1736–1782), ein »höchst anziehendes Schauspiel« erlebt. Francavilla ließ »reizende halbwüchsige Burschen ganz nackt im Wasser schwimmen; sie alle waren Lustknaben des liebenswürdigen Prinzen, der seiner Veranlagung nach das männliche Geschlecht dem weiblichen vorzog. Die Engländer fragten ihn, ob er ihnen das gleiche Schauspiel mit Mädchen bieten wolle; er versprach es ihnen für den nächsten Tag in einem Teich im Garten eines Hauses, das er in der Nähe von Portici besaß... Am nächsten Nachmittag führte er uns bei seinem kleinen Palazzo den Teich vor, in dem zehn oder zwölf junge Bauernmädchen in unserer Gegenwart bis zum Abend herumschwammen.«

Francavilla, »ein reicher, prachtliebender und sehr geistvoller Epikureer, dem die Devise ›Fovet et favet‹ (Leben und leben lassen) die liebste war«, wie Casanova ihn charakterisiert, war als Oberhofmeister des Königs Ferdinand IV. von Neapel und dessen Frau Karoline ganz andere Gartenfeste gewohnt, wenn man de Sades »Juliette« glauben darf. »Eine entzückende Musik empfängt uns, Charlotte, trunken vor Wollust und Wein, wirft sich auf ein Kanapee, wir ahmen ihr nach. ›Jetzt kommen Sie an die Reihe‹, sagte Francavilla zum König, ›doch muß man Ihnen sagen, daß an diesem Orte nur der A... regiert! Jede Untreue wird mit sofortiger Ausstoßung bestraft!‹ ›Was liegt da uns daran‹, sagte die Clairvil, indem sie sich nackt auszog, ›auch wir ziehen den A... der Scheide vor, wenn man uns nur inzwischen aufgeilt.‹ Francavilla zog den seidenen Vorhang weg, und unsere Augen erblickten ein entzückendes Bild. Auf vier Ottomanen lag je eine Frau mit gespreizten Beinen, ihre Hände ruhten auf dem Unterleib von zwei Männern, so daß sie zwischen den Fingern ein ungeheures Glied hielten, während der ganze andere Körper von schwarzen Seidendraperien verhüllt war. Diese Gruppen ruhten auf Versenkungen, so daß, sobald ein Glied entladen hatte, es mit einem neuen ausgewechselt werden konnte. Durch einen anderen Mechanismus bewegte sich ein Godmiché in der Scheide der liegenden Frau, welcher von Viertelstunde zu Viertelstunde eine laue, wohlriechende Flüssigkeit ausspritzte, die man für Samen hätte halten können. Gleichzeitig küßte ein entzückendes Mädchen, von dem man nur den Kopf sah, den Schoß der Frau. Um diese Frau herum gruppierten sich nach Wunsch in Mundhöhe weibliche und männliche Geschlechtsteile, deren sie sich nach Auswahl bedienen konnte. Auf diese Weise konnte eine Frau, die auf dem Kanapee lag, allen Genüssen der Venus huldigen. ›Ich glaube nicht‹, sagte Clairvil, ›daß man etwas Lustreicheres erfinden kann, ich entlade schon, wenn ich mich nur hinlege.‹ Jede von uns nahm einen Platz ein, vier nackte, schöne junge Mädchen halfen uns hierbei, und Francavilla gab das Zeichen. Vier Jungfrauen von fünfzehn Jahren brachten ebenso viele Jünglinge an ihrem Glied herbei und führten sie uns zu. Sobald diese Quadrille erschöpft war, kam eine neue an die Reihe. Die Mädchen führten inzwischen einen wollüstigen Reigen auf und spritzten von Zeit zu Zeit auf uns Tropfen einer Flüssigkeit, die einen heftigen Schmerz verursachte, unsere Gier aber aufs Höchste steigerte...«

Marquis de Sades »Philosophie im Boudoir« war 1795 in London erschienen. Darin wurde allen Männern »ein gleiches Recht auf den Genuß aller Frauen« zugesprochen, »nach den Gesetzen der Natur gibt es daher keinen Mann, der ein persönliches und einmaliges Recht an einer Frau beanspruchen kann«. De Sade schrieb: »Ich habe kein Anrecht auf Eigentum an einem Brunnen, dem ich unterwegs begegne, aber ich habe gesicherte Rechte, ihn zu genießen; ich habe das Recht, das klare Wasser zu nutzen, das er meinem Durst darbietet; so habe ich auch keinerlei Recht auf das Eigentum an dieser oder jener Frau, doch ein unbestreitbares Recht darauf, sie zu genießen.«

»Verliert der eine etwas, wenn der andere auch von der Quelle trinkt, woran er schon seinen Durst gelöscht hat?« fragt 1785 der Thüringer Predigersohn und Mainzer Lektor Wilhelm Heinse (1746-1803) in seinem Roman »Ardinghello und die glückseligen Inseln«, entstanden nach einer Romreise 1780/81, die ihm seine Dichterfreunde, der »seicht und furchtbar« poetisierende Halberstädter Domherr Johann Wilhelm Ludwig Gleim (1719-1803) und der bayerische Geheime Rat und Ministerialrat für Zoll- und Commercewesen in Düsseldorf, Friedrich Heinrich Jacobi (1743-1819), finanziert hatten.

»Ein Frauenzimmer ist unklug, das mit einer Gestalt, die gefällt, erwuchs, und Vermögen besitzt, wenn es sich das unauflösliche Joch der Ehe aufbinden läßt«, schreibt Heinse. »Eine Göttin bleibt es, unverheurathet, Herr von sich selbst, und hat die Wahl von jedem wackern Manne, auf so lang es will... Was die Eifersucht betrifft: so ist sie gewiß, wenigstens auf Eurer Seite, eine unnatürliche Leidenschaft, und entsteht ganz allein aus armseeliger Schwäche, Mangel, oder Vorurtheil; Brüder und Helden, jeder werth ein Mann zu seyn, sollten sich eine Freude daraus machen, ein schönes Weib gemeinschaftlich zu lieben. Der geringste Genuß wird durch Antheilnehmung mehrerer verstärkt, und gewinnt dadurch erst seinen vollen Gehalt: warum sollte es nicht so seyn bey dem größten? Und ist eine junge Schönheit nicht im Stande ihrer viele zu vergnügen? Verliert der eine etwas, wenn der andre auch von der Quelle trinkt, woran er schon seinen Durst gelöscht hat? In einer guten bürgerlichen Gesellschaft sollte platterdings auch gesellschaftliche Liebe und Freundlichkeit seyn; allein wir können uns von dem Krebsschaden der Vorurtheile vieler Jahrtausende noch nicht heilen. Eins und eins ist wahrlich nicht viel mehr als einsiedlerisch und gegen die Natur; sie behauptet deßwegen auch immer ihre Rechte, wie jeder weiß, der nicht ganz blind ist. Bey der großen Mannigfaltigkeit wär es Unsinn, jederzeit von bloßem Brod zu leben. Jeder Mensch existiert für sich, und in keinem andern; wenn dieß die Natur gewollt hätte: so wären wir zusammengewachsen. Und gehts nicht so unter allen andern Gattungen von Thieren, Gras und Kraut und Bäumen? Jedes vereinigt sich mit dem andern nach Gelegenheit. O Ihr Armseeligen, die Ihr keinen Begriff von Leben und Freyheit habt und Großheit des Charakters! Daß dieß die reine wahre Lust ist, mit seiner ganzen Person, so wie man ist, wie ein Element göttlich einzig unzerstörbar, lauter Gefühl und Geist, gleich einem Tropfen im Ozean durch das Meer der Wesen zu rollen, alles Vollkommen zu genießen, und von allem Vollkommen genossen zu werden, ohne auf demselben Flecke kleben zu bleiben. So bald etwas ganz genossen ist, weg davon! Dieß ist das allgemeinste Gesetz der Natur, wodurch sie sich ewig lebendig und unsterblich erhält.«

Das Bekenntnis zu einer neuen dionysischen Lebensmöglichkeit. Die Utopie eines Idealstaates voller Sinnlichkeit.

»Ein halb Dutzend Mädchen, eben so viel Künstler« und der Erzähler erahnen in Rom die neue Freiheit. »Paar und Paar standen im vertrauten Umgang miteinander; die reizenden Geschöpfe ließen sich von ihren Geliebten als Modelle brauchen, und gaben ihre Schönheit deren Kunst preis.« Erst später, »nach Mitternacht ging es in ein ächtes Bacchanal aus«, aber sie alle machten »vorher den feyerlichen Vertrag, nichts Schändliches zu beginnen, und die Leidenschaften bis ans lange Ziel gleich Olympischen Siegern im Zügel zu halten, wies braven Künstlern gezieme«. Doch munterer als geplant geht es weiter: »Man entkleidete die Jungfrauen, die, Gluth in den Adern, sich nicht sehr sträubten, zuerst bis auf die Hemder, und schlitzte diese an beyden Seiten auf bis an die Hüften; und die Haare wurden losgeflochten. Demetri schlug die Handtrommel, und ich spielte die Zither.

Sie schwebten in Kreisen, drückten einzeln ihre Empfindungen aus, und jede enthüllte in den süßesten Bewegungen ihre Reize, bis Paar und Paar wieder sich faßten und hoben, und wie Sphären herumwälzten. Es war gewiß ein Götterfest, so viel mannigfaltige Schönheit herumwüthen und herumtaumeln zu sehen, und ich habe in meinem Leben noch kein vollkommner weiblich Schauspiel genossen.

Man hohlte hernach aus der nahen Villa Sacchetti Epheu zu Kränzen, und belaubte Weinranken mit Trauben zu Thyrsusstäben; und jeder Jüngling warf alle Kleidung von sich. Es ging immer tiefer ins Leben, und das Fest wurde heiliger; die Augen glänzten von Freudenthränen, die Lippen bebten, die Herzen wallten vor Wonne.

Wir führten auf die letzt allerley Scenen auf, aus Fabel, komischen und tragischen Dichtern und Geschichte in himmlischen Gruppen, wo eine wahrhaftige Phryne an Schönheit darunter mit erröthendem und lächelndem Stolze sich endlich ganz nakkend zeigte, in den verschämtesten, und muthwilligsten Stellungen. Tolomei wetteiferte mit ihr; er hatte wirklich Schenkel wie ein junger Gott, entzückend Feuer schon in der Hand; und die Sprossen zum künftigen Strauchwerk waren an seinem Leibchen eben angeflogen.

Demetri glich dem Zevs, und ihm fehlte dazu nur Donnerkeil und Adler.

Die Phryne riß alsdenn der andern schönsten das Hemd weg, und beyde den übrigen; und nun ward ich von ihr wie von einer wüthenden Penthesilea gefaßt, der höchste Bacchantische Sturm rauschte durch den Saal, der alles Gefühl unaufhaltbar ergriff, wie donnerbrausende Katarakten, vom Senegal und Rhein, wo man von sich selbst nichts mehr weiß, und groß und allmächtig in die ewige Herrlichkeit zurückkehrt.«

Es ist dies die erste Orgie aus der Feder eines deutschen Dichters.

Und so schwärmte man »im Geisterglanze des Vollmonds unter Chor und Rundgesang« einer neuen Zeit entgegen...

4
BOURGEOISIE

EXZESSE

Am 5. März 1791 taucht zum ersten Mal in einer französischen Zeitung das Wort »Bourgeoisie« auf – als Begriff für das besitzende Bürgertum mit dem »petite bourgeois«, dem Spießbürger, als Kumpan.

»Der Stammbaum der Bourgeoisie beginnt bei den roten Pfählen der Guillotine. Die Gemütlichkeit erwuchs aus blutigem Boden«, schrieb Alice Berend (1878–1938) in ihrer »Naturgeschichte des Spießbürgers«. Sie schrieb: »Der Spießbürger ist der notwendigste Bestandteil der menschlichen Gesellschaft. Sein Wohlbehagen, seine Gesunderhaltung, sein Zerstreuungsbedürfnis, seine Sehnsüchte und Träume und seine sonstigen Ansprüche an das Dasein sind es, die Wissenschaft und Kunst in Bewegung setzen, von Fortschritt zu Fortschritt treiben, von Versuch zu Versuch anspornen. Der Spießbürger ist zur Seele des Staates geworden.«

Wie diese Seele des Staates und deren Kern, die Familie, aussehen sollte, hatte Jean-Jaques Rousseau (1712–1778) schon 1762 in seinem Roman »Émile ou de l'éducation« entworfen. »Der Reiz des Familienlebens ist das beste Gegengift gegen den Verfall der Sitten. Der fröhliche Lärm der Kinder, den man für störend und lästig hält, wird mit der Zeit angenehm, er macht Vater und Mutter einander unentbehrlicher, einander lieber; er knüpft das eheliche Band, das sie vereinigt, enger und fester. Wenn ein Geist gegenseitiger und lebhafter Zuneigung die Familienmitglieder aneinander kettet, dann bilden die häuslichen Sorgen die liebste Beschäftigung der Frau und den angenehmsten Zeitvertreib des Mannes.« Er selbst, Rousseau, wußte allerdings diesen »angenehmen Zeitvertreib« nicht zu nutzen. Seine fünf Kinder hatte er ins Findelhaus gebracht.

Die Feste und Orgien am Hof der Bourbonen hatten in zwölf Jahren, von 1774 bis 1786, insgesamt 227 985 517 Livres verschlungen. »Du sollst nicht einmal ein Feigenblatt finden, um angesichts der Welt deine schmachvolle Nacktheit zu verhüllen«, heißt es im April 1790 in dem gegen Ludwig XVI. (1754–1793) gerichteten »Roten Buch« des dreißigjährigen Revolutionärs Camille Desmoulins, ehe er vier Jahre später selbst ein Opfer der Revolution wird.

Adolf Schmidt hat 1867, basierend auf Polizeiakten und zeitgenössischen Dokumenten, in »Tableaux de la Révolution Française« und 1874 in drei Bänden die »Pariser Zustände während der Revolutionszeit 1788–1800« geschildert und berichtet, »daß im Oktober 1793 alltäglich der Revolutionsgarten und namentlich die Gallerien bei dem Theater Montansier mit ganz jungen Burschen und Mädchen im Alter von 7 bis 14 und 15 Jahren angefüllt waren, die sich fast öffentlich den Ausschweifungen der infamsten Unzucht hingaben. Und dabei waren dieselben ›fast nackt wie die Hand und boten den Vorübergehenden das entwürdigendste Schauspiel‹.« Iwan Bloch faßte die ausführliche Darstellung Adolf Schmidts zusammen: »Die öffentlichen Dirnen ›vervielfältigten‹ sich auf allen Straßen hauptsächlich im Palais Royal, der Maison-Egalité und den Champs Elysées; in den Logen der Theater, in den Kneipen, in den großen Restaurationen erblickte man die scheußlichste Unzucht. Paris wurde die ›Kloake der ganzen Republik‹, die allen Schmutz der Provinzen an sich zog, das Genußleben nahm einen immer unerträglicheren Charakter an und steigerte sich bis zur äußersten Brutalität. Namentlich bot im Sommer 1796 der Boulevard des Temple das Schauspiel der ekelhaftesten Unzucht dar, geübt von Militärs. In Gemeinschaft mit ganz in Lüsten verkommenen Weibern trugen sie ein wahrhaft viehisches Verhalten zur Schau, und mit diesen Weibern waren zugleich Mädchen von 12 und 13 Jahren, die hier einer empörenden Prostitution sich hingaben.«

Als am 14. Oktober 1793 die Königin von Frankreich, Marie Antoinette, in Paris des Landesverrats und der Anstiftung zum Bürgerkrieg angeklagt und zwei Tage später enthauptet wurde, dachte ihr Neffe, der »gute Kaiser Franz« (1768–1835) in der Wiener Hofburg, nicht im geringsten daran, irgend etwas zu unternehmen – sein Interesse galt vielmehr, mit Sorgfalt ein möglichst gut funktionierendes Netz von Polizeispitzeln auszuklügeln, das unter dem Vorwand, die Bürger und ihre Moral zu schützen, in erster Linie ihn selber schützen sollte.

Schon sein Vorgänger, der »Volkskaiser« Joseph II. (1741-1790), hatte drei Jahre vor Beendigung seiner zehnjährigen Regentschaft, 1787, ein »Allgemeines Gesetz über Verbrechen und deren Bestrafung« erlassen. Darin hieß es: »Wer auf öffentlichen Straßen oder an einem Orte, an welchem die Leute gewöhnlich hin und wieder zu gehen pflegen, sich ärgerlich entblößt oder Unzucht treibt oder wer den andern auf öffentlicher Straße, um ihn zur Unzucht zu verleiten, anspricht, er sey männlich oder weiblichen Geschlechts, ist eines politischen Verbrechens schuldig... Wer auf offener Straße eine Weibsperson von unbescholtenem Rufe, die ihren Weg anständig wandelt, mit Gebärden oder Reden auf eine solche Art verfolgt, welche die Verführung zur Ausgelassenheit deutlich anzeigt, ist auf Anklage der beleidigten Weibsperson als ein politischer Verbrecher zu behandeln... Wer in seiner Wohnung Unzucht gestattet, wer Verdienst und Gewinn in dem sucht, daß er Personen beiderlei Geschlechts zur Unzucht Gelegenheit verschafft, auch wer ohne Gewinnsucht eine Weibsperson in Bekanntschaft und Gelegenheit verleitet, durch die sie zur Unzucht verführt wird, macht sich des politischen Verbrechens der Kuppeley schuldig; wenn sie auch Freunde oder Diener desjenigen wären, wegen welchen sie zur Kuppeley Mithilfe geleistet haben... Jedermann, er sey Mann oder Weib, der mit seinem Körper Gewerbe treibt, und mit Unzucht sich Verdienst schafft, ist ein politischer Verbrecher.«

Trotzdem hatte sich zum Beispiel bis 1795 noch ein Wiener »Freidamenorden« halten können.

Von einer Frau von Hohenholz war dieser »Orden« nach Art der Freimaurerlogen eingerichtet worden, aber nur, um sich relativ ungestört »allerlei Ausschweifungen hinzugeben, die, wie der Chronist schamhaft andeutet, ›aus einer ganz absonderlichen Verschmelzung der Arbeiten des Herkules mit dem Abenteuer der Liebesgöttin hervorgingen‹«.

Verschont vom Gesetz blieb auch lange Zeit der erotische Privatgarten des Fürsten Esterházy in der Wiener Landstraßer Hauptstraße, wo ein Tempel mit obszönen Figuren und Ruhebetten, die mechanisch auftauchen konnten, und allerlei anderer Schnickschnack der geheimen Gruppenerotik des Wiener Adels dienten.

Die sogenannte »gute Gesellschaft« Wiens veranstaltete regelmäßige »Adamitenbälle«, wo die »Nacktheiten der Griechen und Römer« zur Schau gestellt wurden. Sie folgten damit dem Beispiel der Franzosen, wo um 1793 im Pariser Opernhaus »nackte Bälle« stattgefunden hatten – wenn man den Berichten glauben darf, oft mehr als hundert an einem Tag.

Wiener Polizeiakten des Jahres 1804 erwähnen auch eine »Schwarze Redoute«, einen Ball in einer Wiener Kaserne am Aschermittwoch, dem Tag, an dem sonst alle Veranstaltungen verboten waren. Prostituierte und »Damen der Gesellschaft« hatten sich in der Kaserne zu einer »geschlossenen Veranstaltung« eingefunden, um mit einer Orgie Abschied vom Fasching zu feiern.

Der Autor Hubert Welfenburg hat »in Archiven gestöbert, alte Bücher und Aufzeichnungen studiert, in Tagebüchern gelesen und alte Zeitungen gesammelt, um die Intimsphäre unserer Vorfahren in der Kaiserstadt zu durchleuchten« und das Ergebnis 1980 unter dem Titel »Die frivolsten Geschichten aus dem alten Wien« publiziert. Aus dem Jahr 1820 berichtet er von der Affäre des Weinhändlers und Hofweinlieferanten Valentin von Zankorek aus Baden bei Wien. Vor einem Stundenhotel in der Spiegelgasse im Zentrum Wiens war es zu Handgreiflichkeiten zwischen Valentin von Zankorek und seiner Frau Barbara gekommen, als er in Begleitung des französischen Zimmermädchens Florence das Hotel im selben Augenblick verließ, in dem es seine Frau Barbara »mit einem Italiener, den sie erst eine halbe Stunde zuvor in einem Café aufgegabelt« hatte, betreten wollte. Die Polizei schreitet ein – der kaiserliche Weinhändler versucht, alles als einen Irrtum darzustellen, und gibt das Dienstmädchen als seine französische Cousine und die Zufallsbekanntschaft seiner Frau als Besuch aus Rom aus. Der Kriminalbeamte Reininger folgt den vier Personen im Fiaker bis nach Baden, »um darüber Auskunft zu erhalten, was es wohl mit seiner angeblichen Cousine und dem Bekannten aus Rom auf sich habe«. Am nächsten Morgen erstattet er Bericht: »Zum Glück wurden den ganzen Abend die Vorhänge nicht vor die Fenster gezogen, so daß es mir nicht erspart blieb, das Treiben in dero

Gesellschaft mitzuerleben, als wäre ich daselbst mit dabei. Zuerst stritten sich die Herrschaften mächtig. Dann schienen sie in ein wichtiges Gespräch vertieft zu sein. Schließlich aber knöpfte sich das angebliche Mädchen aus Frankreich, das ich später als Dienstmädchen des Hauses ausfindig machte, das Kleid auf. Wie auf ein geheimes Kommando schienen nun auch die andern wie vom Teufel besessen und begannen ein abscheuliches Treiben. Sie alle entledigten sich ihrer Kleider und führten nun ein Spiel auf, bei dem mich immer wieder aufs Neue die Übelkeit übermannte. Nicht etwa, daß sich Paar um Paar liebte und irgend in eine Ecke zurückzog. Nein: Sie trieben es alle miteinander, wie ich es niemals für möglich gehalten hätte. Es war ein entwürdigender Anblick, wie sie sich in einem unübersehbaren Durcheinander nackter Leiber zu amüsieren schienen!«

Weiter berichtet Welfenburg: »Noch am selben Tag erhält Kaiser Franz Nachricht vom abscheulichen Treiben seines Weinhändlers. Der Kaiser läßt einen Schreiber kommen. Er diktiert: ›Man möge sofort Plakate drucken und in der Wiener Innenstadt anbringen lassen, worauf die Bevölkerung benachrichtigt wird, daß es bei strenger Strafe verboten ist, in der körperlichen Liebe die Grenzen des guten Geschmackes zu überschreiten. Ich verbiete hiermit, daß sich liebende Paare vermengen und sich benehmen, wie etwa so manche Gruppen im antiken Rom...‹

Das Plakat wird nie veröffentlicht. Man redet es dem Kaiser wieder aus.«

Die Zeit des Biedermeier in Wien war nicht arm an Skandalen und Affären. So waren die Polizeiberichte voller Nachrichten über den Harem und die Nacktfeste des Fürsten Nikolaus Esterházy (1765–1838). Er ließ Mädchen aus dem Mittelstand zu Hetären ausbilden, schickte sie dann zur Vervollkommnung ihrer Fähigkeiten nach Brüssel und Paris und führte sie schließlich wieder seinem Wiener Harem zu. Unter diesen Mädchen war auch die »braungelockte, dunkelhäutige Gastwirtstochter« Henriette Rothmann. Zeitgenössische Berichte faßte Gerhard Jaeckel zusammen: »Um das Jahr 1825 wurde die junge Liebeskünstlerin zum erstenmal bei der obersten Polizei- und Zensurbehörde aktenkundig: Auf einem Nacktball im Palais Esterhazy hatte sie das Couplet ›Odeur des femmes‹ vorgetragen, das in schlüpfrigsten Wendungen den weiblichen Vaginalgeruch verherrlichte. Im Palais Esterhazy verliebte sich der portugiesische Prinz Dom Miguel Maria Evaristo in Henriette. Er lebte in Wien im Exil, nachdem sein Staatsstreich gegen seinen Vater, König Johann VI., gescheitert war. Henriette Rothmann wurde seine Mätresse. Auch Dom Miguel schwärmte für Nacktorgien. Er erfand einen neuen Effekt: Während die Nackedeis durch den abgedunkelten Saal hüpften, wurden auf Tischen ringsum Feuerzangenbowlen entzündet. Das bläulich flackernde Licht auf der nackten Haut wirkte so aufregend, daß einmal durch umgestoßene Punschbowlen eine Feuersbrunst entstand und mehrere Menschen zu Schaden kamen.

Nach dem Tod seines Vaters wurde Dom Miguel 1827 zum Regenten von Portugal ernannt und in Abwesenheit mit der neunjährigen Königin Maria da Gloria, seiner Nichte, verlobt. Fünf Monate lang feierte er Abschied von der feschen Wienerin, die bei Nacktfesten mit einer Krone auftrat und sich als ›Henrietta da Gloria‹ den Hof machen ließ.«

Als Dom Miguel (1802–1866) dann doch noch seine Regentschaft in Portugal antrat, wurde Henriette Rothmann die Geliebte zahlreicher Bankiers und Aristokraten, arbeitete als Polizeiagentin und später als »Blondinenlieferantin«, wie die Kupplerinnen Wiens genannt wurden. Sie ging, schreibt Richard Waldegg, »in schamloser Offenheit ihrem Geschäft nach. Sie nahm nur vornehme, reiche Kunden an und konnte sich das infolge ihres schlechten Rufes leisten. Zu den des öfteren veranstalteten Orgien drängten sich die am ärgsten verrufenen Lüstlinge des ehemaligen Wien.«

Schon am 30. November 1821 hatte es um Ferdinand Graf Pállfy von Erdöd (1774–1840) und Ludwig Fürst Kaunitz-Riedberg (1777–1848), zwei dem Kaiserhaus sehr nahestehende Persönlichkeiten, einen Skandal gegeben. Graf Pállfy war Direktor des »Theaters an der Wien«, das über eine besondere Spezialität verfügte, ein Kinderballett unter Leitung des Ballettmeisters Friedrich Horschelt (1793–1876). Die Kinder, meist aus armen Verhältnissen, wurden für die Proben und Vorstellungen mit Würsteln und Bier »bei guter Laune« gehalten, was immer man damit meinte. Anfang der zwanziger Jahre ging die Polizei Hinweisen nach, denen zufolge »hinter den Kulissen des Theaters an der Wien, aber auch außerhalb mit den Kindern verbotene Spiele getrieben wurden«. Die Ermittlungen führten zu Graf Pállfy und zu Fürst Kaunitz. Die Untersuchungen ergaben, daß Fürst Kaunitz sich wohl die Mädchen des Balletts durch Schnupftabak gefügig gemacht haben soll, daß aber auch Eltern ihre Kinder und junge Frauen sich selbst ihm freiwillig angeboten hatten. Die Spiele des Fürsten Kaunitz fanden in seiner Absteige in der Seilerstätte und in seinem kleinen Palais nahe Schönbrunn statt. Da Kaunitz die Gewohnheit besaß, die Mädchen und Frauen seiner Wahl porträtieren zu lassen, hatte die Polizei es relativ leicht. Sie fand insgesamt 2000 Miniaturen, darunter 226 Mädchenporträts und 50 Porträts von Kindern des Balletts. Außerdem beschlagnahmte die Polizei insgesamt 700 Briefe und drei pornographische Bücher. Den Quellenstudien des Wiener Kritikers und Übersetzers Siegmund Oskar Fangor (1884–?) folgend, leugnete Fürst Kaunitz nicht, war aber in seinen Aussagen sehr zurückhaltend und gab nur zu, »mit den Kindern ›gespielt‹ zu haben. Da wurden nun die Kinder einvernommen. Mehr als fünfzig mußten erscheinen, wurden nach Sachen befragt, die sie meist vorher gar nicht gewußt hatten und mußten sich schließlich einer polizeiärztlichen Untersuchung unterziehen. Die Polizei ließ riesige Tabellen anlegen, die in Rubriken über ›versuchten‹ und ›erfolgten Beischlaf‹, ›Berührung‹ usw. eingeteilt waren, auch die Rubrik zur Ausfüllung für den Polizeiarzt über den ›Befund des Hymens‹ fehlt nicht. Es würde zu weit führen, alle die Namen derjenigen Mitglieder des Kinderballetts zu bringen, die sich dieser Untersuchung unterziehen mußten, es genüge daher zu erwähnen, daß sich darunter Therese Elßler (die Schwester der Fanny Elßler), die spätere bekannte Tänzerin Therese Heberle und die spätere Schauspielerin Gottdank befanden. Therese Elßler zum Beispiel gab ›Berührungen‹ durch den Fürsten ohneweiters zu, bestritt aber, daß es zu Weiterem gekommen sei. Laut Befund des Polizeiarztes war das ›Hymen eingerissen‹, doch konnte – wie ja vorauszusehen war – nicht mit Sicherheit behauptet werden, daß Therese keine Jungfrau mehr sei. Es fanden sich ja schließlich genug Mädchen, die zugaben, mit dem Fürsten ›Unzucht‹ getrieben zu haben und von ihm verführt worden zu sein, so daß es auf eine Verführte mehr oder weniger gar nicht ankam. Das Kinderballett hatte infolge dieser Affäre zu bestehen aufgehört, Bitten der späteren Direktoren des Theaters, das Kinderballett wieder zu gestatten, wurden vom Kaiser Franz ausnahmslos abgewiesen, der sogar die verhältnismäßig unschuldigen ›Kinderbälle‹ – nur weil sie überhaupt etwas mit Kindern zu tun hatten –, die in der ›Mehlgrube‹ abgehalten wurden, verbieten ließ. Fürst Kaunitz zog sich die allerhöchste Ungnade zu. Da man solch hohe Herren aber schließlich nicht wie irgend einen gewöhnlichen Sterblichen einsperren konnte, so verbannte man ihn nach Paris, wo auch Kaunitz bis an sein Lebensende verblieb. Ob er seinen Passionen dort weiter nachging, vermeldet kein Chronist, doch dürfen wir dies mit Sicherheit annehmen.« Andere Quellen schreiben, daß man in Paris Fürst Kaunitz »als gemiedenen Menschen auf den Bänken herumsitzen sah«.

Wie groß der Hang war, Kinder für sexuelle Spiele zu mißbrauchen, geht auch aus Berichten hervor, die ein als Blumenladen und Putzmacherei getarntes Etablissement nennen, in dem eine Frau von Horwath acht minderjährige Mädchen an Herren der Gesellschaft stundenweise vermietete. Eines der Mädchen war die 14jährige Tochter der Frau von Horwath selbst.

Iwan Bloch berichtet von einem Londoner Kinderbordell, in Mile End gelegen. Drei Mädchen im Alter von etwa 15 Jahren gehörten zum festen Bestand von David Romaine und seiner Frau. »Es war in diesem Etablissement jede Möglichkeit geboten, um Kinder beider Geschlechter zu verführen. Oft versammelten sich dort am Sonnabend abends 10–14 Knaben im Alter von 10–15 Jahren zum Zwecke der schauerlichsten Unzucht mit den Mädchen. Gewöhnlich wurde eines der drei kleinen Mädchen auf die Straße geschickt, um die Knaben ins Haus zu locken, die, wenn ihre Zahl groß genug, und eine gemeinschaftlich aufgebrachte Geldsumme beträchtlich genug war, zu dem Schauplatz der Unzucht zugelassen wurden, welche hauptsächlich die beiden andern Mädchen mit ihnen begingen.«

Von einer besonderen Rarität Londons erfahren wir aus dem vierbändigen Werk »The Volupturian Cabinet« der Mary Wilson, einer Sammlung von Geschichten und Dialogen. Mary Wilson führte in Tonbridge Place, New-Road, St. Pancras, ein »Etablissement für körperliche Züchtigungen«, das sie dann ihrer Freundin Theresa Berkley, die sie nur »wärmstens empfehlen könne«, überlassen hatte. Theresa Berkley wiederum pries ihre Freundin Mary Wilson als die »Wiedererweckerin erotischer Literatur in unserem Jahrhundert«, denn als sie ihre Karriere begonnen hatte, gab es nur »Fanny Hill«. Mary Wilson aber verlegte oder übersetzte laut ihrer Puffschwester Theresa Berkley »zwölf verschiedene Werke, und ihr Erfolg hat andere angespornt, sich der gleichen nützlichen Tätigkeit zu widmen, so daß wir heute im Besitz von mehr als fünfzig Bänden wollüstiger Unterhaltung für die kommende Generation sind«.

In der Ankündigung zum dritten Band ihres »Volupturian Cabinet« entwickelt Mary Wilson den kühnen Plan zu einem Damenbordell: »Ich habe ein großes Grundstück erworben, welches – zwischen Hauptverkehrsstraßen gelegen – durch Geschäfte zugänglich ist, die ausschließlich den Frauen vorbehaltene Artikel verkaufen. Auf dem Areal zwischen den beiden Häuserreihen habe ich einen eleganten Tempel errichten lassen, in dessen Mitte sich geräumige Salons befinden, ganz eingeschlossen von bequem und vornehm eingerichteten Boudoirs. In diesen Salons können die edelsten Männer ihrer Art, die ich auftreiben kann, beobachtet werden, während sie den Tätigkeiten nachgehen, die ihren Neigungen entsprechen – alle in einem Zustand hochgradiger Erregung, der durch gutes Leben und Müßiggang hervorgerufen wurde.

Die Damen werden die Salons niemals selbst betreten, auch nicht maskiert, sondern die Insassen durch die verdunkelten Fenster der Boudoirs beobachten. Sie werden elegant gekleidete Jünglinge beim Kartenspiel oder beim Musizieren sehen, athletische Männer beim Ringkampf oder im Bade – vollkommen entkleidet – kurz, sie werden eine derartige Vielfalt des Männlichen erblicken, daß sie etwas ihren Neigungen Entsprechendes finden müssen. Hat sich eine Dame entschlossen, wen sie genießen möchte, muß sie nur der Dienerin läuten, sie zum Fenster rufen, ihr denselben zeigen und er wird sofort zu ihr gebracht werden. Sie kann sich mit ihrem Partner im Dunkeln vergnügen oder auch bei Licht und sie kann, wenn sie will, immer ihre Maske anbehalten. Sie kann eine Stunde verweilen oder die ganze Nacht und sie kann einen Mann oder ein Dutzend Männer haben, ganz nach Lust und Laune, ohne von einem von ihnen erkannt zu werden. Eine Lady von siebzig oder achtzig Jahren hat so die Möglichkeit, einen edlen Jüngling von zwanzig zu genießen. Um die Sinne zu den höchsten Ekstasen der Liebe aufzupeitschen, ist jedes Boudoir mit den herrlichsten Malereien von

Aretinos Stellungen nach Julio Romano und Ludovico Carracci geschmückt und mit großen Spiegeln ausgestattet; auch ein Buffet mit den erlesensten Weinen und Speisen ist vorhanden. Die Erhaltung des Etablissements wird von einem jährlichen Beitrag jeder Dame in der Höhe von hundert Guineas bestritten, mit Ausnahme der Erfrischungen, die nach der Konsumation zu bezahlen sind.

Man hat keine Mühe gescheut, Ordnung und Regelmäßigkeit zu gewährleisten, und eine Entdeckung durch die Polizei oder ihre Spitzel ist ausgeschlossen, wie jeder Dame demonstriert werden wird, bevor sie ihren Beitrag zahlt, und wie in dem privaten Prospekt, der bei Mme. de Gomez, einer Leiterin des Etablissements, erhältlich ist, noch näher ausgeführt wird. Diese wird die Kundinnen auch mit einem Verzeichnis der größten Sammlung obszöner Bücher in Französisch, Italienisch und Englisch versorgen, die es jemals gegeben hat und um den Preis von Zweitausend Pfund für den Gebrauch meiner Kundinnen erworben wurde.

Die Salons wurden von einem der besten Maler unserer Tage mit Zeichnungen aus Mr. Payne Knight's Werk über die Verehrung des Priapus geschmückt, wodurch sie zu einer in Europa einzigartigen Ausstellung werden. Kein männliches Wesen wird in irgendeinem Teil des Tempels mit Ausnahme des Salons zugelassen, und hier befinden sich nur die vertrauenswürdigsten und erprobtesten Angestellten, die für ihre Dienste gut bezahlt werden und nicht in Versuchung kommen, ihre Neugierde zu befriedigen.

Indem ich es mir solcherart zur Aufgabe gemacht habe, meinen Geschlechtsgenossinnen in einer höchst wichtigen Angelegenheit zu dienen, vertraue ich Ihrer Großzügigkeit, mich in meinem Unterfangen zu unterstützen; und bin, meine sehr verehrten Damen, Ihre ergebene Dienerin Mary Wilson.«

Etwa um dieselbe Zeit wird aus Paris von den »Enfants du Prado«, den »Kindern des Prado« berichtet, einem als Cancan-Lokal getarnten Bordell mit Betten, die so groß waren, daß drei bis vier Paare gleichzeitig miteinander vögeln konnten. Auf die Möglichkeit pluralistischer Betätigungen in den Bordellen weisen auch die Dirnenkataloge hin, Eduard Fuchs zitiert in seiner »Sittengeschichte« den »Anfang eines erotisch illustrierten Dirnenkatalogs, der etwa aus den Jahren 1835 bis 1840 stammen dürfte«. Laut Fuchs wurden diese Kataloge nicht verschenkt, »sondern neben ihrem Reklamezweck bildeten sie auch einen Handelsartikel für sich allein. Sehr häufig verkauften ihn die betreffenden Dirnen direkt an ihre Besucher.«

Da bietet in St. Germain, in der Rue de Seine 27, eine Mademoiselle Guillaume ihre Dienste an. Die farbige Lithographie »zeigt das Nebengemach eines Putzgeschäfts, in dem sich die Modistin eben mit zwei Besuchern vergnügt.

Les Mdes. de Cravattes, passages de l'Opera 7, Galerie du Barometre. Ebenso; die Putzmacherin gibt sich auf dem Sofa eben einem Besucher hin.

Euphémie, Mde. d'allumettes, passage du Caire, No. 64. Streichholzladen, dieselbe Szene. Sie oben, er unten.

Melle. Armand, passage du Sanmon 79. Zimmer einer Putzmacherin, ein Herr vergnügt sich mit zwei Mädchen, von denen die eine im Bett liegt.

Une maison à partie, passage d'Artois, No. 10, dans la Boutique. Putzmacherladen. Die Putzmacherin befriedigt drei Männer zu gleicher Zeit.

Mme. Renand, rue Laffitte, No. 45. Melle. Clara, rue de Provence 45. Zimmerinterieur; zwei Mädchen vergnügen sich zu gleicher Zeit mit zwei Männern auf dem Sofa.

Mme. Rosier, passage de l'Orme, No. 27 et Mme. Labson, passage Colbert, le nom sur la boutique. Inneres eines Kravattenladens. Während die eine der Damen einem Kunden eine Kravatte anprobiert, treibt die andere unzüchtige Spiele mit ihm.«

Am 7. Februar 1851 beendet eine ungenannte Autorin ihre »sonderbare Schriftstellerei«, die ihr mehr Vergnügen machte, als sie ursprünglich für möglich gehalten hatte. »Ich versuchte es, einige meiner Erfahrungen zu Papier zu bringen, stockte zwar, als ich an Dinge kam, die wirklich eine vollkommene Aufrichtigkeit verlangen und die man eben nicht niederzuschreiben pflegt, aber ich zwang mich, dachte daran, daß ich Ihnen eine Freude damit mache und überließ mich nun ganz der Erinnerung an die vielen glücklichen Augenblicke, die ich genoss«, eine Erinnerung, die »wie ein Nachgeschmack der Freuden, die ich genossen und deren ich mich nicht schäme« war.

Mit der Verlagsangabe »Boston, Reginald Chesterfield« erschien das Buch bei August Prinz, »Verlagsbureau Altona«, im Jahr 1861. Seither wurde das Buch zahllose Male gedruckt, millionenfach verkauft und immer wieder verboten. Und seither zerbrechen sich viele Leute den Kopf, ob die berühmte Sängerin Wilhelmine Schröder-Devrient (1804-1860) diese »Memoiren einer Sängerin« verfaßt hat oder nicht. Oder ob sie der Verleger August Prinz selbst geschrieben hat, oder sein Hausdichter, der Hamburger Arzt August Wilhelm Christern (1809-1870), der unter verschiedenen Pseudonymen publizierte – oder ein Unbekannter, oder eben doch die sinnliche Sängerin, die mit 18 Jahren in Beethovens »Fidelio«, mit 37 in Richard Wagners »Rienzi« und mit 38 im »Fliegenden Holländer« Triumphe feierte. Wilhelmine Schröder war die Tochter einer erstklassigen Schauspielerin und eines mittelmäßigen Tenors. Nach dem Tod des Vaters Friedrich Schröder (1759-1818) hatte die Mutter Sophie Schröder (1781-1868) zusammen mit ihrer Tochter Wilhelmine ein und denselben Liebhaber, den Wiener Miniaturenmaler Moritz Michael Daffinger (1790-1849). Sind es Erinnerungen von Wilhelmine Schröder-Devrient an jene Zeit, wenn in den Memoiren von den »sonderbaren Verhältnissen« zwischen drei Personen die Rede ist, die Liaison einer 30jährigen Baronin in Wien mit ihrem jungen russischen Baron, zu der die 17jährige Zofe Marguerite hinzugezogen wird und sie sich so »zu gemeinschaftlichem Genusse vereinigt« fanden?

Als Marguerite ihre Erlebnisse Jahre später Pauline, wie sich die Erzählerin der »Memoiren« nennt, berichtet, »entzückte sie noch in der Erinnerung« all das – »daran teilzunehmen, es mit den Augen in der nächsten Nähe zu verschlingen, im Geiste die steigende Empfindung beider mitzugenießen«.

Auch Pauline teilt später ihre »Genüsse mit zwei Personen; mit Ferry, der mein erklärter Liebhaber wurde, und mit Rosa, die mir eine Abwechslung im Genuß verschaffte, oder, wie sich manche Gelehrte in diesem Fach ausdrücken würden, ich wechselte zwischen homosexuellem und heterosexuellem Genuß.« Es war nicht leicht für Pauline, ihre lesbische Freundin Rosa zu der Triole zu überreden. Denn nur »sehr wenige Weiber gibt es, die den Genuß kennen, ein Liebespaar in vollem Genuß der Begattung anzusehen«. Aber es gelang ihr, und schließlich lagen sie »aufeinander und ineinander verschlungen, die duftenden, wollüstig heißen Körper dampften, und ich vergrub meine Nase unter den Achseln Rosas, ich war berauschter, als wenn ich noch so viel getrunken hätte. Es war die wollüstige Ohnmacht, welche nicht enden zu wollen schien«.

Zwischendurch erfrischen sie sich durch ein Bad. »Als wir das Wasser verließen, wollten Rosa und ich uns abtrocknen, er aber sagte, wir sollten es nicht tun, sondern uns mit Seife einreiben, dann mit Öl, so daß unsere Körper glatt und schlüpfrig waren wie die Aale. Er hieß mich, meinen Oberkörper über die Kufe beugen und hob Rosa hinauf auf seine Schultern, so daß sie halb auf ihm saß mit dem Gesicht ihm zugewendet. Er sog an ihrer Wollustgrotte, während er mich von hinten angriff, und zwar in einer Weise, wie es die Päderasten tun, denn er stieß seinen Speer nicht in meine Wollustgrotte, sondern in die hintere nachbarliche Öffnung. Er hatte die Wände derselben so eingeölt, daß er leichter hineinkam, als ich gedacht; doch verursachte er mir anfangs Schmerzen. Ich hatte dies noch niemals versucht und biß meine Zähne zusammen. Während dieser Einnahme der hinteren Befestigung spielte er mit beiden Händen an meiner vorderen Spalte und steckte drei Finger der linken Hand hinein. Ich fühlte, wie seine Finger in meinem Innern herumwühlten und sein Amorpfeil nur durch eine dünne, schleimige Haut von seinen Fingern getrennt war. Auch ich fühlte diese Berührung, und die Wollust paarte sich bald mit dem Schmerz, so daß auch dieser sehr wonnig war. Er ließ jetzt Rosa hinabgleiten, so daß sie sich nur mit ihren Waden und Füßen, die sie auf ihren Schultern kreuzte, an mir festhielt, während ihr Wollusttempel gerade auf meinen Mund kam. Ich steckte den Finger der linken Hand in ihren Mastdarm; mit der rechten Hand spielte ich oben an ihrem Kitzler, während ich meine Zunge, so tief ich es vermochte, in ihre Wollustgrotte steckte. Ich kann dieses Spiel nicht anders als großartig in seiner Art nennen. Die drei geölten, glatten, heißen Körper schienen ineinander verschmelzen zu wollen. Die Krise kam uns gleichzeitig; doch hätte sie viel eher kommen können, wenn Ferry seine Besinnung verloren hätte, er aber wollte den Genuß verlängern und hielt mehrere Male an, zog sogar seinen Pfeil aus dem Köcher und kniete nieder, um mit seiner Zunge dort zu spielen, wo er so grausam gehaust. Bei jedem neuen Angriff fühlte ich anfangs dieselben Schmerzen, und dann auch die gleiche Wonne wie beim erstenmal. So machte er es viermal, bis wir alle drei zitterten und bebten vor Wonne. Bei

Rosa war die Wollustquelle zweimal übergesprudelt, und beide Male verschlang ich den milchweißen Saft mit Gier. Ich bedauerte, daß es nicht in ihrer Macht lag, diesen Erguß bis ins Unendliche zu verlängern; ich würde ihn hinuntergeschlürft haben wie der Säugling die Milch seiner Mutter. Endlich fühlte ich den heißen Wolluststrom Ferrys, wie er sich in meinem Innern ergoß, gleichzeitig aber durchrieselte es mich kalt wie Aprilschauer, und seine Finger waren gebadet in der Milch, die aus meinem Innern herausströmte in dicken Strahlen; er führte seine Hand an die Lippen und trank, was er gesammelt hatte, so wie ich dasjenige schlürfte, was mir Rosa aus ihrem Wollustbecher reichte.«

Auch Ferry hatte Pauline »oft zugeredet, in seiner Gegenwart mit einem anderen Mann Wollust zu genießen« und berief sich dabei auf »mehrere historische Beispiele, namentlich auf jenes des berühmten venezianischen Kriegshelden Gatta Melatta, der mit seiner Gattin nur dann zum Beischlaf gereizt wurde, wenn sie vorher mit einem anderen Mann Liebe genoß«.

So arrangierte er im »berüchtigten Bakonyerwald« in der Nähe von Budapest ein Treffen mit zwei Räubern, einem »Mann von etwa 32 bis 35 Jahren, eine wahre Herkulesgestalt, mit wildem Ausdruck im Gesicht, doch mit regelmäßigen Zügen, und ein Jüngling von etwa 20 Jahren, ein wahrer Adonis von Schönheit«. Pauline folgt Ferrys Wunsch, denn »je ausgelassener ich sein würde, je mehr ich zeigte, daß ich sie liebe, desto angenehmer wäre es ihm«. Drei Tage lang treibt es Pauline im Beisein von Ferry mit allen ihren Liebhabern. »Am dritten Tag hielten wir eine große Orgie, mehrere Bäuerinnen, Mädchen und Frauen kamen dahin, und wir feierten solche Saturnalien, daß es Agrippina nicht mehr tun konnte. Diese Bäuerinnen waren in Liebesspielen ebenso geschickt, so erfinderisch wie die Damen der Pester Aristokratie, und die letzteren hätten von ihnen so manches lernen können.«

Wilhelmine Schröder-Devrient lebte in Dresden, München, Berlin und Petersburg, Gastspiele führten sie durch die Städte ganz Europas. Auch Pauline hat viele Länder kennengelernt: »zum Beispiel Österreich, Ungarn, die europäische Türkei, Italien, Spanien, Frankreich, Britannien, Rußland, die skandinavische Halbinsel, Deutschland, den Orient, die Vereinigten Staaten von Nordamerika, die Schweiz, Südamerika und Belgien mit den Niederlanden«, aber ihr »wirkliches Vaterland« ist, wie sie schreibt, die Musik. Frankfurt war für sie »der widerwärtigste Ort, den ich mit einer Diogeneslaterne nur finden konnte«. Besser gefiel ihr Italien, denn dort »kümmert sich niemand um die Aufführung einer unverheirateten Frau«, aber nirgends fand sie »ein solches Haschen nach sinnlichen Genüssen« wie in Paris. »Die Leute müssen dort außerordentlich entnervt sein, daß sie an dem eigentlichen, natürlichen Begattungsakt beinahe gar kein Vergnügen finden.« Auch Pauline »hatte in Paris ziemlich mäßig gelebt«.

In Rom war sie bei einer Orgie im Kapuzinerkloster della Assunzione dabei: »Die Brüder dieses Ordens hatten auch ihre Jesuitenkollegen eingeladen. Die Orgie fand in der Kirche selbst statt, die Marmorplatten des Fußbodens waren mit Binsenteppichen belegt, und da es Hochsommer war, fühlte man selbst bei Nacht nicht die geringste Kälte. Für uns beide war eine Abteilung des Schiffes in eine Loge verwandelt worden. Einige Patres befanden sich oben auf dem Chor und sangen schmelzende Melodien aus den beliebtesten Opern italienischer Komponisten. Unten befanden sich die Mönche beider Orden, alle nackt, so daß die Kapuziner von den Jesuiten nur durch ihre Bärte sich unterschieden. Es waren auch Frauenzimmer da, Nonnen und weltliche Damen verschiedener Stände, doch so wenige, daß auf eine jede derselben drei Männer kamen, ferner auch wunderschöne Knaben im Alter zwischen 12 und 15 Jahren.

Es gab keinerlei Gattung von Unzucht, die hier nicht begangen wurde. Männer mit Weibern, Männer unter sich, dann auch Weiber unter sich und Männer mit Knaben.

Schließlich bat ich Sir Ethelred, er möge mich wegführen, da mich ein namenloser Schauder ergriffen hatte.«

Noch größere Schauder werden in einer anderen »ungekürzten Originalfassung« der »Memoiren einer Sängerin« geschildert. Dort bescheiden sich die Mönche nicht nur auf den Verkehr »Männer mit Weibern, Männer unter sich, dann auch Weiber unter sich, Männer mit Knaben, auch einige Tiere, ein Kalb, ein paar Hunde und Hündinnen, ferner Affen, Mandrills und Paviane beiderlei Geschlechts, endlich sogar Katzen. Diese werden mit dem Kopf abwärts in den Stiefel gesteckt und in dieser Weise von den Menschen mißbraucht. Das Miauen der armen Tiere war herzzerreißend, so daß ich mir die Ohren verstopfte und mich nicht überwinden konnte, dahin zu blicken. Den Mönchen machte dies den größten Spaß.

Die letzte Szene dieser Orgie – für mich die letzte, denn ich bat nach derselben Sir Ethelred, er möge mich wegführen, da mich ein namenloser Schauder ergriffen hatte – war eine zweifache Leichnamsschändung. Die beiden garottierten Verbrecher wurden auf Bahren ganz nackt hereingebracht. Die Schändung derselben durch die Mönche war für dieselben ein haut-goût. Es waren reizende Leichname, wenn etwa Leichname reizend genannt werden dürfen. Sie konnten nur von den Männern mißbraucht werden. Wer weiß übrigens, wenn man sich mit dieser Art vertraut machen könnte, ob man einen solchen Abscheu davor fühlte, wie es bei mir der Fall war.«

In London findet Pauline durch Mrs. Meredith, »eine Dame von etwa 45 bis 48 Jahren«, die »einst sehr schön gewesen sein, doch auch das Leben sehr genossen« haben mußte, »denn sie sah ziemlich verwelkt aus«, Zugang zu deren »epikurischen Sekte«, in der »auch Ladies von ziemlich zweideutigem Ruf, obschon der Aristokratie angehörend«, verkehrten. »Doch trotz der Freiheit und Ungezwungenheit, die in ihren Zirkeln herrschten, arteten diese niemals in Orgien aus.«

Anders ging es da schon auf dem Landgut der Mrs. Meredith in Surrey zu: »Durch den Garten der Mrs. Meredith floß ein ziemlich breiter Strom, welcher aber für Schiffe zu seicht ist, so daß man ihn an manchen Stellen durchwaten kann. Gerade dort, wo er durch den Garten fließt, ist er noch am tiefsten, so daß man hier auch schwimmen kann. Da der Garten von einer hohen Mauer umschlossen ist und die Ufer des Flusses im Innern des Garten von Trauerweiden umgeben sind, so daß sie denselben vor allen neugierigen Augen verdecken, so wie man überhaupt im ganzen Garten tun kann, was einem beliebt, ohne befürchten zu müssen, es könnte von außen her gesehen werden, so eignete sich hier alles aufs beste zum Abhalten einer Orgie.

Wir hatten das herrlichste Wetter, wie wir es uns nicht besser wünschen konnten, nicht ein Wölkchen zeigte sich während unseres dreitägigen Aufenthaltes hierselbst. Mrs. Meredith hatte es uns zum Gesetz gemacht, während unseres Hierseins stets nackt zu bleiben; wir zogen nur Schuhe an, wenn wir im Freien lustwandelten, denn auf den Kieswegen würden es unsere Fußsohlen empfunden haben. Das Bett des Flusses aber bestand aus weichstem Sand ohne den geringsten Schlamm. Wir brachten den größten Teil unserer Zeit im Wasser zu, wie Enten, wir schäkerten miteinander, schwammen umher; da ich unter allen übrigen die geschickteste Schwimmerin war, einige der Damen aber diese Kunst nicht gelernt hatten, so setzte sich bald die eine, bald die andere rittlings auf meinen Rücken; die Berührung des nackten Fleisches war gar so wollüstig und zuweilen ward ich sogar von mehreren umringt.« Aber da es unmöglich ist, »alles so zu beschreiben, wie es geschah«, schreibt Pauline, »gebe ich es lieber auf« die Freuden dieses »homosexuellen Genusses« zu schildern.

Immer wieder findet Pauline auf ihren Reisen die »gute Meinung«, die sie von den Ungarn und vor allem von den Ungarinnen hatte, bestätigt. In Budapest, wo Pauline schließlich eine »Wohnung in der Hatvanergasse im Horvathschen Hause« bezieht, fühlte sie sich besonders wohl. Denn »ich kann Ihnen die Versicherung geben, daß es gegenwärtig in der Welt kein Land gibt, wo man die Kunst zu lieben so versteht wie in Ungarn. Dieses Land und seine Bewohner mögen in mancherlei Beziehungen hinter den übrigen zurückgeblieben sein, nur in der Kunst das Leben zu genießen – und die Wollust des geschlechtlichen Genusses ist doch das Höchste – halten sie nicht nur Schritt mit Franzosen und Italienern, den größten Meistern darin, sondern sie übertreffen sie sogar.«

In Budapest lernt Pauline auch das berühmte Bordell der Resi Luft in der Strickergasse kennen, dessen Besuch zu den »ständigen Freuden der österreichischen Delegationen« zählte, wie der Wiener Journalist Ludwig Ritter von Przibram 1894 in seinen »Erinnerungen« vermerkt. Die Sängerin Pauline beschreibt Resi Luft als »große, dicke Person mit sehr brauner Gesichtsfarbe«, aber »der Ausdruck ihres Gesichts war gemein und hart, das Gewerbe, welches sie betrieb, brachte dies mit sich«. Resi Luft war bekannt für die Nacktbälle, die in ihrem Bordell stattfanden. »Die Damen, die im Domino erschienen, hatten unter demselben keine anderen Kleider. Die besonders Kostümierten blieben in den betreffenden Anzügen, doch würde bei allen Damen darauf Rücksicht genommen werden, daß sie jene Körperteile, die bei Liebesgenüssen am notwendigsten sind, leicht entblößen konnten, und das malerische theatralische Kostüm würde noch ihre Reize hervorheben.« Teilnehmer sind auch »Damen der hohen Aristokratie«. Sie müssen 60 Gulden Eintritt zahlen, während die Herren »Gratisentrée« erhalten. Die »Einladungskarte, lithographiert, mit einer Vignette« stellte einen »weiblichen Wollusttempel« dar, »mit halb geschlossenen Lippen und oben stark behaart auf einem Altar; zu beiden Seiten ein Spalier von stehenden männlichen Gliedern und im Hintergrund ähnlich den Grenadiermützen weibliche Venushaare. Unterzeichnet waren die Karten alle von der Gräfin Julie A. und von Luft Resi«.

Der Ablauf einer solchen Veranstaltung wird in den »Memoiren einer Sängerin« geschildert. Mit einem Walzer beginnt der Abend. »Die momentane Berührung so vieler heißer, glatter, nackter männlicher und weiblicher Körper während des Walzers, die alle untereinander herumtaumelten, der Anblick der vielen schwellenden männlichen Ruten, wie jede derselben während des Tanzes nach dem gewissen Ziele stieß, das Schnalzen der Küsse, der wollüstige Duft dieser geilen Weiber und Männer, der immer stärker wurde, betäubte mich beinahe. Auch Ferrys Pfeil berührte mit seinem Kopf meine Grotte, zumal oben am Kitzler; ich stieß sie ihm entgegen und spreizte mich, damit er weiter unten hineinstoße. Er tat es aber nicht, sondern sagte: ›Bist du eifersüchtig?‹

›Nein‹, antwortete ich, ›ich wollte dich als Mars mit Venus sehen.‹

Er ließ mich los und entriß einem Herrn die Dame, welche die Venus vorstellte.

Ein paar Mädchen aus dem Pensionat der Hauswirtin holten ein rot überzogenes Tabouret hervor, stellten es in die Mitte des Saales. Venus lehnte sich mit ihren Armen daran, und Ferry griff sie von hinten an, Wladislawa und Leonie setzten sich den beiden Kämpfenden zu Füßen, die erstere spreizte der Göttin Wollustlefzen auseinander mit ihren Fingern und spielte auch mit der Zunge daran, während Leonie seinen Samenbehälter kitzelte und mit ihrer Zunge an seiner Hinterspalte spielte. Ferry gab Venus mehrere herzhafte Stöße, so daß sie stöhnte, ich aber entledigte mich auch der wenigen Kleider, die ich auf mir hatte, und stellte mich ihm ganz nackt hin. ›Auch die Maske?‹ fragte ich ihn. ›Behalte sie auf dem Gesicht‹, entgegnete er, zog seine Rute aus der Muschel seiner Göttin, gab ihr mit der flachen Hand einen Schlag auf die Hinterbacken, und sie trat mir ihre Stelle ab. Meine Knie schnappten zusammen, als ich ihre Stelle einnahm. Ferry kniete hinter mir und steckte seine Zunge zuerst hinten, dann vorn hinein, womit er mich so geil machte, daß ich jeden Augenblick glaubte, mein Brünnlein müßte überströmen. Ich blickte hinüber und sah den herrlichen roten Kopf seines Speeres wie einen Rubinknopf an der Spitze eines Zepters.

Das war zuviel für mich. Venus und noch eine Dame sogen an meinen Brüsten, eine dritte umarmte mich, steckte ihre Zunge zwischen meine Lippen und biß oder sog an den meinigen. Leonie kniete ebenfalls zwischen meinen Beinen und kitzelte oben an der Spalte, daß mir die Sinne vergingen, mein Atem ward immer kürzer; ich spürte ein Zucken im Zwerchfell, in den Hüften, Schenkeln, Armen und in den Hinterbacken; die Krise kam heran, und heraus sprudelte wie Schlagsahne der milchweiße Saft aus der Grotte in den Mund Ferrys, und ich hört ihn schlukken, bis er den letzten Tropfen herausgesogen. Dann sprang er auf und stieß sein heißes, knotiges Zepter bis an die Wurzel in mein Inneres, so daß mir ein girrender, wollüstiger Laut entfuhr. Alle meine Nerven, die noch vor ein paar Sekunden schlaff geworden, wurden wieder gespannt, in meinem Wollusttempel brannte es, und sein steinharter Pfeil schien mir wie ein glühender Stahl. Oh, wie trefflich verstand er das Liebesspiel. Er zog zuweilen seinen Amor ganz aus der Grotte, und sein Kopf streifte an den Lefzen auf- und abwärts, dann folgte ein starker Stoß. Ich fühlte, wie die Öffnung meines Hymens den Kopf seines Amors in sich hineinsaugen wollte und krampfhaft festhielt, bis er ihn wieder losließ. So machte er es noch ein paarmal, als seine Bewegungen noch stärker und schneller wurden, und die Rute noch mehr anschwoll. Jetzt war auch er nicht mehr Herr seiner Begierden, er beugte sich über mich, und während mich seine Finger in den Achseln blutig kniffen, sog er das Blut mit seinen Lippen und seiner Zunge auf. Auch bei ihm folgte die Krise, und der Erguß war so stark, daß er meine ganze Grotte füllte. Ich fürchtete schon, daß es jetzt vorüber sein und ich ihn verlieren müßte, doch er hielt mich noch immer fest, und sein Amor blieb in meinem Liebeszwinger, welcher nach ihm schnappte und ihn fester drückte. Trotz der starken Entleerung war es in weniger als einer Minute wieder ganz trocken in meinem Innern, die Hitze sog die Säfte ein. Da fühlte ich, wie sein Zepter wieder härter wurde und er mir ein paar Stöße gab, die ich schnell erwiderte.«

Drei Mal gelingt es Ferry, unter dem Beifall des Publikums Pauline zu befriedigen. Erst später fängt die Orgie an, »sich auf ihren Höhepunkt zu schwingen. Man sah nichts als wollüstige Gruppen in allen möglichen Stellungen paarweise, zu dreien, vieren, ja sogar zwei aus noch mehr Personen bestehende.

Von diesen Gruppen waren es nur namentlich drei, die komplizierter waren als die übrigen. Die eine bestand aus einem Herrn mit sechs Damen; die eine hatte er mit seinem Speer aufgespießt. Er lag auf dem Rücken, auf einem schmalen Bett, welches auf zwei Stühle gelegt war; auf seiner Brust saß eine zweite Dame, an deren Wollustgrotte er mit seiner Zunge spielte, mit jeder seiner Hände kitzelte er zweier anderer Muscheln und mit den großen Zehen noch zwei; die beiden letzten werden wahrscheinlich am wenigsten Wollust empfunden haben, es geschah nur, um die Gruppe zu vervollständigen, dennoch taten sie so, als ob sie sie gefühlt hätten.

Die zweite Gruppe bildete unsere Venus, sie lag auf einem Herrn, der sie aufgespießt hatte, während ein anderer sie von hinten bestürmte und seine Rute bereits in die viel engere Öffnung gezwängt hatte, in jeder Hand hielt sie einen Amorpfeil zweier Herren, der fünfte endlich stand wie ein Koloß von Rhodus auf zwei niederen Stühlen mit ausgespreizten Beinen über dem Kopf des ersteren, und sie sog an seinem Amor. Bei allen fünf Herren, sowie auch bei ihr, geschahen die Entleerungen beinahe gleichzeitig. Es war unter den drei Hauptgruppen die schönste.

Die dritte Gruppe bildeten zwei Damen und ein Herr. Die erste der Damen lag oder saß halb angelehnt an eine Ottomane auf dem Rücken; eine zweite lag an ihrer Brust, die Beine um die Hüften der ersteren geschlungen. Beide hielten einander in wollüstiger Umarmung, sie küßten sich und züngelten. Die zweite hielt ihre Hinterbacken etwas gehoben. Der Herr, ein herkulisch gewachsener Mann, stieß abwechselnd seinen Speer bald in die Wollustgrotte der unten Liegenden, bald in diejenige der Oberen. Ich war neugierig, zu sehen, wie er es machen würde, wenn die Krisis über ihn kam. Er war bei dem süßen Spiel sehr besonnen und gerecht. Keine der beiden Frauen erhielt nur einen Stoß mehr als die andere. Endlich nahm ich aus seinem Schnauben wahr, daß der entscheidende Augenblick bei ihm gekommen war, doch auch da verlor er die Besinnugn noch nicht und gab der einen von seinem Nektar so viel wie der andern. Doch war der erste schnelle Strahl in die Muschel der Oberen eingedrungen.

Von den Herren und Damen, die bei diesem allgemeinen Liebeskonzert mitgewirkt hatten, war keine leer ausgegangen, wiewohl einige eher zum Ziel gelangten als die anderen. Auch hatte keine der Personen weniger als zweimal Liebe genossen. Ferry und ich waren unter den Herren und Damen diejenigen, die sich noch am kräftigsten fühlten.

Von den Frauen waren wir, Venus, ich und die Gräfin Bella, die einzigen, die sich nicht demaskiert hatten.

Ich erfuhr später, wer es gewesen, die die Rolle der Göttin gespielt. Es war eine durch die galanten Abenteuer berühmte Dame, doch selbst sie hatte sich geniert, ihre Maske abzulegen, während Bella ein weiblicher Dämon der Frechheit war. Sie schrie laut: ›Kommt her, vögelt mich, seht ihr nicht, daß ich eine Hure bin? Eine gevögelte Hure!‹ Sie ging zu allen Pensionärinnen unserer Hauswirtin und steckte ihre Zunge in ihre Muscheln oder ließ sich von ihnen in den Mund pissen. Während des Soupers trank sie ein Glas voll davon aus, was ihr ein Herr in dasselbe gepißt hatte. Sie war volltrunken und wälzte sich auf dem Boden. Resi Luft mußte sie endlich nach einem Kabinett und zu Bett bringen lassen, damit sie sich ausschlafen könne. Sie schloß die Tür mit dem Schlüssel hinter ihr ab. Bella aber polterte an der Tür noch lange mit den Füßen, bis sie endlich zu Boden fiel und einschlummerte. Später schickte man ein paar der Pensionärinnen hin, um nachzusehen; sie fanden sie in einer Lache, die sich bei ihr von allen Seiten und durch alle Öffnungen ergossen, und brachten sie zu Bett, wo sie bis nachmittags 4 Uhr schlief.«

Paul Englisch hat 1927 in seinem »Irrgarten der Erotik« zu belegen versucht, daß Wilhelmine Schröder-Devrient unmöglich die Verfasserin dieser »Memoiren« sein könnte und wies bei dieser Gelegenheit auch nach, daß die Orgie im Bordell der Resi Luft »fast wörtlich (abgesehen von den schriftstellerisches Können verratenden Zusätzen und Ausschmückungen)« übereinstimmt »mit einer gleichen Szene des Sotadikums ›Meine Tante Resi, Luft Resi, Bordellbesitzerin Budapest, geschrieben von Ihrer Nichte Elise‹«, das 1860, anderen Angaben folgend erst 1908, erschienen sein soll. Englisch schreibt: »Dieses Jahr dürfte das allein richtige sein, denn die Resi Luft betrieb zwischen 1870 und 1900 ihr Bordell in der Strickergasse zu Budapest, wo sie am 12. März 1906 starb.«

Paulines Memoiren wirken stellenweise wie ein Plädoyer für eine neue Moral: »Sie kennen doch meine Ansichten über diesen Punkt, über das, was man Unzucht nennt. Sie wissen, daß ich mit der laut ausgesprochenen Meinung der großen Menge nicht übereinstimme. Ich glaube nämlich, daß es jedermann, Mann oder Weib, freisteht, mit seinem Körper nach Belieben zu verfügen, wenn dies einem andern keinen Schaden verursacht.« Nur Gewalt lehnt sie ab, »oder Verführung durch Versprechen, Aufreizung der Sinne, narkotische oder betäubende Mittel, die den Gegenstand der Verführung zu einer willenlosen Maschine machen, halte ich für sehr strafbar«.

Aber es wirkt wie eine Ironie, wenn Pauline innerhalb ihrer Memoiren gegen »die Lektüre wollüstiger Bücher oder schlüpfriger Bücher und das Beschauen obszöner Bilder« zu Felde zieht, weil dies »so außerordentlich gefährlich für jedes junge Frauenzimmer« ist. »Ich habe später durch Zufall«, schreibt sie, »eine ganze Sammlung solcher Bilder und Bücher kennengelernt und kenne den Eindruck, den sie machen, genügsam aus Erfahrung. Die ›Denkwürdigkeiten des Herrn von H.‹, ›Pfaffengalanterien‹, Althings ›Kleine Erzählungen‹ und die ›Priapischen Romane‹ in deutscher Sprache, den ›Portier des Chartreux‹, ›Faublas‹, ›Felicia ou mes fredaines‹ in französischer Sprache sind in der Tat ein wahres Gift für unverheiratete Frauen. Sie alle schildern die Sache selbst in den reizendsten, aufregendsten Formen, aber keine spricht von den Folgen, keine zeigt, wie ein Mädchen alles auf das Spiel setzt, wenn es sich rücksichtslos einem Manne hingibt.« Auch andere Bücher, die sie gelesen hat, erwähnt sie, »namentlich die ›Fanny Hill‹, die ›Petites frédaines‹, die Geschichte ›Dom Bourgres‹, das ›Cabinet d'Amour et de Venus‹, ›Les bijoux indiscrets‹, die ›Pucelle‹ von Voltaire, die ›Abenteuer einer Couchoise‹«. Mehrmals erwähnt sie auch, natürlich voller Entrüstung, die Werke de Sades.

In Wien bekommt Pauline Fotografien aus Paris zu sehen. »Es waren sechs Blatt Obszönitäten, die Sand meistens mit anderen Frauen und unmündigen Mädchen, die die berühmte Schriftstellerin in die Geheimnisse des priapischen Dienstes eingeweiht; auf einem dieser Bilder begeht sie auch Unzucht mit einem riesigen Gorilla, auf einem anderen mit einem Neufundländer Hund, auf einem dritten mit einem Hengst, den zwei nackte Mädchen an der Leine halten, sie selbst ist knieend abgebildet, man erblickt also die Hinterbacken in ihrer ganzen Pracht.«

Eduard Fuchs schreibt in seiner »Geschichte der erotischen Kunst« im Jahr 1908: »In drei verschiedenen Sammlungen fanden wir Stücke, die sich mit einigen der hier beschriebenen decken, und wenn es auch stets nur kleine Photographien waren, so ließ sich doch mit großer Wahrscheinlichkeit annehmen, daß es erotische Karikaturen auf George Sand waren. Die Existenz dieser Karikaturen scheint also Tatsache zu sein.«

Über das Entstehen dieser Karikaturen wurden mehrere Versionen verbreitet. George Sand (1804–1876), eine der bedeutendsten Schriftstellerinnen Frankreichs, durch ihre Werke ebenso bekannt wie durch ihr männliches Auftreten und ihre höchst weiblichen Liebesaffären, eine Zeitlang auch mit dem romantischen Dichter Alfred de Musset (1810–1857) liiert, soll sich über dessen mangelnde sexuelle Qualitäten, sagen die einen, über seine Impotenz, sagen die anderen, in aller Öffentlichkeit beklagt haben, was de Musset so empörte, daß er die bösartigen Karikaturen der unersättlichen George Sand mit Versen versah, fotografieren ließ und in Paris verteilte. »Das Ziel dieser Karikaturen soll gewesen sein«, schreibt Eduard Fuchs, »George Sands – oder Madame Dudeffants, wie sie eigentlich hieß – wüsten Dirnencharakter darzutun.«

Als 1833, anderen Quellen nach 1834, »Gamiani ou Une nuit d'excès« ohne Wissen des Verfassers in 25 Exemplaren erschien, sah man darin einen Racheakt des enttäuschten de Musset an seiner Geliebten George Sand. Die zweite Ausgabe in 75 Exemplaren nannte dann einen »Baron Alcide de M...« als Autor und gab als Erscheinungsort »Venedig 1835« an, jene Stadt, in der sich 1834 George Sand und de Musset aufgehalten hatten. Sie wohnten dort im Hotel Danieli, einem ehemaligen Palast am Canale Grande, de Musset krank und »am Rande einer seelischen Krise« war, wie Ruth Jordan in ihrer Biographie über George Sand schreibt. »Es gab Weiber, Orgien, Schlägereien.« Voll Verzweiflung ruft George Sand den Arzt Pietro Pagello zu Hilfe. Sie schreibt ihm: »Seit er erkrankte ist er manchmal nicht ganz bei sich und redet wie ein Kind. Und trotzdem ist er ein

Mann voller Energie und Phantasie. In Frankreich ist er ein vielbewunderter Dichter. Aber die Anspannung, die durch die geistige Tätigkeit, Wein, Ausschweifungen, Frauen, den Spieltisch erzeugt worden ist, hat an seinen Kräften gezehrt und die Nerven über Gebühr strapaziert. Er regt sich über Belanglosigkeiten ebenso auf, wie über ernstere Dinge.«

Der Arzt Pietro Pagello ist 26 Jahre alt, George Sand dreißig. Eine Liebesaffäre beginnt, an deren Ende die Trennung steht – die Trennung von Pagello und die endgültige Trennung von de Musset.

Als »Frau ohne Herz und Gefühl«, als Frau, »die einmal eine so schmerzliche Enttäuschung erfahren haben mußte, daß sie ihre Seele nun vor allen Verwundungen schützen wollte«, vor allem aber als »Lesbierin« wird die Gräfin Gamiani, die Titelfigur des Romans, geschildert. »Meine Phantasie verstieg sich in Gefilde noch nie erlebter, unbekannter Leidenschaften, ungezügelter Wollust und verzehrender Gier, die niemals Genüge finden kann«, sieht Baron Alcide, der Erzähler, die lesbische Gamiani, »nackt, vor Lust keuchend, die Haare aufgelöst, die Arme um eine andere Frau geschlungen, vom Sinnenrausch erschöpft und dennoch von einer Gier getrieben, der sie zum Opfer fallen muß...«

Baron Alcide wird heimlicher Augenzeuge, wie die Gräfin Gamiani die siebzehnjährige Fanny verführt, die vor einem Unwetter im Palais der Gräfin Schutz gesucht hatte.

Er stürzt sich zwischen Gamiani und Fanny. »Die Berührung von zwei Frauenkörpern, die beide von der höchsten Liebesleidenschaft erregt, beide von Wollust durchglüht waren, rief meine ermatteten Sinne wieder ins Leben zurück, verdoppelte meine Begierden. Ich brannte vor Gier.«

Die Gräfin Gamiani, deren eigene »Phantasie sie tötet«, weil sie »Unmöglichem nachjagt«, nur noch von »Furchtbarem, Greulichem, Niedagewesenem« träumt, läßt sich durch ihre Erinnerungen ebenso aufgeilen, wie durch die Erlebnisse Alcides, wenn er seine Fieberträume schildert: »Ich sah den ganzen Olymp in brünstigem Taumel, in orgiastischer Verzückung. Und dann nahm ich an einer Orgie teil, an einem höllischen Bacchanal. In einer tiefen, finsteren Höhle, die von mißduftenden, rotbrennenden Fackeln erleuchtet war, warfen blaue und grüne

Flammen einen widerlichen, häßlichen Schein auf hundert Teufel mit Bocksgesichtern und lächerlich großen Zeugungsgliedern. Sie gaben sich allen möglichen Lüsten des Fleisches hin. Die Boshaftesten von ihnen aber hatten eine Messalina an Händen und Füßen gebunden, und nahmen vor ihren Augen die lüsternsten, unzüchtigsten Stellungen ein. Rasend, schäumend vor Gier krümmte sich das arme Weib vor Verlangen nach dem Liebesgenuß, der ihr teuflisch versagt wurde.

Weiter oben in der Höhle machten Teufel von höherer Rangordnung sich das scherzhafte Vergnügen, die Mysterien unserer heiligen Religion zu parodieren.

Ganz nackt lag eine Nonne auf dem Boden ausgestreckt, das Auge zur Wölbung der Höhle emporgewandt. Sie empfing in frommer Inbrunst die weiße Hostie, die ihr ein großer Teufel auf der Spitze seines Gliedes reichte. Eine fette Teufelin ließ sich die Stirn mit Lebenssaft taufen, während eine andere, die eine Sterbende darstellte, verschwenderische Mengen der heiligen Wegzehrung erhielt.

Ein Oberteufel mit Krummstab und umgestülpter Mitra wurde von vier gewöhnlichen Teufeln auf den Schultern getragen; er paradierte mit seiner satanischen Kraft und verspritzte alle Augenblicke Ströme heiligen Saftes. Jeder warf sich zu Boden, wenn er vorüberzog. Es war die Prozession des heiligen Sakraments.

Plötzlich aber schlug es Eins; da faßten alle diese Teufel sich bei der Hand und bildeten einen riesigen Reigen. Sie drehten sich immer wilder und hemmungsloser im Kreise, schwebten nach oben und verschwanden in den Lüften.« Geheilt wurde er von diesen Vorstellungen durch den Liebesrausch mit drei jungen Frauen. »Ich warf die Decke ab, riß mir das Hemd vom Leibe und streckte mich auf meinem Bett aus. Ein Kissen wurde mir unter das Gesäß geschoben; so lag ich ausgezeichnet und rief:

›Du reizende Schwarze mit den festen weißen Brüsten, setz dich unten aufs Bett, strecke deine Beine neben meinen Beinen aus. Gut so! Setze meine Fußsohlen an deinen Busen. Kitzle sie sanft mit deinen hübschen Liebesknospen. Entzückend! Ach, du bist köstlich. – Und du, meine Blonde mit den blauen Augen, komm heran! Du sollst meine Königin sein. Setze dich rittlings auf den Thron. Nimm in die Hand das glühendheiße Zepter, stoße es tief in dein wonniges Zauberreich hinein!... Oh! Nicht so schnell... warte doch! Mache es langsam, taktmäßig wie ein Reiter, der gemächlich dahintrabt. Laß die Wonne so lange dauern wie nur irgend möglich... Und du, meine schöne Große mit der entzückenden Fülle der Formen, spreize die Schenkel, hier über meinem Kopf!... Wundervoll! Du errätst meine Absicht. Spreize die Schenkel recht weit auseinander – noch weiter! Mein Auge muß deine ganze Schönheit schauen können, mein Mund dich glühend küssen, meine Zunge dich liebkosen, in dich eindringen können... Aber warum sitzt du so steif aufrecht? Beuge dich doch vor, damit die andere deine Brüste küssen kann!‹

›Komm! Komm!‹ rief die Schwarze ihr zu, indem sie ihr die bewegliche Zunge zeigte, die spitz war wie ein venezianischer Dolch. ›Komm! Laß mich deine Augen, deinen Mund mit meinen Küssen verzehren. So lieb ich dich! O du Wollüstige!... Gib deine Hand! Da! So! Vorwärts! Aber sanft! Sachte...!‹

Und alle drei bewegten sie sich, rutschten hin und her, reizten sich zu immer heißerer Wollust an.

Ich verschlang mit den Augen diese reizvolle Szene, diese wollüstigen Bewegungen, diese Gruppe sinnlicher Selbstvergessenheit. Schreie, Seufzer wurden laut, verschmolzen ineinander. Ein glühender Strom floß durch meine Adern. Ich zitterte am ganzen Leibe. Meine Hände griffen nach heißen Brüsten oder wühlten krampfhaft in noch geheimeren Reizen. Meine Finger wurden müde – meine Lippen lösten sie ab. Gierig saugte ich – nagte, biß! Ich hörte Schreie. Ich sollte aufhören, aber ich saugte und biß mit verdoppelter Gier. – Diese Ausschweifung gab meinen Kräften den Rest. Schwer sank mein Kopf zurück. Ich konnte nicht mehr.«

In ihrer Unersättlichkeit läßt sich Gamiani von ihrem Hund Medon vernaschen; sie schildert die Erlebnisse der Santa, die sich von einem Orang-Utan entjungfern ließ, erinnert sich an »geheimnisvolle Saturnalien« im großen Saal eines Nonnenklosters, »zu dessen Ausschmückung die ausgeklügeltste Kunst und das höchste Raffinement der Wollust aufgeboten waren. Die Eingänge zu diesem Saal bildeten zwei große Türen, die nach orientalischem Stil durch goldumsäumte und mit tausend bizarren Mustern bestickte, schwere Vorhänge geschlossen waren. Die Wände waren mit dunkelblauem Samt bespannt, den ein schön geschnitzter, breiter Rahmen aus Zitronenholz umgab. In regelmäßigen Abständen waren Spiegel angebracht, die von der Decke bis zum Fußboden reichten. Bei unseren Orgien spiegelten sich die Gruppen nackter, vor Geilheit rasender Nonnen in tausendfacher Gestalt wider oder hoben sich wirkungsvoll von dem dunklen Hintergrund ab. Kein Stuhl befand sich in dem Saal; es gab nur Sofas und Polsterkissen, die ja auch für die Wettkämpfe der Wollust, für die verschiedenen Stellungen, die die Sinnlichkeit entflammen mußten, viel besser geeignet waren. Ein fein gemusterter, köstlich weicher, doppelter Teppich bedeckte den Fußboden. Auf diesem Teppich waren in zauberischer Farbenpracht zwanzig Liebesgruppen so dargestellt, daß die erloschenen Begierden übersättigter Teilnehmerinnen bald wieder entflammen mußten. Auch die Zimmerdecke war mit Gemälden bedeckt, die nur die ausschweifendste geschlechtliche Phantasie hatte entwerfen können. Besonders erinnere ich mich einer vor Liebeswonne rasenden Hyade, die von einem Korybanten vergewaltigt wurde... Zu all diesem verschwenderisch angebrachten Luxus der Einrichtung kamen noch die berauschenden Düfte aller möglichen Blumen und Wohlgerüche. Im Saal herrschte eine stets gleichmäßige laue Wärme. Sechs Alabaster-Lampen strahlten ein zärtliches, geheimnisvolles Licht aus, das sanfter war als der Widerschein des Opals. Das Ganze machte einen seltsamen Eindruck, der sich in Worten kaum beschreiben läßt!... In der Mitternachtsstunde erschienen die Nonnen – nur mit einem einfachen schwarzen Hemd bekleidet, um das leuchtende weiße Fleisch noch mehr hervortreten zu lassen. Alle waren barfuß; ihre Haare hingen aufgelöst herab. Im Nu war ein glänzendes Mahl wie von Zauberhänden aufgetischt. Die Oberin gab das Zeichen zum Beginn, und jede tat sich nach Herzenslust gütlich. Die ausgesuchten Leckerbissen wurden verschlungen und feurige, das Blut in Wallung bringende Weine gierig getrunken. Nach und nach belebten sich die von Ausschweifung verwüsteten Gesichter, die im Tageslicht bleich und kalt aussahen. Der Wein stieg ihnen zu Kopfe; Kantaridenpräparate ließen Feuer durch ihre Adern strömen. Immer lauter wurde die Unterhaltung. Sie schwoll zu einem wirren, tosenden Lärm an und endete stets in unzüchtigen Anträgen, in Aufreizungen zu neuem Liebestaumel, dem sich die Nonnen bei Liedersang und Becherklang hingaben.

Ihrer Sinne nicht mehr mächtig, fiel plötzlich irgendeine

Nonne über ihre Nachbarin her und gab ihr einen stürmischen Kuß. Dies war das Signal, das die ganze Bande elektrisierte. Die Liebespaare fanden sich zusammen und umschlangen sich. Trunkene Küsse schallten; man hörte erstickte Seufzer, abgerissene Liebesworte, Schreie der Wollust, Röcheln der Erschöpfung. Bald waren die gierigen Lippen nicht mehr mit Mund und Wangen, mit nackten Brüsten und Schultern zufrieden. Die Kleider wurden emporgestreift oder abgeworfen. Und nun begann ein unheimliches Schauspiel. Alle diese geschmeidigen, anmutigen Frauenleiber zuckten in den raffiniertesten Stellungen, in den höchsten Verzückungen abgefeimter Buhlkünste. Blieben einmal die Kräfte hinter den Begierden zurück, so trennten sich die Paare für einen Augenblick, um frischen Atem zu schöpfen. Man sah sich mit feurigen Blicken an, man wetteiferte in unzüchtigen Stellungen. Die Siegerin dieses Wettkampfes sah plötzlich ihre Gefährtin von neuem auf sich zustürzen. Ein Stoß, und sie lag auf dem Rücken; unzählige Küsse bedeckten ihren ganzen Leib, eine flinke Zunge drang bis ins innerste Heiligtum der Liebeswonne vor, und mit gleicher Inbrunst wurde dieser Dienst von der Partnerin vergolten. Die beiden Köpfe verschwanden zwischen den Schenkeln; die beiden Leiber waren nur noch ein Leib, der in wonnigen Krämpfen zuckte. Dann ein dumpfes Röcheln und zum Schluß ein doppelter Aufschrei triumphierender Liebe.

›Sie genießen! Sie genießen!‹ rief dazu der Chor der Nonnen. Und von neuem stürzten sie sich aufeinander, rasender als wilde Bestien, die in die Arena losgelassen werden.«

Mit Liebestränken und allerlei Hilfsmitteln peitschen sie ihre Sinne auf. Und da den Nonnen Männer fehlen, müssen zwei Esel herhalten. »Wir wollten in dieser Hinsicht nicht hinter den vornehmen Römerinnen zurückstehen, die sich bei ihren Saturnalien stets dieser Tiere bedienten.

Als ich diese Sensation zum erstenmal an mir selber erlebte, war ich fast bis zur Sinnlosigkeit vom Wein berauscht. Ich warf mich auf das eigens für diesen Zweck bestimmte Gestell, indem ich alle Nonnen herausforderte, es bei diesem Liebeskampf mit mir aufzunehmen. Im Nu stand der Esel hoch aufgerichtet vor mir. Sein furchtbares Glied, von den Händen der frommen Schwestern in Glut versetzt, schlug gewichtig gegen meine Schenkel. Ich ergriff es mit beiden Händen, setzte es an meine

Öffnung und versuchte es einzuführen, nachdem ich mich ein paar Sekunden lang hatte kitzeln lassen. Mit Hilfe einer Pomade gelang dies, und bald hatte ich mindestens fünf Zoll in meinem Leibe. Ich wollte noch weiter stoßen, aber die Kräfte gingen mir aus und ich sank erschöpft zurück. Es war, als zerrisse meine Haut, als würde ich gespalten, geviertelt! Ich empfand einen dumpfen, betäubenden Schmerz, zugleich aber auch einen heißen, kitzelnden, wonnigen Reiz. Das Tier bewegte sich fortwährend und stieß so kräftig, daß ich die Erschütterung an meinem ganzen Rückgrat verspürte. Ich spritzte. Oh, welch ein Genuß! Ich war von Liebe ganz und gar überströmt. Da stieß ich einen langen, lauten Schrei aus – ich war erleichtert.

Durch meine wollüstigen Zuckungen hatte ich noch zwei Zoll in mich aufgenommen. Dies war das höchste Maß, das jemals erreicht worden war; alle meine Gefährtinnen waren besiegt. Das Glied des Esels war bis an den Ring eingedrungen, den man ihm angelegt hatte. Ohne diesen Ring wäre mir der Leib zersprengt worden.

Ich war erschöpft; alle meine Glieder schmerzten und ich glaubte am Ende aller Wollust zu sein – da wurde plötzlich das unbändige Glied des Tieres noch steifer und härter als zuvor, es drang noch tiefer in mich ein und ich schwebte fast frei in der Luft. Meine Nerven spannten sich an, meine Zähne preßten sich knirschend aufeinander, meine Arme schlossen sich krampfhaft um meine Schenkel. Plötzlich brach mit Macht ein Strahl hervor und überströmte mich mit einem heißen Regen von solcher Fülle, daß mir war, als dränge er durch alle Adern mir bis ins Herz hinein. Ich fühlte nur noch eine brennende Wonne, die mir bis ins Mark der Knochen, bis ins Gehirn und alle Nerven drang und zugleich alle meine Glieder erschlaffte... Köstliche Marter!... Unerträgliche Wollust, die alle Fesseln des Lebens löst, die im höchsten Rausch der Sinne den Tod bringt!«

In Florenz, so berichtet Gamiani, habe sie an einem einzigen Vormittag »zweiunddreißig Liebesturniere« bestritten, vögelte sechs Männer bis zur »völligen Erschöpfung«, um es gleich darauf »mit drei besonders kräftigen Rittern« zu treiben. »Ich bat den Stärksten, sich auf den Rücken zu legen, und während ich mich wollüstig auf seinem gewaltigen Instrument auf und ab bewegte, wurde ich von dem zweiten auf sehr gewandte Weise gomorrhisiert; mein Mund bemächtigte sich des Dritten und so erreichten wir alle gleichzeitig den Höhepunkt. Welche Genüsse! Dieser heiße Strahl an meinem Gaumen; diese Wonne in meinem Leibe! Kannst du dir einen Begriff davon machen? Mit dem Mund die ganze Lebenskraft eines Mannes einzusaugen und dabei gleichzeitig einen doppelten Feuerstrahl, einen von vorn, einen von hinten in seinen Leib, in sein Fleisch eindringen zu fühlen – das ist ein dreifacher, ein unerhörter Genuß, der sich überhaupt nicht beschreiben läßt.«

Heute vertritt die Forschung den Standpunkt, George Sand und Alfred de Musset hätten »Gamiani« gemeinsam verfaßt. Sowohl Musset habe sich dazu bekannt, wie auch George Sand 1835 öffentlich ihre Mitwirkung zugegeben habe. Man hat errechnet, daß bis zum Jahr 1930 »Gamiani« trotz dauernder Verbote insgesamt 41 Auflagen erreichte, eine Zahl, die sich bis heute verdoppelt haben dürfte. 1880 als »das Eigenartigste, Erotischste und Literarischste, was unser Jahrhundert hervorgebracht hat« kommentiert, wurde das Werk 1913 von dem nicht gerade zimperlichen Eduard Fuchs als »talentlose Schmutzerei« bezeichnet.

Alfred de Musset hatte einmal an George Sand geschrieben: »Ich möchte Dir einen Altar bauen, auch wenn ich ihn mit meinen eigenen Gebeinen errichten müßte.«

Und die George Sand hatte darauf geantwortet: »Sprich von mir, wie Du willst, ich überantworte mich mit verbundenen Augen in Deine Hände.«

UTOPIEN UND IRDISCHE PARADIESE

»Ich glaube noch immer, daß die Ehe eine der gehässigsten Einrichtungen ist«, schrieb die noch mit Casimir Dudevant verheiratete und noch mit de Musset liierte George Sand in ihrem Roman »Jaques«. »Ich zweifle auch nicht, daß sie, wird einmal das menschliche Geschlecht an Vernunft und Gerechtigkeitsliebe weiter vorgeschritten sein, aufgehoben werden muß.«

Das war 1834.

Der ständig krankhaft eifersüchtige deutsche Philosoph Arthur Schopenhauer (1788–1860) hatte als fünfunddreißigjähriger das erstaunliche Modell einer »Tetragamie« entwickelt:

»Indem die Natur die Zahl der Weiber der der Männer nur knapp gleich machte und dennoch den Weibern eine nur halb so lange Zeit hindurch die Fähigkeit zur Zeugung und Tauglichkeit für den Genuß des Mannes verlieh, hat sie das menschliche Geschlechtsverhältnis schon in der Anlage derangiert. Durch die gleiche Zahl scheint sie auf Monogamie zu deuten: hingegen hat ein Mann an einem Weibe nur für die halbe Zeit seiner Zeugungsfähigkeit Befriedigung; er mußte also eine zweite nehmen, wenn die erste verblüht ist; aber es ist für jeden nur eine gerechnet worden. Was dem Weibe an Dauer der Geschlechtstauglichkeit abgeht, hat es wieder an Maß derselben voraus: es ist fähig, zwei bis drei tüchtige Männer zu gleicher Zeit zu befriedigen, ohne zu leiden. In der Monogamie benutzt es nur die Hälfte seiner Fähigkeit und befriedigt nur die Hälfte seiner Wünsche.

Sollte nun dies Verhältnis, nach bloßer, physischer Rücksicht (und es gilt ein physisches höchst dringendes – Zweck der Ehe bei Juden und Christen – Bedürfnis) geordnet und bestmöglichst ausgeglichen werden: so müssen zwei Männer stets ein Weib zusammen haben: die sie beide jung nehmen: nachdem diese verblüht ist, nehmen sie eine zweite ebenso junge dazu, welche dann ausreicht bis beide Männer alt sind. Beide Weiber sind versorgt und jeder Mann hat nur die Sorge für eine.

In der Monogamie hat der Mann auf einmal zu viel und auf die Dauer zu wenig; und das Weib umgekehrt.

Bei der vorgeschlagenen Einrichtung hat der Mann in der Jugend, wo sein Besitz am geringsten zu sein pflegt, nur für ein halbes Weib, wenige und kleine Kinder zu sorgen: später, wo er reich ist, für ein oder zwei Weiber und viele Kinder.

Weil die Einrichtung nicht besteht, sind die Männer die Hälfte ihres Lebens Hurer und die andere Hälfte Hahnreie; und die Weiber zerfallen demgemäß in Betrogene und Betrügerinnen. Wer jung heiratet, schleppt sich nachher mit einer alten Frau: wer spät heiratet, bekommt erst venerische Krankheiten, dann Hörner. Das Weib muß entweder die Blüte ihrer Jugend einem schon verblühten Manne opfern, oder nachher empfinden, daß sie einem noch rüstigen Manne kein tauglicher Gegenstand mehr ist. – Allen diesen Leiden hilft die vorgeschlagene Einsicht ab; das Menschengeschlecht würde seines Lebens froher.«

Als 63jähriger allerdings veröffentlichte er dann philosophische Schriften, in denen es »Über die Weiber« hieß: »Das niedrig gewachsene, schmalschultrige, breithüftige und kurzbeinige Geschlecht das schöne zu nennen, konnte nur der vom Geschlechtstrieb umnebelte männliche Intellekt. Mit mehr Fug und Recht als das schöne könnte man das weibliche Geschlecht das unästhetische nennen.« Man stelle sich vor, der Philosoph hätte sich darauf eingelassen, seine Tetragamie selbst zu praktizieren, er hätte gleich zwei dieser »unästhetischen« Geschöpfe um sich gehabt. Statt dessen aber tat er das, was die meisten Männer seiner Zeit taten: er besuchte Bordelle, hielt sich Freundinnen und holte sich die Syphilis. Während er predigte, daß es die moralische Verpflichtung jedes Denkenden wäre, alle Triebe zu unterdrücken, alle Leidenschaften einzuschläfern und alle Begierden abzutöten, schrieb er: »Über Polygamie läßt sich gar nicht streiten, sondern sie ist als eine überall vorhandene Tatsache zu nehmen, deren bloße Regulierung die Aufgabe ist.« Schopenhauer fragt: »Wo gibt es denn wirkliche Monogamisten? Wir alle leben, wenigstens eine Zeitlang, meistens aber immer in Polygamie. Da folglich jeder Mann viele Weiber braucht, ist nichts gerechter, als daß ihm frei stehe, ja obliege, für viele Weiber zu sorgen.« Und so betrachtet, ist für »das weibliche Geschlecht als Ganzes« die Polygamie, meinte Schopenhauer, »eine wirkliche Wohltat«.

Die Aufgabe einer solchen »Regulierung« stellte sich 1830 ein Bauernsohn namens Joe Smith (1805–1844), der als 22jähriger, durch Engel aufmerksam gemacht, auf einem Hügel bei New York Tafeln mit geheimnisvollen Schriftzeichen ausgegraben haben wollte. Diese Tafeln enthielten Aufzeichnungen Mormons, des letzten Heiligen einer jüdisch-indianischen Gemeinde. Smith gelang es mittels einer Brille aus durchsichtigen Steinen Mormons Botschaft zu entziffern. 1830 ließ er diese Glaubenssätze drucken. Sie machten jeden Mann zu einem Priester seines Glaubens und verpflichteten ihn gleichzeitig auch, für eine möglichst große Zahl von Nachkommen zu sorgen, was wiederum notwendig machte, mehrere Frauen zu schwängern, da eine Frau allein den Anforderungen dieser Nachwuchserzeugung nicht gewachsen war.

Joe Smith ging mit gutem Beispiel voran und hatte sich selbst fünfzig Frauen »angesiedelt«, wie er es nannte. 1840 schließlich gründete er mit seinen Anhängern im Staat Illinois, zwischen

Michigansee, Mississippi und unterem Ohio, die Stadt Nauvoo. Natürlich richtete sich die öffentliche Kritik gegen diese »Vielweiberei« des Joe Smith und seiner Anhänger. Schließlich wurde er am 27. Juni 1844 von wütenden Gegnern gelyncht. Der Glaser und Anstreicher Brigham Young übernahm nach dem Tod von Smith zwanzig seiner Frauen, suchte sich noch dreißig andere und zog mit ihnen und 1500 Anhängern in das Gebiet der Rocky Mountains, wo er die Stadt Salt Lake City gründete. Brigham Youngs Ansicht nach hatte schon Gott zwei Frauen, Eva und Maria, und auch Jesus war mit Martha und Maria von Bethanien »fleischlich vermählt«. So galt es als religiöse Aufgabe, möglichst viele Frauen zu vögeln. Ob es diese neue Botschaft oder die Freude auf ein freies Sexualleben war – Brigham Young konnte sich jedenfalls nicht beklagen: der Zustrom aus allen Gegenden Amerikas war so groß, daß aus dem Mormonen-Zentrum Salt Lake City binnen kurzer Zeit die Hauptstadt des Staates Utah wurde. Erst 1887 trieb ein Verbot der Polygamie die Mormonen, zumindest juristisch gesehen, in monogame Einsamkeit zurück.

Der Theologe John Humphrey Noyes (1811–1886) schrieb: »Die Abschaffung sexueller Monogamie macht uns frei für die von Christus uns auferlegte Liebe zu allen Gläubigen.« Er war 23 Jahre alt, als er auf Grund dieser Ansichten aus der Kirche ausgeschlossen wurde. Mit 27 Jahren lernte er eine Frau kennen, die bereit war, nicht nur seine Ansichten, sondern auch ihn und sich selbst mit anderen zu teilen. Noyes begann seine Mission mit Partnertausch in privatem Rahmen zwischen Verwandten und Bekannten. Als sich die Öffentlichkeit über die Orgien, die sich bei Noyes abspielten, empörte, wurde er verhaftet, wegen Ehebruch angeklagt, aber gegen Kaution wieder freigelassen. Noyes und seine Anhänger verließen Putney und zogen nach Oneida im Staat New York. »Der neue Befehl lautet, daß wir einander zu lieben haben, aber nicht paarweise, sondern en masse«, predigte Noyes. »Wir sind aufgefordert, einander leidenschaftlich zu lieben; die Moral der Welt verbietet einem Manne und einer Frau, die anderweitig vergeben sind, sich leidenschaftlich zu lieben, aber wenn sie Christus gehorchen wollen, so müssen sie dies tun... Liebe ist keine Sünde. Die Empfänglichkeit für die Liebe vergeht nicht durch einmalige

Flitterwochen und wird nicht durch eine Liebe befriedigt. Im Gegenteil, je mehr man macht, desto mehr kann man. Dies ist das Gesetz der Natur.«

Das eigentliche Gesetz der Natur aber unterband er durch den Coitus reservatus, den er verlangte. Jeder Mann durfte das Glied bei der von ihm gewählten Frau zwar einführen, mußte aber die Ejakulation vermeiden. Nur der Frau war es gestattet, so viele Orgasmen zu haben, wie sie unter diesen Umständen haben konnte. Lediglich von Noyes lizenzierte Paare durften Kinder zeugen. Aber auch eine solche Partnerschaft wurde sofort wieder gelöst, denn jede Frau hatte sich jedem Mann hinzugeben und jeder Mann hatte jeder Frau zu gehören. Alle Kinder waren Mitglieder der Gemeinde, die für ihre Erziehung zu sorgen hatte. Den Berichten nach verfügten Noyes »Perfektionisten«, wie sie sich nannten, bereits fünf Jahre nach der Gründung über ein Vermögen von 67 000 Dollar.

Aber die Utopie dieser Liebeskommune dauerte nicht allzu lange. 1869 bereits mußte sich die Oneida-Gemeinde des H. J. Noyes öffentlich von der Gruppenehe distanzieren. Er erklärte offiziell: »Wir geben die Gemeinschaftsehe, die sich 43 Jahre lang in unserer Kommune bewährt hat, nicht etwa auf, weil wir nicht mehr an die Prinzipien und deren Endgültigkeit für die Zukunft glauben, sondern weil wir uns der öffentlichen Gesinnung beugen, die sich dagegen auflehnt.«

Über ein weiteres ähnliches Experiment aus der Zeit, als Noyes seine Oneida-Gemeinde aufbaute, berichten die englischen Autoren Angus Hall und Jeremy Kingston. Der aus England stammende Prediger Thomas Lake Harris hatte eine »Bruderschaft des Neuen Lebens« gegründet. »Eine Zeitlang lebte die Bruderschaft in Mountain Cove (Virginia), das sie für den Ort hielten, an dem sich einmal der Paradiesgarten befand. Später ließen sie sich am Eriesee im Bundesstaat New York nieder. Die Bruderschaft glaubte, daß Gott sowohl männlich als auch weiblich sei, und sie glaubten auch, daß die Menschen die Pflicht hätten, sich physisch und mit wechselnden Partnern zu lieben. Harris, genannt Father (Vater), herrschte zusammen mit seiner Braut Lily Queen (Lilienkönigin) über die Sekte. Die Mitglieder der Bruderschaft übergaben ihm ihren weltlichen Besitz und bearbeiteten das Land für das Gemeinwohl.«

Mit der Absicht, eine »Gemeinschaft der freien Liebe« zu gründen, reiste Léonore Labilière durch Amerika und England, um entsprechende Erfahrungen zu sammeln. In Amerika lernte sie Noyes kennen und in England die »Stätte der Liebe« des Henry Prince. In der Nähe von Spaxton in Somerset hatte Henry Prince ein Landgut erworben und »Agapemone« genannt. Er war der »Geliebte« seiner vor allem weiblichen Anhängerschaft, die Prince ihr gesamtes Vermögen zur Verfügung stellen mußte. Charles Waldemar schreibt: »Nach allem, was wir über die ›Stätte der Liebe‹ und ihren Leiter Prince in Erfahrung bringen konnten, scheint hier der elementare Versuch unternommen worden zu sein, den Geschlechtsakt auf eine sakrale Stufe zu bringen.«

Durch seinen »Geschlechtsakt auf sakraler Stufe« sollten seine Anhänger von den Sünden befreit werden, indem er sich eine Jungfrau, eine »Braut des Lammes« zur Frau nahm. Seine Wahl fiel auf Zoe Patterson, »die erst 16 Jahre alt und von bemerkenswerter Schönheit war«, wie es in einem Bericht heißt. Bei Charles Waldemar ist zu lesen: »Der Tag für den Akt der Erlösung wurde angesetzt, die Brüder und Schwestern der Gemeinschaft wurden herbeigerufen, geistliche Lieder ertönten, dann trat der ›Geliebte‹, wie Prince von seinen Anhängern genannt wurde, hervor und verkündete noch einmal die Absichten Gottes. Die Welt, sagte er, sei nur nach der Seite des Geistes erlöst, die Erde selbst sei noch nicht errettet, das Evangelium habe die Seelen vom Tode befreit, aber den Leib immer noch unter dem Fluche gelassen. Die Zeit sei gekommen, den Teufel auszutreiben und die Erde Gott wiederzugeben. Licht und Staub müßten sich ehelich verbinden, Himmel und Erde sich zusammen in Liebe freien. Ein neuer Himmel sei schon bereitet, nun müsse auch eine neue Erde geschaffen werden, an Schönheit und Pracht dem neuen Himmel gleich. Der Geist sei gekommen in ihm, dem Geliebten! – Danach ergriff er die Hand der Miss Patterson, drückte das junge Mädchen an sich und vollzog mit ihr im Beisein seiner Gläubigen den sexuellen, und in diesem Falle zugleich okkulten Akt.

Dixon, der mehrere Monate lang die ›Stätte der Liebe‹ besuchte und oft lange Unterredungen mit Prince hatte, äußerte sich erstaunt, ja sogar entrüstet darüber, daß die Anhänger bei dem Sexual-Akt von Prince nicht das geringste Anstößige gefunden hatten. Er bekundet weiterhin, daß eine ›Schwester Ellen‹ ihm darüber sagte, ›die Vereinigung unseres Geliebten mit der jungen Miss Patterson war in Wirklichkeit eine Kreuzigung seines Leibes. Er litt unsäglich dabei; sie hätten sehen sollen, wie er zitterte, und wie bei der letzten Vereinigung ihm Tränen des Schmerzes kamen. Es war wirklich ein Opfer, das er sich und uns allen gebracht hat!‹«

Diese einmalige Zeremonie, der Léonore Labilière beiwohnte, war für sie zwar eindrucksvoll, aber keineswegs befriedigend. Henry Prince war für sie ein »Heuchler und Scharlatan«, und seine Predigten empfand sie von »undemokratischem Geist« geprägt. Sie schrieb: »Man kann nicht erwarten, daß die Liebe blüht und gedeiht in einer religiösen Atmosphäre, in der Liebe nur gerade das ist, was dem Führer zu irgendeiner Zeit in den Kram paßt. Einen Tag Abstinenz und Keuschheit, wenn es ihm gefällt, ihre angeblichen Tugenden zu verkünden, am anderen schier ungezügelte Geilheit – ungezügelt wegen der scheinheiligen Abstinenz, die ihr vorausgegangen war... Freiheit der Liebe heißt... die Freiheit, denjenigen zu lieben, der einem gefällt, ohne daß lächerliche Hindernisse dazu den Weg versperren. Aber freie Liebe sollte nicht Promiskuität bedeuten, sondern nur die Erlaubnis, den richtigen Partner durch einen experimentellen Prozeß zu finden.«

Für diesen ihren »experimentellen Prozeß« erwarb sie ein halb verfallenes Haus in den Pyrenäen und nannte es »La Maison des Poètes«, Haus der Dichter. »Léonore wollte den Geist der höfischen Liebe, in dem die französischen Troubadoure des Mittelalters wirkten, wieder zum Leben erwecken«, berichten Angus Hall und Jeremy Kingston über dieses Experiment. Léonore Labilière »hatte die Vorstellung, daß ein Mann seiner Geliebten mit Versen und Liedern den Hof machen sollte. Dieses nannte sie ›eine Lehrzeit der geistigen Liebe‹, und es sollte der Frau überlassen bleiben, ob sie physisch reagierte oder nicht.

Unter den Frauen, die Léonore in ihr ›Maison des Poètes‹ mitnahm, befanden sich mehrere Witwen und Frauen, die von der Art der Liebe in der konventionellen Gesellschaft desillusioniert worden waren. Die männlichen Bewohner der Heimstatt waren meist erfolglose und bedürftige Künstler. Sie arbeiteten für Unterkunft und Verpflegung und teilten sich in die Hausarbeit (vielleicht die revolutionärste von Léonores Ideen). Die Abende waren den schönen Dingen gewidmet: Essen bei Kerzenlicht, Serenaden und glänzender Konversation, die von Léonore geführt wurde.

Es konnte nicht ausbleiben, daß die Realität mit dem Ideal nicht Schritt hielt. Obwohl die ›poètes‹ dem Troubadourideal Lippenbekenntnisse zollten, wollten die meisten von ihnen nur leibliche Genüsse ohne Verpflichtung. Mehrere Männer verführten schnell eine Frau und flüchteten dann in die weniger idealistische Welt draußen. Einige Frauen nutzten die Idee der ›spirituellen Lehrzeit‹ anders:

›Lucille läßt den armen Pedro schon seit Wochen Höllenqualen leiden‹, schrieb Léonore, ›einmal ermutigt sie ihn, das andere Mal überzeugt sie ihn, daß sie noch mehr Beweise seiner Ritterlichkeit brauche, bevor er sich ihr nähern dürfe. Und was Rodrigue, den Ärmsten, betrifft, so ist er schon ein Jahr hier und muß sich noch immer mit den kleinsten Liebesdiensten begnügen; er darf Renée ausziehen und muß dann das Zimmer verlassen. Einmal erlaubte sie ihm, die Nacht in ihrem Zimmer zu verbringen, aber nur, um ihre kleinen Wünsche anzuhören, und nicht, um sie zu lieben.‹

Léonore selbst befand sich schon in mittleren Jahren, und ihre eigenen Versuche, einen ergebenen Liebhaber unter der kleinen, nur vorübergehend im ›Maison des Poètes‹ lebenden Belegschaft zu finden, schlugen fehl. Ein paar Jahre nach der Gründung wurde sie krank und mußte das Experiment abbrechen.«

Jenseits aller Sexualutopien suchten andere die Gegenwart polygam zu nutzen.

Mit der Überschrift »Massenunzucht« publizierte Eduard Fuchs 1912 in einem Kapitel seiner »Sittengeschichte« zum ersten Mal die Anklageschrift im Scheidungsprozeß der Gräfin Sophie Hatzfeld gegen ihren Mann Graf Edmund Hatzfeld. Der Ansicht Fuchs' nach »ein Zeugnis, wie es klassischer nicht genannt werden kann« für die »innere Brüchigkeit der kleinbürgerlichen Zustände« und bezeichnend dafür, daß »das Ungeheuerlichste an Ausschweifungen mitunter selbst in den Kleinstädten seinen Sitz hatte«.

Der spätere Gründer des »Allgemeinen Deutschen Arbeitervereins«, aus dem sich dann die Sozialistische Partei Deutschlands entwickelte, Ferdinand Lassalle (1825–1864), war es, der

»dieser gepeinigten und von ihrem Gatten aufs schamloseste infamierten« Gräfin Sophie Hatzfeld, wie Fuchs formuliert, »Schutz und Retter wurde«. Lassalle entwarf die Scheidungsklage und reichte sie »in den vierziger und fünfziger Jahren des verflossenen Jahrhunderts« beim Landgericht Düsseldorf ein. Fuchs berichtet: »Ein Exemplar dieser 87 engbedruckte Folioseiten umfassenden Anklageschrift liegt vor uns: sie ist bis jetzt niemals in die weitere Öffentlichkeit gedrungen und kam damals nur in die Hände der direkt am Prozesse Beteiligten, also in die der Behörden und der Mitglieder der Familie Hatzfeld, die zum Schutz der gemarterten Frau dadurch aufgerufen werden sollten. Angesichts dieses Dokumentes, das sich wegen seines großen Umfanges an dieser Stelle leider nicht einmal auszugsweise wiedergeben läßt, kann man wohl sagen: Es gibt wenig Sittendokumente von solchem Wert wie dieses, denn es enthüllt eine fast unfaßbare sittliche Verwahrlosung innerhalb dieser Gesellschaft. Keine Form des Lasters gibt es, der der Graf Edmund Hatzfeld nicht gefrönt hätte, keine Form des Ehebruchs war ihm zu gemein, kein einziges weibliches Wesen war vor ihm sicher. Die Zofen der Gattin so wenig wie die Frauen der gräflichen Freunde. Zahlreiche Kuppler und Kupplerinnen waren ständig in seinen Diensten. Jede durch Düsseldorf reisende Dirne wurde zum Grafen ins Schloß gebracht und oft zweie zugleich, wo sie, die einen für kürzere, die anderen für längere Zeit installiert wurden. Fast immer hatten einige Dirnen Wohnung im Schloß. In den sämtlichen Bordells von Düsseldorf und Köln gab es kaum eine einzige Dirne, mit der der Graf nicht Unzucht getrieben hätte. Das weibliche Dienstpersonal wurde stets unter dem Gesichtspunkte engagiert, entweder den Harem des Grafen zu ergänzen, oder kupplerisch dafür tätig zu sein. An verheiratete Ehepaare wurden vom Grafen Stellen nur dann vergeben, wenn die Frau bereit war, dem Grafen zu jeder Stunde zu Willen zu sein. Auch nur unter dieser Bedingung bekam jemand eine Pacht auf den großen Gütern der Familie Hatzfeld oder wurde ein Pachtvertrag verlängert. Das Bezeichnendste ist, daß diese Dinge beileibe keine verschwiegenen oder sorgfältig verdeckten Geheimnisse waren. Im Gegenteil, unter den Augen aller Welt huldigte der Graf Hatzfeld seinen Debaucherien und am ungeniertesten unter denen seiner Frau. In ihrer Gegenwart karessierte er die weiblichen Gäste oder machte ihnen nächtliche Besuche, ja er zwang seine Frau sogar förmlich mit Gewalt dazu, Zeuge seiner schweinischen Unternehmungen zu sein.« Die Gräfin hatte auch »jeden Augenblick den geilen Begierden ihres Gemahls gefügig zu sein, wann und wo ihn die Lust dazu ankam, und zwar verlangte er von ihr die Erfüllung derselben ekelhaften Unzuchtspraktiken – ›Genüsse so überschwenglicher, Bordellhaus entsprungener Unnatur‹ heißt es in der Lassalleschen Scheidungsklage – wie er sie im Umgang mit den gemeinsten Dirnen trieb.« Fuchs nennt Graf Edmund Hatzfeld ein »pathologisches Monstrum von Geilheit und Gemeinheit«, das zwar nicht »typisch für seine Klasse« war, aber über die »individuellen Exzesse eines einzelnen Ungeheuers« hinausgehend »die feudalen Vorrechte und die feudale Korruption im vormärzlichen Deutschland« belegt. Denn »das Ungeheuerlichste an Debaucherien durfte sich der gräfliche Stammherr der Familie Hatzfeld öffentlich herausnehmen, eine ganze Provinz sittlich korrumpieren, ohne daß ernstlich ein Finger gegen ihn gerührt wurde, über alles wurde hinweggesehen, den Behörden fiel es nicht ein einziges Mal ein, einzuschreiten, obgleich sie dutzend bestbegründete Anlässe dazu hatten.«

In dem von Lassalle entworfenen Schriftstück »an den Präsidenten des Königlichen Landgerichts zu Düsseldorf Herrn Geheimen Oberjustizrat von Voß, Hochwohlgeboren« wird unter anderem angeführt, daß Graf Hatzfeld »neben seiner sechzehnjährigen Gemahlin eine Dienerin seiner Lust als Gesellschaftsdame« suchte. »Es war dem Grafen unbequem, daß seine Gemahlin immer bis tief in die Nacht hinein seine Rückkehr abwartete; er zankte sie heftig darüber aus, und als dies nicht den gewünschten Erfolg hatte, begann er seiner Gemahlin Herrengesellschaft zuzuführen, und sie mit denselben stets allein zu lassen. Die Absichtlichkeit seiner Handlungsweise, seine Gattin zu inuzieren, gleichfalls an ihrer Pflicht zu fehlen, um dann seinerseits desto freier und ungehinderter vorwurfsfrei à son aire ausschweifen zu können, trat mit so plumper Deutlichkeit an den Tag, daß sich die Hausleute mitteilten, wie es der Graf darauf anzulegen schiene, seine Frau zur Untreue zu verleiten.«

Im dritten Abschnitt der Scheidungsklage wird »so kurz und flüchtig als möglich« über den »ehebrecherischen und ausschweifenden Lebenswandel« des Grafen Hatzfeld berichtet und dessen »Ausschweifungen, so tierischer und ekelhafter Natur, daß sie nicht nur an allen Pflichten, welche Religion, Moral und Gesetz selbst in ihrer laxesten Fassung auferlegen, sich aufs Empörendste versündigen, sondern noch schreiender, noch revoltierender die Begriffe des Ästhetischen und Schönen beleidigen.« Die Begegnungen mit der Gräfin Nesselrode und der Gräfin Hompesch, beide verheiratet, werden aufgezählt und daß er, etwa ab 1834, »Frauen vom Stande vermeidend, fast ausschließlich sich dem verworfensten Hurengesindel zuwandte, den Kot der Straße umarmend und mit sinnlos verschwenderischen Händen das Gut seiner Familie an den Auswurf der Menschheit verprassend.

Wir sagen von jetzt ab ausschließlich; denn auch bis dahin hatten selbst zwei so tüchtige Kämpen, wie die Gräfinnen Nesselrode und Hompesch seiner unreinen Brunst keineswegs genügen können. Neben ihnen wurde noch ein ganzer Harem ausgehalten, ganze Regimenter verworfener Weibsbilder gebraucht und besoldet. Es ist ein degoutantes, aber leider nur zu wahres Bild, das wir entwerfen müssen! Jedes öffentliche Frauenzimmer: die Gräfinnen Hompesch und Nesselrode, das waren seine ›liaisons‹ im eigentlichen Sinne, öffentliche Freudenmädchen, ambulante Tirolerinnen, Tänzerinnen, Schauspielerinnen, das waren seine Abwechslungen und Erholungen, das weibliche Dienstpersonal sorgte für seinen täglichen Hausbedarf! Jedes öffentliche Frauenzimmer, das nach Düsseldorf kam – war seine Hure, das Theaterpersonal – waren seine Huren, seine Dienstmädchen – waren seine Huren, seine Haushälterinnen – waren seine Huren, die Weiber seiner Beamten, die Töchter seiner Dienstleute – waren seine Huren! Und dabei galt ihm gleich, schön oder häßlich, alt oder jung, sauber oder schmutzig – alles mußte über die Klinge!«

Lassalle beschreibt detailliert, nennt Namen und Zeugen, wobei der Graf selbst zu keiner Zeit ein Geheimnis aus seinen Liebschaften gemacht hatte.

Eine »der gemeinsten Personen in Düsseldorf«, mit denen es Hatzfeld trieb, war Julchen Cassel. Von 1828 bis 1846 dauerte sein Verhältnis mit ihr. »Der Graf hatte Julchen Cassel eine Wohnung, eine Belletage auf der Krämerstraße, in dem Hause des Mostartfabrikanten Adolff, gemietet. Mehrere Male haben ihn die Hausgenossen und Nachbarn abends zu der Julchen Cassel gehen und ihre Wohnung erst am andern Morgen früh verlassen sehen. Eine am Flingergeisten in Düsseldorf wohnende Frau erzählte sogar, daß der Graf Hatzfeld sich drei Tage hintereinander in ihrem mit dichten Bäumen bepflanzten Garten mit dieser Julchen Cassel am hellen Mittag, zwischen elf, zwölf und ein Uhr, unter Gottes freiem Himmel wie das liebe Vieh begattet habe. Die Frau hat den ganzen Vorgang bis in seine einzelsten Teile mit angesehen. Beim Weggehen habe der Graf zu dem Mädchen gesagt: ›Übermorgen abend gebe ich dir in der Krämerstraße ein Zeichen.‹ Am dritten Tag wurde es der Frau zu arg; sie begab sich zum Grafen und verbat sich derlei Dinge in ihrem Garten, indem sie ihm sagte, ihr Garten sei keine Reitschule... Diese große Leidenschaft für die Julchen Cassel konnte aber natürlich den Grafen Hatzfeld nicht abhalten, gleichzeitig mit Scharen von andern Frauenzimmern Verhältnisse flüchtiger oder dauernder Natur zu haben. So ließ er sich 1836 zu Aachen zwei Frauenzimmer zugleich durch seinen Diener in das Badezimmer bringen. Ein andermal kam die Gräfin Schulenburg und eine Baronin nach Düsseldorf und logierten im ›Breidenbacher Hof‹. Der Graf war während der vierzehn Tage, daß die Damen sich da aufhielten, sehr viel bei ihnen. Eines Abends ließ er dieselben mit seinem Wagen abholen und sie soupierten bei ihm. Als das Essen aufgetragen war, schickte der Graf die Diener hinaus und befahl ihnen, nicht eher wiederzukommen, bis er klingeln würde, was ganz gegen seine Gewohnheit war.

Aber das genügte alles dem Grafen noch nicht. Schon in dem Jahr 1835 hatte er sich ein eigenes bordelle secret bei einer Kupplerin Kluth in Düsseldorf auf der Ritterstraße eingerichtet, wo er sich eine ganze Niederlage des schandbarsten, liederlichsten Weibsgesindels auf einmal hielt.«

Auch von der Tochter eines Advokaten wird berichtet, mit der Graf Hatzfeld ebenfalls »ein langes Jahr hindurch dauerndes Verhältnis« hatte. Eine »geborene Molitor, später verehelichte Pampus, welche ihm dann später auch ihre beiden Schwestern zuführte«. Die Nachbarn beobachteten durch Fenster und Schlüssellöcher »die obszönsten und bestialischsten Dinge« zu zweit, zu dritt und zu viert.

Wo Graf Hatzfeld hinkommt, schreibt Lassalle, »verbreitet er eine Atmosphäre von Schlechtigkeit und Fäulnis, von Korruption jeder Art um sich. Werfen wir einen flüchtigen Blick auf das

Treiben des Grafen in der Standesherrschaft. Unter Tränen und Wehrufen schallt uns hier der allgemeine Schrei entgegen, daß der Graf, er und seine Beamten, den Notstand seiner Eingesessenen, seine Macht, Gerichtsbarkeit und Stellung mißbrauche, um seinen Untertanen die Stundung ihres elenden Daseins für die Schande ihrer Frauen und Töchter zu verkaufen.«

Etwa um dieselbe Zeit beginnt in England ein Mann mit der Niederschrift seiner Memoiren, die zu einer der wichtigsten Quellen kultur- und sittengeschichtlicher Forschung des viktorianischen England werden – »Mein geheimes Leben«. Die international anerkannten Sexualpsychologen Eberhard und Phyllis Kronhausen sehen in dem »merkwürdigen, unbekannten Engländer« namens Walter (etwa 1820 bis 1890) einen Mann, »dessen Ruhm als Liebhaber unserer Ansicht nach den Casanova eines Tages in den Schatten stellen wird«. Insgesamt hat jener Walter, seinen eigenen Angaben nach, 1200 Frauen vernascht und seine Erlebnisse und Beobachtungen in elf Bänden auf mehr als 5000 Seiten festgehalten. »Diese elf Bände gehören zu den seltensten und teuersten Büchern der Welt«, schreiben Eberhard und Phyllis Kronhausen. »Heute existieren nur noch drei Exemplare der vollständigen elfbändigen Ausgabe: eines befindet sich in Privatbesitz auf dem europäischen Kontinent, eines in einer englischen Privatsammlung, die der Bibliothek des Britischen Museums vermacht wurde, und eines im Institut für Sexualforschung (Kinsey-Institut) in Amerika.«

1980 erschien die deutsche Ausgabe einer kommentierten Auswahl von Walters »Mein geheimes Leben«. Damit machten Eberhard und Phyllis Kronhausen erstmals die deutschen Leser mit dem oft zitierten, viel besprochenen und kaum gelesenen Werk Walters bekannt. Sie bescheinigten den Memoiren »Wahrhaftigkeit und Vollständigkeit«. Wie Casanova schätzte auch Walter mehr das Spiel zu zweit und zu dritt als das, was man heute Gruppensex nennt.

Eberhard und Phyllis Kronhausen führen Walters Ablehnung des gleichzeitigen Geschlechtsverkehrs mit mehreren Personen auf ein Erlebnis zu Beginn seiner Laufbahn als »Amateur-Sexologe« zurück. »Bei dieser Gelegenheit besuchten er und seine Freundin zusammen mit einem anderen Paar einen Bekannten, einen gewissen Lord X, der mit seiner Mätresse in einem Stadthaus in London wohnte. Die Sache war nicht bewußt auf diese Weise geplant, vielmehr führte eines zum anderen, und die drei Paare spielten im Dunkel Blindekuh, nachdem sie sich entkleidet hatten, und verkehrten schließlich abwechselnd miteinander. Dazu kommt, daß der Vorfall schlecht endete, es ergaben sich kleine Eifersüchteleien, und man schied in Unfrieden. Um die Dinge noch schlimmer zu machen, verließen die Bediensteten von Walters adeligem Freund diesen am nächsten Tag einmütig, da sie nicht die Absicht hätten, in einem ›Bordell‹ zu arbeiten.«

Allerdings bekannte Walter anläßlich einer Massenvögelei in einem Londoner Park: »Der ständige Anblick von vögelnden Paaren hatte mich lüstern gemacht« und unterstreicht damit auch seinen ausgeprägten Hang zum Voyeurismus. »Eines Abends, es war ganz finster und trocken, ging ich bald nach Einbruch der Dunkelheit durch einen Park, da sprach mich eine Frau an. Ich ging mit ihr unter einen großen Baum und filzte sie. ›Hol das Mädel!‹ sagte ich, als eine andere in der Nähe vorbeiging. Sie tat es, und ich filzte sie auch, dann noch zwei andere, jeder gab ich einen Shilling. Ich konnte nicht sehen, wer sie waren oder wie sie aussahen, fand sie aber gewöhnlich und grob. Ich war an jenem Abend ein wenig beschwipst und ziemlich geil. ›Du bist nicht rein‹, sagte ich zu einem der Mädchen. ›Soeben hat mich einer gevögelt‹, sagte sie. ›Wo tut ihr es denn?‹ fragte ich ganz ahnungslos. ›Überall – auf den Stühlen, im Gras, an den Bäumen oder am Gitter. Schau, dort ist ein Paar gerade dabei.‹ Ich blickte hin und sah im schwachen Licht einen Mann, der auf einem Stuhl saß, eine Frau bewegte sich in sitzender Stellung auf ihm auf und nieder. Ich blickte auf die andere Seite, dort sah ich ein anderes Paar, die es stehend taten. Nein, die Polizeibeamten kämen nie, sagten die beiden Parkhuren, sie seien doch abseits der Straße – weshalb sollte sich die Polizei einmischen?

›Tu's mit mir‹, verlangte eines der Mädchen. Ich lehnte ab, trotz meines heftigen Verlangens, ich fürchtete eine Krankheit von so armen Geschöpfen, die meiner Ansicht nach nur die gewöhnlichsten Männer haben konnten. Das Paar, das sich rechts von mir betätigt hatte, ging weg, und der Platz wurde sofort von anderen eingenommen. ›Heut abend wird hier massenhaft gevögelt‹, sagte eine Frau, die bei mir geblieben war, wohl in der Hoffnung, ich würde sie nehmen. ›Ich würde gern mehr von der Nähe zusehen‹, sagte ich. ›Dann komm näher zum Baum, die haben nichts dagegen. Wart einen Augenblick; sobald er seinen Schwanz in ihr drin hat, bemerkt er nichts, dann gehen wir näher.‹

Wir gingen rasch zurück, dann hinten an den Baum, und sahen immer deutlicher, wie die Frau auf und ab hüpfte wie ein Pumpenschwengel. Als wir ganz nah waren, hörte sie auf, und der Mann entfernte sich, fast laufend. ›Die haben sich aber beeilt‹, sagte die Frau neben mir. ›Hat er dich gefickt?‹ fragte ich die andere, die eben mit dem Mann fertig geworden war. ›Kann man wohl sagen!‹ antwortete die Frau.

Geile Wünsche durchfuhren mich. Ich wußte kaum, was ich wollte oder tat... ›Er ist ein Schotte‹, sagte sie. ›Die spritzen immer eine Menge und schnell. Sie tun es erst dann mit 'nem Mädel, wenn sie's nicht mehr in den Eiern halten können.‹ – ›Und dann wollen sie's umsonst‹, sagte die andere. ›Ja, immer wollen sie's umsonst‹, wiederholte meine. ›Billig wollen sie's, aber sie brauchen nicht lang...‹

Ich filzte die Frau, die es mit dem Schotten gehalten hatte, immer heftiger, bis sie sagte: ›Verdammt, du fummelst an mir rum, daß ich ganz geil bin. Dann vögel mich!‹ – ›Nein – nein, ich kann nicht‹, sagte ich. Plötzlich überlegte ich, zog meine Hand fort, wischte sie an ihrem Hemd ab und gab beiden Mädchen ein Silberstück. Erstaunt und verärgert über mich selbst ging ich schnell weg, spuckte mir in die Hand und rieb sie fest mit meinem Taschentuch. Ich rieb sie sogar am Gras, wo niemand es sehen konnte, und schließlich pißte ich über meine Hand, um sie zu reinigen.

Ich war fast durch den Park hindurch und sah schon den Ausgang, da kam mein Verlangen wieder. Ich wollte noch mehr sehen. Der ständige Anblick von vögelnden Paaren hatte mich lüstern gemacht. (Bei all meiner Kenntnis Londons und meiner Lebenserfahrung hatte ich nie zuvor gewußt, daß jede Nacht solche Liebesspiele zu Hunderten im Freien getrieben wurden!) Ich ging also fast bis zu derselben Stelle zurück und beobachtete ein Paar nach dem anderen, wie sie im Dunkeln hingingen und vögelten; ich fand weitgehend bestätigt, was die Parkhure mir über die enorme Menge der nächtlichen Paarungen dort erzählt hatte. Sie hatte gesagt, tausend und mehr Leute vögelten jede Nacht im Park, und – so unglaublich das klingt – ich glaube, sie war nicht weit von der Wirklichkeit entfernt.«

Von Nelly einer »verläßlichen Partnerin für den Beischlaf«, weil sie ihm nie einen Tripper anhängte, erzählt Walter: »Sie ließ mich nur einmal insgeheim zusehen, als sie mit einem Mann zusammen war. Ich blickte durch ein Schlüsselloch und sah ihnen beim Verkehr zu. Einmal ließ sie sich von einem Mann ficken, während ich in demselben Zimmer zusah. Es war ein großer, starker Mann, und er sagte, er sei Tischler. Ein anderes Mal begann sie mich mit Ruten zu schlagen – das einzige Mal, daß ich es je versuchte, aber es schmerzte zu sehr, und ich ließ sie aufhören. Zweimal vergnügte sie sich mit einem Mädchen vor mir, und einmal verbrachten wir eine ausschweifende, besoffene Nacht zu dritt mit einer zweiten Frau, wie damals in unserer ersten Nacht.«

Diese »erste Nacht« hatte er in der Wohnung der Kupplerin S--k-n-us verbracht, zusammen mit Nelly und Sophy. »Ich brachte sie mit unanständigen Reden gründlich in Hitze, dann gab ich der einen meinen Schwanz in die Hand und der anderen den Topf, während ich pißte. (Ich lasse mir von beschwipsten Frauen sehr gern diese kleinen Dienste erweisen.) Danach legte ich sie nebeneinander der Länge nach aufs Bett, dann eine auf die andere; bei all dem taten sie bereitwillig mit, denn der Alkohol und das Reden hatten sie geil gemacht.

Dann entkleideten wir uns alle vollkommen und stellten den Drehspiegel so, daß wir uns darin sehen konnten. Ich vögelte das eine Mädchen und filzte dabei die andere.

Dann tranken wir noch Wein, und die Mädchen begannen zu streiten; das geschah oft, wenn ich zwei Frauen zusammen hatte und sie blau waren.

Eigentlich war es deshalb, weil ich die blonde Punze zweimal gefickt hatte und Nelly eifersüchtig war. Ich kann nicht sagen, weshalb ich Sophy nochmals drannahm, denn ich liebte dunkelhaarige Mädchen, und Nelly war dunkel. Ich nehme an, Sophys Ding hatte mir besser gefallen als Nellys, das habe ich auch später festgestellt und meine Ansicht darüber nicht geändert. (Tatsächlich glaube ich jetzt manchmal, daß sie das wundervollste Ding besaß, in das mein Schwanz jemals eindrang.) Das einzig Unangenehme war, daß es mir unerträglich schien, das Mädchen reden zu hören, obwohl ich ungezählte Male, wenn ich Nelly und andere vögelte, nur an ihr Ding dachte. (Ich entsinne mich all dessen, denn der Abend war unvergeßlich.)

Jetzt plapperten beide Mädchen und erzählten mir alles über sich, ausgenommen den Namen des Dorfes, aus dem sie stammten. Nein, das wollten sie nicht angeben, sagten sie. ›Erinnerst du dich, daß mich damals abends einer verführt hat, Nelly?‹ – ›Ja‹, antwortete diese. ›Vater sagte, er werde ihn verdammt bald in den Kanal schmeißen, wenn er nochmals mit mir nach Hause käme‹, fuhr Sophy fort. ›Er war so'n netter Kerl, der Jack‹, sagte Nelly, ›und damals abends hat er mit mir geschlafen.‹ So plauderten sie weiter und erzählten mir ihre Geschichte, die ich nur ab und zu mit einer Frage über den oder jenen Punkt unterbrach. Damals korrigierten sie einander oft und halfen einander gegenseitig, manchmal redeten beide gleichzeitig.

Dann legten wir uns alle drei wieder aufs Bett, und diesmal bearbeitete ich den dunkelhaarigen Muff, so daß ich mit jedem Mädchen zweimal verkehrt hatte, bevor der Abend zu Ende war.«

Auch in späteren Jahren leistete Walter sich öfters »den vollen Tarif für ein Trio und placierte die Mädchen so, wie ich es auf erotischen Radierungen gesehen hatte. Ein andermal erfand ich selbst Kombinationen, die so schön und erregend waren wie jene auf den Bildern; ich erkannte, daß ich in diesen Dingen eine ebenso fruchtbare Phantasie habe wie die meisten erotischen Künstler.«

An anderer Stelle schreibt er: »Früher konnte ich vor einer anderen Frau nicht ficken; jetzt erhöht es mein Vergnügen, wenn eine andere Frau (oder sogar ein Mann) dabei ist«, meint aber später wieder einschränkend: »Es ist zweifelhaft, ob ich mehr Vergnügen davon hatte, drei Frauen gleichzeitig oder eine allein zu haben.«

1851 tauchte der Name des 41jährigen Alfred de Musset noch einmal in den Klatschspalten zeitgenössischer Informanten auf. Louis de Viel-Castell berichtet am 29. März 1851, drei Ausländerinnen in Paris hätten »den Plan gefaßt, eine Gesellschaft zur Veranstaltung von Ausschweifungen zu gründen« und »erste Liebhaber unter den sittenlosen Literaten rekrutiert«. Es handelte sich um die sehr attraktiven russischen Hofdamen Gräfin Nesselrode, Maria Kalerdij und Zeba. Während Alfred de Musset sich der Dame Kalerdij annahm, wurde die Gräfin Nesselrode vom 27jährigen Alexandre Dumas fils betreut. Aber »das

Ende vom Lied war, daß ein Befehl aus St. Petersburg die Komtesse nach Rußland zurückbeorderte...«

Denn Nikolaj I. (1796-1855), seit 1825 Zar Rußlands, ging mit strengsten Mitteln gegen Unzucht und Laster vor. »Die bürgerliche Heuchelei wurde zum neuen Lebensstil«, schreibt Richard Waldegg in seiner »Sittengeschichte Rußlands«, »einerseits verliebt man sich mit einer Maske fromm und sittsam, andererseits lebte man ohne Maske heimlich ausschweifend.« Jede Unmoral, wurde sie öffentlich bekannt, hatte strengste Strafen zur Folge. Jeder versuchte jeden an sogenannter Anständigkeit zu übertrumpfen, nur um keinen Verdacht zu erwecken. Aber der Zar selbst »dachte nicht daran, seiner Genußsucht Zügel anzulegen, denn er fühlte sich nicht weniger als unumschränkter Herr über all seine Untertanen, als etwa der Gutsherr im Rahmen seines Befehlsbereiches. Die sexuelle Treue, die Nikolaj I. von anderen forderte, hielt er nicht. Zwar belegte er Ehebruch mit schweren Strafen, aber er befahl manche verheiratete Frau in sein Bett, und jeder Widerstand gegen solch eine Einladung wäre als Gehorsamsverweigerung geahndet worden.« Pierre Dufour schreibt in seiner »Geschichte der Prostitution«: »Die heuchelnde Gesellschaft der oberen Zehntausend, die Seelenbesitzer, Moralisten, Lesbierinnen, Päderasten, Spieler, Sklavenhändler und Protektionsbeamten verloren sich in einem wilden Taumel der Lust, sobald sich die Türen hinter ihnen geschlossen hatten und sie sicher waren, daß die Sittenwächter des Zaren sie nicht mehr bespitzeln konnten.«

Über das Leben zu jener Zeit in Rußland berichten »Memoiren einer Tänzerin«, die unter dem Titel »Mariska« anonym erschienen waren. Anläßlich der Pariser Weltausstellung 1878 erzählt die 36jährige Mariska drei jungen Männern »von ihrer Herkunft, Gegend und der Zeit ihrer Leibeigenschaft und gab uns ein überaus anschauliches Bild der moralischen und physischen Leiden, denen sie während dieser ganzen Zeit unaufhörlich ausgesetzt gewesen war. Unzählige Hände hatten Rute und Geißel über sie geschwungen, bei jeder Gelegenheit hatten der Bojar, dessen Leibeigene sie war, wie auch dessen Frau, Kinder, Aufseher, ja selbst Gäste sie gepeitscht, und als man sie später zu einer Modistin in die Lehre gab, kam sie erst recht aus dem Regen in die Traufe. Als sie dann zuletzt in die kaiserliche Ballettakademie aufgenommen wurde, brachte man ihr die Tanzkunst ebenfalls mit der Peitsche in der Hand bei, und nichts ist bekanntlich der Entwicklung des so ausgezeichneten Körperteils förderlicher als eine andauernde Flagellation desselben.«

Einer der Männer, der »Chefredakteur E. D.«, fordert Mariska auf, ihre Erlebnisse niederzuschreiben. Zwei Jahre später, am 23. Januar 1880, schickt ihm Mariska ihre Memoiren mit der Bedingung, ihre Aufzeichnungen erst zwanzig Jahre später zu veröffentlichen.

Auf dem Landgut »eines immens reichen Bojaren geboren«, dient Mariska 1850 als achtjährige »der Tochter des Bojaren, der damals zehnjährigen Barina, als Spielzeug. Das war ein kleiner Teufel, wilder sogar und grausamer als ihr um zwei Jahre älterer Bruder, der Barin. Außer mir waren für ihren persönlichen Dienst noch etwa 20 andere Mädchen da, alle älter als ich und gleich mir dazu bestimmt, den jungen Despoten als lebende Puppen zu dienen. Wenn ihnen die Lust ankam, sich mit uns zu amüsieren oder, was aufs gleiche herauskam, uns zu peitschen, so wählten sie einfach ein, zwei oder mehrere Opfer. Waren Gäste zugegen, so mußten oft alle darunter leiden.«

Ein »Bild aus düsteren Zeiten russischer Leibeigenschaft, in denen Rute, Peitsche, Stock oder Knute ein unbarmherziges Regiment ausübten«, nennt der angebliche Herausgeber »E. D.« Mariskas Memoiren. »Alle Tage erneuerte sich dieselbe Tragödie«, berichtet Mariska. »Kamen Freundinnen der Fürstin zu Besuch, so lud sie jene ein, gemeinschaftlich mit ihr das Morgenbad zu nehmen und den Züchtigungen beizuwohnen. Alle waren Liebhaberinnen dieses amüsanten Zeitvertreibes, man sah es am Leuchten ihrer Augen; auch reservierte die Bojarin ihren Gästen stets die schönsten und rundesten Hinterbacken. Nachdem sie gewaschen, abgetrocknet und wieder angekleidet waren, peitschten sie mit Wollust die dicken, nackten Popos der verurteilten Dienerinnen, die ihnen deren Unglücksgenossinnen hinhielten. Die Herrin eiferte ihre Gäste dann noch stets an, die Schuldigen nur ja nicht zu schonen, und die Megären ließen sich das auch nicht zweimal sagen, sondern schlugen zu wie Rabenmütter. Ich weiß es, denn oft habe ich es am eigenen Körper erfahren.« Auch als Mariska 13jährig zu einer Modistin nach Moskau in die Lehre gegeben wird, dauern die Prügelexzesse an und werden in einem »Korrektionshause, welches richtiger Bordell heißen sollte«, zum ständigen Ritus. Schließlich wird Mariska von der Modistin »auf fünf Jahre an den Herrn Intendanten der kaiserlichen Tanzakademie mit allen Rechten zur Ausbildung in der Kunst der Choreographie« vermietet. Die jüngsten der Anfängerinnen sind 10 bis 14 Jahre, und unter ihnen ist die 16jährige Mariska die älteste. »Alle Pensionärinnen des Instituts«, berichtet sie, »dienten mit ihrem ganzen Körper zur Belustigung der Hofwürdenträger und Gardeoffiziere, die oft genug von dieser Berechtigung Gebrauch machten. Natürlich hatten die Großfürsten das Vorrecht der Wahl, man sah sie aber nur selten bei den Übungen und Proben.

Nur die Kinder waren so lange von diesen Diensten frei, bis ihr Körper sich entwickelt hatte; doch wurden sie jeden Tag vom Intendanten, der Direktrice oder dem Ballettmeister untersucht, ob sie stark genug wären, den Stoß auszuhalten. Dann wurden auch sie ins Register der Bettgarnituren eingetragen und dem ersten besten der alten oder jungen Wüstlinge überliefert, die vorher dem Tanz ihrer Hinterbacken zugesehen hatten, wenn es nicht der Intendant oder der Ballettmeister vorzog, selbst der Opferpriester zu sein.

Armee, Hof und hohe Aristrokratie hatten freien Zutritt in den Übungssaal; die Anzahl der Alten überwog. Sie kamen, um sich am lüsternen Schauspiel der zuckenden Hinterteile, die man vor ihren Augen peitschte, und am Schmerzgeschrei der Gezüchtigten wieder aufzuregen. Für ihre alten Glieder gab es kein besseres Stimulans als diese Zuckungen und das Geschrei... Auch Damen erschienen bei den Übungen, hauptsächlich aber abends nach der Vorstellung kamen sie in Mengen, zuweilen allein, oft auch in Begleitung ihres Gatten, um den Züchtigungen beizuwohnen, die im strahlenden Kerzenlicht, das sich auf der nackten, glänzenden Haut widerspiegelte, noch an Pikanterie gewannen.« Mariska durchlief in zwei Jahren »alle Klassen, stets angeeifert durch Strick und Peitsche, die nicht über meinem Haupt, wohl aber über meinem nackten Hintern schwebten«. Doch in den letzten drei Jahren »setzte es niemals Hiebe auf meinen nackten Popo, ohne daß dieses lüsterne Schauspiel den einen oder anderen Wüstling in meine Arme oder, besser gesagt, zwischen meine Beine trieb.«

Mariska berichtet in ihren »Memoiren« von einem »intimen Fest«, das die Großfürsten ihren Freunden gaben: »Ich war damals schon 19 Jahre alt, und all meine Reize hatten sich zu ihrer höchsten Blüte entwickelt. Da es ein Gartenfest im Hochsommer war, fand das Ballett auf dem Rasen unter schattigen Bäumen statt, die im Park des Institutes standen und unter denen wir zur Erholungszeit spazierengehen durften, sonst lebten wir wie die Gefangenen.

Wir waren im Übungskostüm, das Orchester vollzählig versammelt. Der größte Teil der Musiker hatte noch niemals ein Ballett in dieser Toilette gesehen, und sie verschlangen mit ihren lüsternen Augen diese Trikots von Menschenhaut, welche sie über alle Maßen aufregten.

Zuerst exekutierte man zwei gewöhnliche Tänze, einen Walzer und eine Mazurka, welche die Verschlingungen der Schenkel am besten zeigten und ebensogut die wollüstigen Formen der Hinterteile, denn nur erwachsene und gut entwickelte Mädchen nahmen an diesen Tänzen teil.

Zum erstenmal walzte ich in frischer Luft und unter freiem Himmel.

Zur Wärme der Luft gesellten sich noch das Aneinanderreiben der nackten Schenkel, das heiße Blut, das feuchte Fleisch und das Kitzeln der Härchen an unseren Liebesgrotten, und alles zusammen bewirkte bei mir einen unglückseligen Effekt. Mein Liebessaft ergoß sich und meine Schenkel zitterten unwillkürlich, daß ich aus dem Takt kam.

Natürlich bemerkten die Großfürsten diesen Fehler sofort, unterbrachen den Tanz und ließen die beiden Schuldigen näher treten, um ihnen die Strafe sofort auf den nackten Hintern aufzuzählen.

In der Stellung, die wir dazu einnehmen mußten, konnte der Strafende alles sehen, und so bemerkte er auch sofort etwas Anormales an meinem Haar. Er fühlte mit dem Finger dorthin und stellte nun das Ereignis fest.

Ergötzt rief er seine Freunde herbei, die sich den augenscheinlichen Beweis meiner Überflutung ansahen und über die Leichtigkeit, mit der ich mich näßte, Tränen lachten. Dabei fühlte jeder mit dem Finger an den Ort der Überschwemmung, und dieses unaufhörliche Grabbeln brachte nach kürzester Zeit eine Wiederholung des Phänomens hervor, zum großen Erstaunen des Fingers, der in diesem Moment gerade bei der Inspektion begriffen war.

Da aber die Finger der anderen ihre untersuchende Tätigkeit fortsetzten, so war es gerade kein Wunder, daß derselbe Vorfall noch zweimal eintrat.«

Schließlich werden das Orchester, der Ballettmeister und die Aufseherin fortgeschickt. Zurück bleiben »32 der forschesten Tänzerinnen« und 12 Kammerfrauen.

Mit Geißelungen wird die Orgie eröffnet. Sobald »Hinterbakken und Schenkel aller passiven Teilnehmerinnen dieser Lustpartie im tiefsten Dunkelrot strahlten, mußten die Gepeitschten sich auf den Rasen knien. Leicht drangen dann die Freunde der Großfürsten, junge und kräftige Leute, in die klaffenden, ihnen entgegenlachenden Scheiden ein, wobei sie sich an den dicken, schaukelnden Brüsten ihrer Partnerinnen festhielten und noch einen zweiten Halt an deren glühenden Hinterbacken fanden.

Als ich fühlte, wie der allerdurchlauchtigste großfürstliche Penis die Lippen meiner Scheide, welche ich ihm ehrfurchtsvoll öffnete, durchdrang, kannten mein Stolz und Hochmut keine Grenzen, und als der prinzliche Bauch sich an meinen heißen Hinterbacken rieb, zitterten diese vor Vergnügen.

Auch er erstaunte wieder über diese prompte Antwort, die er ohne Zweifel meiner Befriedigung über die Ehre, welche sein königliches Glied meiner leibeigenen Scheide antat, zuschrieb. Doch gleichviel, aus welchem Grund sie erfolgte, er wollte, daß auch seine kräftigsten Freunde sich davon überzeugten.« Zwölfmal hintereinander wird Mariska vernascht. »Der Bruder des Großfürsten schob mir zuerst seinen Penis in den Popo, und dann erprobten noch zehn andere den Wert meiner Scheide und meines Hinterteils.

Man liebte mich noch immer, als schon alle anderen zur Ruhe gekommen waren.«

Dank ihrer sexuellen Fähigkeiten wird Mariska schließlich freigekauft. In einer Vorstadt von St. Petersburg richtet sie eine »Tanzschule« ein. »Mir war die Hauptsache, recht viel Schülerinnen zu bekommen, dann hatte ich erstens hübsche Einnahmen und zweitens genügend Hinterteile zum Klatschen; denn die Wollust, welche ich beim Peitschen hübscher, runder, voller Mädchenpopos empfand, wuchs mit jedem Male, und am liebsten schlug ich frisch Angekommene, deren Hinterteile für mich neue Früchte waren.«

Im Jahr der Niederschrift ihrer »Memoiren«, 1880, floriert das Geschäft Mariskas. »Ich habe alles, was ich zur Befriedigung meiner Sinnlichkeit gebrauche, schöne, steife Glieder, die sich, wie das Ihrige, mein lieber Freund, so ausgezeichnet aufs Lieben verstehen, Zungen, die lüstern an meinem Kitzler lecken und stramme, runde und üppige Mädchenpopos, die ich nach Herzenslust peitschen darf.«

Es steht außer Frage, daß die »Memoiren einer Tänzerin« in der Nachfolge der »Memoiren einer Sängerin« geschrieben wurden und weitab jeder Echtheit sind, soweit es den Handlungsablauf betrifft. Authentisch aber sind die Zustände, die geschildert werden, die Willkür und Grausamkeit, der die Leibeigenen im zaristischen Rußland ausgeliefert waren.

In seiner »Geschichte der öffentlichen Sittlichkeit in Rußland« schrieb Bernhard Stern: »Das russische Volk ist entsprechend seinen Gefühlen und seinem ganzen Charakter wie geschaffen für jenen Mystizismus, der Religion mit Wollust verknüpft. Das Heidenchristentum der Muschik sieht in der vollen geschlechtlichen Freiheit einen Lohn und Ersatz für tausendjähriges Leiden, und für die Blasierten der oberen Zehntausend, die nicht mehr nach Herzenslust die Sklaven peitschen können, ist die Selbstgeißelung Mittel zu neuen Reizungen der Sinne. Aus diesen rohen Gründen gibt es bei den Geißlersekten weniger Lehren und mehr Zeremonien. Sie plagen sich nicht ab mit mystischen Motivierungen und präsentieren gleich frank und frei die grausamen und sexuellen Genüsse, die sie zu bieten haben. Mit Tänzen und Gesängen wie in einem gutgeleiteten Tingel-Tangel und Bordell beginnen die reizvollen Übungen. Zumeist bestehen die Tänze in Drehungen, wie sie die tanzenden Derwische im Morgenland ausführen: Die Tänzerinnen und Tänzer bleiben auf den Plätzen, blicken hypnotisiert nach dem Bilde einer weißen Taube, das an die Decke des Versammlungssaales gemalt ist, und drehen sich mit ausgebreiteten Armen unermüdlich um sich selbst herum, anfangs langsam, dann immer schneller und zum Schluß in rasendem Tempo, so daß die weißen Röcke, die alle bei der Zeremonie anhaben, radmäßig mitfliegen. Im Augenblick der höchsten Ekstase beginnt ein Schreien und Rufen; jener betet zum Gotte Daniel Filipowitsch; dieser fleht Iwan Timofejewitsch Christus an; eine Frau bricht verzückt zusammen und stößt Laute hervor, die ihr Gott eingibt. Einer nach dem anderen und eine nach der anderen fallen aus den Reihen, bis Erschöpfung, Ohnmacht und Starrkrampf für eine Weile die ganze Versammlung umfangen. Aber die Wildheit ist nur für kurze Zeit erloschen und wird wieder aufgestachelt durch Geißelung mit Ruten oder durch Berührung nackter Körperteile mit den Flammen der Kerzen. Und von neuem beginnt das erregte Tanzen um einen mit Wasser gefüllten Bottich, dem die Auserwählten in ihren Halluzinationen Christus leibhaftig entsteigen sehen. Nach vollendeter Zeremonie bleiben Männer und Frauen bis zum Anbruch des Tages in wirrem Durcheinander liegen.«

Um 1835 hatte man in ganz Rußland insgesamt 480 000 Sektenangehörige gezählt. Neben den Skopzen waren auch die Chlysti wieder aufgelebt. Die »Erlösungsvorstellung« dieser beiden Sekten, »denen der Glaube an eine sich im Diesseits vollziehende Verwirklichung des Reiches Gottes, also an ein irdisches Paradies, das Ideal der Besitzlosigkeit und der Kampf gegen die herrschende Kirche und Gesellschaft gemeinsam waren«, sah der Wiener Kulturhistoriker Renè Fülöp-Miller eng verknüpft mit den »Grundlagen des Bolschewismus«, wie Gerhard Zacharias ausführt. René Fülöp-Miller (geb. 1891) war Mitte der zwanziger Jahre als Herausgeber autobiographischer Schriften Dostojewskis und Tolstois hervorgetreten und hatte 1926 seine Untersuchungen in dem Werk »Geist und Gesicht des Bolschewismus« niedergelegt, 1927 über »Lenin und Gandhi« geschrieben und unter dem Titel »Der heilige Teufel« über Rastin. Über die Sekte der Chlysti schreibt Fülöp-Miller: »In einem eigens hierfür gewählten Gebäude, eventuell auch in einer Scheune, wird bei den Zusammenkünften in der Mitte des Versammlungsraumes eine Tonne mit Wasser aufgestellt, die als ein Symbol des Flusses Jordan angesehen wird. Alle Anwesenden, Männer und Frauen, entkleiden sich bis auf die Haut, ergreifen bereit gehaltene grüne Zweige und beginnen nun, zuerst das Wasser in der Tonne, später aber sich selbst gegenseitig zu peitschen, bis sie völlig in Ekstase geraten... Nachdem sie sich durch die fortgesetzten Flagellationen in eine immer stärkere Erregung versetzt haben, geben sie sich zügellos den wildesten Orgien hin, wobei völlige Promiskuität herrscht, bis auf ein Paar, das zur ›Erzeugung des Gotteskindes‹ ausersehen ist. Diese beiden... dürfen sich erst umarmen, wenn die allgemeine

Ekstase ihren höchsten Punkt erreicht hat. Während der ganzen Dauer der Festlichkeit, in welcher es schließlich zu einer Erscheinung des ›Heiligen Geistes‹ kommen soll, werden bis zur Entzückung sich steigernde Tänze vollführt.«

Andere Sekten waren die Stundisten, um das Jahr 1860 von dem russischen Bauern Michael Ratuschny aus Osanow gegründet. Dann gab es die Molakaner und die Duchoborzen, alles Sekten, die ebenso Gütergemeinschaft wie Polygamie forderten und praktizierten und deren Gottesdienste im gemeinsam zelebrierten Massenkoitus gipfelten.

Über die Sekte der »Springer« schreibt Waldegg: »Ihre ›Priester‹ zogen allenthalben durch das Land, verführten die Dorfleute zum Besuch der nächtlichen orgiastischen Zeremonien und zerstörten damit das Glück vieler Familien.

Nachts zündeten sie in einem dem Dorf nahe gelegenen Wald ein Feuer an, um das sich die gläubige Gemeinde versammelte. Dann begann der Wanderprediger zu sprechen, indem er verkündete, daß man nur im Zustand der Ekstase den Weg zu Gott finden könne. Tiefste Erniedrigung und somit die Besudelung mit Sünde führe zur Erlösung.

Sobald diese Einleitung abgeschlossen war, stellten Männer und Frauen sich im Kreis um das glosende Feuer, reichten einander die Hände und begannen rhythmisch im Kreis zu hüpfen. Dabei drehten sie auch oft noch die Köpfe, bis sie schwindlig wurden, schrien, stöhnten und sangen. Sie durften nicht ruhen, bis sie, schweißüberströmt und am Ende ihrer Kräfte, zu Boden sanken. Dort fanden sich die Paare zusammen, wie sie der Zufall bestimmte, und eine wüste geschlechtliche Orgie beendete den ›Gottesdienst‹.«

Die »Sittenverderbnis der Zeit« ist auch Thema eines der größen Dichter, die Rußland hervorgebracht hat: Leo Nikolajewitsch Tolstoi (1828–1910). In seiner »Kreutzersonate«, die er als 60jähriger schreibt und die 1890 anonym in einer deutschen Übersetzung in Berlin und ein Jahr später erst in russischer Sprache in Moskau erscheint, heißt es: »Der Mann will genießen und will das Naturgesetz – die Kinder – nicht kennen. Aber Kinder kommen und bilden ein Hindernis für den ununterbrochenen Genuß, und so muß der Mann, der nun genießen will, auf Mittel sinnen, dies Hindernis zu umgehen, und dazu hat man drei Auswege ersonnen. Der eine ist, die Gattin – nach einem Rezept der Schurken – zum Krüppel zu machen, und zwar durch ein Mittel, das stets ein Unglück für die Frau war und sein muß, durch die Unfruchtbarkeit; dann kann er unbesorgt und ununterbrochen genießen; der zweite ist die Vielweiberei; nicht die ehrbare, wie die der Mohammedaner, sondern unsere nichtswürdige europäische, voll Lüge und Betrug; der dritte Ausweg – ist eigentlich kein Ausweg, sondern eine einfache grobe unmittelbare Verletzung der Naturgesetze, die alle Männer aus dem Volke begehen und die meisten Männer in den sogenannten anständigen Familien.«

Als Anwalt der Frau, gegen deren Mißbrauch als »Objekt der Sinnlichkeit« und als »Werkzeug des Genusses« – so gibt sich Graf Tolstoi in seinem Werk. Sein Leben aber ist gekennzeichnet von einer abgrundtiefen Verachtung seiner eigenen Frau, die er über seinen Tod hinaus erniedrigte.

Für Félicien Joseph Viktor Rops (1833–1898) enthält die Liebe der Frauen »wie die Büchse der Pandora alle Schmerzen des Lebens, aber sie sind eingehüllt in goldene Blätter und so voller Farbe und Düfte, daß man nie klagen darf, die Büchse geöffnet zu haben«. Rops, der belgische Graphiker und Zeichner, der mit zahllosen Frauen schläft, bevor er sich für eine von ihnen als Modell entscheidet, für den, wie der englische Autor Charles Brison formuliert, »das Weib das fleischgewordene Laster, satanische Verführung, dämonische Faszination der Sünde« ist, Rops, »der letzte Maler der Sünde«, zeichnet die Frau als Geopferte, auf einem Altar liegend, während ein mächtiger, schlangenartiger Phallus ansetzt, sie zu durchbohren. Er zeichnet die Frau als »Madame la mort« und Satan zugleich, über Paris schreitend, nackte Frauenkörper säend, und gibt dem Bild den Titel: »Satan Semant l'Ivraie« – Satan sät Unkraut. Er zeichnet die Frau als Nackte, an den erigierten riesigen Phallus Satans geschmiegt erleidet sie in wollüstiger Hingabe, mit den eigenen langen Haaren vom Teufel erdrosselt zu werden. Statt des »INRI« am Kreuz das Wort »EROS«.

Rops, als Sohn einer ungarischen Mutter in Belgien geboren, war ein vermögender Nichtstuer mit einer Jacht voller schöner Frauen, studierte alte Meister und illustrierte erotische Bücher.

1908 behauptete der belgische Schriftsteller Camille Lemmonier (1844-1913) in einem Buch über Félicien Rops, dieser habe in Paris einen Pakt mit dem Teufel geschlossen, der zwar den Menschen Rops verdorben, ihn aber zu einem überdurchschnittlichen Künstler habe werden lassen.

»In einem Jahrhundert, wo die materialistisch gewordene Kunst nichts sonst sieht als hysterische Weiber mit entzündeten Ovarien und Nymphomaninnen, die ihr Gehirn im Unterleib haben, in dieser Zeit hat Rops nicht etwa das Weib unserer Tage, nicht etwa die Pariserin von heute monumental dargestellt, sondern das ewige Wesen des Weibes: das giftige nackte Tier, die große Hure der Apokalypse; das willige Werkzeug des Teufels.« So lautet das Urteil von Joris-Karl Huysmans (1848-1907), des flämischen Schriftstellers und Okkultisten, dessen Roman »Là-Bas« zu den bedeutendsten Zeugnissen des Satanismus zählt – vier Jahre bevor der 53jährige Huysmans in den Schoß der katholischen Kirche zurückkehrt.

»Im Schoße des Klerus ist der Satanismus überhaupt größer, als Sie überhaupt ahnen können«, heißt es in einem der Briefe, den der exkommunizierte Abbé Boullan an Huysmans schrieb, als dieser Kontakt aufgenommen hatte, um Studien für seinen Roman zu betreiben. Weiter heißt es in dem Brief Boullans: »Ich werde Ihnen die Möglichkeit geben, sich davon zu überzeugen. Denn ich betone, daß der heutige Satanismus gelehrter und kultivierter ist als im Mittelalter; er wird in Rom sowie in Frankreich, besondern in Paris, Lyon und Châlons, und in Belgien, in Brügge, ausgeübt.«

Das Haus, in dem die Schwarze Messe stattfindet, die Huysmans aus eigenem Erleben beschrieb, lag »in einer Art Sackgasse. Niedrige, erstorbene Häuser umrandeten eine Fahrstraße mit wüstem, steiglosem Pflaster; als er sich umdrehte, während der Kutscher abfuhr, fand er sich vor einer langen und hohen Mauer, darüber im Schatten Blätter von Bäumen rauschten. Eine kleine Pforte, die ein Schalterfenster durchsprengte, grub sich in diese dicke und düstere Mauer, die vergipste Risse, mit Kalk gestopfte Löcher wie mit weißen Strichen durchwoben.« Dann: dunkle Alleen, Freitreppen, Fluchten.

Die Kapelle »mit niedriger, von geteerten Balken durchquerter Decke, mit Fenstern, die unter großen Vorhängen versteckt waren, mit rissigen, entfärbten Wänden. Durtal wich nach den ersten Schritten zurück. Aus Öffnungen von Heizkörpern bliesen Wasserwirbel; ein scheußlicher Geruch von Feuchtigkeit, Schimmel, neuen Öfen, verschärft durch ein unruhiges Gedüfte von Aschensalz, Harz und verbrannten Kräutern schnürte ihm die Kehle zu, umklammerte ihm die Schläfen.«

Die Zeremonie beginnt.

»Ein Chorknabe, rot gekleidet, schritt zum Hintergrund der Kapelle und zündete eine Reihe Wachskerzen an. Da trat der Altar hervor, ein gewöhnlicher Kirchenaltar, überragt von einem Tabernakel, über welchem sich wiederum eine schändliche Spottgeburt von Christus aufreckte. Man hatte ihm das Haupt aufgerichtet und den Hals langgezogen; Falten, die man auf die Wangen gemalt, wandelten sein schmerzensreiches Antlitz in eine Fratze, die ein unedles Lachen verzerrte. Er war nackt, und an der Stelle, wo sonst das Leinentuch seine Hüften umgürtete, schoß aus einem Büschel von Haaren der menschliche Schmutzteil in Erregung auf. Vor dem Tabernakel war aufgestellt ein Kelch mit Deckel; der Chorknabe glättete mit den Händen die Altardecke, wiegte sich in den Hüften, erhob sich auf einem Fuße, wie um aufzufliegen, spielte Cherubim unter dem Vorwande, nach den schwarzen Kerzen zu langen, deren harziger Pechgeruch sich jetzt der erstickten Pestilenz dieses Raumes noch verband.«

Der Abbé, der die Messe zelebriert, ist unter dem roten Meßgewand nackt, »sein Fleisch, abgeschnürt durch hochsitzende Strumpfbänder, kam über seinen schwarzen Strümpfen zum Vorschein«.

Die Anrufung des Satans durch den Abbé charakterisiert die Absicht der ganzen Zeremonie:

»Du verlangst nicht die nutzlosen Prüfungen der keuschen Lenden, du rühmst nicht den Wahnwitz des Fastens und der Ruhetage; du allein nimmst Rücksicht auf das Flehen des Fleisches· und seine kleinen Wünsche im Bereiche der armen Familien mit all ihrer Begierde. Du bestimmst die Mutter, daß sie ihre Tochter verkaufe, ihren Sohn abtrete, du stehst bei den unfruchtbaren, verworfenen Liebesbünden, Schutzherr der zerrenden Nervenleiden, bleierner Turm der Hysterien, blutiges Gefäß der Notzucht.

Meister, deine getreuen Diener flehen auf ihren Knien dich an. Betteln zu dir, daß du die Heiterkeit jener ergötzlichen Frevel ihnen schenkest, von denen die Justiz nichts weiß...« Mit einem Fluch auf Gott, den »Entweiher der üppigen Laster«, endet die Anrufung. Dann sanken die Frauen »auf den Teppich und wälzten sich. Eine schien unter der Wirkung eines Federwerkes zu schnellen, warf sich auf den Bauch und durchruderte mit den Füßen die Luft; eine andere, plötzlich geschlagen mit gräßlichem Schielen, gluckste, verlor die Stimme und lag da mit klaffendem Kiefer, die Zunge zurückgeschlagen, Zungenspitze hoch am Gaumen; eine andere, aufgeschwemmt, bleifarben, Pupillen geweitet, warf das Haupt nieder auf die Schultern, reckte es jähen Wurfes hoch und bearbeitete sich mit den Fingernägeln: zerkratzte sich die Kehle; und noch eine andere lag auf dem Rücken ausgestreckt, knöpfte sich die Röcke ab und brachte zum Vorschein einen nackten Wanst, verwittert, enorm, wand sich unter scheußlichen Grimassen und bleckte aus einem blutverschwemmten, von roten Zähnen umstachelten Munde eine weiße Zunge, gefetzt an den Rändern – die sie nicht wieder einzuziehen vermochte.«

Hostien werden geschändet – und verteilt. Die Chorknaben heben das Meßgewand des Priesters, fassen sein Glied.

Eine »Irrenzelle voller Erbitterung«, nennt Huysmans diese Kapelle, »eine ungeheure Schwitzstube voll Prostituierter und Wahnsinniger«, einen »wahren Harem von Hystero-Epileptikern und Erotomanen«. Im wesentlichen aber entbehren solche Schwarze Messen, ist bei Huysmans zu lesen, »der Fülle. Gewiß, im Betracht der Schmähungen und Lästerungen, der schänderischen Verrichtungen und sinnlichen Tumulte scheint dieser Priester überreich, fast einzig; aber es fehlt an der blutigen und unzüchtigen Seite der alten Hexensabbate.«

Im Geschlechtlichen liegt die Ursache solcher Phänomene, sagt Stanislaw Przybyszewski. »Die ewig sich steigernden Forderungen des Geschlechtes zu stillen, seine Rache zu befriedigen, die verborgenen Kräfte kennenzulernen, die geschlechtliches Glück geben können, ist der Grund, warum man sich dem Satan überläßt.

Aber es ist kein Glück. Nun wohl! Aber im Gebiet der Nacht, in dem Abgrund und dem Schmerz, findet man Rausch und Delirium. Man stürzt sich in die Hölle, aber man empfängt das Delirium, in dessen Rasereien man vergessen – vergessen kann. Wisch mich weg von den Tafeln des Lebens, schreib mich ein in das Buch des Todes! Diese grandiose Formel ist der Schlüssel zu all diesen Sekten.

Der Tag, das ist die schwere schmutzige Last des Lebens, die furchtbare Qual des Lebenmüssens, die Nacht, das ist der Rausch, das Delirium, das Vergessen.

Für all die Tatsachen gibt es keinen moralischen Maßstab, den mag der fette Bürger anwenden, der seinen Kretinismus mit dem erwucherten Gelde kompensiert, diese Tatsachen müssen verstanden, in ihrem trostlosen, qualvoll schmerzlichen Abgrund verstanden werden.

Die verzweifelte Menschheit hatte nur einen Ausweg: sich zu berauschen. Und sie berauschte sich. Sie berauschte sich an Gift, berauschte sich an Schmutz, und all der Rausch gipfelte in der geschlechtlichen Ekstase, daß die Nerven rissen, daß der Mensch sich spaltete, daß er die entsetzlichsten, grausamsten Torturen erlitt, aber er vergaß wenigstens das Fürchterlichste, das, was über den Schmutz und Ekel seiner widerlichen Salben, seiner Herden von Kröten, seiner abscheulichen Sakramente, aus Urin und Menstruationsblut gemischt, noch hinausgeht – er vergaß das Leben.«

Das Buch des deutschschreibenden Polen Przybyszewski, dem diese Sätze entnommen sind, erschien unter dem Titel »Die Synagoge Satans – ihre Entstehung, Einrichtung und jetzige Bedeutung« im Jahr 1897.

Zu diesem Zeitpunkt war der russische Mönch Rasputin 26 Jahre alt.

Eigentlich hieß er Grigori Efimowitsch Novy und gehörte den Christiani an, einer Sekte, in der sich »Überreste der orgiastischen Zeremonien aus der vorchristlichen Zeit« erhalten haben, wie Lo Duca ausführt. »Das Dogma der Sekte lautet folgendermaßen: Der Mensch ist der Anlage nach Gott gleich. Wird er sich dessen bewußt, so kann sich der Mann mit Christus (daher der Name), die Frau mit der Hl. Jungfrau identifizieren in einem geheimen Ritus, der die läuternde Niederkunft des Heiligen Geistes bewirkt. Der Brauch wurde zur Mitternacht gefeiert, und die Teilnehmer, Frauen wie Männer, waren nur mit einem weißen Kittel bekleidet. Nachdem man Gott angerufen hatte, gruppierten sich die Männer in der Mitte und tanzten in Richtung zur Sonne, umringt von den Frauen, die in entgegengesetzter Richtung, gegen die Sonne, tanzten. Oft tanzten einzelne

Mitglieder nach Auflösung der Gruppe für sich allein weiter, mit allen Anzeichen der Ekstase. Man peitschte sich gegenseitig, um so die pandämonische Raserei noch zu steigern, wobei der Schmerz als erotisch-ekstatisches Moment betrachtet wurde. Wenn die Herabkunft des Heiligen Geistes kurz bevorstand, entblößten sich Frauen und Männer und paarten sich wahllos bei der Suche nach dem vollkommenen Trauma der Liebesumarmung. Im Zentrum wurde eine nackte junge Frau, die ›Personifizierung der Gottheit und Symbol der Fortpflanzungskraft‹, als die Mutter der Erde verehrt und teilte gegen Ende, in Form einer Weihe, die Samenkörner getrockneter Weinbeeren aus. Bei den Christiani war der Geschlechtsakt diesem rituellen Brauch vorbehalten, während sonst strengste Enthaltsamkeit mit Ausschluß und Verurteilung der Ehe geübt wurde.«

Grigori Efimowitsch Novys Karriere beginnt 1905 im Alter von 33 Jahren und unter dem Namen Rasputin.

Zur selben Zeit wird in St. Petersburg durch die Polizei die »Liga für freie Liebe« verboten. In »streng geschlossenem Kreis« hatten sich Frauen zwischen 20 und 25 Jahren und Männer zwischen 30 und 45 zu Diskussionsabenden getroffen. »Juden überwogen« heißt es lapidar in dem »Bilder-Lexikon für Kulturgeschichte« des Jahres 1928. Abgesehen von der Unerheblichkeit dieses Hinweises, führt die Publikation weitere Details dieser Liga an. »Nach längeren Debatten über geschlechtliche Fragen, bei denen man Wein oder Schnaps zu sich nahm, begaben sich die Damen und Herren je in einen Sonderraum, um sich völlig zu entkleiden, eventuell auch ein Bad zu nehmen. Nach etwa einstündiger Pause berief der Ordner nach seiner Wahl in kurzen Zwischenräumen je eine Dame und einen Herrn in den inzwischen zum Liebesparadies umgewandelten Saal, ohne damit die endgültige Gruppierung der Paare entsprechend beeinflussen zu wollen. In der nun folgenden Stunde war alles erlaubt und jeder nützte sie nach seinen Wünschen. Nach einer abermaligen Pause erschienen sämtliche Ligisten in Unterwäsche, mit der ein besonderer Luxus getrieben wurde. Der Aufbruch war genau geregelt, um jedes Aufsehen zu vermeiden, und in der Tat gelang es auch dem Liebesklub, eine lange Zeit hindurch den Spüraugen der Polizei zu entgehen.«

Als Rasputin dem Zar Nikolaus II. (1868–1918) vorgestellt wird, notiert der Zar: »Wir haben einen Mann Gottes kennengelernt, Grigori, aus der Provinz Tobolsk.« Ein sibirischer Bauer hatte Zugang zum Zarenhof gefunden. Er schien seinem Ziel, ein irdisches Paradies zu errichten, sehr nahe, denn der Zar und die Zarin lagen vor ihm auf den Knien und küßten seine Füße, wie Rasputin selbst gesagt haben soll: »Der Zar nennt mich Christus, die Zarin gehorcht mir in allem. Wenn ich hereinkomme, legt sie das Haupt auf meine Schulter. Ich nehme sie auf meine Arme, drücke sie und trage sie auf den Armen. Ich gehe im Palast herum wie in meinem Haus. Für mich sind die Türen zum Kinderzimmer der Zarenfamilie stets geöffnet!« Diese Aussage Rasputins wird von einem seiner Vertrauten, von dem Mönch Iliodor berichtet, dessen Aussagen am 22. März 1917 im »Russkoje Slovo« veröffentlicht wurden. Dem gerichtlichen Protokoll nach hatte Iliodor den »bischöflichen Auftrag, Rasputin zum Geistlichen auszubilden. Ich ging ans Werk und lehrte ihn einen ganzen Tag die erste Bitte der großen Liturgie. Bei der zweiten Bitte blieb Rasputin stecken. Anderthalb Tage schlug ich mich mit ihm herum, dabei zeigte er sich als ein sehr unvernünftiger Mensch. Diesmal versuchte er, des Nachts in einem Winkel des Erzpriesterlichen Palais ein junges Mädchen, die Schwägerin des Hausverwalters, zu vergewaltigen. Die nächste Nacht drang er in das Schlafzimmer einer jungen Frau, erhielt aber eine tüchtige Ohrfeige. Kurze Zeit darauf nötigte er die Witwe eines Offiziers im Abteil I. Klasse und zwang sie hinterher, zweihundert Verbeugungen zu machen dafür, daß sie geglaubt hatte, er habe mit ihr eine Sünde begangen. Wenn er zu mir nach Zarizyn kam, küßte und umarmte er alle schönen Mädchen und jungen Damen, die in seine Nähe kamen. Alte Frauen stieß er ohne jede Rücksicht von sich.«

Iliodor sagte weiter aus, daß Rasputin die Ansicht vertrat, »der Mensch müsse sündigen«, damit er in den Genuß käme, echte Buße zu tun. »Diese Buße aber kann das Weib nicht besser zum Ausdruck bringen als durch die völlige Entblößung. Indem ich den weiblichen Körper berühre, heilige ich diesen!« Rasputin gestand auch »die unzüchtigen Leidenschaften an den Frauen auszulassen, gehe mit nackten Frauen der höchsten Kreise ins Bad und nötige sie, sich von meiner Leidenschaftslosigkeit zu überzeugen!«

Rasputin liebte es, schreibt Charles Waldemar in seinem Buch »Magie der Geschlechter«, sich mit »einem ganzen Schwarm«

von Frauen aus den Kreisen der hohen und höchsten Aristokratie Petersburgs zu umgeben »und fühlte hohe Befriedigung darin, daß, wenn er acht oder zehn gleichzeitig ansah, doch jede meinte, allein angeschaut und von ihm bevorzugt zu werden. In jeder Fürstin, Gräfin, Baronin sah er allein das ›Weib‹, über das er Gewalt gewinnen mußte. Mit Vorliebe sammelte er die hohen Damen im Bad um sich. Hier befahl er ihnen, sich zu entkleiden. Mit feierlicher Miene verkündete er allen Ernstes, daß er ihnen eine neue Heilige Taufe geben wolle. Zu diesem Zweck tauchte er der Reihe nach die nackten Damen unter und rieb sie dann kräftig mit seinen Händen ab; diesen Vorgang stellte er als ›Abwaschen der Sünden‹ hin.«

Waldemar nennt Rasputin »trunken vor Geisterglauben und Geldgier, von Sexual- und Weinrausch, stets brennend in der unheimlichen Glut seiner Sinnlichkeit und Willensmacht, unbelastet von jeder ethischen und moralischen Hemmung...«, er nennt ihn Wandermönch, Pferdedieb, Frauenschänder, Blutstiller, Heiler, nennt ihn einen »dämonischen Kultanhänger« und »eine Art bäuerischer Hypnotiseur im Priesterrock«.

Der 1925 geborene Schriftsteller Gerhard Zwerenz, engagierter Poet und polemischer Publizist, versuchte 1970 Rasputin »so objektiv wie möglich darzustellen, gewissermaßen ein Sachbuch über ihn zu verfassen. Bei der Besichtigung des Materials wurde deutlich, daß ein solches Buch zu schreiben einfach unmöglich ist, weil selbst die Dokumente einander widersprechen und noch vielmehr die Zeitgenossen. Man kann höchstens Stufen von Wahrheit, Annäherungswerte an Wirklichkeit und Wahrheit geben, aber auch das ist in Wirklichkeit kaum exakt festzustellen. So wurde das Buch über Rasputin immer mehr ein Buch über die Unmöglichkeit, ein Buch über Rasputin zu schreiben.« Er begann »Berichte, Erzählungen, Schilderungen zu sammeln; je mehr es wurden, um so deutlicher begriff ich, wie der Mensch Rasputin unter der Vielzahl der Geschichten und Gerüchte entschwand; im eigentlichen tieferen Sinne gab es diesen einen Rasputin gar nicht, weil an seine Stelle eine Vielzahl von Personen traten.« So ist für Zwerenz Rasputin das, »was die Gerüchte sind, die ihn betreffen, die Filme, die über ihn gedreht wurden, die Theaterstücke, Romane und viele untereinander differierende Tatsachenberichte«. Er ist »die russische Möglichkeit des Unmöglichen: keineswegs schön oder liebenswert, wurde er der russische Casanova und erlangte die Liebe aller Frauen, nach denen es ihn verlangte; politisch unwissend und ungebildet, machte er für Rußland Politik«.

Gerhard Zwerenz zitiert in seiner Materialiensammlung die Notiz der »jungen Pomazowa, Großfürstin, ätherisches Geschöpf, berühmteste Schönheit der Hauptstadt, Saison 1915/16, in ihrem Tagebuch über Rasputin:

›Er war, so unglaublich es klingt, immer hart. Selbst wenn der Schlaf ihn übermannte. Ich weiß nicht, ob andere Bauern auch so sind. Er war der erste, den ich kennenlernte. Ich verbrachte jede freie Minute bei ihm. Er nahm mich in die Arme, entkleidete mich, wir warfen uns auf den Boden. Einmal, als ich ihn besuchte, war Anjuschka bei ihm. Sie lagen auf dem Boden, Anjuschka entkleidet. Ich rannte davon. Auf der Straße kehrte ich um.

Als ich wieder ins Zimmer trat, blickte Grigori auf. ›Zieh dich aus, Täubchen!‹ Ich gehorchte und warf mich neben den beiden nieder. Grigori stieg von Anjuschka zu mir über, und während er bei mir weilte, lag Anjuschka mit geschlossenen Augen dabei, und danach wechselte er wieder zu ihr und wieder zu mir und ich weiß nicht, wie oft er umstieg.

Wir erwachten am Abend unter den dicken Fellen seines Bettes und blieben zu dritt bis gegen Morgen. Grigori sagte, Anjuschka und ich könnten uns lieben, wenn wir wollten. Er selbst sei zwar gegen solche Unnatürlichkeiten, an denen meist die Schwächlichkeit der Männer Schuld trage, doch wenn wir es wünschten, gestattete er es uns. Wir kamen aber nicht dazu, denn Grigori, wenn er uns nicht liebte, lag trennend dazwischen. Manchmal schliefen wir ein, aber wenn ich erwachte, war Grigori schon mit Anjuschka beschäftigt, und manchmal weckte er mich, dann wachte Anjuschka später auf. Grigori war ein Stier, der seine Herde brauchte. Seit Grigori nicht mehr am Leben ist, bin ich eine brünstige Kuh, die ihre Herde Stiere braucht. Anjuschka, die ich neulich traf, sagt dasselbe.«

Eine andere Szene.

In Rasputins Wohnzimmer. Frauen der Gesellschaft. Man trinkt Tee und Wein.

»Seine brennenden Augen starr auf die Besucherinnen gerichtet, schreitet er von einer zur anderen und stellt unter die Haut gehende Fragen:

›Wann hast du das letzte Mal einen Mann gehabt?‹

Die Antworten kommen laut und genau. Keine wagt den Starez zu belügen.

Eine unbekannte Schöne ist in dem Kreis, sie antwortet leiser als die anderen.

Der Bauer klatscht freudig in die Hände.

›Wir feiern ein Fest zu Ehre Gottes!‹

Er führt das unbekannte schlanke Mädchen zum Tisch und hebt es hinauf. Das Mädchen erzittert. Der Busen wogt. Lange blonde Strähnen liegen über den Schultern, Rasputin mag junge Mädchen und mag blondes Haar.

›Heb das an!‹ befiehlt er.

Das Mädchen hebt schüchtern den Rock. Mit einer brutalen Bewegung fetzt der Meister das aufleuchtende weiße Höschen mittendurch. Der rötliche Schoß flammt vor den Blicken der Gesellschaft. Das Mädchen steht zitternd, atmet keuchend, wendet keinen Blick vom Starez, der seine Hand ausstreckt und sich mit dem Zeigefinger vorsichtig überzeugt.

›Sie sagt die Wahrheit‹, murmelt er beglückt und blickt sich triumphierend um. ›Sie hat, bei Gott, noch nie bei einem Mann gelegen!‹

Er beugt sich galant vor und küßt ehrfürchtig den blonden Flaum der Scham, der süß auf seinen Lippen bleibt.

›Ehrt Sie!‹ schreit er plötzlich, ›los, ehrt sie!‹

Einer nach dem anderen tritt an den Tisch. Sie küssen die dargebotene Unschuld mit zuckenden sinnlichen Lippen.

›Ich werde die Stute zureiten!‹ verkündet der Meister. Die Gesellschaft bildet Spalier. Durch die beiden Reihen schreitet Rasputin mit dem vor Erregung flatternden Mädchen ins ›Allerheiligste‹, wie die Gemeinde sein Schlafzimmer nennt. Auf der Schwelle kurze Stockung.

Weihevoll spricht er:

›Ich werde dich reinigen von allen Sünden. Ich werde dir ein Fest der Liebe bereiten!‹

Die Lieblichkeit schwankt. Der Starez fängt die Lieblichkeit auf und wirft sie heftig übers Bett. Durch die offene Tür beobachten die Verehrerinnen das Fest. Dem Aufschrei der Jungfrau antwortet der vielfältige Brunstschrei der Gemeinde. Rasputin gekrümmt über der Rotblonden hockend, grinsender Faun auf weißem Weiberleib, wendet sein Hinterteil der Gesellschaft zu.

Zwischen seinen gebreiteten Beinen sehen sie, unter tiefer Arschkerbe, die mächtigen Eier schwingen. Die gewesene Jungfrau unter seinem Horn hat die Schenkel ergeben gespreizt. Der Heilige beim Bocken deckt den zuckenden Schoß und Arsch der jungen Frau auf und zu. Niederfahrend rammelt er mit Macht, die Zuschauerinnen schließen verzückt die Augen, sehen sich innerlich selbst an Stelle der Gevögelten. Oft nimmt der Gewaltige mehrere hintereinander durch. In Erwartung, von ihm noch gefickt zu werden, drängen die Gräfinnen, Fürstinnen und reichen Kaufmannsgattinnen einander von der Schwelle. Das Gewoge und Geschiebe, während jeder versucht, wieder einen Blick bei der Begattung zu landen, ordnet sich zu koitalen Schwingungen. Die aufgegeilte Gesellschaft näßt sich ein, sprüht Speichel, zeigt wogende Busen, deren Warzen steil dem Dekolleté entsteigen, verzückt sinkt die Kipinski in die Knie, findet einen langen schwarzen Rock vor den Lippen, drückt heiße Küsse auf den dunklen Seidenstoff, erlebt den Beginn des Theaters, Aufzug zum ersten Akt, hat schwellende Schenkel vor sich, Schamlippenwärme, Schamlippennässe; während Rasputin die sachte ihre Jungfernschaft wegblutende Blonde ein zweites Mal fickt, leckt die Kipinski der unbekannten Frau, zu der sie nicht aufsieht, die zuckende, stoßende, wummende Fotze, aus der es immer saftiger hervorrinnt. So ihrer Lust folgend, öffnet sich das Schenkelgetümmel vor dem Blick der Kipinski, die verzückten glasigen Augen gewahren das Paar auf dem Bett, die Kipinski, die Zunge fest in einer fremden, süßen Fotze, sieht Rasputin über dem zarten Fleisch seines Opfers zusammenbrechen, den mächtigen Rücken hinter ineinandergedrückten, schlagenden Ärschen versinken, die Entjungferte, in Schmerz und Wonne, verlangt nach mehr Lust, schlägt den Schoß rhythmisch dem Manne entgegen, lüpft das Hinterteil, erzwingt Gegenschläge, beginnt zu schreien, zu jubeln, die Kipinski, eine irgendwelche Frau auf der Zunge, hat den Kopf gesenkt, die fremde Fotze rutscht ihr ins Genick, die Kipinski hat eine Reiterin, wird geritten, richtet sich auf, reitet ihre Last zu den Stoßenden aufs Bett, schüttelt sich, wirft die Last ab, schmiegt sich an das mächtige Hinterteil Rasputins und züngelt ihm heiß und tief in den After, daß dem Angespornten ungeahnte Kräfte aufsteigen und er seinerseits wieder in den prächtigsten Galopp fällt.

Rasputin, die Zunge der Kipinski im Arsch, nagelt die blonde

Lustrasende, als ginge es um sein Leben, vor ihm haben die Jüngerinnen sich aufgebaut, ihrer letzten Kleider sich brünstig entledigend, die Fetzen fortwerfend, mit verzückten Gesichtern dem Hammer entgegenspringend, die prächtigste Orgie beginnt...«

Die Orgie als »totale Zerstörung von Langeweile und Unlust«, schreibt Gerhard Zwerenz, »Ermordung des Alltags, Erhebung der Tat, wirkliche Weihe Rasputins zum Gotte Faun; die Unerschöpflichkeit seiner Lenden, keine Legende, beweist sich in solchen Festen stets von neuem, der Fickende Gott einer lustlechzenden Aristokratie feiert inmitten der Orgie seine eigene innere, innerliche«. Denn Rasputin soll gesagt haben: »Die Rache ist meine Revolution. Allen Schmerz der Bauernmassen zahle ich, einer von ihnen, den Aristokraten heim, auf meine Weise: Habe was davon. Was hätte ich davon – wäre ich tot? Ich räche derart, daß die Rache mir zugute kommt.«

Am 30. Dezember 1916 wird Rasputin von russischen Aristokraten ermordet.

Es ist der Vorabend der großen russischen Revolution, als deren Ergebnis sich viele die Utopie eines klassenlosen, irdischen Paradieses erhofft hatten.

HERRLICHE ZEITEN!

Zu Beginn des neuen, des 20. Jahrhunderts, hatte der deutsche Kaiser Wilhelm II. (1859–1941) sie angekündigt, die herrlichen Zeiten.

Das »Reichsarbeitsblatt« des Jahres 1903 brachte eine Aufstellung über die Arbeits- und Lebensverhältnisse unverheirateter Fabrikarbeiterinnen in Deutschlands Hauptstadt Berlin. Von 832 Arbeiterinnen hatten nur 169 einen Raum für sich allein zur Verfügung, 193 teilten ihr Zimmer mit einer anderen Person und 470, also fast 60 Prozent der Befragten, waren gezwungen, mit mehreren Personen in einem Raum zusammenzuleben. In der »Zeitschrift für Bekämpfung der Geschlechtskrankheiten« desselben Jahres schreibt der Sexualpsychologe Albert Pfeiffer (geb. 1881) über das »Wohnungselend der großen Städte und seine Beziehungen zur Prostitution und den Geschlechtskrankheiten« und stellt fest: »Von hoher Warte herab ist es leichter, gegen Unsittlichkeit und Unmoralität zu donnern, als in dumpfen engen Wohnungen, in Not und Entbehrungen allen Verlockungen zu widerstehen... Der Einlogierer bändelt mit der Frau an, das kirchlich getraute oder wilde Ehepaar wartet mit seinen Liebkosungen nicht, bis die Kinder die Wohnung verlassen haben. Die Kinder sind Zeugen mancher Szenen, welche wenig für das sittliche Erwachen taugen; sie sehen Dinge, welche sie später als selbstverständlich betrachten und üben, denn sie haben es ja nicht anders kennengelernt, und denken, es ist überall so...

Das Dienstmädchen bekommt ein Kind, der Vater ist über alle Berge, stellenlos erinnert sie sich, daß sie eine verheiratete Schwester hat, welche sie auch nach langem Suchen in einer feuchten Kellerwohnung findet. Die Wohnung der Schwester besteht aus einem Zimmer und einer dunklen Küche, drei frierende, schmutzige Kinder spielen am Ofen. Der Mann ist arbeitslos, doch der Raum wird vielleicht auch noch genügen für die Schwägerin und das uneheliche Kind. Es kommen auch etwas bessere Tage, bis auf einmal innerhalb von acht Tagen beide Schwestern von demselben Manne niederkommen. Wenn sich das alles in dem einen verfügbaren Raum abgespielt hat, werden die Kinder so manches Unverständliche gesehen haben.«

So geht aus der Berliner Wohnungsstatistik des Jahres 1900 hervor, daß Einzimmer-Wohnungen mit vier bis sieben Bewohnern sehr häufig sind, nicht selten wohnen sogar acht bis zehn Personen drin. Ein Zustand, der noch bis in die dreißiger Jahre hinein anhielt, wie aus einem Beiheft zur »Kommenden Gemeinde« im Jahr 1931 ersichtlich ist. Dort berichtet eine Fürsorgerin: »In der Sch-straße 5/2 herrscht unter den Bewohnern zwar nicht Güter-, aber Männergemeinschaft. 4 enge Dachkammern sind's nur, 2 rechts, 2 links. Rechts wohnt Witwe D. mit ihrem 19jährigen Sohn, als Untermieter eine 18jährige Arbeiterin und ein junger Arbeitsloser. Gegenüber haust das Ehepaar N. mit 3 kleinen Kindern; daneben im engsten Raum mit schrägen Wänden eine ledige Mutter mit Kind nebst dem ›Bräutigam‹ K., Vater ihres Kindes. Vor einiger Zeit hat man nun kurzerhand einen Männertausch vorgenommen: das Ehepaar hat sich scheiden lassen und der Mann ist zur Witwe D. über den Flur gezogen. Frau N. hat sich mit Herrn K. getröstet, hat nun ein Kind von ihm zu erwarten. Die ledige Mutter aber hält sich an den anderen Burschen schadlos, die noch in der Wohnung sind. Alle zusammen halten sie dieses Tausch- und Wechselgeschäft für ganz selbstverständlich. Man spricht im Haus davon, daß sie an der jetzigen Ordnung schon bald wieder genug haben und sich baldigst wieder etwas anders gruppieren wollen. Der Möglichkeiten gibt es ja noch viele.«

Der Arzt Dr. Iwan Bloch hatte sich mehr als zehn Jahre lang »theoretisch und praktisch mit den Problemen des Sexuallebens beschäftigt« und die Ergebnisse seiner Forschung 1906 in dem Werk »Das Sexualleben unserer Zeit in seinen Beziehungen zur modernen Kultur« zusammengefaßt. »Die Signatur unserer Zeit ist das ›Sichamüsieren‹, welches Wort der Inbegriff aller heutigen oberflächlichen Vergnügungen und sinnlichen und geistigen Sensationen ist, die in rascher Folge einander ablösen müssen, um den modernen Kulturmenschen fühlen zu lassen, daß er ›lebt‹«, schreibt Bloch. »Der Frondienst, den der heftige Kampf ums Dasein der großen Mehrzahl der Menschen auferlegt, läßt keine Zeit mehr zu einem reinen, ungetrübten Genießen des Daseins... Jeder fragt sich angstvoll, ob er nicht auch diese oder jene Möglichkeit äußeren Genusses ›versäumt‹ habe.«
Bloch, selbst in Berlin lebend und als »Spezialist für Haut- und Sexualleiden« im Stadtteil Charlottenburg tagtäglich mit den Ergebnissen des »Sinnengenusses« konfrontiert, sieht vor allem in den Großstädten den »unerhört hohen Grad« der »Reizung der Sinne«. Er schreibt: »Wo die Sinne stärker in Anspruch genommen werden, dort wächst die erotische Begierde, verliert sie ihren periodischen Verlauf zugunsten eines beständigen Wachseins oder doch eines durch leisen Anstoß zu weckenden Scheinschlummers. Und der Großstädter wird nicht bloß darum leichter zum Geschlechtsakt getrieben, weil sich ihm die Objekte dafür, die Prostituierten, Verhältnisse und dergl. leichter darbieten, sondern weil auch sein überreiztes Nervensystem ihn viel stärker auf die Suche nach diesen Objekten drängt, ihm die Abwehr ihrer Verlockung schwer werden läßt ... Erst das Nachtleben bringt eine Summe von Reizen zustande, einen unaufhörlichen Wechsel des Nervenkitzels, der zu wachsender Sinnlichkeit führt; und ist das Genußleben erst gewohnheitsmäßig nokturn geworden, so wirkt nun dies wieder in der Richtung rückwärts, daß es alles Genießen unvermeidlich an die

Stadt fesselt... Alles, alles zugunsten einer Verschärfung der sinnlichen Regungen, zur Einstellung der Wünsche auf erotisches Genießen. Und die Stadt ist unermüdlich, unerschöpflich in ihren Erfindungen, diese Instinkte zu befriedigen.«

Aus dem Jahr 1908 liegt ein »Privatdruck der Gesellschaft österreichischer Bibliophilen« mit dem Titel »Frauen – mein Leben« vor. Der Roman war anonym erschienen. Der Verlagsprospekt der bibliophilen Gesellschaft gab einen »bekannten Berliner Schriftsteller« als Autor an und nannte ihn, dem Helden des Romans entsprechend, James Grunert aus Berlin-W., »dem einst legendären Viertel der Reichen und vor allem der Neureichen«.
Was dieses Buch interessant macht, sind die Hinweise auf das Berliner Nachtleben in der wilhelminischen Ära: Da erzählt Grunert von den Bällen der Reichen in der »Arkadia«, den Blumensälen, von dem »›Bösen-Buben-Ball‹, dem fidelsten, aber zweifellos unfeinsten Ball der Berliner Tanzsaison«, und von den Tanzsälen in Halensee und Südende, »in denen sich die Ladenmädchen, Konfektioneusen und Damen ähnlichen Standes« amüsierten. Aus diesen Tanzsälen »pflegte ich mir vier, fünf Mädels auf einmal nach Hause zu schleppen. Hier machte ich sie betrunken und ließ sie nackt vor mir Matchiche tanzen. Kam ich dann in Stimmung, warf ich mich auf die erste beste und tobte in ihrem armen Löchelchen meine Wut aus, während die anderen ihre Glieder meinen Händen, Lippen und Zähnen darbieten mußten.« Und moralisch, wie sich die Autoren solch unmoralischer Geschichten meist zu geben pflegen, fügt James Grunert noch an: »Ich wurde ein Tier. Pfui Deiwel!«
Mit gleichaltrigen Kameraden, »zu dreien oder zu vieren«, zieht er durch »Animierkneipen und Mädchenlokale, die meist versteckt unter dem Torweg liegen und mit einer roten oder blauen Laterne den fahrenden Wanderer zu ihren Genüssen locken.
Alle sahen sie gleich aus. Alle waren sie mit verblichenen Plüschmöbeln ausgestattet, alle waren schmutzig und verräuchert, und alle gehörten sie immer so einer alten, dicken Vettel, die sich bei ihrem Schandgewerbe in ihrer Jugend ein paar Groschen gespart und nun damit selbst so eine Schauerhöhle hielt... Man trank, johlte, sang und trieb die unmöglichsten Schweinereien. Die Wirtin, ein besonders schmieriges Musterexemplar

ihres Standes, saß mit wohlwollendem Lächeln dabei, animierte zum Trinken und betrank sich ausgiebig selber. Zum Schluß wollte sie gar mit mir zärtlich werden. Mit knapper Not entging ich ihren Fettarmen und rettete mich in eine Ecke, von wo aus ich das erbauliche Schauspiel ungestört betrachten konnte.

Eine der Kellnerinnen lag quer auf dem Tisch und ließ sich den Champagner in den Schlund zwischen ihren Beinen gießen. Eine andere, mit geöffneter Taille, aus der weich und schneeballig die dicken Brüste hervorquollen, kniete vor Hans Koller und bearbeitete seine Fahnenstange mit ihren großen Händen, während die dritte dem kleinen Karl Kolberger fast mit Gewalt die Hosen herunterzog, um ihre Zunge an der Reversseite seiner Persönlichkeit auf Reisen zu schicken. Dabei war ein Lachen, Quieken, Schreien – mir drehte sich der Kopf von dem, was ich sah und hörte.

Mein Meister Priap, der doch sonst bei dem leisesten Anblick weiblicher Körper in Erregung geriet, verhielt sich ganz teilnahmslos.

Zu Ende der Orgie produzierten sich die Göttinnen in allerlei Künsten. Die eine, die sich den Champagner hatte hineingießen lassen, stellte sich mit gespreizten Beinen auf den Tisch, und wir mußten alle zuschauen, wie sie ihre Schamlippen, die lang herunterhingen, auf- und zuklappte, so daß sie die Flüssigkeit, ganz wie sie wollte, herausspritzte, bald in sich zurückhielt. Eine andere nahm mit den Rändern ihrer Grotte einen auf die Tischkante gestellten Taler auf, und die dritte steckte sich gar den Hals einer Champagnerflasche hinein und hielt sie so fest.

Über hundert Mark mußten wir für diese Genüsse bezahlen.«

Mit Claire, der Gouvernante seiner Schwester, besuchte James, als Mädchen verkleidet, einen »Wissenschaftlichen Frauenklub« in einer Villa in der Königin-Augusta-Straße. Männer haben keinen Zutritt zu dem Klub, dessen Parole lautet: »Gelobt sei / Sappho / und gebe / uns armen Frauen Recht und Sieg«.

Man spricht einander mit »Schwester« an und jede der Damen hat einen griechischen Namen. »Da war eine Phryne, die aber gar nicht wie eine Phryne aussah, sondern so dick und fett war, wie nur eine Kommerzienrätin aus Berlin W sein kann; eine Baccis war da, lang und dürr, aber augenscheinlich kolossal reich, denn sie war über und über mit Brillanten behängt, eine Phylis, eine Rhodope, eine Helena. Zwei, drei waren jung und hübsch wie Claire, die anderen zumeist mehr oder minder ältere Jahrgänge. Aber die führten das Wort.

Nach der Vorstellung überließ man mich der einen Jungen, einem niedlichen Rotkopf, der auf den Namen Thais hörte, aber das unverfälschteste Berlinerisch sprach. Sie führte mich an Claires Stelle, die sehr beliebt zu sein schien und gleich von zwei der älteren Kaliber in Beschlag genommen war, in dem Salon und den anderen Räumlichkeiten herum.

Männerfeindinnen mußten hier hausen, das sah ich auf den ersten Blick. Überall nur Bilder und Statuen weiblicher Körper. Im Speisesaal hing ein großes Gemälde, das den unglücklichen Aktäon auf der Flucht vor Ehren-Diana und ihren Nixen darstellte. Das charakterisierte wohl am deutlichsten den Männerhaß, der hier regierte. Sonst war alles weich, zart, frauenhaft. In der Ecke eines kleinen koketten Wintergartens sah ich ein merkwürdiges Bildwerk aus Marmor. Zwei nackte, schöne Frauen lagen übereinander, wie Claire es mich beim soixanteneuf gelehrt. Ein Kunstwerk sondergleichen war's. Der wollüstige, vor Seligkeit vergehende Ausdruck der beiden Gesichter war vortrefflich wiedergegeben, ein süßer Sturm raste durch die beiden frischen, runden Mädchenleiber, und deutlich konnte man zwischen den Schenkeln einer jeden sehen, wie sich die Zunge der Freundin in die Grotte bohrte, um ihr den Krampf der Wollust zu geben.

Der Anblick dieser weiblichen Liebesseligkeit erregte in mir sehr deutlich männliche Gefühle, und unwillkürlich drängte ich mich an die üppige Thais. Die sah mich mitleidig von der Seite an.

›Na, so jung und schon so warm?‹ lachte sie. ›Ich verstehe nicht, wie du dich dabei aufregen kannst! Mich ekelt das an! Ja, wenn das noch 'n Mann auf 'nem Weib wäre, aber so – pfui!‹ Ich war drauf und dran, der neuen ›Schwester‹ vorzuschlagen, mit mir an Ort und Stelle solch eine Gruppe nach ihrem Geschmack zu bilden, aber ich war vernünftig genug, mein Inkognito zu wahren. Im Gegenteil, ich stellte mich sehr verwundert über ihre Ansicht, die sie geäußert hatte.

›Aber ich denke, Sie, das heißt, du bist doch hier Mitglied?‹

›Na ja. Du weißt, ich werde gut bezahlt. Hat dir deine Freundin nichts gesagt?‹

›Kein Wort.‹

›Na, das kannste dir doch an den fünf Finger abzählen, daß so ein junges Mädel wie ich lieber einen Mann zwischen den Beinen hat‹ – ich rückte ihr höchst verdächtig auf den Pelz – ›als so 'ne Zunge von einer perversen alten Schachtel. Aber ich bin arm und will nicht so 'ne alte – na, du weißt schon – werden, folglich komme ich hierher. Dreihundert Mark pro Monat kriege ich dafür, daß ich mich so ein bißchen lecken lasse und selber so 'ne Trine lecke, was nicht gerade schön ist.‹

Der derbe, zynische Ton in dem Mund des jungen, blühenden Geschöpfes ernüchterte mich wieder, und ich rückte von ihr ab. ›Deine Freundin Claire und die anderen jungen Mädchen, kommen alle des Geldes wegen. Na, zum Lieben hat man ja seinen Freund! Der befriedigt einen, wenn man von der warmen Gesellschaft kommt!‹

›Das ist hier wohl ein Klub?‹

›Ja, das merkste jetzt erst? Na, hör mal, du bist naiv! Diese alten Weiber, an die kein Mann selbst für Geld mehr ranklettern mag, die halten sich eben so'n paar junge Dinger. Du sollst wohl die Schar der Odalisken vermehren?‹

Ich tat einen ordentlichen Satz, so erschrocken war ich über die Zumutung. Ob ich dem Rotkopf nicht doch lieber ad oculos demostrieren sollte, daß ich für die Rolle einer Odaliske leider – leider? – zu männlich gebaut war? Sie sah nicht aus, als ob sie vor Schrecken vergessen würde, die Beine auseinanderzugeben. Die Gelegenheit war günstig; wir saßen ganz ungestört in dem buschigen Wintergarten, grad unter den zwei Marmormädels, die sich so wacker bearbeiteten. Aus dem Salon drang gedämpftes Stimmengewirr herüber, weiche, schmeichlerische Parfüms wehten hier überall durch die Luft, immer mehr und mehr reckte meine Männlichkeit sich in die Höhe. Mit Mühe und Not konnte ich ihr kühnes Haupt unter meinen Röcken bergen.«

Daß es sich bei diesem »Wissenschaftlichen Frauenklub« um kein Phantasieprodukt des Autors, ob er nun James Grunert oder anders hieß, handelte, geht aus einer Berliner Zeitung hervor, die über einen »Beleidigungsprozeß« im Frühjahr 1909 berichtet, den die Berliner »Neue Damengemeinschaft« gegen einen Redakteur angestrengt hatte. »Hauptsächlich komme es darauf an«, heißt es in dem Artikel, »daß in der Verhandlung festgestellt wurde, wie durchaus anständige, harmlose Frauen, die in die Klubräume gekommen waren, weil sie glaubten, es handle sich um einfache Klubbestrebungen künstlerisch-musikalischer Art, gar bald noch innerhalb des Klublokals der Gegenstand unsittlicher Zumutungen wurden, von deren Bedeutung sie zum Teil keine Ahnung hatten. Eine der Zeuginnen war so harmlos, daß sie bei der Klubversammlung, der sie einmal beigewohnt hatte, nur auf die Vorträge wissenschaftlicher Art geachtet und überhaupt nichts bemerkt hatte. Ferner aber wurde auch festgestellt, daß Frauenspersonen, die von dritter Seite sofort als sehr jung und jedenfalls minderjährig erkannt wurden, in dem Klub verkehrten, und zwar gleichfalls in der angedeuteten Weise. Während die erste Vorsitzende, Fräulein Lehmann, anfangs auf alle Vorhaltungen und Fragen des Vorsitzenden erklärt hatte, entweder, dies sei Privatsache, oder die betreffenden Behauptungen seien absolut unwahr, mußte sie nachher zugeben, daß ein erheblicher Teil der Mitglieder, angeblich wegen unsittlicher Zudringlichkeit, ausgeschlossen worden sei. Die deshalb vernommenen Zeuginnen erklärten jedoch, zum Teil eidlich, daß im Gegenteil die Vorsitzende selbst solche Zumutungen gestellt und seit langem ein sogenanntes Verhältnis habe, und daß das Ausscheiden auf reinen Eifersuchtsszenen und dergleichen beruhe. Die Dinge, die im Laufe des Prozesses zur Sprache kamen, sind derart, daß sie sich selbstverständlich der Wiedergabe entziehen. Es soll sich ein Inquisitorium entwickelt haben, das eine erhebliche Sachkunde erforderte, und erst durch viele Kreuz- und Querfragen soll einigermaßen die Abnormität des ganzen Tatbestandes, insbesondere durch die von dem Verteidiger des Angeklagten, Rechtsanwalt Dr. Werthauer, gestellten Beweisanträge zur Klarheit gebracht worden seien. Es wurde direkt ein Weinlokal in der Potsdamerstraße als der Treffpunkt der homosexuellen Weiblichkeit von Berlin genannt. Während eine Ehe bereits deshalb geschieden ist, bei der schließlich der Ehemann, ein Herr K., sich getötet haben soll, behauptet eine Zeugin von einer weiteren Dame, daß auch deren Ehe bereits getrübt sei, und ein Scheidungsprozeß in Aussicht stehe. Bemerkenswert ist, daß schon äußerlich dem Kenner ein Teil der Erschienenen durch ihren männlichen Habitus auffiel, der sich noch durch die möglichst männliche Kleidung steigerte. Von der Vorsitzenden wurde bekundet, daß sie sogar in Männerkleidung über die Straße gehe.«

»Geschlechtliche Anomalien« sind, so schreibt Eduard Fuchs 1912 in seiner »Sittengeschichte«, »ein wichtiger Bestandteil der spezifisch modernen Sittenzustände.« Auf Grund des ihm bekannten Materials »konstatiert« er die Tatsache, daß »alle diese Anomalien« – damit meint Fuchs geschlechtlichen Mißbrauch von Kindern, Deflorationsmanie, »gewisse Formen von Kriegsgreueln«, Exhibitionismus, Sodomie, vor allem aber »Flagellantismus und homosexuellen Verkehr« – »gerade in der modernsten Zeit wieder eine auffallend starke Verbreitung haben; sie treten überall wieder als Massenerscheinungen auf«. Darin, daß »immer und immer wieder homosexuelle Massenorgien von Männern und Knaben in den letzten Jahren bekannt werden, dokumentiert sich eben auch nichts anderes«, als der allgemeine Sittenverfall in bestimmten Kreisen.

Als Belege zitiert Fuchs einige Gerichts- und Polizeiberichte. Am 14. November 1909 wurde aus Budapest berichtet: »Eine homosexuelle Orgie im Bade. In einem hiesigen öffentlichen Bade wurden vierundzwanzig Männer und Knaben während einer Orgie von der Polizei verhaftet. Die Untersuchung stellte fest, daß hier eine förmliche Organisation der Homosexuellen bestand.«

Im Sommer 1910 wird ein »Gesellschaftsskandal« aus Dresden bekannt.

Das »Berliner Tageblatt« vom 14. Juli 1910 berichtet: »Eine Skandalaffäre beschäftigt augenblicklich, wie uns ein Privattelegramm aus Dresden meldet, die dortigen Behörden. Es handelt sich um die Aufhebung eines Massageinstitutes, in dem unter dem Deckmantel naturwissenschaftlicher Heilweise die tollsten Orgien masochistischer und sadistischer Art gefeiert wurden. Als die Polizei den Zirkel aufhob, beschlagnahmte sie unter anderem ein ganzes Lager moderner erotischer Werkzeuge. In den Skandal ist eine große Anzahl Personen der ersten Dresdner Gesellschaftskreise verwickelt. Auch zahlreiche noch jugendliche Personen zählten zu den Kundenkreisen des Instituts. Das Treiben ging seit Monaten. Durch geschickt abgefaßte Inserate wußte die Anstalt immer neue Kunden zu werben. Die Inhaber des Instituts, ein Ehepaar Kämpf, das aus den hohen Einkünften der Anstalt ein luxuriöses Leben bestritt, wurden verhaftet und in das Untersuchungsgefängnis gebracht. Kämpf legte ein Geständnis ab und erhängte sich heute früh in seiner Zelle. Mehrere der kompromittierten Personen haben sich ihrer Vernehmung durch die Flucht entzogen.«

Um die Veranstaltung von Orgien in einem Privatbordell ging es auch in einer Verhandlung vor dem Berliner Landgericht, über die am 8. September 1910 berichtet wurde: »Eine Frau Amtsgerichtsrat Helene Schönemann hatte in der Elsasserstraße 49, dann in der Friedrichstraße 131 und zuletzt in der Oranienburgerstraße 32 eine mit einer gewissen Eleganz möblierte Wohnung inne, in der es, nach den Beobachtungen der Kriminalpolizei, wie in einem Taubenschlag zugegangen sein sollte. Wie die Anklage behauptet, sollen sich in der Wohnung häufig die tollsten Orgien abgespielt haben, an denen auch die beiden vierzehn- und sechzehnjährigen Töchter Melanie und Hildegard teilgenommen haben sollen. Den in der Friedrichstraße und Unter den Linden postierten Beamten fiel wiederholt Frau Schönemann auf, die in Begleitung der beiden Mädchen dort nächtliche Spaziergänge unternahm. Beide Mädchen waren stets sehr sorgfältig gekleidet, sie trugen Pelzjacketts und Pelzmützen und trotz der strengsten Winterkälte nur halbe Wadenstümpfe. Von den Beamten wurde beobachtet, daß die Angeklagte sich in auffälliger Weise an Herren herandrängte, einige Worte sprach und dann plötzlich verschwand. Die Herren bestiegen dann mit den Mädchen eine Droschke, mit der sie eine längere Fahrt durch den Tiergarten unternahmen. Wiederholt endeten diese Fahrten auch in der Wohnung der Frau Schönemann. Wie aus beschlagnahmten Briefen hervorgeht, hatte die Angeklagte das unsittliche Treiben ihrer Kinder nicht nur gekannt, sondern ihm sogar Vorschub geleistet.«

Am 21. September 1910 wurde aus Bremen gemeldet: »Vor der Bremer Strafkammer hatte sich am Montag eine Anzahl Lebemänner zu verantworten, die sich schwere sittliche Verfehlungen an dreizehn- bis sechzehnjährigen Knaben haben zuschulden kommen lassen. Die Angeklagten gehörten der sogenannten besseren Gesellschaft an; am schwersten belastet war ein Schiffsbauingenieur, in dessen Wohnung die Angeklagten zusammenkamen, nachdem sie ihre Opfer dorthin verschleppt hatten. Die Angeklagten hatten die jungen Leute durch Opiumzigaretten und andere Mittel bewußtlos gemacht, um dann ihre ekelhaften Gelüste zu befriedigen. Die Verhandlung fand unter völligem Ausschluß der Öffentlichkeit statt. Das Urteil lautete gegen den Schiffsbauingenieur auf eineinhalb Jahre Gefängnis. Zwei Angeklagte erhielten einen und zwei Monate und zwei junge Leute je eine Woche Gefängnis. Die übrigen Angeklagten wurden freigesprochen.«

Am 31. März 1912 informierte die Berliner Polizei die Öffentlichkeit über die Auflösung einer »Privatgesellschaft« in der Bülowstraße: »Im Erdgeschoß des Hauses 22 bestand seit vierzehn Tagen ein Ausschank, ohne daß die Polizei dafür die Erlaubnis erteilt hatte. Der Wirt ließ auf der Straße Zettel verteilen, deren Inhalt bewies, daß es mit seinem Betrieb eine eigene Bewandtnis haben mußte. Die Unterschrift lautete: ›Ich weiß Bescheid.‹ Nicht jeder erhielt einen solchen Zettel. Die Verteiler sahen sich erst ihre Leute an und gaben sie nur an die, die ihnen geeignet erschienen. Anderen nutzte der Zettel auch nichts. Wer für das Stichwort kein Verständnis hatte, der kam höchstens in das Vorderzimmer, und auch dort war seines Bleibens nicht lange. Wer dagegen mit einer entsprechenden Handbewegung das Stichwort abgab, der gelangte ungehindert in das Hinterzimmer. Es dauerte nicht lange, bis die Kriminalpolizei auf den Betrieb aufmerksam wurde. Gestern abend besetzten mehrere Beamte unauffällig die Ausgänge, während ein Beamter das Lokal betrat. Er wurde angehalten wie jeder neue Gast, aber das Stichwort öffnete ihm die Tür zum Hinterzimmer. Dort traf er etwa dreißig Männer in einer Situation, die keinen Zweifel daran ließ, mit wem er es zu tun hatte. Nachdem sich auch die anderen Beamten Einlaß verschafft hatten, wurden alle Gäste festgestellt. Es befanden sich darunter Angehörige der besten Gesellschaftskreise.«

Zu »besten Gesellschaftskreisen« gehörten auch Jugendliche in Lissabon, von deren Orgien in der Zeitschrift »Geschlecht und Gesellschaft« berichtet wurde. »Perverse Lüstlinge« lautete die Überschrift. »Aus Lissabon wird gemeldet, daß die Polizei mehrere junge Männer, die begüterten Familien der Hauptstadt angehören, wegen unerhörten unsittlichen Treibens verhaftet hat, das an die Grausamkeiten zu Neros und Caligulas Zeiten erinnert. Der Schauplatz dieser Grausamkeiten war das einem jungen Fabrikanten namens Nimes gehörige Landgut unweit der Hauptstadt. Dorthin lockten sie junge Mädchen, um sie nach wüsten Gelagen durch Knechte gewaltsam zu entkleiden und mißhandeln zu lassen und sie dann in diesem Zustande den fürchterlichsten körperlichen Qualen zu unterwerfen. Zu andern Scheußlichkeiten gaben nächtlicherweise abgehaltene Gerichtsverhandlungen Anlaß, bei denen die Verurteilten zu grausamen Bestrafungen der widerlichsten Art verurteilt wurden. Nicht allein Mädchen, sondern auch Männer wurden nach dem Gut gelockt und Torturen zur Belustigung von Nimes und seinen Genossen unterworfen. Schließlich gelang es doch einem der Mädchen, als die Wüstlinge in der Trunkenheit die Vorsicht außer acht ließen, zu entfliehen und die Polizei zu benachrichtigen. Die Verhaftung der Schuldigen rief das größte Aufsehen hervor. Die Polizei hatte Mühe, die Verhafteten vor der Volkswut zu schützen.«

Nur wenige Menschen haben »eine wirkliche Vorstellung von den Ungeheuerlichkeiten, die sich auf geschlechtlichem Gebiet heute noch Tag für Tag in jeder Großstadt abspielen«, schreibt Eduard Fuchs. In den Bordellen gehört es zu den »Alltäglichkeiten, daß gleich eine ganze Gruppe von Männern ein einzelnes Mädchen in Beschlag nimmt und insgesamt auf deren Zimmer zieht, wo diese dann der Reihe nach jedem in Gegenwart aller anderen zu Willen sein muß«. Aber auch heimlich, »hinter zehnfach verschlossenen und verhangenen Türen und Fenstern« toben sich große Laster aus. Fuchs spricht von »Schlammfluten«, die »sich unterirdisch dahinwälzen«. Als Beispiel führt er einen Bericht aus Krakau vom 19. April 1912 an. »Die hiesige Polizei ist einer Gesellschaft auf die Spur gekommen, die seit längerer Zeit Nacktabende und unsittliche Orgien veranstaltete. Der Vereinigung gehörten etwa 300 junge Männer und 50 junge Mädchen, alle aus den ersten Gesellschaftskreisen, an. Die Gesellschaft hatte sich in der Stadt ein eigenes Haus gemietet, in dem die Exzesse begangen wurden. Zahlreiche Insassen hiesiger Mädchenpensionate sind in die Geschichte verwickelt. Nur durch einen Zufall kam der Skandal ans Tageslicht. Bei einem der Mädchen fand die Polizei einen hektographierten Aufruf, der eine Einladung zum Beitritt in den Verein enthielt. Diesem Aufruf war ein Prospekt beigefügt, der über die Tätigkeit der Vereinigung nähere Aufschlüsse gab. Die Polizei ließ das Vereinshaus sofort schließen. Das Abzeichen der Mitglieder bestand aus einer silbernen Spinne. Die Affäre erregt in hiesigen Gesellschaftskreisen das peinlichste Aufsehen.«

Eduard Fuchs kommentiert: »Und solche Berichte tauchen Woche für Woche bald aus dieser, bald aus jener Stadt auf. Viele dieser Fälle werden von den Behörden in aller Stille eingesargt, so daß man dann nichts weiter mehr von der betreffenden Sache hört. Noch mehr Fälle werden freilich erfolgreich vertuscht, noch bevor sie überhaupt offiziell den Behörden bekannt werden; denn die Vertuschung des Lasters ist heute, im Zeitalter der planmäßigen Organisation, eben genauso vortrefflich organisiert wie das Laster selbst.«

Eduard Fuchs vertritt die Ansicht, daß sich in der pornographischen Literatur »Sehnsüchte auftun, die in hohem Grade verbreitet sein müssen, weil diese Werke vielfach ein großes Publikum finden«. Zwar nennt er die Bücher »Machwerke« und »Elaborate« mit einem »blöden, banalen Aneinanderreihen erotischer Szenen, die meist unmöglich sind«, billigt ihnen dann aber doch zu, »eine absolut unentbehrliche Materie« für den »Psychologen, Arzt, Kulturgeschichtsforscher und Folkloristen« zu sein.

Laut Verlagsprospekt soll »ein in Österreich ansässiger Aristokrat von uraltem Adel« Verfasser der »Erinnerungen eines Lebemannes« sein, das die »›Memoiren einer Sängerin‹, die man ja für das beste deutsche Erotikum erklärt, turmhoch überragt!« Weiter heißt es in der Ankündigung: »Er schildert Verfehlungen und Verirrungen, schildert Laster, Orgien, aber immer in der Sprache des feingebildeten Mannes, der auch in der höchsten Rage der Leidenschaft nicht vergißt, daß ein Kavalier nie schmutzige und unflätige Ausdrücke in den Mund nimmt.«

Dem Inhalt des Buches nach gründete der Lebemann nach etlichen Lehr- und Wanderjahren »mit mehreren gleichgesinnten Freunden einen Klub. Diese jungen lebenstrunkenen Aristokraten feiern nun auf ihren Schlössern die tollsten Orgien. – Aber unser Freund kommt bald zur Vernunft. Ein Duell zwischen zwei Kameraden, die wegen einer der Orgiengenossinnen aneinander geraten, und von denen der eine sein Leben lassen muß, reißt die Binde der Verblendung von seinen Augen. Er flieht, flieht vor seinen Freunden, vor der Ausschweifung, flieht vor sich selbst. Und in der Einsamkeit des Meeres kommt er zu der Erkenntnis, daß dem Manne nicht die Weiber, sondern ein Weib genügen, um ihm die Seligkeiten des Lebens zu geben«.

Eine »drastisch-plastische und realistische Veranschaulichung des ›Erotisch-Möglichen‹« verspricht der Verlag auch dem Leser des Buches »Im Taumel der Wollust«, dessen Held »ein Wüstling sans egal« ist. »Das Non plus ultra aller sexuellen Ausschweifungen und Perversitäten hat er durchlebt. – Um einen Begriff davon zu geben, wollen wir hier nur einige Kapitelüberschriften anführen: Das Erwachen der Frühlingsgefühle. – Die erste wüste Nacht. – Ein Ritt zu dritt. – Onanistische Kunststücke. – Eine feucht-fröhliche Nacht im Coupè. – Mutterliebe und Schwesternglück. – Ärztliche Praxis. – Im größten Puff der Welt. – Hexensabbath usw. usw.

Der Held und mit ihm der Leser lernen in diesem Werk, das ein wirkliches document humain und keine gewöhnliche Pornographie ist, alles kennen, was es an Perversitäten nur gibt: Onanie und Sodomie, Fetischismus und Päderastie, Lesbische Liebe und Flagellantismus, Masochismus und Sadismus usw. usw., und zwar in allen ihren verschiedenen Phasen, Graden, Nuancen und Formen.«

Fuchs nennt in seiner Aufstellung der Bücher von »Skribenten«, deren »Feder fast ausnahmslos in den ekelsten Schmutz getaucht« ist, auch ein französisches Erotikon, das von einem Club von »Priekern« berichtet: »Männer und Frauen, die ausschließlich dem Kultus des Phallus dienen. Programm ist: es dürfen und sollen alle Wollüste, alle Laster, alle Perversitäten ausgekostet werden, die Männer müssen alle Launen der geilen Damen erfüllen, nur müssen sie sich verpflichten, dafür Sorge zu tragen, daß unter allen Umständen die physische Jungfrauschaft ihrer Genossinnen intakt bleibt, denn es handelt sich durchweg um junge unverheiratete Damen der guten und besten Gesellschaft. Also werden die aberwitzigsten Befriedigungsarten ausgesonnen und ausgeführt.«

Unerwähnt bleibt in dem 1912 abgeschlossenen Werk von Fuchs der 1906 in Wien von dem Verleger Fritz Freund in seinem »Wiener Verlag« publizierte Roman »Josefine Mutzenbacher oder die Geschichte einer wienerischen Dirne von ihr selbst erzählt«.

Fritz Freund, der 1900 auch Arthur Schnitzlers »Reigen« verlegt hatte, soll im Freundeskreis angeregt haben, ein Pendant zu Clelands »Fanny Hill« oder Zolas »Nana« zu schreiben. Die Runde, zu der unter anderen auch der Lyriker Hugo von Hofmannsthal (1874–1929), der Schriftsteller und Kritiker Hermann Bahr (1863–1934), der Arzt und Schriftsteller Arthur Schnitzler (1862–1931) und der Journalist Siegmund Salzmann (1869–1945) gehörten, schlossen eine Wette ab. Siegmund Salzmann, bekannter unter dem Namen Felix Salten, lieferte Freund schließlich ein Manuskript, die »Mutzenbacher«. Salten bestritt, etwas mit der »Mutzenbacher« zu tun gehabt zu haben auch später noch. Als Präsident der österreichischen Sektion des internationalen PEN-Clubs konnte er das ja auch kaum zugeben. Aber offiziell dementiert hat er das hartnäckige Gerücht nie.

»Josefine Mutzenbacher – ihr Name lautete in Wirklichkeit anders«, klärt uns das Vorwort auf, »wurde zu Wien, in der Vorstadt Hernals am 20. Februar 1852 geboren. Sie stand frühzeitig unter sittenpolizeilicher Kontrolle und übte ihr Gewerbe zuerst in wohlfeilen Freudenhäusern der äußeren Bezirke, dann im Dienste einer Kupplerin aus, die während der wirtschaftlichen Aufschwungs- und Ausstellungsjahre 1873 die vornehme Lebewelt mit Mädchenware versorgte.

Josefine verschwand damals mit einem Russen aus Wien, kehrte nach wenigen Jahren wohlhabend und glänzend ausgestattet in ihre Vaterstadt zurück, wo sie als Dirne der elegantesten Art noch bis zum Jahre 1894 ein auffallendes und vielbemerktes Dasein führte.

Sie bezog dann in der Nähe von Klagenfurt ein kleines Gut, und verbrachte ihre Tage in ziemlicher Einsamkeit, zu der sich dann bald eine Erkrankung gesellte. Während dieser Krankheit, einem Frauenleiden, dem Josefine später auch erlag, schrieb sie die Geschichte ihres Lebens.

Das Manuskript übergab sie, etliche Wochen vor der schweren Operation, an deren Folgen sie starb, ihrem Arzt. Es erscheint hier als ein seltenes Dokument seelischer Aufrichtigkeit, als ein wertvolles und sonderbares Bekenntnis, das auch kulturgeschichtlich für das Liebesleben der Gegenwart Interesse verdient. An den Bekenntnissen der Josefine Mutzenbacher wurde im Wesentlichen nicht viel geändert. Nur sprachliche Unrichtigkeiten, stilistische Fehler wurden verbessert, und die Namen bekannter Persönlichkeiten, die Josefine in ihren Äußerungen meint, durch andere ersetzt.

Im ersten Band wird die ereignisreiche Jugendzeit der Josefine

Mutzenbacher geschildert. Doch bis dahin war das skandalöse Werk unvollständig.

Ein halbes Jahrhundert später tauchte in Wien die Original-Handschrift wieder auf. Erst jetzt ist es gelungen, den zweiten und letzten Teil zur Veröffentlichung frei zu bekommen, der die Lebensgeschichte der Josefine Mutzenbacher zum Abschluß bringt.

Sie starb am 17. Dezember 1904 in einem Sanatorium.«

Es gibt nur wenige pornographische Bücher, die so oft verboten und so oft verkauft wurden wie die »Mutzenbacher«. Was sie von fast allen vergleichbaren Büchern unterscheidet, ist nicht nur, daß sie ausgezeichnet geschrieben ist, sondern auch, daß sie sich nicht moralischer gibt, als sie unmoralisch ist. Die wichtigste Unterscheidung aber formuliert Curt Riess: »Die Figuren des Romans bewegen sich nicht im luftleeren Raum. Sie sind nicht Männer und Frauen, die offenbar nichts anderes zu tun haben, als ihrer Sinnlichkeit zu frönen. Sie leben nicht in Schlössern oder Luftschlössern, sie haben keine Dienerschaft zur Verfügung, die zu allem bereit wäre, nicht zuletzt dazu, mitzumachen.

Sie sind bitter arm. Sie leben in Mietskasernen, und sie können sich meist nur ein Schlafzimmer und eine Küche leisten. Selbst wenn sie Kinder haben. Ja, in der Küche schläft manchmal noch ein Untermieter. Sie riechen nach ungelüfteten Räumen, nach Kohl und anderem billigen Essen. Sie haben kein Geld, um sich zu parfümieren, und sie reden auch nicht parfümiert. Sie nennen den Geschlechtsakt, wie man ihn eben in Ottakring, wo die Handlung vor sich geht, nennt, und das gilt auch für die betreffenden Körperteile. Sie würden wohl überhaupt nicht wissen, worum es sich handelt, wenn ihnen jemand von ›Venusgrotte‹ oder ›Amorpfeil‹ spräche.«

So ist von Ficken, Vögeln und Pudern die Rede und von Duteln und Spalte, von Nudel und Zipfel.

Die Kinder in den Hinterhöfen und Wohnküchen des Wiener Arbeiterviertels sprechen, wie ihnen der Schnabel gewachsen ist, wenn sie die Spiele der Erwachsenen spielen, die sie durch Schlüssellöcher und auf Dachböden beobachtet haben, falls sie nicht zufällig einen Schwengel oder eine Dutel im Mund haben, die sie am Sprechen hindern.

So pudert sich die Peperl von Kind an durch, treibt es mit dem Bierversilberer Horak und dem Bettgeher Eckhard, mit dem Beichtvater und dem Katecheten, und treibt es auch mit dem Vater, bis sie schließlich auf den Strich in der Inneren Stadt geht: Kärntnerstraße, Stephansplatz, Graben, Dorotheergasse. Gleich am ersten »Nachmittag noch ging mir ein Mann in einem Samtanzug nach«, erzählt Josefine. »Er sah aus wie ein Italiener, hatte schwarze Augen, und wie es damals besonders bei Italienern und Franzosen üblich war, einen schwarzen Ziegenbart. Ich bog in die Seitenstraße ein, denn es war am Graben und erst zwei Uhr mittag. In dem schon erwähnten Haustor wartete ich auf ihn. Er kam herein und nahm mich im finstern Torwinkel sogleich bei der Brust, die er aber mehr so abgriff, als untersuche er mich, als um zu spielen.«

Der Mann, er heißt Capuzzi und ist Fotograf, fährt mit Josefine in einem »Komfortabel« zu einem neuen Vorstadthaus, in dem er ein paar Zimmer und ein Atelier hat. Dort wird Josefine fotografiert – zusammen mit dem 18jährigen Albert und mit Melanie, der »kleinen, dicken Frau« Capuzzis.

Capuzzi arrangiert die Gruppen.

»›Leg dich nieder, Albert‹, befahl Capuzzi.

Albert legte sich auf die schmale Bank, seine Füße hingen vom Knie an herab.

›Melanie, stell dich drüber.‹

Die Frau bekam rechts und links einen Polster, auf den sie steigen konnte.

›Beug dich über ihn‹, rief Capuzzi.

›Das haben wir ja schon oft gehabt‹, rief die Frau.

›So nicht... wirst schon sehen‹, wandte er ein.

Sie beugte sich vor, stützte die Arme auf und ihre Brüste hingen gerade über Alberts Gesicht.

›Albert, nimm die Brust in die Hand‹, sagte er.

Albert ergriff die beiden runden Dinger und begann an den Warzen zu spielen.

›Er regt mich schon wieder auf‹, rief Frau Capuzzi.

›Albert‹, schrie der Fotograf, ›ruhig mit der Hand, sonst werd ich dir helfen.‹

Er hielt die Brüste ruhig in seiner Hand. Aber jetzt war es Melanie, die sich schaukelte und so ihre Duteln in Alberts Händen rieb.

›Da schauen S'‹, sagte Albert, ›jetzt spielen Sie ja selber...‹
›Melanie!‹ Der Fotograf sagte es im vorwurfsvollen Ton.
›Na ja‹, meinte sie, ›wenn ich jetzt schon so aufgeregt bin.‹
›Peperl‹, wandte er sich zu mir, ›nimm jetzt den Schweif und steck ihn hinein... laß aber die Hand nicht los.‹
Ich ergriff Alberts Flaggenstange und richtete sie auf. Aber sie kam mir zuvor, griff hin, und steckte sich den Pfropfen selbst ins Spundloch.
›Ach‹, seufzte sie dabei, ›ach... die Quälerei geht schon wieder an...‹
›Nicht so tief, Melanie‹, ermahnte ihr Mann, ›man muß die Hand von der Peperl sehen...‹
›Vielleicht so?‹ fragte sie und hob den Popo, daß der Schweif nur mehr bis zur Eichel drin war.
›So ist's recht‹, stimmte er bei.
›Aber nein‹, rief sie, ›so kommt er mir ja aus‹, und wieder senkte sie ihren Helm über dieses Haupt tief hinab.
›Nicht‹, brüllte ihr Mann, ›höher... zum Teufel...‹
Sie zog sich zurück und sagte: ›Meinetwegen... aber ich glaube, so wär's auch ganz schön.‹ Und wieder stieß sie sich ihn herein.
Der Mann sprang herzu und hieb ihr eins über das Gesäß, daß es nur so klatschte. ›Du vögelst ja, du Luder‹, schrie er sie an, ›aber mich betrügst du nicht...‹
›Das ist auch gevögelt‹, antwortete sie gereizt, ›sobald er nur drinsteckt... ist es gevögelt!‹
›Nein‹, eiferte er sich, ›wie oft habe ich dir das schon erklärt... daß wir nur Stellungen... das nennt man nur markieren. Markieren ist gestattet... aber nie werde ich erlauben, daß meine Frau sich von einem anderen vögeln läßt.‹«
Melanie sagt zu Josefine: »Du glaubst gar nicht, wie ich mir das wünsche, daß er mich einmal, ein einziges Mal vögeln möcht...«
Zwei Monate lang geht das schon so.
»›Seit zwei Monaten spür ich seinen Schweif... hab' ihn in der Hand und im Mund und zwischen der Brust, und in der Fut, und im Arsch... und überall... immer nur das Spitzel... immer nur den Anfang... man möcht verrückt werden...‹
Albert pflichtet ihr bei: ›Dös ist nicht recht... wenn er nicht will, daß ich seiner Frau was mach', soll er mir's nicht herlegen.‹

›Natürlich‹, stimmte ich zu, ›das ist gemein...‹
›Nicht wahr‹, meinte er. ›Nackend laßt er mich's anschauen. Und bei den Duteln laßt er mich's nehmen... und die Fut kenn' ich schon so, als hätt' ich's sechzigmal gefickt... und nie hab' ich was machen dürfen... das gibt's ja nicht...‹
›Wie hast du dir's denn kommen lassen?‹ erkundigte ich mich. Er wurde rot und schwieg.
›G'wiß hast dir's selber herunterg'rissen?‹
›Ah nein‹, sagte er verlegen.
›Na, wie denn?‹ forschte ich weiter.
›Auf italienisch‹, sagte Melanie lachend.
›Wie ist das?‹ fragte ich neugierig.
›Wirst es schon sehen‹, sagte sie, ›vielleicht fotografiert ihn mein Mann wieder einmal dabei...‹
Capuzzi kam heraus: ›Die eine Stellung ist verpatzt‹, sagte er, ›die muß noch einmal gemacht werden...‹
›Welche denn?‹
›Die letzte... da bist du schuld‹, knurrte er seine Frau an, ›weil du gewackelt hast...‹
Sie legte sich noch einmal hin. Albert steckte ihr nochmals seine Schwanzspitze hinein. Ich nahm sie nochmals bei der Brust. Als der ›Fertig‹ rief, begann er ungeniert zu remmeln. Nur drei, vier Stöße, aber sie waren so heftig, daß Melanie aufschrie: ›Jesus Maria...‹
Capuzzi schleuderte ihn mit einem Griff weg, daß er beinahe umgefallen wäre. Aber Albert lachte verschmitzt.
›Ich vögel sie doch einmal‹, sagte er dabei.
›Nie‹, schrie Capuzzi wütend.
Melanie aber kreischte: ›So komm doch du wenigstens her... ich halt's ja nicht aus.‹
Capuzzi schäumte: ›Da soll man arbeiten und was zusammenbringen... jetzt erst recht nicht... wart...‹«

Das älteste bekannte Aktfoto stammt aus Paris. Aus dem Jahr 1841. Sechs Jahre später waren in Paris bereits eine halbe Million Fotos verkauft. Noch relativ zahme Fotos. Hübsche Friseusen und Näherinnen, arbeitslose Mädchen und Prostituierte, Schauspielerinnen und Tänzerinnen entblätterten sich nur allzu gerne. Als Postkarten wurden sie überall angeboten – und überall, wo Aktfotos angeboten wurden, gab es auch »pikante« und

»obzöne« Fotos, die allerdings unter dem Ladentisch. Wie Nina Epton schreibt, gab es ganze Lager »in London, Madrid, Barcelona, Turin und Hamburg. Am 15. Februar 1912 konfiszierte die Polizei im Seine-Departement 6000 Kilogramm pornographischer Druckwerke; Millionen abszöner Postkarten waren im Umlauf«. Eine Statistik besagt, daß zwischen 1900 und 1905 allein in Deutschland eine Milliarde pornographischer Fotos verkauft wurden. Iwan Bloch erwähnt 1906, daß »alle möglichen Perversitäten durch Druck oder Bild dargestellt werden (Onanie, ›Poses lubriques‹, Darstellung nackter Körperteile, kopro- und urolagnistischer Akte, Sodomie, Sadismus, Masochismus, Päderastie, Inzest, Kinderunzucht, Orgien, obszöne Paraphrasen von Sprichwörtern, Notzucht usw.)«. Sie werden, Blochs Angaben nach, »in Frankreich, Deutschland, Belgien, Spanien (besonders Barcelona) hergestellt. Ihre Gefährlichkeit ist unbestreitbar, sie wirken suggestiv und reizen zur Nachahmung, ja vermögen direkt sexuelle Perversitäten zu erzeugen«.

Mit den pornographischen Fotos, die »zahlreiche Photographienhändler in ihren Hinterstübchen oder manche Hausierer auf der Straße dem interessierten Publikum unter der Hand anbieten«, wurde nach Eduard Fuchs das gemeinste geboten, »was sich eine korrumpierte und brutale Phantasie überhaupt jemals auszudenken vermocht hat, »denn hier fehlt auch jede Spur künstlerischer Rechtfertigung. Alle Geheimnisse des Schlafzimmers wurden photographiert, alle Formen geschlechtlicher Befriedigung, alle erdenklichen Formen der Ausschweifung, alle Laster, alle Perversitäten – es gibt keine Nuance der Geschlechtsbefriedigung bis zur infamsten, das Erbrechen erregenden Massenorgie, die nicht ›nach der Natur aufgenommen‹ in Handel gebracht wurde. Um wenigstens andeutungsweise einen Begriff dieser infamen geistigen Unzuchtsorgie zu geben, seien einige der gehandelten Szenen hier nach den Titeln angeführt, unter denen sie in den Katalogen der internationalen Pornographiehändler angeboten werden.

Man liest da:

Die Stufenleiter der Wollust. 30 hochpikante Szenen des Liebesgenusses zwischen Männern und Frauen.

Bordellszenen. 24 hochpikante Gruppen von Männern und Frauen. (2–3 Personen.)

Leidenschaftliche Frauen. 24 hochpikante Photographien,

junge, wollüstige Weiber vorstellend, die sich ohne männliche Hilfe untereinander amüsieren. Leckszenen, Onanie usw.

Geheime Klosterszenen. 24 hochpikante Photographien von vor Wollust außer Rand und Band geratenen Mönchen und Nonnen, dem Liebesgenusse auf jede erdenkliche Art und Weise frönend.

Endlich allein. (Vor der Brautnacht.) Ein junges Ehepaar benutzt die Gelegenheit, um sich unbemerkt vor den Gästen hinauszubegeben und die Vergnügungen der Liebe zu erproben. 15 hocherotische Kabinettbilder.

Geschlechtsteile junger Mädchen im Alter von 12–26 Jahren mit und ohne Haare, getreu nach der Natur aufgenommen. 20 hochpikante Photographien.

Wollustlektionen. Wüste Gruppen von 4–5 Personen. 12 hochfeine Photographien.

Liebesleben der Afrikaner. (Echte Afrikaner.) Ein 14jähriger Knabe befriedigt eine Frau. Onanie. Pißszenen. 15 hocherotische Bilder.

Mutter und Kind. Junge Mutter mit ihrem 8jährigen Kind, in 5 pikanten Posen.

Bestialische Passionen. Junge hübsche Frauen, von Geilheit trunken, lassen die Pflichten des abwesenden Gatten von Nero und Pussel, den treuen Haushunden, erfüllen. 5 hochpikante Photographien.

Zeitvertreib auf hoher See. Päderastieszenen zwischen Matrosen an Bord. 15 hochpikante Photographien.

Flaggellation. Mortifikation. Peitsch- und Züchtigungsszenen. 15 hochpikante Photographien.

Das sind insgesamt ein Dutzend charakteristischer Serien aus Hunderten gleichartiger, die seit Jahrzehnten angeboten werden. Und um einen wahren Massenabsatz handelt es sich bei dieser schmutzigsten aller Waren, die jemals auf den Markt gebracht worden ist, ganz unbedingt. Das beweist schon die Tatsache, daß in vielen Fällen, wo gerichtlich eingeschritten wurde, ganze Wagenladungen – nicht selten zehntausende! – solcher pornographischen Photographien 'beschlagnahmt werden konnten. In Italien, Spanien und den Balkanstaaten wird der Handel mit solchen Photographien ganz unverhüllt auf der Straße getrieben, und zwar sind nicht selten Knaben und kleine Mädchen die Verkäufer. Auch in Ungarn wird ganz öffentlich mit dieser Schmutzware gehandelt, hatten doch hier – und außerdem in Bukarest – jahrzehntelang die Engrosauslieferungsgeschäfte pornographischer Photographie ihren Sitz. In Deutschland wurden diese Photographien bis etwa vor zehn Jahren durch Inserate aus den eben genannten Staaten angeboten. Und zwar einfach unter dem Titel ›Interessante Aktphotographien, Katalog gegen Einsendung von 20 Pf. usw.‹. Der sich Meldende bekam dann den Katalog mit den oben angeführten Angeboten. Diese Inserate sind jetzt aus der deutschen Presse durch die Polizei ausgemerzt. Wenn aber auch in Staaten wie Deutschland, England und Frankreich heute der offene Handel mit pornographischen Photographien streng verboten ist und teilweise mit hohen Strafen belegt wird, so wird darum auch in diesen Ländern immer noch ein überaus schwunghafter Handel unter der Hand damit getrieben. Es dürfte kaum eine Stadt geben, in der nicht heimliche Händler mit pornographischen Photographien zu finden wären. Andererseits gibt es unzählige Abnehmer für diese schweinischen Geschmacklosigkeiten, und darunter Abnehmer großes Stils. Der Verfasser hat Kenntnis von Sammlungen solcher Photographien in Privatbesitz bekommen, die mehrere tausend Nummern umfaßten«.

Daß zu diesem Zeitpunkt auch bereits der Film die Pornographie als Geschäftszweig entdeckt hatte, geht aus einer Meldung hervor, die das »Berliner Tageblatt« unter der Überschrift »Das Kinematographentheater der Lebemänner« am 24. März 1910 veröffentlichte. »Die Berliner Kriminalpolizei hat gestern einem größeren Kreis von Lebemännern, dem etwa 200 Miglieder angehörten, ein ›Vergnügen eigener Art‹ gestört. Die Lebemänner, Mitglieder der besten Gesellschaft Berlins, traten mit dem Besitzer eines Kinematographentheaters am Schiffbauerdamm in Verbindung und veranlaßten ihn, Serien obszöner Bilder vorzuführen. Der Eintritt kostete für jedes Mitglied drei Mark. Die Kriminalpolizei beschlagnahmte gestern die Filme bei einer Berliner Großhandlung für Kinematographenbilder, wohin sie inzwischen transportiert worden waren. Gegen den Besitzer des Theaters ist ein Verfahren eingeleitet worden.«

Am 3. August 1910 wurden in Dresden zwei »Inhaber einer Filmfabrik« wegen »Herstellung obszöner Filme« zu je fünf Monaten Gefängnis verurteilt. Das berichtet Eduard Fuchs und zitiert »aus dem Repertoire einer solchen Sondervorführung für die vornehme Lebewelt« nach »einem hektographierten Prospekt« folgende Filme:

»Die Hochzeitsnacht einer Dame der besten Gesellschaft in sechs Bildern.

1. Endlich allein. Die Fahrt zum Bahnhof. Entzückende Kußszene. 2. Im Luxuszug. Zärtliche Vorspiele. Sie ist noch Jungfrau. 3. Im Grandhotel zu Nizza. Der Gatte als Kammerdiener. Entkleidungsszene. 4. Letzter Widerstand: Kein Baby. Die erste Lektion. Vergebliche Mühe. Mit vereinten Kräften. Triumph. 5. Die Liebe des Kenners. Im Reiche der Schönheit. Verwirklichte Mädchenträume. Befriedigte Neugier. Ein unvergleichliches Schauspiel. 6. Le Lendemain. Seliges Erwachen. Die gelehrige Schülerin. Der Gatte als Bademeister. Die Liebe im Bade.

Ein Tag aus dem Leben einer vornehmen Kokotte in fünf Bildern.

1. Der Besuch des Gläubigers. Die Bezahlung im Bett. 2. Bei der Toilette. Der schüchterne Liebhaber. Seine Erstlinge. 3. Die Visite des Landjunkers. Ein Liebeshungriger. Kräftiger Appetit. 4. Im Theater. Logenscherze. 5. Im Chambre separée. Die Liebe zu dreien. Liebesdessert.

Eheirrungen.

Der Hausfreund als Gast. Der mißtrauische Gatte. Kleine Abschlagszahlungen. Eheliches Zwischengericht. Die ersehnte Abwechslung. Die Vorzüge eines Liebhabers. Der Gatte als freiwilliger Kuppler. Endlich gehörnt. Die Wonne der Untreue.

Zigeunerliebe.

Massenszenen.«

Frankreich, England und Italien sind nach Eduard Fuchs die Länder, in denen solche Vorführungen am meisten »im Schwange« sind. »Den Fremden besorgen in manchen vornehmen Hotels die Portiers gegen ein entsprechendes Trinkgeld die Einführung. Daß aber auch in Deutschland solche Dinge nicht zu den Seltenheiten gehören, weiß jeder Kenner der Verhältnisse.«

Der pornographische Film, so führte der 1888 in Köln geborene Schriftsteller Curt Moreck 1926 in seiner »Sittengeschichte des Kinos« aus, »zeigte seine Figuren anfangs als Schattenrisse auf ziemlich grauem, stark flimmerndem Hintergrund. Verzwickte Handlungen vermied er, er beschränkte sich auf ganz primitive Vorgänge, die sich kurz und glatt abwickelten. Das bedingte eine verhältnismäßige Kürze des Filmstreifens, der meistens etwa zwanzig Meter maß. Im Mittelpunkt der Darstellung stand der Geschlechtsakt in seiner rohen Deutlichkeit. Der Film übertraf bei weitem die Wirkung der pornographischen Graphik, denn als erotisch aufreizendes Moment trat eben die Bewegung hinzu, die den Vorgang erst lebendig machte. Die Bewegungen der Schattenfiguren im Film führen die Tendenz jener Doppelkarten fort, wie sie von Kolporteuren und Scherzartikel-Händlern feilgeboten wurden. Diese Karten sahen auf den ersten Blick ganz harmlos aus, wölbte man sie jedoch zwischen Daumen und Zeigefinger nach außen und setzte diese Bewegung rhythmisch fort, so näherten und verschlangen sich die als Silhouetten darauf abgebildeten Figuren. Der pornographische Film brachte diese Schattenrisse in allen Variationen des Geschlechtsaktes.

Je mehr sich der Film technisch vervollkommnete, um so raffinierter wurden diese Darstellungen. Sie erreichten schließlich die Länge von vieraktigen Kinodramen mit 2000 Meter Filmstreifen. Seine Blütezeit erlebte der pornographische Film in den Jahren zwischen 1904 und 1908, wo die Filmbranche noch nicht der polizeilichen Überwachung unterstand. Keine Zensurschwierigkeiten behinderten den internationalen Verkehr. Dem Vorbilde Frankreichs, das in der Herstellung von pornographischen Filmen die Spitze hielt, folgte bald auch Deutschland. Hier waren es vor allem die Filmzentren Berlin und Dresden, die dieses Genre pflegten. Budapest, dessen pornographische Druckerzeugnisse auf dem geheimen Büchermarkt eine wichtige Rolle spielten, folgte um 1910. Der Sitz der Hauptfabrikation von pornographischen Filmen aber war Buenos Aires, und zwar lag die Herstellung in den Händen eines Deutschen. Unbehindert entwickelte sich von hier aus ein Export nach den überseeischen Ländern. Als Hauptabnehmer kamen Rußland, Frankreich, die Balkanstaaten und Südafrika in Frage, aber auch Deutschland und England bezogen von dort. Um bei der Einfuhr von den Zollbehörden unbelästigt zu bleiben, machten die Filme vielfach ihren Weg in der Unterwäsche internationaler Prostituierter versteckt. Wenn die Herstellung dieser Filme auch nicht mit besonderen Kosten verbunden war, so wurden sie doch keineswegs billig abgegeben, denn bei der kleinen Abnehmerzahl konnten zuweilen nicht mehr als fünf Abzüge von einem Negativ hergestellt werden, und dann lag es ja auch in der Absicht der Produzenten, einen enormen Gewinn mit ihren Erzeugnissen zu erzielen.

In den meisten Fällen geschah die Vorführung dieser sotadischen Filme im Rahmen geschlossener Gesellschaften oder zu diesem Zweck eigens gegründeter Herrenklubs. Die Eintrittspreise schwankten in Deutschland zwischen zehn und dreißig Mark für den Platz. Dem Vertrieb der Karten widmeten sich die Prostituierten und ihr Anhang, Kaffeehauskellner, Friseure und andere Personen, die mit dem dafür in Frage kommenden Publikum in Beziehung standen und bei diesem Handel durch willkürlichen Preisaufschlag ihren Profit zu machen wußten. Da sie ihre Leute und deren Neigungen gewöhnlich kannten, liefen sie nur selten Gefahr, mit der Polizei in Konflikt zu kommen. Einen in dieser Beziehung interessanten Brief veröffentlichte vor einigen Jahren die Zeitschrift ›Film‹. Er enthält das Angebot eines Deutschen, der bis vor dem Kriege in London lebte, an eine deutsche Produktionsfirma, die natürlich das zweifelhafte Geschäft ablehnte. ›Haben Sie Interesse‹, so lautete das Schreiben, ›an einem Film, der in London in Klubs und geschlossenen Gesellschaften vorgeführt wurde und dem Unternehmer 153 000 Mark einbrachte? Ich habe zu Anfang des Krieges London verlassen und jetzt eine passende deutsche Partnerin gefunden und kann somit dieselben Aufnahmen machen lassen. Es handelt sich um einen kurzen Film freiester Darstellung, der in London unter dem Titel ›Der Backfisch‹ eine geheime Sensation erregte. Ich will in Berlin einen Klub auf gleicher Basis starten. Dazu brauche ich die entsprechenden Klubräume mit Lichtbildbühne und dann die Filmgesellschaft, die den entsprechenden Film herstellt. Die Darstellung mache ich selbst mit meiner Partnerin. Die Sache ist als geheimes Geschäft aufzufassen und kann in Berlin ebensowenig wie in London mit dem Strafgesetz kollidieren. Weiter kommt in Frage die Gründung mehrerer Nachtklubs mit Filmaufführungen.‹

Diese Geheimaufführungen von sotadischen Filmen in London, Paris, Petersburg und Madrid spielen dieselbe Rolle wie die ›Théâtres Clandestins‹ im achtzehnten und die kleinen erotischen Theater der Bohemiens im neunzehnten Jahrhundert. Sie dienen dem Ergötzen der Jeunesse dorée, die in ihrer Blasiertheit eine Aufpeitschung für ihre in Ausschweifungen geschwächten Nerven braucht, sie dienen der jugendlichen und älteren Lebewelt als Präparation auf die in vorgerückter Stunde nachfolgenden Orgien, und sie bieten vergreisten, lendenschwach gewordenen Roués einen Ersatz für die nicht mehr zu verwirklichenden Freuden der Liebe, also eine Art geistiger Unzucht. Die in solchen geheimen Privatlichtspielen abgespielten Filme werden vielfach von Bordellen angekauft, um hier nochmals als Stimmungsmacher zu dienen. Begnügten die Freudenhäuser sich früher mit mehr oder minder unflätigen graphischen Darstellungen von Szenen, die der Bestimmung des Ortes entsprachen, so glaubten die Besitzer sich die neueren Errungenschaften der Technik nicht entgehen lassen zu dürfen, wenn sie sich davon eine Förderung ihres Geschäfts versprechen konnten. In diesem Sinne verbanden sie Kino und Bordell. Die geheime Einladungskarte eines Moskauer Bordells kündigte in fehlerhaftem Französisch die Aufführung solcher Filme an; ein Sesselplatz im Salon kostet 200 Rubel. Ein Pariser Freudenhaus fordert 1912 für einen Platz 100 Franken. Eine Anzahl geheimer Kinos gab es vor dem Kriege in Kairo. Ihr Hauptpublikum waren Amerikaner, die sich mit Vorliebe in Europa und im Orient erotische Szenen vorspielen lassen, wie sie früher auch Stammgäste in den Bordells der morgenländischen Küstenstädte waren, wo sie sich für schweres Geld unzüchtige Tänze vorführen ließen. Natürlich gehört es zum Gepräge einer Weltstadt wie Berlin, daß auch sie in diesem Punkte nicht hinter den anderen Metropolen zurücksteht.«

Curt Moreck weist in seinem Buch auf die »verschiedenartigen erotischen Einstellungen der einzelnen Nationen« hin, die vor allem der pornographische Film verdeutlicht: »So bringt die französische Produktion mit auffallender Häufigkeit die Darstellung von Entleerungsakten und ergeht sich in sehr breiten Schilderungen der präparatorischen Handlungen, während der Geschlechtsakt selbst vielfach nicht vorkommt oder hinter die Szene verlegt ist. England, das solche Filme in der Hauptsache für Südafrika und Indien herstellt, bevorzugt Flagellationsszenen und sadistische Mißhandlungen von Niggern. Auch in seiner erotischen Literatur und Graphik spielen diese Akte sexueller Grausamkeit eine wichtige Rolle. Italien, dessen Süden schon in die Zone orientalischer Sexualität hineinragt, pflegt als

Spezialität auf dem Gebiet des sotadischen Films die Darstellung sodomitischer Handlungen, und neben diesen geschlechtlichen Vereinigungen zwischen Menschen und Tieren sind tierische Begattungsszenen beliebt. Man sagt, daß in Deutschland die Sünde ohne Grazie sei. Nun, dem deutschen pornographischen Film haftet etwas davon an. Er zeigt durchweg gut durchgeführte, realistische Koitusszenen; dagegen sind ihm erotische Tierszenen gänzlich fremd.

Auf einer seiner vielen Reisen besuchte der deutsche Journalist Norbert Jaques in Buenes Aires ein solches »Cinematographen-Theater«: »Eines Nachts geriet ich, am Hafen entlang gehend, an dessen Mauern lange flache Plata-Dampfer schliefen, über das Verbrecherviertel Barracas hinaus. Ein ebenso wunderliches wie machtvolles Eisengerüst hielt mich an. Es überspannte wie ein Tor den breiten Hafenarm. Es hielt sich mit ungeheuern Eisenmassen schwarz und hoch gegen die helle Mondnacht, und es war nicht zu erkennen, was es sein konnte: ob Brücke, Helling oder Kran. Ich sah zugleich, da ich zu seiner phantastischen Höhe hinaufschaute, unter mir einen Kahn mit einem Licht an der Hafenmauer liegen. Da rief schon der Mann, der im Kahn stand, mir etwas zu. Dieser Mann und ich waren weit und breit allein. Der Mann kam rasch herauf und zeigte über den Hafenarm hinüber und sagte: ›Isla Maciel!‹ und sprudelte eine internationale Rede hervor: ›Cinematografo, Niña, deitsch, francés, englisman, amor, Schwäneräen-Cinematografo!‹ Das war nicht mehr mißzuverstehen, und ich wußte nun, daß drüben auf der Insel Maciel die ›Reinkulturen‹ (des Lasters) waren, die ich in der Stadt nicht gefunden hatte. Eine große Bogenlampe strahlte heftig und gemein drüben über finstere Schuppen.

Der Mann ruderte mich zwischen den Schiffen hinüber. Drüben empfing mich ein Hafenpolizist und ging hinter mir her einen eingepferchten Holzsteg hinauf. Ich kam auf ein einsames Geleise, und hundert Meter vor mir leuchtete die unzweideutige Bogenlampe in der Höhe. Ich schritt über den dunklen Damm weiter. Der Hafenpolizist blieb zurück und blies in eine Pfeife. Links lief eine Hecke mit mir, rechts die unentwirrbare Finsternis von Schuppen und Winkeln, und auf beiden Seiten der Atem von raschen, rohen und verstummten Verbrechen. Aber zwei berittene Gendarmen kamen mir entgegen, ritten an mir vorbei, drehten dann um und blieben auf dem Damm stehen. Ich kam an das Haus mit der Bogenlampe. Eine große Inschrift stand drauf: Cinematografo para hombres solo. Die Reinkultur! Bevor ich hineinging, durchsuchten zwei Gendarmen, die an der Tür standen, meine Taschen. Das war alles wie Kulissen um eine Verbrechergeschichte. Ich hatte nicht einmal einen Zigarrenabschneider bei mir und wurde also hineingelassen. Die Vorstellung war im Gange. Es war ein großer Saal, und oben lief eine Galerie rundum. Von der Decke hing eine Leinewand herab. Darauf spielte das kinematographische Theater seine Szenen. Meist war in dem Dargestellten auf den Vorwand einer zusammenhängenden Fabel verzichtet. Mit blöder und roher Offenheit gab das schwarzweiße Zittern die Dinge als Selbstzweck. Sämtliche Laster der Menschen bebten droben vorbei. Alle Arten des alten ›Traktats über die hundertfünfzig Manieren zu lieben‹ wurden vorgeführt und ab und zu durch lesbische, päderastische und onanistische Scherze unterbrochen. Aber das waren nur Harmlosigkeiten. Sadisten und Masochisten schwangen ihre Instrumente. Sodomie wurde getrieben, Koprophagen wirkten. Nichts war verhüllt, alles geschah mit einer geistlosen Wirklichkeit, die an der künstlichen Mache der Mechanik erbosend gemein wurde.

Während oben diese stumpfsinnigen Stachel sich jagten, streiften Weiber zwischen den Gästen herum. Es waren fast lauter Deutsche. Ein Auswurf aus den Bordellen der ganzen Erde. Eine Retraite sämtlicher ausgedienten Freudenmädchen... Es war so dumm, so unermessen stumpf und widersinnig: die verblödeten, müden und frechen Weiber und die künstlichen Laster droben auf der Leinwand, die den Trieben auf die Beine helfen sollten. Es war so irrsinnig, so zusammenhanglos verirrt, wie über den in die Höhe gereckten Gesichtern der Männer, die im Dunkeln leuchteten, die moderne technische Erfindung als Schrittmacher fürs Freudenhaus erregt zitternd den Weg in die Kammer rascher machte. Männer und Weiber verschwanden polternd und hastig die dunklen Stiegen hinauf.«

Pornographische Filme als »Schrittmacher ins Freudenhaus« hatten sich sehr frühzeitig die Pariser Bordelle zunutze gemacht. Beliebter als solche Zelluloid-Orgien aber waren die »lebenden Bilder«.

Franz Helbing berichtet 1910 in seinem Buch »Das Geschlechtsleben der Neuesten Zeit«, den »mehrbändigen Memoiren des früheren Chefs der Pariser Sicherheitsorgane M. Goron« folgend: »Alle erdenklichen Ausschweifungen, alle seltsamen Gelüste, die in zerrütteten Köpfen aufsteigen, können in gewissen Pariser Häusern befriedigt werden. Doch kann ich natürlich in Einzelheiten hier nicht eingehen. Ich begnüge mich damit, ein Geschichtchen zu erzählen, das ich ›Die bestrafte Neugierde‹ betiteln könnte.

Eine anständige Dame hatte seit langer Zeit das Gelüste, eines jener Häuser zu besuchen, wo den Zuschauern – man nennt sie technisch ›Les voyeurs‹ – von Schauspielern der Liebe Vorstellungen geboten wurden, die der Theaterzensur nicht unterliegen. Eines Abends bestimmte sie zwei ihrer Freunde, sehr verschwiegene wohlerzogene Herren, mit ihr ein solches Haus zu besuchen.

Dasselbe war ganz angenehm eingerichtet. Die ›Bühne‹ bestand aus einem hell erleuchteten Zimmer, worin die Schauspieler sich ohne Kostüm bewegten. Der Zuschauerraum war durch eine große Spiegelscheibe von der Bühne getrennt, aber völlig dunkel, so daß die Darsteller gesehen werden konnten, aber die Zuschauer nicht sehen konnten.

Nachdem die Dame eine Weile der Vorstellung zugesehen hatte, bemerkte sie, daß ihre beiden Freunde verschwunden waren. Sie fanden das Theater zu heiß und hatten eine Erfrischung zu sich genommen. Plötzlich aber erschien der ›erste Liebhaber‹, der seine Rolle sehr gut gespielt hatte, in dem Zuschauerraum, bemerkte die junge hübsche Frau und rief ihr zu: ›Sie sind gekommen, um zu sehen? Gut, nun sollen Sie mitspielen!‹ Sein Betragen ließ keinen Zweifel über den Sinn dieser Ansprache offen und die Dame stieß gellende Hilferufe aus, bis ihre Freunde herbeieilten und den unternehmenden ›Schauspieler‹ durchprügelten.‹«

Pierre Mac Orlan schreibt 1926 in dem die Stadt Paris behandelnden Band der von Leo Schidrowitz edierten »Sittengeschichte der Kulturwelt und ihrer Entwicklung«, über »drei oder vier derartige Etablissements«, die sich meist in einem Privathaus, »das für die Kontrolle der Polizei unerreichbar ist«, befanden. »Man mußte von einer Dame begleitet sein, man zahlte sein

Entree und das ganze Haus, dessen Zimmertüren unverschließbar waren, stand einem offen. Die ungenierteste Vermischung herrschte an diesem Ort, der dank dem hohen Eintrittspreis gegen die Schrecknisse der zweifelhaften Wäsche und des ungepflegten Fleisches geschützt war.«

Die verlogene moralische Entrüstung des Autors über derartige »Laster«, die »vor den Augen aller Anwesenden geübt werden«, wird noch unterstrichen durch seine national-ethische Haltung, wenn er von einem anderen »Etablissement« berichtet, »wo eine ziemlich gemischte Kundschaft zusammenkam und wo Statisten, die das Aussehen kleiner jüdischer Schneider hatten, sich zur Erbauung der anderen verausgabten. Einige Frauen von zweifelhafter Gesundheit dienten ihnen als Partnerinnen. Man sah auf einem niedrigen Bett, unter einer mit rotem Papier bedeckten Lampe, ein Gewimmel von Gestalten, das an Würmer auf einem Aas erinnerte, und ein Publikum, das allen Rassen und Ständen angehörte, vom gelockten Algerier bis zum amerikanischen Pastor, fraß das Schauspiel mit den Augen. Ein fader Gestank, wie von einem nicht ganz frischen Huhn würgte den Unvorsichtigen, der mit der einzigen Entschuldigung der Neugierde hierher kam, im Halse«.

Auch der Jurist Dr. Erich Wulffen (geb. 1862) erwähnt in seinem 1910 publizierten Werk »Der Sexualverbrecher«, daß in Paris Männer ihre Frauen ins Bordell führen, »damit sie sich dort in ihrem Beisein anderen hingeben«.

Der Leipziger Landesgerichtsrat Dr. Otto Goldmann (geb. 1884) ergänzt mit seinem Beitrag »Das Sexuallaster in seinen Abarten« 1927 Wulffens Ausführungen. »Auch in Deutschland hat die Sittenverderbtheit in mancher Ehe schon vor dem Kriege derartige gemeinsame Besuche eines Bordells – wie man etwa ein Theater besucht – zur Gewohnheit gemacht, allerdings ohne Verkuppelung der Ehefrau. Diese pflegt dann als moderne, aufgeklärte Frau den ›wissenschaftlichen‹ Standpunkt zu vertreten, ›alles‹ kennenlernen zu wollen, während in Wahrheit die Anrüchigkeit des Milieus sie zu diesem außergewöhnlichen Schritte gereizt hatte.

Im Weltkrieg besuchte ein ganzes Offizierskorps ein ›K. K. Heeresbordell‹. Der Jüngste, der Fähnrich, mußte den Reigen beginnen, wobei die übrigen Herren den Zuschauer und Begutachter spielten.«

Der Berliner Arzt und Wissenschaftler Dr. Magnus Hirschfeld (1868–1935) unternahm in den zwanziger Jahren den Versuch, »die Zusammenhänge von Weltkrieg und Erotik« darzustellen. In einer großen Aktion erließ er in führenden Zeitungen aller Länder Aufrufe an Kriegsteilnehmer mit der Bitte um Berichte. Gemeinsam mit einer großen Zahl von Mitarbeitern, unter diesen waren Wissenschaftler und Publizisten wie Paul Englisch, der Völkerkundler Friedrich S. Krauss, der Kulturhistoriker Herbert Lewandowski, der Berliner Schriftsteller Heinrich Wandt und Curt Moreck, sortierte und bearbeitete er das eingegangene Material.

Das Ergebnis, eine zweibändige »Sittengeschichte des Weltkrieges«, erschien 1929/30 – und gehörte mit zu den Werken, die am 10. Mai 1933 von nazistischen Studenten öffentlich verbrannt wurden. Dieselben Studenten plünderten auch die mehr als 20000 Bände umfassende Bibliothek Hirschfelds, unersetzliche Akten und einmaliges Forschungsmaterial. In dem Zug der Studenten wurde, wie die »Deutsche Allgemeine Zeitung« vom 12. Mai 1933 berichtet, »auch der Kopf einer Büste des Gründers und Leiters des Sexualwissenschaftlichen Instituts Magnus Hirschfeld mitgeführt. Der Kopf stammte aus dem Institut, wo er von der Büste entfernt worden war. Ein SA-Mann trug ihn weithin sichtbar auf einem Stock.« Es wurde, so steht zu lesen, »der Eindruck eines Volksfestes hervorgerufen«.

Hirschfeld und seine Mitarbeiter waren bestrebt, in ihrer »Sittengeschichte des Weltkrieges«, wie es im Vorwort heißt, »die Objektivität der Darstellung und Wiedergabe weder durch eine besondere Einstellung für die eine, noch gegen die andere kriegsbeteiligte Völkergruppe beeinträchtigen zu lassen«.

Über die »Erotik des Hinterlandes« während der Kriegsjahre 1914 bis 1918 schreibt Curt Moreck in Hirschfelds »Sittengeschichte des Weltkrieges«: »Die Fieberstimmung in den vom Kriege betroffenen Völker erhöht die Reizbarkeit, sie steigert die Nervenempfindlichkeit bis zur Psychose und zerstört die Hemmungen, sie macht empfänglicher für alle von außen zuströmenden Eindrücke; sie erzeugt eine sexuelle Hypersensibilität, die selbst sonst zurückhaltende Naturen gefügig und bedenkenlos macht. Es ist die Ungewißheit der Zukunft, die Aufhebung der Lebenssicherheit, die Fragwürdigkeit aller Dinge und der

Schatten des Todes, der alles verdüstert, diese panikartige Angst vor dem drohenden Unbekannten, was jene Seelenstimmung erzeugt, in der die Sinne übermächtig werden und gebieterisch ihr Recht fordern und erzwingen. So erlagen in der Zeit des Zusammenbruchs der alten Friedensordnung selbst Menschen mit gefestigten Grundsätzen und wurden widerstandslos Werkzeuge des Eros.« Und weiter heißt es: »Die Sinne waren nach Sensationen hungrig, und gierig wurde von den meisten jede Gelegenheit ergriffen, die durch ein Amüsement zeitweises Vergessen der alltäglichen Miseren versprach. Und im Hintergrund stand das Sexuelle. Die im Felde weilenden Männer kamen mit ihren kurzen und ungewissen Urlaubsaufenthalten als sexuelle Versorger kaum in Frage. Dieser Umstand begünstigte die in der Heimat verbliebenen Männer und führte zu ihrer außerordentlichen Wertsteigerung. Sie wurden vielfach zum umworbenen Objekt weiblichen Liebesbegehrens, zum Ziel der auf das Weib übergegangenen sexuellen Aggressivität. Aus dem Mißverhältnis zwischen Angebot und Nachfrage auf dem Gebiet des geschlechtlichen Lebens entwickelte sich eine peinliche Situation, in der die weniger stabilen und innerlich gefestigten Elemente sogar Anzeichen eines sexuellen Größenwahns zeigten. Die vielen offen auf der Jagd nach dem Manne befindlichen Frauen gaben dem kriegszeitlichen Leben in den großen Städten einen besonderen Stempel. Selbst häßliche und unscheinbare Männer wurden plötzlich begehrt und erfolgreich. Sie konnten von seltsamen Abenteuern mit schönen, mondänen Frauen erzählen. Es entstand eine völlige Umwandlung der Begriffe. Männer wurden beschenkt, statt Frauen Zuwendungen zu machen; Männer wurden mit Briefen überhäuft, erhielten Einladungen und Aufforderungen; reiche Frauen luden sich einen ganzen Hofstaat von meist jungen Männern, aber auch reiferen ein, verkehrten mit ihnen in den teuersten Lokalen und zahlten die Zeche. Nicht selten statteten sie ihre Kavaliere, um sie recht präsentabel zu machen, luxuriös aus und ließen es an Dedikationen, wie Armbanduhren, Ringen, Zigarettenetuis, nicht fehlen.

Das Bestreben der öffentlichen Wächter der Moral, durch Ableugnung aller Entsittlichungserscheinungen die Atmosphäre des sozialen Lebens zu reinigen, ohne sich um deren Ursachen zu kümmern, suchte, mit ungeeigneten und unzulänglichen Mitteln meist, diesen Vorgängen zu steuern. Aber das durch Gesetze doch immerhin einigermaßen geschützte Privatleben ließ sich durch behördliche Zugriffe nicht genügend erfassen, um eine Wandlung herbeizuführen. Was erreichbar war, blieb eine Beschränkung des Überhandnehmens dieser ›ärgerniserregenden‹ Vorgänge in der Öffentlichkeit. Damit war den ›Übeltätern‹, die nicht geneigt waren, sich in ihren Vergnügungen stören zu lassen, der Weg in die Heimlichkeit gewiesen und sie säumten nicht, sich dieser Möglichkeit zu bedienen, boten sich doch die besten Aussichten für eine unbeschränkte Ausnützung der heimlichen Freiheit und eine größtmögliche Entfaltung expansiver Lebenslust und -gelüste.

Aus diesem Bedürfnis heraus entwickelte sich in allen kriegführenden Ländern unter der Führung instinktsicherer Konjunkturspekulanten eine klandestine Vergnügungsindustrie, die es geschickt verstand, ihren berüchtigten Unternehmungen die Kulisse einwandfreier Privatveranstaltungen zu geben.... Meist wurden luxuriöse Privatwohnungen von den gewiegten Unternehmern gemietet. Vornehme Häuser in den besten Stadtvierteln sicherten am ehesten vor dem Verdacht, daß hier Verbotenes eine Zufluchtsstätte gefunden habe. So entstand hinter den Fassaden der anständigen Bürgerlichkeit eine ausschweifende Form des Nachtlebens, das sich bis in die Morgenstunden ausdehnte und oft schon in intimen Tanztees ein Vorspiel fand. Der Beobachter dieses Treibens, das in Paris und London die orgiastischsten Formen annahm und teilweise nicht mehr den Schutz der Heimlichkeit aufsuchte, konnte kaum glauben, daß die Genußsucht so sehr das Grauen des Geschehens vergessen machen könne, das sich zu gleicher Zeit auf den nicht fernen Kampfplätzen vollzog und mit dem doch die meisten Teilnehmer an diesen Orgien durch irgend einen Angehörigen verknüpft waren.«

Man lädt in Paris zu Soupers im Stil der »Petite Maisons« des Rokoko. Um 50 Franc bittet eine Ausländerin in die Rue de la Pompe, zwischen der Champs-Elysée und dem Bois du Boulogne gelegen, zu Glücksspielen. »In der Avenue de Wagram wurde eines der schönsten Privathäuser in eine richtige Spielhölle verwandelt, wo zur Nachtzeit die höchsten Summen gewonnen und verloren, wo von eleganten und schönen Frauen auch andere Besitztümer als Einsatz verwandt wurden und wo das schöne Fleisch trotz starken Angebots sehr hoch im Preise stand.«

Man tanzte Tango und Machiche und erfand den Grabentanz: »Von der Decke hingen lange Quasten mit Glöckchen, und wer von den Tanzenden eine der Quasten berührte und ein Glöckchen zum Tönen brachte, schied aus, bis zuletzt nur noch ein einziger Tänzer übrigblieb. Da die Quasten sehr tief hingen, mußten die Tänzer mit gebeugten Knien wie Mineure in einem niederen Tunnel gehen und tanzen; die Damen leisteten bei dieser Unterhaltung auf die hohen Hackenschuhe Verzicht, und schließlich tanzte alle Welt den ›Grabentanz‹ in Strümpfen. Behindernde Kleider wurden bei diesem Amüsement selbstverständlich nicht getragen.«

In London hatte sich ein »Nationalrat für die öffentlichen Sitten« gebildet, »zur Bekämpfung der sexuellen Mißwirtschaft und zur Aufhebung aller heimlichen Sammelplätze, die der Einleitung dieses wahllosen Geschlechtsverkehrs und der Anbahnung wilder Beziehungen dienten, wo Liebe verkauft und verschenkt wurde. Der Vorsitzende dieses Nationalrates, Mr. James Marchand, erklärte, daß London zwar eine Lasterhöhle sei, er es aber für ›unenglisch‹ und ›unpassend‹, ja für ›unpatriotisch‹ halte, in einer Zeit, wie der damaligen, vor den Augen der ganzen Welt London als eine unmoralische Stadt hinzustellen. Die Londoner Presse war weniger zurückhaltend und glaubte die Brandmarkung der herrschenden Zustände mit ihrem Nationalgefühl vereinbaren zu können. ›Die Unsittlichkeit in London‹, schrieb sie, ›ist einfach haarsträubend geworden.‹ Sie nennt London das reinste Dorado für Geldverschwender. Plakate mit nackten Frauen, lebendige Damen, die in der Bekleidung die Mutter Eva nachzuahmen suchten, pikante Literatur, Lichtbilder, die jeder Beschreibung spotteten, seien überall zu sehen, und was sich in der Heimlichkeit abspiele, sei noch weit schlimmer. Privatwohnungen und Hotels, in denen wahre sardanapalische Orgien gefeiert wurden und in denen die Londoner Mondänen das Handwerk der Circe ausübten, nichts fehle, um die englische Metropole zu einem wahren Sodom zu stempeln. Die Verwilderung infolge des Krieges habe, dies wurde 1916 geschrieben, ihre höchste Stufe erreicht.

Mehrere Geheimklubs, in denen an der Garderobe nicht nur die eleganten Mäntel, sondern auch die übrige Bekleidung als hinderlich für den geselligen Verkehr abgegeben wurde, konnten in kurzer Folge in London durch die Geheimpolizei ausgehoben werden. Die anwesenden Gäste, es handelte sich oft um 30 bis 50 Personen, worunter die Frauen in der Mehrheit waren, wurden festgestellt und auf der Liste erschienen in nicht geringer Zahl die erlauchtesten Namen der englischen Gesellschaft«.

Aber weder die Sitten von London noch von Paris unterschieden sich wesentlich von denen Wiens oder Berlins.

Eine Berliner Episode, die sich unmittelbar nach Ende des Ersten Weltkrieges ereignete, erzählt der Schriftsteller Willy Haas (1891–1973) in seinen »Die Literarische Welt« genannten Erinnerungen: »Der Anhalter Bahnhof lag im tiefen Dunkel. Von weit draußen hörte man Maschinengewehrfeuer. Der Potsdamer Platz war menschenleer. Die Untergrundbahnen und Autobusse fuhren nicht. Die Hotels um den Bahnhof waren vollbesetzt, oder aber man wollte mir und meiner jungvermählten Frau kein Zimmer geben. Schließlich sagte ein mitleidiger Hotelportier: ›Da drüben, in der ersten Etage, gibt es noch eine kleine Pension. Wenn Sie vielleicht dort nachfragen wollen?‹

Wir gingen hin. Von innen hörten wir Lachen, Schreien, Gläserklirren. Wir läuteten. Wir warteten eine Weile. Dann wurde geöffnet.

Das Mädchen, das uns geöffnet hatte, war vollkommen nackt. Meine Frau wußte nicht, wohin sie blicken sollte. Das Mädchen fragte ohne jede Scheu, was wir wünschten.

›Können wir ein Zimmer für ein oder zwei Nächte haben?‹ sagte ich.

Das Mädchen musterte uns von oben bis unten und nickte.
›Kommen Sie weiter!‹
Das war unser Einzug in Berlin.«

In der »Sittengeschichte des Weltkrieges« von Magnus Hirschfeld ist weiter zu lesen: »Durch Zufall in die Hand des Berichterstatters gelangte Briefe zwischen solchen abenteuernden Libertinen verrieten ihm Einzelheiten über die Formen der geschlechtlichen Genüsse, die zwischen derartig sich zusammenfindenden Paaren ausgetauscht wurden. Da war nichts mehr von einem nach Zärtlichkeiten sich sehnenden Gemüt zu spüren, nur der reine sexuelle Kitzel und seine Befriedigung bildete das Ziel, der brutale Sinnengenuß, der nicht einmal nach Verschleierung trachtete, sondern schamlos eingestanden wurde.

Da wurde zynisch geschildert, wie man schnell, vom Flirt in der Hotelhalle übergehend zu den körperlichen Angelegenheiten der Paarung, alle Komplikationen und Finessen des Genusses erprobt und damit nicht genug, in einer kleinen Gesellschaft Gleichgesinnter die weiteren Möglichkeiten des Liebesspiels erschöpft hatte in orgiastischem Rausch. Und in einem dieser frivolen Briefe rechnete Madame ihrer Freundin vor, was das Vergnügen sie gekostet und wie sie den Posten in ihrem Haushaltungsetat untergebracht habe.

Die gewisse Beschränkung, die während des Kriegs, vor allem in Deutschland den Kabaretts und ähnlichen Vergnügungsinstituten in ihren Darbietungen auferlegt war, ließ geschäftstüchtige Unternehmer auf die Idee verfallen, in versteckt liegenden Lokalen derartige Veranstaltungen nur einem als ›geschlossene Gesellschaft‹ frisierten Kreise vorzuführen. Auch hier bedurfte es einer Empfehlung oder eines vertraulich mitgeteilten Stichworts, um, natürlich gegen besonders hohes Entree, Einlaß zu erlangen. Die Lebewelt, im Besitz solcher Adressen, wurde ihren weiblichen Tages- und Zufallsbekannten Führer zu diesen Amüsierbetrieben, die sich, als Auftakt für die späteren intimeren Vergnügungen größter Beliebtheit erfreuten. Die Darbietungen, die hier unbehindert die Grenzen des öffentlich Erlaubten überschreiten durften oder den Ansprüchen des Publikums entsprechen mußten, gaben die Grundstimmung für die entfesselte Laune dieser lebenstollen Kreise. Sie beseitigten, wenn erforderlich, die letzten Hemmungen und waren eine passende Vorbereitung für die intimen Nachspiele. Wenn es dazu noch anderer, stärkerer Mittel bedurfte, so taten Wein und Sekt und alle anderen Arten kostspieligen Alkohols ihre Wirkung. Schon während des Krieges waren die nachher zu modischem Stimulantium in Unmengen mißbrauchten Rauschgifte, wie Morphium und Kokain genossen worden. Gewisse geheime Klubs galten als Tummelplatz rauschgiftsüchtiger Spezialisten und auch hier war die Frauenwelt in erheblichem Maße vertreten, ja sie fand in diesem Spezialistentum einen prickelnden, pikanten Reiz. Standen doch diese geselligen Veranstaltungen im Zeichen völliger Schrankenlosigkeit. Vereinzelt wurde der private Charakter heimlicher Vergnügungen streng gewahrt, ohne daß diese nächtlichen Feste sich wesentlich in ihren Formen von den anderen unterschieden hätten. Der Unterschied lag allein darin, daß ein vermögender Gastgeber eine Anzahl seiner Bekannten als Gäste zu sich lud, denen allerdings häufig die Einführung von Begleitern gestattet war. Im Mittelpunkt dieser Feste stand dann wohl das Auftreten einer berühmten oder berüchtigten Tänzerin, deren Darbietungen die erwünschte sinnliche Atmosphäre erzeugten. Die hauptsächliche Stütze dieses Milieus, das einen Aufwand großer Mittel erforderte, war der durch Kriegsgewinne zu Vermögen und Ansehen gelangte Industrieritter und Händler, um den sich eine Schar von Nutznießern und Tagedieben sammelte.

War bei den eben erwähnten Veranstaltungen der ›künstlerische‹ Nackttanz einzelner oder auch mehrerer Tänzerinnen – in einem besonderen Fall wurde er den Gästen sogar als ›Tanz des Lasters und der Unzucht‹ angekündigt und von einer durch diese Spezialität berühmt gewordenen Künstlerin mit ihrem Partner vorgeführt – nur gleichsam Programmnummer und Stimmungsfaktor, so wurde er bei anderen Gelegenheiten zum Selbstzweck und vollzog sich unter Teilnahme sämtlicher Festgäste. Nicht immer blieben diese Veranstaltungen der größeren Öffentlichkeit verborgen, denn indiskrete Beteiligte machten gelegentlich kein Geheimnis aus diesen Orgien; in der Folge gelangten sie Unberufenen zu Ohren und lenkten die Aufmerksamkeit der Polizei auf diese Vorgänge. Überraschend tauchten dann eines Nachts ein paar Beamte der Geheimpolizei in dem betreffenden Tempel der Venus auf und störten das Vergnügen.«

Auch Dr. Paul Englisch weiß aus eigenem Erleben in der Distanz von knapp zehn Jahren zu berichten, daß es im Berlin jener Nachkriegszeit keine »Perversität« gab, »deren restlose Befriedigung sich nicht ermöglichen ließ. Selbst für diejenigen, die der brutale Genuß, den die käufliche Liebe zu bieten vermag, abstößt, die lediglich mit den Augen genießen und im Anblick erotischen Geschehens ihren etwas übersättigten Reiznerven eine kleine Auffrischung zukommen zu lassen wünschen, sorgte das liebe Berlin mit rührender Liebe und mit vollendeter Aufmerksamkeit. Vorausgesetzt natürlich, daß die Brieftasche der

Reflektanten keinen zu bescheidenen Umfang aufwies, denn hier steckt selbstverständlich der nervus rerum. Als voyeur (oder Mixoskop) konnte man getrost und unbemerkt den Liebesspielen eines Pärchens zuschauen, ja in einigen Privatzirkeln, die nur zu früh zwangsweise geschlossen wurden, demonstrierte der Veranstalter den Akt sogar höchst persönlich mit seiner Eheliebsten. Bodo R... hieß dieser Biedermann, und in der Motzstraße lag sein Quartier. Die Photographien der dargestellten Szenen fanden reißenden Absatz, so daß R... auf den Gedanken verfiel, seine Veranstaltungen zu verfilmen und die Films an Klubs zu verkaufen. Bei den Versuchen, geeignete Kräfte als Mitspieler zu gewinnen, kam man ihm auf die Spur und hob das Nest aus. Unter den Anwesenden fanden sich friedlich nebeneinander Pfarrer, Arzt, Monteure, Dreher, verheiratete Frauen aus bester Gesellschaft usw.

Gleich darauf wurde der Herrenabend des Schwimmklubs ›Germania‹, welcher in der Kommandantenstraße erotische Vorführungen vor ungefähr 400 Personen veranstaltete, aufgelöst und im Juni 1920 der Damen-Nacktklub zweier Inflationshyänen, bei dem die Inhaber mit einigen Dirnen höchstpersönlich aktiv mitwirkten, von der Polizei ausgehoben.«

Der Regisseur und Schriftsteller Géza von Cziffra (geb. 1900) erzählt in seinem Buch »Immer waren es die Frauen...«, einer autobiographisch gefärbten »intimen Zeitgeschichte«, von dem »intimen Theater« des Ungarn Schwarz-Fekete im Paris der zwanziger Jahre. Sein »Theater« lag in einer Nebenstraße des Place Pigalle und konnte nur durch die Garderobe einer Boutique betreten werden. Mit »Club-Karte« natürlich. Eintritt: 300 Franc pro Person. Es war eine Art Amphitheater, mit geschlossenen Logen rundherum. In der Loge, statt der Sessel, eine breite Couch. Dort lagen die Zuschauer, »meistens zu zweit, manchmal zu dritt«.

Géza von Cziffra schildert: »Der Herr Direktor schenkte mir ein Glas Champagner ein, und dann flammte auch gleich ein Scheinwerfer auf, der die Drehbühne beleuchtete. In dem offenen Wagen saß ein junges Paar, ein sympathisch aussehender junger Mann mit einem kecken, modischen Schnurrbart und ein sehr hübsches junges Mädchen. Beide trugen karierte Automützen, wie es damals üblich war, und sportliche Jacken. Sie sangen im Duett ein Couplet, während sich die Bühne langsam drehte. Ich verstand natürlich kein Wort, doch Schwarz-Fekete übersetzte den Text, so gut es ging. Es war ein sauordinäres Couplet, selbst für heutige Verhältnisse. Laut Text fuhr das Paar im Land herum, um gleichgesinnte Partner zu finden. Die beiden konnten nämlich nur dann zum Orgasmus kommen, wenn sie es zu viert machten. Und nun wurde die Frage besungen, wer wessen Schwanz in den Mund nehmen sollte, wenn besagter Penis die Muschi frisch verlassen hatte. Weitere Einzelheiten habe ich mir nicht gemerkt, aber ich denke, das reicht.

Die optische Pointe kam am Schluß des zarten Couplets. Die Drehbühne blieb stehen, die beiden Darsteller erhoben sich und stiegen aus dem Wagen, der Mann, der hinter dem Volant gesessen hatte, rechts, die Frau links. Sie waren unterhalb der Gürtellinie nackt. Das Komische war, daß das hübsche junge Mädchen eindeutig das Geschlechtsmerkmal eines Mannes hoch aufgerichtet vor sich hertrug, der junge Mann mit dem kecken Schnurrbart hingegen war ohne jeden Zweifel eine Frau. Die beiden verbeugten sich.«

Als zweite Nummer folgte eine Szene mit vier Mädchen, die sich entblättern. Den Höhepunkt des Programms aber bildete die Nummer des Negers Harry mit den zehn Frauen, die ihn umtanzen und locken: »Harry verschränkte seine muskulösen Arme über seiner mächtigen Brust, und er behielt sie dort während der ganzen Darbietung. Es ertönte eine schwüle, geheimnisvolle Musik, und über Harrys Kopf flammte ein kleiner Scheinwerfer auf, der eine der an den kleinen Tischen sitzenden Damen beleuchtete. Diese schlug die Schenkel übereinander, wobei durch den sich öffnenden Schlitz des Kleides ihre schlanken Beine sichtbar wurden. Sie blickte Harry mit einem herausfordernden Lächeln an. Jetzt begann sich die Bühne zu drehen, der Kegel des Scheinwerfers wanderte weiter zu einem dunkelhäutigen Mädchen, das einen tiefen Zug aus seiner Zigarette nahm und den Rauch ostentativ in Harrys Richtung blies. Aber die Bühne drehte sich weiter. Das dritte Mädchen stand auf, als der Scheinwerferkegel es erreichte, und spreizte einladend die Beine. Das vierte spielte Wildkatze und drehte Harry den Rücken zu, das fünfte sprang auf den Stuhl und hob mit einer ordinären Bewegung ihren Rock hoch. Sie hatte keinen Schlüpfer an. Das sechste Mädchen ließ ihre mächtigen Brüste aus dem Kleid springen, das siebente steckte ihre beachtlich lange Zunge aus dem knallrot gefärbten Mund und begann damit kreisende Bewegungen zu machen. Was für Kunststücke die übrigen drei Damen vollführten, weiß ich nicht mehr. Ich weiß nur, daß der Scheinwerferkegel wieder bei der ersten Dame landete, die nach wie vor lediglich ihre superschlanken Beine zeigte... Nun folgte ein Lichtwechsel. Der Scheinwerfer, der den Neger beleuchtete, ging aus, dann flammten neue Scheinwerfer mit bedeutend kleinerem Lichtkegel auf. Der eine strahlte nur Harrys Gesicht an, der andere seinen schon im Ruhestand vielversprechenden Penis. Der dritte war nach wie vor auf Greta gerichtet, die bewegungslos dasaß und sanft lächelte.

Der Neger starrte Greta an, zunächst mit zusammengekniffenen Augen, mit einem starren, unheimlichen Blick, dann wurden seine Augen immer größer. Sein Penis auch... unter dumpfen Trommelschlägen strebte Harry seinem Höhepunkt zu. Seine mächtige Brust mit den verschränkten Armen davor bebte, hob und senkte sich. Greta lächelte kühl. Harrys Körper begann zu zucken, Urlaute brachen aus seinem weit aufgerissenen Mund, seine verdrehten Augen zeigten nur das Weiße: er hatte einen Orgasmus, sichtbar für aller Augen.«

In den Logen geht anschließend ein »Privatprogramm« weiter, das durch Gucklöcher beobachtet werden kann. »Ich habe einen sehr vornehmen Stammgast«, erzählt der Direktor Schwarz-Fekete, »einen der reichsten Bankiers Frankreichs, er ist ein Baron, der alle paar Wochen hier aufkreuzt und tausend Francs dafür zahlt, daß er die Gucklöcher benützen darf. Offenbar die einzigen Löcher, die er braucht.« Und eine weitere »Spezialität« des Hauses: »Die Damen und Herren in den Logen können sich gegen eine Nachzahlung von hundert Francs mit einem Druck auf eine Taste bestellen, was sie wollen. Männer oder Frauen oder auch das dazwischen, Zwitter und Transvestiten. Schwarz-Fekete liefert alles.«

Opium, Morphium und Kokain – das waren die Mittel, mit denen sich »die Gesellschaft« während und in den Jahren unmittelbar nach dem Krieg aufputschte.

Immer war es das »Wohlbefinden«, das gepriesen wird, der »sexuelle Rausch«, der gefördert wird, die »Genußfähigkeit« und die »Freude am Genießen«, frei von Zwängen, frei von

Hemmungen, frei von Ängsten. Anfangs. Das ideale Mittel, so scheint es, das zu genießen, was das Bürgertum »Ausschweifung« nennt, die Orgie. »Unter dem Einfluß der unmittelbar oder auf geistigem Umwege gewonnenen sexuellen Erregung tritt, wenn man sich paaren will«, schreibt der französische Arzt Gaston Delveau in dem Buch »Wanderungen auf unbetretenen Pfaden der Anthropologie« über die Wirkung von Opium, »rasch eine Erektion ein. Aber trotz des steifen Penis sind seine Nerven, und besonders die der Eichel, durch die Opiumwirkung unempfindlich geworden. Und obwohl die Erektion stark ist, wird der Samenerguß erheblich verzögert. Die gleiche Unempfindlichkeit zeigt sich an den Nerven der Vulva, der Scheide und im After der Frau, so daß der Orgasmus nur langsam eintritt. Nach mehr als 15 oder 20 Pfeifen schwindet die stimulierende Wirkung. Nach 25 bis 30 Pfeifen werden die Erektionen unvollkommen und hören zwischen 30 und 40 Pfeifen trotz energischem Reiben ganz auf. Im allgemeinen werden alte Opiumraucher impotent. Bei ihnen ist der Penis dürftig, die Eichel eingeschrumpft und scheinbar verhärtet.« Die weiteren Folgen sind Verdauungsstörungen, Störungen des Denkvermögens und schließlich der Zusammenbruch des gesamten Organismus.

Dem Opium verfallen war der französische Marineoffizier Charles Bargone (1875–1957), der längere Zeit als Schiffsoffizier in Ostasien stationiert war und dort, wie viele seiner Landsleute, Opium kennenlernte. »Fumée d'Opium« war der Titel seines ersten Romans, den er unter dem Namen Claude Farrère veröffentlichte. 1920 erschien »Opium« auch in einer deutschen Übersetzung: »Ich habe in Kanton die verrufensten Lokale aufgesucht, in denen ich mehr als einmal in Gefahr war, durch das Messer der fremdenfeindlichen Eingeborenen aus meinem Rausch in den Tod geschickt zu werden. Ich habe die eleganten Rauchsalons Pekings kennengelernt, wo schöne Frauen die Wirkung des Opiumrauchens durch Gesang und Tanz erhöhten. Ich habe aber auch die Höhlen des Lasters erlebt, in denen der Genuß des Opiums nur als Vorwand für die geilsten Ausschweifungen diente, die oft an Satanismus grenzten.«

Und Claude Farrère beschreibt so einen Abend: »Jetzt war es die Raucherin, die den Bambus zum Munde führte. Nachdem sie den Duft gierig eingesogen, streckte sie sich lang aus wie eine

Katze und bewegte sich auf den Händen und Knien laufend voran. Ihr aufgehaktes japanisches Gewand schleppte hinter ihr und streifte über die ruhenden Körper der jungen Männer hin, die so dicht beieinander lagen, daß es nicht leicht war, zwischen ihnen durch den Weg zu finden. Aber das Opium erregt die weiblichen Nerven in unerhörter Weise und erfüllt die Raucherin mit nicht zu unterdrückenden sinnlichen Gelüsten und es war daher keineswegs eine Matte, die das junge Weib suchte, um darauf zu ruhen. Einen Augenblick zögerte sie. Die vor ihr ruhenden Körper der jungen Männer zeugten alle drei von Gewandtheit und Kraft. Timour, dessen Augen sich geschlossen hatten, fühlte plötzlich, wie zwei warme Arme unter seine Schultern herglitten und den glühenden Kuß eines Mundes, der sich in den seinen einsog. Zuerst nahm er kaum Notiz davon und blieb völlig kalt – denn im Gegensatz zu seinem Einfluß auf das weibliche Geschlecht beruhigt das Opium die Sinne des Mannes und fesselt sogar seine Mannbarkeit. Er träumte... er dachte an dies und das, an unzählige andere Dinge. Aneyr hatte sich gleichgültig erhoben, um zur Abwechslung sich mit einer Zigarette zu unterhalten. Itala rauchte. Die Zeit verfließt.

War's eine Stunde oder eine Minute?

Langsam erwachen die gefesselten Sinne Timours. Er erwidert die Liebkosungen des zärtlichen Mädchens und halblaut, wie träumend entschlüpfen ihm die Worte: ›Aneyr, schlafe. Ich habe Lust auf sie. Sieh nicht hierhin.‹ Und die vom schwarzen Rauche schwere Stimme Aneyrs antwortet: ›Warte bis ich mit meiner Zigarette fertig bin.‹ Aber aufgerüttelt durch die Stimme dessen, den sie vor allen andern bevorzugt, reißt sich das Mädchen von Timour los und wirft sich leidenschaftlich in Aneyrs Arme. Er ist aufgesprungen und hält sie umschlungen. Ihr ganzer Körper zittert vor Leidenschaft, während Aneyr überrascht und unfähig vor ihr steht. Endlich lassen sich beide auf einen in der Nähe stehenden Divan nieder. Timour nimmt keine Notiz von ihnen; er scheint sie ganz vergessen zu haben und nimmt ruhig seinen Platz neben der Lampe, Itala gegenüber, wieder ein. Sie fahren beide fort zu rauchen und bemerken nicht was in ihrer nächsten Nähe vorgeht, weder das verräterische Krachen des Divans, noch das immer schwächer werdende Seufzen des jungen Weibes, das von dem Geliebten nicht befriedigt wird.«

Auch das aus dem Opiumsaft gewonnene Morphium erzeugt »ein Gefühl von ungeahntem Wohlbefinden, Erleichterung des Gedankenablaufs, Steigerung der geistigen Leistungsfähigkeit, der sexuellen Erregbarkeit, kurz es kommt zu der berüchtigten Morphium-Euphorie, die sich bis zu den Tränen der Lust steigern kann«, umriß der Wiener Arzt Dr. Otto F. Scheuer 1927 die Wirkung von Morphium. »Aber die schrecklichen Folgen bleiben nicht aus. Nach den kurzen Stunden täuschenden Scheinglücks treten quälende Abstinenzerscheinungen auf: Unruhe, Erregung, Gähnkrämpfe, Schlaflosigkeit, Uebelkeit, Erbrechen, Durchfall, Zittern, Nervenschmerzen und Schwächezustände. Ganz besonders verhängnisvoll ist die Morphiumsucht deshalb, weil zur Behebung dieser sogenannten Entziehungserscheinungen immer größere Giftmengen nötig sind.«

Die Wirkung von Kokain beschrieb der Züricher Psychiater Hanns W. Maier 1926 folgendermaßen: »Es tritt eine erhöhte Empfänglichkeit für erotische Reize mit entsprechenden Phantasievorstellungen und Wünschen ein. Gleichzeitig werden angenehme Reize in der Genitalgegend empfunden mit dem Bedürfnis nach sexueller Betätigung, und zwar auch bei Mädchen, die bisher Gefühle dieser Art nicht kannten. Die Schamhaftigkeit fällt fort, und es werden häufig direkt sexuelle Ansprüche an die anwesenden Männer unter Ausschaltung der Kritik sowohl in bezug auf den Partner wie auch die Situation und die Folgen gestellt.« Auch dieses »künstliche Paradies« führt schließlich zur »reinsten Hölle« des Deliriums. Dr. Otto F. Scheuer führte dazu aus: »Sobald das Gift im Kokainisten nicht mehr wirkt, wird er von Jucken der ganzen Körperoberfläche geplagt, Herzklopfen tritt ein und Angstgefühle mit Schweißausbrüchen lassen ihn weder Schlaf noch Ruhe finden. Er magert rapid ab, wird welk und fahl, die Manneskraft erlischt bei vorhandener sinnlicher Aufregung – ein qualvoller Zustand, dem zu entfliehen der Kranke um jeden Preis bestrebt ist. Von da bis zum Ausbruch des Kokainwahnsinns ist nur mehr ein kleiner Schritt. Der quälende Juckreiz nimmt zu, wird zum Kribbeln und wird wahnhaft gedeutet: Insekten, Milben krabbeln zu Tausenden auf und in der Haut herum. Hand in Hand damit gehen Sinnestäuschungen verschiedener Art, Verfolgungswahn und Eifersuchtswahn, welch letzterer nach Maier in seinem Auftreten und seinen Folgen (Gewalttätigkeiten gegen die angeblich betrügenden Personen) die größte Ähnlichkeit mit den nämlichen Symptomen bei chronischen Alkoholikern zeigt. Psychologisch ist für die Entstehung des Eifersuchtswahns – hier stimme ich mit Maier vollkommen überein – wohl nur die rasch sich einstellende Impotenz des Mannes ausschlaggebend.«

Ein Mitarbeiter Dr. Maiers schilderte dem Psychiater seine Erfahrungen mit Kokain: »Nach einer Nacht voll libidinöser Anstrengungen, gegen die die sieben Arbeiten des Herkules eine Kleinigkeit waren, wurde ich, kaum eingeschlafen, durch neue Ansprüche meiner unersättlichen Partnerin geweckt. Ich konnte selbst konstatieren, wie das Kokain diese Frau unfähig macht, zu einer sexuellen Beruhigung zu kommen. Ein Orgasmus folgt auf den andern und jeder steigert die Begierde von neuem. Auch der leistungsfähigste Mann ist einer solchen Süchtigen auf die Dauer nicht gewachsen. Es blieb mir nichts übrig, als mein Heil in der Flucht zu suchen.«

Durch Kokain kann, führte Dr. Otto F. Scheuer aus, »eine Tendenz zur Pervertierung des Geschlechtslebens, d. h. eine Abkehr der normalen Sexualbetätigung (sadistische, masochistische Neigungen, Voyeurtum usw.) eintreten«. Das kann »zu den verschiedensten perversen Handlungen und Praktiken Anlaß geben und zu Orgien phantastischer Art führen«, wofür auch, wie der Psychiater Dr. Hanns W. Maier schreibt, »das schwüle, oft mit erotisch abenteuerlichen Phantasien geschwängerte Milieu einen ausgezeichneten Boden bildet«.

1925 taucht in Weida in Thüringen ein Mann auf, der sich »Baphomet« nennt. Mit deutschen Okkultisten verhandelt er über die Gründung eines Geheimordens. Unter ihnen ein Karl Germer, ein Heinrich Tränker und der Berliner Antiquar Eugen Grosche. Der bürgerliche Name des Meisters war Aleister Crowley (1875–1947). 1920 hatte er in Céfalu an der nördlichen Küstenstraße Siziliens die Abtei Thelema gegründet. Thelema, wie schon die Abtei Dashwoods geheißen hatte. Und wie bei ihm lautet der Leitsatz »Fay ce que voudras«, nach Rabelais. »Do what thou will shall be the whole of the Law« stand über dem Eingang zu Crowleys Thelema. Auch Crowleys Abtei war Schauplatz wilder Orgien satanischer Prägung, bis schließlich die italienischen Behörden eingriffen und Crowley mit seinen Anhängern 1924 aus Italien auswiesen. Man hatte von Blutopfern gehört – und zwei Kinder waren in der Gegend von Termini verschwunden.

Friedrich Wilhelm Haack, Autor von »Großmarkt der Wahrheiten« und des Buches »Geheimreligion der Wissenden«, schreibt über Aleister Crowley: »Im Sommer 1921 wird die Abtei Thelema in Céfalu zum Schauplatz eines schauerlichen kultischen Ereignisses. Der Engländer Aleister Crowley schneidet einem Ziegenbock in dem Augenblick die Kehle durch, als dieser bei der Kopulation mit Crowleys Geliebter und Kultdienerin Lea Hirsig zum Orgasmus kommt. Bei anderen, ähnlichen Ritualen satanischer Art werden am gleichen Ort Katzen, Kröten, Sperlinge und Tauben geschändet und während einer magischen Meßhandlung getötet. Crowley, der sich selbst ›Das große Tier 666‹ nennt, praktiziert in Thelema auch die magischen Geheimriten des OTO (Ordo Templi Orientis). 1912 war Crowley durch den Spion und Journalisten Theodor Reuss in den geheimen 9. Grad dieses Ordens eingeweiht worden. Während der sizilianischen Tage des ›großen Tiers‹ übergibt ihm Reuss auch die oberste Leitung des OTO. Von nun an legt sich der Satansverehrer Crowley zu seinen vielen Ordensnamen und Geheimtiteln auch noch den eines Summus Rex OTO und den des ›Baphomet‹ zu.«

Ulrich K. Dreikandt veröffentliche in seiner dokumentierenden Anthologie »Schwarze Messen« unter dem Titel »Der Schwarze Magier« einen Beitrag des Engländers Dennis Wheatley, in dem die Orgien Aleister Crowleys von einem Augenzeugen beschrieben werden. Der »Kanonikus Copely-Syle« war Aleister Crowley in der Abtei von Thelema vorgestellt worden: »Die meisten seiner Anhänger waren junge Leute, und da jeder tun und lassen konnte, was er wollte, ist es nur ganz natürlich, daß es zu einer allgemeinen Promiskuität kam. Neue Eleven und Elevinnen verloren bald alle Scheu, danach fiel es ihm sicher nicht schwer, sie zur Teilnahme an ausschweifenden Orgien zu überreden, wenn die Sterne für den Vollzug besonderer Riten günstig standen. Aber Sie dürfen mir glauben, daß er sein Handwerk verstand, und alle Scheußlichkeiten, die sich unter seiner Anleitung zutrugen, waren nur ein Mittel zum Zweck. Sie wissen ebenso gut wie ich, daß gewisse Mitglieder der Familie

Satans sich davon ernähren, was Menschen im Vollzug niederer erotischer Praktiken von sich geben. Soweit es Crowley betrifft, waren diese Orgien nur der Köder, der solche Satanswesen in die Abtei lockte und über die er dann Macht gewann... Jede seiner Feiern wurde mit tiefster Inbrunst begangen. Dessen bin ich gewiß, und ich weiß auch, daß viele von ihnen das gewünschte Ergebnis hatten. Er achtete stets streng darauf, daß jeder Anwesende mit größtem Ernst bei der Sache war, und das eindrucksvollste Erlebnis waren immer seine heidnischen Rituale... Es stimmt natürlich, daß er sich meistens mit jungen Frauen begnügen mußte, die bereits ihre Unschuld verloren hatten, aber zweimal erlebte ich selbst, daß er sich eine Jungfrau beschafft hatte... Die italienische Polizei muß sich ja seltsame Gedanken darüber gemacht haben, was sich in der Abtei von Thelema abspielte, aber sie waren tolerant und gut bestochen, daß sie ihre Gedanken nicht an die große Glocke hängten und uns nie in Schwierigkeiten brachten. Aber ich bin sicher, daß es Ärger gegeben hätte, wenn sie nur den geringsten Verdacht gehabt hätten, wir könnten dort Menschenopfer darbringen. Crowley opferte in der Regel Katzen oder Ziegen, und einmal erlebte ich, wie er einen Affen mit dem Kopf nach unten kreuzigte. Später erfuhr ich von Gerüchten, daß aus den Dörfern der Umgebung zwei Kinder verschwunden seien; allerdings neige ich zu der Ansicht, daß hinter diesen Anschuldigungen Crowleys Gegner standen.«

Nach der Ausweisung ging Aleister Crowley in die Schweiz und nach Südfrankreich, hielt sich kurze Zeit in St. Gallen und in Luzern auf und tauchte schließlich 1925, wie schon erwähnt, in Thüringen auf. Kurz nach dem Treffen mit Aleister Crowley gründete Eugen Grosche die Fraternitas Saturni. »Dem ›großen Bruder‹ OTO blieb man freundschaftlich verbunden«, schreibt Horst Knaut. »Grosche, genannt Gregor A. Gregorius, war ein eifriger Okkultpublizist, und in all seinen Privatdrucken ließen sich seine abartigen Veranlagungen erkennen. Bisexualität und Sadomasochismus wurden zu wichtigen Säulen seiner Lehren.«

Horst Knaut druckt 1979 in seinem Buch »Das Testament des Bösen« erstmals das geheime und streng gehütete Ritual der Fraternitas Saturni ab, das nur Mitgliedern ab dem 18. Grad, dem »Magus Pentalphae«, also »Eingeweihten der fünf Alphas«, als erste Stufe der Sexualmagie zugänglich war. »Wir werden die Geheimnisse hüten und bewahren und sie keinem Profanen zugänglich machen, auch nicht unseren Brüdern und Schwestern, die nicht den 18. Grad innehaben«, mußten die Saturn-Brüder und -Schwestern schwören.

Der Meister vom Stuhl, Priester und Zeremonienmeister tragen rote Masken und sind unter ihren Kutten nackt. Sie schwören: »Fluch und Verderben dem Verräter! Fluch seinem Ego!« Dann tritt die Priesterin »gemessenen Schrittes« vor.

Das Sexualritual beginnt mit der Frage des Meisters vom Stuhl an die Priesterin: »Erkennst du mich?«

Sie antwortet: »Ich erkenne dich.«

Der Meister vom Stuhl fragt: »Spürst du mich?«

Sie sagt zu ihm: »Ich spüre dich!«

Und alle Anwesenden antworten im Chor: »Om – Om – Rahalon!«

Weiter heißt es in dem von Horst Knaut preisgegebenen Zeremonien-Ritual:

»Meister vom Stuhl: Schwester, gib mir das Zeichen der Erkenntnis!«

Priesterin (reißt die Kapuze vom Haupt, die Maske bleibt aber): Placet Magister!

Meister vom Stuhl: Ich erkenne dich noch nicht! (Streift sich selbst die Kapuze ab).

Priesterin: Jallah! (Öffnet die oberen Knöpfe des Mantels, ohne den Gürtel zu lösen, und entblößt ihre Brüste).

Meister vom Stuhl: Ich erkenne dich noch nicht! (Entblößt sich selbst bis zur Gürtellinie).

Priesterin (mit ekstatischer Geste löst sie den Schleier und wirft den Mantel ab. Stellt sich mit gespreizten Beinen und leicht vorgewölbtem Leib, Hände hochgestreckt und mit durchgestreckten Daumen): Jallah! Sohn des Osiris, erkennst du mich nun?

Meister vom Stuhl (wirft ebenfalls ekstatisch die Robe ab, so daß nur die Maske und der silberne Fünfstern auf seiner Brust überbleibt).

Priesterin (nimmt die Arme mit einem Ruck herunter und ergreift das Glied des amtierenden Magus. Ist es groß und stark, so legt sie sich auf den Altar, spreizt die Beine weit auseinander und empfängt das Glied des Meisters in ihrer Scheide).

In diesem Augenblick erheben sich die Brüder und Schwestern und bilden eine Kette um den Altar. Singen dabei rhythmisch: Jiiylallah! Jiiylallah!

Der Zeremonienmeister tritt nun in den Kreis und ergreift das Messer. Dann stellt er sich ans Kopfende des sich kopulierenden Paares. Er hat einen lebenden schwarzen Hahn (oder Henne), hält das flatternde Tier über die koitierenden Priester und schneidet ihm mit einem einzigen Schnitt den Kopf ab. Das Blut muß sich über die koitierenden Priester ergießen.

Alle (immer ekstatischer und lauter): Jiiyallah! (im steigernden Tempo).

Kurz vor der Ejakulation entfernt der Amtierende seinen Penis aus der Scheide. Die Priesterin ergreift ihn und bringt mit ihren Händen Blut auf den Penis. Dann legt sie die linke Hand auf das Wurzelchakra (d. i. Steiß) des Mannes, mit der rechten ergreift sie das Glied und bringt es durch kräftiges Reiben zur Ejakulation. Kurz vor der Ejakulation stößt sie mit einem ekstatischen Schrei den Finger tief in den Anus des amtierenden Magus, der seinerseits durch Handmanipulation der Klitoris der Priesterin dieselbe ungefähr im selben Augenblick zum Orgasmus bringt. Mit einem ekstatischen Schrei aller endet die Zeremonie.«

Durch Schlagen magischer Zeichen und Räucherungen erteilt der Meister vom Stuhl den »Segen«.

Mit der Anweisung: »Liebe ist das Gesetz, Liebe unser Willen! Gehen Sie in Frieden, meine Brüder und Schwestern, und verschließen Sie den Mund, und hüten Sie die Zunge!« wird die Saturn-Gemeinde entlassen.

Alle sprechen im Chor: »Tod dem Verräter!«

In dem Manifest, das 1925 in Weida verfaßt wurde, hieß es: »Der Lehrer der Welt, dessen Erscheinen für dieses Jahr verkündet war... ist zur bestimmten Zeit in der Person des Meisters To Mega Therion erschienen.«

To Mega Therion, das große Tier Aleister Crowley.

»Wir, die Unterzeichneten,... wissen,... daß er in Wahrheit der Überbringer des Wortes ist, nach dem die Seele des Menschen dürstet.«

Aber in Deutschland war dieser Stuhl schon besetzt.

Hitler hatte seine Stiefel draufgestellt.

DER VOLKSEIGENE KÖRPER

Das Tausendjährige Reich hatte am 30. Januar 1933 begonnen und dauerte zwölf Jahre und drei Monate zu lang.

An seinem Beginn stand die »Überzeugung, daß jeder echten Frau gerade die Männlichkeit des Nationalsozialismus im Innersten entsprechen wird; denn erst dadurch wird sie wieder ganz Frau sein können«. So hieß es schon im April 1930 in den »Nationalsozialistischen Monatsheften«.

An seinem Ende stand das »kleine Spießerglück« Martin Bormanns, der mit seiner 35jährigen Gattin Gerda eine Ehe zu Dritt arrangieren wollte.

Damit kam Martin Bormann, ohne es zu ahnen, einem Wunsch Himmlers nach, der im Mai 1943 die Zustimmung Hitlers erwirkt hatte, unmittelbar nach Beendigung des Krieges für Träger des Deutschen Kreuzes in Gold und für Ritterkreuzträger, später auch für Träger des EK I und – sinnigerweise – auch für Träger der sogenannten »Nahkampfspange«, die Doppelehe einzuführen, wie weiland nach dem Dreißigjährigen Krieg.

Hinter vorgehaltener Hand erzählte – und erzählt – man sich, was sich hinter den Kulissen des »Dritten Reiches« abspielte. Arthur Maria Rabenalt berichtet im vierten Band seines »Mimus Eroticus« von »einigen partei-privilegierten Nachtlokalen«, in denen es »nach Schluß der letzten Vorstellung und nach der offiziellen Sperrstunde eine Sondervorstellung für eingeführte Gäste und Parteifunktionäre« gegeben haben soll, »in der das ganze Programm mit geringfügigen Änderungen (und Zusätzen) – sans voîle – also gänzlich ohne Kostüm wiederholt wurde«. Und geheimnisvoll fügt er 1965, also mehr als ein Vierteljahrhundert nach den Vorfällen, ein: »dem Verfasser war eines in Wien bekannt«.

Auch erwähnt Rabenalt, daß einige Premierenfeiern der Bayerischen Staatsoperette »noch heute Gesprächsstoff damals anwesenden Servierpersonals« sind. Von »heute längst eliminierten (!) Mitgliedern des Münchner Gärtnerplatztheaters« weiß er zu erzählen, daß sie an »Belustigungen im ›Künstlerhaus‹ « beteiligt waren, die Gauleiter Wagner anknüpfend an die Tradition der »freigeistigen Künstlerfeste« Münchens veranstaltet hatte, und spricht von »gewagten Darbietungen der abkommandierten ›Künstlerschaft‹«.

Weiter schreibt Rabenalt: »Auch über Frankens Gauleiter Julius Streicher, den unseligen Herausgeber des ›Stürmer‹, sind Geschichten im Umlauf über üble Privatvorstellungen, bei denen Stiefelschäfte und Reitpeitschen die Rolle von Hauptrequisiten spielten und bei denen Mitglieder der Nürnberger Theaterwelt Szenenhilfe geleistet haben sollen.«

Gegen Ende des Krieges, so deutet Arthur Maria Rabenalt in seinem »Mimus Eroticus« an, fanden sich in Breslau »Künstler und Honoratioren der Stadt zusammen, um in sexuellen Räuschen die ›letzten Tage der Menschheit‹ zynisch zu feiern... Im März 1945, nach der Flucht aus Schlesien und vor der Einschließung Breslaus, wurde ein Teil des Breslauer Privatclubs zufällig nach Prag verschlagen und betätigte – aller Habe entledigt – hier noch einige Wochen professionell, was an der Oder Amateurstatus hatte, bis mit den Wogen der Liberation alles verschlungen wurde.«

Wie es in einem »Geheimklub« für höhere deutsche Offiziere in Rom zuging, ist einem Protokoll in den von Boris Bergson 1971 publizierten »Privatdrucken« zu entnehmen, in denen, laut Vorwort, »unveröffentlichte private Texte« abgedruckt wurden, »deren unbekannte Urheber durch detaillierte Beschreibungen wahrer oder imaginärer Erlebnisse« Material für »Ärzte, Psychologen, Pädagogen, Juristen und ähnlich hochqualifizierte Leser, die im Rahmen ihrer Berufsausübung mit derartigen Fragestellungen konfrontiert werden«, bieten sollten.

In Rom vermittelte während des Zweiten Weltkrieges eine Dame junge Mädchen und Frauen an einen deutschen Offiziersklub in der Via Appia Antica.

»Die Via Appia ist mit ihren riesigen Parks die Straße des alteingesessenen Reichtums von Rom. Hier wohnen die letzten Sprößlinge der berühmten Adelsfamilien, hier wohnen aber auch die erfolgreichen Handelsfamilien. Und hier befindet Handelsfamilien auch ein Geheimklub höherer Offiziere.

Ich lernte den Geheimklub der Offiziere an einem schönen römischen Frühlingsabend kennen. Die anderen Mädchen waren schon da – und ausgezogen. Die Herren Offiziere waren noch leicht bekleidet. Ich habe immer wieder festgestellt, daß von allen Männern, die ich kenne, Offiziere die meisten Hemmungen beim Ausziehen haben. Und zwar um so mehr, je älter an Jahren und je höher sie im Rang sind.

Gleich an der Tür nahm mich ein hochgewachsener Offizier mit kantigem Gesicht und genußvollem Funkeln in den Augen in die Arme. Er trug eine deutsche Uniform und er sagte, er sei gerade aus Berlin gekommen und mit einer Wehrmachtsdelegation auf einer Studienreise durch Europa.

Er führte mich zur Bar, und als ich mich neben ihn auf den Hocker setzte, glitt sogleich seine feingliedrige, haarige Hand unter meinen Rock.

Nun erscheinen wir Romatelli-Mädchen zu allen Verabredungen immer nur ohne Unterhöschen. Das ist sozusagen unser Markenzeichen. Und so hatte also der Herr Offizier es gar nicht schwer, das heftig und feucht pulsierende Innenleben in meinem Schoß kennenzulernen, noch bevor wir mit unseren Gläsern auf Brüderschaft angestoßen hatten.

Und wie mein Schoß lebte! Ein so zärtliches, berauschendes Streicheln, Zwicken, Zwirbeln und Ziehen an der auch sofort warm fließenden Quelle meiner Freuden hatte ich schon lange nicht mehr gespürt. Dankbar beugte ich mich zu ihm, wobei meine Schenkel fast – aber nur fast! – von alleine auseinanderscherten. Und ich stützte mich dort auf ihn, wo seine Männlichkeit am stärksten hervorstach. Meine Hand klammerte sich Halt suchend um die kraftvolle Säule seines Schwanzes. Ach, wenn er doch bloß schon ohne Uniform neben mir gesessen hätte. Oder wenn er wenigstens ein Schotte mit einem bunten Rock gewesen wäre! Aber ein Schotte mit raffinierter Fingerspielkunst – das kann man sich gar nicht vorstellen. Man kann eben nicht alles auf einmal haben.

Während wir mit unseren Fingerspitzen unsere Geilheit ins Unerträgliche steigerten, schweiften meine Blicke durch den Raum. Zwei Offiziere und zwei Mädchen hatten inzwischen mit dem Pony-Spiel begonnen. Das Pony-Spiel ging ungefähr folgendermaßen vor sich.

Ein grauhaariger Offizier kniete nackt auf allen Vieren am Boden. Auf dem Rücken trug er einen maßgeschneiderten Sattel, die Zügel führten bis zum Mund. Nun setzte sich Sofia, eine zwanzigjährige üppige Person, auch sie nackt, auf seinen Rükken. Sofia trug schicke Stiefelchen mit Sporen und in der Hand eine kleine Peitsche.

›Avanti!‹ schrie Sofia mit ihrem zierlichen Stimmchen, dann schlug sie dem Weißhaarigen brutal die Sporen in die fleischigen Schenkel. Dann zog sie ihm mit der Peitsche einen roten Striemen über die feisten, blanken Hinterbacken.

Auf seinen Händen und seinen Knien hoppelte der Weißhaarige über den Teppich des Klubraums. Als sich die Sporenstreiche und die Peitschenhiebe häuften, als dem Weißhaarigen die ersten Bächlein roten Blutes über die Schenkel tropften, regte sich auch seine Erektion. Sein Schwanz, der vorhin nur schlaff neben seinem Sack unter dem Bauch gehangen hatte, fuhr jetzt zu voller steifer Länge aus. Rotblau glänzend wippte die geil geschwollene Eichel unter jedem Hieb.

In den Sesseln und auf den Sofas lagen die anderen zu zweit und zu dritt und wichsten sich wie besessen zwischen den Beinen. Die Mädchen hatten den Offizieren die Schwänze aus den Uniformhosen herausgeholt, die Offiziere rieben den breitbeinig hingelehnten Mädchen mit zittrigen Fingern die prallen Kitzler und die vor saftiger Feuchtigkeit quietschenden Votzen. Und alle Blicke starrten wie gebannt dabei auf das Reiterschauspiel.

Auch mein schwanzstarker deutscher Offizier war von dem Schauspiel sehr angetan. Ich merkte es an seinen Küssen, an seinem Stöhnen, an dem Kreisen seines Fingers in meiner Scheide und an der eisenharten Festigkeit seines Schwanzes.

Noch einmal ritt Sofia mit Peitschen und Sporen den Weißhaarigen durch den Raum, dann brach das ›Pferd‹ unter ihr mit einem lauten Aufschrei zusammen. Dort, wo der nackte Mann hingesunken war, breitete sich unter seinem Bauch eine weiße Pfütze auf dem kostbaren dunklen Teppich aus. Sofia prügelte jetzt wie eine Furie auf den Spritzenden ein, und mit jedem Peitschenhieb färbte sich das Striemenmuster auf seinem blanken Arsch tiefer und nasser blutrot, mit jedem Tritt ihrer sporenbesetzten Reitstiefel riß sie ihm einen weiteren Fetzen Haut aus dem zuckenden Leib, und jedesmal zischte auch noch ein weiterer Guß seines weißen Samens aus dem bebenden Schwanz auf den Teppich.«

Detaillierte Untersuchungen über »Eros und Sexualität im Dritten Reich« anhand von Dokumenten im Bundesarchiv in Koblenz und im Institut für Zeitgeschichte in München hat Hans Peter Bleuel durchgeführt und 1972 veröffentlicht. Seine Arbeit »Das saubere Reich« ist die erste grundlegende und sorgfältige Darstellung dieses Komplexes.

Von »rauschenden Gelagen und Orgien« im Hauptquartier des homosexuellen Reichsleiters der SA Ernst Röhm in Berlin wird berichtet und von »goldenen Tagen« im Berliner »Kleist-Kasino«, in der »Silhouette« und im Dampfbad, das, nach Röhms eigener Aussage, »der Gipfel allen menschlichen Glücks« war, wo ihm »die Art und Weise des Verkehrs ganz besonders gefallen« hat.

Dadurch, daß er Burschen und Mädchen miteinander in »harmlose Berührung« brachte, meinte der Reichsjugendführer Baldur von Schirach die Hitlerjugend vor homosexuellen Erscheinungen bewahrt zu haben. »Ein Vergleich zeigt schnell, daß dies eine ziemlich untaugliche Methode und eine haltlose Behauptung war«, referiert Bleuel. »So meldete die Geheime Staatspolizei im Jahre 1934 – als sie auch über Verfehlungen in den Parteiorganisationen berichtete – aus dem HJ-Oberbann Aachen etwa 40 Fälle des Verdachts homosexueller Beziehungen. Was im Jahre 1941 noch gerichtsnotorisch wurde, zeigt demgegenüber kaum Veränderungen auf. Der einunddreißigjährige Fluglehrer Philipp E. aus Mannheim-Käfertal, seit acht Jahren Angehöriger des Nationalsozialistischen Fliegerkorps (NSFK) in der Standarte 80, wurde wegen mindestens zehn Fällen gleichgeschlechtlicher Unzucht mit Flugschülern der HJ zu drei Jahren und drei Monaten Zuchthaus verurteilt. Im gleichen Gerichtsbezirk wurden sechzehn Hitlerjungen wegen Vergehens gegen Paragraph 175 angezeigt. Im Oberlandesgerichtsbezirk München wurde der Fall des zwanzigjährigen Angestellten Anton A. anhängig. 1938 war er aus der HJ wegen unsittlicher Knabenspiele und Veruntreuung verwiesen worden.«

Und so weiter, und so weiter...

In einer Ergänzung zum bürgerlichen Strafgesetz hieß es: »Bestraft wird, wer eine Tat begeht, die das Gesetz für strafbar erklärt oder die nach dem Grundgedanken eines Strafgesetzes und nach gesundem Volksempfinden Bestrafung verdient. Findet auf die Tat kein bestimmtes Strafgesetz unmittelbare Anwendung, so wird die Tat nach dem Gesetz bestraft, dessen Gedanke auf sie am besten zutrifft.«

Bleuel kommentiert diese Anordnung des Jahres 1935: »Dies war nur einer unter den zahlreichen und vielfältigen Schritten des totalitären Regimes zur Legalisierung der Willkür. Doch es war einer, der des Beifalls der Menge sicher sein konnte. Jetzt endlich konnte man ohne kleinliche rechtliche Bedenken von Beweisbarkeit und Erfaßbarkeit moralischer Delikte gegen jedweden Übeltäter vorgehen. Gefängnis, Konzentrationslager oder ›Rübe runter‹ – jedes Strafmaß war möglich und das drastischste gerade recht. Endlich konnte alles, was nach bravem Bürgersinn sexuell unartig oder gar abartig war, was nicht gesunden Normvorstellungen entsprach, ›angemessen‹ verfolgt und ausgemerzt werden. Das Mittelmaß bekam seinen Triumph, die Normalität ihre Genugtuung.«

Von 1937 bis 1941 stieg die Jugendkriminalität um mehr als das Doppelte. Die »Fülle der ausschließlich sittlichen Verstöße« interpretiert Hans Peter Bleuel als »Protesttendenz nicht nur gegen allgemeine Vorschriften, sondern auch gegen die besonderen Zwänge des Systems totaler Erfassung und totalitärer Lenkung des Menschen«.

Bleuel betont, daß die »Schreckensmeldungen« aus allen Teilen des Reiches kamen. Basierend auf Akten des Bundesarchivs in Koblenz referiert er: »In Frankfurt entsetzte sich der Generalstaatsanwalt über die Zunahme von Sittlichkeitsdelikten unter Halbwüchsigen. Das städtische Jugendamt lieferte die Beispiele. In einem Fall hatten fünf Hitlerjungen zwischen vierzehn und siebzehn Jahren vierzehnjährige Mädchen in eine Mansarde gelockt, und während drei die Opfer festhielten, wurden sie von den beiden anderen vergewaltigt. In zwei anderen Fällen ging die Aktivität von den Schulmädchen aus. Sie nutzten ihre Besuche in Soldatenunterkünften, um erste sexuelle Erfahrungen zu sammeln. Nicht einmal, sondern mehrfach, und nicht mit einem, sondern mit mehreren. Ihr Alter: dreizehn und vierzehn Jahre.

Die erschreckten Anstandshüter reagierten mit einer Polizeiverordnung zum Schutze der Jugend (März 1940), die den Aufenthalt im Freien nach Einbruch der Dunkelheit verbot und den Besuch von Gaststätten und Vergnügungsveranstaltungen beschränkte und mit Haftstrafen drohte.

Die Lagebeschreibung des Oberlandesgerichts München aus dem April 1942 stellte fest, daß sich die Anschauungen und die Lebensführung besonders bei den Mädchen lockerten. Schon ab vierzehn Jahren unterhielten sie mit Angehörigen der Wehrmacht und des Reichsarbeitsdienstes bedenkenlos geschlechtliche Beziehungen. Nach den HJ-Appellen triebe sich die Jugend bis in die Nacht herum, besuche verbotene Filme und ließe sich durch verdorbene Ältere verführen. Aus der Praxis eines Jugendrichters.

Drei Jungen und drei Mädchen im Alter von dreizehn Jahren fanden sich zu Übungen im Gruppensex zusammen. Zwei andere Knaben, dreizehn und sechzehn Jahre alt, holten sich zu gleichen Exerzitien drei neunjährige Mädchen. Ein Sechzehnjähriger verdingte sich als Lustknabe. Eine Volksschülerin hielt ihren Klassenkameradinnen Vorträge über Praktiken des Beischlafs und den Gebrauch von Verhütungsmitteln. Fünfzehn- und sechzehnjährige Mädchen versicherten sich gegenseitig, daß französische Kriegsgefangene ›es viel besser können als die Deutschen‹ und bewiesen sich das durch Taten, zu denen auch ›pervertierter Geschlechtsverkehr‹ zählte. Zwei fünfzehnjährige Mädchen zogen mit Flaksoldaten in Stellung und übten einige Abende Stellungen.«

Nach den Akten des Reichsjustizministeriums zitiert Bleuel: »Recht üble Verhältnisse scheinen in dem kleinen, ländlichen Giebelstadt (Landgerichtsbereich Würzburg) zu herrschen. Dort mußten etwa vierzig Kinder und Jugendliche beiderlei Geschlechts, die seit geraumer Zeit, besonders aber in den letzten Monaten, miteinander Unzucht getrieben hatten, empfindlich beanstandet werden. In den meisten Fällen waren strafunmündige Kinder von zehn bis vierzehn Jahren beteiligt. Die unerfreulichen Zustände sollen in der Hauptsache auf die Nähe des Flugplatzes Giebelstadt und auf das angeblich zuchtlose Verhalten der dort untergebrachten Soldaten zurückzuführen sein, die sich nicht scheuten, sich schon an Mädchen im schulpflichtigen Alter heranzumachen.«

Schon 1931 hatten deutsch-nationale Kräfte auf die »Verrohung der Jugend« und die Bildung »wilder Cliquen« in Berlin und »den Umgegenden größerer Städte« hingewiesen. In den Mitteilungen der »Arbeitsgemeinschaft für Volksgesundung e. V.« berichtete am 15. Januar 1931 Herbert Schoen über die sogenannten »Wandercliquen«.: »Diese Wandercliquen haben in der Mehrzahl der Fälle zwanzig bis vierzig Mitglieder. An ihrer Spitze steht ein ›Cliquenbulle‹. Die Zusammenfassung der Cliquenbullen gibt eine Art des Parlamentes der wilden Cliquen, wo allgemeine Dinge besprochen, Gesetze gegeben, Fahrten vereinbart werden und ein Ringbulle gewählt wird. Der Ringbulle ist meist der repräsentative Vertreter der Cliquen. Seine Macht ist im großen ganzen nur durchsetzbar, wenn er wirklich eine ›starke Persönlichkeit‹ mit großem ›Rollkommando‹ ist. Alle diese Cliquen legen großen Wert darauf, einmal einem Mitglied ihrer Clique zum ›Regieren‹ zu verhelfen. Ganz anders liegt es meist beim Cliquenbullen. Er ist oft mehrere Jahre hindurch der Leiter der Clique und bleibt es auch meistens so lange, wie er der Clique angehört. Viel eher gehen einzelne Oppositionelle seinetwegen aus der Clique, als daß er den Posten räumt. Darum hat er auch in seiner Clique eine gewaltige Macht. Ihm zur Seite steht der ›Sittenbulle‹, der meist in der Clique die verhängnisvolle, traurige Rolle des sexuellen Perversionisten spielt. Er ist der Mann, der Cliquentaufen, Feiern usw. veranstaltet und in seinem Kreis der größte ›Angeber‹ ist. Von diesen Taufen ist in Kreisen der wilden Cliquen sehr viel und oft die Rede. Sie sind eine Art nachgemachter Pfadfinder- oder Wölflingsproben, nur ist die Art eine gewaltig verschiedene. Die neu hinzukommenden Mitglieder, ›Wanderlehrlinge‹ genannt, nach außen erkennbar durch Perlenschnüre an den Käppis, haben Aufnahmeproben zu bestehen, die zum allergrößten Teil bestimmte Eigenschaften beweisen sollen, wie Ausdauer, Wagemut, nicht bestehendes Angstgefühl, Mannbarkeit usw.

Leider gibt es außer diesen noch schätzenswerten Proben widerlichste Gebräuche wie Kotfressen und besonders sexuelle Perversionen. Man glaubt oft, wenn man von diesen Proben hört, in einem Kreis wüster, perverser Lebemänner zu sitzen und nicht in einer Gruppe junger Menschen, die trotz Wanderns und freier Natur nichts von der frischen, freien und sauberen Art des Wandervogels haben.

Die Rolle der Mädel in den Cliquen ist verschiedenartig. Bestand zuerst die Sitte des Zusammenwanderns, wobei die Mädchen, auch ›Cliquenkühe‹ genannt, meist Allgemeingut der Cliquenmitglieder waren, so ist diese Sitte jetzt verschiedenartig geregelt worden. Ein Teil der Clique hat seine Mädchengruppen aufgelöst, in erster Linie wohl infolge blutiger Streitereien um einzelne Cliquenkühe, hauptsächlich aber wegen der starken Ausbreitung der Geschlechtskrankheiten.« Auch unter den Liedern finden sich »eigenartigste Umdichtungen von Volks- und Wanderliedern, Schlager und eine Reihe von Liedern, die aus Kaschemmen, von Pornographenkarten stammen und in allerwiderlichster Weise sexuelle und auch meist perverse Dinge behandeln.«

Ähnlich strukturiert waren auch die Cliquen der NS-Zeit. Unterlagen im Bundesarchiv in Koblenz zufolge, wurden, wie Bleuel anführt, »1940 die ›OK-Gang‹ und der ›Haarlem-Klub‹ ausgehoben. Der Klub bestand seit Anfang 1939. 88 Mädchen, dreizehn bis achtzehn Jahre alt, und 72 Jungen zwischen vierzehn und zwanzig Jahren fanden sich da zusammen. Sie besuchten durchweg höhere Schulen und stammten aus den besseren Kreisen. Die meisten gehörten der HJ und dem BdM an. Ihre Interessen richteten sich auf Schlager, Tanz und Kaffeehausbesuche. Sie liebten auffallende Kleidung und schienen politisch uninteressiert. Das Untersuchungsprotokoll zeichnet ein Bild wahlloser und intensiver Promiskuität. – Im Freien, in Kaffees, auf Hausbällen und auf einer Skihütte bei Oberreifenberg im Taunus. Text einer Einladung: ›Herren erscheinen in der Badehose, Damen: oben nichts, unten nichts, in der Mitte Hohlsaum.‹ Spirituosen waren auf diesen Festen reichlich vorhanden, intime Räume auch, in denen die Paare verschwinden konnten. Durch pornographische Literatur verschafften sich die Klubmitglieder Lustgewinn und Anregungen. Partnertausch war die Regel, Gefühlsbindungen kamen nicht auf. Man schlief miteinander, ›weil kein anderer da war‹.«

»Schon die SA fickte einstens kreuz und quer«, überschreibt ein Würzburger Leser der »St. Pauli Nachrichten« fünfundzwanzig Jahre nach dem Untergang des Tausendjährigen Reiches seinen Brief an die Redaktion über die Sitten im Dritten Reich. »Gruppensex und Frauentausch könnte man beinahe als ›Erfindung‹ der ehemaligen SA, SS, HJ usw. unterschieben, wenn man von Zeugen jener Tage glaubhaft versichert bekommt, daß in diesen und anderen Naziorganisationen munter übers Kreuz gefickt wurde, wenn die Volksgenossen eben der Hafer stach, wie man so im Volksmund zu sagen pflegt.

Die sogenannten Reichsparteitage in Nürnberg waren beinahe immer so etwas wie ein ›Fickfestival‹ und die ›Reichsparteitagskinder‹ mit den schönen nordischen Namen Adolf, Heinrich, Siegfried, Holger usw. sind beinahe Legion. Schließlich galt jede Art von Geschlechtsverkehr damals nicht der Lustbefriedigung, sondern ausschließlich der ›Arterhaltung‹, sofern man der parteiamtlichen Version Glauben schenken will. Beate Uhse und die Pille kannte man natürlich noch nicht, wohl aber Präservativs, die im Schleichhandel Kassenschlager waren oder über die Taschen der Friseure gingen. Den Mitläufern der braunen Armee ging es damals sehr wohl eben auch weniger um Zeugung und Arterhaltung, sondern in erster Linie ums Vergnügen. Wenn in den Zelten rund um die Nürnberger Zeppelinwiese der SA- oder SS-Mann vor einer BDM-Maid kniete, dann wußte diese sofort, daß sie sich flach aufs Kreuz zu legen und die Schenkel zu spreizen hatte. War die Maid besonders hübsch, dann rutschte ihr nicht selten der halbe Sturmbann über die Geographie...«

5
MATERIALIEN

DIE WILDEN SECHZIGER JAHRE

»Vor dem Zweiten Weltkrieg brachten europäische Zeitungen Berichte über Hexenkulte in Skandinavien und über Orgien, bei denen menschliches Gebein aus geplünderten Gräbern verwendet wurde. Berichte über weniger makabre Orgien kamen vor und nach dem Krieg aus Frankreich und Italien. Man hörte von ausgedehnten lesbischen Orgien, die in den frühen 50er Jahren unseres Jahrhunderts in den größeren italienischen Städten stattgefunden haben sollen; etwa zur gleichen Zeit wurde ein international aufgezogener Ring von Frauen-Tauschklubs aufgedeckt, dem prominente Mitglieder der Hautevolée von New Orleans angehörten.«

Das schrieb der Amerikaner Michael Leigh im ersten Kapitel seines Buches »The Velvet Underground«, das 1964 in New York erschien und zum ersten Mal in aller Öffentlichkeit »sexuelles Gruppenverhalten« darstellte. Schauplatz: Vereinigte Staaten. Leigh schreibt: »Ich wußte an jenem Abend nichts mit mir anzufangen, war müde und strich unschlüssig durch die Halle eines Hotels, als ich auf einem Tischchen einen Stapel Zeitschriften und Illustrierte liegen sah. Nachdem ich die eine oder andere zunächst nur mit halber Aufmerksamkeit durchgeblättert hatte, beschloß ich, mir diese Hefte genauer anzuschauen. Das fragliche Inserat befand sich auf den letzten Seiten eines Magazins, das ich bereits an etlichen Zeitungskiosken gesehen, aber nie gekauft hatte, und mein Interesse war sofort geweckt.

Dem Inserat zufolge hatte sich ein neuer, ungewöhnlicher Freundschaftsklub für ungewöhnliche Leute aufgetan. Mitglieder waren weitgereiste Menschen aus aller Herren Länder und sämtlichen Lebensstellungen. Sie wollten eigenartige Erfahrungen austauschen und sich mit anderen über Bizarres und Exotisches unterhalten. Sie waren abenteuerlustig, vorurteilslos, aufgeschlossen, intellektuell und kultiviert.«

Michael Leigh antwortet auf das Inserat und erhält einen Brief, in dem es heißt: »Wir würden gern mit Ihnen in Briefverkehr treten, um festzustellen, ob wir zueinander passen und unsere Verbindung zu einem sexuellen Erfahrungs- und Partneraustausch ausweiten können. Wir sind seit zwölf Jahren verheiratet, haben uns darüber unterhalten und sind beide der Überzeugung, Entscheidendes versäumt zu haben. Wir hoffen, daß Sie ähnlich denken.«

Weitere Briefe von anderen Ehepaaren folgten: »Innerhalb von weniger als sechs Monaten stand ich in Verbindung mit Ehepaaren und Junggesellen beiderlei Geschlechts aus Kalifornien, Texas, Neu Mexiko, Oregon, New York, Louisiana, Pennsylvania, Wisconsin, Illinois, Utah, Washington, Missouri und Florida wie auch aus Britisch Kolumbien, Manitoba, Ontario und der Provinz Quebec in Kanada. Andere Länder und US-Staaten traten später auf die Bühne.

Innerhalb dieser Zeit hatten mir annähernd 500 Ehemänner ihre Frauen als Gespielinnen angeboten. Und 500 Frauen hatten sich bereit erklärt.«

Leigh nahm Kontakt zu einzelnen Paaren und Klubs in ganz USA auf und stellte fest: »An diesem Treiben beteiligen sich Ehepaare jeden Alters und Menschen aus sämtlichen Gesellschaftsschichten; denn der hochgebildete Akademiker hat mit dem nur eben des Lesens mächtigen Handwerker eines gemein: den Wunsch und die Bereitschaft, sexuelle Befriedigung zu erfahren und zu teilen. Besondere Erwähnung verdient die Tatsache, daß diese Leute nicht der Abschaum des Volkes sind und auch keine Existenz am Rande der Gesellschaft. Sie sind keine Nichtsnutze oder Tagediebe, nicht, was früher Bohemiens waren und heute Beatniks sind.

Sie leben in anständigen, geordneten Verhältnissen. Sie sind Kirchgänger aller Konfessionen. Meistens haben sie Kinder. Sie sind keine Alkoholiker – höchstens einmal ein Gläschen auf einer Gesellschaft – und viele trinken überhaupt nicht. Mit einigen Ausnahmen sind sie entweder mit hohen Verwaltungsämtern betraut oder selbständige Unternehmer, oder sie gehören den sogenannten freien Berufen an als Architekten, Schwestern, Zahnärzte, Anwälte, Ranchers, Immobilienmakler, Filmschauspieler, Photomodelle, Schriftsteller, Farmer, Ingenieure, Photographen, Ladenbesitzer, Chemiker, Drogisten, Staatsbeamte, Militärs, Firmenchefs oder Politiker. Keiner von ihnen besitzt eine Bar oder einen Nachtklub. Sie rekrutieren sich nicht aus den Gewerben, von denen man laxe Sitten erwartet. Für den oberflächlichen Betrachter sind sie geachtete und ehrbare Mitglieder ihrer Gemeinden.

Man erkennt sie im allgemeinen nicht daran, daß sie laut oder aufdringlich sind, daß sie ihre Freunde zu Zechgelagen einladen; daß sie im Geschäft oder Büro, geschweige denn zu Hause, ständig Anzüglichkeiten oder schlüpfrige Witze an den Mann bringen.

Die Frauen sind musterhafte Gattinnen, ausgezeichnete Hausfrauen und vorbildliche Mütter; die Männer musterhafte Gatten, überdurchschnittlich gute Familienväter und ausgezeichnete Erzieher ihrer Kinder.«

Ähnliches hatten zur selben Zeit auch Eberhard und Phyllis Kronhausen in dem US-Magazin »fact« über Kalifornien berichtet. Eine 32jährige Hausfrau erzählte ihnen: »Fast jeden Sonnabendabend laden mein Mann und ich einige Freunde ein, oder wir schauen zu ihnen hinüber. Wir setzen uns gemütlich zusammen und trinken ein paar Cocktails. Und dann fangen wir alle an, uns gegenseitig auszuziehen, und machen eine Sex-Party.« Seinem Partner ein »Höchstmaß an Lust« zu bereiten und »der Natur ihren Lauf zu lassen« ist oberstes Gebot dieser Paare.

Was war geschehen?

1948 hatte der Biologe Alfred Charles Kinsey (1894–1956) das Ergebnis jahrelanger Forschungsarbeiten über das »sexuelle Verhalten des Mannes« veröffentlicht. Kinsey ließ drucken, worüber man bisher nicht sprach: Zum erstenmal sind Tabus gebrochen, über Onanie, über voreheliche Liebesspiele und voreheliche Koitus, über Ehebruch, Homosexualität und Sodomie. Die Öffentlichkeit war schockiert.

Fünf Jahre später, 1953, ließ Kinsey diesem Bericht eine Darstellung des »sexuellen Verhaltens der Frau« folgen.

Was Kinsey durch die Befragung von 18000 Personen mit

chiffrierten Fragebogen und drei Mitarbeitern recherchiert und ausgewertet hatte, praktiziert im gleichen Jahr unter Ausschluß der Öffentlichkeit William Howell Masters (geb. 1915) und seine Assistentin Virginia Johnson. Mit Filmkameras beobachten sie bei etwa 700 Personen mehr als 10 000mal die verschiedenen Phasen des Sexualaktes. »Außer den üblichen Meßinstrumenten für Herzschlag, Blutdruck, Puls und Atmung eines Testpaares benutzen wir einen künstlichen Phallus. Wir haben ihn selber entwickelt... Der künstliche Phallus kann auf die Gegebenheiten jedes weiblichen Körpers eingestellt werden. Das Tempo und die Tiefe des penalen Stoßes wird ausschließlich von der weiblichen Testperson bestimmt. Dieses Gerät wurde für die intravaginale Beobachtung und Fotografie entwickelt. Anfänglich haben wir mit Prostituierten gearbeitet, später mit Studenten, Krankenschwestern und ganz normalen Ehepaaren.«

Was Masters und Johnson unter anderem registrierten, war die Verhaltensweise der Versuchspersonen während der Masturbation, die mittlerweile, 1963, zum Mittelpunkt der Auseinandersetzungen um einen Film von Ingmar Bergman geworden war. In seinem »Schweigen« war die Kamera Zeuge, wie eine Frau onaniert und in einem Kinosessel ein Paar koitiert.

Es hagelte Proteste und Resolutionen. Man sammelte Unterschriften und nannte das alles »Aktion Saubere Leinwand«, bis man den Ausweg fand, Bergmans tabubrechenden Film als »Gottsuche« zu interpretieren.

Im selben Jahr, 1963, äußerte der italienische Modeschöpfer Emilio Pucci, daß die Frauen in zehn Jahren die Oberteile ihrer Badeanzüge wegwerfen würden. Eine beiläufige Bemerkung, die dem Amerikaner Rudi Gernreich keine Ruhe ließ, bis er ein Jahr später den »Oben-ohne-Look« kreierte. Mehr als Rudi Gernreich mit seinem Mini- oder Mono-kini, profitierten die zuständigen Polizeidienststellen in der ganzen Welt, wenn sie allerorten, »öffentliches Ärgernis« ahndend, Straf- oder Bußgelder kassierten.

Mit Puccis Idee aber hatte Rudi Gernreich die Coutouriers auf eine neue Fährte gelockt: den Transparent-Look. Nicht mehr die nackte Brust, die sich nur einige wenige Wagemutige leisteten, sondern der durch Chiffon und Mousseline verborgene Busen wurde zum »letzten Schrei« der Saison – und blieb es während der nächsten Jahre.

Die Sitten aber hatten sich grundlegend geändert. Mehr und mehr schrieb und sprach man offen über das, was sich die Jahre vorher nur im Verborgenen abspielen konnte. An einschlägigen Affären hatte es nicht gefehlt. Hier nur eine Auswahl der ersten Jahre:

1960 flogen in Paris am Bois de Boulogne die »Corridas« des 35jährigen Serge Manual auf. Mädchen aus der besten Gesellschaft waren daran beteiligt.

»Bei der letzten ›Corrida‹ beispielsweise«, berichtet der französische Autor und frühere Sekretär von Jean-Paul Sartre, Jean Cau (geb. 1925) im »L'Express«, »zählte man nicht weniger als vier junge Mädchen, die alte Namen aus der Geschichte Frankreichs trugen. Daß ein gewisser Politiker angeeckt ist, als er sich mit solchen Spielen befaßte, zeugt von seiner Ungeschicklichkeit. Sich einen Harem von jungen Mädchen anzulegen, die man auf gut Glück aufgelesen hat, ist gefährlich. Es ist wohl richtig, daß die betreffende Persönlichkeit nicht mehr jung und ganz bestimmt nicht ›von Welt‹ ist, wie man im 18. Jahrhundert gesagt hätte.

Die ›Corridas‹ bei Serge sind von anderem Stil. Erst einmal sind alte Herren davon ausgeschlossen, und die jungen Leute, die hier auftreten, haben straffe Muskeln, und ihre Haut ist von der Sonne Sommer wie Winter gebräunt. Zweitens gehören die Vertreter des männlichen Geschlechts dem gleichen Milieu an wie ihre Partnerinnen (man wird sich an den Tag erinnern, an dem der junge Graf von X... seine drei Cousinen mitbrachte, um sie, wie er erklärte, ›in den Stromkreis einzuschalten‹). Drittens unterhält man sich prächtig bei der Einschulung zu den ›Corridas‹: es handelt sich darum, zu vermeiden, daß diese erotischen Orgien einen traurigen, mechanischen Charakter annehmen. Genaugenommen sollen sie charmante Geselligkeiten sein, die mit dem Fortschreiten des Abends und den Auswirkungen des Alkohols ausarten.«

Im selben Jahr wurde in Antwerpen, nur ein paar Meter von der Hauptgeschäftsstraße entfernt, ein »Internationaler Mannequin-Club« ausgehoben, der von einem Holländer mit dem Decknamen »Arthur« und seiner Freundin »Marie« betrieben wurde. In einem »Studio« wurden allabendlich Orgien veranstaltet – für 70 Mark Eintritt.

Am 18. März 1963 mußte sich der 43jährige »Playboy-Millionär« Gerhardt Berndt, ein Wäschereibesitzer aus Berlin, vor einem Klagenfurter Schöffengericht wegen »öffentlicher Gewalttätigkeit, Entführung zweier Minderjähriger, Beihilfe zur Abtreibung und Unzucht wider der Natur« verantworten. In seiner Luxusvilla am Wörther See wurden Orgien veranstaltet. »Zu seinem Bekanntenkreis zählten Halbstarke, die ihm freiwillige Interessentinnen anlieferten«, berichtete die Münchner »Abendzeitung« vom 28. Februar 1963. »Für ihre Zubringerdienste lieh er ihnen seine Wagen: einen Mercedes 220, einen Jaguar-Sport und einen VW mit Porsche-Motor. Damit brausten sie durch die Gegend und verteilten handgeschriebene Einladungen, auf denen kurz geschrieben stand: ›Heute abend Party in der Villa Berndt.‹ Der Zettel war ein amouröser Freibrief und berechtigte sie – und sei es im entferntesten Winkel von Kärnten – ein Taxi in Richtung Velden am Wörther See zu besteigen. Gastgeber Berndt bezahlte die Rechnungen am Gartenzaun seines Seegrundstückes aus der Westentasche. Schon kurz nach der Ankunft pflegten die Mädchen nackt in der Villa herumzulaufen. Der Neulinge nahm sich Berndts ›Haushälterin‹, die 18jährige Renate aus Klagenfurt, an. Ihr einfaches Rezept zum Überwinden der Schüchternheit: Sie gab ein Beispiel und trat den Mädchen im Evaskostüm entgegen. Bei einer Durchsuchung der Villa fand die Polizei sehr schnell heraus, daß sie nicht nur über eine besonders exquisite Bar verfügte, sondern daß sich in allen Räumen auch Abhöranlagen befinden. Die Zentrale ist in Berndts Schlafzimmer. Demnächst sollten die Zimmer noch mit Fernsehaufnahmegeräten bestückt werden.«

Bei dem Prozeß wollte Berndt beweisen, »daß an den Teenagern, die sich samt männlichen Partnern aus der sogenannten besten Klagenfurter Gesellschaft ›bündelweise‹ oft bis zu zehn« in die breiten Betten seines roten und blauen Salons legten, moralisch nichts mehr zu verderben war. Schuld sei nicht er, der reiche und großzügige Gastgeber, Schuld seien die Eltern, die auf ihre Töchter nicht besser aufgepaßt hätten. Wie wäre es sonst wohl denkbar gewesen, daß auch die erst 14jährige Hildegard G. bei Berndt Quartier bezog und seine Parties mitfeierte. – Zeugenaussagen bestätigten, daß es in der Luxusvilla am Wörther See stets hoch her ging. Berndt ließ für jede Party aus der Umgebung bis zu 50 Mädchen heranbringen, sogenannte

›Bürgerstöchter‹, Espresso-Kellnerinnen, Handelsschülerinnen und nicht mehr ganz Unschuldige vom Lande.« Das berichtete der »Münchner Merkur« am 21. Mai 1963.

Am 21. April 1963 hob die Polizei im Schloß von Montgé bei Senlis, hundert Kilometer von Paris entfernt, den »Cercle Universitair Privé« aus. Die Münchner »Abendzeitung« vom 24. April 1963 schreibt: »Trotz der vorgerückten Stunden kamen noch immer neue Wagen an. Einige Dutzende Autos waren schon geparkt. Die Nummern der meisten endeten mit der Zahl 75, sie kamen aus Paris. Mit dem Lichtschwall, der beim Einlaß der Neuankömmlinge in den verwilderten Garten fiel, drangen auch Twist- und Blues-Melodien in den Park. Für Augenblicke nur, dann wurde wieder alles still. Nur ab und zu knackte ein Ast und raschelte trockenes Laub. Es knackte und raschelte unter den leisen Sohlen von hundert Polizeiinspektoren und Gendarmen, die sich in bewährter Stoßtruppmanier von allen Seiten durch das Gebüsch an das geheimnisvolle Märchenschloß heranschoben. In einiger Entfernung hatten sie ihre vier Funkwagen, zwei Mannschaftsfahrzeuge und vierzehn Motorräder zurückgelassen. Vor Kälte und Nässe zitternd, gingen diese unangemeldeten Besucher ›in Stellung‹, während die nichtsahnenden Festteilnehmer im Schloß ungehindert ihre Orgie feierten, wie jedes Wochenende seit über einem Jahr. Aber dies sollte die letzte Nacht sein, die ›Siegfried‹ damit verbringen durfte, seine ›kleinen Hasen‹ in den ›Feinheiten kollektiver Liebesspiele‹ zu unterweisen. Gegen 6 Uhr morgens befanden sich der achtunddreißigjährige Schloßherr Robert Marcel – genannt Siegfried – und seine Frau Colette (35) hinter Schloß und Riegel. Insgesamt waren es mehr als 50 Pärchen. Viele der Mädchen – hauptsächlich Schülerinnen und Studentinnen aus guten Pariser Familien – hatten noch nicht einmal das 15. Lebensjahr erreicht. Minderjährig waren sie fast alle.

Offiziell eingetragen als Versammlungsort und Sitz der ›Gesellschaft der Freunde des Forstes von Retz‹ hatte Marcel sein Schloß in einer Weise herrichten lassen, die mit Forstpflege wirklich nichts zu tun hatte: Der Keller und die drei Obergeschosse des großen Hauses waren in einer Unzahl kleiner ›Chambres séparées‹ aufgeteilt, ruhige Winkel für jeweils zwei Personen, ausgestattet mit breitem Divan, Bar und Plattenspieler. Indirekte Beleuchtung in Violettrot und gedämpft grün fiel auf die in ähnlichen Farben mit Samt bespannten Wände. Im ersten Stock gab es einen besonderen Saal, in dem Robert Marcel seine ›Einführungskurse‹ veranstaltete. Daran nahmen meistens 10 bis 15 ›Anlernlinge‹ teil. Hier gab es auch eine kleine Bühne für Ballettvorführungen besonderer Art. Bald konnte der Schloßherr aber die allwöchentlichen Treffen nicht mehr mit der Waldesliebe hinreichend rechtfertigen, er ließ daher sein gastfreies Haus als den Sitz des ›Cercle Universitair Privé‹ (Privater Universitätszirkel) eintragen. Unter diesem Decknamen hielt er jeden Samstag seine sogenannten ›Nächte der kleinen Hasen‹ ab, zu denen sogar Einladungen verschickt wurden. Der Eintrittspreis betrug fünf Franken. Die Preise für Whisky und Champagner entsprachen denen der Pariser Nachtlokale. Herren ohne Damenbegleitung wurden nicht zugelassen. Herren, die nicht bereit waren, im Laufe der Nacht ihre Damenbegleitung großzügig zu wechseln, ebenfalls nicht.«

In einem anderen Bericht heißt es: »Überall gab es Sofas und Liegen, auf denen die unreifen Mitglieder des Clubs unter den Augen der anderen Paare den Coitus in jeder ihnen angenehmen Stellung ausüben konnten und ausübten.

Zwischen diesen Lagern des Lasters und des dauernden Partnertausches aber wurde getanzt, nackt getanzt natürlich – und versteckte Kameras filmten die Orgie sozusagen am laufenden Zelluloid. Verborgene Mikrophone und Tonbandgeräte nahmen gleichzeitig auch die Seufzer, Verzückungsschreie und das Stöhnen der Paare auf, so daß es den beiden Veranstaltern der Feste leicht war, aus den aufgenommenen Szenen und Tonbändern pornographische Filme zu schneiden, die dann in zahlreiche Länder Europas exportiert wurden.« Dietrich Köhr führt in seinem 1970 erschienenen Buch »Orgie in Deutschland« noch weitere Beispiele an:

»In A. feierten neun Jugendliche in der Innenstadt monatelang die wildesten Sexorgien, ohne daß jemand etwas davon ahnte. Durch einen Zufall kam es zur Aufdeckung des Treibens, an dem drei Burschen und sechs Mädchen regelmäßig teilnahmen.

Ein harmloses Rendezvous zwischen einem neunzehnjährigen Jüngling und einem Mädchen, das die Schule schwänzte, war den Sexorgien vorangegangen. Der Neunzehnjährige lud die

Schülerin in die Wohnung seiner Eltern ein, wo es schon nach kaum einer halben Stunde dazu kam, daß das Mädchen einen durchaus gekonnten Striptease-Tanz auf die Bretter und sich dann selbst zum Coitus auf die Doppelbettcouch legte. Dem Jüngling gefiel das Temperament der 14jährigen derart, daß er sie für den nächsten Tag erneut einlud, aber auch noch zwei Kameraden bestellte, damit auch diese an der wilden Kleinen ihre Freude haben konnten.

Die wilde Kleine brachte ihrerseits noch zwei Dreizehnjährige mit, so daß jeder Teilnehmer und jede Teilnehmerin an der Orgie eine recht beachtliche Auswahl hatten. Denn es bildeten sich bezeichnenderweise keine Paare, sondern es kam von vornherein zum regellosen Partnertausch bei Alkohol und Tonbandmusik.

Im Laufe der Zeit schwänzten insgesamt sechs Mädchen den Schulunterricht, um diese Partys mitmachen zu können...

Auch die Sexpartys der Schüler eines streng konfessionellen Internats blieben lange Zeit unbemerkt. Regelmäßig zum Wochenende trafen sich die besten Zöglinge des Instituts mit ihren Mädchen in einem Keller der Schule und feierten Orgien, die jeder Beschreibung spotteten. Es kam auch hier zum Partnertausch, zum Triolenverkehr, zu lesbischen Spielen und homosexuellen Akten – und niemand ahnte, was sich im Keller tat – bei rotem Licht und nach Beatmusik.«

Dietrich Köhr publizierte auch das Protokoll der 16jährigen Tochter eines reichen Münchner Geschäftsmannes: »Wir gingen an dem Nachmittag schon um drei Uhr oder so was zu Heiko R., dessen Eltern im Garten eine Laube haben, die schon mehr ein kleines Wochenendhaus ist. Wir, das waren damals Elke, Britta und ich, und wir hatten alle drei schon solche Partys mitgemacht, so daß das Ganze für uns an sich nichts Besonderes mehr war.

Aber an dem Nachmittag damals war es extra dufte, ehrlich. Außer Heiko war da noch Bert K., Ulli L., und Hermann L. in der Laube, und sie hatten die neuesten Hits auf Tonband, und es gab auch 'ne Flasche Whisky. Wir tanzten zuerst ein paar Platten, aber natürlich schon ausgezogen, das heißt im Bikini und die Jungs in Badehosen – was ja im Sommer nicht weiter auffällt.

Aber wir hatten auch gar keine Angst, daß jemand uns überraschen würde. Heikos Eltern sind da kulant, die lassen uns immer unter uns, und Heikos Vater war außerdem auch gar nicht zu Hause, hat mit seiner Fabrik schließlich genug zu tun. Ja, also wir tanzten, da war wenig Platz, und es war mehr ein Auf-der-Stelle-Tanzen. Und dabei fing der Heiko mit der Britta gleich was an, so durchs Bein vom Bikini und im Stehen. Sofort machten der Hermann und die Elke das nach, und der Ulli wollte mit mir das gleiche. Aber mir war das zu unbequem, ich hatte es schon mal vorher versucht und dabei einen Krampf in den Waden gekriegt, und das sagte ich ihm dann. Na gut, sagte er, da lehn dich doch mal zum Fenster raus und guck dir den Garten an. Und ich wußte natürlich gleich, was er vorhatte, und mir war's auch recht so. Aber ich mag es auch nicht so durchs Hosenbein, also zieht er mir den Bikini runter und ich lehne mich raus, aber so, daß der Fenstervorhang zwischen ihm und mir runterhing, damit von draußen niemand was sehen konnte.

Zuerst hab' ich einen tollen Schreck gekriegt, als dann der Gärtner von Heikos Eltern aufkreuzte und ganz in der Nähe zu graben anfing.

Inzwischen war der Ulli schon feste dabei, und mir ging es durch und durch, und ich konnte mich nur mit Mühe bremsen, nicht zu stöhnen, weil er es so toll trieb hinter mir.

Dann sah mich der Gärtner plötzlich und grinste rüber und zwinkerte mir zu. War gar kein übler Bursche, so um die fünfunddreißig vielleicht, und hatte eine prima Figur.

›Ist der Heiko auch drinnen?‹ fragte er mich, und mich reitet der Teufel und ich schüttel mit dem Kopf und sagte: ›Nee, ist mal weggegangen und holt einen der Jungens.‹

Und er sagt: ›Da haben Sie wohl Langeweile, wie?‹ und lacht noch mehr, und hinter mir treibt es der Ulli immer wilder, und ich muß an irgendeine Geschichte denken, die ich mal gelesen habe, irgendwas Klassisches, Decamerone oder so, wie da ein Ehemann in einem Faß ist und Rost oder so was losmacht, und die Frau zeigt ihm immer, wo er suchen muß und dabei treibt es ihr Hausfreund mit ihr auch von hinten.

›Na ja‹, sagte ich zu dem Gärtner, ›gerade spannend ist es hier nicht – oder?‹

Und er kommt noch näher ran, und dann ist es beim Ulli so weit, aber er paßt nicht auf, braucht's auch nicht, weil ich schon lange die Pille nehme! Und der Gärtner sagt, ob er reinkommen soll, dann wird es vielleicht spannender. Aber ich sage, lieber nicht, wenn er's wirklich spannend machen will, soll er erst sagen, was er vorhat.

Und er sagt, er hat das Hemd vor und lacht ganz frech, und dann sagt er, er könnte mit mir mal was machen, was ich ganz bestimmt noch nicht gemacht habe.

Ich weiß natürlich gleich, was er meint, denn so blöd kann der Mann ja nicht sein, daß er denkt, ich habe noch nie den Coitus ausgeführt, also wird er Cunnilingus meinen.

›Na, wie ist's mit uns beiden?‹ fragt er wieder, und ich möcht mich schütteln vor Lachen, als ich mir ausmale, daß er das mit mir macht, wo der Ulli mich gerade eben von hinten gehabt hat. Mensch, wird das ein Jux, überleg ich mir und will raus, aber da merke ich, daß schon wieder einer der Jungen hinter mir ist. Der Ulli ist das aber nicht, und ich kann ja auch nicht nachsehen und mich umdrehen, weil der Gärtner nicht mal mehr vier Meter weg ist.

›Was wollen Sie denn mit mir machen?‹ frage ich, und in der Laube sind die jetzt alle ganz still und hören zu, und ich habe keine Ahnung, wer gerade mit mir im Gange ist, und der Gärtner sagt, daß er eine sehr gute Zunge hat, aber daß ich natürlich zu niemandem darüber reden dürfte.

Ich sage, ich habe das schon ganz gern, noch nie gemacht, aber schon oft davon gehört, aber bei ihm würde ich bestimmt nicht Fellatio machen, wenn er sich das etwa einbilden täte.

Aber er sagt, nee, das brauche ich auch nicht, nur etwas rumspielen und so, eben Petting. Und dann – na ja, das war eben gerade das Tolle an dem Nachmittag. Als der Bert, der war's nämlich, dann auch seine Ejakulation hatte, habe ich mir die Bikinihosen wieder angezogen und bin rausgegangen zu dem Gärtner. Er hat noch mal gesagt, daß ich auch bestimmt niemandem was erzählen dürfte, und ich habe gesagt, großes Ehrenwort, daß nicht, und wir sind in ein Gebüsch gegangen, und er hat den Cunnilingus bei mir gemacht, daß mir ganz schwindelig geworden ist.«

Im Herbst 1963 fallen in der Pfalz Orgien auf, die in einem abgelegenen Gartenhaus, der »Spinnenburg« stattfanden, wo »zahlreiche Pärchen, darunter Mädchen unter 14 Jahren, Gelegenheit zur Unzucht gegeben« wurde. Unter den Mädchen waren auch die beiden Töchter des Polizeichefs von Ludwigshafen.

Im »Münchner Merkur« vom 1. Oktober 1963 ist darüber zu lesen: »Im Frankenthaler Landgericht wird von heute, Dienstag, an das Finale eines Films abgespult, dessen Probeaufnahmen 1960 in Ludwigshafen begannen. Sein Titel heißt ›Party‹, und die Arbeitsgemeinschaft ›Lu-Film‹ wollte mit ihm den Erwachsenen zeigen, wie unsere Jugend in Wirklichkeit ist. Weder der Regisseur, der Gründer des ›Jugendklubs 280‹, noch dessen Freund und Financier, der Ludwigshafener ›Teenager-Onkel‹, hätten sich indessen träumen lassen, daß die Schlußszenen ihres zeitkritischen Streifens im Gerichtssaal spielen würden. Im Drehbuch war jedenfalls kein Prozeß vorgesehen, dessen Anklagepunkte ein übles Ende versprechen: Fortgesetzte schwere Unzucht mit Minderjährigen, Kuppelei, Vergewaltigung einer Willenlosen, Beleidigung einer Minderjährigen durch Anfertigung obszöner Aktfotos. Hauptfigur und Namengeber des ›Jimmy-Prozesses‹ ist der 30jährige Joachim Nunvar aus Dresden, kaufmännischer Angestellter in Ludwigshafen und Leiter des 1958 von ihm gegründeten ›Jugendklubs 280‹. Als in seiner Wohnung zwei Kriminalbeamte zwecks Vernehmung erschienen, gerieten sie, obwohl dem Referat ›Sitte‹ angehörend, in einiges Erstaunen. Gleich in Nunvars Korridor hing nämlich das lebensgroße Nacktfoto eines Mädchens. Die Töchter des Ludwigshafener Polizeichefs kannten dieses Foto schon lange. Sie gehörten zu den reichlich 200 Klubmitgliedern, aus denen der kleinwüchsige und meistens ein bißchen schmuddelig aussehende Jimmy Nunvar die ›Stars‹ für seinen Film rekrutierte. Zusammen mit dem Polizeichef hofften in den letzten Monaten viele angesehene Ludwigshafener Bürger, daß ihre Töchter davor bewahrt bleiben würden, im Jimmy-Prozeß als Zeuginnen aufzutreten. Die Eltern hatten ja keine blasse Ahnung davon, welcher Art die Vergnügungen im von der Stadt sogar finanziell unterstützten ›Jugendklub 280‹ waren. Sie kannten nur die Anfangsgeschichte des Klubs. Und die war durchaus löblich. Gründer Jimmy Nunvar hatte nämlich 1958 nichts anderes vorgehabt, als mit teils vergnüglichen, teils bildenden Veranstaltungen Geselligkeit zu pflegen. Und das ging so lange gut, bis die jungen Leute 1960 beschlossen, den ›Teenager-Modeklub‹ bei sich aufzunehmen. Sie taten es aus edlen Motiven, denn jener Klub war eng mit einem Ludwigshafener Teenager-Modegeschäft liiert. Und der Chef dieser Firma, ein eleganter Herr mit schickem Auto, grauen Schläfen und dem Spitznamen ›Teenager-Onkel‹, war Zielscheibe trüber Gerüchte. Er pflege die Mitglieder seines Klubs zu nicht ganz uneigennützigen Autofahrten einzuladen, raunte man. Seine Sekretärin, so raunte man weiter, pflege die auserwählten Backfische zuvor mittels zweideutiger Briefe und Unterhaltungen darüber aufzuklären, auf welche Weise sie sich am besten für die Einladung bedanken könnten. Kaum war der Modeklub zu den 280ern übergelaufen, da sann der Teenager-Onkel denn auch darauf, wie er die entschwundenen Mädchen zurück in sein Auto locken könne. Und wenig später war er eng mit Jimmy Nunvar befreundet. Die Freundschaft war so übermächtig, daß Jimmy den ›Jugendklub 280‹ platzen ließ und dafür mit finanzieller Unterstützung eines ›unbekannten Gönners‹ eine elegante Fünf-Zimmer-Wohnung bezog, um dort mit ehemaligen Klubmitgliedern die Arbeitsgemeinschaft ›Lu-Film‹ zu gründen. Zeitungsinserate und die begeisterte Mundpropaganda der Teenager sorgten für regen Zulauf an ›Stars‹. Die Geschichte ihres Films füllt bei der Frankenthaler Staatsanwaltschaft rund 1000 Aktenblätter. Sie zeigen in chronologischer Reihenfolge, wie Jimmy Nunvar und sein Gönner das Thema ›Party‹ künstlerisch bewältigten: Erst wurde getanzt. Dann wurde überhaupt nicht mehr getanzt. Wenn ein Mädchen noch Hemmungen hatte, dann wurden sie mit Alkohol weggespült. Natürlich wurde auch fotografiert. Die von der Kripo beschlagnahmten ›Probeaufnahmen‹ füllen mehrere Kisten. Neuen Film-Anwärterinnen pflegte Jimmy solche Bilder vorzulegen: ›Wollt ihr da nicht auch mal mitmachen?‹ Mehr als 200 wollten. Eine der Bildserien hat der Staatsanwalt zum Gegenstand eines eigenen Anklagepunktes gemacht. Sie zeigt besonders variantenreiche Aktfotos von einem jungen Mädchen, das offensichtlich sehr fotogen war. Dieses Mädchen ist 13 Jahre alt. Ein ganzer Stapel Bilder zeigt den Regisseur Jimmy in Situationen, auf die nicht einmal mehr die Umschreibung zweifelhaft paßt. Für das Frankenthaler Landgericht ist es trotzdem ein Glück, daß alle diese Fotos existieren. Sonst könnte es Joachim Nunvar und seine drei mitangeklagten Freunde für viele Einzelheiten überhaupt nicht zur Verantwortung ziehen. Von den einst so begeisterten ›Filmstars‹ will nämlich keiner mehr dabeigewesen sein. Sie würden am liebsten den Jimmy das gemeinsam gekochte Süpplein auslöffeln lassen. Auf die meisten Zeugenaussagen hin ist sofort eine Anzeige wegen Beleidigung oder üble Nachrede erfolgt. Allein Jimmy hat aus der U-Haft 21 Klubmitglieder angezeigt. Da ist es gut, daß es die klärenden Fotos gibt.«

Auf die »rosa Ballette« in Paris und die »schwarzen Ballette« in Antwerpen, 1960, folgten 1963 die »grünen Ballette« in Brescia und 1964 die »blauen Ballette« in der Schweiz.

In Brescia wurden 32 Männer angeklagt, »Vergnügungen, denen die ausschweifenden Männergelage der alten Griechen zum Vorbild dienten«, veranstaltet zu haben. Minderjährige Jungen dienten in einer Villa am Gardasee und in einer Luxusvilla in Rom »Lebemännern« – unter ihnen ein ehemaliger Abgeordneter und ein Industrieller – als Lustknaben. Prominente Geschäftsleute und »Mitglieder höchster Gesellschaftskreise«, ein Adeliger, ein ausländischer Industrieller und der Finanzberater einer Genfer Bank, organisierten laut Bericht in der »Süddeutschen Zeitung« im November 1964 in der Schweiz Orgien. Die ›Ballets blues‹ mit teils willfährigen, teils verführten Jugendlichen sind durch einen 15jährigen Buben aufgekommen, der nach der Teilnahme an einer dieser ›Parties‹ zur Polizei gegangen war. Unbeschreibliche Orgien sollen sich in einem von Weinbergen umgebenen Schloß am Genfer See, einem Herrensitz in einem Genfer Vorort und einem privaten Luxusschwimmbad abgespielt haben.«

Am 14. November 1964 berichtet die Züricher Zeitung »Blick« von einem »lockeren Damenkränzchen« in Bremen, wo sich vier Ehepaare »nach amerikanischem Vorbild zu Striptease-Parties« trafen. Sie »knobelten um die Frauen, drehten unbeschreibliche Sittenfilme und fotografierten ihre eigenen wüsten Szenen. Mit den Bildern warben sie in ganz Deutschland Teilnehmer. Eine Woche lang beschäftigte sich das erweiterte Bremer Schöffengericht mit den deutschen Sex-Parties, ehe es sein Urteil fällte. Auf der Anklagebank saßen die vier Ehepaare: Blendend aussehende Männer mit ihren attraktiven Frauen. Zeugen waren 15 alleinstehende Mädchen und Männer, die an dem süßen Leben teilgenommen hatten. Freimütig berichteten die 27–28 Jahre alten Angeklagten über ihre ›Spielchen‹: Striptease, wie er in keinem Lokal gezeigt wird, und ›lockere Damenkränzchen‹. Der Sittenskandal platzte, als der Party-Fotograf – ein echter Graf

– in der Eisenbahn seine Brieftasche mit obszönen Party-Bildern, Adressen und Briefen verlor. Völlig überrascht nahm daraufhin die Polizei bei den Inhabern der Adressen Haussuchungen vor. Sie gestanden ihr Treiben und erklärten mit aller Offenheit, daß sie mit Gleichgesinnten aus vielen Orten in der Bundesrepublik aufschlußreiches Fotomaterial ausgetauscht hatten. In den Briefen an die Interessenten wurden die Sex-Parties als ›freie Entfaltung der Persönlichkeit, moderne und nicht gerade gut bürgerliche Geselligkeit‹ geschildert. Unter den Protokollen des süßen Lebens war der Polizei auch der seitenlange Briefwechsel einer 27jährigen Angeklagten mit ihrem zur See fahrenden Mann in die Hände gefallen. In den Briefen schildert die Frau ihrem abwesenden Ehegatten ihre Erlebnisse auf intimen Parties. Für die ›Veranstaltungen‹ arbeitete der Graf Programme bis ins kleinste Detail aus. Beliebtester Gast war ein bildhübsches Mannequin aus Bremen, das mit Schleiertänzen jeweils den Auftakt zu den Vergnügungen gab. Wenn das Mädchen nicht anwesend war, wurden zur Einleitung Filme von ihren Darbietungen gezeigt. Der nächste Schritt war meistens, daß die Ehepaare auf dem Boden Platz nahmen und Weinflaschen zum Rotieren brachten. Derjenige, auf den der Flaschenhals zeigte, mußte mit einer Striptease-Vorführung beginnen. Nach dem Aufplatzen des Party-Kreises tat sich heraus: Die allzu freizügigen Ehepaare hatten in Annoncen in seriösen Zeitungen für ›gesellige Zusammenkünfte tolerante Partner und Partnerinnen‹ gesucht. Wie die Angeklagten offen bekannten, stapelten sich die Zuschriften. Auf eine einzige Anzeige erhielt ein Hamburger Ehepaar 40 Angebote von Gleichgesinnten.«

Im Dezember 1964 wird ein Sittenskandal aus Budapest bekannt. Kalman von Konkoly berichtet in der »Süddeutschen Zeitung« am 2./3. Januar 1965: »Wie so viele Sensationen in einem kommunistischen Lande begann auch diese mit einer wortkargen Meldung im Blatt der ungarischen Vaterländischen Front ›Magyar Nemzet‹: ›Teilnehmer an einem Komplott wurden verhaftet.‹ Das war Anfang Dezember. Seitdem entpuppte sich die ganze Angelegenheit als einer der größten Korruptions- und Sittenskandale, die Budapest je erlebt hat.

Die nächste Meldung war schon etwas ausführlicher. Es hieß, der Leiter des ›Komplotts‹ sei Ladislaus Onodi, allmächtiger Direktor aller staatlichen Restaurants und Buffetunternehmen der Hauptstadt... Lajos Onodi war bis 1945 Metzgergeselle. Durch seine Parteiverbindungen erhielt er nach dem Krieg seinen Posten als Direktor. Er beschlagnahmte in Göd an der Donau (30 Kilometer von Budapest entfernt) die Villa eines deportierten Grafen und ließ das Gebäude mit staatlichen Geldern luxuriös einrichten. Es wurde ein Lustschloß raffiniertester Art.

Der Budapester Skandal fing eigentlich in New York an. Die Rauschgiftabteilung der dortigen Polizei entdeckte, daß in einigen kleinen, runden Dosen, die von einer staatlichen ungarischen Exportfirma mit der harmlosen Bezeichnung ›Gänseleberpastete‹ nach den USA exportiert wurden, Heroin steckte. Das Rauschgift hatten Stewardessen der ungarischen Luftfahrtgesellschaft nach Amerika geschmuggelt. Diese Damen waren ständige Gäste im Göder Lustschloß...

Die Einkünfte dienten als Grundkapital für das ›bolsche vita‹, wie es jetzt in Budapest spöttisch genannt wird. Die Göder Villa wurde zu einem Prachtpalais umgestaltet. Die Trinkgelage und täglichen Festessen mitsamt den anschließenden Orgien hätten die Phantasie eines Casanova beflügeln können.«

Die Bilanz des Jahres 1965 sieht, laut Nachrichtenmagazin »Der Spiegel«, folgendermaßen aus: »Die Mädchen zeigen ihren Nabel herum, als ob es der Hope-Diamant wäre. Sie lassen sich die Haare ins Gesicht wehen und balancieren ihre Oberweite vor sich her wie ein Tortentablett. Sie tun es im Sand, im Schnee, im Schlafzimmer und vor allem im Vierfarbendruck. Von den Kiosken und Plakatwänden herab drängen sich ihre flaumigen Flanken beharrlich in die Wachtraumwelt des Zeitgenossen, bis, wie Fernseh-Pfarrer Sommerauer sagt, ›auch der letzte Mann merkt, was für einen Mist er zu Hause hat‹.... Von 52 Nummern des vergangenen Jahres präsentierten 27 Titel von ›Quick‹, 28 von ›Revue‹ die weibliche Epidermis im Stadium fortgeschrittener Entblätterung. Und bei der ›Neuen Illustrierten‹ ragt Queen Elizabeth anläßlich ihres Deutschlandbesuchs vollgewandet und gibraltargleich einsam aus der nackten Welle.

Zugleich überrollte die Sexpassion den Textteil. In einer typischen Woche schrieben die zwölf größten Illustrierten und Frauenzeitschriften in 12 610 Zeilen über Abtreibung (›Im Namen der Frau‹) und Zeugung (›Wir möchten gern ein Kind‹), von

Promiskuität (›Mädchen im gefährlichen Alter‹) und Prostitution (›Frohsinn bis zum 8. Stock‹), Eheschließung, -bruch und -scheidung, Impotenz und Eifersucht, sogar in den Seiten von Deutschlands größter und seriösester Illustrierten, ›Der Stern‹, hallte vorübergehend das Echo der Sexplosion wieder... Unterdessen kolportierte ›Revue‹ die jüngste Sex-Fama von den ›Allzu freien Ehepaaren‹‹, die sich über Bekanntschaftsanzeigen zu Sexpartys und Frauentausch zusammenfänden. Und ›Quick‹ erreichte spätestens mit Nummer 12/66 den Zustand des Mannes aus dem vielerzählten Witz, der selbst beim Anblick eines schlichten Quadrats an ein Pärchen im Bett denken muß.«

»Das Thema Sex beherrscht die Gemüter wie in keinem Jahr zuvor«, schreibt die Zeitschrift »Twen« (1966) und sucht zu beweisen, »daß es kein bloßer Wortwitz ist, wenn man die Jahreszahl 66 als Sexundsexig ausschreibt«. Und kreiert den kürzesten Sex-Witz des Jahres: »Sei kein Sexmuffel: nimm nicht die von gestern!«

»Newsweek« veröffentlicht eine Untersuchung über den »Uni-Sex«, und Dr. Hans Giese verschickt an mehr als 6000 Studenten von 12 deutschen Universitäten einen Fragebogen mit 280 Fragen nach dem Sexualverhalten. Im englischen Fernsehen diskutieren ein junger Mann und ein Mädchen, im Bett liegend, intime Fragen – und ein Bericht des britischen Kirchenrats stellt fest, daß Sexualverkehr außerhalb der Ehe nicht unbedingt Unkeuschheit bedeute, während der evangelische Theologe und Soziologe DDr. Keil von der Kirche fordert, der verantwortungsbewußten freien Liebe entgegenzukommen. Das Jahr 66 bringt den Minirock und das LSD. Im Jahre 66 endlich veröffentlicht Masters seinen Bericht über »Die sexuelle Reaktion« und räumt mit dem alten Vorurteil auf, daß die Größe des Gliedes ausschlaggebend für den Erfolg des Beischlafs wäre. Ein Gedankengang, den – ein Jahr später – auch Oswalt Kolle aufgreift, als er in der »Neuen Revue« für die nächsten zwei Jahre sexuellen Nachhilfeunterricht gibt.

Mit Oswalt Kolle, laut »Spiegel« ein »Orpheus des Unterleibs«, bricht eine neue Ära herein. Im Grunde tut Kolle in seinen Artikeln, die wenig später als Buch echte Bestseller werden, nichts anderes, als einschlägige Literatur von Van der Velde bis Kinsey, von Masters bis Johnson zu zitieren. Da er das aber in einer vielgelesenen Illustrierten macht, fällt ihm neben Publizität und Reichtum auch das Verdienst zu, aufklärerisch gewirkt zu haben.

Kolles allwöchentliche Aktivität weckt auch das Interesse anderer Illustrierter, die nun ihrerseits über Vagina, Penis und Coitus zu rätseln und zu berichten beginnen.

Das amerikanische Nachrichtenmagazin »Newsweek« nennt die Moral 67 »nackt und zügellos«. »Die Welt gerät aus den Fugen«, erklärt die »Neue Revue« in jenem Heft, in dem Oswalt Kolle »Das Geheimnis der Liebe predigt«. »So sollen Eltern lieben – So sagen sie es ihren Kindern. In diesem Heft: Das Wunder der menschlichen Befruchtung.« Und Sex-Nackedei Barbara Valentin fleht in dem gleichen Heft: »Vergebt mir meine wilden Jahre.« »Werden wüste Orgien unter Maos Porträt zum neuesten Hobby einer bekanntlich schon übersexualisierten Gesellschaft? Erobern Kommunen Deutschlands Betten?« fragt »pardon« im Augustheft 1967. »Neue Revue« berichtet: »Nackt ist Trumpf. In Paris wirbt der Modeschöpfer Guy Peelaer für seine Kleider – mit Damen ganz ohne Kleider. Zügellos heißt die Parole. New Yorks Jugend tanzt ohne Hüllen und ohne Scham... Das amerikanische Nachrichtenmagazin ›Newsweek‹ hielt Umschau in Amerika und in der Welt, befragte Professoren, Geistliche und Schriftsteller und kam zu dem Schluß: ›Die alten Tabus sind tot oder im Sterben. Eine neue, duldsamere Gesellschaft bildet sich heraus.‹ Das getreue Spiegelbild dieser Gesellschaft, ihrer Freiheit und Frechheit, ihres Leidens und ihrer Leidenschaft sind Bühne und Buch, sind Film und Zeitschrift. Eine holländische Fernsehgesellschaft zeigte ein nacktes Mädchen auf dem Bildschirm, und kaum einer regte sich auf. Ein neuer schwedischer Film ›Ich bin neugierig‹ bringt gleich vier drastische Szenen des Liebesverkehrs, und kaum einer regt sich auf. In dem Theaterstück ›America Hurrah‹ vereinigen sich riesige Pappmachépuppen auf offener Bühne zum Zeugungsakt, in dem Musical ›Hair‹ singen Chorknaben mit größter Selbstverständlichkeit Liedtexte, die früher einer Hafendirne die Schamröte ins Gesicht getrieben hätte – und in ›Die Komödianten‹ fragte Englands Großer der Leinwand, Alec Guiness, seinen Partner Richard Burton über Elizabeth Taylor: ›Meinst du, sie ist gut zu...‹ Und er spricht es aus. NEUE REVUE druckt es nicht. ›Newsweek‹ tut es. Dieses und viele andere Wörter, die man früher nur an Abortwänden fand, die man jetzt aber in großen Bestsellern beinahe auf jeder Buchseite entdeckt.

Hinter dieser immer weitergehenden Freizügigkeit der Kunst, schreibt ›Newsweek‹, steht ›eine Gesellschaft, die nicht länger einer Meinung ist über so wesentliche Dinge wie Sex vor der Ehe, Ehelosigkeit der Priester, Ehe überhaupt, Geburtenregelung und Sexualerziehung, eine Gesellschaft, die sich nicht einig werden kann über die Regeln des Benehmens, der Sprache, der Sitten, über das, was man sehen und hören darf.‹ Die Woge der Veränderung rollt daher mit der Wucht und Geschwindigkeit einer Sturmflut, von vielen begrüßt als die Befreiung von einer muffigen Moral, von anderen mit Schaudern gewertet als Vorzeichen des Untergangs einer Gesellschaft – unserer Zivilisation... Dem britischen Gesellschaftskritiker Malcolm Muggeridge bereitet diese schnelle Veränderung Sorgen. ›Es ist das Zeichen des Verfalls. Da unsere Lebenskraft abebbt, greifen die Menschen nach Ersatz-Anregungen wie der gegenwärtigen Sex-Manie. Vor dem Zusammenbruch des Römischen Reiches wurden die Werke von Sappho, Catull und Ovid gefeiert.‹ Er schließt, uns werde es nicht besser gehen, als den alten Römern, die erst von der Freiheit der Sitten, dann von der Völkerwanderung überrollt wurden.

Andere Denker beurteilen das, was um uns, was mit uns, was in uns geschieht, keineswegs so pessimistisch wie Muggeridge. Im Gegenteil. ›Wir entdecken gerade erst, was die Moral überhaupt ist‹; sagt der Theaterkritiker Kenneth Tynan. ›Moral befaßt sich damit, wie wir uns zueinander verhalten, nicht damit, wieviel von unserem Körper wir herzeigen.‹ «

Vier Monate später, im März 1968, widmet die »Neue Revue« mehrere Wochen dem Thema »Die Nackte Welle« ihre Seiten: »In Filmen und auf der Bühne liebt man sich nackt. Durchsichtige Kleider sind der letzte Modeschrei. Die Werbung setzt nackte Haut als Blickfang ein. Tausende bevölkern die Nacktstrände.« Und die Illustrierte fragt: »Verfall der Moral? Oder nur ein neues Körpergefühl?« – »Hat die Schamlosigkeit noch Grenzen?« rätselt zur gleichen Zeit »Quick«, nichtsahnend, daß der Höhepunkt noch längst nicht erreicht ist, obwohl es fast schon selbstverständlich ist, daß Vernissagen durch den nackten Meister und einige seiner nackten Musen umrahmt werden.

Auch im »Stern« wird die Frage gestellt: »Wohin führt uns der enthemmte Sex?« Und Wolf Schneider stellte einen ganzen Kalender der letzten zwanzig Sex-Jahre zusammen und schreibt:

»Mit dem Jahr 1968 türmt sich die Sexwoge zur Springflut auf. Mit rasendem Eifer werden die letzten Kinder gesucht, die noch nicht alles wissen, die letzten Tabus, die noch gebrochen werden können, die letzten Obszönitäten, die noch keiner verfilmt hat.

Januar 1968:
Der schwedische ›Reichsbund für sexuelle Aufklärung‹ beginnt, mit dem Segen der Behörden, an alle Schüler von zwölf Jahren aufwärts die Broschüre ›Zusammenspiel‹ zu verteilen. Sie enthält ausführliche Darstellungen von Onanie, Petting, Coitus interruptus und Verhütungsmitteln.
In den USA wird an fünfzig Prozent aller Schulen Sexualunterricht erteilt.

Februar 1968:
Auf dem öffentlichen Hamburger Künstlerfest »Li-La-Le« erscheinen etliche Gäste völlig nackt.
Bei den Filmkunsttagen in Hamburg und Oberhausen läuft ein Kurzfilm mit dem irreführenden Titel ›Besonders wertvoll‹, dessen Hauptdarsteller ein sprechender Penis ist.

März 1968:
Der Verband Deutscher Studentenschaften empfiehlt auf seiner Münchner Jahrestagung, alle Schüler spätestens mit elf Jahren sexuell aufzuklären und später auch über die sexuellen Techniken zu belehren.

Juli 1968:
Die Enzyklika Papst Pauls VI. gegen die Pille ruft in der westlichen Welt einen Aufruhr hervor. Er rührt nicht nur von der katastrophalen Wirkung her, die das Verbot aller Verhütungsmittel im überbevölkerten katholischen Lateinamerika haben muß; er ist zugleich ein Aufschrei der Sexualaufklärung gegen das Sexualtabu, der Geschlechtslust gegen die Fortpflanzungspflicht, der Kinsey-Moral gegen die Kirchen-Moral.

Weiter Juli 1968: Der amerikanische Erfolgsautor Vance Packard veröffentlicht unter dem Titel ›Die sexuelle Wildnis‹ eine Untersuchung über das Geschlechtsleben an amerikanischen und europäischen Colleges und Universitäten; sie zeigt unter anderem, daß die sexuelle Aktivität der amerikanischen Studentinnen in den zwanzig Jahren seit Kinsey um 60 Prozent gestiegen ist, damit aber immer noch erheblich hinter der geschlechtlichen Betätigung der deutschen und vor allem der englischen Studentinnen zurückbleibt. Die westdeutsche Zeitschrift ›Konkret‹ (extrem links und mäßig intellektuell) bezeichnet in ihrem Septemberheft den ›zweiten Platz‹ der deutschen Mädchen als ›beachtlich‹ und tadelt zugleich die Amerikanerinnen: ›Wenn Jungfräulichkeit für sie eine Tugend ist und Geschlechtsverkehr mit dem Schielen auf eine mögliche Ehe betrieben wird, ist es nicht verwunderlich, daß die amerikanischen Studentinnen in der Koitusstastistik weit abgeschlagen hinter ihren europäischen Kommilitoninnen landen.‹ Dies ist die bisher beste unfreiwillige Karikatur auf die herrschende Mode: Jeder Geschlechtsakt macht uns gleichsam zu Teilnehmern an einer internationalen Sexual-Olympiade, bei der Rekorde aufgestellt, ehrenvolle zweite Plätze vergeben und orgasmusfaule Gesellen schimpflich überrundet werden. Seine Majestät der Koitus verteilt die Goldmedaillen.

August 1968:
Hamburgs Gesundheitsbehörde plant Sexualaufklärung per Telefon. Deutschlands rühriger Sexualprofessor Giese folgt Vance Packard auf dem Fuße mit einer Spezialuntersuchung über westdeutsche ›Studenten-Sexualität‹. Man erfährt daraus zum Beispiel: Das ›Koitus-Vorkommen‹ unter Berliner Studentinnen ist fast doppelt so hoch wie unter den Mädchen der Universität Tübingen; für 57 Prozent der Studenten ist die häufigste Quelle der Befriedigung die Onanie; oder (im ›Spiegel‹-Neudeutsch): ›Wo regelmäßiger Kirchgang vorherrscht, kümmert der Sex.‹

Natürlich ist Giese auch an dem farbigen Dokumentarfilm ›Du‹ beteiligt, der im August 1968 der Freiwilligen Selbstkontrolle der deutschen Filmwirtschaft vorgelegt wird, sie jedoch zunächst nicht passiert. Der Film zeigt (durchweg splitternackt) eine Frau beim Onanieren, ein Paar beim Beischlaf, eine Prostituierte bei der Arbeit, ferner Homosexuelle, Exhibitionisten, Fetischisten und Sexualverbrecher. Er hat damit einen ›Konkret‹-Rekord aufgestellt: es ist technisch nicht möglich, die Aufklärung noch weiterzutreiben.

Weitertreiben läßt sich dagegen der Abbau der letzten juristischen Schranken, die das Geschlechtsleben noch einengen. Im August 1968 schlagen sechzehn deutsche und schweizerische Strafrechtler vor, die Strafbarkeit der Blutschande und der Zuhälterei abzuschaffen.

September 1968:
Hessen führt Sexualkunde als Pflichtfach ein.

Dies also ist der Pegelstand im Herbst 1968.«

Im selben Herbst fühlt sich auch der »Spiegel« wieder veranlaßt, dem Sex in Deutschland nachzuspüren, diesmal auf dem Titelblatt in die Frage gekleidet: »Schau – Lust oder Moral?« und im Inneren unter dem Aufschrei »Was für Zeiten«.

»Der Phallus von Kassel, 85 Meter, ragte in den Herbst – 14 Meter höher als das Kasseler Herkules-Standbild, höher auch als die Martin- und die Lutherkirche. Er stand, von einer Windmaschine hochgehalten, für den Erregungszustand einer Hemisphäre.

Während das Wahrzeichen der ›Documenta‹ zwischen den Kasseler Schloten schwankte, sahen die Bürger von Hammelburg den Schwedenfilm ›Ich bin neugierig – gelb‹ (fünf Beischlafszenen). In Bamberg und Böblingen, Rendsburg und Rüsselsheim lief das Filmwerk ›Vögel sterben in Peru‹ (sieben Beischlafszenen, ein lesbischer Akt). Zum 5500. Male paarten sich Liebende auf blauem Laken in ›Die vollkommene Ehe‹ nach van de Velde. Fünfzig Lichtburgen der Bundesrepublik spielten ›Inga – Ich habe Lust‹ (Defloration, Dauerbeischlaf, Gruppen-Koitus, Onanie).

An Lebenshilfe lag in Zeitungskiosken gestapelt: ›Mit wieviel Männern darf ein Mädchen schlafen?‹ (›Es‹); ›Was Männer empfinden, wenn sie ihre Frau betrügen‹ (›Jasmin‹); ›Prostitution in St. Pauli‹ (›Quick‹); ›So lernen Männer besser lieben‹ (›Neue Revue‹).

Auf dem Titelblatt der satirischen Monatszeitschrift ›Pardon‹ zeigte sich ihr Verleger Hans A. Nickel mit einer Nackten, die auf seinen Schultern ritt. In der ›Zeit‹ fand sich die Forderung, auch Ehefrauen müßten fremdgehen dürfen.

Das Apo-Magazin ›konkret‹ füllte sein Titelblatt mit 120 Quadratzentimeter Mädchenfleisch (›Wie Mädchen wirklich lieben‹) und 15 Quadratzentimeter Dutschke. Und wenn es der richtige Kiosk war, wurde auch Neues aus Skandinavien geboten: ›Loving Sweden 8-9-10 Special – der stärkste Fickenmagazinen im Welt.‹ Und während im Münchner ›Theatron Eroticon‹ (Leitung: Arthur Maria Rabenalt) zur Eröffnung Oben-ohne Einakter (›Am Bettrand‹, ›Die beiden Venuspferdchen‹) geprobt wurden; während eine Dienststelle des Bonner Gesundheitsministeriums den ›Sexualpädagogischen Atlas‹ für Schulen vorbereitet; während ein dänisches Reisebus-Unternehmen Wochenendfahrten zur Ausstellung ›Erotische Kunst‹ in Aarbus (Fahrpreis 120 Mark) organisierte – verschickte die Frankfurter Werbeagentur Young & Rubicam Plakate mit dem 18fach belichteten Photo einer Nackten: Beigabe zur traditionsreichen Whiskymarke ›Haig‹; wurde in der Kölner Ehrenstraße ›Dr. Müllers Sex-Boutique‹ eröffnet (›Liebesspiele aus Europa, Asien und Tirol‹) und packte der Wiener Bestsellerverleger Fritz Molden zur Frankfurter Buchmesse das Neueste ein: ›Die Exhibitionisten‹ von US-Autor Henry Sutton, die Geschichte einer Nymphomanin, geschrieben, wie das Ärzte-Magazin ›Selecta‹ mutmaßte, ›mit der Stoppuhr in der linken und dem Krafft-Ebing in der rechten Hand‹.

Kurzum, es war ein ganz normaler sexdurchsonnter Septembertag des Jahres 1968.«

Mit statistischer Akribie werden auch die letzten Ereignisse zusammengetragen: 427000 farbige Nacktfotos in einem Jahr, schwarzweiß nicht mitgerechnet, zehn Prozent mehr Nacktbader als im Vorjahr. Es wird Kardinal Döpfner zitiert (»Eine Sexwelle geht durch die zivilisierten Länder, wie sie wohl noch nie erlebt wurde«) und Oswalt Kolle. Es wird vermerkt, daß der Minirocksaum steigt und steigt und eine Schweizer Uhren-Firma mit zwei Photos eines nackten Paares und dem Slogan »Vergeßt die Zeit, Universal Genève paßt auf« in wechselnder Koitusstellung (»Erstes Bild: der Mann oben, 2.02 Uhr: zweites Bild: das Mädchen oben, 2.16 Uhr«) warb. Und es wird weiter von einem Wohltätigkeitsfest des Innsbrucker Roten Kreuzes berichtet, wo zweitausend Zuschauer in einem Bierzelt den Bewerberinnen einer Miß-Wahl »Ausziehen, ausziehen!« zuriefen – und die Damen diesem Wunsch nachkamen.

Im Jahr 1968 machte auch Amerikas Sexualforscherpaar Masters und Johnson wieder von sich reden. Sie behandeln das sexuelle Versagen des einen oder auch beider Partner. Zu viert werden zwei Wochen lang tagtäglich »technische Fragen« erörtert, wird geklärt, welche Berührungen, welche Reize dem Partner am meisten zusagen, ihn am meisten erregen. Diese technische Vorbesprechung findet dann Fortsetzung in einem, wie »Quick« berichtet, »kleinen Motel gleich gegenüber der Masters-Klinik«. Dort werden auch die »Hausaufgaben« erledigt. »Zum Beispiel: Zunächst gegenseitiges Abtasten und Liebkosen. Erst der Mann, dann die Frau. Niemals beide zugleich. Der eine muß sich ganz auf ›Empfang‹ einstellen, während der andere ›sendet‹. Nach zwanzig Minuten wird die Rolle gewechselt.

Die Berührung soll ganz leicht und sanft sein. Zartes Streicheln regt die Nervenenden unter der Haut an, festes Zupacken betäubt sie nur.

Zweck der Übung: die Partner sollen ihre erogenen Zonen besser kennenlernen, sie sollen sich auf ihren Körper besser einstellen können. Um ihnen die Aufgabe zu erleichtern, gibt ihnen Professor Masters Öle oder Lotionen, mit denen sie sich gegenseitig einreiben und massieren müssen.

Anfangs dürfen Geschlechtsorgane und Brust nicht berührt werden. Auch der Geschlechtsakt selbst ist in den ersten Nächten noch ›verboten‹. Die sexuelle Spannung soll langsam aufgebaut werden.«

Laut »Spiegel« kostet eine solche Behandlung umgerechnet insgesamt DM 10000, laut »Quick« rund DM 3500,–, Unterkunft und Verpflegung nicht mitgerechnet.

Wie dem auch sei, die Deutschen werden sich das Geld vorerst sparen können.

Denn seit Herbst 1968 erscheint für deutsche Schülerinnen und Schüler eine Zeitschrift, die sowieso »keine Tabus anerkennt«: Underground.

»Underground ist da.

UNDERGROUND ist eine Zeitung für Schüler – das erste und bisher einzige deutsche Schülermagazin. Schüler haben wenig

Geld, und sie kaufen davon viel Gedrucktes, wöchentlich und monatlich. Politik, Pop. Sex, Satire. Überall können sie gelegentlich über die Schule lesen, besonders zuverlässig immer dann, wenn lüsterne Lehrer Primanerinnenblusen öffnen oder wenn Schüler mit spektakulärem Hungerstreik – Öffentlichkeit herstellen. Wo aber steht, wie es wirklich an unseren Schulen aussieht? ...Wer schreibt, was unseren Schülern Spaß macht, wie und wo sie ernsthaft vermoderte Systeme reformieren und revolutionieren wollen?

Bisher niemand. Jetzt tut es UNDERGROUND.«

Und weiter heißt es:
»UNDERGROUND is action
UNDERGROUND is information
UNDERGROUND is love
UNDERGROUND is fun
UNDERGROUND is da.«

Auf einer poppigen Doppelseite der ersten Nummer steht zu lesen: »All you need is love. Underground is love. All you need is underground. Liebet eure Lehrer! Brüllen sie euch an, stopft ihnen Blumen in den Mund. Geben sie euch schlechte Noten, malt ihre Autos rosa an.

Lassen sie euch sitzen, küßt sie, bis sie keine Luft mehr kriegen. LOVE.«

Auf Seite 38 der ersten Nummer wird ein Witz erzählt: »Ein Mädchen geht zum Tanzen und die Mutter sagt ›Paß gut auf, wenn der Fritz dich im Dunkeln nach Hause bringt und wenn er dich dann küßt und du legst dich hin und er legt sich auf dich, dann hast du nachher Schande!‹

Das Mädchen kommt nach Hause und die Mutter fragt, wie es war. Da sagt das Mädchen: ›Es war herrlich und die Schande hat der Fritz – er lag unten.‹«

Darunter in Klammern: »Mädchen, 13 Jahre.«

SEID NETT AUFEINANDER!

Jahrelang waren, von der Öffentlichkeit unbeachtet, einschlägige Annoncen in der FKK-Zeitschrift »Helios«, die sich später auch »EOS« nannte, unter der Überschrift »Wir finden uns« erschienen.

»Lebensfrohes Ehepaar, 28/49, sucht Gleichgesinnte für frohe Stunden, Geselligkeit, gemeinsamen Urlaub. Ausführliche Zuschriften, mögl. mit Bild (zurück) – Diskr. selbstverständlich – u...«

»Rhein-Main: Modernes Ehepaar, beide 38, schlank 174/160 groß, motorisiert, mit viel Sinn für erlebnisfrohe Freiheit einerseits und häusliche Disziplin andererseits, freut sich auf Geselligkeit und Freundschaft mit passendem Paar. Alle Bildzuschriften werden beantwortet. Diskretion und Rückgabe ist Ehrensache. Chiffre B...«

»Gutgewachsener Enddreißiger, von der Natur großzügig bedacht, sucht Fotofreundschaft zu unkomplizierter, kameradschaftlicher Partnerin (gern auch mit Freundin) für gemeinsames Hobby unter B...«

Solchen Zeitschriften und ihren Annoncen schenkte man anfangs ebensowenig Beachtung, wie einem »Tatsachenroman«, der 1965 unter dem Titel »Ehepaar gesucht!« in der »Bild«-Zeitung erschien und dem Fortsetzungsroman »Schlüsselspiele für drei Paare« in der Illustrierten »Revue« im Jahr 1967.

»Als junger Jurist hatte ich vor mehreren Jahren die Absicht, eine Dissertation über das Thema ›Kriminalphänomenologische Betrachtung der Ehegattenkuppelei‹ zu schreiben«, heißt es im Vorwort des Rechtsanwalts Dr. Horst Fischer zu seinem Buch »Sexuelles Gruppenverhalten in Deutschland«.

Und weiter:

»Schon damals war es in Deutschland kein Geheimnis mehr, daß sich – wie in den USA und anderen Ländern – zahlreiche Ehepaare und Einzelpersonen zu intimen Partys fanden, in deren Verlauf die Frauen und Männer zum Coitus und anderen sexuellen Handlungen ausgetauscht wurden...

Infolge meiner Inanspruchnahme als Anwalt kam ich nicht mehr zu der vorgesehenen Erweiterung des Dissertationsmanuskripts. Aber in den folgenden Jahren zeigte so mancher ›Sittenprozeß‹, daß die sexuelle Gruppenbetätigung in Deutschland im Zunehmen begriffen ist. Ehrbare, erwachsene Bürger aller sozialen Schichten mußten und müssen sich auf Grund einer überlebten und zudem noch verfassungswidrigen Strafbestimmung wegen ›schwerer Kuppelei‹ als Verbrecher vor den Schranken bundesrepublikanischer Gerichte für ein Verhalten verantworten, das sie gelegentlich in ihren vier Wänden mit

Gleichgesinnten praktizieren. Und dies, obwohl sich die Anschauungen über das Wesen der Sexualität in unserer vom Grundgesetz garantierten pluralistischen Gesellschaftsordnung grundlegend gewandelt haben. Die Gruppensexualität, vor allem unter Ehepaaren, ist auch in unserem Land eine Realität geworden. Bei einem Blick in die Inseratenteile zahlreicher Zeitungen und Magazine findet man immer wieder ›moderne, tolerante Paare‹, die gleichgesinnte Partner für Geselligkeiten suchen. Tausende von Ehepaaren pflegen den Gruppensex in mehr oder minder regelmäßigen Zeitabständen. Er ist zu einem beliebten Wochenendvergnügen geworden.«

Zur gleichen Zeit berichtet in der damaligen deutschen Frauenzeitschrift »Constanze« Dieter Bochow über die »befreiten Gefühle« unter dem Titel: »Wenn Ehepaare ihre Partner tauschen.« »Sexualität gehört zum vollkommenen Glück. Man kann sie erlernen. Aber Liebe ist mehr. Liebe ist die restlose Verbundenheit von Mann und Frau. Wer die Seele des Partners nicht findet, flieht aus der Zweisamkeit und sucht die ›Liebe‹ in Gesellschaftsspielen und wahllosem Partnertausch. Deshalb sagt Dieter Bochow, wie Liebende wirklich glücklich werden können.« Und Dieter Bochow sagt: »Jetzt findet eine sexuelle Revolution statt. Es wäre Unsinn, das zu leugnen.

Wir schlagen die Zeitung auf und lesen täglich die neuesten Meldungen von der Geschlechtsfront: ›Partnertausch breitet sich in den USA und in Schweden aus. In Dänemark soll Gruppensex legalisiert werden. Viele junge Mädchen sagen ja zur Liebeskommune. Der Seitensprung ist ein guter Ehekitt.‹

So neu ist diese ›Liebe‹ nicht.

Eheleute, die noch mit dem eigenen Partner zufrieden sind, überkommt das unbehagliche Gefühl, auf dem falschen Dampfer zu sitzen und zumindest unmodern zu sein.

Dem, was als ›Neue Moral‹ aus anderen Ländern – besonders aus Skandinavien – augenblicklich auf uns zukommt, können wir trotzdem mit einiger Gelassenheit entgegensehen.«

Was tut es, daß Dieter Bochow einiges verwechselt. Denn nicht der Partnertausch, sondern die Großfamilie kam aus Skandinavien auf uns zu, das wife-swapping war Amerikas Erfindung. Egal.

Denn Dieter Bochow schien sich 1968 seiner Sache sowieso nicht sicher. »Ich glaube nicht, daß wirklich glückliche Ehepaare im Partnertausch Befriedigung finden. Wenn Sie anderer Meinung sind, dann schreiben Sie mir.«

Knapp ein halbes Jahr später fordert die gleiche Frauenzeitschrift ihre Leser auf: »Diskutieren Sie mit über Thema Nr. 1: Wenn Eheleute ihre Partner tauschen.
 Plötzlich ist eine fast heilig gesprochene Institution zum Diskussions-Thema Nr. 1 geworden: Die Ehe. Niemals zuvor befand sich das gesetzlich sanktionierte Zusammenleben zu zweit in einer solchen Existenzkrise. Das fühlen viele Ehepaare. Das fürchten viele Liebende. Das behaupten Schriftsteller, Psychologen, Eheberater, Pfarrer. ›Gruppen-Sex – warum nicht?‹ fragte die frühere SPD-Bundestagsabgeordnete Dr. Ursula Krips in einem Interview mit Constanze. ›Weil ich mich nur an einen Partner binden möchte, kann ich doch nicht verlangen, daß alle anderen Menschen auch so leben.‹ ›Die Ehe ist nicht tot!‹ verteidigte Bundesfamilienministerin Aenne Brauksiepe (CDU) in einem Interview mit dem ›Hamburger Abendblatt‹ die Familie von heute. ›Mann und Frau gehören enger zusammen als je zuvor. Aber sie müssen freie Partner sein in der Ehe, deren Sinn nicht mehr einseitiges Dienen der Frau und als Gegengabe die Schutzgewährung durch den Mann darstellt, sondern gegenseitige Hilfe in allen Bereichen des Familienlebens.‹ Aenne Brauksiepe nannte die Familie ›Zufluchtsstätte‹ und ›Sprungbrett‹.
 ›Zufluchtsstätte‹ und ›Sprungbrett‹. Das allein wird den Bestand der Ehe kaum garantieren können. Eheberater und Psychologen glauben, die Zauberformel für das beständige Glück zu zweit gefunden zu haben: Gruppen-Kult, den Seitensprung zu viert oder zu mehreren Gleichgesinnten, der angeblich die Langeweile in der Ehe vertreibt.
 Ein evangelischer Pfarrer provozierte die Öffentlichkeit sogar durch seine Ansicht, offener Partnertausch unter Eheleuten sei moralischer als ein heimlicher Seitensprung. Wer sind diese Außenseiter, die in geheimen Zirkeln ihre Frauen tauschen? Wer sind die Frauen, die ihre Männer in die Arme ihrer Rivalinnen treiben? Retten sie ihre Ehe, in dem sie sie zerstören? Constanze meint: Feierliche Phrasen werden die Ehe 69 nicht retten. Wir alle müssen wahrnehmen, was sich außerhalb der Ehe als ›neue Liebe‹ vollzieht. Wir alle müssen offen darüber diskutieren, was

die Ehe gefährden könnte. Wir alle werden einsehen, meint Constanze, daß es keine idealere Möglichkeit des Zusammenlebens als die Ehe gibt. Constanze-Autor Stefan Amberg sprach mit Eheleuten, die sich in solchen Zirkeln treffen. Sprach mit Experten, die etwas ratlos diese ungewöhnliche Zeiterscheinung zu analysieren versuchen.

Stefan Amberg berichtet: Meine Gesprächspartner waren ruhige, kluge, aber keineswegs von dunklen Gelüsten getriebene Menschen. Man kann ihre Ansicht verdammen. Für die Ehe ist es besser, sie zu diskutieren.

Oben schlafen die Kinder, darunter, eine Etage tiefer, formieren sich ihre Eltern mit Gleichgesinnten zu verbotenen Spielen, bei denen die meisten Teilnehmer nichts auf der Haut tragen, außer ihrem Ehering.

Schauplatz dieser gefährlichen Geselligkeit ist eine komfortable Villa in einem Vorort der Hansestadt Bremen. Häufig stehen hier in der nachtdunklen Straße Autos, fast immer die gleichen: ein Mercedes, ein Porsche, ein Opel Kapitän, ein paar kleine Flitzer, die Zweitwagen gutsituierter Ehefrauen. Kein Straßenbewohner denkt sich etwas dabei; jeder weiß in der gepflegten Wohnkolonie, daß die Nachbarn ein großes Haus führen. Sie heißen Petersen, sind 42/36, haben es zu einer zweistöckigen Villa mit großem Garten nebst Swimming-pool und Sauna gebracht. Sohn Gerd, 14, geht in das Gymnasium, die neunjährige Christa noch zur Volksschule. Die Kinder werden nach herkömmlichen Regeln erzogen. Nichts läßt darauf schließen, daß ihre Eltern und deren Freunde anders rechnen als Sie und ich, daß sie am Tage eine Musterehe führen und nachts dem Partnertausch huldigen.

Die Musik ist gedämpft, wie abgestimmt auf flackriges Kerzenlicht, das den pseudo-paradiesischen Zustand der Anwesenden mehr andeutet als ausleuchtet. Selbst hier, an diesem Ort, an dem man jeweils zu Beginn der Party die eigene Ehefrau als Eintrittskarte abzugeben pflegt – und natürlich auch umgekehrt – gilt die neodeutsche Gesellschaftsregel: Man benimmt sich wieder.

Auch wenn die Teilnehmer nur ihre Haut anhaben, geben sie sich, als trügen sie ihre Maßanzüge, die am Garderobenhaken hängen. Man sitzt in bunter Reihe, gepflegte Herren neben kultivierten Damen. Die meisten von ihnen sind nicht mehr ganz jung, jedoch auch noch nicht alt, denn sie achten ebensosehr auf Aussehen und Figur wie auf ihren guten Ruf, auch wenn sie gewissermaßen den Ehebruch als Hausmittel wieder die Ehescheidung konsumieren.

So mögen auch andere ehemüde Menschen denken und die ermattete Zweisamkeit durch Fremdkörper wieder aufpolieren, aber die Gäste des Hauses Petersen – und vieler anderer Häuser irgendwo in Deutschland – machen es nicht heimlich, sondern in der Gruppe: Sie pflücken sich die verbotenen Früchte nicht verstohlen, sondern demonstrieren es in der Masse, für eine Stärke haltend, was die Sex-Muffel als kleine menschliche Schwäche abzutun versuchen. Während eine wohlgelaunte Versammlung in dezenter Ausgelassenheit über den Gang der Geschäfte, die Erziehung der Kinder, über ein neues Automodell und mitunter sogar ein wenig über Politik spricht, werden die Partner zu erotischer Intimität so unauffällig und selbstverständlich ausgetauscht wie die Schallplatten, die den guten Ton zum bösen Spiel liefern.

Keiner achtet darauf, wenn zwei Paare aus der hauseigenen Sauna zurückkommen, wenn sich andere zunicken, um ihrem Beispiel zu folgen. Zwischen Kommen und Gehen mit der Frau des anderen, der gerade an seinem Glas nippt und über eine neue Wunderaktie spricht, liegen Reiz, Erfüllung, Verfehlung, Perversion.

Dies alles treibt die Anhänger des Gruppenkults zu Paaren. Es sind an die 15 Personen im Raum, zumeist mehr Damen als Herren, denn schon bei den ersten Abenden hatte sich in diesem Kreise herausgestellt, daß die weiblichen Gäste die zweckentfremdete Schwitzanstalt im Garten öfter aufsuchen als ihre unständigen Begleiter.

Man zählt nicht mit, man sieht nicht zu, man übersieht. Die Eifersucht verliert sich an liederliche Großzügigkeit. Man leidet und liebt, tauscht und wird getauscht. Es gibt keinen Streit, keinen Vorwurf, keine Szene. Die Gesetze moralischer Schwerkraft scheinen aufgehoben, und so dreht man sich leicht in der Runde, federleicht. Man unterhält sich angeregt über alles mögliche, nur nicht über die Vorgänge in den Nebenräumen, denn diese Kult-Freunde bereden nicht, was sie tun. Sie tun es einmal im Monat oder zweimal in der Woche. Sie tun es nach durchaus verschiedenen Spielregeln.«

Bereits eine Woche darauf meldet die neue Ausgabe der »Constanze«, daß die neue Serie »ein Griff ins Wespennest« war. »Schon nach 48 Stunden trafen spontane Leserbriefe« ein. Und weiter heißt es: »Jetzt geht es los! Heißer Meinungskrieg um Partnertausch unter Eheleuten.«

Knapp drei Monate später werden weitere Publikationen angekündigt. »konkret« bringt in der September-Nummer einen Vorabdruck aus »Liebe zu viert« von Géza Kirchknopf. Eine Untersuchung über gruppensexuelle Praktiken »nur in einer bestimmten sozialen Schicht... In jener, in der die Sexualverdrängung, wie auch die ökonomische und politische Abhängigkeit, die schärfste Form annimmt. Es ist das Heer von Arbeitern, Angestellten und Beamten, die Schicht der Lohnabhängigen.« Kurz darauf erscheint das Buch in einer Erstauflage von 20 000 Exemplaren.

Gleichzeitig kündigt der Scherz-Verlag in seiner DUO-Reihe die deutsche Ausgabe von Roger Blakes »Free Love Groups« an, und Günter Hunold arbeitet an einer »Analyse der Mischformen des Sexuallebens«, die unter dem Titel »Partnertausch und Gruppensex« als Taschenbuch im Frühjahr 1970 erscheint.

1965 hatte es im »Leigh-Report« noch geheißen: »...daß er mit ihr... (Vulgärausdruck für koitiert) hat!«

Fischer zitiert drei Jahre später bereits: »Alle 6 lagen wir nun nebeneinander und begannen wild durcheinander zu f... (coitieren). Mal hatte ich Gitta unter mir, dann Anita oder auch mein Püppchen. Der X. machte zwar den Vorschlag, einmal zu bremsen und auszuruhen. Aber Kurt und ich waren viel zu geil dazu. So machte X. nur noch insofern mit, daß er nicht mehr f... (coitierte), sondern statt dessen die gerade frei werdende V... (Vagina) leckte.«

Géza von Kirchknopf ist in seinen Zitaten schon deutlicher. Er bringt den Bericht der 26jährigen Frau B., von Beruf Stenotypistin und verheiratet mit einem 28jährigen technischen Zeichner. Zu Gast bei B's sind noch das Ehepaar F. (»mit F's haben wir schon viele durchf... Nächte verlebt«), das Ehepaar P. (»die wir noch nicht kannten. Sie brachten überraschend ein Mädchen mit, eine neunzehnjährige Schweizerin«) und zum ersten Mal auch das Ehepaar K. (»gefiel mir sofort auf den ersten Blick«).

Die Party lief langsam an: »Rudi kam dann zu uns und schlug ein Pfandspiel vor, was begeistert angenommen wurde. Wir setzten uns alle in einem Kreis auf den Teppich und dann wurde gewürfelt. Wer eine eins geworfen hatte, mußte ein Kleidungsstück ablegen, dafür aber konnte er sich was wünschen, was ihm eine bestimmte Person, die er auswählte, erfüllen mußte. Ich warf als erste eine eins und ich warf meinen Schuh in eine Ecke. Dann wünschte ich mir, daß mich Frau P. auf den Mund küssen sollte. Viel Hallo und Bravo! Sie kam herüber, beugte sich zu mir, nahm mein Gesicht in die Hände und küßte mich, daß ich die Sterne sah. Dann ging's weiter. Rudi mußte Frau F. am Hals küssen und ihre Brüste streicheln, die Schweizerin bei Fred am Sch... lutschen, dann mußte ich dasselbe bei P. tun. Und so weiter und so fort. Bald waren wir alle nackt und die Hände gingen auf lange Reisen. P., der eine Polaroid-Kamera mitgebracht hatte, machte ein paar Aufnahmen, zuerst nur Schnappschüsse, was er so sah, aber dann haben wir uns alle zusammengetan und legten die Positionen fest. Viele heiße Aufnahmen wurden in dieser Nacht geschossen, denn P. hat auch später noch, als er zu müde zum F... war, Bilder gemacht. Dann aber kam die Hauptsache. Es wurde ausgelost, wer zuerst wen f... sollte. Die anderen durften solange nichts tun. Zum Glück fiel das Los auf mich, denn ich brauchte schon lange einen Schuß heißen Samen in die V... Ich mußte mich auf den Rücken legen und meine Beine weit spreizen, damit jeder sehen konnte, was denjenigen erwartete, auf den das zweite Los fiel. Fred hat die höchste Zahl geworfen, aber unglücklicherweise hatte er keinen Ständer und ich durfte mich nicht mehr rühren. Was tun? Die kleine niedliche Schweizerin wollte einspringen. Sie hatte seinen Sch... schon in der Hand, aber Frau P. schaltete sich ein. Sie und der süße Käfer bückten sich vor Fred, so daß ihre Brüste auf gleicher Höhe mit seinem Sch... waren. Sie betteten ihn zwischen ihre Brüste und drückten ihn so lange, bis er zum Stehen kam. Hilfsbereit hatte dann mein Mann, als er das Zeichen der Zeit sah, meine V... auseinander gezogen, damit Freds Sch... bequem seinen Weg fand. Dieser warf sich auf mich und f... mich aus Leibeskräften.

Ich glaube, es dauerte keine zwei Minuten, bis es mir kam, aber Fred vergnügte sich noch eine Weile in mir, bis ihm der heiße Saft herausspritzte. Es gab wieder großes Hallo. Als ich aufstehen wollte, drückte Frau P. sanft auf meine Brüste und bedeutete mir, ich solle mich wieder hinlegen. Dann kniete sie sich zwischen meine Beine und lutschte den ganzen Segen aus meiner V... heraus. Währenddessen ließ sie sich von Rudi von hinten f... Als ich aufstand sah ich Rosi, die Schweizerin, zwischen K. und F. liegen. Sie drückten ihr Döschen und ihre Brüste, knutschten sie ab und sie stöhnte wohlig. Dann drehte sie sich auf die Seite und führte den Sch... von K. in ihre Scheide, dabei blinzelte sie Frau K. zu, die dabei stand und zuschaute. F. wollte aufstehen, aber Rosi erwischte gerade noch seinen Prügel und zog ihn zurück. Dann machte sie mit ihrem süßen Popochen eine komische Bewegung und, schwupp, hatte sie auch noch den Sch... von F. im A...loch. Zu zweit f... sie das Mädchen wie von Sinnen und ihre unbeschreiblichen Lustschreie waren so laut, daß ich schon Angst hatte, ein zufällig vorbeikommender Passant könnte sie draußen auf der Straße hören. Alle anderen standen um sie herum und feuerten sie an. ›Ja, gebt's ihr! F... sie, f... sie!‹ und so weiter.

Als sie fertig waren und schwer keuchend auf dem Boden lagen, preßte ich meinen Mund auf ihr süßes V... und lutschte den Samen von K. 'raus, während Frau P. ihre Zunge in das A...loch Rosis gleiten ließ. Zu zweit bedienten wir sie auf diese Weise, was sie zu neuen Lustschreien brachte.

K. und F. waren danach für eine Weile nicht zu gebrauchen und schauten nur stumm dem weiteren Geschehen zu. Rudi lag auf dem Boden und Frau F. setzte sich auf seinen hochragenden Penis. Sie rutschte auf ihm auf und ab, während er seinen Kopf zwischen den Beinen von Frau K. vergrub.

Auch ich lag auf dem Rücken, mit weit gespreizten Beinen, und tauschte mit Rosi heiße Zungenküsse aus. Frau P. ließ sich etwas Besonderes einfallen. Sie preßte ihre Brust an meine V... und kitzelte mit ihrer steifen Brustwarze meinen Kitzler. Ihren Mann wiederum machte ihr hochragender Hintern so geil, daß er seinen Sch... von hinten in die V... rammte. So ging das eine Weile, und dann kamen von allen Seiten die Lustschreie, die die Höhepunkte ankündigten, denn mit den Fingern entlockte ich auch Rosis V... noch einige Tropfen Nässe. Danach hieß es aber für eine Weile: ausruhen. Wir tranken ein bißchen, während P. noch einige Aufnahmen machte. Auch von mir knipste er Bilder, zum Beispiel eine großformatige Aufnahme meiner V... und auch, wie ich den schlappen Sch... von F. ganz bis zur Wurzel verschluckte. Auch Rudi und Rosi wurden in trauter Zweisamkeit verewigt...

K. erzählte uns inzwischen, wie er und seine Frau mit dem Gruppensex anfingen. ›Sie ist doch ein süßen Schweinchen, sie kann das F... nicht sein lassen‹, sagte er und zog ihre Beine auseinander, damit wir alle ihre V... bewundern konnten. Durch derlei lose Rederei waren wir dann allmählich wieder soweit, zu neuen Taten zu schreiten.

P. bemächtigte sich meiner V..., die er zunächst mit den Fingern und mit der Zunge liebkoste. Währenddessen zog K. meinen Kopf in seinen Schoß und ich leckte und küßte seinen pulsierenden Ständer. Dann nahm ich ihn in den Mund und sog daran. Es dauerte nicht lange, und ich spürte das brandheiße Gefühl der Wollust in meiner V... P. stieß hinein. K., den ich durch das Saugen, Küssen und Lecken an seinem Penis in den siebten Himmel schickte, drückte und spielte mit meinen Brüsten.

Nach unseren heißen Entladungen und Höhepunkten sah ich mich um. Frau F. hatte gleich drei Männer beschlagnahmt. Sie nahm gleichzeitig zwei S... in den Mund und lutschte an ihnen so gut sie konnte. Dabei ließ sie sich von Rudi mit Inbrunst f... An beiden Seiten ihres Mundwinkels lief der Samen hinunter, da sie nicht alles schlucken konnte. Rosi, Frau P. und Frau K. waren in derselben Zeit miteinander beschäftigt, und zwar so, daß jede den Mund auf die V... der anderen preßte. Ihre zukkenden nackten Leiber machten mich so geil, daß ich K. bat, mich zu lecken.«

Schon Pietro Aretino hatte in der ersten Hälfte des 16. Jahrhunderts in seinen »Ragionamenti« geschrieben: »Wenn ihr wollt, daß euch jedermann außerhalb der Universität von Rom versteht, dann müßt ihr klar und eindeutig sprechen und vögeln, Schwanz, Fotze und Arsch sagen.«

»Wirklichkeit und Wahrheit zwingen uns einzugestehen«, schrieb 1959 das Ehepaar Eberhard und Phyllis Kronhausen in dem Buch »Pornography and Law«, »daß schmutzige Worte ein wesentlicher, integrierender Teil der täglichen Umgangssprache vieler Menschen sind. Wenn Schriftsteller diese Menschen so darzustellen versuchen, wie sie wirklich sind, müssen sie sie in ihren Geschichten diese Worte gebrauchen lassen. Literatur, die sich durch Zeichen wie Beschränkungen auferlegt, ist deshalb im Grunde unaufrichtig und verlogen.«

1969, in dem Jahr, in dem eine erweiterte deutsche Übersetzung des Werkes »Bücher aus dem Giftschrank. Eine Analyse der verbotenen und verfemten erotischen Literatur« erscheint, das Autorenpaar Kronhausen mit einer »Erotic-Art«-Ausstellung durch die Länder zieht, kämpfen sie auch in einem Film für die »Freiheit der Liebe«. »Dieser Film«, so heißt es in Wolf Donners Vorwort der deutschen Buchausgabe, »ist kein billig spekulierender Sex- und Aufklärungsfilm. Er bietet weder lustvollen Ersatz, noch schürt er die versteckte Geilheit. Vielmehr muß der Betrachter sich fragen, wo seine eigenen Grenzen liegen, welche Vorurteile er mit sich herumschleppt, welche unsichtbaren Schranken ihn selber am Gängelband einer überholten Sexualmoral festhalten.«

Fünf Fälle behandeln die »Spielarten der Liebe«. Unter diesen auch eine »Gruppensex-Episode«, die, wie Eberhard und Phyllis Kronhausen ausführen, auf einem echten Fall in Kalifornien basiert: »Ein seit Jahren verheiratetes Paar mit zwei Kindern berichtete uns damals in allen Einzelheiten, wie es seine Ehe durch Teilnahme an Gruppen-Sex gerettet hat. Wir waren uns dabei von Anfang an bewußt, daß wir mit diesem riskanten Thema auf besonders dünnes Eis traten: Gruppen-Sex bedeutet auch heute noch – trotz seiner ständig wachsenden Popularität in Amerika wie in Europa – so etwas wie ›organisierte Unmoral‹. Trotzdem wollten wir uns nicht durch Furcht vor der Zensur oder gar der öffentlichen Meinung davon abhalten lassen, das heute immer akuter werdende Problem der Monogamie und seine etwaigen Lösungen und Alternativen in diesem Film zu behandeln. Wir konnten uns sogar eine wirklich zeitgenössische und ehrliche Diskussion über Sexualität und Gesetz ohne Berücksichtigung des Gruppen-Sex-Phänomens überhaupt nicht vorstellen.«

Schon 1968 hatte Dr. Ernst-Walter Hanack (geb. 1929), ordentlicher Professor für Strafrecht, Prozeßrecht und Kriminologie an der Universität Heidelberg, in seinem Gutachten anläßlich des 47. Deutschen Juristentages die Ansicht vertreten, daß die »Fälle des Partnertauschs oder der sonstigen Gewährung ehelicher ›Freiheit‹ doch wohl überwiegend Sache beiderseitigen Einvernehmens sind«.

Die Münchner Boulevardzeitung »tz« zieht am 29. August 1969 Bilanz. Die Schlagzeile der Zeitung lautet: »Orgie in Stadt und Land. Die neue Epidemie: Gruppensex!« Eine, wie die »tz« schreibt, »erschreckende Bilanz aus 48 Stunden. Eine Welle wilder Sex-Orgien rollt über die Bundesrepublik und ihre Nachbarländer hinweg. Die neue Epidemie heißt Gruppensex. Noch ist die Öffentlichkeit schockiert von 25 Jugendlichen in einem niederbayrischen Heustadl bei Straubing, da jagt ein neues Sex-Spektakel das andere.

Die Sexbilanz von 48 Stunden sieht so aus:

Hamburg. In einer Vorstadtvilla soll eine 20jährige sieben Männern zu Willen sein. Sie flüchtet nackt auf die Straße. Als Polizei eintrifft, haben zwei andere Party-Damen bereits alle Hüllen fallengelassen. Im Keller wird Haschisch gefunden.

Köln. Unglaubliche Bilder von Gruppensex beschreibt ein Massenaufgebot von Zeugen in einem Prozeß. Viele biedere Bürger eines ganzen Stadtteils verkehren bei einer Frau, die wegen Vergewaltigung geklagt hatte. Der Angeklagte wurde wegen Körperverletzung verurteilt: Er hatte dem mannstollen ›Opfer‹ eine Lippe blutiggebissen.

Spiez/Schweiz. Ein 13jähriges Mädchen aus Spiez am Thuner See ist schwanger. Die Eltern geben dem Aufklärer Oswalt Kolle die Schuld. Von ihrer eigenen sprechen sie nicht: Seit Monaten haben Schüler und Lehrlinge von 13 und 14 Jahren in Partykellern rund um den See Partnertausch und Massenliebe getrieben. Die Eltern im Wohnzimmer wußten von nichts.

Straubing. In dem als Absteige hergerichteten Heustadl bei Straubing liebten, wie »tz« berichtete, mehr als zwei Dutzend Jugendliche, darunter 13- bis 16jährige. Wenn der 18jährige Boß ›Ausziehen!‹ befahl, fiel der Startschuß zu einem wüsten Durcheinander. Widerspenstige Mädchen wurden gewaltsam entkleidet und von vier Mann gehalten, während Jugendliche reihenweise sich an ihrem Opfer vergingen. Eine 14jährige wurde schwanger.

Ein Psychologe zu dieser Häufung von Gruppensex: ›Das ist bei

Jugendlichen eine Folge falsch betriebener und damit nicht begriffener Aufklärung!‹«

Am darauffolgenden Tag veröffentlicht die gleiche Zeitung unter der Rubrik »Bekanntschaften« mehr als vierzig Anzeigen: »Wir sind 35/45, beide vollschlank, tolerant und suchen echte Dauerfreundschaft mit nettem, tolerantem (Ehe)Paar.«
»Pädagogin (26) sucht vorerst interessanten Briefwechsel.«
»Junger Mann, 28, 1,80 m, schlank, tolerant, anspruchsvoll, verständnisvoll, sucht hübsche Dame oder Freundinnen zur außergewöhnlichen Freizeitgestaltung.«
»Ehepaar, 29/52, sucht vielseitigen Reisebegleiter bis 45.«
»Ehepaar, 30/32, gutaussehend, tolerant und gut situiert, sucht gleichgesinntes Ehepaar oder Einzelperson für gemeinsame Stunden und zur aufrichtigen Freundschaft. Diskretion Ehrensache.«
Ein 25jähriger Student sucht »eine leidenschaftliche Partnerin für häusliche Geselligkeit«, ein 35jähriger wünscht Anschluß an Dame oder geselligen Kreis zwecks außergewöhnlicher Freizeitgestaltung, eine 30jährige Münchnerin sucht eine erfahrene und liebevolle Freundin und sichert Diskretion zu, ein jüngerer Herr wünscht Kontakt mit exquisiter Dame gestrengen Charakters, zwei Freundinnen, 22 und 26, erhoffen nette Freizeit mit zwei Herren oder einem Ehepaar.
Ein »eros-shop« bietet eine einmalige Auswahl für Kenner, eine »Bücher-Boutique« Literatur für Erwachsene, eine »bücher bar intim« bibliophile Kostbarkeiten und ein »Buchkabinett Diskret« Spezialitäten für Kenner und Sammler.
Das Luitpold-Filmtheater zeigt »Kamasutra – Vollendung der Liebe«. – »Ein Klassiker der erotischen Weltliteratur. Das älteste Buch über die Liebe – als Film brennend aktuell.« Für »fortgeschrittene« Erwachsene Rolf Thieles Lustwandel durch den deutschen Märchenwald: »Grimms Märchen von lüsternen Pärchen. Der große Erfolg. 2. Woche... und wenn sie nicht gestorben sind, treiben sie es noch heute!« In zwei Münchener Kinos. Im City-Filmpalast »Technik der körperlichen Liebe«. 10. Woche. In der Annonce heißt es: »Erst beschlagnahmt, jetzt durch Gerichtsbeschluß freigegeben.« Aber: »Wem körperliche Liebe ein Tabu ist, den bitten wir, vom Besuch dieses Films Abstand zu nehmen!«

»Porno, Graf von Schweden« läuft in der neunten Woche. »Protest in vielen Städten. Viele fragen, wie ist es möglich, daß dieser Film gezeigt wird. Es ist die absolute Spitze aller bisherigen Porno-Filme.«

»Lesbos – Hohe Schule der Liebe«, »Zauberstab für Selbstmassage«, »Marquis de Sade – Justine« und »Bengelchen liebt kreuz und quer« sind die Titel weiterer Filme während jener Woche. »Köpfchen unter Wasser, Schwänzchen in der Höh« ist noch nicht gestartet; »Ehepaar sucht gleichgesinntes« wird gerade fertiggestellt, »Graf Porno und seine Vögelein« befindet sich in Arbeit – »Frau Wirtin ist auch gut zu Vögeln«... wird – demnächst in diesem Theater – angekündigt.

Am 3. September ruft die Münchener »tz« zu einem »Kreuzzug gegen den Gruppensex« auf.

»Der Deutschen Liga für Menschenrechte reicht es. Sie startet jetzt von München aus einen Kreuzzug gegen ›Sex-Sünder‹ im allgemeinen und gegen den Gruppensex im besonderen. Die Liga: ›Die sexuellen Ausschweifungen unserer Zeit stellen einen ständigen Angriff auf die Würde des Menschen dar!‹

Den Menschenrechtlern wurde es zuviel, als sie von dem Gruppensex-Skandal in Straubing erfuhren... Der Feldzug für Sauberkeit und Ordnung im Sexualleben der Deutschen wurde am Dienstag mit einer ersten Erklärung eröffnet. Darin heißt es, Sex-Orgien würden zu tiefen Depressionen führen. Und zwar nicht nur bei den Beteiligten, sondern in der Bevölkerung allgemein.«

Allerdings hatte der Wiener Psychiater Dr. Wilhelm Stecker schon 1922 in seinem Buch »Psychosexueller Infantilismus« erkannt: »Würden sich die Menschen gehenlassen und nicht das Urteil der Teilnehmer fürchten, manche wohlgesittete Abendgesellschaft würde sich in eine Orgie verwandeln – auch ohne Hilfe des Alkohols. Die oft scherzhaft ausgesprochene Neigung mancher Männer, ihre Frauen auszutauschen, wird im Rausch oder unter Umständen auch ohne Rausch ausgeführt und kann zu pluralistischen Akten führen.«

Der Playboy berichtet im April 1969, daß »Eingeweihte« in Los Angeles jede Nacht zwischen 200 und 300 Orgien wählen können. Für 100 Mark Aufnahmegebühr und 20 Mark monatlich.

Der größte Club dieser Art nennt sich »Die Utopisten«. 1200 Paare und 1800 Einzelgänger werden als Mitglieder geführt. An den Clubabenden signalisieren Sektquirls mit verschiedenfarbigen Fähnchen die gewünschten »Interessen« – heterosexuell, homosexuell, lesbisch oder beides.

In Hollywood organisiert ein Werbeagent namens Mel Chesner Orgien in Privathäusern. Er besorgt die entsprechenden Räumlichkeiten und führt die Paare zusammen: »Die Gäste waren auf 23 Uhr bestellt, die übliche Stunde. Sie wurden sofort von der Atmosphäre gefangengenommen – gedämpftes Licht, sanfte Musik, Gesprächsfetzen und das Aroma von Haschisch. Auf der Couch war ein Pärchen mit heftigen Vorspielen beschäftigt. Eine Blonde im Minirock, namens Candy, die als begeisterte Lesbierin bekannt war, tanzte mit erhobenen Armen im Sirtaki-Stil vor dem Kamin mit ihrem Schatten, der vergrößert an die Wand projiziert wurde. Bald näherte sich ihr von hinten eine andere Blondine und umklammerte Candys Hüften mit den Händen.

Die Stammgäste waren enttäuscht, daß nur wenige Neulinge aufgekreuzt waren. Schließlich möchte man ein wenig Abwechslung. Natürlich war auch den Neulingen klar, daß die Sache in den Schlafzimmern enden sollte. Aber nachdem sie sich ausgezogen hatten, warfen sie sich schamhaft Bettlaken über, saßen nervös herum und lauerten darauf, daß irgendwer das Eis brechen würde. Schließlich meinte eine Frau: ›Worauf warten wir eigentlich noch?‹ und schälte sich aus ihrem Laken. Das war das Signal. ›Haben Sie das Haus schon besichtigt?‹ fragte ein bärtiger Stammgast eines der Mädchen. Sie schüttelte den Kopf, nahm seine Hand und folgte ihm.

Auf dem Boden eines Schlafzimmers waren drei übergroße Matratzen zusammengelegt. Bald war ein halbes Dutzend Paare munter am Werk. Bei flackerndem Kerzenlicht vervielfachten sich ihre Körper an den großen Wand- und Deckenspiegeln.

Rundherum ein Kreis vollbekleideter Zuschauer. Wie Ersatzspieler im Fußballstadion kommentierten sie flüsternd die Technik der Aktiven.

›Wie wär's mit ein bißchen Bewegung, ihr Stielaugen?‹ meinte ein Mann auf der Matratze, während er sich von seiner Partnerin löste. Einige fühlten sich angesprochen. Seine schlanke Freundin konnte gleich liegen bleiben.

›Früher hätte ich mir nie vorstellen können, daß man so was auch in Gesellschaft tun kann‹, sagte Jane, 20 Jahre alt, von Beruf Bankkassiererin und erfahren in Orgien. Auf ihrer ersten Orgie war sie nacheinander mit drei Männern zusammen. Ihr Kommentar: ›Da gab's überhaupt keine Verlegenheit. Wenn man es mit jemandem treibt, und neben dir vergnügen sich gleichzeitig noch ein halbes Dutzend Leute, dann vergehen alle Hemmungen.‹«

Mit dem Motto »Seid nett aufeinander!« hatte der Hamburger Raritäten- und Antiquitätenhändler Helmut Rosenberg im April 1968 eine Zeitung für Touristen herausgebracht. Auflage 10 000 Exemplare, vier Seiten dünn für 10 Pfennige. Im Dezember 1969 beträgt die Auflage 650 000 Exemplare, 16 Seiten stark für 50 Pfennige. Im Februar 1970 ist die Millionengrenze überschritten.

Der »Spiegel« schreibt am 3. August 1970: »Woche für Woche werden von diesen Blättern, die es noch vor zweieinhalb Jahren nicht gab, mehr Exemplare verkauft als von den drei größten deutschen Illustrierten zusammen: etwa fünf Millionen. Etwa jeder sechste deutsche Mann liest allwöchentlich eine dieser Zeitungen.«

Diese Zeitungen, die oft schon wieder nach ein paar Nummern eingestellt oder, als »unzüchtig« indiziert, nicht mehr erscheinen dürfen, hießen: »St.-Pauli-Anzeiger, St.-Pauli-Zeitung, Sylt Intim, Mini Slip, Treffpunkt Sex, Sexgazette, Schwabing Aktuell, Sex & Gags, Bums, St. Porno, Sex Report« und ähnlich.

Was den Verkaufserfolg all dieser Blätter mitbestimmte, waren Annoncen im Sinne von »Ehepaar sucht gleichgesinntes«. Um an den Verkaufsziffern dieser Zeitungen mitnaschen zu können, entschlossen sich bald auch die größeren Boulevardzeitungen, sich diesem Markt zu öffn.

Die Annoncierenden hatten längst eine Art »Geheimcode« entwickelt, um sich besser miteinander verständigen zu können: »In diesem ›Geheimcode‹ werden Begriffe gebraucht«, schreibt Günther Hunold, »die unverbindlich klingen, die aber dem Eingeweihten die gewünschte Nachricht unmißverständlich übermitteln.

Die Begriffe werden nicht nur beim Abfassen von Anzeigen

benutzt. Erfahrene Frauen und Männer aus dem Sex-Underground gebrauchen sie auch, wenn sie erstmals schriftlich oder telefonisch Verbindung mit einem neuen Kontakt aufnehmen. Erst wenn auch der andere den ›Geheimcode‹ benutzt, ist man sicher, an eine ›richtige Adresse‹ gekommen zu sein und spricht dann offen.«

Günther Hunold hat eine Liste solcher Codeworte im 11. Heft seiner Reihe »Freie Sexualität« 1980 veröffentlicht:

abwechslungsreiches Zusammensein	= Sexparty
anpassungswillig	= masochistisch
anpassungsfähiges Paar	= allgemeine Sexbereitschaft wird bekanntgegeben
anregender Schriftwechsel	= pornographischer Schriftwechsel unter Schreiberotikern
anspruchsvolles Paar	= perverses Paar
nicht *alltäglich*	= Neigung zu Perversitäten
zünftige Arbeitskluft	= perverse Kleidung aus Gummi, Leder, Kord und so weiter
Mann mit *Attributen*	= Mann mit sehr großem Penis
aufgeschlossenes Paar	= allgemeine Sexbereitschaft wird verkündet
aufgeschlossener Kreis sucht neue Mitglieder	= Gruppensexkreis sucht neue Mitglieder
vielseitige *Bedienung*	= Bereitschaft zur Teilnahme an Perversitäten
alles Schöne und *Besondere*	= allgemeine Sexbereitschaft mit Neigung zu Perversitäten wird verkündet
möglichst *Bildzuschriften*	= es werden Aktfotos erwartet
bizarr veranlagt	= pervers
charmantes Ehepaar sucht...	= Sexbereitschaft wird geboten
strengste *Diskretion*	= eine Zusicherung, die immer ernst genommen wird. Ohne Diskretion könnte der Sex-

		Underground nicht existieren.
echte Freundschaft	=	gemeint ist eine Freundschaft, die Sex einschließt
eigenwillig	=	sadistisch
auch *Einzelperson* angenehm	=	Dritter Partner für Triole wird gesucht
energische Dame gesucht	=	ein Masochist sucht Sadistin, die ihn »quälen« soll
strenge *Erziehung*	=	gemeint ist das »Quälen« eines Masochisten durch einen Sadisten
extravagante Neigungen	=	perverse Neigungen
begeistert für *Exotik*	=	perverse Neigungen
Freizeitpartnerin für die Ehefrau	=	Gesucht wird eine bisexuelle Frau für Triolenverkehr
Freundin für (die) Ehefrau	=	gesucht wird eine bisexuelle Frau
FKK-Ehepaar / private FKK erwünscht	=	allgemeine Sexbereitschaft wird signalisiert
Hobbys: *Film* und *Foto*	=	Austausch von pornographischen Filmen und Fotos und deren Herstellung (?)
Ganzfoto	=	ein Aktbild, auf dem auch die Genitalien zu sehen sind
... sucht *Gleichgesinnte*	=	allgemeine Sexbereitschaft wird bekanntgegeben
schöne *Gemeinsamkeit*	=	Sexparty
gehorsame(r) Partner(in)	=	Masochist(in)
großzügige Lebensanschauung	=	allgemeine Sexbereitschaft wird signalisiert
Sammler von *Handschellen*, Stricken, Peitschen usw.	=	Sadist oder Masochist, der zur Sexbetätigung die erwähnten Gerätschaften braucht
häusliche Geselligkeit	=	Sexparty
Individualist(in)	=	Schlüsselwort für Homosexuellen bzw. Lesbierin
interessante Freizeitgestaltung	=	Sexparty

Kater	=	Sexgespiele
Kätzchen	=	Sexgespielin
kontaktfreudiges Paar	=	allgemeine Sexbereitschaft wird signalisiert
sucht Anschluß an *Kreis*	=	gemeint ist ein Gruppensexkreis
künstlerische Fotos	=	Aktfotos
Künstlerpaar	=	kann ein wirkliches Künstlerpaar sein. Gewöhnlich jedoch ein Paar, das auf seine sexuelle Vielseitigkeit aufmerksam machen will
kultiviertes Paar	=	allgemeine Sexbereitschaft wird signalisiert
lebensfrohes Paar	=	allgemeine Sexbereitschaft wird signalisiert
Dame mit *Lederfaible*	=	Sadistin mit Ledertick
Interesse an *Ledermoden*	=	unter Ledermoden sind besondere Kleidungsstücke für den perversen Gebrauch zu verstehen
Liebe 69	=	Gegenseitiges Befriedigen mit Mund und Zunge
Masseur	=	manchmal, aber nicht immer, das Angebot eines Profis für Sexbedienung durch einen Mann gegen Bezahlung
Masseuse	=	gleichbedeutend
Modeinteressen	=	Interesse an perverser Bekleidung
modernes Paar	=	allgemeine Sexbereitschaft wird signalisiert
mutige Bildzuschriften	=	pornographische Aktfotos
nimmersatte(r) Dame (Herr)	=	Nymphomanin bzw. Satyr
Geselligkeit von *Niveau*	=	Sexbereitschaft unter Voraussetzung gehobener gesellschaftlicher Stellung
pervers	=	Das Wort wird im Sex-Underground sehr häufig

als Umschreibung für »sehr aufregend« gebraucht. »Uns kann es nicht pervers genug zugehen!« heißt meistens keineswegs, daß man es mit Perversen im Sinne der wissenschaftlichen Einordnung zu tun hat. Gemeint ist vielmehr: »Uns kann es nicht geil genug zugehen!«

Peitschenmann	= Ein Sadist, der beim »Verwöhnen« seiner Partner eine Peitsche bevorzugt
phantasievolle Freundschaft	= Sexfreundschaft
reifes Paar sucht...	= ein »reifes« Paar ist sexbereit
schöne Gemeinsamkeit	= Sexparty
schutzbedürftiger Freund gesucht	= junger Homosexueller gesucht
schüchterne Dame sucht...	= »weibliche« Lesbierin sucht Kontakt zu »männlicher« Freundin
allem *Schönen* aufgeschlossen	= allgemeine Sexbereitschaft
sportliche Dame	= »männliche« Lesbierin
spielfreudig	= sehr am Vorspiel beim Akt interessiert
strammer Partner	= potenter Mann
ungewöhnlich *starker* Mann	= Mann mit sehr großem Penis
Taucheranzug/Taucherdreß	= perverse Gummiwäsche
temperamentvolles Paar sucht	= allgemeine Sexbereitschaft
tolerantes Paar sucht...	= allgemeine Sexbereitschaft
unbeschwerte Stunden	= Sexparty
ungewöhnliche Neigungen	= perverse Neigungen
ungewöhnlicher Ideenaustausch	= Porno-Schriftwechsel
unkomplizierte Partner	= Partner, die keine Eifersucht mehr kennen
unkonventionelles Paar sucht...	= allgemeine Sexbereitschaft

verständnisvolle Freundin	=	lesbische Freundin. ›Verständnisvoll‹ heißt immer soviel wie Verständnis für die besonderen sexuellen Neigungen des anderen haben
vielseitig interessiert	=	allgemeine Sexbereitschaft
vorurteilsfreies Paar sucht...	=	allgemeine Sexbereitschaft
nette, *zarte* Freundin	=	eine »weibliche« Lesbierin
zeitgemäße Unterhaltung	=	Sexparty

BLUMENKINDER POP UND SATAN

»Come to San Francisco... with flowers in your hair...« Sie kamen nach San Francisco, mit Blumen in den Haaren, bevölkerten die Parks und die Küste. In San Francisco, in New York, in Washington und in London.

Sie nannten sich »Beautiful Ones« in Amerika und »Flowerchildren« in England, sangen mit den Beatles »All you need is love« und ihre Parole war: »Make Love Not War.«

Weil sie »Hippiness« sagten, wenn sie »happiness«, Glück meinten – wurden sie »Hippies« genannt. Um glücklich zu sein brauchten sie Liebe, und Liebe war Sex. Und um diese Sex-Liebe voll genießen zu können, brauchten sie außer den Blumen noch LSD.

»Unter dem Einfluß der Droge«, sagte ihr »Priester« Dr. Timothy Lear, ehemaliger Dozent für Psychologie an der Harvard Universität, »vermählt sich buchstäblich jede Zelle des männlichen Körpers mit der Zelle des weiblichen. Die Hand des Mannes berührt nicht einfach die Hand der Frau, sie sinkt vielmehr in diese ein und verschmilzt mit dem ewig weiblichen Zauber ihres Leibes.« Und er sagte: »Alle Völker der Welt haben ihre eigenen Religionen und beten ihre Gottheiten, irgendein Wesen oder Objekt an, und jede Religion hat ihre Sakramente – wir haben LSD.« Und er fragt: »Warum nicht?«

Der 28jährige Engländer Malcolm M. hatte Erfahrungen mit Heroin, Kokain und LSD. Mit Marihuana hatte es begonnen: »Ich will nicht ins Detail gehen, aber als jeder ›high‹ war, verschwanden die Kleider. Die Mädchen zogen die Röcke aus und noch mehr, und wir tanzten in Slips. Die Mädchen zeigten sich ungeniert oben ohne, und beim Tanzen wurde ausgiebig geprüft, ob auch alles echt war. Alle hatten ihren Spaß, und es war noch nicht Mitternacht, da war schon alles im Adams- und Evaskostüm. Einige Mädchen verschenkten ihre Gunst gleich an Ort und Stelle, andere suchten etwas mehr Einsamkeit und gingen ins Schlafzimmer, aber die meisten kümmerten sich gar nicht um die übrigen Anwesenden. Es wäre auch sinnlos gewesen, sich voreinander zu genieren, denn wir kannten uns längst in jeder Hinsicht. Niemand besaß mehr irgendein Geheimnis vor dem anderen. Übrigens glaube ich auch nicht, daß irgendeines der Mädchen noch Jungfrau war. Ohne auf Einzelheiten einzugehen, kann ich jedenfalls sagen, daß sich eine Sexorgie entwickelte, wie wir sie noch nicht mitgemacht hatten. Wir waren mit einem Schlag auf den Geschmack gekommen, und die unmittelbare Folge war, daß es bei späteren Parties nicht mehr ohne Marihuana ging.«

Mit LSD endete es: »Alle waren schon ›crazy‹. Ich hatte mir vor der Party einen Extra-Shot verpaßt und nahm auf der Party auch noch ein paar Stück LSD-Zucker. Das geschah, ehe ich merkte, daß bereits LSD in den Getränken war. Es wurde eine der tollsten Parties, die ich je mitgemacht habe. Alle waren splitternackt und fielen übereinander her, wie sie sich gerade zu fassen bekamen. Wir gossen uns Sekt über den nackten Leib. Man leistete sich die verrücktesten Sachen. Ich hatte schon mehrere Frauen gehabt und nahm während einer Verschnaufpause noch ein LSD-Zuckerstückchen. Das machte das Maß voll. Ich weiß nicht mehr, was dann passierte, ich habe nur hinterher davon gehört. Ich muß mich wie ein rasender Stier auf jede Frau gestürzt haben. Einige ältere Ehefrauen schienen das nicht zu schätzen, und ich fing an zu toben. Ich schlug alles in Stücke, bedrohte die Gäste und würgte ein Mädchen, das mir nicht zu Willen sein wollte. In dieser Nacht muß ich mich wie ein wildes Tier aufgeführt haben. Ich erwachte erst wieder im Krankenhaus.«

John D. Burton hatte Hunderte von Hippies interviewt, ihre Treffen, ihre »Love-ins«, besucht und an ihren Gruppensex-Orgien teilgenommen. 1969 erschien sein Bericht, »der erste authentische Bericht«, über die »Revolution im Namen der Liebe«

in deutscher Sprache: »Als wir – meine Assistentin und ich – das erstemal in London eine solche Veranstaltung besuchten, glaubten wir zunächst, wir seien in ein Faschingstreiben geraten, so bunt waren die Teilnehmer kostümiert. Wir hatten erst gegen 23 Uhr das Glück, Einlaß zu finden. Der Saal lag im Dämmerlicht, und nur die Bühne war von Scheinwerfern grell beleuchtet. Das ›freakout‹ war bei unserer Ankunft schon in vollem Gange; die meisten Hippies waren schon ›high‹, und viele hatten sich bereits ganz oder teilweise ihrer Kleidung entledigt. Auf der Bühne produzierte sich eine Art Ballett, während seitlich der Bühne innerhalb einer Gruppe waschechter Hippies ein junges Paar völlig nackt, aber mit Blumenmotiven bemalt, im aufwühlenden Rhythmus der kakophonischen Musik den Geschlechtsakt auf dem Fußboden vollzog. Um sie herum tanzten und standen viele junge Leute, ohne sich um die beiden zu kümmern.«

Ihr nächster Besuch war ein Love-in im Electric Garden Club im Zentrum Londons. Auch hier »ohrenbetäubende Musik«, auch hier Halbdunkel, auch hier Drogen und auf dem Podium Darbietungen. Später »betraten einige Hippies das Podium und verteilten Orangen und Oliven. Die Oliven wurden mit rituellen Gebärden gegen die Brustwarzen der Jungen und Mädchen gedrückt und dann verzehrt. Die Orangen preßten Jünglinge über den Busen fast nackter Mädchen aus, so daß ihnen der Saft über den Körper lief, während sie wie im Trancezustand zu den vor ihnen stehenden Jünglingen aufblickten. Danach zogen sie sich die Schlüpfer aus, umarmten und küßten sich leidenschaftlich und ließen sich zu Boden gleiten, um sich zu vereinigen.«

Eine »Rutschbahn zum Untergang« sagen die einen, die anderen nennen es »tiefe und ewige Liebe«. Eine »sexuelle Orgie« für die einen, für die anderen »die schönste Äußerung der universellen Liebe, die der Mensch jemals erfahren hat«.

Die 17jährige Andrea S. berichtet: »Es war, als ob ich in einer Art Weltraum schwebte. Die Farben, die alle Dinge um mich herum annahmen, waren leuchtend und unglaublich schön. Ich hatte noch nie so herrliche warme Töne gesehen. Der Glanz war geradezu atemberaubend. Es war ein Kaleidoskop von Farben, die ineinander flossen und immer heller wurden. Ich war von einer Lichtflut umgeben und fühlte mich hochgehoben. Wie ein

Vogel schwebte ich über den Menschen. Ich sah haarscharf alle Bewegungen. Jeder wirkte frei, und auch ich fühlte mich schwerelos. Dann begann ich viele Laute wahrzunehmen, die immer intensiver wurden und schließlich zu einer ohrenbetäubenden Kakophonie verschmolzen. Noch sonderbarer war, daß ich die Laute auch ›sehen‹ konnte. Sie kamen auf mich zu, drängten sich um mich und sahen wie sehr große Münder aus. Alle Münder bewegten sich. Ich sah die Lippen und die Zungen sich bewegen, und jeder Mund brachte einen anderen Laut hervor. Es war ein Stimmenmeer, das nichts anderes zu sagen schien als... LIEBE!

Noch sonderbarer wurde es, als die Stimmen Hände und Finger bekamen, die auf mich zeigten und mich anfaßten. Dann begriff ich, was sie wollten. Ich rief: Ja! Ja! Zog mir die Kleider aus und stand im Handumdrehen nackt da. Ein gewaltiges Gefühl des Stolzes überkam mich, weil ich meinen Körper so schön fand. Ich zeigte ihn diesen Stimmen und bot ihnen alles dar. Die Finger griffen zu und betasteten mich. Ich ging in einem wüsten Strom der Leidenschaft unter.

Nach diesem ersten Abend nahm ich immer wieder LSD und feierte mit anderen jungen Leuten Orgien. Immer wieder fühlte ich, wie mein ganzes Wesen sich veränderte und die Welt sich um mich herum verwandelte. Alles löste sich in Liebe auf. Kehrte ich dann von einer solchen Traumreise zurück, blieb diese Liebe in mir, und ich wollte dann dieses Glück weiter genießen. Ich gehörte nicht länger nur meinem Freund. Jeder war mein Freund und jeder konnte mir das Glück geben, das ich suchte und fand. Ich gab mich jedem jungen Mann hin und ließ mich von diesem nicht zu stillenden Verlangen nach Sex und Liebe einfach treiben.

Es waren nicht allein die jungen Männer, denen ich mich hingab. Manchmal tanzte ich auch mit anderen Mädchen, die ebenso unter Rauscheinfluß standen wie ich.«

Die Jugend der sechziger Jahre suchte nach neuen Lebensformen. »Es ist ein erregender Gedanke«, schreibt John D. Burton, »daß Drogen imstande sind, Gesellschaftsformen zu wandeln.« Er schildert die Ehe eines schwedischen Studentenpaares, der 20jährigen Maj mit dem 23jährigen Lars. »Ihre Ehe scheint in jeder Hinsicht glücklich zu sein. Man sieht sie immer zusammen, bei der Arbeit und beim Vergnügen. Soweit das die Kommilitonen und die Professoren beurteilen können, haben sie nie Differenzen. Was ist das Geheimnis ihres Glücks?

Lars sagt: ›Das Geheimnis ist gar kein Geheimnis. Wir gehen ineinander auf und verstehen uns restlos. Wir haben keine Geheimnisse voreinander. Wir betrügen einander nicht, sondern sind uns treu.‹

Maj sagte: ›Unsere Ehe kann nicht schiefgehen, weil wir diese Möglichkeit ausgeräumt haben. Wir haben dafür gesorgt, daß alles gutgeht. Wo keine Rede von Eifersucht, Untreue, Betrug, Seitensprüngen und dergleichen sein kann, da muß eine Ehe funktionieren, wenn man nur Verständnis für die gegenseitigen Schwierigkeiten und Probleme aufbringt.‹

Dies war ein Eingeständnis, daß es auch in dieser Ehe Probleme gibt. Der Unterschied ist nur, daß Lars und Maj eine Methode gefunden haben, sie zu lösen – oder ihnen auszuweichen.«

Sie nehmen Marihuana, um »klarer denken zu können«. Sie gehen zu LSD über, »nur zum Aufputschen« und um das »Sexualleben in Schwung zu halten«. Maj erzählt: »Trotzdem stellten wir nach einiger Zeit fest, daß unser Sexbedürfnis zugenommen hatte und uns fast nicht mehr in Ruhe ließ. Auch empfanden wir beide eine starke Neigung zum Exhibitionismus. Das äußerte sich sogar in dem Bedürfnis, mich Lars halbnackt zu zeigen, wenn wir uns bei den Mahlzeiten gegenüber saßen. Da es ihm auch so erging, verbrachten wir weit mehr Zeit mit Zärtlichkeiten als früher. Aber dieser überreizte Zustand bekam uns nicht gut, und oft blieb ich unbefriedigt. Zu unserer eigenen Überraschung mußten wir uns – als wir nach einem Ausweg suchten – gestehen, daß wir uns in letzter Zeit beide gelegentlich für andere Partner interessiert hatten... So willigte ich nach einer Woche Bedenkzeit ein, mit einem anderen Ehepaar zusammenzuleben. Es waren Studenten und LSD-Benutzer wie wir, die sich in einer ähnlichen Situation befanden. Ohne eine LSD-Dosis hätte ich allerdings die anfänglichen Hemmungen nicht überwinden und mit dem Freund meines Mannes nicht zärtlich werden können.

Ich glaube nicht, daß ich jemals so temperamentvoll war wie an diesem ersten Abend, als ich – das Beispiel des anderen Paares vor Augen – mich Lars hingab. Als wir anschließend die Partner wechselten, war dies meine erste intime Begegnung mit einem fremden Mann.

Wir hatten die richtige Lösung gefunden, und es folgten Wochen der Harmonie und des Glücks. Doch nach einigen Monaten begann der Reiz des Neuen zu schwinden. Die Lösung lag auf der Hand. Nach einer langen Unterredung mit Inge und Peter, unseren Partnern, wurde beschlossen, noch einige Studenten dazuzunehmen. Lars und Peter wollten auch Mädchen dabei haben, aber Inge und ich wußten ihnen das auszureden. Wir wollten keinen Harem. So zogen am nächsten Abend zwei neue Dauergäste ein. Wieder mußte uns LSD über die ersten Hemmungen hinweghelfen. Meine geheime Befürchtung, Lars und Peter könnten doch eifersüchtig werden, erwies sich als unbegründet. Der Anblick der anderen Männer wirkte im Gegenteil auf unsere ›alten‹ Ehemänner ungemein anregend. Das Erlebnis mit Lars war dann überwältigend. Jetzt sind wir zwei Frauen und sechs Männer, haben ein Nachbarappartement hinzugenommen und sind alle sehr zufrieden.«

Günther Hunold zitiert in seinem 1970 erschienenen Buch »Partnertausch und Gruppensex« die 37jährige Schwedin Siw Gustafson, die von der Zeitschrift »es« in Stockholm interviewt worden war: »Wir waren zwei Paare. Für jeden dieser Menschen empfand ich ein Gefühl echter Liebe, Freundschaft ud Hochachtung. Wir hatten ein gemeinsames Schlafzimmer. Einmal lag ich in den Armen des einen Mannes, am nächsten Tag schlief ich mit dem anderen. Es war gleichgültig, mit wem ich intime Beziehungen hatte, denn ich liebte beide. Auch mein Sohn war restlos glücklich. Er hatte zwei Mütter und zwei Väter.« Siw Gustafson hatte weder moralische Bedenken, noch ästhetische Hemmungen. »Warum auch? Wir liebten uns doch!« Es war, ihrer Meinung nach, »das ideale Rezept für ein glückliches Leben. Vor allem für die Frau: Sie ist nicht mehr Tag und Nacht ans Kinderzimmer, an den Haushalt gefesselt. Sie findet mehr Zeit und Kraft, einen interessanten Beruf auszuüben, sich zu bilden und zu pflegen.«

1969 schrieb die amerikanische Eheberaterin Dr. Eleanor Hamilton: »Möglicherweise hat die Einsamkeit des modernen Paares – und sie sind einsam – diese Suche nach tieferen Beziehungen hervorgebracht. Sie sind auf eine wirklich intime Gemeinschaft aus, die über die traditionelle Zweisamkeit, ja selbst über das Dreier- und Viererverhältnis hinausgeht. Ich bin ziemlich sicher, daß die Beziehungen sich immer mehr vervielfältigen werden.«

Aus dem Jahr 1969 liegt auch aus Deutschland eine Publikation vor, die über den »Versuch der Revolutionierung des bürgerlichen Individuums« berichtet. Ein Protokoll der »Kommune 2«, nach dem Motto: »Kollektives Leben mit politischer Arbeit verbinden!« Es ist gleichzeitig das Protokoll eines Scheiterns. »Die patriarchalische Familie hat die sexuellen Bedürfnisse der Menschen nie befriedigen können«, heißt es in der Einleitung. »Historisch brauchte sie stets die Ergänzung durch Prostitution und die sexuelle Ausbeutung Abhängiger. Die zunehmende Durchsetzung des kapitalistischen Warenprinzips in den menschlichen Beziehungen hat endlich dazu geführt, daß mit dem Schwinden der patriarchalischen Autorität die Sexualität als Ware in der Familie selbst gehandelt wird: in der Form des organisierten Partnertausches.« Die Kommunarden bemühten sich die These zu realisieren, die der österreichische Psychoanalytiker Wilhelm Reich (1897–1957) in seinem Buch »Die sexuelle Revolution« 1945 aufgestellt hatte. Ausgehend von der sexuellen Unterdrückung als Herrschaftsmittel der Diktatur, versuchten sie durch sexuelle Revolution eine soziale Revolution zu praktizieren.

Die »Kommune 2« scheiterte ebenso, wie zwei Jahre zuvor die »Kommune 1« gescheitert war. Private Probleme hatten auch ihre politischen Absichten scheitern lassen. Das Resumée der »Kommune 2« lautete: »Für viele wird der Wunsch nach einer befreienderen Sexualität das Hauptmotiv für ein kollektives Wohnen bleiben. Wahrscheinlich aber ist es in der Gegenwart nicht möglich, diesen Wunsch durch promiskuöse Verbindungen in der Kommune zu befriedigen. In der Praxis aller uns bekannten Wohnkollektive hat es nie für längere Zeit so etwas wie eine Gruppen-Sexualität gegeben. Offensichtlich entspricht die psychische Struktur der meisten Menschen in unserer Gesellschaft dem Bedürfnis nach sexueller Promiskuität zu wenig, um sie zum Modell eines freieren Zusammenlebens jetzt schon machen zu können.«

Vier Frauen, die älteste 29 und die jüngste 19, und drei Männer, 23 und 24 Jahre alt, gründeten in München die »High-Fish-Kommune«. »Es war der Versuch, anders zu leben und von diesem ›anders leben‹ zu leben«, sagten sie rückblickend auf das ebenfalls gescheiterte Experiment.

Zu dem Versuch »anders zu leben« gehörte auch die sexuelle Gemeinschaft. Aber es stellte sich heraus, »daß diese Erfahrungen nur gemacht werden konnten, wenn man sie spielerisch anging«, heißt es in der »Dokumentation über Theorie und Praxis einer neuen Form des Zusammenlebens«, die 1971 unter dem Titel »Die Pop-Kommune« veröffentlicht wurde. »An einem Freitagabend ergab der Zufall, daß Barbara, Paul und Wulf alleine in der Wohnung waren. Barbara hatte gerade eine unglückselige Liebesgeschichte hinter sich und war sehr zärtlichkeitsbedürftig. Alle paar Minuten umarmte sie einen der beiden und wollte gestreichelt und geküßt werden.

Schließlich legte sie sich mitten in den Raum und rief Paul, damit er zu ihr käme.

Die beiden spielten zusammen, als wären sie verliebt, und Barbara wurde immer lustiger. Als sie sah, daß Wulf in einer Ecke saß und ihnen zuschaute, forderte sie ihn auf, mitzumachen und legte sich mit ihrem Kopf auf seinen Bauch. Eine Zeitlang lagen die drei ganz still da, die Hände ineinander verschränkt und genossen es, so eng beieinander zu sein. Da unterbrach sie die Türglocke. Ella, eine Freundin Barbaras, kam mit einigen Bekannten herein. Die beiden Mädchen hatten sich länger nicht mehr gesehen und umarmten sich heftig. Ella fragte zum Spaß, ob sie gerade beim Gruppensex störe oder ob sie noch mitmachen könne. Barbara griff das Stichwort begeistert auf und umarmte ihre Freundin von neuem. Klaus, einer der neu Hinzugekommenen, setzte sich ebenfalls dazu, und die fünf begannen, sich gegenseitig auszuziehen. Paul und Barbara waren schließlich ganz nackt. Die übrigen drei hatten noch ihre Hosen an. Sie lagen halb übereinander, halb nebeneinander, bildeten aus ihren Händen einen riesigen Knoten, streichelten sich gegenseitig ihre Brustwarzen und steigerten sich in eine immer größer werdende Erregung hinein. Inzwischen jedoch, die fünf hatten es fast nicht bemerkt, waren immer mehr Leute in den Raum gekommen und hatten sich in einem großen Halbkreis um die fünf Liebenden gesetzt. Auf den kleinen Handtrommeln schlugen sie einen ruhigen Rhythmus und sahen dabei dem Schauspiel zu. Als Barbara kurz aufblickte und sich plötzlich im Kreise von etwa 25 Menschen sah, drehte sie erst richtig auf. Während Paul seine

Hand zwischen ihre Beine geschoben hatte, und seine Finger mit ihrer Scham spielten, lag sie halb über ihrer Freundin und ließ ihre Haare immer wieder auf deren Brustwarzen kreisen. Mark, der seiner homosexuellen Veranlagung wegen sonst sehr schüchtern war, verlor seine Hemmungen und streichelte mit der einen Hand den Rücken von Ella, mit der anderen den von Paul, Wulf lag fast unter den dreien und hatte Schwierigkeiten, Luft zu bekommen. Es gefiel ihm, daß seine Hände immer irgendwohin faßten, ohne daß er genau wußte, zu wem der jeweilige Körperteil gehörte. Er spürte, daß es ihm vollkommen egal war, wen er gerade anfaßte, es kam ihm nur darauf an, dieses Anfassen zu genießen. Er erinnerte sich, daß er zu zweit mit einer Partnerin nie so bewußt ihr Fleisch angefaßt hatte, da er sich selbst dabei viel zu sehr vergaß. Als eine Mädchenbrust in die Nähe seines Mundes kam, nahm er sie in den Mund, ohne darauf zu achten, zu wem sie gehörte, und konzentrierte sich nur auf das Empfinden, das er hatte, wenn seine Zunge mit der Brustwarze spielte.

Obwohl sie nicht richtig zusammen geschlafen hatten, fühlten sich die fünf zufrieden und ermattet, als sie endlich genug hatten und zusammen ins Bad gingen. Sie duschten sich gegenseitig ab und freuten sich an dem Erlebten. Sie empfanden es als ein Spiel, bei dem sie einfach nur Beziehungen zwischen ihren Körpern hergestellt hatten, wobei es darauf ankam, daß jeder möglichst viel für sich daraus machte. Von da an dachte die Gruppe sich häufiger Spiele aus, die ihnen erlaubten, auch körperlichen Kontakt mit den anderen zu bekommen.«

Später heißt es in der Dokumentation: »Mit der Zeit wurde es aber immer deutlicher, daß diese Versuche zwar zu einem selbstverständlichen Umgehen mit dem Körper führten, aber an dem eigentlichen Problem vorbeigingen. Sie mußten einsehen, daß sie eines nicht ändern konnten, nämlich die unbefriedigenden Beziehungen zwischen den Geschlechtern.«

Ein Lernprozeß hatte stattgefunden. War mehr als nur ein Experiment gescheitert?

»Rückkehr aus der Zukunft« war der Titel eines Buches, mit dem Horst Knaut 1970 Aufsehen erregte. »An die Öffentlichkeit dringen nur die lauten Fälle«, schrieb er, »aber täglich finden im Banne religiöser und sexueller Verwirrungen unvorstellbare

Grausamkeiten statt.« Er berichtet von einem Club »Anandrynes« im Taunus. 22 Frauen und zwei Männer treffen sich in einem Tempel. Gebete, Tanz und Gesang gehören zum Ritual, das eine 70jährige Baronin aus Ostpreußen bestimmt. Höhepunkt der Tempelfeste ist eine Orgie der nackten Frauen – an der sich die beiden Männer aber nicht beteiligen dürfen.

In München veranstalten zwanzig Mitglieder eines Geheimklubs Schwarze Messen. Eine nackte Frau ist die Opferschale. Das Sperma der Männer ersetzt die Kommunion.

Wenn man, 1970, an das Essener Postfach einer »Kontakt Adressenvermittlung GmbH« schrieb, erhielt man einen Brief folgenden Wortlauts: »Wir freuen uns sehr, daß Sie sich für eine Teilnahme an ›Schwarzen Messen‹ interessieren.

Wie Sie wahrscheinlich wissen, werden in allen Großstädten der Bundesrepublik – nicht von uns selbst als Veranstaltungsleitung, da wir die Organisation von ›Schwarzen Messen‹ aus bestimmten Gründen abgeben mußten – ›Schwarze Messen‹ veranstaltet.

Wir sind in der Lage, Ihnen die Adressen derjenigen bekanntzugeben, die für eine Veranstaltung von ›Schwarzen Messen‹ in Frage kommen und die auch Ihre Teilnahme an ›Schwarzen Messen‹ ermöglichen würden.

Gegen eine Vermittlungsgebühr von DM 78,– erhalten Sie von uns diese Adressen (vollständige Anschriften aus allen Großstädten des Bundesgebietes). Ebenso werden wir dann – nur falls Sie gewillt sind, an ›Schwarzen Messen‹ teilzunehmen – Ihre Adresse dorthin (in den Ort Ihrer Wahl, s. Anlage) weitergeben, um eine schnelle und korrekte Kontaktaufnahme zu ermöglichen. Wir machen Sie darauf aufmerksam, daß diese Adressen unbedingt vertraulich zu behandeln sind und Dritten die Einsicht nicht ermöglicht werden darf.

Außerdem weisen wir Sie darauf hin, daß sämtliche Teilnehmer von ›Schwarzen Messen‹ tolerante, aufgeschlossene Menschen sein sollten, zu allem bereit, für die es auch keine sexuellen Tabus gibt.

Bitte lassen Sie uns wissen, ob Sie an ›Schwarzen Messen‹ teilnehmen wollen und machen Sie uns auch bitte einige Angaben zu Ihrer Person.

Wir vertrauen auf Ihre Diskretion und würden uns freuen, bald von Ihnen zu hören.«

Der Interessent konnte die »nächstgelegene Stadt« unter folgenden Orten auswählen: Augsburg, Berlin, Bielefeld, Bremen, Dortmund, Düsseldorf, Essen, Frankfurt, Freiburg, Gießen, Hamburg, Hannover, Heidelberg, Karlsruhe, Kassel, Koblenz, Konstanz, Mannheim, München, Münster, Nürnberg, Saarbrücken, Stuttgart, Wiesbaden und Wuppertal.

Auf die Anzeige »Attraktive Frau, 30, Schwedentyp, sucht Kontakt zu toleranten Geistesfreunden« in einem Okkultistenblatt, hatte die geschiedene Pfarrerstochter Jutta K. Anfang November 1971 73 Zuschriften erhalten. »Sie scheint an freizügigen Spielarten der Sexualität Gefallen gefunden zu haben«, schreibt Horst Knaut in seinem Buch »Das Testament des Bösen« über Jutta K., die 23 von den 73 Zuschriften in ihre engere Wahl gezogen hatte. »Auch folgende Zuschrift aus Köln hakt Jutta mit einem Filzstift ab: ›Wir würden Sie gerne kennenlernen und sind mit allem einverstanden. Wir kennen keine Eifersüchteleien, jeder kann sich frei entfalten, und wir machen alles. Wir können uns anpassen, und wenn Grenzen gewünscht werden, bitte sehr, wenn nicht, um so reizvoller. Dann finden wir es zauberhaft, wenn ohne Einschränkung der Erotik in allen reizvollen und entzückenden Varianten gedient wird, wobei alle Beteiligten den Wunsch haben sollen, sich so schön wie nur eben möglich zu verwöhnen...‹

Interessant ist ein erster Aufschluß über Juttas neue Offenheit und Begierde. Dem Brief aus Köln ist Juttas Antwort in Kopie beigeheftet:

›Ich bin grundsätzlich nur dabei, wenn Paare, auch mehrere, anwesend sind. Es wäre ein Leichtes für mich, nochmal extra ein Mädchen mitzubringen. Wenn Sie mich kennenlernen wollen, müssen Sie einsehen, daß lange Korrespondenzen zwecklos sind. Sie wissen, was ich suche und daß ich nicht neu bin. Wir brauchen wohl daher nicht Dinge zu detaillieren, die so selbstverständlich bei einer Party sind, daß ein Bericht darüber nur Leuten nutzen kann, die sich an solchen Briefen aufgeilen wollen. Davon abgesehen habe ich von dieser Art schon so viel, daß es nichts Neues mehr geben kann. Aber ich will Ihnen noch verraten, daß ich selbstverständlich nicht einseitig und sehr für French Love bin und auch zärtliche Freundinnen mag. Das dürfte für heute genügen...‹

War Jutta in Köln? Was hat sie dort erlebt? In ihrem Taschenkalender gibt es Hinweise auf zwei Fahrten mit einem TEE Hamburg–Köln.« Weiter heißt es in dem Bericht von Horst Knaut: »Jutta muß sich Monate sexuell ausgetobt haben. Sie war auch in Kassel und Hannover und traf sich in ihrer eigenen Wohnung mit Männern und Paaren. Ihre Gier nach immer neuen Erlebnissen führte sie auch nach Kiel zu einer Schwarzen Messe. In einem Brief aus Kiel wurde ihr vor der direkten Kontaktaufnahme mitgeteilt: ›Unsere gnostische Gemeinde setzt sich aus Schwestern und Brüdern verschiedenen Alters zusammen, von sehr jung bis zu 58 Jahren. Bei unseren Messen tragen wir verschiedene Beinkleidung. Wir alle beten die Lust und das Geschlecht an, und unsere Messen sind so, daß wir durch Anbetung Lust gewinnen. Nicht die sexuellen Alltagsfreuden sind es, die uns interessieren, sondern die Wonne der Perversion zelebrieren wir mit Hingabe. Eine unserer Regeln ist, daß der männliche Samen nicht vergeudet werden darf, weil er der Ausfluß der Lust ist und zugleich Weihwasser und Abendmahl. Die Weihe erhält ein Novize oder eine Novizin auf dem Altar: Zwei Brüder, die sich durch Enthaltsamkeit darauf vorbereitet haben, geben der neuen Schwester die Weihe. Von den übrigen wird das Weihwasser dann getrunken...

Die Freuden des Voyeurismus kosten wir voll aus, auch durch die Betrachtung von Pornografie als Ergänzung zu den körperlichen Genüssen... Der Wunsch nach besonders jungen Opfern ist nicht leicht erfüllbar. Da hatte es de Sade leichter...‹

Nach Hinweisen aus ihren Aufzeichnungen kann kombiniert werden: Jutta weilte etwa zehnmal in der Umgebung von Kiel. Meist waren die Treffpunkte an Wochenenden südlich von Kiel in Privathäusern im Raum Plön-Ascheberg-Malente. Was Jutta dort alles erlebt hat, ist bis in letzte Einzelheiten nicht bekannt. Religiöse Sekten, in denen sexuelle Orgien gefeiert werden, gehören zu den verschwiegensten Gruppen. Fest steht: Jutta versuchte sich zweimal das Leben zu nehmen. Mit Schlaftabletten. Ihre Hauswirtin kam jeweils im letzten Augenblick und sorgte dafür, daß man Jutta schnell ins Krankenhaus brachte. Seit ihrem letzten Selbstmordversuch ist Jutta geistig völlig zerrüttet. Sie redet kaum. Zu Hause in ihrer Wohnung fand man mystische Sektenschriften und angestrichene Stellen in einer Sektenbibel. In ihrem Nachttisch lagen zwei dicke schwarze Kerzen und ein kleines Weihwassergefäß. Diese Gegenstände lassen vermuten, daß auch in Juttas Wohnung Schwarze Orgien stattgefunden haben. Unter ihren Papieren lag auch ein Foto mit dem Vermerk ›Überlingen, 3. Januar‹. Auf dem Foto ist eine nackte Frau zu sehen, die mit gespreizten Beinen auf einem Altar liegt. Wahrscheinlich ist es Jutta selbst – als ›Opferschale‹.«

Im selben Buch beschreibt Knaut auch »ein sexualmagisches Initionsritual« der Manson-Sekte, die für das Massaker bei der Filmschauspielerin Sharon Tate und ihren Freunden im Sommer 1969 verantwortlich zu machen ist: »Simi Valley Sherry war ein fünfzehnjähriges Mädchen aus der Gegend. Es versorgte auf der Manson-Ranch die Pferde. An der Initiationsfeier nahmen etwa zwanzig Sektenmitglieder und vier ›Gäste‹ teil; sie fand am 22. Juli 1969 statt. Es wird behauptet, diese Feier sei auch gefilmt worden.

Charles Manson stellte die Fünfzehnjährige in die Mitte der Versammlung und entkleidete sie bis auf den Slip. Als das Mädchen sich wehrte, stieß Manson sie zu Boden. Er betastete sie von Kopf bis Fuß und küßte ihren Hals und ihre Brüste. Simi Sherry biß Manson in die Schulter, worauf er ihr mit der Faust ins Gesicht schlug. Laut Linda Kassabian, die bei der Orgie eine Schlüsselrolle spielte, drohte Manson dem Mädchen: ›Sherry, weißt du noch, wie ich dich damals mit einem Stein das Flußbett entlanggejagt und gerufen habe, wenn du nicht mit mir schläfst, dann schlag' ich dir den Schädel ein und vergewaltige dich?‹

Das Mädchen lag wie gelähmt. Manson riß ihr den Slip herunter und forderte das Sektenmitglied Beausoleil auf, sie zu vergewaltigen – was dann auch geschah. Dies war das Zeichen für eine wilde Orgie, an der nun alle teilnahmen. ›Die ganze Szene war von einer Perversion, wie ich es nie zuvor erlebt habe‹, erklärte Linda Kassabian bei ihrer Zeugenvernehmung.

Im Verlauf langer Ermittlungen ist man in Kalifornien auf Zeugen gestoßen, die von magischen Zeremonien berichteten, die an mehreren abgelegenen Strandabschnitten im Norden und im Süden von Los Angeles veranstaltet worden waren. Einer der Befragten gibt an, daß mehrere dieser Zeremonien auch gefilmt worden seien. Er erklärte, daß Mitglieder einer ›internationalen satansverehrenden Organisation‹ mit den Mitgliedern der Manson-Sekte zusammengetroffen seien. Über eigene Erlebnisse in diesem Ritualkreis in den Jahren 1969 und 1970 berichtete er: ›In den meisten Fällen waren viele der Teilnehmer schwarz gekleidet gewesen und hatten Kreuze getragen. Manche von ihnen waren auch weiß gekleidet. Eine Hundeblut-Zeremonie hatte damit begonnen, daß Mitglieder herumsaßen und sangen. Der Rest war dann eine einzige Scheußlichkeit: Die Sache fand in einer Nacht statt. Zuerst saßen alle nur so rum, und dann fingen sie an mit ihrem Trip, so richtig, und dann... dann ging's so weiter. Dann kam ein Kerl mit einem Kelch voll Blut. Jeder trank davon. Und dann kam ein anderer und schüttete Blut über allen aus... Dann schlachteten sie einen Hund. Sie brachten ein Mädchen an, nein, es waren zwei Mädchen. Sie zogen sie aus und gossen über die Mädchen das Hundeblut. Sie hielten den auslaufenden Hund einfach über sie. Und dann nahmen sie die Mädchen und beschmierten sie über und über mit Blut. Und alle bumsten mit den beiden Mädchen...‹«

Der Dompteur und Fotograf Anton Szandor La Vey hatte zusammen mit seiner Frau schon 1966 in San Francisco eine »Kirche des Satan« gegründet, eine »Religion des Fleisches«. In den »Satanic Statements« des La Vey heißt es: »Satan verkörpert Befriedigung von Begierden anstelle von Abstinenz.« Und es heißt: »Satan verkörpert alle sogenannten Sünden, weil sie alle zu körperlicher, geistiger oder gefühlsmäßiger Befriedigung führen.« Wie bei allen Schwarzen Messen dient auch bei dieser Gruppe der Leib einer nackten Frau als Altar. Bedauernd sagte die Frau La Veys in einem Interview: »Die Messe war früher schmutzig und unanständig, heute ist sie nur noch ein Weg um Hemmungen abzubauen.«

In dem 1979 erschienenen Buch »Hexerei und schwarze Kunst« vertreten Angus Hall und Jeremy Kingston die Ansicht, »daß die modernen Satanisten tatsächlich fast all die Dinge tun, derer die Hexen im Mittelalter fälschlicherweise beschuldigt wurden. Sie werden wohl keine Kinder töten, doch sie beten den Teufel an, sexuelle Aktivität ist Bestandteil ihrer Zeremonien, sie haben Riten, um ihre Feinde zu verfluchen, und sind international organisiert. Sie entsprechen deshalb mehr der Vorstellung der Inquisitoren über die Hexen als jene Zehntausende, die die Inquisition wirklich verbrannte.«

Ende März 1981 ist in Heft 3 der Bayreuther Zweimonatsschrift »ZbV – Zur besonderen Verfügung«, erhältlich in jeder Sex-Boutique, auf Seite 16 die Annonce zu finden: »Raum 3000 – Sator Arepo T... Die totale Lust, Enthemmung u. Begierde, Sexualmagie, Schw. Messe. Nur für Paare, Damen m. echt. Interesse. Chiffre...«

In der am 28. März 1981 erschienenen Wochenzeitung »Neue Weltschau« findet sich folgende Anzeige: »Schwarze Magie!! Sie kann Menschen binden u. Trennen!! Erfolge in Prozessen!! Sie ist Herr über Leben und Tod!! Ich arbeite mit IHR für SIE! Postfach... 6442 Rotenburg/F.«

Am 28. März 1981 wird aus Seattle, USA, berichtet, daß der Totenschädel der vor zwei Jahren verschwundenen 51jährigen Marcia Moore, Schwester des Bestseller-Autors Robin Moore, aufgefunden wurde. »Sie wurde nach Meinung der Polizei entführt und bei der ›Schwarzen Messe‹ einer Sekte geköpft, der Körper wurde dann zerstückelt und vergraben«, schreibt die »Bild«-Zeitung vom 28. März 1981. »Ein Eingeweihter: ›Bei solchen Messen tanzen nackte Hexen und Hexenmeister im Kerzenschein vor einem Altar, auf dem der blutige Kopf eines Menschen oder Tieres als Opfer liegt.‹ Autor Moore: ›Marcia wurde vor ihrem Verschwinden mehrmals bedroht. Ich bekam einen anonymen Brief, in dem stand, meine Schwester sei in der Gewalt von Hexen und müsse getötet werden.‹ Marcia Moore, Erbin der Sheraton-Hotelkette, wollte ein Enthüllungsbuch über Sekten schreiben, nachdem sie bereits Werke über Spiritismus veröffentlicht hatte.«

Mit dem Satz »Verschließen Sie den Mund, und hüten Sie die Zunge« beendet die OTO-Sekte ihr Ritual. Und alle Anwesenden antworten: »Tod dem Verräter!«

DIE NEUE MORAL

»Oh, verdammt, wie sehnte ich mich nach den sechziger Jahren! Als alle Welt haschte und alle es unentwegt mit allen trieben. Nur ich saß derweil mit meinem blöden Bennett in Deutschland und spielte die brave Hausfrau, dachte mir schmackhafte Mahlzeiten aus und brach mir das Bein zur Strafe dafür, daß ich mir wünschte, was jeder Mensch sich wünscht – Freiheit. Ich wäre in Heidelberg gern zu den Studentenparties gegangen, hätte gern Hasch geraucht, herumgevögelt, meinem Alter entsprechend gelebt. Bennett jedoch, der Penny regelmäßig zweimal wöchentlich in meinem Arbeitszimmer vögelte, der nannte das alles infantil und schickte mich zu einem Psychoanalytiker, mit dem ich das ›durcharbeiten‹ sollte. Endlich, im gefährlichen Alter von 29 Jahren, machte ich einen einzigen Seitensprung, nämlich mit Adrian Goodlove, und trollte mich wieder heim – nicht pflichtschuldigst, sondern, schlimmer, voll von Zynismus. Bislang unterwürfig, wurde ich nun aufsässig, hatte mich aber damit abgefunden, mich niemals mit meinem Mann verständigen, nie jemand finden zu können, der mich dauerhaft liebte, die schmerzende Leere in mir mit törichten, bedeutungslosen Liebeleien am Nachmittag ausfüllen zu müssen...

Ach, hätte ich doch nur die sechziger Jahre nicht verpaßt!«

Die 35jährige Erica Jong schreibt das in ihrem zweiten Roman »Rette sich wer kann«. In Manhattan 1942 geboren, hatte sie an der Londoner Universität Literatur studiert und von 1966 bis 1969 in Heidelberg gelebt. 1973 machte sie zum ersten Mal von sich reden. »Angst vorm Fliegen« hieß das Buch, in dem sie ihre eigenen Erlebnisse auf die Heldin ihres Roman Isadora Wing, projizierte. Man nannte Erica Jong ein »weibliches Pendant zu Henry Miller«, für den ihre Bücher »großartige Gesänge von Sex, Leben, Freude und Abenteuer« waren.

Isadora nimmt an einer Orgie teil. Sie hat ihren Mann verlassen, hat eine Reihe von Abenteuern hinter sich – und ist verliebt in den 26jährigen Josh, Joshua Ace.

Erica Jong schreibt: »Es gibt Augenblicke, da prickelt die Luft von Sex, es ist schummerig, der Mond hängt über den Dächern, das Blut ist ebenso warm wie die weiche Luft, und wenn einen ein auch nur halbwegs passabler Mann ansieht, weiß man: mit dem könntest du sofort ins Bett gehen. Ein solcher Moment war dies nicht.

Es war kühl, die Anwesenden waren einander mehr oder weniger fremd, der Umgangston noch etwas gezwungen, und die Luft prickelte keineswegs von Sex. Doch da saßen wir nun mal beieinander, und Rob war ein Mann der Praxis. Eine solche Gelegenheit mochte sich so bald nicht wieder bieten, und in solchen Augenblicken ist Hasch unersetzlich. Hasch und die Beatles. Wie viele Orgien wären wohl schon auf halbem Wege versandet ohne Hasch und die Beatles! Diese klitoralen Triller, diese vögelnden Bässe! Süßlicher Rauch füllt die Lungen, den Kopf, die Möse..., und die Beatles singen dazu: ›Because the world is round it turns me on...‹«

Auf dieser Orgie lernt Isadora Wing alias Erica Jong »zwei Sexualforscher« kennen, »die gemeinsam Bücher verfaßten, erotische Kunstgegenstände sammelten und geübte Orgienteilnehmer waren. Beide waren um die Vierzig, sahen gut aus, die Frau eine blonde Schwedin namens Kirsten, in den USA aufgewachsen und mit enormen Titten behaftet (zwischen denen an einem Kettchen ein Anhänger in Form eines erigierten Penis baumelte, nur abwärts gerichtet, der Ärmste). Der Mann hieß Hans, sprach mit Wiener Akzent und war in Paris aufgewachsen. Beide waren erschreckend lustig und fidel, richtige Sexualmissionare (oder Emissionare, wie ich sie später nannte) und hatten Robert offensichtlich begleitet in der Hoffnung, an einer Orgie teilnehmen oder einem Millionär Geld für ihre Sammlung von Erotika abschmeicheln zu können oder beides.«

Es ist unschwer zu erkennen, daß es sich bei »Kirsten« und »Hans« um das Ehepaar Dr. Phyllis und Eberhard Kronhausen handelt, aus deren Publikationen in diesem Buch schon mehrmals zitiert wurde.

Noch ein weiteres Buch aus der letzten Zeit nennt das Ehepaar Kronhausen als aktive Teilnehmer von Gruppensex-Parties. Das 1980 in New York erschienene Buch »The Neighbour's Wife« des ehemaligen Starreporters von »New York Times«, Gay Talese (geb. 1932), dessen deutsche Ausgabe unter dem Titel »Der Talese-Report« 1981 erschienen ist. Im Gegensatz zu den Autoren bisheriger Berichte und Reports bekennt Talese sich dazu, selbst an den geschilderten Orgien teilgenommen zu haben.

Talese befragte Hunderte von Amerikanern und machte damit sein Buch zu einer authentischen Ergänzung des »Leigh-Reports« aus den sechziger Jahren. Neun Jahre lang recherchierte Talese und mußte »das Vertrauen der Befragten gewinnen – was besonders schwierig und zeitaufwendig war –, bevor sie mir erlaubten, bei der Niederschrift ihrer intimen Beichten ihre authentischen Namen zu benutzen«. Einer davon war der »Playboy«-Initiator Hugh Hefner, dessen Suite in seiner Villa »jeden nur erdenklichen Komfort« bot. »Mit Hilfe eines Fernsehtelefons war er in der Lage, jederzeit mit den leitenden Redakteuren im Playboy-Gebäude zu sprechen. Auf Knopfdruck drehte sich sein Bett um 300 Grad in jede gewünschte Richtung, schaukelte und vibrierte. In einem Kühlschrank lagerten Champagner und andere bevorzugte Getränke – hauptsächlich Pepsi Cola, wovon er mindestens ein Dutzend Flaschen am Tag verkonsumierte. Die Wände waren mit Spiegeln bedeckt, und von der Decke hing eine Fernsehkamera, die auf sein Bett gerichtet war. Damit konnte er die lustvollen Momente mit einer Gespielin oder – was des öfteren der Fall war – mit drei oder vier Geliebten gleichzeitig im Bild festhalten.

Eines Nachts öffnete eine eben erst eingezogene Bewohnerin arglos die Tür zu seiner Suite, als er gerade nackt mitten auf seinem Bett lag, umgeben von einem halben Dutzend Playmates und Bunnies, die ihn alle sanft massierten und befriedigten, während er aufmerksam zuschaute und das, was er sah, genauso zu genießen schien, wie das, was er fühlte.«

Ausführlich schildert Gay Taylor ein Experiment des Zusammenlebens, das John Williamson zu praktizieren versuchte. Angeregt durch die Lektüre der Werke von Wilhelm Reich, entschließt sich Williamson nach einem beruflichen und privaten Desaster sein Leben neu zu ordnen und, gemeinsam mit einer »Kerngruppe«, eine »Gesinnungsgemeinschaft für Ehepaare verwirklichen zu können, in der die Frauen ihre unterwürfige Rolle abgelegt haben und eine sexuell freie und vertrauensvolle Atmosphäre herrscht, wo es keinen Platz für Besitzgier, Eifersucht, Schuld und Lüge gibt.«

Mit dieser Idee fühlte sich Williamson dem niederländischen Maler Hieronymus Bosch (um 1450–1516) verwandt, dessen Sekte, die Taboriten, einen allgemeinen Liebeskommunismus lehrten und »deren Mitglieder sich für direkte Abkömmlinge von Adam und Eva hielten. Nackt verrichteten sie ihre Andacht in geheimen Kirchen, die sie Paradies nannten. Gruppensex, den sie hinlänglich genossen, betrachteten sie nicht als unpersönliche Orgie, sondern als ein Erlebnis, bei dem die Liebe mit anderen geteilt wird. Das Zölibat der Priester und Nonnen verdammten sie als Vergewaltigung der Natur und mit der Auffassung, sexuelle Freuden wären die Wurzel aller Sünden, erklärten sie sich auch nicht einverstanden. Die freiheitsuchenden Brüder und Schwestern wurden von der Inquisition ausgelöscht. Aber in den Gemälden von Bosch sind ihre libidinösen Zusammenkünfte verewigt worden.«

In Sandstone in Kalifornien versucht Williamson 1970 seine Utopia zu realisieren. »Da Sandstone weder Landwirtschaft noch einen Industriebetrieb besaß, um die Unterhaltskosten zu bestreiten, entschloß sich Williamson, etwa 200 zahlende Mitglieder aufzunehmen, die 240 Dollar im Jahr berappen mußten und Sandstone dafür tagsüber als eine Art Privatclub besuchen konnten. Ihnen sollte freistehen, im Pool zu schwimmen, sich auf der Terrasse des Haupthauses zu sonnen und Picknicks auf dem Rasen zu veranstalten. An gewissen Abenden sollten sie der ›Familie‹ bei einem kalten Buffet Gesellschaft leisten – nackt, versteht sich. Und nach dem Essen bot sich jedem Gast die Gelegenheit, sich in einem geräumigen, schwach erhellten Raum mit rotem Teppichboden auf weichgepolsterten Kissen auszustrecken und dem Sex zu frönen oder sich nur auszuruhen und der Stereomusik zu lauschen.

Um sicherzugehen, daß alle zukünftigen Mitglieder von der Freizügigkeit der Abende in Sandstone gewarnt waren, erhielt jeder Interessent eine Broschüre, in der geschrieben stand: ›Das Zusammenleben in Sandstone basiert auf der Überzeugung, daß der menschliche Körper etwas Schönes und der offene Ausdruck von Zuneigungen und Sexualität völlig natürlich ist. Die Mitglieder von Sandstone können alles tun, was sie möchten, solange sie nicht beleidigend werden oder andere Leute zur Erfüllung ihrer Wünsche zwingen. Es gibt kein vorgeschriebenes Programm in Sandstone. Jeder darf spontan seinen ganz persönlichen Bedürfnissen nachgehen, wann immer er will. Nur sollte er dabei Rücksicht auf die Gemeinschaft nehmen.

Die Stärke und dauerhafte Bedeutung des Sandstone-Experiments liegt im menschlichen Kontakt. Die Mitglieder begegnen sich nackt und betreiben die offene Sexualität. Den anderen zu akzeptieren und akzeptiert zu werden – ohne Vorbehalt, ohne Hüllen – ist das eigentliche Ziel. Es kreiert eine neue Art von Gemeinschaft, bei der der Geist eines Menschen, sein Körper und sein Charakter den anderen nicht mehr fremd bleiben. In dieser Gemeinschaft wird die Verschiedenheit zwischen den Menschen zu einem Born der Freude – und nicht zu einem Anlaß für Konflikte.‹

Wer in Sandstone aufgenommen werden wollte, mußte mindestens achtzehn Jahre alt sein. Rauschgift war strengstens verboten. Um das zahlenmäßige Gleichgewicht zwischen den Geschlechtern zu wahren, wurden nur Paare akzeptiert. Während der Befragung im Büro versuchte man sich von der Vergangenheit des Kandidaten ein möglichst klares Bild zu machen. Wer Alkoholiker oder Drogenabhängiger war, wurde abgelehnt.

Williamson schwebte eine große Anzahl emotionell stabiler Paare vor, die daran glaubten, daß ihre gegenseitige Beziehung durch die Beseitigung sexueller Besitzansprüche vertieft und nicht zerstört würde.«

Von Anfang an war es Williamsons Idee, Geschäftsleute, Rechtsanwälte, Ärzte, Wissenschaftler und Schriftsteller für seine Idee zu gewinnen. So werden Alex Comfort, der Autor des Buches »The Joy of Sex« und das Ehepaar Kronhausen Gäste in Sandstone. »Während die Wohnhalle in Sandstone zeitweise einem literarischen Salon glich, blieben die Zimmer darunter lustvollen Freuden vorbehalten. Was der Gast dort zu sehen und zu hören bekam, versetzte ihn in angenehmes Staunen.

Über eine mit einem roten Teppich ausgelegte Treppe betrat er einen halbdunklen Raum. Im flackernden Licht eines Kaminfeuers erkannte er Gesichter, ineinander verschränkte Schenkel, runde Brüste und tastende Finger, glänzende Rücken, erigierte Brustwarzen, behaarte dunkle Arme, die weiche weiße Hüften umschlangen, den Kopf einer Frau über einem erigierten Penis. Seufzer und ekstatische Schreie drangen an sein Ohr, das klatschende Geräusch kopulierender Körper, Gelächter, Gemurmel, Musik aus der Stereoanlage.

Wenn sich das Auge des Besuchers an das Licht gewöhnt hatte, konnte er die verschiedenen Gestalten besser erkennen: Einige Paare saßen mit gekreuzten Beinen im Kreis, ruhten sich aus und unterhielten sich, als säßen sie am Strand. Andere wieder umarmten sich in allen möglichen Stellungen; ein Mädchenbein reckte sich über die Schulter ihres Partners; einige lagen Seite an Seite; eine Frau in der Nähe stöhnte laut auf, während der Mann in sie eindrang. Eine andere wand sich im Orgasmus, ihre Haut schweißnaß, ihr Gesicht zu einer Fratze verzerrt.

In einer Nische warfen rotierende Strahler an der Decke bunte Lichter auf nackte Tänzerinnen. In einer anderen Ecke lag eine

Frau auf einem Tisch und ließ sich von fünf Männern gleichzeitig streicheln und jeden Zentimeter ihres Körpers massieren, während ein muskulöser Mann am Fußende einen Kopf zwischen ihre Schenkel tauchte und ihre Möse mit seiner Zunge leckte. Überall reckten sich stramme Schwänze empor, wurde weibliches Schamhaar sichtbar, fein oder buschig, dunkel oder blond. Die Szene im Raum wirkte auf den Betrachter wie ein visuelles Aphrodisiakum.

Alles, was das puritanische Amerika versucht hatte zu verbieten und hinter Schlafzimmertüren zu verbannen, war in diesem Spielzimmer für Erwachsene erlaubt... Ehepaare, die den Wunsch verspürten, ihr langweiliges Sexualleben wieder in Schwung zu bringen, bekamen in Sandstone durch den Kontakt mit anderen Partnern wieder Spaß an ehelichen Bettfreuden. Wenn die Männer entdeckten, daß ihre Frau auch von anderen begehrt wurde, waren sie plötzlich darauf aus, sie selbst zu besitzen.

Frauen, die lange Zeit völlig monogam gelebt hatten, erlebten mit einem anderen Mann erneut das verlorengegangene Gefühl, sexuell reizvoll zu sein. Für solche, die gerade eine unangenehme Scheidung hinter sich hatten und noch nicht bereit waren für eine neue Liebesbeziehung, wurde Sandstone zeitweise zum zweiten Zuhause, wohin sie auch einen Freund mitnehmen und doch ihre Unabhängigkeit behalten konnten, mit anderen Männern zu schlafen. Für sexuell aggressive Frauen war Sandstone wahrscheinlich der einzige Ort, an dem sie es wagten, sich ungeniert einen Mann als Lustobjekt zu angeln.«

Als Sandstone 1974 von dem 34jährigen Eheberater Paul Paige erworben, neu organisiert und in eine Art Therapiezentrum verwandelt wurde, wo man für 250 Dollar ein Wochenende, betreut von einer Vielzahl von Spezialisten, verbringen konnte, hatten die Verfechter der »offenen Partnerschaft« in Deutschland einen heißerkämpften Sieg errungen. Der Begriff der »Unzucht« war abgeschafft worden. Der außereheliche Geschlechtsverkehr, die Verführung zur Beteiligung an Gruppensex, bislang mit Strafen von einem Monat Gefängnis bis zu fünf Jahren Zuchthaus bedroht, wurde straffrei. Schon 1968 hatte der Strafrechtler Dr. Ernst-Walter Hanack geschrieben: »Das Strafrecht kann sich im modernen Rechtsstaat und in einer pluralistischen Gesellschaft nicht dergestalt auf die Moral beziehen, daß es allein mit dem Schutz dieser Moral den strafenden Eingriff des Staates begründet oder gar Unmoral mit ›Strafwürdigkeit‹ identifiziert.«

Auch die Pornographie war freigegeben worden.

Eine wahre Flut von Publikationen folgte. Drohten Verlegern zuvor noch Gefängnisstrafen von mehreren Jahren, so fanden sich jetzt erotische Schriften in jedem größeren Verlag. Die Zeiten, wo ein Verleger wie Ernst Rowohlt und sein Sohn Ledig-Rowohlt eine Vielzahl von Rechtsanwälten bemühen mußten, um die Werke Henry Millers, Jean Genets und anderer drucken und verkaufen zu dürfen, waren vorüber.

Sogar Bücher wie die »Memoiren einer Sängerin« und »Josefine Mutzenbacher« waren jetzt als Taschenbücher in jeder Buchhandlung für ein paar Mark zu haben.

Auch der pornographische Filmmarkt florierte. Nun konnte sich auch der kleinste Angestellte via Projektor seine Orgie in die Dreizimmerwohnung bestellen.

Massage-Salons und Sauna-Clubs wurden eröffnet und mußten nur dann geschlossen werden, wenn jemand besonderen Anstoß dran nahm oder Verstöße gegen bestehende Gesetze nachgewiesen werden konnten.

So mancher wanderte vor den Kadi – aber es ging meist glimpflich ab. Es war keine Frage des Rechtes mehr, sondern eine Ermessensfrage des jeweiligen Staatsanwaltes und seiner liberalen oder orthodoxen Ansichten. Es sei denn, in die »sittlichen Vergehen« waren Jugendliche unter 14 Jahren verwickelt, oder aber die Vergehen waren mit Akten der Gewalt oder Notzucht verbunden.

In Paris war es längst zur festen Einrichtung geworden, das diskrete Hotel, unweit des Boulevard de Courcelles, in dessen Doppelbetten, laut »Spiegel«, »meist mehr als zwei Gäste Entspannung« fanden. Auch in »Plato's Retreat« in New York, an der Ecke der 74. Straße und Broadway, konnte für 25 Dollar Eintritt pro Paar »Sex ohne Vorrede, ohne Umstände, an Ort und Stelle und quasi umsonst betrieben werden.«

Paris und New York machten auch in Deutschland Schule. Wer seinen ehelichen Sex nicht allein genießen wollte, mußte nur die entsprechenden Tageszeitungen aufschlagen, die Frankfurter »Abendpost/Nachtausgabe«, den Kölner »Express«, die Berliner »BZ«, die Münchner »Abendzeitung« oder »tz«, um nur einige zu nennen. Oder eben, nach wie vor, die »St. Pauli Nachrichten«, 1981 im 13. Jahr, für 2,50 DM an irgendeinem Kiosk erwerben.

Petra, Peter und Peter aus Hamburg annoncieren »Peter Pan's Pärchen-Paradies« in der Schönstraße 7. Für 100 Mark Eintritt pro Paar stehen jedem Besucher alle Räumlichkeiten, sämtliche Spielwiesen, Filmraum, Schnapsbar, Zweier- und Vierer-Separées zur Verfügung. Erlaubt ist, was Spaß macht. »Man kann alles und braucht nichts«, lautet die Auskunft.

Zwischen Düsseldorf und Köln, am Stadtrand von Leichlingen gelegen, residiert der PPC-Club in einem großen Landhaus. Gastgeber sind Ingrid und Carlos. Mittwoch, Freitag und Samstag ab 21 Uhr ist Party-Time. Der Club existiert seit sechs Jahren und zählt manche Prominente zu seinen Gästen.

»Jeder kann selbstverständlich mit jedem und jeder sucht sich den, den er will«, lautet die telefonische Auskunft des Clubs 2000 in Anrath. Der Eintritt beträgt pro Paar 80 Mark. Jeden Mittwoch ab 14 Uhr und Freitag und Samstag ab 21 Uhr sind Clubabende.

Parties »zum Flirten, Kennenlernen, Schmusen und...« versprechen Ingrid und Rudi in ihrem »Club Saturday Night« in Köln. Jeden Samstag ab 20.30 Uhr erwarten sie Paare im Alter von 20 bis 40 Jahren. »Aber«, so sagt Ingrid, »wir verlangen keine Personalausweise. Es kommt darauf an, wie jung man sich fühlt.« Inklusive Essen und Trinken kostet der Eintritt 90 Mark pro Paar. Erlaubt ist alles, was Spaß und Laune macht. Im »Club 69«, Neanderthal bei Düsseldorf, ergibt sich »alles automatisch«. Es ist einer der größten Clubs Deutschlands und Voranmeldung nötig, obwohl bis zu 100 Paare Platz finden. Der Eintritt richtet sich nach dem Verzehr und beträgt 60 oder 100 Mark pro Paar.

»Traumland« nennt sich der »Private-Club für anspruchsvolle Paare« in Bad Honnef, Schmeltalstraße 51. Mittwoch, Freitag und Samstag ab 20 Uhr treffen sich »verwöhnte Paare in stimulierender Atmosphäre«. Der Club verfügt über ein Spiegelzimmer (»ein optisches Erlebnis«), ein Schmusezimmer (»ein Raum für Zärtlichkeit von Frau zu Frau«) und ein Flüsterzimmer (»erotischer Akustikraum«).

Zwischen Düsseldorf, Köln und Krefeld führt »Johanna« ihr

»Swinger-Paradies«, jeden Mittwoch ab 15 Uhr und Freitag und Samstag ab 20 Uhr.

Im Raum Mönchengladbach, Roermund und Venlo gelegen ist der »exklusive und kuschelige Club mit der beonderen Note«.

Er nennt sich »Swing in 19« und annonciert einen »Astro-Raum mit Spielwiesen im Look 2000«, ein Spiegelzimmer, eine Schmuse-Ecke für den kleinen Kreis und zwei große Spielzimmer »für das allgemeine Vergnügen«.

Montag, Donnerstag und Freitag ab 19 Uhr, am Samstag ab 15 Uhr steht das Haus offen.

»Zu uns kommen viele junge, aber auch ältere, kultivierte Paare, die sich in einer gepflegten, familiären Atmosphäre wohl fühlen möchten«, lautet der Slogan der »Rhein-Party« in der Nähe von Ludwigshafen. Auf Wunsch wird auch auf einer »eleganten Privat-Yacht im Süden« ein Urlaub für Paare arrangiert.

Nur wenige Kilometer von Puderbach entfernt liegt das »Pärchen Paradies Westerwald«, wo Gaby und Michael jeden Donnerstag, Freitag und Samstag ab 20 Uhr die Gäste erwarten.

In Neu-Isenburg, Schillerstraße 104, lädt man in den »Swinger Club Tropical« jeden Montag und Mittwoch zur »Singel-Party«. Männer zahlen 75 Mark, Damen nichts. Der Freitag ist für »Singel und Swinger-Freunde« reserviert, Samstag haben nur Paare Zutritt. Sie zahlen 120 Mark. Am Sonntag treffen sich »Lesbisch, Bi und Homo-Freunde« zu einer »Exklusiv-Party« für 75 Mark pro Person.

Und so weiter, und so weiter...

Zirka 1200 neue Kontakt-Anzeigen werden alle 14 Tage in dem Magazin »Happy Weekend«, das in Essen erscheint, veröffentlicht.

»NRW: Ehepaar, SIE 39, ER 42, Freund 31 Jahre, gepflegt und gut aussehend, sucht Paar oder Einzelperson zwecks Gruppensex und Partnertausch. Haus mit Sexbar und allen Annehmlichkeiten vorhanden. Wir haben Spaß am Sex und brauchen keine lange Anlaufzeit...

HESSEN: Wo steckt Ihr denn alle, Paar, Er, mit großem Schwanz, Sie mit immer nassen und geilen Lustlöchern von ebensolchen gesucht. Haben Erfahrung und machen auch gleich beim erstenmal alles mit...

WOLLEN SIE UNS KENNENLERNEN? Tolerante Paare/Damen suchen im Bundesgebiet ebensolche Leute für zärtliche Begegnungen. Unsere Interessen erfahren Sie über kostenlose Mitgliederliste unserer privaten Sex-Gemeinschaft...

DÜSSELDORF: Paar, 31/35 organisiert geile, sexgeladene Abende und Reisen für Paare. Unkosten gering, da selbst interessiert. Harmonische Zusammenstellung solcher Kreise nach Alter, Typ und Neigungen wird angestrebt. Auch spezielle Wünsche werden dabei berücksichtigt...«

Nur ein paar Beispiele von zahllosen.

Der Soziologe Arno Plack hatte 1967 in seinem Buch »Die Gesellschaft und das Böse« geschrieben: »Eine neue Moral müßte nicht in allem das Gegenteil preisen von dem, was heute noch gilt. Eine neue Moral im Verhältnis zur herrschenden wäre schon eine, die diese von ihren inneren Widersprüchen befreit. Zum Beispiel von dem Grund-Widerspruch, daß der Mensch, um die sexuelle Anpassung nur zu wollen, über seine Triebnatur sich belügen muß, aber doch gegenüber jedermann möglichst aufrichtig sein soll.« Plack kommt zu der Bilanz, daß »die Sexfreunde auch schon nach heutigen Begriffen moralischer« sind – »als wir, die wir mit ihnen leben: Sie sind aufrichtiger zueinander, sie betrügen sich nicht, wenn ›betrügen‹ meint: daß Menschen, die miteinander leben, wesentliche Dinge voreinander verschweigen. Auch in anderer Weise ist ihr Lebensstil durchaus musterhaft: Sie leben – und empfinden es selber so – viel ruhiger, ausgeglichener und friedfertiger als ihre sexuell angepaßten Nachbarn und Arbeitskollegen, die nur in Gedanken anderen Frauen sich nähern, dafür Intrigen spinnen, der Klatschsucht frönen und feiertags – höchster Genuß! – sich betrinken und grölen.« Er schreibt weiter: »Die Mitglieder der amerikanischen Sexklubs haben wohl zu Recht die Empfindung, in ihren Reihen ›viele Scheidungen vermieden zu haben‹. Denn gerade die starr – in Zwangstreue – festgehaltene Bindung trocknet womöglich so sehr noch aus, daß ein kleiner ›Funke‹ von irgendwoher genügt, um sie mit einem Mal ›auffliegen‹ zu lassen. Der eifersüchtige Gatte hat insofern schon recht, daß er dem anderen auch nicht den harmlosesten Flirt gestattet: es könnte ›ernst‹ werden und die Ehe zerstören. Was der brennend Eifersüchtige nur dabei übersieht, das ist, daß er durch eben seine Eifersucht selber das Auseinanderbrechen der Ehe schon vorbereitet. Ein guter Teil der heute die Ehen bedrohenden – und scheidenden – spontanen Neigungen verdankt dies im Grunde einer allzu starr gewordenen Ehemoral. Das ›Chaos‹, das die Moralisten befürchten, herrscht also eher jetzt als nach einer möglichen Lockerung dieser Moral. Kluge Frauen wissen, daß es, um einen Mann an sich zu binden, oft schon genügt, ihm nur das Gefühl der Freiheit nicht zu nehmen. Was allerdings das Schwinden des Begehrens nicht ausschließt. Es wäre nur zu fragen, ob nicht zumindest ›vorzeitige‹ eheliche Untreue aus einem Unmut kommt: darüber, daß man als Ehegatte in unserer Gesellschaft gedrängt ist, sich wie eine Sache vom andern besitzen zu lassen. Aus solchem dauernden Mißmut heraus mag einer dann wahllos, ohne gerichtete Neigung, jede sich bietende Gelegenheit zu einem ›Seitensprung‹ aufgreifen. Sexuelle Freiheit zeigte sich folgerichtig gerade auch darin, daß der triebstarke Mensch nicht beständig sich vorzusehen brauchte. Freiheit bedeutet das Freisein von jedem Zwang, auch dem Zwang, im Sinne einer fun morality unbedingt ›mitmachen‹ zu müssen.«

»Wie war denn die Orgie? Hat sie denn Spaß gemacht?« wird Isadora Wing immer wieder von ihren Freundinnen gefragt, schreibt Erica Jong. »Die Wahrheit lautet, ich kann mich kaum daran erinnern. So was ist selbstverständlich spannend. Und ebenso selbstverständlich gibt es massenhaft Orgasmen – meine, ihre, seine, jedermanns. Ferner fühlt man sich erhoben, befreit, hoch erhaben über die verklemmte Bourgeoisie, die es nur paarweise treibt.
Ich mußte immer wieder denken: also jetzt leckst du diese Frau, und du wirst dabei von jener geleckt, die zugleich von einem Mann gefickt wird, den ein anderer von hinten vögelt. Ah, das ist gewiß das erste Mal seit der Erschaffung der Welt. Überwiegend ist aber der Eindruck, daß wir eigentlich jemanden gebraucht hätten, der Ordnung in dieses Chaos gebracht, der, möglichst mit einem Megaphon versehen, den Verkehr geregelt hätte, denn was sich abspielte, erinnerte stark an die Stoßzeiten im Straßenverkehr. Man mußte immer wieder die Stellung verändern, um den Anschluß nicht zu verlieren, und die Positionen,

die sich dabei ergaben, waren eigentlich nur von geübten Yogapraktikanten durchzuhalten. Indessen, wir schlugen uns tapfer. Es entstand eine Art Gruppengier, und wer normalerweise mit zwei, drei, vier Orgasmen zufrieden war, wollte es nun auf Dutzende bringen, in allen erdenklichen Stellungen, mit jedem Partner.

Ich war über meine eigene Ausdauer erstaunt. Der nunmehr anonyme Gliederhaufen wurde zum Organismus, der sich ausdehnte, zusammenzog. Nahrung aufnahm und ausschied, von der beschmutzten Unterlage einer trockeneren zustrebte. Er zählte zehn Arme, zehn Beine, zwei Schwänze, drei Vaginen und sechs Titten unterschiedlicher Größe, nicht zu reden von zehn Augen, zehn Ohren, fünf Münder (fast ständig gefüllt). Irgendwas war stets im Ausbruch begriffen – etwa wie in vulkanreicher Gegend. Irgendwas wurde immer irgendwo von irgendeiner Öffnung verschlungen.«

Sie schreibt: »Und doch, es herrschte auch ein ganz wunderbares Gefühl der Nähe, von intensiver Körperlichkeit, das Bewußtsein, nichts zu sein als Körper...«

In Heft 15 der deutschen Illustrierten »Quick« vom 2. April 1981 verkündet der Sexualwissenschaftler Prof. Dr. Reinhard Wille: »Gruppensex ist eindeutig im Rückgang. Er wird heute nicht mehr als eine Aktion der großen Befreiung angesehen, er hat eher den Hauch des Lächerlichen. Das Gerede von einer neuen Sinnlichkeit dieser Art hat sich, wie so vieles, als Illusion erwiesen.«

In Heft 15 der deutschen Illustrierten »Neue Revue« vom 4. April 1981 schreibt Herbert M. Christian von einem »neuen Trend«: Partnertausch am Wochenende. »Es sind lauter verheiratete Paare, und sie treffen sich nur am Wochenende. Wie Tausende anderer in Deutschland suchen sie Abwechslung in der Liebe.« In seinem Bericht heißt es: »Um zwölf Uhr Mitternacht ist im großen Spielzimmer das Gros der Paare versammelt. Männlein und Weiblein sind splitterfasernackt, im gedämpften Licht, schwer überschaubar ineinander verwickelt. Wir fragen die junge, hübsche Hausfrau Karin aus Immenstadt in einer Sexpause, warum sie Seligkeit beim Partnertausch sucht. ›In den Ehebetten stumpft man so leicht ab‹, erklärt sie. ›In dieser Atmosphäre wird man erotisch aufgeladen.‹ Ehemann Peter stolz: ›Ich freue mich, daß meine Frau so begehrt ist.‹ Und

Hausherr Ludwig meint dazu: ›Eifersucht gibt es hier nicht, weil niemand etwas heimlich tut.‹ «

Auch aus Italien weiß im Frühjahr 1981 die Soziologin Beatrice Cimin in ihrem Buch »Paar sucht Paar – Ein dritter Weg zwischen Monogamie und Ehebruch?« von 20 000 italienischen Ehepaaren zu berichten, die Gruppensex und Partnertausch praktizieren. »Noch mehr werden es, wenn man die Eheleute hinzuzählt, die sich eine dritte Person ins Bett holen«, zitiert Veit Möller in der Münchner »Abendzeitung« vom 1. März 1981. »Ist die Ehe also in der Krise? Nein. Nach Ansicht der Forscherin ist es normal, daß in einer längeren Beziehung zwei Partner gefühlsmäßig immer enger zusammenrücken, sexuell jedoch irgendwann nach Abwechslung dürsten. Da könne der Tausch helfen. Oft seien die Paare nach dem ›Vierer‹ sogar so angeregt, daß sie danach zu Hause zu zweit gleich wieder miteinander schlafen.

Für die allermeisten ist Partnertausch allerdings nur ein Spiel: Wenn's vorbei ist, bleibt alles beim alten. Gefühle für den Partner des anderen sind verpönt. Schließlich: die Familie soll zusammenbleiben. Frau Cimin: ›Deshalb legen viele für ihre Sex-Spiele Wert auf verheiratete Partner.‹ «

Der britische Biologe Alex Comfort, laut Gay Talese aktiver Gruppensex-Teilnehmer, »mit Zigarre im Mundwinkel, zwischen ausgestreckten Körpern« Anfang der siebziger Jahre in Sandstone hindurchschlendernd, »als streife er mit einem Schmetterlingsnetz durch die Wiesen«, nennt in seinem 1972 erschienenen Buch »Joy of Sex« die Liebe »zu viert und mehr« einen Kult, »dem wir nicht angehören« und heuchelt, »deshalb sprechen wir nur vom Hörensagen«. Talese aber schreibt in seinem Report: »Mit seiner Brille sah der grauhaarige Comfort aus wie eine Eule. Vom Anblick kopulierender Paare fühlte er sich schamlos angezogen, und bei der leisesten Aufforderung deponierte er seine brennende Zigarre an einem sicheren Platz und mischte sich fröhlich ins Vergnügen.«

Comforts Verhaltensweise scheint symptomatisch für die gegenwärtige gesellschaftliche Situation. Was sich den einen als Frage des Geschmacks darstellt, ist für andere Symbol gelebter und ausgelebter Freiheit. Hinter dieser sich scheinbar neu formierenden Toleranz aber lauert nach wie vor die Diskriminierung all dessen, was vom »üblichen« abweicht. Eine Jahrtausende lang praktizierte Moralvorstellung stempelt nach wie vor die Frau, die mit anderen Männern in »relativer Öffentlichkeit« verkehrt, zur Hure – und verdächtigt den mit ihr verheirateten Mann, der solches nicht nur akzeptiert sondern vielleicht sogar noch arrangiert, zum impotenten und perversen Lüstling, während heimlich praktizierte Seitensprünge neidvolle Anerkennung und Bewunderung finden.

Vor geraumer Zeit meinten wir noch, Zeugen einer sexuellen Revolution zu werden, an deren Ende die individuelle Freiheit, auch im sexuellen, stünde.

Die Revolution hat stattgefunden. Aber sie hat ihre Kinder nicht in die Freiheit entlassen, sondern nur in die Räumlichkeiten diverser Clubs, an deren Pforten nach wie vor eine Gesellschaft steht, die mit dem Finger auf alle jene zeigt, die anders sind als sie selbst.

ANHANG

QUELLEN- UND LITERATURHINWEISE

Abelow, Dan: Der vollkommene Sex. München. 1978.
Alexander, Wilhelm: Geschichte des weiblichen Geschlechts von dem frühesten Altertum an bis auf gegenwärtige Zeiten. 2 Bde. Leipzig. 1780–81.
Anonym: Mariska. Memoiren einer russischen Tänzerin. München. 1980.
Aphrodite, J.: Erotische Fantasien der Frauen. München. 1978.
Archenholtz, J. W. von: England und Italien. 5 Bde. Leipzig. 1787 ff.
Aretino, Pietro: Kurtisanengespräche. Berlin. 1966.
Arnau, Frank: Flucht in den Sex. Bern–München–Wien. 1967.
Aurelius, Augustinus: Der Gottesstaat. Salzburg. 1951–53.
Ders.: Bekenntnisse. München. 1960.
Bàccolo, L.: Casanova e i suoi amici. Mailand. 1971.
Bassermann, Lujo: Die ungekrönte Geliebte. Leben und Liebe der großen Mätressen. Wien–Düsseldorf. 1967.
Ders.: Das älteste Gewerbe. Eine Kulturgeschichte. Berlin. 1968.
Ders.: Die Liebesuniversität. Sexlektionen von König Salomo bis Oswalt Kolle. Bern–München. 1969.
Bauer, Max: Die Dirne und ihr Anhang. Dresden. o. J.
Ders.: Deutscher Frauenspiegel. 2 Bde. München. 1917.
Ders.: Weib und Sittlichkeit. Berlin. 1927.
Bayac, Jaques Delpierré de: Karl der Große. München. 1979.
Berend, Alice: Die Gute alte Zeit. Bürger und Spießbürger im 19. Jahrhundert. München. 1966.
Berg, Balthasar: Die großen Affären. München. 1965.
Bergenson, Ralph: Leidenschaft und Laster. München. 1981.
Bergson, Boris: Porno per Post. o. J. (1971). Zero Press.
Ders.: Schmerzliebe. Grünwald. 1971.
Ders.: Entjungferung. Grünwald. 1971.
Bilder-Lexikon der Kulturgeschichte. (Hrsg.) vom Institut für Sexualforschung in Wien. Wien. 1928.
Bleuel, Hans Peter: Das saubere Reich. Die verheimlichte Wahrheit. Eros und Sexualität im Dritten Reich. Bern–München. 1979.
Bloch, Iwan: Das Sexualleben unserer Zeit in seinen Beziehungen zur modernen Kultur. Berlin. 1907.
Ders.: Der Marquis de Sade und seine Zeit. Beitrag zur Kultur- und Sittengeschichte des 18. Jahrhunderts. München. 1978.

Boccaccio, Giovanni: Das Decameron. München. 1964.
Bolen, Carl von: Geschichte der Erotik. Wien. 1951.
Bookhagen, Christl u. a.: Kommune 2. Berlin. 1969.
Bornemann, Ernest: Lexikon der Liebe. 2 Bde. München. 1968.
Ders.: Lexikon der Liebe. Materialien zur Sexualwissenschaft. 4 Bde. Berlin. 1978.
Bradford, Ernle: Nelson. Admiral – Diplomat – Liebhaber. München. 1980.
Brantôme: Das Leben der galanten Dame. München. 1966.
Brison, Charles: Felicien Rops. Hamburg. 1970.
Broder, Henryk: Wer hat Angst vor Pornografie? Darmstadt. 1970.
Bullough, Donald: Karl der Große und seine Zeit. München. 1979.
Bussy-Rabutin, Roger de: Geheime Liebschaften von Pariser Hofdamen. Stuttgart. 1828.
Cagliostro, Alexandro: Compendio della vita e delle gesti di Giuseppe Balsamo denominato il Conte Cagliostro etc. Rom. 1791.
Caldwell, Taylor: Aspasia. München. 1980.
Capon, Gaston und Yve-Plessis R.: Les Théâtres clandestins. Paris. 1905.
Capon, G.: Les Maisons closes au XVIIIe siècle. Paris. 1903.
Casanova, Giacomo: Geschichte meines Lebens. Propyläen Ausgabe in 12 Bde. Berlin. 1964.
Chorier, Nicolas: Frauenzimmerschule oder Die Dialoge der Luisa Sigea. München. 1981.
Cleland, John: Die Memoiren der Fanny Hill. München. 1970.
Coletta, Pietro: Geschichte des Königreich von Neapel. Kassel. 1855.
Collas, Georg Friedrich: Der Flagellantismus im Altertum. Leipzig. 1932.
Comfort, Alex: Freude am Sex. Berlin. 1981.
Corvin, Otto von: Der illustrierte Pfaffenspiegel. München. 1971.
Ders.: Die Geissler. Schwerte/Ruhr. o. J.
Coulter, Adrian: Die Hippies. München. 1969.
Crébillon, Claude Prosper Jolyot de (zugeschrieben): Sittenbilder unserer Zeit. München. 1980.
Cziffra, Géza von: Immer waren es die Frauen... München–Berlin. 1976.
Dahl, Peter P.: Seid nett aufeinander. Hamburg. 1970.
Deries, Jean: Geißel und Rute. Körperstrafen und ihre Anwendung. München. 1975.
Dionysios: Urgeschichte der Römer. Stuttgart. 1827–49.
Dixon, W. H.: Sellenbräute. 2 Bde. Berlin. 1868.
Döbler, Hansferdinand: Kultur- und Sittengeschichte der Welt. 10 Bde. München. 1971.
Donovan, Frank: Zauberglaube und Hexenkult. München. 1973.
Dreikandt, Ulrich, K. (Hrsg.): Schwarze Messen. Dichtungen und Dokumente. München. 1970.
Duca, Lo (Hrsg.): Das moderne Lexikon der Erotik von A–Z. 10 Bde. München. 1969.
Ders.: Die Geschichte der Erotik. Wiesbaden. 1980.
Dühren, Eugen: Englische Sittengeschichte. 2 Bde. Berlin. 1912.
Dülk, Monika (Verlag): (Ver)Führer zu sämtlichen Clubs, Saunen und anderen Etablissements. Berlin.
Dufour, Pierre: Geschichte der Prostitution. 6 Bde. o.O. o.J. (ca. 1900).
Eichner, Klaus und Werner Habermehl: Der Ralf-Report. Das Sexualverhalten der Deutschen. München–Zürich. 1980.
Englisch, Paul: Geschichte der erotischen Literatur. Stuttgart. 1927.
Ders.: Irrgarten der Erotik. Leipzig. 1931.
Ders.: Sittengeschichte des Orients. Berlin–Wien. 1932.
Epiphanios: Ausgewählte Schriften. Kempten. 1919.

Epton, Nina: Eros und die Franzosen. Reinbek bei Hamburg. 1962.
Euripides: Die Bakchen. Stuttgart. 1958.
Farrère, Claude: Opium. München. 1920.
Fischer, Horst: Sexuelles Gruppenverhalten in Deutschland. o. J.
Flavius Clemens, Titus: Mahnrede an die Heiden. Kempten. 1934.
Forberg, Karl Friedrich: Antonii Panormitae Hermaphroditus. Coburg. 1824.
Ders.: Manuel d'Erotologie Classique. (De figuris veneris.) Paris. 1882.
Friedlaender, Ludwig: Darstellungen aus der Sittengeschichte Roms. Leipzig. 1869.
Frischauer, Paul: Sittengeschichte der Welt. 3 Bde. München–Zürich. 1968.
Ders.: Moral und Unmoral der deutschen Frau. München–Zürich. 1970.
Fromme, Allan: Der Sexual-Report. Reinbek bei Hamburg. 1969.
Fuchs, Eduard: Illustrierte Sittengeschichte vom Mittelalter bis zur Gegenwart. 3 Bde. und 3 Ergänzungsbde. München. 1909–1912.
Ders.: Geschichte der erotischen Kunst. München. 1912.
Fülöp-Miller, René: Geist und Gesicht des Bolschewismus. Wien. 1926.
Ders.: Der heilige Teufel. Wien. 1927.
Fürstauer, Johanna: Neue illustrierte Sittengeschichte des bürgerlichen Zeitalters. Stuttgart. 1967.
Ders.: Sittengeschichte des Alten Orients. Reinbek bei Hamburg. 1969.
Galant, Matt und Kathleen: Alphabet der Liebe. München. 1969.
Gervaso, Roberto: Casanova. Verführer und Weltmann. München. 1979.
Gifford, Edward S.: Liebeszauber. München. 1966.
Gleichen-Rußwurm, A. v.: Elegantiae. Geschichte der vornehmen Welt im klassischen Altertum. Stuttgart. 1912.
Goncourt, Edmond und Jules de: Portraits intime du 18e siècle. Paris. 1857–58.
Ders.: La femme au dix-huitième siècle. Paris. 1898.
Gorani, Guiseppe: Mémoires sécrets et critiques des cours et des mœurs des principaux etats de l'Italie. Paris. 1794.
Gottschalk, Herbert: Lexikon der Mythologie. München. 1979.
Grant, Michael: Nero. München. 1970.
Grimal, Pierre (Hrsg.): Mythen der Völker. 3 Bde. Frankfurt. 1967.
Grunert, James: Liebe in Berlin. (Frauen mein Leben.) München. 1980.
Haack, Friedrich Wilhelm: Geheimreligion der Wissenden. München. 1978.
Ders.: Großmarkt der Wahrheiten. Witten. 1969.
Haas, Willy: Die Literarische Welt. Erinnerungen. München. 1960.
Haining, Peter: Hexen. Oldenburg–Hamburg. 1977.
Hall, Angus und Jeremy Kingston: Hexerei und schwarze Kunst. Mannheim. 1979.
Hamp, Vinzenz u. a. (Hrsg.): Die heilige Schrift des Alten und Neuen Testamentes. Aschaffenburg. 1966.
Hancarville: Privatleben der römischen Caesaren. Dortmund. 1979.
Hanack, Ernst-Walter: Zur Revision des Sexualstrafrechts in der Bundesrepublik. Reinbek bei Hamburg. 1969.
Hass, Hermann: Sitte und Kultur im Nachkriegsdeutschland. Hamburg. 1932.
Havas, Laslo: Die Ägypter. München. 1977.
Heinse, Wilhelm: Ardinghello und die glückseligen Inseln. Leipzig. 1911.
Helbing, Franz: Das Geschlechtsleben der Neuesten Zeit. Berlin. 1910.
Henriques, Fernando: Sittengeschichte der Liebe. München. 1968.
Herberstein, Sigismund von: Commentarii Rerum Moscoviticarum. o.O. 1557.
Herodot: Historien. 2 Bde. München. 1963.
Hesiodos: Theogonie. Zürich–Stuttgart. 1970.
Hirschfeld, Magnus (Hrsg.): Sittengeschichte des Weltkrieges. Wien–Leipzig. 1930.
Hollander, Xaviera: Xavieras Supersex. München. 1978.

Dies.: Xaviera. Die Frau mit Vergangenheit. München. 1980.
Howard, William: Caligula. München. 1980.
Hunger, Herbert: Lexikon der griechischen und römischen Mythologie. Reinbek bei Hamburg. 1974.
Hunold, Günther: Partnertausch und Gruppensex. München. 1970.
Ders.: 224 abartige Liebespositionen. München. 1971.
Ders.: Freie Sexualität 11. Heft. Partnertausch und Gruppensex. Promiskuität als sexueller Spieltrieb – Gestern, heute, morgen. München. 1980.
Hunt, Morton M.: Der siebte Himmel. Berlin. 1963.
Huysmans, Joris-Karl: Tief unten. Köln–Berlin. 1963.
Hyde H. Montgomery: Geschichte der Pornographie. Stuttgart. 1965.
Institoris, Heinrich und Jakob Sprenger: Der Hexenhammer. 3 Bde. Berlin. 1906.
Irmscher, Johannes: Das große Lexikon der Antike. München. 1962.
J. D.: Gruschenka. Dreimal eine Frau. Hanau/M. 1969.
Jong, Erica: Rette sich wer kann. Frankfurt. 1978.
Jordan, Ruth: George Sand. Die große Liebende. München. 1978.
Jussuf, Wladimir: Die Liebesspiele der Zarin. München. 1980.
Kemmerich, Max: Kultur – Kuriosa. München. 1909.
Kerényi, Karl: Die Mysterien von Eleusis. Zürich. 1962.
Ders.: Dionysos. Urbild des unzerstörbaren Lebens. München–Wien. 1976.
Kindlers Literatur Lexikon im dtv. 25 Bde. München. 1974.
Kinsey, Alfred Charles: Das sexuelle Verhalten der Frau. Berlin–Frankfurt. 1954.
Ders.: Das sexuelle Verhalten des Mannes. Berlin–Frankfurt. 1955.
Kirchknopf, Gezá von: Liebe zu viert. Hamburg. 1969.
Knaut, Horst: Das Testament des Bösen. Stuttgart. 1979.
Knoll, Ludwig und Gerhard Jaeckel: Lexikon der Erotik. 2 Bde. Reinbek bei Hamburg. 1978.
Köhr, Dietrich: Orgien in Deutschland. Hamburg. 1970.
Krafft-Ebing, Richard von: Psychopathia sexualis. Stuttgart. 1895.
Krammer, Hanns: Das entblößte Frauenzimmer. München. 1969.
Kronhausen, Eberhard und Phyllis: Bücher aus dem Giftschrank. Bern–München–Wien. 1969.
Ders.: Freiheit für die Liebe. Hamburg. 1970.
Ders.: Erotische Fantasien. München. 1972.
Latouche, Jean Charles Gervaise de: Memoiren des Saturnin. München. 1981.
Leigh, Michael: Leigh-Report. Bad Godesberg. 1965.
Lemmonier, Camille: Félicien Rops, l'homme et l'artiste. Paris. 1908.
Lennhoff, Eugen und Oskar Posner: Internationales Freimaurer-Lexikon. Wien–München. 1980.
Lennig, Walter: Marquis de Sade. Reinbek bei Hamburg. 1965.
Lewandowski, Herbert: Römische Sittengeschichte. Wiesbaden. o. J.
Lewis, W. H.: Ludwig XIV. Der Sonnenkönig. München. 1978.
Licht, Hans: Sittengeschichte Griechenlands. Neu herausgegeben, bearbeitet und eingeleitet von Dr. Herbert Lewandowski. Reinbek bei Hamburg. 1969.
Livius, Titus: Römische Geschichte. 4 Bde. Leipzig. 1925–28.
Lucretius Carus, Titus: Von der Natur der Dinge. Frankfurt. 1960.
Lukian: Hetärengespräche und andere satirische Prosa. Berlin. 1968.
Luz, Wilhelm August: Das Büchlein vom Bad. Berlin. 1958.
Maccius Plautus, Titus: Persa. Berlin. 1922.
Madinier, Renée: Die Mätressen der Könige. Mätressen am französischen Hof. München. 1969.
Mandeville, Bernard de: Bienenfabel. München. 1914.

Maple, Eric: Hexensabbat. Eltville am Rhein. 1978.
Marcadé, Jean: Die Griechen. München. 1980.
Ders.: Etrusker und Römer. München. 1977.
Marcuse, Ludwig: Obszön. Geschichte einer Entrüstung. München. 1965.
Masters, R. E. L.: Die teuflische Wollust. München. 1968.
Maurer, August: Leipzig im Taumel. München. 1980.
Mehring, Franz: Die Lessing-Legende. Berlin. 1963.
Mein, Wolf und Lisa Wegen: Die Pop-Kommune. München. 1971.
Michelet, Jules: Geschichte der französischen Revolution. 10 Bde. Wien–Hamburg–Zürich. 1929–30.
Mommsen, Theodor: Römische Geschichte. Wien–Leipzig. 1932.
Montesquieu: Größe und Niedergang Roms. Frankfurt. 1980.
Moreck, Curt: Sittengeschichte des Kinos. Dresden. 1926.
Morus (Richard Lewinsohn): Eine Weltgeschichte der Sexualität. Hamburg. 1956.
Murner, Thomas: Die Gäuchmat. Berlin–Leipzig–Straßburg. 1931.
Musset, Alfred de: Gamiani oder zwei Nächte der Ausschweifungen. George Sand: Glut und Asche der Eifersucht. München. 1979.
Mutzenbacher, Josefine: Mein Leben. München. 1980.
Ders.: Meine Tochter Peperl. München. 1980.
Nerciat, Andréa de: Liebesfrühling. München. 1977.
Dies.: Der Teufel im Leibe. München. 1977.
Dies.: Felicia oder Meine Jugendtorheiten. 1. Teil. München. 1980.
Neumann, Hans: Sittenspiegel. Salzburg. 1961.
Oldenbourg, Zoé: Katharina die Große. Die Deutsche auf dem Zarenthron. München. 1978.
Olearius, Adam: Offt begehrte Beschreibung der newen orientalischen Reise. So durch Gelegenheit einer Holsteinischen Legation an den König in Persien geschehen. Schleswig. 1647.
O'Shea, Sean: Voyeurismus. München. 1970.
Ovidius Naso, Publius: Liebeskunst. München. 1959.
Pausanias: Beschreibung Griechenlands. Zürich. 1954.
Persius Flaccus, Aulus: Die Satiren des Persius. München. 1950.
Petronius Arbiter, Gaius: Satyrica. Schelmengeschichten. München. 1965.
Pfister, Oskar: Die Frömmigkeit des Grafen Ludwig von Zinzendorf. Wien. 1910.
Plack, Arno: Die Gesellschaft und das Böse. München. 1967.
Platon: Das Gastmahl oder von der Liebe. Stuttgart. 1958.
Plutarchos: Große Griechen und Römer. 6 Bde. Zürich. 1954–64.
Prokopius: Anekdota. München. 1961.
Przibram, Ludwig von: Erinnerungen eines alten Österreichers. Stuttgart. 1910.
Przybyszewski, Stanislaw: Die Synagoge Satans. Ihre Entstehung, Einrichtung und jetzige Bedeutung. Berlin. 1897.
Rabenalt, Arthur Maria: Voluptas ludens. Erotisches Geheimtheater. Siebzehntes, achtzehntes und neunzehntes Jahrhundert. München–Regensburg. 1962.
Ders.: Theatrum Sadicum. Der Marquis de Sade und das Theater. Emsdetten/Westf. 1963.
Ders.: Mimus Eroticus. 5 Bde. Hamburg. 1965–67.
Réstif de la Bretonne, Nicolas Edme: Anti-Justine. München. 1972.
Riess, Curt: Erotica! Erotica! Das Buch der verbotenen Bücher. Hamburg. 1967.
Earl of Rochester: Sodom. Ein Spiel. Volosca. 1924.
Ronner, Wolfgang: Die Kirche und der Keuschheitswahn. München. 1971.
Roskoff, H.: Geschichte des Teufels. 2 Bde. Leipzig. 1869.
Rudeck, W.: Geschichte der öffentlichen Sittlichkeit in Deutschland. Berlin. 1905.

Sade, Donatien Alphonse François Marquis de: Histoire secrète d'Isabelle de Bavière, reine de France. Paris. 1953.
Ders.: Ausgewählte Werke. 6 Bde. Frankfurt. 1972.
Ders.: Juliette oder die Vorteile des Lasters. München. 1973.
Ders.: Philosophie im Boudoir. München 1977.
Ders.: Justine oder Das Unglück der Tugend. Hamburg. 1979.
Ders.: Justine oder Die Leiden der Tugend. München. 1980.
Saint-Simon, Louis de Rouvroy, Duc de: Memoiren. 3 Bde. München. 1913–17.
Soldan-Heppe: Geschichte der Hexenprozesse. Neu bearbeitet und herausgegeben von Max Bauer. 2 Bde. Hanau/M. o. J.
Suetonius Tranquillus, Gaius: Leben der Caesaren. Zürich. 1955.
Schertel, Ernst: Sitte und Sünde. Sittengeschichte im Querschnitt. Leipzig. 1930.
Schidrowitz, Leo: Sittengeschichte des Theaters. Wien–Leipzig. 1925.
Ders.: Sittengeschichte von Paris. Wien–Leipzig. 1926.
Ders.: Sittengeschichte des Lasters. Wien–Leipzig. 1927.
Schlegel, Willhart S.: Lexikon der Sexualität. München. 1969.
Schlichtegroll, Carl Felix von: Das Liebesleben im klassischen Altertum. Leipzig o. J. (1909).
Schmalzriedt, Egidius (Hrsg.): Hauptwerke der antiken Literaturen. München. 1976.
Schmidt, Adolf: Pariser Zustände während der Revolutionszeit 1789–1800. 3 Bde. Jena. 1874 ff.
Schreiber, Hermann: Das Feigenblatt. Eine Kulturgeschichte des Schamgefühls. München. 1968.
Schröder-Devrient, Wilhelmine: Memoiren einer Sängerin. München. 1972.
(Schröder-Devrient, Wilhelmine): Aus den Memoiren einer Sängerin. Reinbek bei Hamburg. 1979.
Schustek, Karl (Hrsg.): Sittengeschichte des Zweiten Weltkrieges. Hanau/M. o. J.
Stadtlaender, Chris: Gruppensex im alten Rom. München. 1971.
Stern, Bernhard: Geschichte der öffentlichen Sittlichkeit in Rußland. 2 Bde. Berlin. 1920.
St. Vagine, Honoré: Penis–Kult. München. 1980.
Talese, Gay: Der Talese-Report. Wien–München–Zürich–New York. 1981.
Taylor, Gordon Rattray: Kulturgeschichte der Sexualität. Frankfurt. 1977.
Tertullians 2. Buch Ad nationes und De testimonio animae. Paderborn. 1942.
Theopompos: Philippika. Berlin. 1929–30.
Thomas, Donald: Marquis de Sade. Bergisch Gladbach. 1976.
Thurn, Fritz: Die Dirnenschule der Aspasia. München. 1973.
Tolstoi, Leo N.: Die Kreutzersonate. Frankfurt. 1962.
Trenck, Friedrich Freiherr von der: Lebensgeschichte. München. 1912.
Tumbült, Georg: Die Wiedertäufer. Bielefeld–Leipzig. 1899.
Valerius Martialis, Marcus: Epigramme. Zürich–Stuttgart. o. J.
Vanggaard, Thorkil: Phallos. München. 1971.
Velleius Paterculus, Gaius: Römische Geschichte. Berlin. 1913.
Villaret, Claude: Die Nichten des Kardinals. München. 1980.
Vorberg, Gaston: Luxu et Voluptate. Hrsg. von Dr. Richard Wunderer. Schmiden bei Stuttgart. 1966.
Waldegg, Richard: Paris. Sittengeschichte einer Weltstadt. München. 1966.
Ders.: Sittengeschichte von Wien. München. 1967.
Ders.: Sittengeschichte Rußlands. München. 1969.
Waldemar, Charles: Magie der Geschlechter. München. 1958.
Walter: Mein geheimes Leben. Hrsg. und kommentiert von Dr. Phyllis und Eberhard Kronhausen. München. 1980.

Weber, Alfred: Kulturgeschichte als Kultursoziologie. München. 1960.
Welfenburg, Hubert: Die frivolsten Geschichten aus dem alten Wien. o.O. 1980.
Wrede, Richard: Körperstrafen bei allen Völkern von den ältesten Zeiten bis Ende des neunzehnten Jahrhunderts. Dresden. 1898.
Wulffen, Erich: Der Sexualverbrecher. Berlin. 1910.
Wunderer, Richard: Hexenkessel der Erotik. Schmiden bei Stuttgart. 1963.
Ders.: Treibhaus der Erotik. Schmiden bei Stuttgart. 1967.
Xenophon: Die Sokratischen Schriften. Memorabilien, Symposion, Oikonomikos, Apologie. Stuttgart. 1956.
Young, Wayland: Der verleugnete Eros. München. 1966.
Zacharias, Gerhard: Satanskult und Schwarze Messe. München–Berlin. 1979.
Zierer, Otto: Kultur- und Sittenspiegel. 4 Bde. Olten–Stuttgart–Salzburg. 1969–70.
Zwerenz, Gerhard: Erotische Schriften. Tantenliebe. Rasputin. Bürgertum und Pornographie. Frankfurt. 1970/71.

Als Quellen dienten ferner verschiedene Tageszeitungen, Wochenschriften, Illustrierte, Monatshefte und Magazine, die innerhalb des Textes namentlich angeführt sind.

PERSONENREGISTER

Achaschwerosch s. Xerxes
Abadie, Jeanette d' 122
Abelow, Dan 7, 11
Acharat, Ilso 174
Achelis, Thomas 36
Adenauer, Konrad 7
Adonis 31, 89
Albani 261
Alexander der Große 24
Alexander VI. 143, 189
Alexei 151
Alexis 30
Alkibiades 41, 43
Alkuin 99
Althotas 174
Amberg, Stefan 417
Angelika s. Melechsala
Anhalt-Zerbst, Prinzessin Sophie
  Auguste Friederike s. Katharina II.
Antill 158
Antigonos 48
Antonius Marcus 68 f.
Aphrodite 29 ff., 57, 87, 89
Appenfeller 238
Archenholtz, J. W. von 164 f.
Ares 28
Aretino, Pietro 134, 138, 195, 422
d'Argenson, Marquis 182, 189
Ariadne 50 f.
Aristophanes 34, 41, 43
Arnau, Frank 177
Arnould, Sophie 205 f.
Arsenjew 247
Artemis 28 f.
d'Artois, Charles Phillippe von 199 f.
Aspasia 41, 43 ff.
Astarte 24, 89, 126
Atargatis 89

Athenaios 30, 46, 51
Athene 28, 87
Audinot, Eulalie-Joseph 207
Audinot, Nicolas-Médard 207
Augustinus 55, 94 f.
Augustus 52, 66, 68 ff., 78
Aurellius Sextus, Viktor 67
Aurelius, Lucius Commodus 85

Baal 88
Bacchus 34, 42, 60, 65, 110
Bacci, Pietro s. Aretino, Pietro
Bàccolo, L. 258
Bär 240
Bahr, Hermann 345
Balsamo, Guiseppe s. Cagliostro
Baphomet s. Crowley, Aleister
Bargone, Charles s. Farrère, Claude
Basilius der Große 97
Bassanius, s. Heliogabal
Bassermann, Lujo
  s. Schreiber, Hermann
Bataille, Georges 221
Bauer, Max 117
Baumann, Verena 145
Bayac, Jacques Delpirré de 98
Bayle, Pierre 84
Beauvoir, Simone de 94, 208
Beccadelli, Visconti Antonio 83 f.
Beethoven, Ludwig van 277
Beham, Hans Sebald 112
Bellarmin, Robert 144
Béran de 229
Berend, Alice 266
Bergman, Ingmar 392
Bergson, Boris 380
Berkley, Theresa 273 f.
Berndt, Gerhardt 394

469

Bernis, François Joachim Pierre de 259, 261
Berry, Herzogin de 207
Berry, Marie-Louise-Elisabeth Duchesse de 195
Blakes, Roger 419
Blandine 159
Bleuel, Hans Peter 383 ff.
Bloch, Iwan 14, 45, 163, 167, 225 ff., 229 ff., 267, 273, 333
Boccaccio, Giovanni 138 f., 203
Bochow, Dieter 415
Bockelson, Jan, auch Bockhold, Johann 145 ff.
Bolen, Carl von 83
Bona Dea 60
Bonifatius, Heiliger 103
Borgia s. Alexander VI.
Borgia, Lucrezia 143, 255
Bormann, Adolf Martin 379
Bornemann, Ernest 7, 16, 23, 26
Bosch, Hieronymus 450
Bossenius 240
Boudin, Pierre 203
Boullan, Abbé 321
Boyer, Jean Baptiste de 205
Bracciolini, Gian Francesco s. Il Poggio 103
Brandt, Paul s. Licht, Hans 27
Brantôme, Pierre de 131 f., 142
Brauksiepe, Aenne 416
Bretonne, s. Réstif de la 196, 207, 209 f.
Brison, Charles 320
Bruce 251
Bruco, Martin Vizcar 121
Brunoy, de 204
Buber, Martin 56
Buchner, Eberhard 179
Bürger, Gottfried August 129
Burckhardt, Jacob 63
Burton, John D. 434, 436
Burton, Richard 406
Bussy-Rabutin, Roger de 189 f., 229
Buttlar, Eva von 238, 240

Caesonia 133
Cagliostro, Alexando, Graf von 174 ff.
Cagliostro, Seraphina 174 ff.
Caesar, Gaius Iulius 67 f., 71, 75
Caligula 63, 69, 71 f., 74 ff., 133
Camus, Albert 208

Cantor, Aegidius 101 f.
Capon, Gaston 201, 203
Carossa, Hans 56
Carracci, Ludovico 275
Casanova, Giacomo 253, 255 f., 258 ff., 307
Cassel, Julchen 305 f.
Cassius, Dio 76, 81
Castelli, Angelica 254
Castelli, Lucrezia 254
Castlehaven, Audley, Lord 158 f., 166
Castlehaven, Lady 158 f.
Cato 19, 59
Cau, Jean 393
Caylus, Anne Claude, Graf von 201
Ceres 55, 65
Charmillon, Marianne 183
Chesner, Mel 427
Chigi, Agostino 134
Chlodwig 98
Chorier, Nicolaus 152, 238
Christern, August Wilhelm 277
Cicero 103
Clairien, Françoise s. Raucourt
Claudius 76, 78
Cleland, John 168
Clermont, Graf 204
Cocceianus, Cassius Dio 76, 81
Coglioni, Bartolomeo 135
Colbert, J. B. 182
Colbert 189
Coletta, Pietro 211
Collas, Georg Friedrich 62
Collé, Charles 203
Comfort, Alex 452, 460
Comus 110
Conti, Prinz von 229
Cook, James 166 f., 172
Cordesmühl, Georg 214
Cornelys 171
Corti, Prinz von 204
Crébillon, Prosper Jolyot de 201
Corwley, Aleister 374 ff., 378
Cupido 209
Cziffra, Géza von 368

Daffinger, Moritz Michael 277
Darbentonne, Jeanne 102
Dashwood, Francis Sir 243
Dauberval 203
Dauphin 188, 195

Davot 180
Delaporte 180
Delveau, Gaston 371
Demeter 28, 31 f.
Demetrios 51
Deshayes, Cathérine s. Voisin, La
Desmoulins, Camille 267
Diestel, Heinrich 238
Diodorus 34
Dionysos 30, 34 f., 38 f., 50 f., 77
Dionysios aus Harlikarnassos 52
Dionysios der Jüngere 51
Divara 147
Dodds 38
Döbler, Hansferdinand 52
Döpfner, Julius 411
Dolgorucka, Katharina 248
Dolgoruky 193
Domitian 82 f.
Donner, Wolf 423
Donovan, Frank 179
Dostojewski, F. M. 318
Douglas, William 173
Dreikandt, Ulrich K. 115, 375
Drusilla 69
Dryade 60
Dubarry, Gräfin 200
Duca, Lo 26, 52, 213
Dudevant 295
Dühren, Eugen s. Iwan Bloch
Dufour, Pierre 31, 57 ff., 86, 312
Dumas, fils 312
Dumesnil, Marie-Françoise 206
Dusentschur 147
Duvergier 223

Ebel, Johann Wilhelm 238 f.
Eberstein, Johann von 107
Edwardes, Allan 68
Effiat, Abbé 191
Elagabalus s. Heliogabal
Elephantis 71
Elisabeth Charlotte, Herzogin von der Pfalz s. Liselotte von der Pfalz
Eller, Elias 240
Elßler, Fanny 272
Elßler, Therese 272
Englisch, Paul 37, 286, 361, 367
Entragne 193
Epiphanios 91
Epton, Nina 226 f., 350

Esterházy, Nikolaus, Fürst 268, 270
Euripides 34, 38, 41, 43
Evander 61
Evaristo, Dom Miguel Maria 271

Falkland 172
Fangor, Siegmund Oskar 272
Farrère, Claude 371
Faunus 60 f.
Favrat 129
Feliciani, Lorenzina s. Cagliostro, Seraphina
Ferdinand IV. v. Neapel 211 f., 262
Ferté, La 199
Ferté-Biron, de La 189
Filastre, Françoise 180
Filipowitsch, Daniel 150 f.
Finckenstein, Graf 248
Fischer, Horst 414, 419
Fitzpatrick 159
Flavius Clemens, Titus 90
Flavius, Theodosius 93
Fleury 195
Flora 58
Fontages, de 188
Fontane, Theodor 240
Forberg, Karl Friedrich 84 f.
Francavilla 261 f.
Franz I. 267, 270, 273
Freud, Sigmund 240
Freund, Fritz 344
Friedlaender, Ludwig 89
Friedrich August v. Sachsen 236
Friedrich d. Gr. 129
Friedrich Wilhelm II. 237
Frischauer, Paul 20 f., 98, 118
Fronsac, Herzog von 224
Freyer, John 25
Fuchs, Eduard 18, 66, 110 f., 113, 115, 130, 154, 156, 172 f., 190, 200, 224, 237, 275 f., 288, 295, 302, 303 f., 339, 342 ff., 350, 352 f.
Fühner, Hermann 118
Fülöp-Miller, René 318
Fürstauer, Johanna 21, 24
Fürstenberg, Florian Daulen 114
Fulvia 68

Galant, Kathleen u. Matt 12 f.
Genetrix 57
Genet, Jean 454

471

Georg Wilhelm, Markgraf von Bayreuth 236
Gérard, Abbé 180
Germer, Karl 374
Gernreich, Rudi 392
Gervaso, Roberto 253
Giese, Hans 405, 409
Gleichen, Ludwig Graf von 127 f.
Gleichen-Rußwurm, Carl Alexander Freiherr von 47, 49, 54
Gleim, Johann Wilhelm Ludwig 263
Goethe, Johann Wolfgang von 129
Goldmann, Otto 360
Goncourt, Edmond u. Jules de 156, 193
Gorani, Guiseppe Graf 211
Gottdank 272
Gourdan 224
Goyburu, Juanes de 120
Grammont, Herzog von 204 ff., 229
Grandval, fils 206
Grandville, Lord 168
Gregor IX. 100, 127
Griffiths, Ralph 168
Grimal, Pierre 51
Grosche, Eugen 374, 376
Grunert, James 334, 337
Gugitz, Gustav 132 f.
Guibourg, Abbé 180 ff.
Guignard 183
Guimard, Marie-Madeleine 203
Guiness, Alec 406
Gustafson, Siw 438
Gyges 133

Haack, Friedrich Wilhelm 375
Haas, Willy 365
Hall, Angus 145, 299, 446
Hamilton, Eleanor 438
Hamilton, Emma Lady 211
Hanack, Ernst-Walter 423, 453
Hancarville 79, 81 f.
Hatzfeld, Edmund Graf 302 ff.
Hatzfeld, Sophie Gräfin 302
Hauptmann, Gerhart 56
Hayes, Charlotte 172
Heberle, Therese 272
Hefner, Hugh 449
Heine, Heinrich 239
Heinrich II. von Frankreich 142
Heinrich IV. von Frankreich 100, 121
Heinrich VIII. von England 158

Heinse, Wilhelm 263
Helbing, Franz 359
Heliogabal 86 ff.
Helios 28, 176
Henriette von Engl. 190 f.
Heppe, Heinrich 117
Hera 87
Herberstein, Sigismund Freiherr von 149
Herennius 54
Herodot 27, 33 f., 133
Herzog von Bourbon 195
Herzog u. Herzogin von Kurland 129, 248
Herzogin von Mecklenburg 247
Hesiod 29, 38
Hesse, Hermann 27, 56
Hildernissen, Willem von 101
Himmler, Heinrich 379
Hirschfeld, Magnus 361, 365
Hoditz, Albert Graf von 236
Hofmannsthal, Hugo von 345
Hohenholz, von 268
Hollander, Xaviera 12, 16
Holloway 165 f.
Holstein-Gottrop, Friedrich Herzog von s. Olearius, Adam
Homer 33, 37
Hompesch, Gräfin 305
Horschelt, Friedrich 271
Horwath, Frau von 273
Hostius, Quadra 70
Howard, William 63, 71, 75
Hugues, François s. Hancarville 66 f.
Hunold, Günther 15, 419, 429, 438
Huysmans, Joris-Karl 321, 323

Iasion 32
Ida, Gräfin 239
Iliodor 326
Imer, Guiseppe 171
Imer, Teresa s. Cornelys
Innini 20 f.
Innozenz VIII. 116
Institoris, Heinrich 116
Iriarte, Maria Estebania de 120 f.
Isabella von Bayern 234 f.
Ischtar 21 ff., 31
Isis 28, 64
Iustinian 95
Iwan IV. der Schreckliche 149
Iwanow, Andrei 245
Iwanowa, Anna 248

Iwanowitsch, Dimitrij 150

Jacobi, Friedrich Heinrich 263
Jaeckel, Gerhard 68, 244, 270
Jacques, Norbert 357
Johann VI. von Portugal 271
Johannes 107, 119
Johnson, William 406, 412
Jong, Erika 448, 458
Jordan, Ruth 288
Joseph II. 268
Julia 69f.
Juno 77
Justinian 157
Juvenal 76, 89

Kalerdij, Maria 311
Kallenberg, von 238
Kallias 46
Kandaules 133
Karl Alexander von Württemberg 237
Karl II. von England 159, 163, 168
Karl VI. von Frankreich 234
Karl der Große 98
Karl Wilhelm, Markgraf von Baden 236
Karoline von Neapel 211, 262
Karpokrates 89f.
Kassabian, Linda 445
Katharina I. 247f.
Katharina II. 249ff.
Kaunitz, Gräfin 239
Kaunitz-Riedberg, Ludwig Fürst 271ff.
Kingston, Jeremy 145, 299, 446
Kinsey, Alfred Charles 391, 406, 409
Kirchknopf, Gezá von 419
Klearchos 38f., 51
Kleopatra 67ff.
Kluth 306
Knaut, Horst 376f., 441, 443ff.
Knight, Payne 275
Knippendolling 148
Koch, Christoph 148
Köhr, Dietrich 13, 396f.
Königsmarck, Maria Aurora von 236
Kolberger, Karl 335
Kolle, Oswalt 405f., 411, 424
Koller, Hans 335
Konkoly, Kalman von 403
Konrad, Bischof von Hildesheim 100
Korilin 244
Krafft-Ebing, Richard Freiherr von 134

Krauss, Friedrich S. 361
Krechting, Bernhard 148
Krips, Ursula 416
Kronhausen, Eberhard u. Phyllis 217, 307, 391, 422f., 449, 452
Kueffstein, Graf 175
Kupido 58
Kybele 62, 126
Kyrene 83

Labilière, Léonore 300
Lambert, André 67
Lampridius, Aelius 86f.
Lancre, Pierre de 121ff.
Langenstein, Heinrich von 107
Langolo, Roderich s. Borgia
Larensis Publius, Livius 46
Lasalle, Ferdinand 303ff.
Latouche, Jean Charles Gervaise de 196
Laujon 204
Laura 235
La Vallière, Louise Le Blanc La Baume, Mlle de 178, 188
Laveaupollière, de 224
La Vey, Anton Szandor 446
Lear, Timothy 433
Lefebre 183
Leigh, Michael 389f.
Lemmonier, Camille 321
Leo III. 99
Leo X. 134
Leonhart, Dora u. Molly 129
Leszynska, Maria 195
Lewandowski, Herbert 361
Liber 56
Licht, Hans 27, 29f., 49
Lichtenau, Wilhelmine Gräfin von 237
Linguet, Jean Pierre s. Réstif de la Bretonne
Liselotte von der Pfalz 188, 191
Livia 65, 70
Livius, Titus 52f.
Löwen, Johann Friedrich 127
Lorraine, Chevalier de 191
Louvois, de 182
Loyola, Ignatius 145
Lucretius Carus, Titus 67
Ludwig XIV. von Frankreich 177f., 180, 182, 188ff.
Ludwig XV. von Frankreich 190, 195, 199f.

473

Ludwig XVI. von Frankreich 199, 267
Ludwig, Heiliger 103
Ludwig von Orléans 234
Luft, Resi 282, 286f.
Lukian 29, 46, 138
Lully, Jean-Baptiste 229
Luther, Martin 128, 144

Maccius Plautus, Titus s. Plautus
Mäcenas 66
Maier, Hanns W. 373f.
Mairobert, Mathieu François Pindanzat 154, 227
Manasses 100
Mancini, Hortense 177, 184
Mancini, Marie 177, 188
Mancini, Marie-Anne 177, 184f.
Mancini, Olympia 177, 183f., 185
Mandeville, Bernhard von 167f.
Mani 99
Mann, Thomas 27, 56
Manson, Charles 445
Manual, Serge 393
Mao 406
Marcel, Colette u. Robert 395f.
Marchand, James 364
Marchand, Marie-Françoise s. Dumesnil, Marie-Françoise
Margaretha von Orléans 234
Marguerite von Savoyen 188
Maria von Portugal 271
Maria Theresia 152, 211
Maria Theresia, Infantin von Spanien 188
Marie Antoinette 200, 267
Martial 82f., 134
Marsyas 70
Masson 252
Masters, William Howells 392, 406, 412
Matthys, Johann, auch Matthisson oder Matthiesen 145ff.
Mazarin, Jules 177, 183
Medici, Cosimo de 83
Mehring, Franz 129
Melanchthon, Philipp 128
Meleager 71
Melechsala 127f.
Melitta 41, 43
Menschikow, Alexander 247
Messalina 76ff., 134
Meursius, Jan de 152

Michelet, Jules 102
Midas 60
Miller, Henry 448, 454
Minius 54
Minucius, Felix Marcius 88f.
Mithras 89
Mittenweiler, Heinrich von 115
Mniszek, Maryna 150
Molden, Fritz 411
Molitor 306
Moll, Albert 134
Molza, Francesco Maria 129
Mommsen, Theodor 37
Montespan, François Marie 181f., 192
Montespan, Marquis de 178, 188, 204
Montglat, Madame de 178
Montvoisin, Chathérine s. Voisin de
Montvoisin, Marie-Marguerite 180f.
Moore, Marcia u. Robin 447
Moreck, Curt 203ff., 353, 356, 361
Mormon 297
Moses 99
Müntzer, Thomas 144
Muggeridge, Malcolm 407
Munday, Michael 113
Murner, Thomas 130
Musset, Alfred de 288, 295, 311
Mutinus 58
Mutzenbacher, Josephine 345f.

Nelson, Horatio 211
Nerciat, Robert Andréa de 207, 211, 213ff., 217f., 236
Nero 46, 78f., 81
Nesselrode, Gräfin 305
Nesselrode, russ. Hofdame 311
Nestor 61
Nickel, Hans A. 411
Nicoli, Nicolo 103
Nikolas I. 312
Nikolaus II. 325
Nikolaus von Antiochia 90
Nimes 341
Nogent, Guibert von 100
Noirceuil, de 223
Novy, Grigori Efimowitsch s. Rasputin
Noyes, John Humprey 298f., 300
Nunvar, Joachim 400f.

Odo, Abt von Cluny 94
Oelschläger, Adam 149

Old Q s. Douglas, William
Olearius, Adam 150
Olympia 184 ff., 220, 261
Omphale 39
Onodi, Ladislaus 404
Orlan, Pierre Mac 359
Orleans, Herzogin von s. Liselotte von der Pfalz
Otho 81
Ovidius Naso, Puplius 83

Pachard, Vance 409
Pagello, Pietro 288 f.
Paige, Paul 453
Pakulla, Annia 53
Pállfy, Ferdinand Graf 271 f.
Pampinée 139
Pampus s. Molitor
Pan 72
Pannychis 80
Paphia 57
Paris 87, 212, 320
Parrhasios 71
Partius 87
Patterson, Zoe 300
Paul IV. 139
Paul VI. 408
Paulus 157, 198
Pausanias 34
Peelaer, Guy 406
Pelletier 182
Pendergas 171
Perikles 45
Persennat, de 224
Persephone 32
Persius Flaccus, Aulus 48
Peter I. 244, 246 ff.
Peter II. 248
Petrarca, Francesco 235
Petronius Arbiter, Gaius 46, 49, 79, 81, 236
Petrowna, Elisabeth 248
Peuckert, Will-Erich 118
Pfeiffer, Albert 331
Pfister, Oskar 240 f.
Philaenis 83
Philipp, Herzog von Orléans 191 f., 194 f., 199
Philipp, Landgraf von Hessen 128
Phryne 30
Picard 101

Pigmentelli, Aldo 184
Pindaros 33
Plack, Arno 457
Platon 46, 48, 105
Plautus 59
Plinius d. Jüngere, Gaius Plinius Caecilius Secundus 76, 88
Plutarchos 33 f., 46, 60 f.
Poisson, Jeanne Antoinette s. Pompadour
Pompadour 195 f., 200
Pope, Alexander 243
Porta, Giambattista della 118
Potemkin, Gregor Alexandrowitsch 251
Praxiteles 30
Priapos 58, 60, 86
Prince, Henry 300
Prinz August 277
Prodicus 90
Prokopius 95, 97
Protunda 58
Pruystinck, Eloi 144
Przibram, Ludwig Ritter von 282
Przybyszewski, Stanislaw 124, 323 f.
Psyche 80
Pucci, Emilio 392

Quintus, Dellius 68

Rabenalt, Arthur Maria 110, 160, 163, 204, 206 f., 379 f., 411
Rabelais, François 243, 374
Rabutin, Roger de, Comte de Bussy s. Bussy-Rabutin
Racot, Charles François s. Grandval, fils
Ralde, Marie de 122
Rasputin, Grigori Jefimowitsch 324 ff., 329
Ratuschny, Michael 319
Raucourt, Françoise 228
Réstif de la Bretonne, Nicolas Edme 196, 207, 209 f.
Reich, Wilhelm 439, 450
Reuss, Theodor 375
Reynie, Nicholas de la 178, 182, 187
Rhodope 133
Richelieu, Louis François Armand de Plessis 194
Riess, Curt 209, 346
Rochechouart-Mortemart, Louise-Athemais de s. Montespan

Röhm, Ernst 383
Romaine, David 273
Romano, Julio 275
Romulus 52, 61
Ronner, Wolfgang 93
Rops, Félicien Joseph Viktor 320f.
Rosenberg, Helmut 428
Rothmann, Henriette 270f.
Rottenburg, Johann u. Ludwig 243
Rousseau, Jean-Jacques 266
Rouvroy, Louis de Duc de Saint-Simon 194
Rowohlt, Ernst 454
Rufus Quintus, Curtius 24

S..n..r, Jack 164
Sade, Donatien Alphonse François Marquis de 207ff., 212, 218, 221ff., 230, 232, 234f., 263
Sadyattes s. Kandaules
Sagaristio 59
Sage, Le 180, 187
Saint-Léger, Mercier de 84
Saladin Sultan von Ägypten 127
Sales, Delisle de 204f.
Salten, Felix 345
Saltykow, Peter u. Serge 250
Salvia, Titisenia 69
Salzmann, Siegmund s. Salten, Felix
Sand, George 288, 295
Sansin, Ioanes de 120
Sapieha, Graf 248
Sappho 407
Sartre, Jean-Paul 393
Scarron, Françoise d'Aubigné 188
Scribonia 69
Sebault, J. B. 183
Ségur 250
Seneca Lucius, Aennaeus 49, 69f.
Seraphina s. Cagliostro, Seraphina
Serapis 89
Sherry, Simi Valley 445
Siegfried III. 100
Sigea, Luisa 152
Silius 77f.
Skipwith 158f.
Smith, Joe 297f.
Sokrates 45f., 48, 50
Soldan, W. G. 117
Sophie, Kurfürstin von Hannover 191
Sophokles 87

Sprenger, Jakob 116
Suetonius Tranquillus, Gaius (Sueton) 67f., 70, 76, 82, 133
Sulla Lucius, Cornelius 63
Sutton, Henry 411
Szana Bernhard s. Stern, Bernhard
Schertel, Ernst 36
Scheuer, Otto F. 373f.
Schidrowitz, Leo 203, 359
Schirach, Baldur von 383
Schlichtegroll, Carl Felix von 62, 86
Schmalzriedt, Egidius 46
Schmidt, Adolf 267
Schneider, Wolf 408
Schnitzler, Arthur 345
Schoen, Herbert 385
Schönemann, Helene 340
Schönemann, Hildegard 340
Schönemann, Melanie 340
Schopenhauer, Arthur 295, 297
Schreiber, Hermann 173, 177, 183
Schröder-Devrient, Wilhelmine 277, 279, 286
Schröder, Friedrich 277
Schröder, Sophie 277
Schulenburg 306
Schulow, Alexander Iwanow 245
Schwan, F. v. 62
Stecker, Wilhelm 426
Stauffer, C. F. 62
Stern, Bernhard 249, 317
Storch, Nikolaus 144
Straton König von Sidon 51
Streicher, Julius 380

Tacitus Publius, Cornelius 46, 74, 78
Taine, Hippolyte 159f.
Talese, Gay 449, 460
Tammuz 20, 22, 31
Tate, Sharon 445
Taylor, Elizabeth 406
Taylor, Gay 450
Taylor, Gordon Rattray 17, 38, 171
Tencin, Claudine de 194
Tertulla 69
Tertullian Septinius, Florens 89, 94
Theodora 95, 97
Theodosius 157
Theopompos 39f.
Thiele, Rolf 425
Thomas, Donald 208

Thurn, Fritz 44
Tiberius, Claudius 70ff., 82
Tigellinus 81
Tillaret, de 229
Timofejewitsch, Iwan 317
Titus 82
Tolstoi, Leo N. 318f.
Tränker, Heinrich 374
Trajan 88
Trenk, Friedrich Freiherr von der 242
Tynan, Kenneth 407

Uffenbach, Zacharias Conrad von 163
Uranos 29

Vacherol 44f.
Valentin, Barbara 406
Valerian 157
Valvasor, Johann Weikhard von 118
Vandreuil, de 199, 224
Varro Marcus, Terentius 55
Velde, Theodor Hendrik van de 405, 410
Vellius Paterculus, Gaius 67, 69
Velly, Paul François 177
Venus 58, 71, 87
Vespasian 82
Vesta 227, 229
Vettius 78
Viel-Castell, Louis de 311
Villaret, Claude 177f., 183
Villeroi 184ff., 195
Vitellius, Aulus 82
Voisin, La 179ff.
Volcks, Alexander 240, 242
Vorberg, Gaston 33ff.
Voß, von 304

Wagner, Adolf 379
Wagner, Richard 277

Waldegg, Richard s. Wunderer, Richard
Waldemar, Charles 33, 56, 239, 300, 326f.
Walter 307f., 310f.
Walpole, Horace 243
Wandt, Heinrich 361
Ward, Edward 163f.
Waschti 133
Welfenburg, Hubert 269f.
Werthauer 338
Wieland, Christoph Martin 238
Wilhelm II. 331
Williamson, John 450ff.
Wilkes, John 243
Wilmot, John, Second Earl of Rochester 159f.
Wilmot, Henry Lord 159
Wilson, Mary 273f.
Winter 238
Wrede, Richard 123, 125, 245f.
Wulffen, Erich 360
Wunderer, Richard 24, 38, 149f., 247, 250, 271, 312, 319

Xenophon 46, 49ff.
Xerxes I. 133

Young, Brigham 298
Young, Wayland 17
Yve-Plessis, R. 201

Zacharias, Gerhard 100, 117, 127
Zankorek, Barbara 269
Zankorek, Valentin von 269
Zierer, Otto 32, 38f., 77, 89, 139, 175, 189
Zinzendorf, Ludwig Graf von 240ff.
Zubov, Nicholas u. Valerian 250
Zwerenz, Gerhard 327f., 331